Systemwechsel 5
Zivilgesellschaft und Transformation

Wolfgang Merkel (Hrsg.)

Systemwechsel 5

Zivilgesellschaft
und Transformation

Unter Mitarbeit von Christian Henkes

Beiträge von
Mark Arenhövel, Petra Bendel, Klaus von Beyme,
Peter Birle, Aurel Croissant, Susanne Kraatz,
Peter A. Kraus, Michael Krennerich,
Hans-Joachim Lauth, Markus Lux,
Zdenka Mansfeldová, Wolfgang Merkel,
Siegmar Schmidt, Máté Szabó und Friedbert W. Rüb

Leske + Budrich, Opladen 2000

Gedruckt auf säurefreiem und alterungsbeständigem Papier.

Die Deutsche Bibliothek – CIP-Einheitsaufnahme

Systemwechsel / Wolfgang Merkel (Hrsg.). Unter Mitarb. von Christian Henkes. – Opladen Leske + Budrich

5. Zivilgesellschaft und Transformation / Beitr. von Mark Arenhövel .... - 2000
ISBN 3-8100-2277-2

© 2000 Leske + Budrich, Opladen

Das Werk einschließlich aller seiner Teile ist urheberrechtlich geschützt. Jede Verwertung außerhalb der engen Grenzen des Urheberrechtsgesetzes ist ohne Zustimmung des Verlages unzulässig und strafbar. Das gilt insbesondere für Vervielfältigungen, Übersetzungen, Mikroverfilmungen und die Einspeicherung und Verarbeitung in elektronischen Systemen.

Druck: Druck Partner Rübelmann, Hemsbach
Printed in Germany

Inhalt

Vorwort 7

Aurel Croissant, Hans-Joachim Lauth und Wolfgang Merkel
Zivilgesellschaft und Transformation: ein internationaler Vergleich 9

Klaus von Beyme
Zivilgesellschaft –
Von der vorbürgerlichen zur nachbürgerlichen Gesellschaft? 51

Peter A. Kraus
Nationalismus und Zivilgesellschaft in Transformationsprozessen 71

Zdenka Mansfeldová und Máté Szabó
Zivilgesellschaft im Transformationsprozeß Ost-Mitteleuropas:
Ungarn, Polen und die Tschechoslowakei 89

Timm Beichelt und Susanne Kraatz
Zivilgesellschaft und Systemwechsel in Russland 115

Markus Lux
Drei Staaten – ein „Baltischer Weg"?
Die Zivilgesellschaft in der Transformation im Baltikum 145

Friedbert Rüb
Von der zivilen zur unzivilen Gesellschaft:
Das Beispiel des ehemaligen Jugoslawien 173

Mark Arenhövel
Zivilgesellschaft und Demokratie in Südeuropa 203

Peter Birle
Zivilgesellschaft in Südamerika – Mythos und Realität 231

Petra Bendel und Michael Krennerich
Zivilgesellschaft und demokratische Transformation
in Zentralamerika 273

Siegmar Schmidt
Die Rolle von Zivilgesellschaften in afrikanischen Systemwechseln 295

Aurel Croissant
Zivilgesellschaft und Transformation in Ostasien 335

Die Autoren 373

Vorwort

Im Juni 1993 wurde der Arbeitskreis „Systemwechsel" innerhalb der Deutschen Vereinigung für Politikwissenschaft in Heidelberg gegründet. Ein Jahr später erschien der erste Band der gleichnamigen Reihe. Er diskutierte die großen Theorien der Transformationsforschung, verglich sie und prüfte ihre wechselseitige Anschließbarkeit. Heraus kamen unterschiedliche Ansätze mittlerer Reichweite, die je nach Analyseabsicht und Forschungsgegenstand system- und akteurstheoretische, strukturalistische und kulturalistische Theorieelemente in spezifischer Weise kombinierten. Theorie-Orthodoxien mit dogmatischen Vorabentscheidungen wurden vermieden, die empirischen Forschungs- und Erkenntnismöglichkeiten nicht schon a priori eingeengt. Gleichzeitig wurde aber auch die Theorieabstinenz narrativer Studien vermieden, wie sie noch heute häufig die Forschung von Regional- und Länderspezialisten kennzeichnet.

Heraus kamen eine Vielzahl von vergleichenden Studien, die, ausgestattet mit Ansätzen mittlerer Reichweite, thematisch konzentrierte Analysen vorlegten. Band 2 behandelte Genese, Form und Funktion der großen Verfassungsinstitutionen. Die Perspektive war dabei stets auf Verlauf, Erfolg und Mißerfolg der Demokratisierung gerichtet. Band 3 untersuchte die politischen Parteien als die wichtigsten Akteure der Systemwechsel in und nach der Etablierungsphase der demokratischen Verfassungen. Im Vordergrund standen dabei die besonderen Konfigurationen der Parteiensysteme in ihrer Wirkung auf die neuen politischen Ordnungen. Der Konsolidierungsprozeß der Parteien und Parteiensysteme war in der Regel weit weniger weit gediehen als die Stabilisierung der großen Institutionen der Verfassungsordnungen. Band 4 erschloß die Dimension der Interessenverbände im Verlauf der Systemtransformationen. Es zeigte sich, daß auf der Ebene der funktionalen Interessenrepräsentation in fast allen großen Transformationsregionen noch erhebliche Defizite bestanden. Die negativen Auswirkungen auf die Repräsentativität, Effizienz und Stabilität der noch nicht gefestigten Demokratien war in allen Transformationsregionen deutlich zu erkennen.

Aber selbst wenn die drei genannten Ebenen der Verfassungsinstitutionen, der Parteien und der Verbände sich schon stabilisiert hätten, wäre der Konsolidierungsprozeß der neuen Demokratien noch nicht abgeschlossen. Die jungen Demokratien wären noch immer vielfältigen Dekonsolidierungsgefahren, Autokratisierungs- und Kartellisierungstendenzen durch die alten und neuen politischen Eliten ausgesetzt. Erst die Entwicklung einer vitalen Bürgergesellschaft immunisiert die jungen Institutionen der Demokratie, begrenzt die undemokratischen Handlungsoptionen der politischen Eliten und stellt die demokratischen Gemeinwesen auf eine krisenresistente Grundlage. Aus der Erforschung der ersten beiden Demokratisierungswellen dieses Jahrhunderts wissen wir, daß die Entstehung einer vitalen Zivilgesellschaft demokratisch denkender und handelnder Bürger länger dauert als die Konsolidierung von Verfassung, Parteien und Interessenverbänden. Deshalb stand die Analyse der Zivilgesellschaften in den jungen Demokratien Süd- und Osteuropas, Lateinamerikas und Ostasiens am Ende der „Reihe Systemwechsel". Diese schließt mit dem vorliegenden fünften Band einen Analysebogen, der vor sechs Jahren mit den Forschungen zu den Verfassungsinstitutionen aufgespannt wurde.

Das Themenspektrum der Reihe wurde bewußt begrenzt. Es sollte die Hauptfelder der Transformationsforschung abstecken. Natürlich sind damit längst nicht alle Bereiche und Themen der Demokratisierungsproblematik erfaßt. Fragen wie die Degeneration vieler neuer politischer Ordnungen in „defekte Demokratien", der Einfluß externer Akteure, Faktoren und Konjunkturen auf die Systemwechsel sind noch keineswegs ausreichend beantwortet. Politikfeldanalysen in den Bereichen der Wirtschafts-, Sozial-, Dezentralisierungs- und Minderheitenpolitik und deren Auswirkungen auf die Demokratisierung sind weiter dringende Forschungsdesiderate. Der Arbeitskreis Systemwechsel hat diese Herausforderung unter neuer Leitung schon angenommen. Er wird seine Ergebnisse bald über ein innovativ verändertes Publikationsforum der wissenschaftlichen Öffentlichkeit vorstellen.

Die „Systemwechselbände" sind mittlerweile längst zu einem festen Referenzpunkt für die deutschsprachige Transformationsforschung geworden. Diese muß sich in ihrer Qualität keineswegs mehr hinter der angelsächsischen Demokratisierungsforschung verstecken. Auch dazu hat die Reihe einen nicht unbedeutenden Beitrag geleistet. Dies ist in erster Linie den engagierten Mitgliedern und Autoren des Arbeitskreises zu verdanken. Bei einer weiter anhaltenden Nachfrage nach ihren Analysen werden sie sich Überarbeitungen und Aktualisierungen ihrer Beiträge sicher nicht verschließen.

Heidelberg, im Januar 2000

Wolfgang Merkel

Zivilgesellschaft und Transformation: ein internationaler Vergleich

Aurel Croissant, Hans-Joachim Lauth und Wolfgang Merkel

Einleitung

Zivilgesellschaft und Transformation zählten in den neunziger Jahren zu den prominentesten Themen der Sozialwissenschaften. Zu beiden Begriffen wurden gerade in dieser Dekade bedeutsame theoretische Beiträge und überzeugende empirische Analysen vorgelegt. Beide Diskussionsstränge haben sich zwar immer wieder gekreuzt, blieben aber erstaunlich resistent gegenüber systematisch-theoretischen Verknüpfungen. Dies gilt insbesondere für die Theoriedebatte zur Zivilgesellschaft, aber auch in Hinblick auf eine umfassendere Integration dieser in die Transformationstheorie. Erstere blieb in der anspruchsvolleren theoretischen Diskussion (Keane 1988; Cohen/Arato 1992; Habermas 1992: 399; Forst 1996: 178ff.; Gerstenberg 1997: 110) auf die voraussetzungsvollen Konzepte der deliberativen Demokratietheorie kapriziert. Letzere integrierte nur partiell zivilgesellschaftliche Theorien und Theoreme in ihren Analysebestand. Die Bedeutung der Zivilgesellschaft für den Systemwechsel zur Demokratie oder des Systemwechsels für die Zivilgesellschaft wurde meist nur auf die Endphase der autokratischen Herrschaft und den unmittelbaren Übergang zur Demokratie gerichtet (O'Donnell/Schmitter 1986; White 1994; Fooley/Edward 1996; Thaa 1996). Weder die theoretische Konzeptualisierung der spezifischen Bedeutung der Zivilgesellschaft für die Demokratie über alle Phasen eines Systemwechsels hinweg, noch der Einfluß dieser Transformationsphasen auf die zivilgesellschaftliche Entwicklung wurde bisher zufriedenstellend geleistet. Technisch formuliert: Die Zivilgesellschaft als abhängige und unabhängige Variable der Systemtransformation wurde nicht in ein holistisches Konzept gefaßt. Auch die empirischen Analysen konzentrierten sich meist entweder auf die Zivilgesellschaft als Objekt oder als Subjekt, auf einzelne Phasen oder nur auf einzelne Länder.

Diese dreifache Selbstbeschränkung versucht dieser Band aufzubrechen. In seinem einleitenden Beitrag soll deshalb ein weiterer Schritt zur Integration der Zivilgesellschaftsdebatte in die Transformationstheorie geleistet werden.

Die empirischen Analysen ihrerseits nehmen alle eine (regionale) komparative Perspektive ein. Sie untersuchen die Interdependenz von Zivilgesellschaft und Systemwechsel als abhängige und unabhängige Variable. Dies ist die strikte gemeinsame Grundlage, die die vergleichenden Analysen aneinander und an den einleitenden konzeptionellen Beitrag anschließt. Die gemeinsame Untersuchungsperspektive schließt allerdings nicht die Verpflichtung auf einen völlig identischen Begriff der Zivilgesellschaft ein. Insbesondere hinsichtlich der normativen Gehalte der Zivilgesellschaft ließ sich keine völlige Übereinstimmung unter den Autoren erzielen. Normativ anspruchsvollen Definitionen der Zivilgesellschaft (wie in diesem Beitrag) stehen Konzepte gegenüber, die das „zivile" Moment aus regional-empirischen Rücksichten eher minimalistisch fassen (vgl. den Beitrag zu Zentralamerika). Jeder der Beiträge weist jedoch seinen Begriff der Zivilgesellschaft aus, sodaß nicht nur ein regionaler, sondern auch ein interregionaler Vergleich ermöglicht wird.

Im folgenden entwickeln wir in fünf Schritten ein funktionalistisches Konzept der Zivilgesellschaft. Mit der strukturoffenen funktionalistischen Perspektive meinen wir am ehesten eine formfixierte Engführung bei der Integration des Zivilgesellschaftsbegriffs in die Transformationstheorie zu vermeiden. Unser Ziel ist es, ein Konzept vorzulegen, daß nicht nur Fallstudien vor narrativer Beliebigkeit schützt, sondern auch begrifflich disziplinierte regionale wie interregionale Vergleichsanalysen zum Zusammenhang von Zivilgesellschaft und Transformation erlaubt.

In einem ersten Schritt wollen wir aus dem zunehmend unübersichtlicher werdenden Bestand der politischen Philosophie und Gesellschaftstheorie die zentralen sozialen und demokratischen Funktionen von Zivilgesellschaften freilegen (der funktionale Aspekt).

Im zweiten Schritt formulieren wir ausgehend von der Demokratisierungsfrage ein „funktionalistisch-strukturalistisches" Konzept von Zivilgesellschaft, das diese als analytische Kategorie begreift und geeignet ist, die konzeptionellen und theoretischen Annahmen der Zivilgesellschaftsdebatte in unterschiedliche kulturell-historische wie auch variierende politische Kontexte „reisen" zu lassen (der konzeptionelle Aspekt).

In einem dritten Schritt wird überprüft, wann und warum Zivilgesellschaften in Autokratien entstehen. Ziel ist es hier, ein Bündel von allgemeinen Entstehungsursachen zu schnüren, das variierende Niveaus zivilgesellschaftlichen Engagements im interregionalen Vergleich erklären kann (der genetische Aspekt). Im nächsten Schritt wollen wir nach typischen Aktivitäts- und Mobilisierungszyklen von Zivilgesellschaften in demokratischen Transitions- und Konsolidierungsprozessen fragen (der Konsolidierungsaspekt).

Abschließend wenden wir uns der Frage nach dem Zusammenhang von Zivilgesellschaft und demokratischer Konsolidierung in jungen Demokratien zu.

I. Zivilgesellschaft aus funktionalistischer Perspektive

Die Theorie der Zivilgesellschaft, schrieb Klaus von Beyme (1995), ist die letzte Ideologie des 20. Jahrhunderts. Gleichwohl reichen die Wurzeln dieses Begriffs, aus denen sich auch heute noch die Konzepte und Funktionszuschreibungen an die Zivilgesellschaft zu einem großen Teil speisen, viel weiter zurück in die Geschichte der politischen Philosophie. In seiner Ursprungsbedeutung weitgehend synonym mit der „politischen Gesellschaft", ist die Dichotomie von Staat und Zivilgesellschaft eine wesentlich jüngere Annahme der politischen Philosophie (vgl. von Beyme in diesem Band). Aus einer langen Theorietradition von John Locke bis Jürgen Habermas lassen sich insgesamt fünf allgemeine Funktionen der Zivilgesellschaft bündeln, aus denen die besonderen Demokratiefunktionen der Zivilgesellschaft für die Transformation politischer Systeme abgeleitet werden können: die Schutz-, Vermittlungs-, Sozialisierungs-, Integrations- und Kommunikationsfunktion (vgl. Merkel/Lauth 1998). Diese Funktionen können Zivilgesellschaften allgemein zugesprochen werden und sind zunächst nicht auf Zivilgesellschaften in Systemwechseln zur Demokratie beschränkt.

ad 1) Die Schutzfunktion der Zivilgesellschaft bezieht sich auf den Schutz der Bürger vor Eingriffen des Staates in ihre Privatsphäre. Sie geht zurück auf John Locke und seine theoretische Begründung des politischen Liberalismus. Zivilgesellschaft bezeichnet hier eine soziale Sphäre jenseits des Staates, in der die Bürger – ausgestattet mit natürlichen Rechten – unabhängig von staatlicher Beeinflussung ihr eigenes Leben und das gesellschaftliche Zusammenleben organisieren und gestalten. Es ist geradezu das Ziel des Lockeschen Herrschaftsvertrages, daß dieser autonome gesellschaftliche Raum zur Sicherung des dreigliedrigen Eigentums des Einzelnen – Leben, Freiheit, Besitz – vom Staat gewährleistet wird. Aus dieser Perspektive bilden der Schutz der Autonomie des Individuums, die Entwicklung und Wahrung individueller Rechte und nicht zuletzt der Schutz des Besitzes des Einzelnen die zentralen Aufgaben der Zivilgesellschaft. Aufgabe der Zivilgesellschaft ist es, den Staat an seine Pflichten und Grenzen zu erinnern und ihn gegebenenfalls (moralisch) zu zwingen, diese zu erfüllen, bzw. zu respektieren (Locke [1690] 1996: 64). Die Sphäre der Zivilgesellschaft hat hier also in erster Linie die Funktion, die Freiheit der Bürger vor ungerechtfertigten staatlichen Eingriffen zu schützen (ibid.: 67-99). Die liberale Demokratietheorie in der Tradition von John Locke hob diese *protektive* Funktion eines entfalteten und freien Assoziationslebens für Individuen, soziale Gruppen und die Gesellschaft im ganzen stets hervor (Dahl 1976; Holden 1993: 116).

ad 2) Die Vermittlungsfunktion: Während in John Lockes nachvertraglicher Herrschaftskonstruktion die beiden Sphären von Staat und ziviler Gesellschaft noch weitgehend unverbunden bleiben, bildet der Aspekt der Vermittlung zwischen unpolitischer und politischer Sphäre eines der zentralen Themen von Montesquieus ([1748] 1994) berühmter Schrift *Vom Geist der Gesetze*. In seinem komplexen Modell der Gewaltentrennung und -verschränkung identifiziert Montesquieu die Balance zwischen staatlich-politischer Autorität und den sozialen Netzwerken der „*corps intermédiares*" als notwendige Voraussetzung für die dauerhafte Sicherung der „*Herrschaft des Gesetzes*". Diese in der Gesellschaft entstehenden „*amphibischen Körperschaften*" sozialer Selbstorganisation agieren sowohl innerhalb als auch außerhalb der staatlichen Sphäre (Taylor 1993).

ad 3) Die Sozialisierungsfunktion: In enger Verknüpfung der konstitutionellen und liberalen Überlegungen von Locke und Montesquieu bis zu den Federalists hat Tocqueville vor allem in seinen Betrachtungen *Über die Demokratie in Amerika* ([1835/40] 1987) eine elementare Funktion gesellschaftlicher Vereinigungen benannt, die in unterschiedlicher Gewichtung in den verschiedensten Theoriesträngen partizipatorischer wie repräsentativer Demokratie bis heute ihren Niederschlag findet: die *Sozialisationsfunktion*. „Freie Assoziationen" erzeugen über die Formierung, Verankerung und Habitualisierung von Bürgertugenden wie Toleranz, Vertrauen und Kompromißbereitschaft ein normatives und politisch-partizipatorisches Potential, welches die Gesellschaft gegenüber freiheitsbedrohenden Angriffen und Versuchungen immunisiert (Tocqueville 1987: 285). Neben den institutionellen Schutzmechanismen des liberalen Verfassungsstaates ist eine pluralistisch-partizipatorische Zivilgesellschaft (sowie eine freie Presse) grundlegend für die Bewahrung der freiheitlichen Rechte der Gesellschaftsmitglieder (vgl. Dahl 1971, 1989)[1]. Sie unterstützt gleichzeitig die gesellschaftliche Dezentralisierung politischer Macht, die Vermittlung ziviler Tugenden wie Solidarität und Toleranz unter den Bürgern sowie die Bildung eines öffentlichen Raumes für gesellschaftliche und politische Diskurse (Rosenblum 1995: 756). Ein aktives und funktionsfähiges Assoziationswesen bildet dabei den effektivsten Schutz gegen jede Form despotischer Herrschaft, sei es die mißbräuchliche Ausübung politischer Autorität und Zwangsgewalt durch die Regierung oder die Beinträchtigung individueller Freiheiten und Rechte durch die demokratische „Tyrannei der Mehrheit" (Tocqueville) oder die „Konventionen" der „öffentlichen Meinung" (Mill 1948) in einer majorisierten illiberalen Demokratie (vgl. Held 1987: 194, 1995: 150). Auf Tocqueville greifen zwei unterschiedliche Gesellschaftsphilosophien des 20. Jahrhunderts zurück: die Pluralismustheorie und die Philosophie des Kommunitarismus. Allerdings wählen beide unterschiedliche Anknüpfungsziele und verfolgen unterschiedliche politische und soziale Ziele.

Pluralismustheoretiker wie Truman (1951) und Ernst Fraenkel (1973) schlagen in gewisser Weise eine Brücke zwischen den Montesquieuschen und Tocquevilleschen Strängen der Zivilgesellschaftstheorie. Die (Neo)-

Pluralismustheorie betont mit Montesquieu besonders die *Vermittlungsleistung* von Interessengruppen – in erster Linie von Verbänden – für demokratisch verfaßte, durch Interessenheterogenität geprägte Gesellschaften. Aus der partizipationsorientierten Weiterentwicklung des klassischen Liberalismus argumentiert die (moderne) pluralistische Demokratietheorie jedoch darüber hinaus, daß nur Gesellschaften mit einer großen Bandbreite aktiver „sekundärer Assoziationen" die Voraussetzungen für jene Vielfalt von Interessen und Meinungen ausbilden können, welche erst die repräsentative Demokratie unterfüttern und tragfähig machen (Hirst 1997: 116).

ad 4) Die Gemeinschaftsfunktion: Insbesondere seit den siebziger Jahren wurde im Rahmen der Kommunitarismusdebatte (Sandel 1984; Taylor 1989; Barber 1994; Etzioni 1995 u.a.) diese sozialisatorische und kulturelle Dimension der Zivilgesellschaft als „Katalysator von Bürgertugenden" (von Beyme in diesem Band) betont. Dies gilt in besonderem Maße für die gerade durch die politischen Umwälzungen in Osteuropa inspirierte Zivilgesellschaftsdiskussion (Thaa 1996; Kraus 1998). Das republikanische Element in Tocquevilles Freiheitstheorie – die Betonung der Notwendigkeit eines aktiven und vom Öffentlichkeitsbewußtsein beseelten Bürgertums – dient der kommunitaristischen Philosophie Michael Sandels (1984) ebenso als Anknüpfungspunkt, wie den Überlegungen Robert Putnams (1993, 1995)[2] zum Zusammenhang von sozialem Kapital und der Funktionsweise sozialer und politischer Institutionen (Engster 1998: 490; Merkel/Lauth 1998). Zivilgesellschaft ist hier ein Gegengift zu den Einstellungen und Verhaltensweisen etatisierter oder individualisierter Gesellschaften. Darüber hinaus kann die Partizipation in sozialen Organisationen nicht nur gesellschaftliche *cleavages* überbrücken und staatsbürgerliche Tugenden wecken, sondern befriedigt auch das Gruppen- und Bindungsbedürfnis von Bürgern in modernen Gesellschaften (Berman 1997: 404). Erst das von der Zivilgesellschaft geförderte Vorhandensein solcher belastungsfähiger gemeinschaftlicher Bindungen schafft wiederum die Basis dafür, daß zentrale demokratische Entscheidungsprozeduren konsequent zur Anwendung gelangen können (vgl. den Beitrag von Peter Kraus in diesem Band). Voraussetzung ist jedoch, daß die zivilgesellschaftliche Selbstorganisierung nicht unter ausschließenden rassischen, ethnischen oder religiösen Prämissen erfolgt. Liegt der Bildung gesellschaftlicher Assoziationen jedoch ein ethnisch-exklusives Verständnis zugrunde und werden universalistische Wertemuster negiert, können partikulär-ethnische Vereinigungen ein erhebliches „unziviles Potential" erzeugen, wie die Beispiele des zerfallenden Jugoslawien oder einiger Länder Schwarzafrikas zeigen (vgl. die Beiträge von Rüb und Schmidt in diesem Band).

ad 5) Die Kommunikationsfunktion: Nicht zuletzt dieser Kern liberaler Zivilgesellschaftskonzepte wurde im Umfeld der Kritischen Theorie aufgegriffen, modifiziert, radikalisiert und gewissermaßen im Hegelschen Sinne „aufgehoben" (vgl. Cohen/Arato 1992). Im Rahmen deliberativer Demokratiemodelle (Habermas 1992 und 1992a) ist dabei vor allem die *kommunikative Funktion* der Zivilgesellschaft verstärkt hervorgehoben worden. Deliberative und diskurstheoretisch orientierte Demokratietheoretiker wie Fishkin (1991), Habermas (1992) oder Benhabib (1996) betonen die Bedeutung einer freien öffentlichen Sphäre, die getrennt von Staat und Wirtschaft den Bürgern einen Raum für freie Debatte, Beratung und Teilhabe an demokratischer Willensbildung bietet. Insbesondere in der Habermas'schen Diskurstheorie wird dabei eine enge Verbindung zwischen Zivilgesellschaft und „öffentlicher Sphäre" hergestellt. So schreibt etwa Seyla Benhabib im Anschluß an Jürgen Habermas:

„It is through the interlocking net of [...] multiple forms of associations, networks and organizations that an anonymous 'public conversation' results" (Benhabib 1996: 75).

Der Zivilgesellschaft und ihren Assoziationen kommt hier – neben den Parteien und Parlamenten – eine Schlüsselfunktion für die Herstellung einer demokratischen ‚Öffentlichkeit' zu. Indem auch schwer organisierbaren oder benachteiligten Interessen die Möglichkeit eröffnet wird, Öffentlichkeit herzustellen, wird die institutionalisierte Meinungs- und Willensbildung in demokratisch verfaßten Systemen offengehalten für „Zufuhren aus den informellen Kommunikationszusammenhängen der Öffentlichkeit, des Assoziationswesens und der Privatsphäre" (Habermas 1992a: 426), auf die ein demokratisches Gemeinwesen angewiesen ist. Als emanzipatorische Akteure der Gesellschaften leisten spontan entstehende Gruppen, Organisationen und Bewegungen unverzichtbare Funktionen in gesellschaftlichen Meinungs- und Willensbildungsprozessen jenseits der vermachteten politischen Öffentlichkeit (Windfuhr 1999: 525), in dem sie soziale Problembereiche thematisieren und aus der privaten in die politische Sphäre tragen.

Diese fünf aus unterschiedlichen Theorietraditionen der politischen Philosophie abgeleiteten Funktionen der Zivilgesellschaft schützen Individuen vor staatlicher Willkür, stützen die Herrschaft des Gesetzes und die Balance der Gewalten, schulen Bürger in zivilen Tugenden, rekrutieren politische Eliten und institutionalisieren mit dem öffentlichen Raum ein Medium der demokratischen Selbstreflektion einer Gesellschaft (Merkel/Lauth 1998: 6). Sie ziehen gewissermaßen die Konturen einer idealen Zivilgesellschaft im Hinblick auf eine nachhaltige Demokratisierung von Gesellschaft und Staat. Insofern haben wir es hier mit einem äußerst voraussetzungsvollen Konzept der Zivilgesellschaft zu tun.

II. Ein funktionalistisch-strukturalistisches Konzept von Zivilgesellschaft

Die Zivilgesellschaft als *historisches Phänomen* ist untrennbar verbunden mit einer spezifischen Sequenz geschichtlicher Ereignisse, die zum Entstehen eines bestimmten Typus kapitalistischer, „bürgerlicher Gesellschaften" (Hegel) in einigen wenigen Ländern Westeuropas und Nordamerikas führte (Shils 1997: 63-103). So hat Jürgen Habermas in seiner Untersuchung über den „Strukturwandel der Öffentlichkeit" (1991) im historischen Kontext der englischen, französischen und deutschen Entwicklung im 18. und frühen 19. Jahrhundert dargelegt, wie „aus der Mitte der Privatsphäre heraus" (ibid.: 13) eine neue Form der öffentlichen Meinung und Kommunikation hervortrat, die der Entwicklung bürgerlicher Gesellschaften (im Sinne der *citoyens*) den Boden bereitete. Die strukturelle Transformation von Öffentlichkeit reflektierte das gewachsene Verhältnis von Staat und Gesellschaft im Westeuropa des 18. Jahrhunderts, das durch die organisatorische und institutionelle Trennung des Staates und der durch das Bürgertum repräsentierten Gesellschaft charakterisiert war. Jene staatsrechtlich konstruierte Trennung wurde insbesondere von der „Ausdifferenzierung einer über Märkte gesteuerten Ökonomie" (Habermas 1991: 23) und der Herausbildung moderner Staatsbürokratien getrieben und mündete schließlich in die „Autonomie der bürgerlichen Gesellschaft im Sinne von Hegel und Marx, d.h. in die ökonomische Selbststeuerung einer privatrechtlich organisierten, rechtsstaatlich garantierten Wirtschaftsgemeinschaft" (ibid.). Das Aufkommen diskursiver Formen der Meinungsbildung und der ideologischen Trennung von Privatheit, Öffentlichkeit und Staat waren somit konstitutive Bedingungen für die Formierung ziviler Gesellschaftssphären (Hall 1995: 6).

Diese europäische, philosophische wie realhistorische Genese weckt Zweifel an der Universalität des Konzepts. So hebt Aurel Croissant in seinem Beitrag in diesem Band hervor, daß ein solches auf spezifischen historischen Entwicklungen basierendes Konzept für die Analyse der Zivilgesellschaften in Asien zunächst ungeeignet erscheint. Angesichts ihrer ebenfalls von den nord- und westeuropäischen Erfahrungen des 18. und 19. Jahrhunderts stark abweichenden (zivil-)gesellschaftlichen Entwicklungsmodi kann dieses Argument teilweise auch auf Lateinamerika, Afrika sowie Osteuropa einschließlich Rußlands und der baltischen Staaten ausgeweitet werden. Sinnvoller erscheint es deshalb, Zivilgesellschaft nicht als historische Form, sondern als „analytische Kategorie" zu begreifen. Mit dieser Enthistorisierung des Konzeptes Zivilgesellschaft wenden wir unsere analytische Perspektive von den geschichtlich konkreten *Strukturen* ab und den kulturell unspezifischen Funktionen der Zivilgesellschaft für die Demokratie und Demokratisierung zu. Insbesondere hinsichtlich der Konsolidierungschancen junger Demokratien ist deshalb die Frage zu stellen, in welchem Maße welche Akteure die oben aufgezeigten *Funktionen* der Zivilgesellschaft für die Demokratie erfüllen. Transformationsanalysen, die nach dem Beitrag der Zivilgesellschaft in unterschiedlichen Regionen und in unterschiedlichen Phasen eines Systemwechsels fragen, sollten sich daher an einem funktionalistisch-strukturalistischen Konzept von Zivilgesellschaft orientieren. Die Funktionen sind dabei invariant, können aber und werden natürlich in unterschiedlichen regionalen, kulturellen und geschichtlichen Kontexten von unterschiedlichen zivilgesellschaftlichen Strukturen und Akteuren wahrgenommen. Damit begegnen wir dem wohlfeilen, oftmals apologetischen Verdikt des Ethnozentrismus, das mit dem Hinweis, daß Demokratie und Zivilgesellschaft westliche Konzepte seien und deshalb nicht auf außereuropäische Gesellschaften angewendet werden können, interregionale und interkulturelle Vergleiche für unzulässig und empirische Analysen auf die Stufe von Länder- und Regionalstudien zurückverweist.

Negiert man diese Denkverbote, lassen sich aus funktional-strukturalistischer Perspektive folgende zentralen Definitionsbausteine aus den hier versammelten *intra*regionalen Vergleichsanalysen herausfiltern.

1. Zivilgesellschaft bezeichnet eine intermediäre Sphäre zwischen der Privatheit des Individuums, der Familie, des Unternehmens etc. und dem Raum des Politischen (Stepan 1988; Rodan 1997), in der vorwiegend kollektive Akteure öffentliche Interessen organisieren und artikulieren. Hinsichtlich ihrer Verfaßtheit weist sie einen hohen Grad an Staatsferne auf, d.h. sie ist unabhängig vom Staat sowie der *political society* – jenem Raum, in dem politische Organisationen und Institutionen um die Kontrolle der Staatsämter konkurrieren (Stepan 1988: 3f.; Diamond 1992: 7). Diese Autonomie ist natürlich nicht vollkommen. Vielmehr können zivilgesellschaftliche Aktivitäten und Funktionsleistungen auch auf den Staat bezogen sein, bedürfen der Anbindung an politische Parteien und Autoritäten und müssen mit der *political society* interagieren, sollen sie nicht ohne Einfluß auf die politische Vertretung und rechtliche Verwirklichung sozialer Interessen sein. Zivilgesellschaftliche Akteure handeln also durchaus politisch, indem sie zwar außerhalb, aber meist mit Blick auf die staatlichen Institutionen handeln.

Das Konzept der Zivilgesellschaft bezeichnet damit jene nicht-staatlichen, nicht rein-ökonomischen Zusammenschlüsse und Assoziationen, die die Kommunikationsstrukturen der Öffentlichkeit in der politisch nicht vermachteten gesellschaftlichen Sphäre (Habermas) umfaßt. Dies bedeutet zum einen, daß die Zivilgesellschaft sich weitgehend autonom organisiert. Da sie aber ein intermediäres Phänomen zwischen Staat und Privatsphäre ist, gilt zum anderen, daß Akteure, die ausschließlich private oder ökonomische Interessen verfolgen, ebensowenig Teil der Zivilgesellschaft sind wie politische Parteien,

Parlamente oder staatliche Verwaltungen (Habermas 1992; Diamond 1999: 221). Gleichwohl ist klar, daß zwischen der zivilen, der politischen und der wirtschaftlichen Gesellschaft Überlappungen die Regel sind, d.h. daß es Akteure gibt, die in mehreren Arenen gleichzeitig agieren, wie etwa korporatistische oder quasi-korporatistische Gewerkschaften, Berufs- und Unternehmverbände oder die Führungsgruppen von Interessenorganisationen (vgl. Howard 1998: 194). Auch bedeutet die *Autonomie* der Zivilgesellschaft vom Staat keine *Antinomie* zum Staat: Vielmehr bedarf es längerfristig – wie auch die Argumentationen von Montesquieu über Tocqueville bis zu Habermas nahelegen – eines effektiven Rechtsstaates, um die Zivilgesellschaft zu schützen und jene grundlegenden rechtlichen und sozialen Bedingungen zu schaffen bzw. aufrechtzuerhalten, auf welche die Zivilgesellschaft für ihre nachhaltige Entfaltung und gesicherte Existenz angewiesen ist (Hall 1995: 16; Delacoura 1998: 198). Dies bedeutet allerdings nicht, daß Zivilgesellschaften nicht auch in autoritären Herrschaftssystemen entstehen können. Sie sind aber, wie wir noch zeigen werden, immer bedroht und prekär. Darüberhinaus können sie nie alle demokratiefördernden Funktionen erfüllen. Dies ist ein erster Hinweis darauf, daß Zivilgesellschaften in unterschiedlichen politischen Regimen oder Transformationsphasen unterschiedliche Funktionen erfüllen und unterschiedliche interne Kommunikationsstrukturen und Organisationen aufweisen.

Die Zugehörigkeit zur Zivilgesellschaft bestimmt sich zunächst also über funktionale Leistungen: Nur solche Organisationen, Gruppen und Akteure können als Teil der Zivilgesellschaft betrachtet werden, die eine oder mehrere der dargestellten Funktionen wahrnehmen.[3] Dabei gelten jedoch zwei Überlegungen: *Erstens* sind zivilgesellschaftliche Strukturen wie jede soziale Struktur ‚*multifunktional*' (Almond/Powell 1978). Zivilgesellschaftliche Akteure können neben ihren Funktionen als Teil der Zivilgesellschaft auch andere Funktionen wahrnehmen. Dies läßt sich u.a. am Beispiel von Unternehmerverbänden und Gewerkschaften verdeutlichen. Handeln beide etwa Löhne und Tarife aus, erfüllen sie damit keineswegs automatisch zivilgesellschaftliche Funktionen. Stellen aber beide Verbände politische Forderungen, die sich auf eine Demokratisierung des Staates und eine stärkere Beteiligung der Gesellschaft an politischen Entscheidungen richten, handeln sie als Akteure der Zivilgesellschaft. Beteiligen sich beispielsweise Gewerkschaften an politischen Streiks gegen autoritäre Regime, wie teilweise in Südeuropa (vgl. den Beitrag von Mark Arenhövel in diesem Band), oder leisten Unternehmerorganisationen Widerstand gegen autokratische Herrschaftsstrukturen wie auf den Philippinen, so sind sie funktional als Teil der Zivilgesellschaft zu betrachten (siehe Croissant in diesem Band). Diese vorrangig funktionalistische Betrachtungsweise von Zivilgesellschaft vermeidet das theoretisch nicht zu lösende Problem der unbedingten Zuweisung ganzer gesellschaftlicher Organisationen und Bewegungen als zur Zivilgesellschaft gehörig oder nicht mehr dazu gehörig. In eine solche strikte Klassifikationsfalle muß aber jedes Zivilgesellschaftskonzept laufen, das sich nicht an den zivilgesellschaftlichen Funktionen, sondern an deren Organisationsformen orientiert. Unsere funktionalistische Perspektive hält das Konzept dagegen für die Beobachtung und Analyse möglicher „funktionaler Äquivalente" offen, was gerade mit Blick auf intra- und interregionale Vergleichsanalysen notwendig erscheint. So können zivilgesellschaftliche Funktionen auch von solchen Gruppen oder Organisationen wahrgenommen werden, die in anderen gesellschaftlichen Kontexten kaum als Teil der Zivilgesellschaft betrachtet werden, wie etwa Wirtschaftsverbände in konsolidierten Demokratien, traditionale Gruppen in afrikanischen Gesellschaften oder Folkloregruppen in den baltischen Staaten zur Sowjetzeit (siehe die Beiträge von Siegmar Schmidt zu Afrika und Markus Lux zum Baltikum).

2. Damit ist die „Zivilgesellschaft" als Analysekategorie jedoch noch keineswegs hinreichend konkretisiert. Denn aus der funktionalen Perspektive betrachtet ist sie zwingend auch ein normatives Konzept. Für die Konzeptualisierung der Zivilgesellschaft als empirisch-analytische Kategorie resultieren hieraus bestimmte ‚modale' Kriterien, die es bei der Verortung bestimmter Gruppen, Bewegungen und Organisationen innerhalb oder außerhalb der zivilgesellschaftlichen Sphäre zu beachten gilt. Unter normativen Gesichtspunkten bildet das prinzipielle Bekenntnis zur Gewaltfreiheit sowie weltanschaulicher, religiöser und politischer Toleranz jenen normativen Grundkonsens, den Akteure akzeptieren müssen, damit sie als Teil der Zivilgesellschaft gelten können.[4] Die Grenze zwischen zivilgesellschaftlich noch „zulässiger" und bereits „unzulässiger" Gewalt ist sicherlich empirisch mitunter nur schwer zu bestimmen. Sie kann jedoch zumindest dann als überschritten gelten, wenn die physische Verletzung anderer als Begleiterscheinung eigenen Handelns toleriert wird bzw. fester Bestandteil der Handlungsstrategie eines Akteurs ist (vgl. Croissant in diesem Band). So können etwa ethnisch basierte gesellschaftliche Vereinigungen von Slowenen, Kroaten, Serben oder auch bosnischen Muslimen dann nicht als Teile einer Zivilgesellschaft betrachtet werden, wenn Toleranz, Fairneß und die Achtung von Menschenrechten zwar nach innen gelten, aber gegenüber den anderen ethnischen Gemeinschaften in Intoleranz und Gewalt umschlagen. Den Umschlag ziviler Tugenden in der eigenen ethnischen Gemeinschaft („innen") in unziviles Gewaltpotential („außen") gegenüber anderen ethnischen Gemeinschaften hat Friedbert Rüb in diesem Band am Beispiel Exjugoslawiens analysiert.

Gerade anhand dieser normativen Komponenten von Zivilgesellschaft wird deutlich, daß längst nicht jede Form autonomer Gruppen und Bewegungen der Zivilgesellschaft zuzurechnen ist (Gellner 1995). Eine zu starke Ausweitung der Grenzen des Konzepts, ebenso wie seine Entnormativierung, indem Kriterien wie Gewaltfreiheit, Staatsferne und Öffentlichkeit aufgegeben werden, führt nicht zu einem Gewinn, sondern zu einem Verlust an Erklärungskraft des Zivilgesellschaftskonzepts. Dadurch würde der Begriff der Zivilgesellschaft bestenfalls zum Synonym für das pluralistische Gesellschaftskonzept oder schlechtestenfalls zu einer residualen *catch-all*-Kategorie, die alle nichtetatistischen Gruppen, Initiativen, Bewegungen und Handlungen unter dem Terminus der Zivilgesellschaft subsumiert.[5]

Mit Blick auf die islamischen Länder hat zu diesem Problem Katerina Delacoura jüngst treffend festgestellt:

„A strand in the recent literature on civil society describes Islamist or even traditional associations (even tribes) as elements of civil society. Islamist groups are adept in making such claims for themselves. But [...] this is a misrepresentation of the term 'civil society' because such associations are based on hierarchy, control and social repression. They lack essential elements of freedom and pluralism implied in the term 'civil society'. This is not to say that any Islamic association is inherently illiberal [...]. It is, however, to deny that any association is an expression of civil society merely by virtue of its beeing against or independent of the state" (Delacoura 1998: 198).

An dieser Stelle sind noch zwei weitere Präzisierungen angebracht. Die erste betrifft das Verhältnis von Zivilgesellschaft und politischer Kultur: Während die Zivilgesellschaft die Dimension des Verhaltens, bzw. des kollektiven zivilen Handelns erfaßt, bezieht sich das Konzept der politischen Kultur auf die subjektive Fundierung dieses Verhaltens in den politisch relevanten kognitiven, evaluativen und affektiven Einstellungen, Werten und Orientierungen der Bürger einer Gesellschaft. Während also etwa der angelsächsisch geprägte Begriff der *civic culture* die Dimension demokratiefreundlicher Einstellungen der Bürger bezeichnet, erfaßt die *civil society* die *civic action* (Stiehl/Merkel 1997: 88; Arenhövel in diesem Band). Zivilgesellschaftliches Engagement ist dabei öffentliches Engagement, das nicht notwendigerweise politisch im Sinne von direkten Forderungen und Unterstützungsleistungen an das politische System sein muß. Vielmehr geht es hier um öffentliches Engagement allgemein, also auch im sozialen und kulturellen Bereich.

Die zweite Präzisierung zielt auf das Verhältnis von Demokratie und Zivilgesellschaft. Hier kann die These aufgestellt werden, daß beide Phänomene analytisch unabhängig voneinander konzeptualisiert werden müssen. Die normative Verortung des Zivilgesellschaftskonzeptes bedeutet nicht, daß jede Form realer Zivilgesellschaft immer und gleichermaßen positive Auswirkungen auf die Entwicklungs- und Konsolidierungschancen von Demokratie hat. Weder ist Zivilgesellschaft in jedem Fall und jeder Entwicklungsphase demokratiestärkend, noch ist die Zivilgesellschaft per se eine Sphäre reiferer und gerechterer Demokratie. Zivilgesellschaften können auch ‚dunkle Seiten' aufweisen (vgl. Foley/Edwards 1996; Diamond 1999: 225-227; Lauth 1999: 110-112):

„[C]ivil society is not coterminus with democracy [...]. While there are points of convergence around pluralism and the dispersion of interests and social forces, the pluralistic character of civil society neither ensures democracy nor implies a strengthening of the open domain of public life" (Roninger 1994: 210).

So wurde die Etablierung autoritärer Regime in Lateinamerika und Ostasien (Südkorea) in den 60er Jahren auch durch den Zustand und Strategien der Zivilgesellschaften begünstigt. Der Mangel an zivilem und demokratischem Konsens unter den Akteuren der Zivilgesellschaft als auch der politischen Gesellschaft führte zu einer ungehemmten Proliferation unziviler Verhaltensweisen und steigender Sympathie von Teilen der (Zivil-)Gesellschaft mit antidemokratischen Akteuren. Die Radikalisierung zivilgesellschaftlicher Gruppen provozierte eine Gegenreaktion rechtskonservativer Kräfte in Militär und Bürokratie und ließ fragile Demokratisierungsversuche auch scheitern (Birle sowie Croissant in diesem Band). Auch wenn die Intentionen zivilgesellschaftlichen Handelns auf Demokratisierung gerichtet sein mögen, muß dessen reale Wirkung aufgrund möglicher nicht-intendierter Folgen keineswegs immer demokratieförderlich sein.

Manche zivilgesellschaftlichen Gruppen erfüllen nicht jene Merkmale, die ihnen allgemein von der deliberativen Demokratietheorie zugesprochen werden. Sie sind häufig nicht partizipativ, basieren nicht auf den Normen der Gleichheit und Gleichberechtigung der Mitglieder, sind nicht auf deliberative Diskurse ausgerichtet und weisen oftmals hochgradig selektive Mitgliedschaftskriterien auf. Hierarchische oder gar autoritäre Strukturen (u.a. Kirchen, Gewerkschaften) sind etwa in autoritären Regimen eher die Regel als die Ausnahme für zivilgesellschaftliche Organisationen. Nicht jeder bürgerlichen Vereinigung und solidarischen Gemeinschaft ist deshalb sofort demokratiefördernde Wirkung zuzuschreiben, wie eine bestimmte Variante des Kommunitarismus (u.a. Etzioni 1997) unterstellt, jedoch durch den Beitrag von Klaus von Beyme theoretisch in Frage gestellt und durch die Analyse des ehemaligen Jugoslawiens von Friedbert Rüb auch empirisch dementiert wird.

Umgekehrt gilt, auch dies zeigen die Analysen dieses Bandes sowie weitere bislang vorgelegte Studien zur Rolle der Zivilgesellschaft in demokratischen Transformationsprozessen (Lauth/Merkel 1997b; Haynes 1997), daß eine demokratische politische Kultur (im Sinne einer *civic culture*) oder ein lebendiger Pluralismus zivilgesellschaftlicher Organisationen keineswegs hinreichende Voraussetzungen für die Entstehung einer Demokratie sind:

„[T]he existence and strength of civil society are poor historical explanations of democracy. Civil society has coexisted with very different types of regime – including fascism in Italy and Germany. To take but one additional example, the very vibrant Swedish civil society with deep historical roots stands in sharp contrast to the country's comparatively late democratization" (Törnquist 1998: 111).

Außerhalb der kurzen Phasen von Regimekrisen, in denen es zum Wiederaufleben von Zivilgesellschaften (O'Donnell/Schmitter 1986) kommen kann, erzeugen der begrenzte gesellschaftliche Pluralismus und die Staatsfixiertheit autoritärer Systeme schwache Zivilgesellschaften. Da Inhalte einer politischen Kultur das Ergebnis von Sozialisations- und institutionellen Erziehungsprozessen in Familie, Schule, Universität, Militär etc., von Medieneinflüssen sowie von Erfahrungen im Erwachsenenleben mit den Leistungen von Regierung, Gesellschaft und Wirtschaft sind (Almond 1987: 29), muß es geradezu paradox anmuten, demokratiestützende Einstellungen unter der großen Mehrheit der Bürger zur Voraussetzung von Demokratisierungsprozessen zu erklären. Vielmehr können eine Staatsbürgerkultur sowie ein nachhaltiger zivilgesellschaftlicher Pluralismus bestenfalls das langfristige Resultat einer dialektischen Synthese von zivilgesellschaftlichem Handeln und repräsentativer Demokratie sein (Friedman 1994: 31). Wie die Studien von Almond/Verba (1963, 1989) zur politischen Kultur in westlichen Industriegesellschaften freilich gezeigt haben, vollziehen sich die Verankerung demokratischer Einstellungen und Werte auf der Massenebene sowie die Entwicklung zivilgesellschaftlicher Organisations- und Repräsentationsstrukturen in einem langwierigen Prozeß, der beispielsweise in Deutschland und Österreich auch nach 1945 mehrere Jahrzehnte andauerte (Merkel 1999a: 223ff.). Demokratien können also anfangs bestehen, ohne sofort von einer vitalen Zivilgesellschaft gestützt zu werden.

III. Struktur- und funktionsprägende Kontexte der Zivilgesellschaft

Zivilgesellschaften entstehen auch nach Regimebrüchen und Systemwechseln nie auf einer ‚Tabula rasa'. Vielmehr wurzeln sie in der Geschichte, Tradition und Kultur einer Gesellschaft. Die Beiträge dieses Bandes legen zunächst die Annahme nahe, daß die Organisations- und Handlungsstrategien in den Zivilgesellschaften der jungen Demokratien der dritten Welle in weiten Teilen reflexiv sind, d.h. daß die Wahl von Organisations- und Strategieformen maßgeblich durch strukturelle, kognitive und situative Faktoren beeinflußt wird, von denen die folgenden vier als die einflußstärksten (im Sinne von Möglichkeitsbedingungen) angesehen werden müssen (vgl. u.a. Oxhorn 1995; Haynes 1997 sowie Schmidt und Croissant in diesem Band):

1. die Institutionen und Strukturen autoritärer Regime;
2. das sozio-kulturelle Erbe;
3. die ökonomischen Umweltbedingungen der Transformation;
4. die internationalen Einflußfaktoren.

Diese vier Faktorenbündel wirken keinesfalls ausschließlich und prägen die zivilgesellschaftliche Entwicklungsdynamik nicht in allen Transformationsländern gleichzeitig, mit identischer Gewichtung oder auf dieselbe nachhaltige Weise. Aus vergleichender Perspektive können gleichwohl folgende Fragestellungen aus diesen Einflußfaktoren abgeleitet werden:

1. Welchen Einfluß hat der Institutionalisierungsgrad (Dauer, Art) des autokratischen Regimes auf Form und Funktion der postautokratischen Zivilgesellschaft?
2. In welchem Maße determiniert das sozio-kulturelle Erbe den Pfad der zivilgesellschaftlichen Entwicklung in postautokratischen Demokratien?
3. Welchen Einfluß hat das sozio-ökonomische Entwicklungsniveau auf Gestalt und Funktionsweisen der Zivilgesellschaft?
4. Welche Rolle spielen internationale Einflüsse auf die Entwicklung postautokratischer Zivilgesellschaften?

1. Die politischen Institutionen des autokratischen Regimes

Es entspricht der Natur autoritärer und totalitärer Systeme, daß in dem engbegrenzten bzw. geschlossenen sozio-politischen Raum ein gesellschaftlicher Pluralismus kaum Platz für die Entfaltung zivilgesellschaftlicher Aktivitäten und Assoziationen findet. Der Befund der empirischen Analysen des Bandes bestätigt denn auch, daß die Zivilgesellschaften in allen hier untersuchten Regionen während der autokratischen Ära schwach, marginalisiert und politisch weitgehend einflußlos waren. Allerdings müssen hier mindestens zwei Einschränkungen gemacht werden: Erstens gibt es sowohl inter- wie auch intraregionale Unterschiede in der Art, wie im Niveau der zivilgesellschaftlichen Vitalität; zweitens nimmt häufig in der krisenhaften Endphase der autokratischen Regime der Umfang der zivilgesellschaftlichen Aktivitäten zu. Dies ist zum einen auf die Erschöpfung der letzten ideologisch-moralischen Legitimitätsreserven des alten Regimes zurückzuführen, zum anderen – und damit verbunden – aber auch auf die abnehmende verhaltenssteuernde Kraft repressiver wie nicht-repressiver Institutionen der autokratischen Herrschaft. Dies wurde in der langen Agonie des kommunistisch-autoritären Regimes Polens während der 80er Jahre besonders sichtbar, als die Solidarnosc und die katholische Kirche zunehmend Raum für die Zivilgesellschaft zu erobern vermochten.

Generell kann jedoch *ceteris paribus* gelten, daß in stärker totalitären Systemen (Sowjetunion, Tschechoslowakei) der hohe Institutionalisierungsgrad der autokratischen Herrschaft der Zivilgesellschaft noch weniger Raum gewährte, als dies in posttotalitären autoritären Systemen wie in Ungarn und Polen der Fall war. Dort war die institutionell-autokratische Besetzung des ge-

Zivilgesellschaft und Transformation 23

sellschaftlichen Raumes weniger flächendeckend und überließ *nolens volens* der zivilgesellschaftlichen Selbstorganisation bestimmte Nischen und Räume.[6] Aufschlußreich ist im internationalen Vergleich, daß der hohe Institutionalisierungsgrad der kapitalistisch-autoritären Kuomintang-Herrschaft in ihrer Blütezeit der Zivilgesellschaft ebenfalls weniger Raum ließ, als dies in dem weniger institutionalisierten Militärregime Südkoreas oder der sultanistischen Diktatur Marcos' auf den Philippinen der Fall war. Dies ist ein erster Hinweis darauf, daß weniger die ‚Region'[7] als die konkreten institutionellen Kontexte als relevante Einflußfaktoren auf die Zivilgesellschaft angesehen werden müssen.

Die autoritären Regime in Lateinamerika, Südeuropa, den meisten afrikanischen Staaten und in Südkorea bzw. den Philippinen boten aufgrund ihres geringeren Institutionalisierungsgrades vorteilhaftere Bedingungen für die Herausbildung von zivilgesellschaftlichen Teilstrukturen als dies in den kommunistischen Regimen Osteuropas der Fall war. In all diesen Regionen erreichte der gesellschaftliche Durchdringungsgrad der autoritären Regimeinstitutionen bei weitem nicht das osteuropäische Niveau. Es sei an dieser Stelle jedoch noch einmal vermerkt, daß dies nicht auf die ‚Region', sondern v.a. auf den unterschiedlichen Charakter, d.h. die institutionelle Stärke *(regime coherence)* und die Dauerhaftigkeit der Herrschaftsstrukturen *(regime durability)* (vgl. Eckstein/Gurr 1975) in den jeweiligen autokratischen Regimen zurückzuführen ist.

Mit den regionalen Ausnahmen Afrika und Zentralamerika kann festgestellt werden, daß die Organisations- und Handlungsspielräume der *civil society* dort umso geringer waren, je stärker das autoritäre Regime institutionalisiert, je langlebiger sein institutioneller Aufbau und je effektiver insbesondere seine korporatistischen Arrangements waren. Ähnlich wie in Teilen Ostasiens trachteten auch die autoritären (Militär-)Regime Südamerikas nie nach einer totalen Kontrolle der (Zivil-)Gesellschaft. So konnten sich etwa Kirchen, Unternehmerverbände und ‚unpolitische' Organisationen der Zivilgesellschaft relativ frei betätigen, während allerdings Gewerkschaften, Bauern- und Armenorganisationen sowie Gruppen, die genuin politische Fragen (Menschenrechte, Demokratie) thematisieren, phasenweise massiver Repression ausgesetzt waren (vgl. Birle in diesem Band). Diese selektive Repression führte häufig zum Entstehen eher lokaler anstelle funktionaler und territorial weit ausgreifender Organisationen. Die Atomisierung bzw. Lokalisierung der organisierten Zivilgesellschaft bedeutete zwar einen erheblichen Einflußverlust, ließ aber lokale Enklaven mit beachtlichen zivilgesellschaftlichen Aktivitäten entstehen (Oxhorn 1995: 261).

Die zentralamerikanischen bzw. die afrikanischen „Transformationsregionen" bilden hier zwei bemerkenswerte Ausnahmen. Wie Siegmar Schmidt in seinem Beitrag für Afrika feststellt, waren zivilgesellschaftliche Entfaltungsmöglichkeiten vor allem dort spärlich, wo das „gesamte politische und öffentliche Leben von einem Diktator und dessen neo-patrimonialer Herrschaftspraxis bestimmt werden konnte". Ungeachtet ihrer politisch-institutionellen Schwächen gelang es den autoritären Entwicklungsregimen und personalisierten Diktaturen, zivilgesellschaftliche Entwicklungsdynamiken weitgehend lahmzulegen. Allerdings waren hier auch die historischen, kulturellen und sozioökonomischen Entwicklungsbedingungen der nationalen *civil societies* im Vergleich zu anderen Transformationsregionen ausgesprochen hinderlich (siehe unten). Historische Erblasten wie die Unterdrückung und Kooptation traditionaler Gruppen und Organisationsformen während der Kolonialzeit, der niedrige sozioökonomische Entwicklungsstand der Gesellschaften und die in weiten Teilen noch stark parochial geprägten politischen Kulturen überlagerten weitgehend den Einfluß politischer Institutionen bzw. ermöglichten erst die Etablierung neo-patrimonialer Herrschaftsformen. Die Verschränkung solch politischer und sozioökonomischer Faktoren wirkten im Hinblick auf die Entfaltungsmöglichkeiten der Zivilgesellschaft wie funktionale Äquivalente zu einer durchinstitutionalisierten Kontrolle (s.a. Haynes 1997: 18).

In den Rechtsdiktaturen Zentralamerikas wiederum waren es ebenfalls weniger die politischen Institutionen, sondern v.a. die extreme Willkür und Repression der Militärdiktaturen (Guatemala, El Salvador, schwächer auch Honduras) und des sultanistischen Somoza-Regimes in Nicaragua, die zivilgesellschaftliche Aktivität nicht nur erschwert, sondern durch physische Liquidation großflächig vernichtet hat.

2. Das sozio-kulturelle Erbe

Die Stärke des zivilen Engagements variiert nach den vorliegenden Analysen in signifikantem Maße mit den geschichtlichen Erfahrungen und Kulturtraditionen von Umbruchgesellschaften. Im Zuge der Evolution von Zivilgesellschaften werden historisch gewachsene kollektive Identitäten tradiert. Wertorientierungen, die sich in bestimmten, gesellschaftlich dominanten, kulturellen Mustern verfestigen, beeinflussen Richtung und Umfang der zivilgesellschaftlichen Entstehungsprozesse (Welzel 1999).

Während im russischen und zentralasiatischen Teil der Sowjetunion auch die bescheidenen historischen Relikte der Zivilgesellschaft aus der Zarenzeit durch die lange Sowjetherrschaft zerstört wurden, überlebten im Baltikum kollektive Erinnerungen und kulturelle Traditionen, an die die erwachenden estnischen, lettischen und litauischen Zivilgesellschaften anknüpfen konnten. Die unterschiedliche Entwicklung der *civil societies* im Baltikum sowie in den übrigen Teilen des zerfallenen Sowjetimperiums oder aber der Vergleich zwischen Süd- und Zentralamerika zeigen mindestens zweierlei:

- An zivilgesellschaftliche Traditionen und Erinnerungen aus der eigenen Geschichte kann in Transformationsprozessen umso eher angeknüpft wer-

den, je kürzer die autokratische Herrschaft war.
- Zivilgesellschaftliche Traditionen können in autokratischen Kontexten dann am stärksten revitalisiert werden, wenn sie mit dem Thema der nationalen Selbstbestimmung und Unabhängigkeit verknüpft werden. Allerdings droht dort häufig mit der Unabhängigkeit die zivilgesellschaftliche „Kultur" von der nationalistischen „Unkultur" unterdrückt zu werden. Lettland (vgl. Lux in diesem Band) beglaubigt dies in milder, Kroatien und Serbien (vgl. Rüb in diesem Band) in radikaler Form. In Lateinamerika ist diese Gefahr kaum gegeben, da hier Prozesse der Nationalstaatsbildung überwiegend bereits lange vor der letzten Demokratisierung erfolgreich abgeschlossen wurden.

In Ostmitteleuropa vermochte besonders die katholische Kirche Polens das von ihr in der Geschichte akkumulierte und verwaltete national-katholische Kapital zur Mobilisierung gegen das spätkommunistische Regime einzusetzen. Während die katholische Kirche in den achtziger Jahren zweifellos eine wichtige Demokratisierungsfunktion als Teil der Zivilgesellschaft in Polen erfüllte, drohte dieses zivile Kapital unter den demokratischen Bedingungen der neunziger Jahre in dem Maße unzivile Verhaltensweisen hervorzubringen, in dem die Kirche intransigent ihre dogmatischen Glaubenssätze auch für die weltliche Politik verbindlich machen wollte. In den Systemwechseln der Tschechoslowakei und Ungarn spielte die katholische Kirche keine wichtige Rolle: Ihr stand das spezifische Mobilisierungskapital von Nationalismus und tiefer (katholischer) Religiösität nicht zur Verfügung. Doch insbesondere für Tschechien, Slowenien, sowie für Teile der Slowakei erwies sich der sogenannte „Habsburg-Faktor" für die Herausbildung einer Zivilgesellschaft nach dem Regimeende von Bedeutung. Rechtsstaatliche Traditionen, pluralistische Erfahrungen der verbandlichen Selbstorganisation der Gesellschaft wurden durch die staatssozialistische Herrschaft zwar verschüttet aber nicht völlig ausgelöscht. An sie konnten die entstehenden Zivilgesellschaften nach 1989 wieder anknüpfen (Rupnik 1999)

Dagegen läßt sich in Zentralamerika ein negativer Zyklus von politisch-historischen Erfahrungen, sozio-kulturellen Traditionen, extremer sozioökonomischer Ungleichheit und der Persistenz unziviler Verhaltensmuster erkennen. Das Ineinandergreifen von verfestigten autoritären Traditionen sowie fehlenden rechtsstaatlichen und demokratischen Erfahrungen einerseits und tiefreichenden anomisch-violenten Gesellschaftsstrukturen andererseits (Bendel/Krennerich in diesem Band; Zinecker 1999) führte in einigen Ländern zu einer Übersetzung der mittelamerikanischen ‚Gewaltkultur' auch in den zivilgesellschaftlichen Raum. Die staatliche und para-staatliche Unterdrückungsgewalt bildete den gemeinsamen Erfahrungshintergrund, vor dem sich spätestens ab Ende der 70er Jahre ein Großteil gesellschaftlicher Oppositionsgruppen aus der Zivilgesellschaft verabschiedete und in den gewaltsamen Widerstand untertauchte. Die Folge war „daß im Ergebnis bisheriger Transition und Transformation (in Zentralamerika) zwar Staat und Wirtschaft liberalisiert worden sind, doch der zwischen Wirtschaft und Staat liegende und gegenüber emanzipatorischem Wandel ‚resistentere' strukturelle ‚Raum' davon unberührt blieb" (Zinecker 1999). Violenz trat an die Stelle zivilen Handelns und erschwerte das Entstehen von Zivilgesellschaften.

Der Grad der ethnischen oder religiösen Spaltung einer Gesellschaft ist ebenfalls von erheblichem Einfluß auf die Entwicklungschancen, Formen und Strategien von postautokratischen Zivilgesellschaften. In ethnisch segmentierten Gesellschaften wie jener Ex-Jugoslawiens, jenen des Baltikums oder vieler afrikanischer Staaten produziert ‚ethnisches' Kapital eine erhebliche soziale Identitäts- und Mobilisierungskraft mit ambivalenter Bedeutung für die zivilgesellschaftliche Genese.

„Unter modernen Bedingungen resultiert Ethnizität aus dem Prozeß der Aktivierung eines oder mehrerer ethnischer Potentiale in der Sphäre der Zivilgesellschaft, und es ist eben dieser Prozeß, der sich für eine Gruppe letztlich als identitätsstiftend erweist. Ethnizität verhält sich insoweit zu beobachtbaren, ‚objektiven', ethnischen Kategorien ähnlich wie Klassenbewußtsein zu objektiven Klassenlagen" (Kraus in diesem Band).

Wo aber Nationalisten im Lager der politischen Opposition oder der regierenden Eliten die Kontingenzüberschüsse eines Demokratisierungsprozesses als Chance zu einer raschen und grundlegenden Neuregelung der ethnischen Beziehungen – d.h. als machterhaltende oder machterobernde Strategie – erkennen (Offe 1994), bewegt sich die Zivilgesellschaft grundsätzlich auf einem schmalen Grat zwischen ziviler und unziviler Variante. Wie die Beispiele Ex-Jugoslawiens, verschiedener afrikanischer Gesellschaften und selbst Lettlands zeigen, wird dieser schmale Grat häufig in die unzivile Sphäre des ethnisch-nationalen Wahns oder wenigstens der ethnischen Diskriminierung überschritten.

Diese ‚dunkle Seite' ethnisch segmentierter Gemeinschaften macht deutlich, daß partikularisches soziales Kapital aus demokratietheoretischer Sicht ambivalent sein kann. Die sich hieraus ergebenden Zweifel an der nicht hinterfragten positiven Wirkung zivilgesellschaftlicher Vereinigungen Tocqueville'scher Prägung sind nicht neu. Sie verweisen auf die bereits in anderen Zusammenhängen (Levi 1996; Berman 1997) angestellte Überlegung, daß eine quantitative Zunahme von Vereinigungen nicht schon automatisch zu einer qualitativen Zunahme an staatsbürgerlichen Tugenden führen muß.[8] So zeigen die Beiträge zu Afrika, dem Baltikum und insbesondere zu Ex-Jugoslawien, daß dort, wo sich Nationalismus im Kampf gegen die Diktatur nicht mit politischem Liberalismus und dem Bekenntnis zu den Spielregeln der Demokratie verbindet, Nationalismus eine starke motivationale Kraft für die unzivilisierte Gesellschaft sein kann (Berman 1997: 408f.).[9]

Dabei erweist sich die Dichotomie zwischen ethnischem und staatsbürgerlichem Nationalismus in der Realität (nicht nur) junger Demokratien aus empirischer Sicht häufig als fragwürdig (Kraus in diesem Band; Hall 1995: 13). Nationalistische, traditionale oder ethnisch-partikularistische Organisationen entsprechen auf vielerlei Art und Weise jenen zivilgesellschaftlichen Organisationen, die im Tocqueville'schen Sinne als Beispiele für horizontal organisierte, Gleichheit und Gemeinschaftsgefühle betonende gesellschaftliche Vereinigungen gelten können. Die Gefahren solcher nicht-pluralistischen Zivilgesellschaften für junge Demokratien bestehen v.a. darin, daß sie die vertikale Fragmentierung der Gesellschaft verstärken, ethnische Minderheiten exkludieren und den liberalen Werten und Prinzipien von Rechtsstaat und Demokratie ein illiberales Gegenbild entgegenstellen. Daher muß bei der Beurteilung der demokratischen Funktion von Zivilgesellschaften unterschieden werden zwischen jenen Gruppen und Vereinigungen, die soziales Kapital nur für ethnisch oder religiös segmentierte Gemeinschaften exklusiv produzieren und jenen Organisationen, die ‚staatsbürgerliches' (*civic*) Kapital für die Gesamtgesellschaft akkumulieren. Es sind allein letztere, die Toleranz und Fairneß erzeugen und damit die Demokratie mit unverzichtbaren Werten und Verhaltensweisen sozial unterfüttern. Aus demokratietheoretischer Sicht besonders bedenklich ist gerade diese Form der segmentierten aber hoch organisierten ‚Zivil'-gesellschaft, bei der zwar die Anomien einer „Massengesellschaft" (Kornhauser) nicht auftreten, die integrative und edukative Funktion für die zivile wie für die gesamte Gesellschaft aus Gründen der ethnischen, nationalistischen oder religiösen (Aus-)Schließung aber nicht geleistet, sondern geradezu verhindert wird.

3. Die (sozio-)ökonomischen Umweltbedingungen

Auch hinsichtlich der sozio-ökonomischen Rahmenbedingungen der Entwicklung von Zivilgesellschaften zeigen sich sowohl zwischen als auch innerhalb der Transformationsregionen erhebliche Unterschiede. Dies gilt gleichermaßen mit Blick auf die sozio-ökonomischen Entwicklungsniveaus der Länder (v.a. Einkommensniveau, Industrialisierung, soziale Differenzierung, Bildung), als auch hinsichtlich der nationalen wie internationalen Konjunkturzyklen, innerhalb derer sich die Transformationsprozesse vollzogen haben. Dabei bestätigen die Beiträge in diesem Band in ihrer Gesamtschau partiell die modernisierungstheoretische These, nach der sich der wachsende Differenzierungsgrad der Wirtschaft in eine gesellschaftliche Pluralisierung übersetzt. Zivilgesellschaftlichen Gruppen bieten sich demnach in ökonomisch ‚fortgeschritteneren Staaten' nicht nur mehr Betätigungsfelder, sondern auch bessere Entfaltungs- und Einflußmöglichkeiten. Dieser von der (west-)europäischen Entwicklung vorgezeichnete Weg findet sich in verschiedenen asiatischen und osteuropäischen Ländern wieder. Daneben läßt sich aber auch ein gänzlich anderer Entwicklungsweg von zivilgesellschaftlichen Organisationen beobachten, der mit dem modernisierungstheoretischen Erklärungsansatz nicht zu erfassen ist, ja zu diesem geradewegs kontrastiert. Die Entstehung und Gründung von zivilgesellschaftlichen Akteuren konvergiert in diesem Falle mit Entwicklungsblockaden oder sozialen Krisen. Während wir bei dem ersten Weg von einer Entfaltung der Zivilgesellschaft aufgrund von „Wohlstand" sprechen können, entspringt der zweite Weg dem „Mangel" und der staatlichen Repression.

In diesem Zusammenhang ist vor allem auf Afrika und – mit Abstrichen – auch auf Ostasien sowie Süd- und Zentralamerika zu verweisen. Hier hatten wirtschaftliche Entwicklungen (struktureller wie konjunktureller Art) besonderen Einfluß auf die Genese der Zivilgesellschaften. In Afrika wirkten sich die Wirtschaftskrise der 80er und frühen 90er Jahre und die anschließend durchgeführten Strukturanpassungsprogramme – aus modernisierungstheoretischer Sicht paradoxerweise – förderlich auf die Entwicklung der Zivilgesellschaften aus. Hierbei lassen sich zwei dynamische Kerne erkennen, die in national unterschiedlicher Gewichtung die Entfaltung der Zivilgesellschaft trieben: zum einen eine Vielzahl unterschiedlicher und ‚schillernder' NGOs, die weitgehend aufgrund externer Förderung ins Leben gerufen wurden und zum anderen Selbsthilfegruppen oder lokale Netzwerke, die überwiegend autochtonen Ursprungs sind (Harders/Schauber 1999). Selbsthilfe- und Nachbarschaftsorganisationen operierten häufig als funktionaler ‚Staatsersatz' und erweiterten dadurch zunehmend ihren politischen Handlungsspielraum. So traten zivilgesellschaftliche Gruppen vermehrt ‚politisch', als Sprachrohr einer kritischen Öffentlichkeit, als Kontrollinstanz lokaler Herrschaft und als Konstrukteure einer Gegenlegitimität zum delegitimierten ineffektiven Staat in Erscheinung. Gleichwohl müssen die sozio-ökonomischen Rahmenbedingungen für die nachhaltige Entwicklung der Zivilgesellschaften in den afrikanischen Transformationsländern auch weiterhin als ungünstig beurteilt werden. Denn wo eine entsprechende soziale Differenzierung weitgehend fehlt, da der Modernisierungspfad einer Gesellschaft nicht von der traditionalen, parochialen zur modernen Gesellschaft geführt hat, sind die stratifikatorischen Grundlagen für eine Zivilgesellschaft allenfalls schwach ausgeprägt. Hier stößt ihre nachhaltige Stabilisierung und weitere Entfaltung auf sozialstrukturelle Schwierigkeiten, die kurzfristig kaum zu beheben sind.

Weitaus differenzierter gestaltet sich die Entwicklung der Zivilgesellschaft in Ländern, die durch eine strukturelle Heterogenität gekennzeichnet sind. Während sich die südeuropäischen Systemwechsel unter relativ günstigen ökonomischen Bedingungen vollzogen und in Taiwan sowie Südkorea Demokratisierung und wirtschaftlicher Entwicklungsboom sogar zusammenfielen (vgl. Croissant/Merkel 1999), koinzidiert in Lateinamerika seit den achtziger Jahren ein tiefgreifender ökonomischer Reformprozeß mit der politischen Transformation (Dombois/Imbusch 1997: 31). In Zentral- und Lateinamerika ist – ähnlich wie in Afrika – zu beobachten, daß entwicklungspolitisches Versagen des Staates oder die gezielte Reduktion von Staatstätigkeit im Rahmen neoliberaler Reformen für die zivilgesellschaftliche Organisation der Gesellschaft nicht nur negative, sondern vielmehr auch positive Effekte erzeugt (Thiery 1999). So gipfelten radikale neoliberale Reformen in Chile unter Pinochet zunächst „in der Atomisierung der Gesellschaftsmitglieder und einer Zerschlagung der Zivilgesellschaft" (Arenhövel 1998: 157). Mit zunehmender Dauer des autoritären Regimes entstanden jedoch neue Räume für ein soziales, kulturelles und intellektuelles Leben außerhalb der Strukturen von Staat und Regime. Dies gilt insbesondere für NGOs, die beim (Wieder-)Aufbau der chilenischen Zivilgesellschaft eine entscheidende Rolle spielten (ibid.: 166). Die hohen sozialen Kosten der neoliberalen Reformen sorgten in Chile, wie auch in anderen Teilen Lateinamerikas, dafür, daß sich der Zivilgesellschaft neue Aufgabenbereiche eröffneten: Dort, wo sich der Staat aus traditionellen Aktivitäten zurückzog oder Bildungs- und Gesundheitsprogramme umstrukturierte, ergaben sich in Süd- und Mittelamerika neue Arbeitsfelder für zivilgesellschaftliche Organisationen. Ähnliches kann auch für die Philippinen gelten angesichts des entwicklungs- und sozialpolitischen Versagens der Marcos-Diktatur, wodurch – unfreiwillig – neue und breitere Betätigungschancen für zivilgesellschaftliche Gruppen auf dem NGO-Sektor entstanden (vgl. Croissant in diesem Band). Allerdings werden hier die zivilgesellschaftlichen Organisationen eher zu sozialpolitischen Dienstleistern denn zu demokratie- und partizipationsfördernden Agenturen.

Interessant ist, daß relativ ähnliche soziale Problemlagen in den verschiedenen Regionen zu unterschiedlichen Ausprägungen der Zivilgesellschaften geführt haben. Während sich in Afrika und Lateinamerika – und partiell in asiatischen Ländern – eher kommunitaristische Lösungsstrategien beobachten lassen (Selbsthilfegruppen etc.), wurden in europäischen Ländern vermehrt individualistische Lösungswege präferiert. Hierbei kann gerade mit dem Faktor „hoher Bildungsstand" ein zentrales Argument, das auf modernisierungstheoretischer Seite für die Entfaltung der Zivilgesellschaft angeführt wird, als Begründung für deren Stagnation und Rückgang herangezogen werden. Diese können insbesondere dann eintreten, wenn sie entweder mit rascher Individualisierung oder aber plötzlicher wirtschaftlicher Existenzbedrohung einhergehen. So boten die sozio-ökonomischen Rahmenbedingungen in Mittel- und Osteuropa (aber auch in Portugal und Spanien) ambivalente Voraussetzungen für die Entwicklung der Zivilgesellschaft. Auf der einen Seite war das Bildungs- und Ausbildungsniveau deutlich höher als in Afrika, Mittelamerika oder auch den meisten Gesellschaften Südamerikas. Damit waren zumindest die kognitiven zivilgesellschaftlichen Ressourcen für eine partizipationsorientierte Zivilgesellschaft größer als in den meisten anderen Transformationsregionen der „dritten Welle". Doch auf der anderen Seite wurde diese Ressource weitgehend neutralisiert von dem dramatischen Einbruch der Wirtschaftsleistung der osteuropäischen Volkswirtschaften. Viele Bürger sahen sich deshalb gezwungen, ihre private ökonomische Existenz zu sichern, anstatt sich dem öffentlichen Wohl der *res publica* zu widmen. Aufgrund des vorhandenen (Aus-)Bildungsstandards erschien hierbei eine individuelle Karrierestrategie durchaus als rationale Alternative zur gemeinwohlorientierten Herstellung des öffentlichen Demokratiegutes ‚Zivilgesellschaft'.

Der Zusammenhang von sozio-ökonomischer Entwicklung und zivilgesellschaftlicher Entfaltung ist komplex und kann nicht auf einfache ‚Kausalitäten' reduziert werden. Doch neben der Diskussion der ursächlichen Faktoren hat deren Betrachtung auf einen anderen Sachverhalt aufmerksam gemacht, der in der weiteren Forschung sicherlich noch größere Aufmerksamkeit verdient. Zu prüfen wäre, inwieweit die Zivilgesellschaften, die in unterschiedlichen Entwicklungskontexten („Wohlstand" vs. „Mangel") entstehen, verschiedene, deutlich divergierende Typen hinsichtlich ihrer Funktionsleistungen und demokratietheoretischen Relevanz markieren oder letztlich sogar konvergieren. Zumindest der vergleichende Blick auf eine maßgeblich durch NGOs geprägte Zivilgesellschaft (vgl. Koschützke 1994), die überwiegend extern gefördert wird, läßt an der Idee der Konvergenz Zweifel aufkommen.

4. Die internationalen Einflußfaktoren

Die Wirkungen internationaler Einflüsse und Akteure auf die Demokratisierung im allgemeinen und die Zivilgesellschaft im besonderen werden für alle Transformationsregionen kaum bestritten. Dennoch fehlen jenseits deskriptiver Berichte der Regionalforschung oder quantitativer Statistiken internationaler Geberorganisationen bisher reflektierte Analysen über die Wirkung dieser Außenstützung der Zivilgesellschaften in den Transformationsländern. Aber auch wenn Außenstützung für alle Transformationsregionen bedeutsam ist, so variieren doch die Akteure, Maßnahmen und Wirkungen in den einzelnen Ländern. Akteure der Außenstützung waren entweder internationale Organisationen (UNO, UNDP, Weltbank, Europäische Bank für Wiederaufbau, Asiatische Entwicklungsbank), supranationale und intergouvernamentale Zusammenschlüsse (EU), internationale Regime (OSZE), Staaten (z.B. USA), international operierende NGOs (Human Rights Watch, Amnesty International), Stiftungen (Soros-Stiftung, Parteienstiftungen), Kirchen oder auch Gewerkschaften. Insbesondere Stiftungen und NGOs suchten als gleichsam natürliche Adressaten ihrer Unterstützungsleistungen häufig Assoziationen, nationale NGOs und Bürgerinitiativen in den zivilgesellschaftlichen Sphären der Transformationsländer. Diese NGOs unterstützten insbesondere den Aufbau von nationalen Nicht-Regierungsorganisationen in den Bereichen der Menschenrechte, der Minderheiten, Frauen, der Umwelt oder assistierten direkt bei der Wahlbeobachtung.

Seit den achtziger und insbesondere in den neunziger Jahren haben sowohl Staaten wie internationale Organisationen ihre Hilfen für die Geberländer immer stärker an „politische Konditionalitäten" im Sinne der Demokratieförderung gebunden (Windfuhr 1999: 538). Dies bedeutet, daß Organisationen der Zivilgesellschaft zunehmend auch in den Genuß von Unterstützungsleistungen nationaler Regierungen wie internationaler Organisationen kamen. Die Unterstützungen wurden meist in Form von Finanztransfers, aber zunehmend auch in Form von Organisationshilfen, Trainings- und Schulungsprogrammen und Wissenstransfer gewährt.

Überragender externer Akteur bei der Demokratisierung Südeuropas war in den siebziger Jahren die Europäische Gemeinschaft, die den EG-Beitritt Griechenlands, Portugals und Spaniens u.a. an das Junktim der vollständigen Demokratisierung gebunden hatte. Darüber hinaus spielte die Friedrich-Ebert-Stiftung in Portugal und Spanien eine punktuell einflußreiche Rolle bei der Schulung der neuen demokratischen Eliten und der Netzwerkbildung unter ihnen (vgl. u.a. Gunther/Diamandouros/Puhle 1995; Stiehl/Merkel 1997; Arenhövel in diesem Band). Einen vergleichbar überragenden Akteur gab es für Osteuropa nicht. Beitrittsangebote und Hilfen der EU sind v.a. aufgrund unionsinterner Probleme nicht im gleichen Maße glaubwürdig und umfangreich. Die von einzelnen westlichen Regierungen geweckte Erwartungshaltung der Länder Mittel- und Osteuropas stand in keinem angemessenen Verhältnis zur Leistungsfähigkeit der Europäischen Union. Darüber hinaus fanden die westlichen Geberländer und Unterstützungsorganisationen keine konzertierte Strategie, so daß ein erheblicher Teil der Transfers das Potential positiver Außenstützung nicht ausschöpfen konnte (Weidenfeld 1993; Sandschneider 1996: 36). Dennoch ist der Einfluß internationaler Geber und Unterstützungsleistungen auf und für die Zivilgesellschaften der Region nicht zu unterschätzen. Es waren nahezu alle denkbaren internationalen Akteure vertreten: von der UN in Exjugoslawien, der OSZE, der EU, der EBRD (European Bank for Reconstruction and Development) bis zu den Stiftungen und internationalen NGOs. So wie etwa die katholische Kirche und europäische Gewerkschaften die Solidarnosc in den achtziger Jahren in Polen vor dem Regimebruch unterstützten, so ist die Soros-Foundation für die Zivilgesellschaften Ungarns, Tschechiens aber auch für die meisten anderen osteuropäischen Ländern nach dem Systemwechsel von erheblicher Bedeutung gewesen (Thaa 1996).

In Mittelamerika unterstützten ebenfalls internationale wie nationale, suprastaatliche, staatliche und nicht-staatliche Organisationen den Aufbau der Zivilgesellschaften als nachhaltige Demokratisierungs-, Befriedungs- und Entwicklungsstrategie. Insbesondere in den achtziger Jahre war diese Hilfe eng an politische Konditionen gebunden (Frieden, Demokratie), während sie in den neunziger Jahren wieder stärker einer breiteren entwicklungspolitischen Orientierung folgten. Der Ressourceneinsatz externer Akteure ist sicherlich nicht mit jenem für Osteuropa zu vergleichen. Dennoch lassen sich zumindest auf lokaler Ebene vor allem in Honduras und Nicaragua zivilgesellschaftliche Wirkungen erkennen, die ohne Außenstützung kaum erreichbar gewesen wären (vgl. Bendel/Krennerich in diesem Band).

Afrika scheint der Paradefall außengestützter Zivilgesellschaften zu sein, wie Siegmar Schmidt in seinem Beitrag feststellt. Die Einbindung der afrikanischen NGOs in die „internationale Zivilgesellschaft" (Kößler 1997) und insbesondere der enge Kontakt zwischen westlichen NGOs sowie karitativen oder entwicklungspolitischen Einrichtungen übten erheblichen Einfluß auf die Organisationsfähigkeit und Handlungspotentiale der Zivilgesellschaften aus. Die Unterstützung von afrikanischen Nichtregierungsorganisationen durch westliche NGOs und die internationale Gebergemeinschaft führte hier zu einem massiven Struktur- und Funktionswandel innerhalb der Zivilgesellschaft, der sich in einer extern gestützten „NGO-isierung" afrikanischer Zivilgesellschaften und einer massiven Umschichtung finanzieller Ressourcen zugunsten von Nichtregierungsorganisationen niederschlug. Die indirekte Demokratieförderung durch die nördlichen Nichtregierungsorganisationen und Geberländer induzierte einen dreifachen Funktionswandel innerhalb der Zivilgesellschaft: Erstens leisteten die „vielfältigen Kooperationsbeziehungen und Vernetzungen mit Süd-NGO"(Siegmar Schmidt in diesem Band) einen wesentlichen Beitrag zur Herausbildung eines prodemokratischen Wertekonsens innerhalb des sich ausdehnenden zivilgesellschaftlichen Spektrums. Dieser war eine maßgebliche Voraussetzung, damit wenigstens Teile der afrikanischen Zivilgesellschaften überhaupt als Multiplikatoren im Sinne der Verbreitung von Menschenrechtsideen und Demokratievorstellungen in Erscheinung treten konnten. Zweitens wurden Teile der Zivilgesellschaft(en) zu entwicklungspolitischen Akteuren, die auf lokaler Ebene dort quasi-staatliche Funktionen übernahmen, wo die staatliche Verwaltung aufgrund mangelnden Willens oder fehlender Möglichkeiten kaum mehr in Erscheinung trat. Drittens scheinen die internationalen NGOs immer noch stärker den Charakter von Versorgungs- und Dienstleistungsunternehmen zu haben, als daß sie zur Ausweitung politischer Partizipation beitragen, so daß dann durch indigene zivilgesellschaftliche Assoziationen und Aktivitäten die Demokratisierung der schwarzafrikanischen Staaten nachhaltig gestützt werden könnte.

IV. Aktivitäts- und Funktionszyklen von Zivilgesellschaft in jungen Demokratien

Die Befunde dieses Bandes legen die These nahe, daß Zivilgesellschaften sowohl im Hinblick auf ihre Mobilisierungs- und Aktionsfähigkeiten wie auch hinsichtlich ihrer beschriebenen Funktionen oder Potentiale im Verlaufe eines Systemwechsels erheblichen Veränderungen unterliegen. Diese Wandlungen lassen ein deutliches Muster phasenabhängiger Vitalität erkennen. In allgemeiner Form läßt sich dieser zivilgesellschaftliche Entwicklungszyklus für die meisten Transitionsländern folgendermaßen skizzieren (vgl. u.a. Lauth/Merkel 1997):

(1) Aufschwungsphase: In fast allen Transformationsregionen der dritten Welle ist zu Beginn der Transition ein Anstieg zivilgesellschaftlicher Aktivitäten erkennbar. Während der – teilweise unter erheblicher Mitwirkung der Zivilgesellschaft eingeleiteten – Liberalisierung des autoritären Regime kommt es zu dem von Guillermo O'Donnell und Philippe C. Schmitter (1986) beschriebenen Phänomen des „Wiederauflebens der Zivilgesellschaft". Der Mobilisierungs- und Organisationsgrad der Zivilgesellschaft steigt, in einer von Fall zu Fall variierenden Ausprägung, erheblich an.

(2) Boomphase: Diese Aufschwungsphase kumuliert mit dem Beginn der Demokratisierung – d.h. der Einführung von demokratischen Verfahren - zum „Zivilgesellschaftsboom". Die Beschneidung des staatlichen Repressionspotentials sowie die nachlassenden Repressionsmöglichkeiten der noch herrschenden Eliten reduzieren das individuelle Risiko zivilgesellschaftlichen Engagements und führen so zu einer höheren Mobilisierungsbereitschaft der Bürger. Die sich abzeichnenden demokratischen Wahlen und die Diskussion um die demokratisch-institutionelle Zukunft stimulieren die weitere gesellschaftliche Mobilisierung und politisch unkonventionelle Partizipation. Die weitgehende Absenz von staatlichen Akteuren, die Schwäche der neuen Parteien und die enormen Handlungsmöglichkeiten in einer politischen Arena, in der die alten Institutionen verschwinden und die neuen noch nicht etabliert sind, können als wesentliche Ursachen des postautoritären Booms der Zivilgesellschaft angesehen werden.

(3) Abschwungphase: Auf diesem Höhepunkt zivilgesellschaftlicher Mobilisierungsfähigkeit beginnt jedoch bereits die „Abschwungphase": Je weiter die Institutionalisierung demokratischer Verfahren voranschreitet und die Erfüllung der zentralen Forderungen von demokratischer Opposition und demokratiefordernder Zivilgesellschaft näher rückt, desto stärker zeigt sich ein Nach-

lassen zivilgesellschaftlicher Aktivitäten. Dieser Abschwung mündet in den ersten Jahren der Demokratie häufig in eine zivilgesellschaftliche „Rezession". Hierfür können im interregionalen Vergleich drei Ursachenfaktoren benannt werden:

- Die Einführung demokratischer Verfahren im Rahmen von Verfassungsgebungsprozessen und die Abhaltung von demokratischen Wahlen (*founding elections*) führen zu einer Reduktion temporärer Handlungsspielräume zivilgesellschaftlicher Akteure. Die zunächst verflüssigten Handlungsrestriktionen verfestigen sich nun in neuen, diesmal demokratischen, institutionellen und prozeduralen *constraints* (gesellschafts-)politischen Handelns. Zudem betreten mit den politischen Parteien neue Akteure die politische Bühne, die aufgrund ihrer strategischen Kapazitäten sowie der legalen und politisch-institutionellen Architektur liberaler Demokratien repräsentative „Wettbewerbsvorteile" gegenüber sozialen Bewegungen, Interessenverbänden und issue-orientierten Gruppen besitzen (Schmitter 1998; Croissant/Merkel/Sandschneider 1998). Einerseits kommt es zur Verdrängung, andererseits zur personalen, programmatischen und organisatorischen Kooptation der *civil society* durch politische Parteien[10] in die *political society*. *Shifting involvements* (Hirschmann) der Bürger verstärken diesen Prozeß durch veränderte Anreizstrukturen auf der individuellen Handlungsebene.

- Neben den Veränderungen der institutionellen Rahmenbedingungen und der Wettbewerbssituation im Repräsentationsbereich verändern sich auch die Motivationsbedingungen und funktionalen Imperative der Zivilgesellschaften in den meisten jungen Demokratien. Das wirkungsstärkste Motiv – der Kampf gegen das autoritäre Regime und für die Demokratie – entfällt und damit verschwindet auch eine der bedeutensten Mobilisierungsressourcen für die Zivilgesellschaft. Gleichzeitig wandeln sich damit die funktionalen Anforderungen an die Zivilgesellschaft. Ihre primäre Funktion ist nun nicht mehr der „heroische" Kampf für die Demokratie, sondern die alltägliche Auseinandersetzung um die konkrete Verbesserung demokratischer Politik. Der Weg von der „moralischen", anti-etatistischen oder gar revolutionären Zivilgesellschaft zur demokratiestützenden „reflexiven Zivilgesellschaft" (Merkel/Lauth 1998: 10) gestaltet sich, wie die Beispiele Polen, Südkorea und – unter anderen Vorzeichen – auch die zentralamerikanischen Gesellschaften zeigen, um so schwieriger, je tiefer die Gräben zwischen Zivilgesellschaft und Staatsmacht im autoritären Regime waren.

- Die nüchterne politische Wirklichkeit repräsentativer Demokratien führt häufig zunächst zu einer Enttäuschung (*desencanto*) der hochfliegenden Erwartungen der Bürger und schließlich zu einem verstärkten Rückzug dieser ins Private.

Zivilgesellschaft und Transformation 35

Dieser hier vorgestellte Zyklus zivilgesellschaftlicher Konjunkturen stellt eine realtypisch gefaßte Durchschnittssequenz der empirisch beobachteten Durchschnittsverläufe in den Transformationsprozessen der dritten Demokratisierungswelle dar. Natürlich gibt es davon einzelne abweichende Länderbeispiele. In ihrer erkennbaren Singularität können sie jedoch nicht den erkennbaren und realtypischen Durchschnittsverlauf falsifizieren.

Hinsichtlich der zivilgesellschaftlichen Entwicklung in der Phase der demokratischen Konsolidierung läßt sich kein realtypischer Verlauf erkennen. Vielmehr scheinen hier drei Entwicklungspfade möglich, die wesentlich vom Konsolidierungsverlauf der Demokratie insgesamt abhängen:

(a) Das Regressionsszenario: Gefangen in einem „Zyklus politischer Krisen" (O'Donnell 1994) nimmt in jungen Demokratien der liberale und rechtsstaatliche Gehalt der demokratischen Normen und Strukturen ab oder läßt sich nicht hinreichend aufbauen. Gleichzeitig nehmen die Konzentration politischer Macht in der Exekutive, die Verletzung rechtsstaatlicher Grundsätze sowie nicht zuletzt die „Entformalisierung" der politischen Institutionen zu. Zurück bleibt im schlechtesten Falle eine formaldemokratische Hülle. Als Beispiele können hier die ‚Fälle' Peru (bestimmte Phasen seit dem Amtsantritt von Präsident Fujimoro 1990) und Weißrußland (seit 1994) angeführt werden. Kommt es zu informalen Allianzen zwischen der einst über demokratische Wahlen legitimierten Exekutive, anti-demokratisch eingestellten Eliten und populistisch sedierten Teilen der Bevölkerung, so sind die demokratischen Widerstandskräfte häufig zu schwach und es droht das Abgleiten in defekte Demokratien (Merkel/Croissant 2000) oder gar die offene Autokratie. Für die Zivilgesellschaft bedeutet dies, daß ihre gewonnenen Handlungsspielräume erneut zusammenschmelzen und der staatliche Druck auf zivilgesellschaftliche Akteure wächst. Allerdings geben die Beiträge in diesem Band manchen Anlaß zu einer Einschränkung dieses Negativszenarios: So zeigen die Erfahrungen osteuropäischer Länder wie der Slowakei und – zumindest partiell – auch Kroatiens, daß die Zivilgesellschaft einer solchen regredierenden Entwicklung erfolgreich entgegen wirken kann, sofern es ihr gelingt, ihr antiautoritäres Potential zu bewahren bzw. erneut zu mobilisieren. In diesen Ländern wirkte die aufrechterhaltene zivilgesellschaftliche Vitalität bislang als Puffer der Demokratie gegen die weitere Machtusurpierung semi-autoritärer Eliten und den fortschreitenden Verfall demokratischer Standards (vgl. auch den Beitrag von Mansfeldová/Szabó).

(b) Das Stagnationsszenario: Die jungen Demokratien beschreiten erfolgreich den Pfad der Konsolidierung oder verbleiben zumindest auf dem erreichten Niveau demokratischer Qualität und Freiheit, ohne daß sich ein signifikanter Abstieg zivilgesellschaftlichen Engagements erkennen läßt. Zwar nehmen möglicherweise die demokratiestützenden Einstellungen der Bürger zu und die Demokratie ge-

winnt an Legitimität unter den Bürgern sowie den politischen Eliten. Gleichwohl gelingt es nicht, eine stärker partizipative Unterfütterung der Demokratie aus dem Bereich der Zivilgesellschaft zu produzieren. Der zivilgesellschaftliche Organisationsgrad bleibt – verglichen mit den Demokratien der „zweiten Demokratisierungswelle" – niedrig, die Zivilgesellschaft selbst demobilisiert und entpolitisiert. Parteien okkupieren trotz mangelnder sozialer Verankerung erfolgreich zivilgesellschaftliche Räume. Diesem Szenario kommen einige osteuropäische Demokratien (Tschechien, Ungarn, Slowenien, die baltischen Staaten) und eine Reihe lateinamerikanischer Länder am nächsten (vgl. Arenhövel 1998; Birle in diesem Band).[11]

(c) Das Progressionsszenario: Die Demobilisierung der Zivilgesellschaft in der Phase demokratischer Konsolidierung und der damit zunächst einhergehende Einflußverlust v.a. sozialer Bewegungen innerhalb der Zivilgesellschaften ist nicht gleichbedeutend mit einer politischen Marginalisierung der Zivilgesellschaft insgesamt. Vielmehr treten einerseits neue Organisationen vor allem in den Bereichen Umweltschutz, Minderheitenrechte, Verbraucherschutz sowie Menschen- und Bürgerrechte an die Stelle spontaner, im Transformationsprozeß entstandener Akteure. Andererseits kommt es zu einem Erstarken der Zivilgesellschaft im Bereich der Vertretung wirtschaftlicher Interessen. Gemeinsam ergibt sich hieraus ein Bild zivilgesellschaftlichen Funktions- und Strukturwandels. Zivilgesellschaftlichen Akteuren gelingt es, im Einsatz für Bürger-, Menschen- und Minderheitenrechte, als Vertreter „alternativer Modernen" (Birle in diesem Band), als Konstrukteure demokratischer Öffentlichkeit sowie als Vermittler sozialer und politischer Interessen positiven Einfluß auf die Konsolidierung und Qualität der Demokratie zu nehmen, wie dies in einigen Ländern Südamerikas oder in Taiwan der Fall war.

V. Der Beitrag der Zivilgesellschaft(en) zur Konsolidierung der Demokratie – eine demokratietheoretische Bilanz

Der Beitrag der Zivilgesellschaft zur Konsolidierung junger Demokratien kann nicht pauschal benannt werden. Erstens variiert solch ein Befund je nach dem zugrundeliegenden Konsolidierungsverständnis und zweitens ist er von Form und Funktion der Zivilgesellschaft selbst abhängig. In der Bestimmung des Konzepts demokratischer Konsolidierung liegen Minimalvorschläge ebenso vor wie weit greifende Maximalmodelle, die Verhaltens- und Einstellungsmuster der gesamten Bevölkerung einbeziehen (Shin 1994; Plasser/Ulram/Waldrauch 1997). Nur wenn ein weniger anspruchsvolles, an wenigen institutionellen Minima ausgerichtetes Konsolidierungsverständnis vorliegt, läßt sich behaupten, daß eine ausgebildete Zivilgesellschaft keine notwendige Bedingung für die langfristige Konsolidierung der Demokratie ist. Allein unter diesem Vorbehalt gilt die Aussage, daß nicht nur in Südeuropa (vgl. den Beitrag von Mark Arenhövel) sondern auch in Ostmitteleuropa (vgl. den Beitrag von Mansfeldová/Szabó; Ziemer 1998) die Konsolidierung der Demokratie auch mit schwachen, teilweise aus demokratietheoretischer Sicht stark ambivalenten Zivilgesellschaften gelingen kann. Dieses Fazit ist keineswegs so eindeutig, wenn ein Konsolidierungsmodell verwendet wird, das die Existenz einer reflexiven Zivilgesellschaft konstitutiv für den zweifelsfreien Abschluß demokratischer Konsolidierung begreift (Merkel 1998). Um an dieser Stelle nicht erneut eine konzeptionelle Debatte zu führen, fragen wir im folgenden offener nach dem Beitrag der Zivilgesellschaft zur demokratischen Konsolidierung, ohne damit ein abschließendes Konsolidierungsurteil zu fällen.

Die empirischen Befunde der Beiträge in diesem Band unterstreichen, daß es nicht sinnvoll ist, von nur einem Durchschnittstyp von Zivilgesellschaft auszugehen. Fünf Kriterien sollen deshalb Unterschiede festhalten, die von erheblicher Bedeutung für den Verlauf und Erfolg der demokratischen Konsolidierung sind. (1) Eine Zivilgesellschaft kann *cleavage*-überlappende Organisationsformen aufweisen oder entlang der gesellschaftlichen Konfliktlinien strukturiert sein. (2) Das Verhältnis der zivilgesellschaftlichen Akteure untereinander ist entweder durch Machthierarchien und Dominanzbeziehungen oder durch egalitäre und solidarische Interaktionsmuster geprägt. (3) Die zivilen Tugenden können unterschiedlich stark verankert und mit mehr oder minder starker partikularer Interessenorientierung verbunden sein. (4) Die Ausgestaltung der Binnenstruktur der einzelnen Akteure bewegt sich im Spektrum von hierarchischen und patrimonialen Klientelbeziehungen auf der einen bis hin zu demokratischen Organisationsformen auf der anderen Seite. (5) Weiterhin kann eine Zivilgesellschaft in unterschiedlichem Maß gesellschaftliche Repräsentativität und Authentizität besitzen.

Alle diese Unterschiede bewegen sich durchaus innerhalb der Grenzen des oben skizzierten Verständnisses von Zivilgesellschaft, aber sie markieren die Differenzen zwischen einer demokratieförderlichen und einer demokratiehinderlichen Zivilgesellschaft. Die der Demokratie abträglichen Ausprägungen lassen sich unter dem Theorem der *dark side* der Zivilgesellschaft bündeln und beschreiben einen Typ, der als „ambivalente Zivilgesellschaft" bezeichnet werden kann. Die Ausprägungen, die für eine Demokratie am förderlichsten sind, konstituieren den Typ der „reflexiven Zivilgesellschaft" (Merkel/Lauth 1998; Lauth 1999). Dieses Konzept entspringt der theoretischen Debatte über die Zivilgesellschaft in fortgeschrittenen Industriestaaten (Cohen/Arato 1992; Habermas 1992). Seine Realisierung scheint allerdings in vielen jungen Demokratien eher die Ausnahme als die Regel zu sein. Dort finden sich eher Zivilgesellschaften, die dem Typ einer ambivalenten Zivilgesellschaft oder ihr nahestehenden Formen angehören. Im allgemeinen verfügen viele der untersuchten *civil societies* über einen Januskopf mit einer demokratiefreundlichen und einer „dunklen" Seite.

Nun beziehen sich nicht alle Beiträge in diesem Band explizit auf spezifische Typen von Zivilgesellschaften. Sie betonen gleichwohl sehr präzise unterschiedliche zivilgesellschaftliche Ausprägungen und ihre divergierenden demokratietheoretischen Implikationen. Trotz der unterschiedlichen Stärke der Zivilgesellschaften und damit ihrer konkreten Bedeutung für die demokratische Konsolidierung in den einzelnen Regionen und Ländern, läßt sich dennoch ein generalisierbarer Befund festhalten. Fast alle Zivilgesellschaften erfüllen ihre Schutz- und Kontrollfunktion, wenngleich in unterschiedlicher Intensität. Menschenrechtsgruppen, Anwaltsorganisationen, ein investigativer und für Rechtsstaatsverletzungen sensibler Journalismus sind hierfür ebenso Ausdruck wie das entsprechende Protestverhalten von Kirchen, Gewerkschaften, bäuerlichen Organisationen und sozialen Bewegungen. Dies ist insofern nicht erstaunlich, da alle Typen der Zivilgesellschaft in dieser Funktionsleistung koinzidieren. Die Schutz- und Kontrollfunktion läßt sich als primärer und ‚vornehmster' Beitrag der Zivilgesellschaft im Prozeß der demokratischen Konsolidierung begreifen. Durchaus gemischter sind die Befunde hinsichtlich der anderen Funktionsleistungen, die die unterschiedlichen Formen der Zivilgesellschaft für die demokratische Konsolidierung erbringen.

Ob und in welchem Maße Zivilgesellschaften fähig sind, die klassischen Systemerhaltungs- und Anpassungsfunktionen (Almond/Powell 1978) der demokratischen Sozialisation, Partizipation und der Rekrutierung politischer Eliten zu unterstützen, ist – so zeigen die Analysen dieses Bandes – maßgeblich von folgenden Faktoren abhängig: der Offenheit der politischen Systemstrukturen gegenüber gesellschaftlichen Akteuren, der Anbindung zivilgesellschaftlicher Gruppen an politische Parteien, der Einstellungsprofile (*attitudes*) der Zivilgesellschaft gegenüber Staat und politischem System (Törnquist 1998: 127; Oxhorn 1995) sowie vom Bestand ethnischer, religiöser oder anderer primordialer Fundamentalismen. Dabei erweisen sich in den Demokratien der „dritten Demokratisierungswelle" drei mögliche Tendenzen als ausgesprochen problematisch für die Demokratisierungsfunktionen der Zivilgesellschaft: erstens die mangelnde Anbindung von zivilgesellschaftlichen Gruppen an politische Parteien, zweitens Traditionen einer „anti-staatlichen" Ausrichtung der Zivilgesellschaft, wie sie partiell in mittel- und osteuropäischen Ländern, aber am ausgeprägtesten in Afrika in einer „Kultur der Ablehnung von staatlicher Autorität per se und der Verweigerung jeglicher Kooperation mit staatlichen Institutionen" (Schmidt in diesem Band) zum Ausdruck kommt, und drittens die ethnisch-religiöse Segmentierung der Zivilgesellschaft (vgl. den Beitrag von Rüb in diesem Band).

Die Vermittlungsfunktion wird am ehesten dort wahrgenommen, wo die Zivilgesellschaft zur Rekrutierung politischer Eliten für die jungen demokratischen Institutionen im ausreichenden Maße beigetragen hat. Wenn dies nicht

Zivilgesellschaft und Transformation

mit einem starken Rückgang zivilgesellschaftlicher Aktivitäten verbunden war, wurden auf diesem Wege Kommunikationskanäle zwischen zivilgesellschaftlicher und politischer Sphäre geschaffen, die sich auch längerfristig stabilisieren können. Die Auswirkungen ihrer Sozialisationsfunktion lassen sich noch nicht eindeutig bestimmen, da hiermit langfristige Veränderungen von Bewußtseins- und Verhaltensstrukturen einhergehen. Allerdings geben Entwicklungen der politischen Kultur hier einen ausgesprochen aussagekräftigen Indikator für die sozialisatorische Wirkung, wenngleich diese Veränderungen in der politischen Kultur keineswegs allein auf zivilgesellschaftliche Einflüsse reduziert werden können.

Bei der Integrationsfunktion, die im Kontext pluralismustheoretischer Überlegungen zu thematisieren ist, zeigt sich in den Analysen dieses Bandes ein Profil, das am markantesten Züge der *dark side* aufweist. In fast allen Ländern (vor allem in Ex-Jugoslawien und in Teilen des Baltikums und in Afrika) sind maßgebliche Teile der Zivilgesellschaft entlang bestehender gesellschaftlicher Konfliktlinien strukturiert. Die Grenzen ihrer Organisation markieren die Unterschiede zwischen Ethnien, Konfessionen und – in geringem Maße – auch Klassen. Selbst Institutionen und Organisationen, die aufgrund ihrer Größe einige *cleavages* übergreifen, wie Kirchen oder Gewerkschaften, spiegeln oftmals noch in ihrer internen Struktur sowie in den in ihnen herrschenden Dominanzen und Zerrissenheiten die gesellschaftlichen Konfliktlinien wieder.

Ein wesentlicher Grund für diesen Befund liegt in der oftmals vorhandenen lokalen, regionalen und mitunter auch ethnischen Orientierung der Organisationen und Gruppen, die noch fest in traditionelle und klientelistisch geprägte Normstrukturen eingebunden sind. Begünstigt und forciert wurden die entsprechenden Organisationsformen durch autoritäre Regime, die Etablierungsversuche von zivilgesellschaftlichen Gruppen auf nationaler Ebene restriktiv unterbanden. Diese Erkenntnis veranlaßt uns zu der These, daß sich genau in diesem Bereich mangelnder Integrationsfähigkeit eine Achillesferse der Zivilgesellschaft im Demokratisierungsprozeß identifizieren läßt. Denn solche Organisationsstrukturen unterminieren auf die Dauer nicht nur die für die Demokratie zentralen normativen Dispositionen wie gegenseitiges Vertrauen und Toleranz jenseits der eigenen Gruppe oder Ethnie, sondern sie stellen auch ein Organisationspotential zur Verfügung, das von autoritären Politikern für ihre partikularen Ziele instrumentalisiert werden kann (vgl. Rüb in diesem Band). Nur in dem Maße, wie es einer Zivilgesellschaft unter diesen Bedingungen gelingt, ihre reflexive Seite zu stärken, kann sie sich solch einem partikularistischen Zugriff entziehen. Dies hängt nicht zuletzt davon ab, in welcher Weise die Zivilgesellschaft ihre Kommunikationsfunktion wahrnimmt. So neigen Zivilgesellschaften durchaus zur Herausbildung von eigenen Dominanzstrukturen, die bestehende gesellschaftliche Konfliktstrukturen und parteipolitische Polarisierungen verstärken oder reproduzieren. Der Anspruch, für die gesamte Gesellschaft zu sprechen, und die Arroganz, politischen Gegnern ihre Legitimation zu verweigern, lassen für bestimmte Segmente der Zivilgesellschaft in Litauen oder Polen, aber auch in einigen afrikanischen Transformationsländern oder Teilen der südkoreanischen Zivilgesellschaft Züge erkennen, die der Herausbildung deliberativer Kompetenzen diametral entgegenstehen. Verstärkt gilt dies für Ex-Jugoslawien oder das kaukasische Russland.

Aufgrund des ambivalenten Befundes ist es zunächst nicht in jeder Hinsicht klar, welche Rolle die Zivilgesellschaft im Prozeß demokratischer Konsolidierung spielen sollte. Sollte sie sich aktiv am politischen Prozeß beteiligen oder – wie gleichfalls vorgeschlagen – in ihrem Anspruch selbst beschränken? Die vorgeschlagene typologische Unterscheidung läßt zu, nun auch die These der notwendigen Selbstbeschränkung der Zivilgesellschaft präziser zu erörtern. Die zivile Selbstbeschränkung wird aufgrund folgender Argumentation gefordert (Valenzuela 1992: 84f.; Lauth/Merkel 1997: 29f.): Aus demokratietheoretischer Perspektive verfügen die gewählten Repräsentativorgane in Demokratien mit allgemeinen, gleichen und freien Wahlen über eine qua Verfahren hergestellte universelle Legitimationsbasis, während sich die zivilgesellschaftlichen Akteure immer nur auf eine begrenzte, partikulare Legitimationsgrundlage berufen können. Es sei daher nicht zu rechtfertigen, daß von Seiten der Zivilgesellschaft die demokratisch getroffenen Entscheidungen blockiert und damit die repräsentative wie performative Legitimation des Staates unterminiert und unter Umständen gar die Stabilität der jungen Demokratie gefährdet werde.

Für den Fall einer „reflexiven Zivilgesellschaft" ist die Überlegung jedoch zu modifizieren. Zunächst ist darauf hinzuweisen, daß normative Eigenbindung und Verantwortungshaltung einer reflexiven Zivilgesellschaft durch ihre spezifische Merkmalsausprägung bereits höher ausgebildet sind als bei der ambivalenten Zivilgesellschaft. Die höhere normative Bindung der reflexiven Zivilgesellschaft besagt jedoch nicht, daß damit prinzipiell auf Blockadeversuche, die verschiedene Protestformen wie Streiks, Demonstration und Sabotageakte gegenüber Sachen einschließen, verzichtet würde. Das Problem konkurrierender Legitimitäten besteht also fort. Allerdings läßt es sich in gewisser Weise entdramatisieren. Denn der von den Akteuren der reflexiven Zivilgesellschaft gewählte Begründungsanspruch führt zur Reflexion der Geltungsgründe und Konsequenzen des eigenen Handelns. Er rekurriert hierbei auf die in der Debatte zur Rechtfertigung „zivilen Ungehorsams" vorgebrachten Argumente[12], die letztlich dem gleichen normativen Fundus wie die Begründung der Demokratie selbst entspringen. Der Zweck der Handlung richtet sich entweder auf wohlbegründete Anliegen des öffentlichen Interesses oder auf „überlebensnotwendige" Partikularinteressen, die in legaler Form in absehbarer Zeit nur unzureichend bearbeitet werden können.

Widerstand reflexiver – wie ambivalenter – Zivilgesellschaften ist um so mehr gerechtfertigt, je „defekter" sich die neue Demokratie erweist. Hier ist die These der Selbstbeschränkung nicht aufrechtzuerhalten, da die defekten (formal-)demokratischen Institutionen unter Umständen keineswegs mehr über eine superiore „universelle" Legitimität verfügen. In diesem Falle ist auch Linz/Stepan (1996: 18) zuzustimmen, wenn sie eine lebendige und unabhängige Zivilgesellschaft gerade für junge Demokratien für unverzichtbar halten.

Eine reflexive Zivilgesellschaft kann durch ihren Einsatz zur Vermeidung und zum Abbau von „Defekten" positive Impulse für den demokratischen Konsolidierungsprozeß geben.[13] Kann sie eine Entwicklung in Richtung einer defekten Demokratie aber letztlich verhindern? Die Slowakei scheint hier eine positive Anwort zu geben. Schwieriger gestaltet sich die Erfassung des Zusammenhanges zwischen „defekten Demokratien" (Lauth 1997; Merkel 1999) und ambivalenten Zivilgesellschaften. So werden manche defekte Demokratien (wie Peru oder Rumänien in den Jahren nach dem Systemwechsel) weniger von einer ambivalenten als von einer schwachen Zivilgesellschaft begleitet. Gleichfalls versuchen auch „hybride" Zivilgesellschaften, die privaten Rechte zu verteidigen und sich gegen autokratische Tendenzen zur Wehr zu setzen. Auf der anderen Seite aber schaffen es Regierungen in „defekten" Demokratien häufig (mittels des direkten populistischen Appells an das Volk), zivilgesellschaftliche Organisationen gegenüber den formalen Institutionen politischer Repräsentation (Parteien) auszuspielen bzw. sie gegen diese einzusetzen.

Zur Klärung des Zusammenhangs von demokratischen Subtypen mit Typen der Zivilgesellschaft sind jedoch weitere Forschungsanstrengungen notwendig, die sich anhand präzisierter Fragestellungen dem Thema nähern. Konkret ließe sich hierbei fragen, ob sich im Verlauf der Transformationsphasen nicht nur die „Vitalität" einer Zivilgesellschaft sondern auch ihr „Typ" ändert. Zu klären wäre dann, welcher Entwicklungspfad einer Zivilgesellschaft sich für den Systemwechsel am günstigsten zeigt. Trotz des Hinweises auf die Notwendigkeit weiterer Forschung haben die inzwischen vorliegenden Forschungsergebnisse auf diesem Gebiet (wie sie auch in diesem Band repräsentiert sind) nachhaltig die Bedeutung des Einbezugs der zivilgesellschaftlichen Ebene für die Analyse und das Verständnis der komplexen Transformationsprozesse unterstrichen. Das theoretische Konstrukt der „Zivilgesellschaft" ist deshalb nicht einfach als Residualkategorie, sondern als eine unverzichtbare zusätzliche analytische Konzeptualisierung bestimmter gesellschaftlicher Aktivitäten zu verstehen, um den Erfolg oder das Scheitern demokratischer Transformationsprozesse zu erklären.

Anmerkungen

1 Die sozialwissenschaftliche Pluralismustheorie „geht davon aus, daß allen kollektiven Akteuren ungefähr gleiche Chancen der Einflußnahme auf die für sie relevanten Entscheidungsprozesse offenstehen, daß die Organisationsmitglieder die Politik der Verbände und Parteien bestimmen und daß diese wiederum über multiple Mitgliedschaften zu Kompromißbereitschaft und Interessenverflechtungen gedrängt werden" (Habermas 1992a: 401). Vermittels der politischen Methode der Konkurrenzdemokratie soll so ein „soziales Machtgleichgewicht auf der Ebene politischer Machtverteilung" entstehen, in welchem die „staatliche Politik ein breites Interessenspektrum gleichmäßig berücksichtigt" (ibid.).

2 So schreibt Robert Putnam (1993: 182): „Tocqueville was right: Democratic government ist strengthend, not weakend, when it faces vigorous civil society. On the demand side, citizens in civic countries expect better government and (in part throug their own efforts), they get it. They demand more effective public service and they are prepared to act collectively to achieve their shared goals".

3 Dies ist zunächst nur ein notwendiges und noch kein hinreichendes Kriterium.

4 So ist Rödel zuzustimmen, wenn er zum normativen Kriterium zivilgesellschaflicher Toleranz feststellt: „Zivilgesellschaftliche Assoziationen stellen einen speziellen Typus selbstorganisierter politischer Handlungszusammenhänge dar, der durch bestimmte Handlungsorientierungen ihrer Mitglieder von sozialen Bewegungen im allgemeinen unterschieden ist. Für das Binnenverhältnis zwischen den Mitgliedern der Assoziation gilt, daß sie sich wechselseitig als gleichberechtigt anerkennen" (Rödel 1996: 34).

5 Nicht alle Beiträge dieses Bandes folgen dieser normativen Schärfung des Zivilgesellschaftskonzeptes (vgl. Bendel/Krennerich in diesem Band). Dies wird nach unserer Auffassung jedoch mit einer Aufgabe der analytischen Distinktion zwischen Zivilgesellschaft und der Gesellschaft schlechthin bezahlt.

6 Ein solcher Raum kann sich auch in stärker totalitären Regimen in der absoluten Endphase kurzfristig öffnen, wie die Beispiele der DDR und CSSR im Herbst 1989 zeigen.

7 Die ‚Region' ist politikwissenschaftlich generell eine analytisch wenig brauchbare Kategorie, wenn sie nicht in ihren politischen, institutionellen, ökonomischen und kulturellen Faktoren und deren funktionalen Folgen differenziert wird.

8 Quantitative Analysen von Zivilgesellschaften, die deren Stärke mechanistisch aus der Zahl ihrer Assoziationen oder ihrer ‚Mitglieder' zu messen versuchen, dürften sich deshalb als hoffnungslos unterkomplex gegenüber ihrem Untersuchungsgegenstand erweisen.

9 Am Beispiel der Weimarer Republik weist Berman nachdrücklich auf die demokratieschädliche Funktion eines vielschichtigen und differenzierten gesellschaftlichen Vereinigungswesens hin, das zwar ein hohes Niveau an sozialem Kapital aufwies, jedoch kaum über staatsbürgerliches Kapital verfügte (Berman 1997: 408).

10 So Philip Oxhorn am Beispiel der lateinamerikanischen Demokratien: „Somewhat paradoxically, the problem of autonomy has increased with the consolidation of strong political party systems under democratic regimes [...]. Given the strength of

its competitive party system and long experience with political democracy, Chile best exemplifies what could be described as the absorption of civil society by political parties" (Oxhorn 1995: 256, 260).
11 Vgl. hierzu auch die quantitativen Untersuchungen von Munro (1998) sowie McDonough/Shin/Moisés (1998).
12 Da es an dieser Stelle nicht möglich ist, die Debatte über zivilen Ungehorsam auch nur in den Grundzügen nachzuzeichnen, wird auf die Rechtfertigungsbedingungen von John Rawls verwiesen, die Jürgen Habermas wie folgt zusammenfaßt: „der Protest muß sich gegen wohlumschriebene Fälle schwerwiegender Ungerechtigkeit richten; die Möglichkeiten aussichtsreicher legaler Einflußnahme müssen erschöpft sein; und die Aktivitäten des Ungehorsams dürfen kein Ausmaß annehmen, welches das Funktionieren der Verfassungsordnung gefährdet" (Habermas 1983: 34). Zur Diskussion der Rechtfertigungsbegründung s. die weiteren Ausführungen und vgl. R. Dreier (1983).
13 Entscheidend ist hierbei, inwieweit es ihr gelingt, ihre Schutz- und Kontrollfunktion effektiv auszuüben.

Literatur

Almond, Gabriel 1987: Zum Konzept der politischen Kultur: Politische Kulturforschung – Rückblick und Ausblick, in: Berg-Schlosser, Dirk/Schissler, Jakob (Hrsg.): Politische Kultur in Deutschland: Bilanz und Perspektiven der Forschung, PVS-Sonderheft 18, Opladen: 27-38.
Almond, Gabriel/Powell, Bingham Jr. ²1978: Comparative Politics: System, Process, and Policy, Boston/London.
Almond, Gabriel/Verba, Sidney 1963: The Civic Culture, Princeton.
Almond, Gabriel/Verba, Sidney (Hrsg.) 1989: The Civic Culture Revisited, Newbury Park et al.
Arenhövel, Mark 1998: Transition und Konsolidierung in Spanien und Chile: Strategien der Demokratisierung, Gießen.
Barber, Benjamin 1994: Starke Demokratie: Über die Teilhabe am Politischen, Hamburg.
Bendel, Petra/Kropp, Sabine 1998: Zivilgesellschaft – ein geeignetes Konzept zur Analyse von Systemwechseln? Ergebnisse eines interregionalen Vergleichs: Lateinamerika und Osteuropa, in: Zeitschrift für Politikwissenschaft (8) 1: 39-67.
Benhabib, Seyla 1996: Toward a Deliberative Model of Democratic Legitimacy, in: Benhabib, Seyla (Hrsg.): Democracy and Difference, Princeton: 67-94.
Berman, Sheri 1997: Civil Society and the Collapse of the Weimar Republic, in: World Politics (49) 3: 401-429.
Bernhard, Michael 1996: Civil Society after the First Transition: Dilemmas of Post-Communist Democratization in Poland and Beyond, in: Communist and Post-Communist Studies (29) 3: 309-331.
Beyme, Klaus von 1995: Democratic Transition in Central Eastern Europe, in: Telò, M. (Hrsg.): Démocratie et Construction Européenne, Brüssel: 227-236.
Boris, Dieter 1998: Soziale Bewegungen in Lateinamerika, Hamburg.
Cohen, Jean/Arato, Andrew 1992: Civil Society and Political Theory, Cam-

bridge/London.
Croissant, Aurel/Merkel, Wolfgang/Sandschneider, Eberhard 1998: Verbände und Verbändesysteme im Transformationsprozeß: Ein zusammenfassender Vergleich, in: Merkel, Wolfgang/Sandschneider, Eberhard (Hrsg.): Systemwechsel 4. Die Rolle von Verbänden im Transformationsprozeß, Opladen: 329-357.
Croissant, Aurel/Merkel, Wolfgang 1999: Die Demokratisierung in Ost- und Südostasien, in: Merkel, Wolfgang: Systemtransformation: Theorien und Analysen, Opladen: 286-354.
Dahl, Robert 1971: Polyarchy: Participation and Opposition, New Haven.
Dahl, Robert 1976: Vorstufen zur Demokratietheorie, Tübingen.
Dahl, Robert 1989: Democracy and Its Critics, New Haven.
Delacoura, Katerina 1998: Islam, Liberalism & Human Rights, London/New York.
Diamond, Larry 1992: Civil Society and the Struggle for Democracy, in: Diamond, Larry (Hrsg.): The Democratic Revolution: Struggles for Freedom and Pluralism in the Developing World, Lanham/London: 1-27.
Diamond, Larry 1994: Toward Democratic Consolidation, in: Journal of Democracy (5) 3: 4-17.
Diamond, Larry 1999: Developing Democracy: Toward Consolidation, Baltimore/London.
Dombois, Rainer/Imbusch, Peter 1997: Neoliberalismus und Arbeitsbeziehungen in Lateinamerika: Einführende Bemerkungen, in: Dombois, Rainer/Imbusch, Peter/Lauth, Hans-Joachim/Thiery, Peter (Hrsg.): Neoliberalismus und Arbeitsbeziehungen in Lateinamerika, Frankfurt a.M.: 9-43.
Dreier, Ralf 1983: „Widerstand" und ziviler Ungehorsam im Rechtsstaat, in: Glotz, Peter (Hrsg.): Ziviler Ungehorsam im Rechtsstaat, Frankfurt a.M.: 54-75.
Eckstein, Harry/Gurr, Ted R. 1975: Patterns of Authority: A Structural Basis for Political Inquiry, New York.
Engster, Dan 1998: Democracy in the Balance: The Role of Statist, Liberal, and Republican Institutions in Tocqueville's Theory of Liberty, in: Polity (30) 3: 489-511.
Etzioni, Amitai (Hrsg.) 1995: New Communitarian Thinking, Charlottesville/London.
Etzioni, Amitai 1997: Die Verantwortungsgesellschaft: Individualismus und Moral in der heutigen Demokratie, Frankfurt a.M./New York.
Fishkin, James S. 1991: Democracy and Deliberation: New directions for democratic reform, New Haven.
Fooley, Michael W./Edwards, Bob 1996: The Paradox of Civil Society, in: Journal of Democracy (7) 3: 38-53.
Forst, Rainer 1996: Kontexte der Gerechtigkeit, Frankfurt a.M.
Fraenkel, Ernst 1973: Reformismus und Pluralismus, Hamburg.
Friedman, Edward 1994: Democratization: Generalizing the East Asian Experience, in: Friedman, Edward (Hrsg.): The Politics of Democratization: Generalizing East Asian Experiences, Boulder/Oxford: 19-57.
Gellner, Ernest 1995: The Importance of Being Modular, in: Hall, John A. (Hrsg.): Civil Society: Theory, History, Comparison, Cambridge/Oxford: 32-56.
Gerstenberg, Oliver 1997: Bürgerrechte und deliberative Demokratie, Frankfurt a.M.
Gunther, Richard/Diamandouros Nikiforos/Puhle, Hans-Jürgen (Hrsg.) 1995: The Politics of Democratic Consolidation: Southern Europe in Comparative Perspective, Baltimore.

Habermas, Jürgen 1983: Ziviler Ungehorsam – Testfall für den demokratischen Rechtsstaat: Wider den autoritären Legalismus in der Bundesrepublik, in: Glotz, Peter (Hrsg.): Ziviler Ungehorsam im Rechtsstaat, Frankfurt a. M.: 29-53.

Habermas, Jürgen ²1991: Strukturwandel der Öffentlichkeit: Untersuchungen zu einer Kategorie der bürgerlichen Gesellschaft. Mit einem Vorwort zur Neuauflage, Frankfurt a.M.

Habermas, Jürgen 1992: Drei normative Modelle der Demokratie: Zum Begriff der deliberativen Demokratie, in: Münkler, Herfried (Hrsg.): Die Chancen der Freiheit: Grundprobleme der Demokratie, München/Zürich: 11-24.

Habermas, Jürgen 1992a: Zur Rolle von Zivilgesellschaft und politischer Öffentlichkeit, in: ders.: Faktizität und Geltung: Beiträge zur Diskurstheorie des Rechts und des demokratischen Rechtsstaats, Frankfurt a.M.: 399-467.

Hall, John A. 1995: In Search of Civil Society, in: Hall, John A. (Hrsg.): Civil Society: Theory, History, Comparison, Cambridge: 1-32.

Hanisch, Rolf (Hrsg.) 1996: Demokratieexport in die Länder des Südens?, Hamburg.

Harders, Cilja/Schauber, Almuth 1999: Netzwerke und informelle Partizipation zwischen Inklusion und Exklusion – die Beispiele Ägyptens und Ghanas, in: Lauth, Hans-Joachim/Liebert, Ulrike (Hrsg.): Im Schatten demokratischer Legitimität: Informelle Institutionen und politische Partizipation im interkulturellen Demokratienvergleich, Opladen: 165-184.

Haynes, Jeff 1997: Democracy and Civil Society in the Third World, Cambridge et al.

Held, David 1987: Models of Democracy, Oxford.

Held, David 1995: Democracy and the Global Order: From the Modern State to Cosmopolitan Governance, Stanford.

Hengstenberg, Peter/Kohut, Karl/Maihold, Günther (Hrsg.) 1999: Sociedad Civil en América Latina: Representación de intereses y gobernabilidad, Caracas.

Hirst, Paul 1997: From Statism to Pluralism: Democracy, Civil Society and the Global Politics, London.

Holden, Barry ²1993: Understanding Liberal Democracy, New York et al.

Howard, Marc Morjé 1998: Zivilgesellschaft in Russland: Reflexionen zu einer Tagung, in: Berliner Debatte INITIAL (9) 2-3: 189-200.

Karl, Terry Lynn 1995: The Hybrid Regimes of Central America, in: Journal of Democracy (6) 3: 72-86

Keane, John 1988: Democracy and Civil Society, London.

Koschützke, Albrecht 1994: Die Lösung auf der Suche nach dem Problem: NGOs diesseits und jenseits des Staates, in: Dirmoser, Dietmar (Hrsg.): Jenseits des Staates?, Bad Honnef: 39-64.

Kößler, Reinhart 1997: Transformation und Transition als Ausdruck sozialer Kämpfe und gesellschaftlicher Prozesse, in: Forschungsjournal Neue Soziale Bewegungen (10) 1: 35-40.

Kraus, Peter 1998: Assoziationen und Interessenrepräsentation in neuen Demokratien, in: Merkel, Wolfgang/Sandschneider, Eberhard (Hrsg.): Systemwechsel 4. Die Rolle von Verbänden im Transformationsprozeß, Opladen: 23-45.

Lauth, Hans-Joachim 1997: Drei Dimensionen der Demokratie und das Konzept einer defekten Demokratie, in: Pickel, Gert/Pickel, Susanne/Jacobs, Jörg (Hrsg.): Demokratie – Entwicklungsformen und Erscheinungsbilder im interkulturellen Vergleich, Frankfurt/Oder: 33-54.

Lauth, Hans-Joachim 1999: Strategische, reflexive und ambivalente Zivilgesellschaften: Ein Vorschlag zur Typologie von Zivilgesellschaften im Systemwechsel, in: Zinecker, Heidrun (Hrsg.): Unvollendete Demokratisierung in Nichtmarktökonomien, Amsterdam : 95-120.

Lauth, Hans-Joachim 1999b: Zivilgesellschaft und Entwicklung: Jenseits von Staat und Markt? Der Beitrag der Zivilgesellschaft zur sozialen Gerechtigkeit, Paper zum Symposium „Marktwirtschaft und Soziale Gerechtigkeit für Lateinamerika", Mühlheim/Ruhr, Akademie „Die Wolfsburg", 15.-17.09.1999.

Lauth, Hans-Joachim/Merkel, Wolfgang 1997: Zivilgesellschaft und Transformation: Ein Diskussionsbeitrag in revisionistischer Absicht, in: Forschungsjournal Neue Soziale Bewegungen (10) 1: 12-35.

Lauth, Hans-Joachim/Merkel, Wolfgang (Hrsg.) 1997b: Zivilgesellschaft im Transformationsprozeß: Länderstudien zu Mittelost- und Südeuropa, Asien, Afrika, Lateinamerika und Nahost, Mainz.

Levi, Margaret 1996: Social and Unsocial Capital: A Review Essay of Robert Putnam's *Making Democracy Work*, in: Politics & Society (24) 1: 45-57.

Linz, Juan J./Stepan, Alfred 1996: Toward Consolidated Democracies, in: Journal of Democracy (7) 2: 14-33.

Locke, John [1690] 1996: Über die Regierung, Stuttgart.

McDonough, Peter/Shin, Doh C./Moisés, José Álvaro 1998: Democratization and Participation: Comparing Spain, Brazil, and Korea, in: The Journal of Politics (60) 4: 919-953.

Merkel, Wolfgang 1998: The Consolidation of Post-autocratic Democracies: A Multilevel Model, in: Democratization (5) 3: 33-67.

Merkel, Wolfgang 1999: Defekte Demokratien, in: Merkel, Wolfgang/Busch, Andreas (Hrsg.): Demokratie in Ost und West, Frankfurt/Main.

Merkel, Wolfgang 1999a: Systemtransformation: Theorien und Analysen, Opladen.

Merkel, Wolfgang/Croissant, Aurel 2000: Formale Institutionen, informale Regeln und der Aufstieg illiberaler Demokratien am Ende des 20. Jahrhunderts, in: Politische Vierteljahresschrift (41) 1: 3-30.

Merkel, Wolfgang/Lauth, Hans-Joachim 1998: Systemwechsel und Zivilgesellschaft: Welche Zivilgesellschaft braucht die Demokratie?, in: Aus Politik und Zeitgeschichte, B 6-7/1998: 3-21.

Mill, John Stuart [1859] 1948: Über die Freiheit, Heidelberg.

Montesquieu, Charles de [1748] 1994: Vom Geist der Gesetze, Stuttgart.

Munro, Neil 1998: Korean Public Opinion in Comparative Perspective, Studies in Public Policy No. 305, Glasgow.

Nowak, Manfred 1996: Entwicklungspolitik als Menschenrechtspolitik, in: Kolland, Franz u.a. (Hrsg.): Staat und zivile Gesellschaft: Beiträge zur Entwicklungspolitik in Afrika, Asien und Lateinamerika, Frankfurt a.M.: 219-235.

O'Donnell, Guillermo 1994: Delegative Democracy, in: Journal of Democracy (5) 1: 55-69.

O'Donnell, Guillermo/Schmitter, Philippe C. 1986: „Transition from Authoritarian Rule: Tentative Conclusions about Uncertain Democracies", in: O'Donnell, Guillermo/Schmitter, Philippe C./Whitehead, Lawrence (Hrsg.): Transition from Authoritarian Rule: Prospects for Democracy, Vol. 4, Baltimore.

Offe, Claus 1994: Der Tunnel am Ende des Lichts: Erkundungen der politischen Trans-

formation im neuen Osten, Frankfurt/New York.
Oxhorn, Philip 1995: From Controlled Inclusion to Coerced Marginalization: The Struggle for Civil Society in Latin America, in: Hall, John A. (Hrsg.): Civil Society: Theory, History, Comparison, Oxford: 250-278.
Plasser, Fritz/Ulram, Peter A./Waldrauch, Harald 1997: Politischer Kulturwandel in Ost-Mitteleuropa: Theorie und Empirie demokratischer Konsolidierung, Opladen.
Putnam, Robert D. 1993: Making Democracy Work: Civic Traditions in Modern Italy, Princeton.
Putnam, Robert D. 1995: Bowling Alone, in: Journal of Democracy (6) 1: 65-78.
Rodan, Gary 1997: Civil Society and Other Political Possibilities in Southeast Asia, in: Journal of Contemporary Southeast Asia (27) 2: 156-251.
Rödel, Ulrich 1996: Vom Nutzen des Konzeptes der Zivilgesellschaft, in: Zeitschrift für Politikwissenschaft (6) 3: 669-677.
Roninger, Louis 1994: Civil Society, Patronage and Democracy, in: Current Sociology (35) 3-4: 207-220.
Rosenblum, Nancy L. 1995: Liberalism, in: Lipset, Seymour M. (Hrsg.): The Encyclopedia of Democracy, Vol. III, London: 756-761.
Rupnik, Jaques 1999: The Postcommunist Divide, in: Journal of Democracy (10) 1: 57-63.
Saage, Richard 1998: Liberale Demokratie: Zur aktuellen Bedeutung eines politischen Begriffs, in: Saage, Richard/Berg, Gunnar (Hrsg.): Zwischen Triumph und Krise: Zum Zustand der liberalen Demokratie nach dem Zusammenbruch der Diktaturen in Osteuropa, Opladen: 21-30.
Sandel, Michael J. 1984: Liberalism and the Limits of Justice, Cambridge.
Sandel, Michael J. 1996: Democracy's Discontent: America in Search of a Public Philosophy, Cambridge.
Sandschneider, Eberhard 1996: Die Europäische Union und die Transformation Mittel- und Osteuropas: Zum Problem exogener Stabilisierungsstrategien in Transformationsprozessen, in: Zeitschrift für Politikwissenschaft (6) 1: 27-50.
Schicho, Walther 1996: Mythos Zivilgesellschaft: Die „Dritte Kolonisierung" Afrikas, in: Kolland, Franz u.a. (Hrsg.): Staat und zivile Gesellschaft: Beiträge zur Entwicklungspolitik in Afrika, Asien und Lateinamerika, Frankfurt a.M.: 93-117.
Schmidt, Siegmar 1997: Die Rolle der Zivilgesellschaft im Demokratisierungsprozeß Südafrikas, in: Lauth, Hans-Joachim/Merkel, Wolfgang (Hrsg.): Zivilgesellschaft im Transformationsprozeß: Länderstudien zu Mittelost- und Südeuropa, Afrika, Lateinamerika und Nahost, Mainz: 323-347.
Schmitter, Philippe C. 1997: Civil Society in East and West, in: Diamond, Larry/Plattner, Marc F./Chu, Yun-han/Tien, Hung-mao (Hrsg.): Consolidating Third Wave Democracies, Baltimore/London: 239-262.
Schmitter, Philippe C. 1998: Organisierte Interessen und die Konsolidierung der Demokratie in Südeuropa, in: Merkel, Wolfgang/Sandschneider, Eberhard (Hrsg.): Systemwechsel 4. Die Rolle von Verbänden im Transformationsprozeß, Opladen: 45-83.
Shils, Edward 1997: Civility and Civil Society: Good manners Between Persons and Concern for the Common Good in Public Affairs, in: ders.: The Virtue of Civility: Selected Essays on Liberalism, Tradition, and Civil Society by Edward Shils (hrsg. von Steven Grosby), Indianapolis.

Shin Chull, Doh (1994): On the Third Wave of Democratization: A Synthesis and Evaluation of Recent Theory and Research, in: World Politics (47) 1: 135-170.

Smolar, Aleksander 1996: From Opposition to Atomization, in: Journal of Democracy (26) 1: 24-38.

Stepan, Alfred 1988: Rethinking Military Politics: Brazil and the Southern Cone, Princeton.

Stepan, Alfred 1997: Democratic Opposition and Democratization Theory, in: Government and Opposition (32) 4: 657-673.

Stiehl, Volker/Merkel, Wolfgang 1997: Zivilgesellschaft und Demokratie in Portugal und Spanien, in: Lauth, Hans-Joachim/Merkel, Wolfgang (Hrsg.): Zivilgesellschaft im Transformationsprozeß: Länderstudien zu Mittelost- und Südeuropa, Afrika, Lateinamerika und Nahost, Mainz: 50-69.

Taylor, Charles 1989: Cross-Purposes: The Liberal-Communitarian Debate, in: Rosenblum, Nancy (Hrsg.): Liberalism and Moral Life, Cambridge/London: 159-182.

Taylor, Charles 1993: Der Begriff der ‚bürgerlichen Gesellschaft' im politischen Denken des Westens, in: Brumlik, Micha/Brunkhorst, Hauke (Hrsg.): Gemeinschaft und Gerechtigkeit, Frankfurt/Main: 117-147.

Tetzlaff, Rainer 1991: Politisierte Ethnizität – Eine unterschätzte Realität im nachkolonialen Afrika, in: Afrika-Spektrum (26) 1: 5-27.

Thaa, Winfried 1996: Die Wiedergeburt des Politischen. Zivilgesellschaft und Legitimitätskonflikte in den Revolutionen von 1989, Opladen.

Thiery, Peter 1999: Transformation in Chile: Institutioneller Wandel, Entwicklung und Demokratie 1973-1996, Frankfurt a.M.

Tocqueville, Alexis de [1835/40] 1987: Über die Demokratie in Amerika, Zürich.

Törnquist, Olle 1998: Making Democratization Work: From Civil Society and Social Capital to Political Inclusion and Politicization – Theoretical Reflections on Concrete Cases in Indonesia, Kerala and the Philippines, in: Rudebeck, Lars/Törnquist, Lars (Hrsg.): Democratization in the Third World, Basingstoke et al.: 107-145.

Truman, David 1951: The Governmental Process: Political Interests and Public Opinion, New York.

Valenzuela, J. Samuel 1992: Democratic Consolidation in Post-Transitional Settings: Notion, Process, and Facilitating Factors, in: Mainwaring, Scott/O´Donnell, Guillermo (Hrsg.): Issues in Democratic Consolidation, Notre Dame.

Weidenfeld, Werner 1993: Die Verantwortung des Westens für den Wandel in Mittel- und Osteuropa, in: ders. (Hrsg.): Demokratie und Markwirtschaft in Osteuropa, Gütersloh: 11-26.

Welzel, Christian 1999: Humanentwicklung und der Phasenwechsel der Zivilgesellschaft: Ziviles Engagement in 50 Nationen, in: Liebert, Ulrike/Lauth, Hans-Joachim (Hrsg.): Im Schatten demokratischer Legitimität: Formale und informale Institutionen politischer Partizipation, Opladen.

White, Gordon 1994: Civil Society, Democratization and Development (I): Clearing the Analytical Ground, in: Democratization (1) 3: 375-390.

Windfuhr, Michael 1999: Der Einfluß von NGOs auf die Demokratie, in: Merkel, Wolfgang/Busch, Andreas (Hrsg.): Demokratie in Ost und West, Frankfurt a.M.: 520-549.

Ziemer, Klaus 1998: Die Konsolidierung der polnischen Demokratie in den neunziger Jahren, in: Aus Politik und Zeitgeschichte B 6-7/1998: 29-38.

Zinecker, Heidrun 1999: Zum Zusammenhang von Entwicklungspfad und unvollendeter Transition (am Beispiel von Kolumbien und El Salvador), unveröffentlichtes Manuskript, Leipzig.

Zivilgesellschaft – Von der vorbürgerlichen zur nachbürgerlichen Gesellschaft?

Klaus von Beyme

I. „Zivilgesellschaft" und „bürgerliche Gesellschaft" in der politischen Theoriengeschichte

Die Zivilgesellschaft war ursprünglich synonym mit der „politischen Gesellschaft". Der Terminus wurde von *civilis societas* abgeleitet, den bereits Cicero eingeführt hatte. Um 1400 ging er auch in andere europäische Sprachen ein. Er war dabei gemünzt auf Gemeinwesen mit „Minimalstandards", deren genauere Konnotationen jedoch vage blieben:
- Das *ius civilis* in politisch verfaßten Gemeinwesen sollte die Bürger schützen;
- *Zivilität und Urbanität* mußten sich gegen barbarische oder vorstädtische Kulturen durchgesetzt haben.

Die Tradition, die von Thomas von Aquin in vielen europäischen Ländern verbindlich gemacht wurde, hat vor allem die Stadtstaaten mit der alten *koinonia politike* oder *societas civilis* gleichgesetzt (Riedel 1979: 726ff.) Diese aristotelische Dogmatik in der Schulphilosophie blieb bis in die frühe Neuzeit erstaunlich stabil. Die Relativierung der Begriffe durch Geschichts- und Gesellschaftsphilosophie, wie sie etwa in der Umbruchs- und Sattelzeit zwischen 1750 und 1850 üblich wurde, hatte die Begriffe noch kaum geändert. Die Zivilgesellschaft mußte nicht spezifiziert werden, solange der Staat sich nicht als Begriff durchgesetzt hatte und zum Bewegung schaffenden Anspruchsbegriff wurde, der andere etablierte Begriffe in die Schranken verwies. *Registrationsbegriffe* zur Beschreibung einer Wirklichkeit wurden erst in der Neuzeit zunehmend von ideologisierten *Erwartungsbegriffen* verdrängt (Koselleck 1989).

In mehreren Begriffskonflikten hat sich der Terminus „Zivilgesellschaft" ausdifferenziert:
(1) Machiavelli wird vielfach als Vater der Theorie der Staatsräson angesehen, die zur Beherrschung aller gesellschaftlichen Bereiche das geistige Rüstzeug bereitstellte. Aber erstaunlicherweise gebrauchte Machiavelli den

Begriff Staatsräson nicht. Allerdings durchzieht das *ragionare dello stato* sowohl den *Principe* wie auch die *Discorsi*. Der Staat ist der Gesellschaft im Sinne römisch-republikanischer Mythologie, für die Machiavelli sehr empfänglich war, noch nicht so strikt gegenübergestellt, daß es eines zivilgesellschaftlichen Gegenbegriffs bedurft hätte. Die Gesellschaft bleibt manchmal lebensweltlich-privatistisch als *vivere civile* definiert, manchmal hat das *vivere politico* oder der *principato civile* jedoch auch politische Konnotationen (Machiavelli 1960: 130ff., 45ff., 1961: 240). Erst die *Souveränitätslehre*, die bei Bodin dem Staat ein gewaltiges Übergewicht über die in Stände gegliederte Gesellschaft gab, um den Bürgerkrieg der christlichen Denominationen abzuwenden, *führte zur stärkeren Ausdifferenzierung von Staat* – definiert durch die höchste Souveränität – *und Gesellschaft* (Bodin 1961: 474). Obwohl Bodin in seinem ausufernden Traktat voller widersprüchlicher Referenzen noch reichlich von *societas civilis* im älteren Sinn spricht, ist doch die Tendenz unverkennbar, die Bürger in ihrer Unterworfenheit unter den Souverän zu egalisieren und das staatlich-administrative System mit höherer Dignität zu umgeben. In einer Linie des Vertragsdenkens, das Staats- und Herrschaftsvertrag wie bei Hobbes in eins fallen läßt, d.h. wo der Vertrag der Bürger untereinander ein Vertrag zugunsten Dritter wurde, nämlich zugunsten des Souveräns, wurde diese Tendenz noch weiter zugespitzt. Zugleich wird der „possessive Individualismus" gesellschaftlicher Individuen stark betont, der zum Ansatzpunkt liberaler Konzeptionen im Verhältnis von Staat und Gesellschaft werden konnte.

(2) Ein zweiter Differenzierungsschub des Begriffes „Zivilgesellschaft" trat mit der *Unterscheidung zweier Verträge* ein, des Gesellschaftsvertrags (*pactum unionis*) und des Herrschaftsvertrags (*pactum subjectionis*). Der fürstliche Absolutismus der Neuzeit bediente sich dabei der neuen Semantiken. Vom klassischen Feudalismus, in dem der Fürst nur *primus inter pares* mit anderen Ständen war und seine Wahlkapitulation unterzeichnen mußte, über die ständestaatliche Konkurrenz zweier Gewalten (des Fürsten und des Landes, das nach Otto Brunner das Land nicht nur *repräsentiert* sondern das Land *ist*) bis zur Präponderanz des Monarchen – der *car tel est notre plaisir* – die Stände nach Belieben berief oder auflöste, haben sich faktische Entwicklungen vollzogen, die von begrifflichen Veränderungen und Mentalitätswandlungen angekündigt worden waren.

Bei John Locke im „Second Treatise of Government" (1690) ist – wie bei Hobbes – der Naturzustand keine Zivilgesellschaft. Erst mit dem Zusammenschluß *into one society* entsteht diese. Da der Herrschaftsvertrag der Errichtung von staatlichen Institutionen jedoch auf dem Fuße folgt, kann Locke *political or civil society* wie Synonyme behandeln. Manche Interpreten haben eine Marktgesellschaft schon im Naturzustand bei Locke erkennen wollen. Diese zweite Phase des Naturzustandes wäre dann schon kennen wollen. Diese zweite Phase des Naturzustandes wäre dann schon eine Frühform der *civil society* gewesen (Seliger 1968). Zentral ist aber die Gleichsetzung von *civil und political society* bei John Locke, selbst wenn er Regierungsformen diskutierte. So war die absolute Monarchie für ihn unvereinbar mit der *Civil Society*. Von ihr begrifflich abgetrennt spricht er in seinem zweiten Traktat „Über die Regierung" von den Formen der *civil governments*. Aber auch sie sind unvereinbar mit der absoluten Regierungsgewalt, insofern bleibt die Differenzierung zweitrangig (Locke 1963: 343f.).

In diesem Sinne wurde die Zivilgesellschaft auch von den amerikanischen ‚Founding Fathers' interpretiert. Zivilgesellschaft entsteht bei ihnen nach dem Verlassen des Naturzustandes und bedarf einer rechtlichen dynamischen Regelung des Verhältnisses von Gesellschaft und *government* – von Staat wird in der angelsächsischen Tradition kaum gesprochen. *Government* wird dort als *treuhänderische* Autonomie verstanden, nicht als ständige Abhängigkeit der Repräsentanten. Denn eine gewisse Autonomie von der Gesellschaft brauche die Regierung, um Gutes für die Gesellschaft bewirken zu können (The Federalist 1948: 178ff.; Dietze 1960: 114f.). *Government* war auch schon bei Locke konzipiert, um die schrankenlose individuelle Aneignung, die in der Endphase des Naturzustands begann, zu begrenzen. Die linken Interpreten haben seit Macpherson jedoch betont, daß de facto die naturrechtlich gedachten Schranken der Aneignung von Privateigentum immer wieder aufgehoben wurden. Im Projekt für Carolina hat Locke ja bekanntlich ohnehin seine marktwirtschaftlichen Ansichten zugunsten eines moderaten Sklavenhaltermodells suspendiert (Euchner 1969: 95).

Selbst auf dem Kontinent begannen Staat und Gesellschaft auseinanderzutreten. Grundbegriff war hier *état*, aber noch in der Konnotation von Stand und Zustand. Montesquieu hat unter korrekter Zitierung von Vorgängern die Unterscheidung von *état civil* und *état politique* verbreiten helfen (Montesquieu 1957: 10). Beide zusammen vereinten sich für Montesquieu im „Geist der Gesetze". Damit kam durch den Absolutismus auch die Bedeutung im Begriff *zivil* zu Worte, die wir im Deutschen am ehesten mit ihm verbinden, nämlich den Gegensatz zum *Militärischen*. Daher ist es für viele befremdlich, daß der Ausdruck Zivilgesellschaft in Deutschland gerade in dem Augenblick rezipiert wurde, wo eine militärische Gegenmacht nicht in Sicht war und ungediente Verteidigungsminister in Bonn amtierten. Das Militärmonopol des Staates, das – wie in Preußen – bis zu 80% des Staatshaushaltes verschlang, ließ die *societas civilis* ihre Antiposition als partialisierte Zivilgesellschaft empfinden. Der einst öffentlich-rechtlich verstandene *status civilis* wird somit zur *Sphäre des Zivilen* verselbständigt. Der Machtverlust der ständisch organisierten Bürger wird kompensiert durch den Erwartungsbegriff, so daß die bürgerliche Gesellschaft zum

Indikator der Zivilisierung der Völker wurde. Diese *societas* ist aber nicht rein privatistisch konzipiert. Sie ist zwar nicht vordergründig politisch, aber sie sollte, aufklärerisch mit Entwicklungspathos versehen, ein Gradmesser des Fortschritts sein.

Noch Kant stand in der Tradition eines Denkens der neuzeitlichen Naturrechtstheorie, welche an der Fiktion des Naturzustandes festhielt und eine Entwicklung zur bürgerlichen Gesellschaft als notwendige Überwindung derselben ansah. In der „Metaphysik der Sitten" (1797, 1798) wurde das öffentliche Recht durch die Dichotomie vom „bürgerlichen Zustand" (*status civilis*) der Einzelnen im Volk und des Ganzen, der Beziehung auf seine eigenen Glieder, den Staat (*civitas*), eingeleitet (Kant 1956, Bd. 4, §43: 429). Trotz des traditionellen naturrechtlichen Vokabulars sind bei Kant zwei Innovationen bemerkenswert:

(a) Die Vernunftidee des klassischen Liberalismus führt zu einer *Positivierung des Naturrechts*. Bürgerliche Gesellschaft besteht nur dort, wo der „*gemeinschaftliche Wille*" sich verwirklicht (Kant sagte: „*actuiert*"). Die Gesellschaft ist nicht die *Ursache* sondern die *Wirkung* dieses Zustandes. Alle herkömmlichen Staatsformen gehören nur „zum Maschinenwesen der Staatsverfassung", die noch aus Gewohnheit Bestand haben – im „Gegensatz *zur wahren Republik* als ein repräsentatives System des Volkes" (Kant 1956, Bd. 4, §52: 463ff.). Diese eher Rousseauistische als Montesquieusche Deutung führte nicht zu einer Dichotomie von Staat und Gesellschaft, wie sie für die Hegelschule typisch wurde. Sie ist der Vorstellung einer radikal-demokratisch interpretierten Zivilgesellschaft näher als die angelsächsische Variante. Ihr fehlte freilich die Dimension des *zivilen Ungehorsams*, die seit Thoreaus *Civil disobedience* (1849) in die Debatte um die Zivilgesellschaft Eingang fand, wenn die bestehende Herrschaft ungerecht erschien (Thoreau 1952: 10ff.); es fehlte ihr aber auch die Fichtesche Begründung eines Revolutionsrechts aus dem Unterschied zwischen Staat und Gesellschaft (Fichte 1973: 10ff.). Bei Kant wurde vielmehr – abweichend von der Lockeschen Tradition – ein Widerstandsrecht expressis verbis ausgeschlossen (Kant 1956, Bd. 4, §49 A: 441).

(b) Die Positivierung der bürgerlichen Grundrechte führte für Kant notwendig auch zum *Friedenszustand zwischen den Völkern*. Das Völkerrecht – Kant hält den deutschen Ausdruck für unglücklich und zieht den Terminus „Staatenrecht" vor – wird als eine Art Weltzivilgesellschaft, einer „staatsbürgerlichen Gesellschaft" interpretiert (Kant 1956, Bd. 4, §55ff.: 466ff.).

(3) Nachdem sich die politische Sphäre gegenüber der ins Zivile abgedrängten Gesellschaft verselbständigt hatte, schlug die Gesellschaft in Aufklärungs- und Fortschrittstheorien insofern zurück, als sie dem machtpolitischen Staat wichtige Bereiche entwand, die er im Merkantilismus noch zu

steuern oder gar zu organisieren versuchte, nämlich die *Wirtschaft*. Adam Ferguson hat in seinem „Essay of the History of Civil Society" (1767) den Begriff der Zivilgesellschaft pointiert mit einer zivilisierten Lebensweise verbunden. Sein einflußreiches Buch wurde noch in „Blackwell's Encyclopedia of Political Thought" wie eine zeitgenössische Quelle als Literatur angegeben (Miller u.a. 1991: 77). Die Zivilität der Gesellschaft kommt bei Ferguson trotz des Antriebs „Egoismus", d.h. der nach *Glück* strebenden Individuen, dadurch zustande, daß der Mensch als geselliges Wesen auf den Nächsten angewiesen bleibt (angeblich im Gegensatz zum Tier). Der Hobbesianische Antrieb zur Gesellung aus der *Furcht* wurde durch die *Liebe* bei den schottischen Moralphilosophen ergänzt (Ferguson 1923: 22). Diese erste umfassende Gesellschaftsgeschichte, welche die *civil society* in ihrem Verhältnis zu den politischen Verfassungen analysierte und Ökonomie, Politik und Gesellschaft noch parallel behandelte, war nicht ohne Einfluß auf die sich ausdifferenzierende *Politische Ökonomie*. Sie sah aber immer noch Politik und Wirtschaft zusammen. Ja, man könnte sagen, sie sah sie präziser zusammen als das im bis in die frühe Neuzeit dominanten Aristotelismus möglich war, weil dieser die Wirtschaft als Hauswirtschaft (*oikos*) unter einem strengen paternalistischen Regime nicht als ein der *polis* gleichberechtigtes Subsystem wertete und die Hauswirtschaften noch nicht zu einer Art *Nationalökonomie* verband. In der Bibel der Marktwirtschaft von Adam Smith: „The Wealth of Nations" (1776) wurde der Terminus zu *civilized society* variiert und die Differenzierung bei Ferguson auf wirtschaftliche Arbeitsteilung zugespitzt. Aber noch immer galt das harmonische Nebeneinander von *Konkurrenz* und „*co-operation and assistance of great multitudes*" (Smith 1965: 14).

(4) Die ältere bürgerliche Gesellschaft hat sich nach dem Selbstverständnis der französischen Revolution, das Kant übernahm, als *staatsbürgerliche Gesellschaft* konstituiert. In dieser Tradition, vor allem vom jungen Fichte in eine jakobinische Richtung vorangetrieben, hätte man es bei der *bürgerlichen Gesellschaft* als Ausdruck belassen können. Dies gilt um so mehr, wenn die Lobpreiser der modernen kritischen Zivilgesellschaftskonzeption Hegel als den ersten modernen Zivilgesellschaftstheoretiker feiern, der es „*zur Synthese der angelsächsischen und der französisch-radikalen Variante kommen ließ*" (Cohen/Arato 1995: 91).
Erst mit der Wiederherstellung der Monarchien – auch wenn sie sich verbal zum "Monarchischen Prinzip" und damit vor allem in Deutschland und Rußland zum Neoabsolutismus bekannten – war die Gegenüberstellung von Staat und Gesellschaft sinnvoll. Sie entsprach dem Dualismus der *konstitutionellen Monarchie* und der Konkurrenz der Stände und des Monarchen in der Verfassungsgebung und der Gesetzgebung. Die alten Stände waren untergegangen. Die neuen Landstände waren zum Teil er-

fundene Kategorien, um das System zu stabilisieren und keine atomistische Bürgerschaft entstehen zu lassen, die sich wie in der Revolutionszeit in einer *volonté générale* zu artikulieren trachtete.

Die schottischen Sozialphilosophen hatten den *bourgeois* bereits als Element der *civil society* stark betont. Die französische Revolution, wie Kant und Fichte, stellte den *citoyen* ins Zentrum der Betrachtung. Um 1800 war der mit politischen Nebenbedeutungen versehene Begriff von *bürgerlicher* oder *ziviler Gesellschaft* der dominante. Erst in Hegels Synthese verengte sich der Begriff *Gesellschaft* nun auf den sozialen Bereich, der dem Staat gegenüber steht. Der politische Machtstaat und die privatisierte Bürgergesellschaft treten auseinander. *Entzweiung* ist die Metapher, die vor allem vom Linkshegelianismus später zu revolutionären Konsequenzen weiterentwickelt wurde (Hegel 1970, Bd. 7: 339ff., §182ff.; Vogel 1925: 8ff.).

Gegen die Entzweiung von Staat und Gesellschaft ließ sich nicht mehr – wie bei Hobbes – die absolute Macht einsetzen, obwohl im „*System der Bedürfnisse*" bei Hegel die Individuen ähnlich selbstsüchtig konzipiert waren wie bei Hobbes. Bei Hobbes drohte der Bürgerkrieg und erbrachte den Beweis, daß die bürgerliche Gesellschaft dem Staat vorausging. Bei Hegel hingegen setzte die bürgerliche Gesellschaft den Staat begrifflich voraus. Die differenzierte bürgerliche Gesellschaft kann nur existieren, wenn sie den Staat als Selbständiges vor sich hat. Denn das Allgemeingültige ist mächtiger als die Besonderheit in ihrer Vereinzelung. Die metaphysische Überhöhung des Allgemeingültigen war den angelsächsischen Vorgängern fremd. Bei Hegel wird die bürgerliche Gesellschaft als die „*Entwicklung des Geistes*" aufgefaßt. Die Ironie der gesellschaftlichen Logik bewirkt, daß die Sittlichkeit sich ständig in ein Extrem der gesellschaftlichen Zersplitterung und der staatlichen Übermacht zu verlieren droht, aber dennoch die Vielfalt in der Einheit immer wieder aufhebt. Diese Einheit aber bleibt abstrakt. Sie beruht nicht auf *freudiger Zustimmung der Individuen* wie in der Theorie des Gemeinwillens bei Kant. Die Versöhnung der Gegensätze ist keine totale, sondern nur eine relative Versöhnung zwischen Subjektivität und Objektivität. Der Marxismus entwickelte den Gedanken weiter, so daß die Versöhnung erst in einer höheren Gesellschaftsformation, nämlich der des Kommunismus, stattfinden konnte.

Hegel war jedoch kein weltfremder Idealist, der die Dynamik der modernen Erwerbsgesellschaft verkannte. Er sah bereits die Gefahren einer Degenerierung der bürgerlichen Gesellschaft zur *Bourgeoisgesellschaft* durch Konzentration des Reichtums in wenigen Händen und „das Herabsinken einer großen Masse unter das Maß einer gewissen Subsistenzweise", das den „Pöbel" erzeugt (Hegel 1970, Bd. 7: §244). Pöbel war zu seiner Zeit eine verballhornte Ableitung von *peuple*, das als Schimpfwort benutzt wurde. Erst durch den positiv gedeuteten Erwartungsbegriff *Proletariat* wurde von Linkshegelianern und Marxisten wieder ein positiver Volksbegriff geschaffen.

Vorbürgerliche und nachbürgerliche Gesellschaft 57

So wie in der französischen Revolution die bürgerliche Gesellschaft durch die Universalisierung des Dritten Standes geschaffen wurde, so sollte in einer proletarischen Revolution das Proletariat sich nach der *Expropriation der Exproprigteure* zu einem neuen Volk konstituieren, das die Schlacken der bürgerlichen Gesellschaft mit der ersten Phase des Kommunismus, also im Sozialismus abstreifen sollte.

Bei Hegel und den Rechtshegelianern – vor allem bei Lorenz von Stein – hingegen war der Staat berufen, dieser Entzweigung der Gesellschaft mit Polizeigewalt einerseits und Regulierung der Korporationen und Stände andererseits Einhalt zu gebieten.

Die staatszentrierte Typologie von Staat und Gesellschaft blieb in Deutschland bis zu Carl Schmitt dominant. Als der Staat schließlich nach 1945 demokratisch und rechtsstaatlich gebändigt war, hat die Schmittianische Konzeption des Staates als dezisionistischer Maßnahmestaat nur noch in den Sphären unterhalb des Verfassungsstaats, im Verwaltungsstaat über der pluralistischen Gesellschaft fortgelebt, bis das Verwaltungsrecht schließlich sogar auf extrem pluralistische Konzeptionen im *verhandelnden Implementationsstaat* einschwenkte.

II. Zivilgesellschaft als progressiver Erwartungsbegriff

Zivilgesellschaft und *bürgerliche Gesellschaft* haben als Termini seit der französischen Revolution eine Entwicklung genommen, die den Gang vieler Grundbegriffe des politischen Lebens kennzeichnet. Sie begannen als deskriptiv-typologische Begriffe zur *Analyse der sozialen Realität*. Sie wurden in Umbruchszeiten ideologisiert und als *Erwartungsbegriffe* normativ radikalisiert. Schließlich wurden sie als *Bewegungsbegriffe* entweder so abgeschliffen, daß sie normativ wieder belebt werden mußten, wie der Terminus *civil society* in der angelsächsischen Welt, oder die *bürgerliche Gesellschaft* in Deutschland , die so stark von bourgeoisen Konnotationen imprägniert war, daß der Ausdruck *Zivilgesellschaft* sich für ein Revival besser zu eignen schien. In der angelsächsischen Welt war es ein *survival*, allerdings mit neuen Bedeutungsgehalten. Im deutschen Sprachbereich und in Osteuropa kam es zu einem *revival*, gelegentlich sogar in Gesellschaften, die wenig Tradition einer Zivilgesellschaft in Theorie und Praxis hatten, wie in Rußland.

Radikale Umbrüche und Transformationen haben niemals in der Geschichte verhindern können, daß Restbestände des Denkens des *ancien régime* erhalten blieben. Der ‚reale Sozialismus' mit seiner Ablehnung der *bourgeois* hatte Folgen. Auch die postsozialistischen Denker identifizieren sich nicht mit der Tradition Lockes und der amerikanischen Founding Fathers. Allenfalls die Konnotation der *civil disobedience* konnte aus der amerikanischen Geschichte direkt übertragen werden. Die friedlichen Kerzenrevolutionen entsprachen dem gewaltlosen Geist Thoreaus.

Aber auch der Westen blieb von den Umbrüchen im Osten nicht unberührt. Lange hatte er sich seit den achtziger Jahren in einen platten Neoliberalismus verstrickt. Nun schien er plötzlich einen Ansatz für ein konsensfähiges normatives Konzept zu erhalten. Zwar hatte der Kommunitarismus mit seiner Suche nach *community* schon Ähnliches vorgedacht. Daß normative Konzepte aber über Nacht geschichtsmächtig werden könnten, haben die Vordenker der Zivilgesellschaft in der osteuropäischen Intelligencija erstmals vorexerziert. Der erstarrten Utopie eines real gewordenen Sozialismus wurde eine konkrete Utopie entgegen gesetzt: die Zivilgesellschaft. Eine wohl am stärksten bewaffnete ideologische Großmacht der Weltgeschichte trat ab, ohne einen einzigen Schuß abzugeben. Das Wunder von Jericho, bei dem Trompeten Mauern zum Einsturz gebracht haben sollen, schien klein gegen die Kette von Wundern in Warschau, Leipzig, Prag oder Budapest.

Normative Theorien haben seit Rawls eine Renaissance erfahren. Der *Neo-Kontraktualismus* als *Grammatik des wechselseitigen Anerkennungsmodus der Bürger* ist zivilgesellschaftlich geworden und verzichtet zunehmend auf ethnische oder staatliche souveränitätstheoretische Stützungslehren. Der *postmoderne Konstruktivismus* erlaubt es, die Vertragstheorie als gedankenexperimentelles Testverfahren einzusetzen, ohne historische Realitätsannahmen oder metaphysische Rechtfertigungslehren zu bemühen. In Konzeptionen der deliberativen und reflexiven Demokratie wird von einem individualistischen Ausgangspunkt die wechselseitige Anerkennung von Rechten und Pflichten der Bürger konstituiert. Die gegenseitige Verpflichtungsleistung ist dabei nicht nur prozedural-konventionalistisch abgesteckt. Seit Rawls sind minimale Vorstellungen einer materialen Gerechtigkeit mit dem Vertragsgedanken verbunden. Empirie und „normativ-prozedurales Ideal" (Kersting 1996: 354) nähern sich einander an, wenn die normativen Annahmen mit den Regeln einer *Rational-Choice-Theorie* oder gar der *Spieltheorie* zunehmend verbunden werden.

Kommunitarier und Neoliberale bekämpften einander in den 80er Jahren. Aber sie waren einig in der Ablehnung eines bloß empiristischen und antinormativen Bildes der Gesellschaft und ihrer Legitimation. Beide aber entwickelten divergente Begriffe von Zivilgesellschaft (Cohen/Arato 1995: 8). Der Neoliberalismus war dabei anti- oder wenigstens minimalstaatlich gesonnen und legte den Akzent auf die bürgerliche Marktwirtschaft. Der Kommunitarismus hat die politische und kulturelle Dimension der Zivilgesellschaft stärker betont und den Staat als Katalysator von Bürgertugenden weniger abgelehnt. Nur selten gingen Neoliberale aber soweit wie die osteuropäischen Zivltheoretiker, die den Staat schlechthin mit der pervertierten bürokratischen Herrschaft des Systems identifizierten. Da sie den Staat weder erobern noch moralisch verändern konnten, ließen sie ihn links liegen und absentierten sich in ein

Konzept der *Antipolitik,* welche die beglaubigte Genesis des angelsächsischen Konzepts von Zivilgesellschaft verließ.

Zivilgesellschaft wurde in der empirischen Theoriegeschichte den jeweiligen nationalen Traditionen angepaßt. Nur in Deutschland erhielt die Dichotomie Staat und bürgerliche Gesellschaft, verbunden durch ständische intermediäre Organisationen, in der Hegel-Schule ihren Ausdruck als resignative Akzeptierung einer Präponderanz des Staatlichen. Erst in einer postmodernen Gesellschaft mit starker Individualisierung löste sich auch in Deutschland der Begriff aus der staatlichen Umklammerung und wurde zu einer Reflexionsform der modernen Ordnung, die ihre Stabilität und Legitimität aus sich selbst, das heißt aus den Interaktionsbeziehungen der individuellen Subjekte, hervorbringt und nicht mehr auf transzendente Tugendlehren zurückgreifen konnte (Schmalz-Bruns 1995: 125). Diese Interaktionsbeziehungen haben in modernen diskursiven Tugendlehren die bloß *passive Toleranz* gegenüber den Mitmenschen zu verlassen versucht, wie sie in der Lockeschen Konzeption noch überwog und den *aktiven partizipatorischen Einsatz* für das Wohl der anderen postuliert (Honneth 1993: 269).

Die Erneuerung der *Bürgertugend* sollte als Gegenmittel gegen die Fragmentierung der Politik eingesetzt werden. Bezeichnenderweise haben jedoch nur Immigranten in den USA, wie Hannah Arendt oder MacIntyre, so direkt an antike Konzeptionen angeknüpft, daß sie in der Betätigung der Menschen als "bourgeois", als Wirtschaftsbürger, eine Gefahr für die Tugend der Bürger sahen (Arendt 1974, 1981). Vor allem in der deutschsprachigen Welt wurde gern hegelianisierend das Reich der *Freiheit* gegen das der *Notwendigkeit* ausgespielt (Walzer 1992: 69).

Die osteuropäische Theorie der Zivilgesellschaft stand – wie ihr marxistisches Gegenbild – stark unter dem Einfluß dieser weltfremden intellektualistischen Weltauffassung. In Osteuropa mag dies eine läßliche Sünde gewesen sein. Der Anti-Realsozialismus der Freiheitsbewegung war hinreichend vom Fortschritts- und Periodisierungsschema des bekämpften Marxismus-Leninismus infiziert. Er wurde zur Verbesserung des Feinderlebnisses häufig als Stalinismus stilisiert, obwohl es sich längst um einen autoritären, aber sklerotischen Poststalinismus handelte. Eine bloße Rückkehr zum ‚Kapitalismus' war unerwünscht. Träume vom ‚Dritten Weg' zwischen den Gesellschaftsformationen breiteten sich aus. Die politische Realität hingegen war von einer beispiellosen Reethnisierung der Gesellschaft geprägt. Immerhin kam es nur in Ex-Jugoslawien zu einem unzivilen Bürgerkrieg. Die Tschechoslowakei und die Sowjetunion lösten sich relativ zivil auf. Das ist bemerkenswert im Falle Rußlands, das traditionell wenig Anteil am zivilgesellschaftlichen Denken hatte. Noch ist kein russischer Garibaldi auf der Krim gelandet, um die russische ‚Irredenta' zu befreien. Von 23 Grenzen in der GUS sind nur drei nicht ethnisch umstritten und doch wurde außer in Tschetschenien der ethnische Konflikt bisher zivil ausgetragen. Man sage also nicht, die Idee der

Zivilgesellschaft – die als Minimalanforderung Gewaltfreiheit bedeutet – habe nicht selbst im reethnisierten Hexenkessel Osteuropas gewisse Erfolge gezeitigt! Aber auch die westlichen Diskursethiker wie Habermas hatten noch teil an der antiökonomischen Tendenz des zivilgesellschaftlichen Denkens. Das starre Basis-Überbau-Schema der Marxisten war längst dem flexiblen Lebenswelt-System-Antagonismus gewichen. Aber die Primärgruppen-Kommunikation der Lebenswelt blieb antiwirtschaftlich. Denn Wirtschaft drängte nach Globalisierung, beförderte die Prozesse der Kolonialisierung der Lebenswelt durch Kommerzialisierung und indirekt auch durch Bürokratisierung sowie der Verrechtlichung der Lebensbeziehungen. Wenn in Anlehnung an Cohen und Arato ein Substrat der Zivilgesellschaft gesucht wurde, kamen allenfalls die Organisationen in Frage, die nicht der Wirtschaft dienten und ihre zivilgesellschaftliche Basis in der Lebenswelt hatten. Pluralität, Privatheit und Legalität waren die gewünschten Merkmale (Habermas 1992: 435). Luhmann meinte zwar, daß die Betonung von Zivilgesellschaft und Citizenship nicht so sehr gegen wirtschaftliche Interessen ausgespielt werde, sondern in breiter Front gegen *Organisationen* gerichtet sei, weil Organisationen der Interdependenzunterbrechung in Funktionssystemen dienten (Luhmann 1997: 845). Aber gerade nach der Entdeckung der Institutionen des bürgerlichen Rechtsstaates durch Habermas kann ihm eine generelle Organisationsfeindschaft nicht mehr unterstellt werden. Lediglich einige frühe neue soziale Bewegungen haben sich noch so vernehmen lassen, als ob sie die Gesellschaft – oder die alternative Gesellschaft – gegen den Staat mobilisieren müßten. Parteien als intermediäre Organisationen zwischen Zivilgesellschaft und Politik hatten bei Habermas eine wichtige Mittlerfunktion. Aber den Kern der Zivilgesellschaft können nur jene nicht-staatlichen und nicht-ökonomischen Zusammenschlüsse und Assoziationen auf freiwilliger Basis „bilden, die die Kommunikationsstrukturen der Öffentlichkeit in der Gesellschaftskomponente Lebenswelt verankern"(Habermas 1992: 442). Advokatorisch-humanitäre Organisationen haben nach dieser Konzeption die größeren Aussichten, zivilgesellschaftlich zu bleiben. Habermas setzt sich bewußt von Marx ab, der noch die privatrechtlich konstituierte Ökonomie in die bürgerliche Gesellschaft einschloß. Keine Organisation ist freilich ein für alle Mal zivilgesellschaftlich. Je mehr in privaten Lebensbereichen die vergesellschaftende Kraft kommunikativen Handelns erlahmte, desto leichter ließen sich die „isolierten und entfremdeten Akteure in der beschlagnahmten Öffentlichkeit massenhaft formieren" (ibid. 446). Hier schimmerte ein Jargon der Hegelschule noch einmal durch. Zivilgesellschaft ist hochgradig gefährdet durch:

- *populistische Bewegungen*, die verhärtete Traditionsbestände einer von kapitalistischer Modernisierung gefährdeten Lebenswelt blind verteidigen;
- die „kommunikativ verflüssigte Souveränität des Volkes", wenn diese nicht auf *Einfluß* beschränkt bleibt und *Macht* erwirbt (ibid. 449);

- durch Vorstellungen einer *sozialen Revolution* mit einem geschichtsphilosophisch ausgezeichneten Großsubjekt.

Die Zivilgesellschaft wird damit gleichsam autopoietisch: Sie kann sich nur selbst transformieren – nicht aber die ganze Gesellschaft verändern.

Eine weitere Gefahr zeichnet sich bereits ab: Neoliberale nehmen die Zivilgesellschaft als Konzept gegen einen angeblichen sozialdemokratischen Etatismus in Anspruch. Für Schweden ist von einem ‚Centre for Post-Collectivist Studies', zu dessen Förderern kein geringerer als Dahrendorf gehört, die Zivilgesellschaft bereits als Gegenbegriff zum schwedischen ‚Volksheim' (*folkhemmet*) benutzt worden. Jede Gleichmacherei oder Ausdehnung der politischen Sphäre gilt aus dieser Perspektive bereits als Attentat auf die Zivilgesellschaft (Rojas 1998: 166).

Eine Konzeption der Zivilgesellschaft auf der Basis der Diskurstheorie, über die sich Habermas, Cohen und Arato zirkulär jeweils ‚reenforcement' in Zitaten gaben, entwickelte unterschiedliche Feindbilder. Sie reichten von der elitären Demokratie bis zum paternalistischen Wohlfahrtsstaat und griffen auch die liberale Vorstellung an, das Recht habe Vorrang vor der demokratischen Partizipation. Zivilgesellschaft im linken Mainstream grenzt sich somit gegen Staat und Markt, aber auch gegen die intermediäre Welt der Parteien und bürokratischen Großgruppen ab, die in der repräsentativen Demokratie das Feld beherrschen. Die Bürger nehmen in dem Konzept der Zivilgesellschaft ihr Schicksal in die eigene Hand. Der *Runde Tisch* war gleichsam das organisatorische Substrat dieses normativen Konzepts in den friedlichen Kerzenrevolutionen.

Dennoch haben die aufgeklärten Diskurse sich gegen den *universellen Verblendungszusammenhang* träger Bürgermehrheiten nicht durchsetzen können. Die deutsche Einigung war eine atypische Transformation, weil die Demokratisierung sich in einem kompletten Institutionentransfer in Zusammenhang mit der Rekonstituierung eines historischen Nationalstaats vollzog. Dennoch bleibt bemerkenswert, wie stark der Anteil der para-staatlichen und gesellschaftlichen Akteure an der Transformation war. Der Nationalstaat konnte im Bundestag rein kompetenzmäßig vieles gar nicht machen. Er wollte dies auch gar nicht, da er im Vergleich zu den organisierten gesellschaftlichen Großakteuren über deutlich weniger Ressourcen verfügte. Weite Bereiche vom Gesundheitssystem bis zur Landwirtschaft wurden daher von gesellschaftlichen Akteuren transformiert. Die zivilgesellschaftlichen Organisationen im engeren Sinn, die advokatorisch und gemeinwohlorientiert auftraten, spielten eine vergleichsweise marginale Rolle. Ein paar Intellektuellenverbände, die von ihren westdeutschen Äquivalenten nicht gleich in toto aufgenommen wurden, waren die letzten organisatorischen Ansatzpunkte einer eigenständigen ostdeutschen Zivilgesellschaft (Lehmbruch 1994, von Beyme 1994). Wenn in einem Witz der noch traditional-patriotisch gemeinte Ruf der Ostdeutschen „wir sind ein Volk" von einem westdeutschen Witzbold mit „wir auch" beantwortet wurde, lag darin eine paradoxe Wahrheit. Die Organisationsformen des westdeutschen Volkes prägten überwiegend die Transformation Ostdeutschlands. Die zivilgesellschaftlichen Bannerträger blieben nach Verdrängung der runden Tische schmollend zurück mit der Feststellung: „Wir wollten Gerechtigkeit und bekamen den Rechtsstaat" (Bärbel Bohley).

Zivilgesellschaft ist ein normatives Konzept – daher muß es nicht durch jedes Faktenbeispiel überholt sein. Normative Modelle sind nun einmal nicht empirisch falsifizierbar. Dennoch wird die Kluft zwischen Sein und Sollen, die Kant so stark betont hatte, in der modernen politischen Theorie gerade im Bereich der Zivilgesellschaft eingeebnet. Linke Theoretiker hatten einst den empiristischen Antinormativismus auf die bipolare Konstellation der Welt und den penetranten Antikommunismus zurückgeführt, der alle normativen Kriterien in den Hintergrund treten ließ, „die nicht schon durch die gegebene institutionelle Struktur beider Systeme vorgeprägt waren" (Rödel u.a. 1989: 11f.). Das Ende der Bipolarität schien in der Zivilgesellschaft ein Ost und West verbindendes normatives Konzept wieder möglich zu machen. Und doch trat das Gegenteil des Erwarteten ein: Die normative Theorie kehrte zurück, aber sie hatte sich so weit an die politische Realität der Systeme angenähert, daß sie ihren normativen Impetus verlor. Sie wollte zwar über politische Ethik wieder nachdenken, warnte aber davor, zeit- und kontextlose Wahrheiten zu verkünden (Goodin 1992: 150). Habermas hatte bereits 1992 beklagt, daß der idealistische Gehalt normativer Theorien im Lauf der Entwicklung unter der Sonne sozialwissenschaftlicher Erkenntnis dahinschmelze. Eine ethische Engführung politischer Diskurse, wie im Kommunitarismus der USA (Habermas 1992: 283f.), der sich gelegentlich auf Habermas berief, mußte für ihn scheitern, weil die Pluralität der gesellschaftlichen Positionen einen Interessenausgleich brauche, der durch bloß ethische Diskurse nicht zu erreichen sei. Die Weberisierung von Habermas' Diskurstheorie hat, gemessen an seinem Buchtitel, mehr ‚Faktizität als Geltung' hervorgerufen.

Eine grundsätzliche Systemkritik war auch von Theorien der Zivilgesellschaft kaum noch zu erwarten. Der Minimalkonsens, der in den 90er Jahren entstand, reichte so weit, daß sich unter der Vielfalt der Termini geringfügige Meinungsverschiedenheiten versteckten, ob nun *Verhandlungsdemokratie, Zivilgesellschaft, Netzwerk-Kooperation* oder *Subpolitisierung* zum zentralen Begriff der theoretischen Bemühungen wurde. Die Hoffnung auf eine neuartige Bewegungsgesellschaft hat nicht einmal die Bannerträger der Zivilgesellschaft erreicht. Die Advokaten der reflexiven Demokratie beeilten sich zu erklären, daß normative Gründe nicht taugen, theoretische Modelle gegen analytische und empirische Einsichten zu imprägnieren (Schmalz-Bruns 1995: 153).

Die Postmodernisierung der Reflexion über Zivilgesellschaft hat durch die Selbstbezüglichkeit diskursbereiter Individuen nur noch Evolution, aber keine teleologisch gedachte notwendige Entwicklung mehr zugelassen. Der Gesell-

Vorbürgerliche und nachbürgerliche Gesellschaft 63

schaft wurden in der Theorie der Zivilgesellschaft keine mythischen Kräfte mehr zugeschrieben, die Strukturen für eine authentische zivilgesellschaftliche Partizipation jeweils naturwüchsig hervorzubringen. Es entstand eher eine Pattsituation zwischen Zivilgesellschaft und System, da auch die Partizipationsangebote, die der demokratische Staat bereitstellt, unvollkommen sind. Es herrscht eine Art Komplementärverhältnis zwischen beiden Bereichen (Held 1989: 182). Die Räteromantik der letzten großen sozialen Bewegung der klassischen Moderne hatte in der *Doppelstrategie* letztlich die Überwindung der Systemwelt angepeilt. In der Mobilisierung der neuen sozialen Bewegungen für die Zivilgesellschaft kam es eher zu einem risikolosen instabilen Gleichgewicht zwischen dem Status quo der Institutionen des Systems und den kreativen gesellschaftlichen Partizipationsformen der Zivilgesellschaft auf der Basis der Lebenswelt.

Zivilgesellschaft gilt nur als relevant, solange sie sich nicht selbst einkapselt und sich auf den politischen Prozeß der Demokratie fokussiert (Schmalz-Bruns 1995: 137). Auch bei Ulrich Beck sind die „Gegengifte" gegen die technokratische Risikogesellschaft nur noch homöopathisch dosiert, selbst wenn von einer reflexiven, regelverändernden Politik die Rede ist. Die Mittel aber klingen konventionell. Stau und Blockade sind nicht so neu gegenüber *pressure* und Streiks (Beck 1992: 209). Auch Habermas stellte fest, daß die politische Kommunikation der Staatsbürger schließlich in „Beschlüsse legislativer Körperschaften einmünden" müßte (Habermas 1992: 211).

Kein altmarxistisches Bilderverbot hindert die heutigen ‚utopischen Sozialisten' ihre Modelle einer besseren Gesellschaft auszumalen. Kein neukantianischer Rigorismus kann die Kluft zwischen Sein und Sollen noch erhalten, die über ein Jahrhundert die normative Theorie an der Entfaltung hinderte. Aber mit zunehmender Konkretisierung geht die Norm verloren, die eine andersartige kritische Instanz darstellt, an der eine deformierte soziale Realität gemessen werden kann. Die allzu enge Rückkopplung von Walzers „Sphären der Gerechtigkeit" an existierende soziale Praktiken ist bereits früh gebrandmarkt worden (Cohen/Walzer 1986). *Status-quo-orientiert* oder konservativ bleibt die normative Idee, je näher sie an die Realität heranrückt. *Normativ leer* bleibt sie, so weit sie den Abstand zwischen Sein und Sollen in weiser Selbstbeschränkung wahrt. Walzer gelingt die Balance relativ gut. Bei Etzioni (Etzioni 1995: 176f.) wird die normative Idee der zivilen Gemeinschaft jedoch zur Kenntlichkeit verzerrt, wenn ‚bürgernahe Polizei' und ‚neighbourhood watch groups' als das Resultat der großen normativen Idee angeboten werden – ohne selbstkritischen Sinn für die Gefahren einer neuen sozialen Kontrolle, die für die Betroffenen peinlicher sein kann als die notwendig unvollkommene staatliche soziale Kontrolle.

Ein Paradoxon tut sich auf: Erst in der postmodernen Ära der Transformation, in der die liberale Demokratie konkurrenzlos zurückblieb, wurde der Vorwurf wahr, den die Linke in den 60er und 70er Jahren gern gegen jede

„bürgerliche" Theoriebemühung schleuderte, daß selbst die normative Theorie nur die phantasiearme Duplizierung einer tristen sozialen und politischen Realität sei. Wie so oft folgt die Wissenschaft der Kunst. Auf der Suche nach der Kunst wird der Betrachter in vielen modernen Ausstellungen nicht mehr aus der Wirklichkeit entführt, sondern seit dem Triumph der Pop Art und der ‚kitchen-sink-Kunst' auf die Wirklichkeit zurückverwiesen.

III. „Citizenship" als Weg zur neuen Synthese zwischen normativer Theorie und empirischer Forschung

Bleibt die Zivilgesellschaft also letztlich ein kastriertes normatives Konzept für neue soziale Bewegungen? Gegen Habermas' Diskursmodell der Zivilgesellschaft ist eingewandt worden, daß es eine bestimmte Art von Öffentlichkeit unkritisch zur Zivilgesellschaft stilisierte, weil in ihr kommuniziert wird. Damit verbunden ist die Abwertung einer bloß durch Meinungsbefragung extrapolierten Meinung, die nicht öffentlich diskutiert worden ist (Reese-Schäfer 1997: 163). Da auch Habermas nach parlamentarischen Mehrheiten für seine Konzeptionen sucht, wird die politische Elite jedoch die bloße abgefragte öffentliche Meinung ernster nehmen müssen als die Intellektuellen. Die empirischen Befunde zeigen zudem, daß selbst in der politischen Arena, in der öffentlich diskutiert wird, die am intensivsten diskutierte Meinung nicht notwendiger Weise die einflußreichste ist. Die Idee blamiert sich immer vor dem Interesse, hatte schon Marx erkannt. Der Aushandlungsprozeß der organisierten Interessen zeigt, daß die traditionellen Großorganisationen von Gewerkschaften und Statusgruppen bis zu den Kirchen, die oft von den Bannerträgern der neuen sozialen Bewegungen totgesagt worden sind, noch immer in der Vorhand sind. Eine empirische Studie des Autors über 150 Schlüsselentscheidungen des deutschen Bundestages von 1949 bis 1994 zeigte, daß die zivilgesellschaftlichen Bewegungen nur 14,5% der Interventionen ausmachten, am häufigsten in der Außen- und Sicherheitspolitik (40%) und der Umweltpolitik (24,3%) (von Beyme 1997: 217). In vielen Bereichen, die den Bürger primär interessieren, wie Wirtschaft (2%) und Soziales (9%) sind sie eher marginale Akteure. Allenfalls als Verstärkung humanitärer Anliegen von Statusgruppen, Gewerkschaften und Kirchen sind sie gelegentlich wertvolle Bundesgenossen, die vor allem im Agendasetting via Medien wichtige Dienste leisten können.

Dennoch bleibt die Zivilgesellschaft ein wichtiges normatives Konzept. Sie wird dies vor allem durch den Rekurs auf die Individuen, welche die Zivilgesellschaft konstituieren. Das Korrelat der Zivilgesellschaft als Abstraktum ist der *konkrete Bürger*. Diesen zu substantivieren gelingt der sonst so substantivfreundlichen deutschen Sprache nicht, weil *Bürgertum* gleichsam auf das

Äquivalent von *Bourgeoisie* festgelegt erscheint. Daher wird der englische Ausdruck *citizenship* oder der französiche *citoyenneté* in der Debatte benutzt.

Die vorangegangene Analyse hat bereits gezeigt, daß im demokratischen Verfassungsstaat die Regeln nicht einfach durch neue soziale Bewegungen mit noch soviel Berufung auf zivilgesellschaftlichen *goodwill* geändert werden können. Wieder mag Amerika als Beispiel dienen. Hier wurde seit langem ein *IvI-Gap* entdeckt, eine Kluft zwischen Idealen und Institutionen. Die Ideale, häufig nicht um den Begriff Zivilgesellschaft, sondern den des *Republicanism* geschart, wurden nicht dazu benutzt, die Institutionen auszuhebeln. Im Gegenteil: Der rechtsstaatliche Rahmen mußte wieder in Einklang mit den hehren zivilgesellschaftlichen Prinzipien des Commonwealth gebracht werden. Der Amerikanismus wurde gelegentlich sogar als Ziviltheologie interpretiert (Gebhardt 1976: 148ff.; Huntington 1981). Den Europäern ist in der Debatte um die Zivilgesellschaft vielfach der amerikanische Multikulturalismus und Verfassungspatriotismus ohne ethnische Begründung der Nation empfohlen worden. Aber nur idealerweise gilt für die zivile Gesellschaft: „alle sind aufgenommen, keiner bevorzugt" (Walzer 1992: 79). In der Realität der alten Nationalstaaten Europas wurden unterschiedliche Prinzipien der Exklusion und Inklusion nacheinander entwickelt: zuerst der *Rechtsstaat*, der alle Bürger und weitgehend auch *Nicht*-Bürger einschloß. Sodann wurde auch bei liberalem Gedankengut die Gleichheit der Bürger durch den *Nationalstaat,* meist gestützt auf Sprache und Kultur, hinzugefügt, um dem rechtstaatlich geschützten Bürger die Motivation zu geben, aktiv an dem Leben der Nation teilzunehmen und notfalls für sie das Leben zu lassen. Der nationale Gedanke drängte somit auf Partizipation aller Bürger im *demokratischen Staat*. Als diese wenigstens im allgemeinen Wahlrecht verwirklicht schien, mußte im *Wohlfahrtsstaat* jenes Minimum an sozialer Gleichheit hinzugefügt werden, das für eine erfolgreiche politische Teilnahme unerläßlich war (von Beyme 1998: 74ff.).

Zivilgesellschaftlicher Überschwang kann unterstellen, daß alle Bürger und Nichtbürger, die am Diskurs teilnehmen – auch die, die nicht einmal die Sprache des Gastlandes verstehen – auf allen Ebenen gleich sind. Die Realität der Staaten – die USA nicht ausgeschlossen – zeigt jedoch handfeste Ungleichheiten des *citizenship*. Der britische Soziologe Marshall hat als erster eine umfassende Typologie der *citizens* versucht und unterschied politische, rechtliche und soziale Bürger. Die kulturelle Bürgerschaft wurde in der Postmoderne hinzugefügt und ist partiell im nationalen Subsystem aufgehoben, soweit sie nicht als legaler und demokratisch-partizipatorischer Verfassungspatriotismus abgedeckt erscheint (Marshall 1976). Gleichheit erscheint als gradualistisches Konzept, das in einer Vierfeldermatrix (siehe Abbildung 1) als annähernd vollkommen (*Rechtsgleichheit*) oder ziemlich unvollkommen (*Gleichheit der Rechte im Wohlfahrtsstaat*) ausgewiesen werden kann. Strukturell ungleich sind hingegen die *Nationalbürgerschaft* und auch noch die Gleichheit der Partizipationsrechte im *demokratisch-politischen System*.

Abbildung 1: Gleichheit und Ungleichheit der citizenships

	Gleichheit	Ungleichheit
weite Inklusion	*Rechtsstaat* Grundrechte, vor allem Habeas-Corpus-Rechte gelten für alle auf einem Territorium Lebenden	*Nationalstaat* Staatsangehörigkeit nur für „Volksangehörige", „jus soli" integrativer als „jus sanguinis"
weitergehende Exklusion	*Wohlfahrtsstaat* Inklusion auch von Immigranten und Asylanten, und selbst für jene, denen Staatsbürgerrechte entzogen wurden	*Demokratischer Staat* Partizipationsrechte nur für Staatsbürger, einzelne Rechte für EU-Bürger, gelegentlich auch kommunales Wahlrecht für Ausländer.

Die Ausweitung der Zivilgesellschaft heißt daher vor allem wachsende Inklusion der Menschen, die auf einem Territorium leben, in alle Bereiche des *citizenship*. Das Gleichgewicht der vier Säulen des *citizenship* ist in den bestehenden Nationalstaaten kaum gegeben. Am stärksten verändert hat sich die Konzeption des nationalen *citizenship*. Unter dem Einfluß von weltweiter Migration und vor allem durch die Europäische Integration kommt es zur Ausdehnung der Staatsbürgerschaftsrechte und der demokratischen Partizipationsrechte. Nationale Traditionen spielen aber noch immer eine große Rolle. Die klassischen Einwanderungsstaaten, wie die USA, Kanada und Australien, haben eine weniger kulturell-traditionale Einstellung zur Staatsbürgeschaft und sind offener für multikulturelle Ideen, auch bei der Integration der länger im Land lebenden Eingewanderten. In anderen Staaten, wie in Frankreich, wo die Staatsbürger-Nation traditionell betont wurde, haben sich unter dem Ansturm der Migranten Elemente des jus sanguinis zunehmend wieder in die Staatsbürgerschaftspolitik eingeschlichen. In allen europäischen Staaten gleicht sich die Konzeption der sozialstaatlichen Inklusion zunehmend an, während die USA hier nur insofern Ungleichheit walten lassen, als eine lückenlose Inklusion aller in das soziale Sicherungssystem kaum verwirklicht wurde. Die Fortschritte der europäischen Integration drohen vielfach dazu zu führen, daß die Nicht-Gemeinschafts-Bürger zunehmend ausgeschlossen werden. Europäische Inklusion ist nicht mehr nationalstaatlich, aber sie exkludiert die Bürger anderer Kontinente stärker als z.B. die früheren exkolonialen Empires, wie das britische Commonwealth oder die Communauté Française es einst taten. Innerhalb der Gemeinschaft werden weitere Angleichungen durch Diskurs und innereuropäische Migration erwartet (Münch 1993: 95). Einige

Theoretiker des *citizenship* in der Zivilgesellschaft erhoffen eine Ausdehnung des Citizenship in allen Bereichen auf das Niveau des jeweils fortgeschrittensten europäischen Systems. Zum Beispiel wird es für möglich gehalten, daß sich ein Sinn für ein europäisches Citizenship bei britischen Mittelklasse-Arbeitern entwickeln wird, weil einige Aspekte des Sozialen und der Erziehung auf dem Kontinent stärker betont werden als in Großbritannien (Meehan 1993: 252).

Die von Soziologen immer wieder festgestellte *Individualisierung* der Lebensvollzüge verändert die Identitätsgefühle in allen europäischen Ländern. Für den Nationalstaat gibt es auch in der Europäischen Gemeinschaft noch kein Substitut. In einer der vier Sektoren der Matrix, in den *kulturellnationalen Systemen* (Horseman/Marshall 1994: 263f.) mit ihren Differenzen der Kultur-, Erziehungs- und Medienpolitik, strebt nicht einmal die Europäische Gemeinschaft eine einheitliche Konzeption des *citizenship* an. Im sozialen Bereich werden – nicht nur aus Gründen der Differenz wirtschaftlicher Entwicklung – viele Unterschiede bleiben. Die *sozialregulativen Bereiche* (Arbeitsbeziehungen, Sozialversicherung) werden von Brüssel zielstrebig angeglichen. Der *distributive Kern der sozialen Bereiche* wird national bleiben, so daß auch der soziale *citizen* trotz einiger Konvergenzen noch lange unterschiedlich sein wird.

Citizenship ist eine Art *symbolische Einheit* verschiedener Rollen der Menschen in den politischen Systemen. Europäisches Citizenship steht bereits in unseren Reisepässen. Aber seine völlige Integration ist ein Traum – und für viele noch nicht einmal ein schöner. Zivilgesellschaft und *citizenship* entwickeln sich nicht aus einem spontanen *herrschaftsfreien Diskurs*. Ein Moment des Macht- und Informationsvorsprungs bleibt auch bei staatlicher Steuerung zugunsten der Zivilgesellschaft erhalten. Daher ist es besser den Anspruch auf *täuschungsfreie Kommunikation* zu reduzieren. Zivilgesellschaft ist ein Konzept der gerechten Gesellschaft mit starken und divergenten nationalen Rechtsordnungen. Die Europäische Gemeinschaft und die ihr angehörenden Staaten können durch verstärkte Inklusion bei Einbürgerungen, Ausweitung der Partizipationsrechte auch für Ausländer und Inklusion der sozial schwachen Nicht-Staatsbürger die Idee der Zivilgesellschaft befördern (O´Neill 1996: 226). Damit dieser Impetus nicht erlahmt, ist der Druck von neuen und nicht mehr ganz neuen sozialen Bewegungen nötig. Beim Agendasetting hat dieser meist rasche Erfolge. Bei der Durchsetzung und Implementation sind die wohlmeinenden Bewegungen jedoch auf den bestehenden Rechtsstaat und seine demokratischen Institutionen weiterhin angewiesen.

IV. Schlußbemerkung

Zivilgesellschaft wurde im angelsächsischen Bereich vielfach als *bürgerliche Gesellschaft* übersetzt. Enzyklopädien und eine enzyklopädische Begriffsgeschichte haben das bis in unsere Tage getan. Dennoch hat der angelsächsische Begriff eine bessere Balance zwischen drei Prinzipien und Rechten des Menschen (*l'homme*), des Bürgers (*citoyen*) und des egoistischen Erwerbsbürgers (*bourgeois*) erreicht als die meisten deutschen Theorien der *bürgerlichen Gesellschaft*. Seit Hegel leidet der Begriff der bürgerlichen Gesellschaft an einer starken Staatsbezogenheit, die dem angelsächsischen Denken seit Locke fremd war. Diese Tradition – und Relikte der marxistischen Abneigung gegen das *Bürgerliche* – führten zu dem erstaunlichen *revival*, das der eigentlich im Deutschen wenig geläufige Begriff "Zivilgesellschaft" seit den achtziger Jahren erlebte.

Die neuen sozialen Bewegungen brauchten begriffspolitisch neue Konzepte. *Begriffskonservative* halten den Terminus *bürgerliche Gesellschaft* noch immer für ausreichend und lehnen das Erwartungs- und Bewegungselement im Ausdruck *Zivilgesellschaft* ab. *Begriffsnominalisten* – wie der Verfasser – sehen keinen Sinn darin, ihre Kraft damit zu vergeuden, in einen angeblich „erluderten Sprachgebrauch" (Hermann Lübbe) ‚korrigierend einzugreifen' und den durch die Genesis beglaubigten Sinn von Begriffen wiederherzustellen, schon weil diese zu keiner Zeit gänzlich stabil gewesen sind. Ein *nothing-new-under-the-sun approach* ist auch bei der Zivilgesellschaft unangebracht. Aber *Begriffspragmatiker* müssen entschieden darauf hinweisen, daß der Erwartungsbegriff *Zivilgesellschaft* die Gefahr der ideologischen Selbstverblendung mit sich bringt, wenn er in seiner Verwendung nicht akzeptiert, daß die Logik der alten „bürgerlichen Gesellschaft" im Sinne von Locke bis Hegel noch immer wirksam ist.

Der dogmatische Neopositivismus hätte das Konzept der Zivilgesellschaft wahrscheinlich als *Leerformel* bezeichnet. Mit der Akzeptierung normativer Ansätze für die empirische Forschung aber gibt es keinen Grund mehr, diesen normativen Erwartungsbegriff von der Diskussion der Politikwissenschaft auszuschließen. Aber sehr umfassende und gefühlsgeladene Begriffe bedürfen der *Operationalisierung*. Diese kann nach meiner Meinung eher mit dem konkreten Korrelat des Abstraktums Zivilgesellschaft geleistet werden. Das Konzept des *citizen* oder *citoyen* ist seit Marshall hinreichend ausdifferenziert worden, um zum Ansatzpunkt einer konkreten Messung für das Ausmaß, in dem das normative Postulat der Zivilgesellschaft bereits realisiert worden ist, zu werden.

Literatur

Arendt, Hannah 1974: Über die Revolution, München.
Arendt, Hannah 1981: Vita activa oder vom tätigen Leben, München.
Beck, Ulrich 1992: Die Erfindung des Politischen, Frankfurt a.M.
Beyme, Klaus von 1994: Verfehlte Vereinigung – verpaßte Reformen? Zur Problematik der Evaluation der Vereinigungspolitik in Deutschland seit 1989, in: Journal für Sozialforschung (34) 3: 249-269.
Beyme, Klaus von 1997: Der Gesetzgeber: Der Bundestag als Entscheidungszentrum, Opladen.
Beyme, Klaus von 1998: Kulturpolitik und nationale Identität, Opladen.
Bodin, Jean [1583] 1961: Six livres de la République, Aalen.
Cohen, Jean L./Arato, Andrew 1995: Civil Society and Political Theory, 3. Aufl., Cambridge/Mass.
Cohen, Joshua/Walzer, Michael 1986: Spheres of Justice, in: The Journal of Philosophy (83) 3: 457-469.
Dietze, Gottfried 1960: The Federalist, Baltimore.
Etzioni, Amitai 1995: Die Entdeckung des Gemeinsinns, Stuttgart.
Euchner, Walter 1969: Naturrecht und Politik bei John Locke, Frankfurt.
Ferguson, Adam [1767] 1923: Abhandlung über die Geschichte der bürgerlichen Gesellschaft, Jena.
Fichte, Johann Gottlieb [1793] 1973: Beitrag zur Berichtigung aller Urteile des Publikums über die französische Revolution, Hamburg.
Gebhardt, Jürgen 1976: Die Krise des Amerikanismus: Revolutionäre Ordnung und gesellschaftliches Selbstverständnis in der amerikanischen Republik, Stuttgart.
Goodin, Robert E. 1992: Motivating Political Morality, Oxford.
Habermas, Jürgen 1992: Faktizität und Geltung, Frankfurt.
Hegel, G.W.F. 1970: Grundlinien der Philosophie des Rechts, in: ders.: Werke in 20 Bänden, Bd. 7, Frankfurt a.M.
Held, David 1989: Political Theory and the Modern State, Cambridge.
Honneth, Axel 1993: Posttraditionale Gemeinschaften, in: Brumlik, Micha/Brunkhorst, Hauke (Hrsg.): Gemeinschaft und Gerechtigkeit, Frankfurt: 260-270.
Horseman, Matthew/Marshall, Andrew 1994: After the Nation State: Citizens, Tribalism and the New World Disorder, New York.
Huntington, Samuel 1981: American Politics: The Promise of Disharmony, Cambridge/Mass.
Kant, Immanuel [1797, 1798] 1956: Werke in sechs Bänden, Bd. 4, hrsg. von Weischedel, Wilhelm, Darmstadt.
Kersting, Wolfgang 1996: Die politische Philosophie des Gesellschaftsvertrages, Darmstadt.
Koselleck, Reinhart 1989: Erfahrungsraum und Erwartungshorizont, in: ders.: Vergangene Zukunft: Zur Semantik geschichtlicher Zeiten, Frankfurt: 349-375.
Lehmbruch, Gerhard 1994: Institutionen, Interessen und sektorale Variationen in der Transformationsdynamik der politischen Ökonomie Ostdeutschlands, in: Journal für Sozialforschung (34) 1: 21-44.

Locke, John 1963: Two Treatises of Government, hrsg. von Laslett, Peter, Cambridge.
Machiavelli, Niccolo 1960: Discors, in: Il principe e Discorsi, Mailand, Feltrinelli.
Machiavelli, Niccolo 1961: Lettere. Mailand, Feltrinelli (an Francesco Vettori 9.4.1513).
Marshall, T.H. 1976: Citizenship and Social Class, in: ders.: Citizenship and Social Development, Westport/Conn.
Meehan, Elizabeth 1993: Citizenship and the European Community, London.
Miller, David u.a. (Hrsg.) (1987) 1991: The Blackwell Encyclopedia of Political Thought: Civil society, Oxford.
Montesquieu [1748] 1957: De l'esprit des Lois, Classiques Garnier, Bd. 1, Paris.
Münch, Richard 1993: Das Projekt Europa: Zwischen Nationalstaat, regionaler Autonomie und Weltgesellschaft, Frankfurt a.M.
Luhmann, Niklas 1997: Die Gesellschaft der Gesellschaft, Bd. 2, Frankfurt a.M.
O'Neill, Onora 1996: Tugend und Gerechtigkeit: Eine konstruktive Darstellung des praktischen Denkens, Berlin.
Reese-Schäfer, Walter 1997: Grenzgötter der Moral: Der neuere europäisch-amerikanische Diskurs zur politischen Ethik, Frankfurt a.M.
Riedel, Manfred (1975) 1979: Gesellschaft, bürgerliche, in: Brunner, Otto/Conze, Werner/Koselleck, Reinhart (Hrsg.): Geschichtliche Grundbegriffe, Bd. 2, Stuttgart: 719-800.
Rödel, Ulrich u.a. 1989: Die demokratische Frage, Frankfurt a.M.
Rojas, Mauricio 1998: The Rise and Fall of the Swedish Model, London.
Schmalz-Bruns, Rainer 1995: Reflexive Demokratie: Die demokratische Transformation moderner Politik, Baden-Baden.
Seliger, Martin 1968: The Liberal Politics of John Locke, London.
Smith, Adam [1776] 1965: An Inquiry into the Nature and Causes of the Wealth of Nations, New York.
The Federalist, [1911] 1948: Every Man's Library, London.
Thoreau, Henry D. [1859] 1952: Civil disobedience, in: ders.: Selected Writings on Nature and Liberty, New York: 10-32.
Vogel, Paul 1925: Hegels Gesellschaftsbegriff und seine geschichtliche Fortbildung durch Lorenz Stein, Marx, Engels und Lassalle, Berlin.
Walzer, Michael 1992: Zivile Gesellschaft und amerikanische Demokratie, Berlin.

Nationalismus und Zivilgesellschaft in Transformationsprozessen

Peter A. Kraus

Einleitung

Die Annahme, daß die politische Integration eines Gemeinwesens je nach dem, ob ethnische oder zivilgesellschaftliche Identitäten dessen primäre Integrationsgrundlage bilden, unterschiedlichen, wenn nicht gar gegensätzlichen Logiken entspricht, scheint geradezu zu einem Allgemeinplatz der Demokratietheorie unserer Zeit geworden zu sein. Wird Ethnizität als das dominante Integrationsmedium angesehen, verbindet sich damit die Vorstellung der *Homogenität* des politischen Kollektivsubjekts – d.h. des „Volkes" –, von dem letztlich alle politische Gewalt ausgeht. Daraus erwächst zwangsläufig die Gefahr der Exklusion der als „nicht-homogen" eingestuften Gruppen.

Zivilgesellschaftliche Integration funktioniert demgegenüber nach anderen Regeln. Auf einen elementaren Nenner gebracht, ist die Zivilgesellschaft der Ort intermediärer, zwischen staatlicher und privater Sphäre angesiedelter kollektiver Aktivitäten. Sie bildet sich als Ensemble formell wie informell organisierter Gruppen heraus, die ihre vielfältigen Ziele freiwillig und unabhängig vom unmittelbaren Zugriff staatlicher Institutionen verfolgen. Voraussetzung für Integrationsprozesse, die von der zivilgesellschaftlichen oder intermediären Ebene ausgehen, ist die *Differenzierung* von Gruppeninteressen. Damit rückt die Vermittlung der Interessen eines heterogenen Geflechts gesellschaftlicher Gruppen in das Zentrum demokratischer Politik vor, und die Zivilgesellschaft wird zum eigentlichen Fundament moderner liberaler Demokratien. Aus normativer Perspektive bedürfen diese keines ethnischen Substrats, ja streng genommen müssen sie es im Rahmen der politischen Willensbildung abstreifen oder zumindest transzendieren.

Die Unterscheidung von Ethnizität und Zivilgesellschaft hängt also offenbar eng mit der Grenzlinie zusammen, die zwischen Ethnokratie und Demokratie verläuft. Sie spielt auch eine maßgebliche Rolle, wenn „ethnischer" und „staatsbürgerlicher" (im Sinne von *civic*) Nationalismus sich als dichotome Konzepte gegenübertreten.[1] Während ersterer dann bekanntlich leicht in Konflikt mit den Prinzipien einer liberalen Demokratie geraten kann, wird letzterer häufig als eine ausgesprochen wichtige Ressource für deren Bestand angesehen. In diesem Kontext ist auch unzählige Male – und in der Regel mit ganz überzeugenden Argumenten –

auf die Gefährdung der osteuropäischen Transformationsprozesse durch die allenthalben zu beobachtende Eruption *ethnisch* definierter Nationalismen hingewiesen worden.

Im folgenden will ich nun die These vertreten, daß die beschriebene Dichotomie, ungeachtet der hohen Plausibilität, die sie auf den ersten Blick für sich beanspruchen mag, sich in der politischen Praxis immer wieder als fragwürdig erweist. Die häufige und nicht immer unproblematische Überlagerung zivilgesellschaftlicher Mobilisierungen mit nationalistischen Momenten in Situationen demokratischen Umbruchs resultiert nämlich gerade aus der starken Verflechtung, die in modernen Gesellschaften generell zwischen Staat, Ethnizität und Bürgerstatus besteht. Der universalistische politische Anspruch des Staates und der staatlich garantierten Bürgerrechte ist dementsprechend oft mehr scheinbar als echt: In der realen Welt nationalstaatlicher Demokratien bildet Ethnizität im allgemeinen eine wichtige implizite Grundlage von politischem Konsens. Der demokratische Gesellschaftsvertrag hat bisher nahezu überall mehr oder weniger stillschweigend kollektive Verhaltenskodes zum Ausgangspunkt genommen, die die kulturelle Reproduktion spezifischer Gemeinschaften betreffen. Diese Feststellung gilt auch für die vermeintlichen Hochburgen staatsbürgerlicher nationaler Integration im Westen, in denen der ethnische Faktor keineswegs verschwindet, sondern oft nur keine unmittelbare Aufmerksamkeit auf sich lenkt.[2] Vor diesem Hintergrund mag der Nationalismus vielleicht „banal" (Billig 1995) werden, er bleibt nichtsdestoweniger eine durchaus reale und bedeutsame soziopolitische Größe.

Bei der Erläuterung der These werde ich im wesentlichen folgende Schritte gehen: Ich beginne mit den Konsequenzen, die die Umsetzung des Prinzips der Volkssouveränität im demokratischen Nationalstaat auf dem Feld der Ethnizität und Kultur hatte (und bis heute hat). Danach komme ich zu den Problemen, die im Zuge von Transformationsprozessen in kulturell heterogenen Staaten bei der Bestimmung der politischen Gemeinschaft auftreten und wende mich kurz einigen Unterschieden der Konstitution von Nationalstaatlichkeit in West- und Osteuropa zu. Abschließend befasse ich mich summarisch mit den Möglichkeiten einer zivilen Entschärfung ethnopolitisch motivierter Konflikte in neuen Demokratien.

I. Volkssouveränität und Nationalstaat

In der zweiten Hälfte des 19. Jahrhunderts beurteilte einer der herausragenden Klassiker des modernen liberal-demokratischen Denkens die Chancen der Einführung des Repräsentativsystems in multinationalen Staaten mit großer Skepsis. Für John Stuart Mill (1971 [1861]: 242) ist „[d]ie Bildung freier Institutionen [...] in einem Land, das sich aus mehreren Nationalitäten zusammensetzt, nahezu unmöglich. Fehlt einem Volk das Zusammengehörigkeitsgefühl, sprechen und schreiben verschiedene Bevölkerungsgruppen gar verschiedene Sprachen, so kann es die für die Funktionsfähigkeit des Repräsentativsystems unerläßliche Gesamtöffentlichkeit nicht geben: die meinungsbildenden und das politische Handeln entscheidenden Einflüsse sind in den verschiedenen Landesteilen unterschiedlich." Aus dem Blickwinkel zahlreicher Vertreter der gegenwärtigen politischen Theorie, die sich mit Fragen des Multikulturalismus und der institutionellen Anerkennung von Differenz befassen, muß Mills Verdikt aufgrund der klaren Präferenz für national homogene Demokratien, die es zum Ausdruck bringt, schon fast zwangsläufig Befremden hervorrufen. Es umreißt nichtsdestoweniger einen nicht ohne weiteres von der Hand zu weisenden Problemzusammenhang, der nach wie vor ein Gegenstand intensiver politischer und sozialwissenschaftlicher Kontroversen ist und weder theoretisch noch empirisch als restlos geklärt gelten kann.

Auf der Basis einer einfachen demokratietheoretischen Überlegung läßt sich das potentielle Dilemma multinationaler Staaten rasch benennen. Es genügt, bei einem der wohl am häufigsten verwendeten Konzepte zur Begründung demokratischer Herrschaft anzusetzen: bei der Volkssouveränität. Die Verwirklichung des Prinzips der „Regierung des Volkes, durch das Volk, für das Volk", um die berühmt gewordene Demokratie-Definition aus Lincolns *Gettysburg Address* von 1863 ein weiteres Mal zu bemühen, setzt voraus, daß Klarheit darüber herrscht, auf welche Gruppe von Menschen sich die Kategorie „Volk" bezieht. Mit kaum zu überbietender Prägnanz kommt Ivor Jennings (1956: 56) in diesem Zusammenhang zu dem Schluß, daß das Volk nicht entscheiden kann, wenn zuvor nicht jemand entschieden hat, wer das Volk ist. Die Geltungskraft elementarer demokratischer Prozeduren – allen voran die Mehrheitsregel – setzt Einvernehmen über die Identität einer (wie auch immer begründeten) politischen Gemeinschaft voraus, die als übergeordneter Rahmen politisch relevanter kollektiver Zugehörigkeiten zu fungieren vermag. Fehlt dieses Einvernehmen, drohen die bei der Mobilisierung gegensätzlicher Gruppeninteressen erwartbaren Spannungen den Bestand eines demokratischen Gemeinwesens bereits von Grund auf zu gefährden.

In liberalen Verfassungstheorien leitet sich die Legitimität demokratischer Herrschaft in der Regel aus einer vertraglichen oder zumindest vertragsähnlichen Übereinkunft ab, die bei den Angehörigen eines politischen Gemeinwesens auf ungeteilte Zustimmung stoßen muß. Dieser ursprüngliche Basiskonsens dient als „letztes" Begründungkriterium, wenn die Entscheidungen demokratisch bestimmter Institutionen im Konfliktfall für sich Allgemeingültigkeit beanspruchen. Dabei bleibt freilich in einem hohen Maße offen, was geschehen soll, wenn signifikante Teile des Gemeinwesens Entscheidungen, die das Votum einer gegebenen politischen Mehrheit zum Ausdruck bringen, die Anerkennung verwehren und den Weg der Sezession einschlagen wollen. Zwar ließe sich in solchen Fällen zunächst argumentieren, daß bei fundamentalen Konflikten über kollektive Zugehörigkeiten zu einer politischen Gemeinschaft dem Separationsvorhaben einer bestimmten Gruppe solange keine normative Geltungskraft beizumessen ist, bis es nicht selbst wiederum das gruppenübergreifende Einvernehmen der Gesamtheit der Gemeinschaftsmitglieder widerspiegelt. Jede Umsetzung eines derartigen

Vorhabens würde sich ja unmittelbar auf den Inhalt der originären Übereinkunft auswirken. Das Postulat eines allgemeinen Grundkonsenses wäre dann allerdings nicht mehr gewahrt, denn das Verbot der Abspaltung einer Gruppe von Mitgliedern eines demokratisch konstituierten Herrschaftsverbands unter Hinweis auf das fehlende Einverständnis der restlichen Mitglieder liefe darauf hinaus, den Verbleib ersterer in einem Gemeinwesen, dem sie nicht mehr angehören möchte, unilateral zu erzwingen (Dahl 1982: 95). Traditionell hat in modernen demokratischen Staaten die Idee der „nationalen Schicksalsgemeinschaft" dazu gedient, einen Ausweg aus derartigen Dilemmata zu markieren. Der geschichtlich vorgegebene und auch in Krisensituationen nicht hinterfragbare Zusammenhalt der Gesamtheit der Staatsbürger hat zu gewährleisten, daß Minderheiten, die in für sie substantiellen Streitfragen überstimmt worden sind, sich dem Mehrheitsvotum beugen, ohne – sofern sie über territoriale *exit*-Optionen verfügen - die Sezession als politische Möglichkeit ins Auge zu fassen. Soweit schafft im Grunde genommen erst das Vorhandensein belastungsfähiger gemeinschaftlicher Bindungen die Basis dafür, daß eine so zentrale demokratische Entscheidungsprozedur wie die Mehrheitsregel konsequent zur Anwendung gelangen kann.[3] Die spezifischen kollektiven Bezüge, die den Nationalstaat als „Schicksalsgemeinschaft" charakterisieren, werden in romantischen wie in liberalen Versionen des politischen Diskurses der europäischen Moderne als ein Medium der Kohäsion angesehen, das selbst bei noch so schwerwiegenden Gruppenkonflikten die Bedingungen für die demokratische Artikulation gegensätzlicher Positionen und für die Durchsetzung legitimer und allgemeingültiger Entscheidungen innerhalb eines begrenzten Territoriums sichert.[4]

Das Begründungsproblem demokratischer Herrschaft läßt sich auf diese Weise vielleicht in den Hintergrund schieben, besteht im Kern freilich weiter: Als abgeschlossene Territorien, in denen liberal-demokratische Entscheidungsregeln gelten, verfügen nationalstaatliche Schicksalsgemeinschaften selbst über keine demokratisch legitimierte Konstitutionsbasis. Aus demokratietheoretischer Perspektive kommt hier das schier unauflösbar scheinende Paradox der Souveränität zur Geltung (Connolly 1993: 51f.). Es erwächst daraus, daß die Etablierung eines souveränen und einheitlichen Kollektivwillens in einem politischen Gründungsakt einer kollektiven Zustimmungsbasis bedarf, die letztlich erst mit der Zeit aus dem Wirken institutioneller Mechanismen *nach* der Bildung eines demokratischen Herrschaftsverbands resultieren kann. Demokratische Politik hat sich insofern überall zunächst auf Ressourcen gestützt (bzw. stützen müssen), die sie selbst nicht herzustellen vermochte. Dabei handelt es sich vor allem um „selbstverständliche" Traditionsbestände, die historisch und kulturell vermittelt sind: „authentische" oder „erfundene" kollektive Erinnerungen, Mythen, Konventionen, Sprache etc. Unterschiedlich ausgeprägte und nicht selten implizit bleibende „ethnische" Komponenten haften insofern allen Nationalstaaten an. Das Fehlen derartiger Ressourcen weckt typischerweise Befürchtungen, daß die Potentiale der politischen Desintegration in einem demokratisch verfaßten Herrschaftsverband über-

Nationalismus und Zivilgesellschaft

handnehmen. Letzten Endes löst sich das „Souveränitätsparadox" der normativen Demokratietheorie so demokratiesoziologisch in den historischen Ergebnissen der staatlichen Ausübung kultureller Definitionsmacht auf.

In der europäischen Konstruktion des demokratischen Nationalstaats gingen zwei ganz unterschiedliche normative Leitprinzipien, nämlich das partikularistische Prinzip der Souveränität und das universalistische Prinzip der Staatsbürgerrechte (Giddens 1985: 217f.), eine eigentümliche und alles andere als widerspruchsfreie institutionelle Verbindung ein. Die politische Praxis hat dazu tendiert, das zwischen den beiden Grundsätzen bestehende Spannungsverhältnis durch die „Nationalisierung" wesentlicher Bestandteile der Staatsbürgerschaft abzuschwächen. Souverän waren ein Staat, eine Nation oder ein „Volk" *nach außen* immer nur in Abgrenzung zu anderen Staaten, Nationen oder „Völkern". Der Geltungsbereich elementarer Bürgerrechte und der Geltungsbereich nationalstaatlicher Herrschaft fielen zusammen. *Nach innen* entsprach das souveräne Volk, das das Erbe der absolutistischen Monarchen antrat, keineswegs primär dem Ideal einer vornehmlich in der formalen Anerkennung demokratischer Prozeduren zur kollektiven Entscheidungsfindung geeinten, voluntaristisch ins Leben gerufenen Gemeinschaft freier Individuen. Auch als politisch definierte Größen blieben „Volk" oder „Nation" zunächst massiv in den hegemonialen kulturellen Deutungsbeständen verwurzelt. Die Ausbreitung demokratischer Strukturen in Europa fand nicht in einem kulturell luftleeren Raum statt, sondern in einem Staatensystem, das als Produkt einer in langanhaltenden und gewaltintensiven Konflikten durchgesetzten Konzentration ökonomischer und politischer Machtressourcen (Tilly 1990) zwangsläufig Asymmetrien im Status verschiedener Kulturen abbildete. Gerade weil sich die meisten modernen Demokratien in ihrer historischen Genese und Entfaltung einer kulturell nicht „neutralen" Kollektivsymbolik bedienten, sondern vielmehr auf das „bereits Vorhandene" zurückgriffen, konnten Minderheitenbewegungen, die auf größere politische Eigenständigkeit gegenüber den politischen Titularnationen pochten, ihre Ziele später mit dem Verweis auf kulturelle und ethnische Besonderheiten rechtfertigen.

Zugespitzt ausgedrückt, sanktionierte die Verklammerung der einheitsstiftenden Leitbilder von Souveränität und Demokratie im Prinzip der Nation in den großen europäischen Territorialstaaten die Verallgemeinerung des Partikularismus eines spezifische soziokulturelle Merkmale aufweisenden Herrschaftszentrums gegenüber den Partikularismen der Peripherien. Die Durchsetzung dieses Partikularismus fand allerdings je nach zeitlichem und räumlichem Kontext der politischen Modernisierung in sehr unterschiedlichen Abstufungen statt. Aus der Sicht einer historisierenden und reflektiert „eurozentrischen" Soziologie der Demokratie läge der Schlüssel zum Verständnis der möglichen politischen Sprengkraft kultureller Trennlinien unter nichtautoritären Bedingungen in der Beantwortung der Frage, in welchem Maße die Prozesse der Staats- und Nationsbildung homogenisierende „Vorleistungen" bereits erbracht hatten, bevor es zu einer sprunghaften Ausweitung kollektiver Partizipationsrechte kam (Rokkan 1975):

Ein durch Gruppendifferenz gekennzeichnetes Gesellschaftsprofil kann vor allem dann mit politischen Integrationsproblemen einhergehen, wenn die Prozesse der Staatsbildung und der Nationsbildung als „unabgeschlossen" oder „verspätet" gelten müssen und kulturelle Heterogenität in der Phase des Aufbaus einer Demokratie zum Bezugspunkt kollektiver Mobilisierungen wird. Doch wäre nichts verhängnisvoller, als eine derartige Problemlage als das Ergebnis einer im Vergleich zu „normalen" Modernisierungsverläufen pathologischen Fehlentwicklung zu bewerten. Ein vom modernisierungstheoretischen Idealtyp abweichender und sich der Standardisierung widersetzender kultureller Pluralismus ist in einem Großteil der formal souveränen politischen Gebilde, aus denen sich das globale Staatensystem zusammensetzt, alles andere als eine Ausnahme. Versuche einer nachträglichen Korrektur dieses Sachverhalts durch etatistisch gelenkte „Nationalisierungsinstanzen" können heute kaum mehr mit der Erinnerung an die von einigen wenigen europäischen „Staatserbauern" gesetzten Präzedenzbeispiele gerechtfertigt werden, sondern müssen sich am Universalitätsanspruch demokratischer Gütekriterien messen.

II. Kulturelle Heterogenität und politische Gemeinschaft in Prozessen der Demokratisierung

In kürzester Form ausgedrückt, besteht das Grundproblem, das kultureller Pluralismus im Kontext eines politischen Systemwechsels aufwerfen kann, in der Klärung des Verhältnisses von Ethnos und Demos. Die Kategorie des „Ethnos" bezeichnet ein „Volk" als kulturelle oder ethnische „Einheit", während mit dem „Demos" das „Volk" als der Träger der politischen Souveränität gemeint ist (Francis 1965). Der Begriff des „Volkes" verweist also auf mindestens zwei ganz verschiedene soziale Phänomene: das „Volk" als Kulturgemeinschaft und das „Volk" als politische Gemeinschaft. Analytisch liegt der Sinn der Unterscheidung von Ethnos und Demos auf der Hand. So kann etwa ein Demos prinzipiell eine Vielzahl ethnischer Gruppen umfassen, eine nach ethnokulturellen Kriterien als weitgehend einheitlich definierte Gruppe sich umgekehrt auf mehrere demokratisch verfaßte staatliche Verbände verteilen. Die Unterscheidung sensibilisiert zugleich gegen die Gefahren einer ethnokratisch oder „völkisch" motivierten Rhetorik, die ethnische und politische Zugehörigkeiten gleichsetzen möchte.

Andererseits sollte die Gegenüberstellung der zwei Konzepte aber nicht dazu verführen, die Bereiche von kultureller Identität und demokratischer Politik als voneinander völlig losgelöst zu betrachten. Die in der Trennung von Ethnos und Demos anklingende Dichotomie von *ethnischer Gemeinschaft* und *ziviler Gesellschaft* (bzw. von *Kultur-* und *Staatsnation*, von *nation ethnique* und *nation élective* oder von *westlichem* und *östlichem Nationalismusmodell*) tritt in der politischen Wirklichkeit kaum irgendwo in Reinform auf. Selbst vermeintliche Stammländer des staatsbürgerlichen Nationalismus wie Frankreich oder die USA haben ihr Konzept der Nation durchaus unter Einbeziehung kultureller Zugehörigkeitskriterien entwickelt, wie die Dominanz von *WASP (White Anglo-Saxon Protestant)*-Elementen im traditionellen politischen Selbstverständnis der USA oder der von der *Grande Nation* bis heute emphatisch inszenierte Kult der Frankophonie verdeutlichen. In idealtypischer Absicht ist eine Differenzierung von Staats- und Kulturnation zweifelsohne gehaltvoll. Nur stellt sich das Problem, daß die nationalstaatliche Realität die Grenzen zwischen diesen Idealtypen immer wieder verwischt. Auch Staatsnationen sind im allgemeinen sicherlich keine konsequenten Hüterinnen der Prinzipien kultureller Neutralität gewesen. Vielmehr haben in ihnen die dominanten Kulturen danach getrachtet, minoritäre Kulturen aus dem öffentlichen Raum zu drängen oder zu assimilieren.

Die historischen Verdienste institutioneller Bemühungen, einen einheitlichen politischen Kommunikationsraum zu schaffen, lassen sich nicht von der Hand weisen. Auf der anderen Seite warfen solche Bemühungen für die davon spezifisch betroffenen, zur Assimilation aufgeforderten Gruppen nicht zu unterschätzende Kosten auf.[5] Auch heute ist nicht immer klar zu entscheiden, inwieweit kulturelle oder zivilreligiöse Überformungen einer „politisch" definierten Nation tatsächlich rein sekundären Charakters bleiben. In diesem Zusammenhang sei nur beiläufig auf die *English only*-Kampagnen in mehreren Staaten der USA oder aber auf das anhaltend „monokulturelle" offizielle Selbstverständnis des französischen Staates hingewiesen. Für gewöhnlich hat sich der Anspruch auf die Bildung einer „Gemeinschaft freier und gleicher Bürger" in der Geschichte der westlichen Nationalstaaten weitaus weniger in sozialen als in kulturellen Homogenisierungspraktiken niedergeschlagen. Insoweit scheint der Hang zur symbolischen Überhöhung einer partikularen kulturellen Identitätsbasis relativ unabhängig vom Gegensatz zwischen Staats- und Kulturnation in der nationalstaatlichen Organisationsform politischer Herrschaft als solcher angelegt zu sein.

Eine frontale Gegenüberstellung der Kategorien Ethnos und Demos kann darüber hinaus suggerieren, daß Ethnizität gegenüber den politischen Konstrukten der Nation und des Nationalismus eine vorpolitische, quasi natürliche Gegebenheit sei. Doch ungeachtet der oft beschworenen „primordialen Bindungen", die innerhalb einer ethnischen Gruppe bestehen mögen und der askriptiven Merkmale, auf die diese bei der Definition der Gruppenidentität in der Regel zurückgreifen wird, sind auch ethnische Zugehörigkeiten das Ergebnis soziopolitischer Deutungsprozesse.[6] Nun heißt das nicht, daß den Definitionen bzw. Selbstdefinitionen ethnischer Gruppen ausschließlich voluntaristische oder gar arbiträre Kriterien zugrunde liegen. Um sich von anderen Gruppen abzugrenzen, benutzen ethnische Gruppen objektivierbare soziokulturelle Potentiale wie „Rasse", Religion, Sprache oder historisch tradierte Institutionen, die nicht aus dem Nichts heraus „erfunden" werden können. Doch ist kein einzelnes der aufgelisteten Potentiale für sich genommen hinreichend oder notwendig, um daraus auf die Existenz einer ethnischen Gruppe zu schließen. Unter modernen Bedingungen resultiert Ethnizität aus dem Prozeß der Aktivierung eines oder mehrerer ethnischer Potentiale *in der*

Sphäre der Zivilgesellschaft, und es ist eben dieser Prozeß, der sich für eine Gruppe letztlich als identitätsstiftend erweist. Ethnizität verhält sich insoweit zu beobachtbaren, „objektiven", ethnischen Kategorien ähnlich wie Klassenbewußtsein zu objektiven Klassenlagen (Brass 1991: 19). Die Politisierung von Ethnizität läßt sich in dem Maße, wie eine ethnische Gruppe Ansprüche auf politische Ressourcen zur Absicherung ihrer kulturell definierten Identität erhebt, als Ausgangspunkt für die Entstehung einer nationalistischen Bewegung ansehen. Im Einzelfall ist es manchmal dementsprechend schwer, eine klare empirische Trennlinie zwischen einer „ethnischen Gruppe", einer „Nationalität" und einer „Nation" als politischem Verband zu ziehen. Die Übergänge zwischen den verschiedenen Kategorien werden fließend, genauso wie im übrigen in einem multikulturellen Kontext die Übergänge zwischen verschiedenen Identitätsmustern bis zu einem gewissen, häufig politisch vorgegebenen Grad fließend sein können.

Die Entstehung moderner Nationalstaaten brachte eine enorme Steigerung der politischen Relevanz ethnischer Zugehörigkeiten mit sich. Im Zuge der Ausbreitung nationalstaatlicher Organisationsformen wurde die Schaffung kulturell einheitlicher Herrschaftsbereiche generell zu einem wichtigen Funktions- und Legitimationsprinzip.[7] Im Fall ethnisch begründeter Nationalstaaten, die politische Gemeinschaft und kulturelle Abstammungsgemeinschaft gleichsetzen, liegt dies auf der Hand. So zieht etwa die deutsche Nationalstaatstradition, die den wichtigsten ideologischen Bezugspunkt des „östlichen" Nationalismusmodells abgeben sollte, keine klare Trennlinie zwischen ethnischem und politischem Volksbegriff. Die Nation erscheint als ein von einem spezifischen „Volksgeist" (Herder) geprägtes Kulturgebilde, das nach Eigenstaatlichkeit strebt; ihre Einheit erlangt demnach erst in der Deckungsgleichheit ethnischer und staatlicher Grenzen ihren wahrhaftigen Ausdruck. Im staatsbürgerlichen Nationalstaat ist es hingegen das übergeordnete politisch-administrative Institutionengefüge, das die Nation als Willensgemeinschaft konstituiert. Aber auch die ins Politische gewendete Deutung „nationaler Einheit" im „westlichen" Nationalismus, wie sie z.B. das Volks- und Nationsverständnis des revolutionären Frankreich paradigmatisch verkörpert, nimmt kulturelle Heterogenität nicht als unproblematisch wahr, sondern betrachtet sie letzten Endes als Hindernis für das Zustandekommen eines zusammenhängenden „Volkswillens" (oder, wie es John Stuart Mill später abgeschwächt formulieren sollte, einer zusammenhängenden Gesamtöffentlichkeit). Wenngleich unter einem ganz anderen programmatischen Vorzeichen, trachtet der staatsbürgerliche Nationalstaat, indem er auf der Prämisse operiert, politische Integration setze kulturelle Integration voraus, wie sein ethnisch legitimiertes Gegenstück danach, einen homogenen Herrschaftsbereich zu schaffen.[8]

Im Kontext eines Systemwechsels äußert sich die politische Explosivität einer Verschränkung (zivil)gesellschaftlicher Mobilisierungen mit ethnonationalen Identitäten in aller Schärfe. Im 20. Jahrhundert haben Diktaturen jeglicher Couleur den Diskurs der „nationalen Einheit" als wichtigen Bestandteil ihrer Rechtfertigungsideologie eingesetzt. Doch die Instrumentalisierung nationalistischer Inhalte zu offiziellen Zwecken hatte immer wieder auch den unbeabsichtigten Effekt, durch „negative" Integrationsmaßnahmen abweichendes ethnisches Gruppenbewußtsein letztlich nur zu verstärken; zugleich erfuhren Minderheitennationalismen aufgrund ihrer oppositionellen Ausrichtung oft eine nachhaltige politische Aufwertung innerhalb des gesamten Spektrums demokratisch eingestellter Kräfte. Autoritäre Herrschaftsausübung steht häufig in einem engen Zusammenhang mit schwerwiegenden nationalstaatlichen Integrationsproblemen (Linz 1978: 61-65) und impliziert in heterogenen Gesellschaften die Unterdrückung der Anliegen ethnischer Gruppen, die sich nicht in das offiziell dekretierte Verständnis von Staat und Nation einfügen. Allerdings läßt sich aus den zwischen 1918 und 1989 in Staaten der „Ersten", „Zweiten" wie „Dritten" Welt gesammelten Erfahrungen insgesamt eindeutig die Lehre ziehen, daß Plänen zur „nachholenden Nationsbildung" (im Sinne einer von staatlicher Seite aggressiv betriebenen Durchsetzung einheitlicher kultureller Standards) in nachtraditionalen, politisch bereits mobilisierten heterogenen Gesellschaften in der Regel der Erfolg verwehrt bleibt.[9] Ein kurzer Blick auf die politische Dynamik in den Transformationsgesellschaften Ostmittel- und Osteuropas zeigt, daß einerseits alte Konfliktpotentiale zwischen ethnischen Gruppen oder zwischen Zentren und Peripherien unter der kommunistischen Parteiherrschaft nicht wirklich neutralisiert werden konnten, andererseits neue Konfliktpotentiale aufgebaut wurden.

Zu Beginn eines politischen Transformationsprozesses befinden sich demokratisch orientierte Parteien, die den ganzen Staat als ihr Betätigungsfeld begreifen, ebenso wie Assoziationen, die funktionale Interessen repräsentieren, hinsichtlich ihres Rekrutierungsvermögens und ihrer gesellschaftlichen Verankerung typischerweise in einer Position der Schwäche, während politisch mobilisierte ethnische Gruppen gegenüber anderen gesellschaftlichen Akteuren zunächst über Mobilisierungsvorteile verfügen. Dies ist insbesondere dort der Fall, wo eine stabile kulturelle und territoriale Basis den spontanen Aufbau eines politisch wirksamen Solidaritätsnetzes und die Umwandlung ethnischer Zugehörigkeiten in regionale Varianten des Nationalismus erleichtert. Die mit jeder Regimekrise verbundene Schwächung der Zentralgewalt bietet ethnopolitischen Aktivisten die Chance, die Exponenten staatlicher Macht herauszufordern und lokale Gegenhegemonien aufzubauen, zumal die Betonung ethnischer Identitäten die Anziehungskraft eines Instruments zur Überwindung des alten Regimes und zur Distanzierung von der nichtdemokratischen Vergangenheit entfaltet (Offe 1994: 152). Vor einem solchen Hintergrund gewinnt es maßgebliche Bedeutung, wie groß die in einem Regimewandel angelegten Spielräume zur Umgestaltung der territorialpolitischen Machtverhältnisse ausfallen und wie die mobilisierten Akteure diese Spielräume wahrnehmen. Gerade im Zuge der um 1989 einsetzenden Transformationswelle hat sich recht klar gezeigt, daß Nationalisten aller Schattierungen die „Kontingenzüberschüsse" eines Demokratisierungsprozesses klar erkennen und sie oft genug als Chance zu einer raschen und grundlegenden Neuregelung der ethnischen Beziehungen ansehen. Im Extremfall erscheint den tonangebenden politischen Akteuren die Sezession im Rahmen dieser Neuregelung als ein durchaus realistisches Ziel.

III. Nationalstaatlichkeit und Demokratie auf der europäischen Ost-West-Achse

Die Virulenz des Zusammenspiels von demokratischer und nationaler Frage in der osteuropäischen Transformationslandschaft läßt sich besser nachvollziehen, wenn die Problematik der Bildung moderner politischer Gemeinschaften kurz im Licht eines Ost-West-Vergleichs betrachtet wird. *Westeuropa* ist eine insgesamt durch die frühzeitige Ausbreitung nationalstaatlicher Strukturen gekennzeichnete Region. An die von den verschiedenen politischen Zentren ausgehende ökonomische und militärische Durchdringung von Herrschaftsgebieten schlossen sich häufig unmittelbar staatlich gelenkte Bemühungen zur Vereinheitlichung der kulturellen, linguistischen und religiösen Identitätsmuster der Herrschaftssubjekte an. Zu Beginn des Zeitalters der Massendemokratie war die kulturelle Homogenisierung der „Staatsvölker" zum Teil schon weit fortgeschritten. Für die vorausgegangene Festigung der nationalstaatlichen Fundamente bildete ein relativ niedriges Niveau gesellschaftlicher Mobilisierung eine wichtige Randbedingung. Insgesamt überwogen in den größeren westeuropäischen Flächenstaaten über Jahrhunderte hinweg die politischen Tendenzen zur Assimilation ethnisch-kultureller Minderheiten, wobei das republikanische Frankreich in dieser Hinsicht sicherlich das herausragende Beispiel abgibt (Weber 1976).

Nun ist die Erfolgsgeschichte der Staatsnation in Westeuropa insofern ein Mythos geblieben, als trotz manchmal sehr tiefgreifender Homogenisierungsbemühungen von der Herausbildung kulturell einheitlicher politischer Gebilde kaum die Rede sein kann. Viele Minderheiten haben nur begrenzte Bereitschaft zur Assimilation gezeigt und mehr oder weniger erfolgreich auf die Anerkennung ihrer Besonderheiten gedrängt. Tatsächlich hat sich inzwischen in vielerlei Hinsicht offenbar eine Abkehr von alten Homogenitätsidealen vollzogen. Zumindest wird heute auch auf höchster politischer Ebene relativ unbefangen vom Projekt der Überwindung der traditionellen nationalstaatlichen Ordnung im Zuge des europäischen Integrationsprozesses und von der Regionalisierung Europas gesprochen. Nichtsdestoweniger sollte aber nicht übersehen werden, daß in Westeuropa Minderheitenanliegen von Seiten der Mehrheitsstaaten bis heute oft nur mit Widerstreben Gehör geschenkt wird. In vielen Ländern hinkte die Einführung von Bestimmungen zum Minderheitenschutz, die über die Gewährung bürgerlicher Grundrechte hinausgehen, der Institutionalisierung demokratischer Regimes jedenfalls klar hinterher. Spanien scheint - zu verschiedenen Zeitpunkten in diesem Jahrhundert – der einzige Fall zu sein, in dem sich der Übergang zur Demokratie und die Regelung von kulturellen Zugehörigkeitskonflikten in hohem Maße überschnitten und sich an der Frage des Status der Nationalitäten im Staatsverband intensive verfassungspolitische Debatten entzündet haben (Kraus 1996).

Ein wichtiges Element im Grundmuster der Beziehungen zwischen Titularstaaten und Minoritäten in Westeuropa ist also eine lange, z.T. stark ausgeprägte, mittlerweile aber auch zunehmend kritisch hinterfragte nationalstaatliche Tradition. Ein weiterer nennenswerter Aspekt der westeuropäischen Problematik ergibt sich wiederum aus dem Profil der nationalen Minderheiten selbst: Bei den meisten gegenwärtig politisch mobilisierten Gruppen handelt es sich um „interne" Minderheiten, die nicht über Protektion von außen verfügen. (Die Fälle der Nordiren, der Südtiroler und der südschlesischen Dänen mögen hier als Ausnahmen gelten.) Diese Beobachtung ist vor allem aus zwei Gründen relevant: Erstens stellt äußere Patronage – neben Territorialität – eine Ressource dar, die das politische Artikulationsvermögen einer Minderheit gegenüber den Repräsentanten der Mehrheit in Konfliktsituationen zumindest potentiell erhöht; dagegen wirkt sich das Fehlen einer externen Schutzmacht – ebenso wie territoriale Fragmentierung – der Tendenz nach negativ auf die Durchsetzungsfähigkeit von Minoritäten aus. Zweitens konnten die Mehrheitsstaaten im Westen Europas Entscheidungen über den politischen Status ihrer autochthonen Minderheitenkulturen im Regelfall auch tatsächlich als „innere Angelegenheit" betrachten. Fragen der Grenzziehung zwischen etablierten Staaten sind in den westeuropäischen Minderheitendebatten schon seit geraumer Zeit allenfalls von untergeordneter Bedeutung.

Bereits eine flüchtige Betrachtung des Geflechts von Staaten und Minderheiten in *Osteuropa* bringt im Vergleich mit dem Westen einige auffällige Unterschiede zum Vorschein. Was die Staaten angeht, läßt sich zunächst festhalten, daß kein einziger von ihnen in seinen jetzigen Grenzen vor 1918 existierte. Die nationalstaatliche Idee konnte erst nach dem Zusammenbruch der großen Imperien spät handgreifliche materielle Gestalt annehmen. Für Prozesse der Staats- und Nationsbildung unter der Regie eines hegemonialen politischen Zentrums – man denke an das französische Modell – war die historische Zeit jedoch bereits abgelaufen: In politisch mobilisierten Gesellschaften stoßen staatlich vorangetriebene Assimilationspläne auf den Widerstand der betroffenen Minderheiten und bewirken oft lediglich eine Verstärkung ethnonationaler Gegensätze. Einen derartigen Effekt sollten die umfangreichen Bestimmungen zum Schutz von Minderheiten, die in den nach dem Ersten Weltkrieg auf internationaler Ebene ausgehandelten Verträgen zur politischen Neuordnung Mittel- und Osteuropas enthalten waren, zumindest der erklärten Absicht ihrer Urheber nach, ja gerade verhindern (Galántai 1992). Der Aufbau von Demokratien, die über einen tragfähigen institutionellen Rahmen für die Schlichtung ethnischer Konflikte und für die Regelung von Minderheitenfragen verfügen, erweist sich am Ende des 20. Jahrhunderts im „Neuen Osten" wieder als eine zentrale politische Herausforderung. Die Fixierung eines Teils der Eliten der postkommunistischen Ära auf überkommene nationalstaatliche Modelle hat bisher wenig dazu beigetragen, diese Herausforderung konstruktiv zu bewältigen.

Was die Minderheiten Mittel- und Osteuropas betrifft, so liegt auf der Hand, daß kein einheitliches Minderheitenprofil für das Gesamtgebiet entworfen werden kann. Mit der gebotenen Vorsicht läßt sich aber dennoch ein Kennzeichen der Minderheitenproblematik angeben, das die ganze Region auf spezifische Weise zu prägen scheint: Die Beziehungen zwischen Minderheiten und Mehrheiten entsprechen oft dem Muster einer dreieckigen Konfliktkonfiguration (Brubaker 1996). Sie resultiert daraus, daß nationale Minderheiten Staaten gegenübertreten, die im Zuge der Erlangung oder Wiederherstellung ihrer vollen Souveränität häufig eine Politik der (Re)Nationalisierung betreiben und gleichzeitig ein Patronagestaat vorhanden ist, der als externes nationales Heimatland für die Minderheiten fungiert. Im Kreis der politischen Eliten der Titular- oder Mehrheitsnationen gibt es insoweit starke Neigungen, Minderheiten als „externe" Minderheiten anzusehen. Irredenta-Probleme und Forderungen nach Grenzveränderungen wirkten in Mittel- und Osteuropa bereits nach 1918 als ein politischer Destabilisierungsfaktor erster Ordnung: Nahezu alle Grenzen der in den Pariser Vorortverträgen für alte und neue Staaten festgelegten Territorialordnung waren in der Zwischenkriegszeit politisch umstritten. Heute beeinträchtigen Sezessionsängste und das Aufflackern alter wie neuer zwischenstaatlicher Grenzstreitigkeiten abermals die Regelung von Minderheitenfragen.

Offenbar weichen die Kontextbedingungen der Minderheitenpolitik im Westen und Osten Europas nicht unerheblich voneinander ab. Die Prozesse der Staats- und Nationsbildung verlaufen in den zwei Hälften des Kontinents grundsätzlich in anderen strukturellen Bahnen. In vielen mittel- und osteuropäischen Ländern lassen sich die mit der Demokratisierung, der Neuordnung der Staatsorganisation und der Regelung von Minderheitenfragen verbundenen Probleme nicht voneinander abkoppeln und zeitlich abgestuft bearbeiten. In zugespitzter Form könnte man vielleicht sagen, daß sich im östlichen Teil Europas aufgrund historischer und geopolitischer Faktoren relativ schwache Nationalstaaten und relativ starke nationale Minderheiten gegenüberstehen.

Die großen Probleme, die die Institutionalisierung ethnonational aufgeladener Konflikte in Prozessen des Systemwechsels in der Regel aufwirft, führen direkt auf die bereits angeschnittenen Fragen zurück, die sich aus dem unbestimmten Verhältnis von ethnokratischem und demokratischem Prinzip im modernen Nationalstaat herleiten. Die Ursachen dieser Unbestimmtheit liegen in erster Linie in der faktischen Auslegung des Konzepts der Volkssouveränität durch die historisch maßgeblichen Akteure. In der modernen Weltgesellschaft von Nationalstaaten lassen sich nur wenige Beispiele für Demokratien finden, die nicht *auch* in einem von ethnokulturellen Faktoren geprägten Begründungszusammenhang entstanden sind. Es spielt diesbezüglich nur eine untergeordnete Rolle, wie Jahn (1994) überzeugend darlegt, ob ein Nationalstaat sich als Produkt des Staatsnationalismus – der Staat schafft die Nation – oder des Ethnonationalismus – die Nation bringt „ihren" Staat hervor – begreift: Die Symbiose beider Nationalismustypen mit der Idee der Volkssouveränität zeitigte in der Praxis ähnliche Resultate.

Die Hilflosigkeit internationaler Schlichtungsversuche bei ethnisch motivierten innerstaatlichen Konflikten macht immer wieder deutlich, wie schwierig es ist, zu einer unvoreingenommenen Konflikteinschätzung zu gelangen, ohne in das Fahrwasser widerstreitender machtpolitischer Interessen zu geraten. Bezeichnenderweise kann auch die normative Demokratietheorie keine Antwort auf die Frage nach den legitimen Grenzen des Gemeinwesens geben, dessen Bevölkerung sich selbst regieren soll, sondern setzt stillschweigend voraus, daß ihr die Entscheidung über das „Format" einer demokratischen Herrschaftseinheit von Geschichte und Politik abgenommen worden ist (Dahl 1989: 209). Als Produkte vordemokratisch eingeleiteter und willkürhafter historischer Prozesse entziehen sich Nationalstaaten einer Beurteilung, die universalistischen Gütekriterien standhält.

IV. Möglichkeiten der zivilen Eindämmung ethnopolitischer Konflikte in neuen Demokratien

Moderne Demokratien haben Staat, Ethnizität und Zivilgesellschaft in der Regel in ein Verhältnis funktionaler Interdependenz gebracht. Interdependenz heißt allerdings nicht, daß sich zwischen den drei genannten Elementen keine politisch brisanten normativen Spannungen ergeben können. In der Tat war es gerade die krisenhafte Verschärfung solcher Spannungen, die im Europa des 20. Jahrhunderts nicht selten maßgeblich sowohl zum Zusammenbruch von Demokratien wie auch zum Zerfall von Staaten beitrug.

Vor diesem Hintergrund spricht viel für das Argument, daß die Differenzierung der Zivilgesellschaft entlang funktionaler und insbesondere entlang im weitesten Sinne „klassenpolitischer" Assoziationslinien Prozesse demokratischer Integration in einer Transformationsperiode spürbar erleichtert. In dem Maße, wie in einer Gesellschaft vielfältige, sich überkreuzende und wenigstens zum Teil wechselseitig neutralisierende Spannungslinien vorhanden sind, verliert die Codierung von Konflikten unter Verwendung einfacher Freund-Feind-Kategorien, die sich auf primordiale Zugehörigkeitsmuster beziehen, im Wettbewerb der politischen Kräfte schlichtweg an taktischer Attraktivität. Die Überzeugungskraft nationalistischer Appelle stößt vor allem dort auf Grenzen, wo ethnische „Leidenschaften" von sozioökonomischen „Interessen" gebändigt werden. Hingegen korrelieren sowohl die ethnische Durchdringung als auch die staatliche Vereinnahmung der Zivilgesellschaft häufig mit einer geringen Auffächerung von Gruppeninteressen nach funktionalen Kriterien; dadurch erhöhen sich erfahrungsgemäß die Erfolgsaussichten klassenübergreifender, populistischer – auf ein „Volk" als Ganzheit gerichteter – Mobilisierungswellen von höchst zweifelhafter demokratischer Qualität. Demnach liegt in der niedrigen Assoziationsdichte der Zivilgesellschaft ein möglicher Erklärungsansatz für die Virulenz ethnischer Konflikte in

Ländern des ehemaligen Ostblocks wie auch in Ländern der ehemaligen „Dritten Welt".

Welche politisch-institutionellen Handlungskorridore sind nun auszumachen, wenn es gilt, das „Souveränitätsparadox" unter Bedingungen ausgeprägter kultureller Heterogenität und geringer Autonomie zivilgesellschaftlicher Akteure demokratisch zu bewältigen? Soll darauf verzichtet werden, ein Transformationsprojekt mit der politischen Setzung eines kulturell möglichst homogenen „Protodemos" zu verknüpfen, läßt sich insbesondere auf zwei (gewiß nicht immer völlig trennscharf voneinander unterscheidbare) mehr oder weniger programmatische Basispositionen zurückgreifen.

Eine Kategorie, die neuerdings vor allem in Zusammenhang mit den Diskussionen um die politische Dimension der europäischen Einigung populär geworden ist, sich im Ansatz aber auch zur Aufhellung der hier beschriebenen Problematik anbietet, ist diejenige des *Postnationalismus*. Sie impliziert im wesentlichen ein radikales Abrücken von den historisch tradierten Postulaten homogener Nationalstaatlichkeit. Den Kern der postnationalistischen Argumentation bildet die Idee, daß nur ein „substanzloser" Demos als eine tragfähige Legitimationsquelle für heterogene politische Gemeinschaften in Frage kommen kann; demokratische Herrschaft ist aus dieser Perspektive allein aus den ethischen Wertmaßstäben eines sich nicht auf primordiale Bezugspunkte stützenden „reinen" Bürgerzusammenschlusses abzuleiten (Habermas 1998). Die Imperative nationalistischer Politik, die im Institutionenapparat des Nationalstaats - wie gebrochen auch immer - zur Geltung kommen, haben zum Ziel, annähernde Deckungsgleichheit zwischen Kultur und politischer Gesellschaft herzustellen. Demgegenüber erscheint Vertretern des postnationalen Prinzips demokratische Integration heute überhaupt nur auf der Grundlage realisierbar, daß auf institutioneller Seite von vornherein auf jedes Entsprechungsverhältnis zwischen kulturellen und politischen Identitäten verzichtet wird (Ferry 1994: 31). In die Begrifflichkeit übersetzt, derer sich Hermann Heller (1983: 178, 181) in seiner Staatslehre bediente, käme das Volk so in der Tat ohne die Attribute einer „Kulturbildung" aus und würde zu einem in allererster Linie politisch begründeten „Willenszusammenhang".

Ungeachtet ihres hochgesteckten normativen Anspruches kann die postnationalistische Position wesentliche Probleme im Verhältnis von Kultur und Politik freilich auch nicht ohne weiteres aus dem Weg räumen: Zunächst einmal läßt sich schwerlich darüber hinwegsehen, daß in der Welt der liberalen Demokratien, wie wir sie kennen, politische Institutionen, die konsequent den Prinzipien kultureller Neutralität verpflichtet sind, im Grunde erst noch konzipiert werden müssen (Parekh 1993). Schwerer dürfte allerdings der Befund wiegen, daß auch ein politisch-institutionelles Ordnungsgefüge, das dem Postulat genügen soll, kulturellen Identitätsmustern gegenüber blind zu sein, ohne kulturelle Vermittlungsleistungen (z.B. sprachlicher Art) kaum funktionieren kann. Diese Vermittlungsleistungen stehen wiederum geradezu zwangsläufig in einem engeren Zusammenhang mit partikularen kulturellen Gruppenmerkmalen. Letzten Endes scheinen sich ethnische und politische Kulturen in der institutionellen sche und politische Kulturen in der institutionellen Realität moderner Staaten also nicht wirklich eindeutig voneinander trennen zu lassen (Bader 1997). Dementsprechend sollte es in heterogenen Gesellschaften weniger darum gehen, ethnonationale Konflikte zu „lösen", sondern vielmehr darum, sie im Rahmen einer *Politik der Anerkennung* (Taylor 1992) des kulturellen Pluralismus institutionell zu regulieren, ohne das Gebot der Reproduktionsfähigkeit kultureller Gruppen zu verletzen. Der Haupteffekt einer Institutionalisierung pluraler Zugehörigkeiten liegt in der Parzellierung politischer Kompetenzsphären. Aus dem einheitlichen Demos wird ein je nach Entscheidungsfeld variabler Verbund von *demoi*. Dabei wirkt das Prinzip der Subsidiarität in Prozessen der kollektiven Willensbildung als handfestes Korrektiv mehrheitsdemokratisch artikulierter Souveränität. Je nach gesellschaftlicher Problemstruktur reichen die denkbaren Spielarten multikultureller Demokratie vom ethnoterritorial geprägten Föderalismus bis hin zur funktionalen Gruppenautonomie.

Als politisches Instrument zur „Entspannung" der Beziehungen zwischen Staat, Ethnizität und Zivilgesellschaft in heterogenen Demokratien ist die Institutionalisierung des kulturellen Pluralismus mit Sicherheit kein Allheilmittel; sie wirft außerdem ihrerseits eine ganze Reihe schwieriger normativer Fragen auf, die hier nicht näher behandelt werden können. Nur soviel sei abschließend angemerkt: Die Konkordanz verschiedener kultureller Gruppen läßt sich nicht sozialtechnologisch erzwingen. Alle abstrakt hergeleiteten institutionellen Lösungsansätze stehen insofern unter einem radikalen Kontextvorbehalt. Heterogene Problemstrukturen sperren sich definitionsgemäß dagegen, mit einem uniformen Kriterienkatalog bearbeitet zu werden.

Nichtsdestoweniger bleibt festzuhalten, daß der Rückgriff auf politische Mechanismen, die kulturelle Differenzierungslinien als normalen Bestandteil einer insgesamt heterogenen Gesellschaft begreifen und dadurch das pluralistische Zusammenspiel von Identitäten und Interessen fördern, als ein aussichtsreiches Mittel zur Entschärfung ethnopolitischer Konfliktpotentiale anzusehen ist. Einen möglichen Ansatzpunkt bietet hier die sorgfältige Unterscheidung zwischen kulturellen und politischen Dimensionen von Staatsbürgerrechten. Ein weiterer Ansatzpunkt liegt in der konsequenten Einbeziehung der subnationalen sowie gegebenenfalls auch der supranationalen Ebene in politische Entscheidungsprozesse, die Gruppenidentitäten und Gruppenrechte betreffen. Die beherzte Anerkennung des Pluralismus im Bereich der staatlichen Institutionen sollte letztlich auch denjenigen Kräften in der Zivilgesellschaft Auftrieb geben, die als Korrektiv gegenüber totalisierenden Formen der Bestimmung politischer Loyalitäten und Gegnerschaften wirken.

Anmerkungen

1 Auf die Betonung einer solchen Dichotomie stößt man insbesondere in liberal geprägten Ansätzen der Nationalismusliteratur angelsächsischer Provenienz. Vgl. etwa

Greenfeld (1992), Ignatieff (1994) oder Kedourie (1993).
2   So die auf den ersten Blick vielleicht provokative, aber bei näherer Betrachtung durchaus gehaltvolle Feststellung von George Schöpflin (1997).
3   Zum Verhältnis von Mehrheitsregel, der Idee einer „historischen Schicksalsgemeinschaft" und der nationalstaatlichen Form politischer Herrschaft vgl. Offe 1984: 169.
4   Heller 1983: 184. Auf diesen Sachverhalt zielt auch Pizzorno (1986: 369) mit der Behauptung ab, der Gegenstand des Prozesses demokratischer Repräsentation sei die Interpretation der kollektiven Identität der Nation. Daß das mit affektiven Merkmalen aufgeladene Konzept einer politischen „Schicksalsgemeinschaft" ideengeschichtlich nicht ausschließlich liberalen und konservativen Denkrichtungen zuzuschreiben ist, dokumentieren u. a. die Austromarxisten. So benutzt etwa Otto Bauer (1924: 112, 135 u. passim) den Begriff in seiner Diskussion der nationalen Frage im Gebiet der Donaumonarchie ohne Vorbehalte.
5   Ferry (1994: 35f.) nimmt pointiert den paradigmatischen Fall Frankreichs ins Visier: „Der durch den Staat mit Blick auf die republikanische Identität kulturell geformte Universalismus ist bekanntlich ethnozid." Politische Einheit und Pluralität der Kulturen sind im republikanischen Staat unvereinbar; vielmehr erweist sich das republikanische Prinzip bei seiner Umsetzung in staatlichen Einrichtungen wie Schulen und Kasernen als Wegbereiter der kulturellen Standardisierung: „In Frankreich trägt die politische Kategorie der ‚Integration' immer Uniform."
6   Bereits bei Max Weber (1980: 237) wird die „‚künstliche' Art der Entstehung eines ethnischen Gemeinsamkeitsglaubens" hervorgehoben.
7   Für eine betont leidenschaftslose Analyse nationalistischer Imperative bei der Genese moderner, industrialisierter Nationalstaaten vgl. Gellner 1997.
8   Der kulturell plurale Typ des Nationalstaats, der eine vornehmlich über gemeinsame politische Institutionen vermittelte einheitliche nationale Identität mit der offiziellen Anerkennung verschiedener kultureller Zugehörigkeiten innerhalb der Bevölkerung verbindet, ist in der Geschichte europäischer Staatsbildungsprozesse eine klare Ausnahmeerscheinung geblieben. Bei der Formung des modernen Staatensystems in Europa war die Ausstrahlungskraft anderer nationalstaatlicher Organisationsformen weitaus größer als der Impuls, der von einem Land wie der Schweiz ausgehen konnte, deren Entstehungsbedingungen einen sehr spezifischen und nur schwer verallgemeinerbaren „Sonderweg" ermöglichten, auf dem der Nationalstaat aus dem Zusammenschluß gleichberechtigt agierender Kantone als Schutzbündnis gegen externe Bedrohungen hervorging, von vornherein nach betont dezentral gehaltenen Vorgaben operierte und damit auch die vertragsartig geregelte Koexistenz verschiedener ethnischer Gruppen begünstigte. Zum Fall der Schweizer Konföderation vgl. Deutsch 1976.
9   Diese Feststellung gilt freilich nur solange, wie extreme Homogenisierungsstrategien, die von der ethnischen Vertreibung bis zum Genozid reichen, unberücksichtigt bleiben; für derartige Strategien lassen sich in der Geschichte moderner Nationalstaaten allzu zahlreiche Beispiele finden (Coakley 1992: 150f.).

Literatur

Bader, Veit 1997: The Cultural Conditions of Transnational Citizenship: On the Interpenetration of Political and Ethnic Cultures, in: Political Theory (25) 6: 771-813.
Bauer, Otto 1924: Die Nationalitätenfrage und die Sozialdemokratie, Wien.
Billig, Michael 1995: Banal Nationalism, London.
Brass, Paul R. 1991: Ethnicity and Nationalism, New Delhi.
Brubaker, Rogers 1996: Nationalism reframed. Nationalism and the national question in the New Europe, Cambridge.
Coakley, John 1992: The Resolution of Ethnic Conflict: Towards a Typology, in: International Political Science Review, 13: 343-358.
Connolly, William E. 1993: Democracy and Territoriality, in: Ringrose, Marjorie/Lerner, Adam J. (Hrsg.): Reimagining the Nation, Buckingham: 49-75.
Dahl, Robert A. 1982: Dilemmas of Pluralist Democracy, New Haven.
Dahl, Robert A. 1989: Democracy and Its Critics, New Haven.
Deutsch, Karl W. 1976: Die Schweiz als ein paradigmatischer Fall politischer Integration, Bern.
Ferry, Jean-Marc 1994: Die Relevanz des Postnationalen, in: Dewandre, Nicole/Lenoble, Jacques (Hrsg.): Projekt Europa. Postnationale Identität: Grundlage für eine europäische Demokratie?, Berlin: 30-41.
Francis, Emerich 1965: Ethnos und Demos, Berlin.
Galántai, József 1992: Trianon and the Protection of Minorities, Budapest.
Gellner, Ernest 1997: Nationalism, London.
Giddens, Anthony 1985: The Nation-State and Violence, Cambridge.
Greenfeld, Liah 1992: Nationalism: Five Roads to Modernity, Cambridge/ Mass.
Habermas, Jürgen 1998: Die postnationale Konstellation, Frankfurt a.M.
Heller, Hermann 61983: Staatslehre, Tübingen.
Ignatieff, Michael 1994: Blood and Belonging. Journeys into the New Nationalism, New York.
Jahn, Egbert 1994: Demokratie und Nationalismus alias Patriotismus – Einheit oder Widerspruch?, in: Norges Forskningsråd (Hrsg.): Nationale und andere Solidarstrukturen, Oslo: 61-96.
Jennings, Ivor 1956: The Approach to Self-Government, Cambridge.
Kedourie, Elie 1993: Nationalism, Oxford.
Kraus, Peter A. 1996: Nationalismus und Demokratie. Politik im spanischen Staat der Autonomen Gemeinschaften, Wiesbaden.
Linz, Juan J. 1978: Crisis, Breakdown, and Reequilibration, in: ders./Stepan, Alfred (Hrsg.): The Breakdown of Democratic Regimes, I., Baltimore: 1-124.
Mill, John Stuart [1861] 1971: Betrachtungen über die repräsentative Demokratie, Paderborn.
Offe, Claus 1984: Politische Legitimation durch Mehrheitsentscheidung?, in: Guggenberger, Bernd/Offe, Claus (Hrsg.): An den Grenzen der Mehrheitsdemokratie, Opladen: 150-184.
Offe, Claus 1994: Der Tunnel am Ende des Lichts, Frankfurt a.M.
Parekh, Bhikhu 1993: The Cultural Particularity of Liberal Democracy, in: Held, David (Hrsg.): Prospects for Democracy, Cambridge: 156-175.
Pizzorno, Alessandro 1986: Some Other Kinds of Otherness: A Critique of ‚Rational

Choice' Theories, in: Foxley, Alejandro/McPherson, Michael S./O'Donnell, Guillermo (Hrsg.): Development, Democracy, and the Art of trespassing. Essays in Honor of Albert O. Hrischman, Notre-Dame: 355-373.

Rokkan, Stein 1975: Dimensions of State-Formation and Nation-Building: A Possible Paradigm for Research on Variations within Europe, in: Tilly, Charles (Hrsg.): The Formation of National States in Western Europe, Princeton, N.J.: 562-600.

Schöpflin, George 1997: Civil Society, Ethnicity and the State: a threefold relationship (Paper delivered at the conference *Civil Society in Austria*, Vienna, 20-21 June 1997).

Taylor, Charles 1992: Multiculturalism and „The Politics of Recognition", Princeton, N.J.

Tilly, Charles 1990: Coercion, Capital, and European States: AD 990-1990, Oxford.

Weber, Eugen 1976: Peasants into Frenchmen, Stanford.

Weber, Max ^{5}1980: Wirtschaft und Gesellschaft, Tübingen.

Zivilgesellschaft im Transformationsprozeß Ost-Mitteleuropas: Ungarn, Polen und die Tschechoslowakei[1]

Zdenka Mansfeldová / Máté Szabó

Einleitung

Die drei bzw. vier Länder haben gemeinsame zivilgesellschaftliche Wurzeln in der vorkommunistischen und kommunistischen Vergangenheit. Vor der kommunistischen Machtübernahme hat es hier besonders in der K.u.K.-Monarchie Freiräume für eine zivile Entwicklung gegeben, die nach dem ersten Weltkrieg im neuen Nationalstaat Tschechoslowakei weitergeführt werden konnten. In Polen und Ungarn wurde die zivilgesellschaftliche Entfaltung in den zwanziger und dreißiger Jahren durch die autoritären Regime von Pilsudski und Horty allerdings sichtbar begrenzt (Bonwetsch/Grieger 1991). In allen drei Ländern sind durch die deutsche Besetzung der ‚Tschechei' und Polens, bzw. durch eigene faschistische Bewegungen mit Unterstützung des Dritten Reiches in Ungarn und der Slowakei partiell die totalitären Strukturen des nationalsozialistischen Deutschlands für eine kurze historische Phase adaptiert worden. Dadurch sind die politisch-kulturellen Grundlagen für eine zivile Gesellschaft weitgehend stillgelegt oder in den Untergrund verdrängt worden. Nach einer kurzen demokratischen Periode am Ende des zweiten Weltkrieges ist es in allen drei Ländern durch die Machtübernahme der kommunistischen Parteien mit der Unterstützung Moskaus zum Aufbau nunmehr kommunistischer totalitärer Strukturen gekommen (Fejtõ 1972). Der kommunistische Totalitarismus hat die Grundlagen der zivilen Gesellschaft ebenso wie das ökonomische System so weitgehend und nachhaltig zerstört, daß sie vielleicht erst nach längeren Phasen der Liberalisierung und Demokratisierung wiederhergestellt, bzw. neu aufgebaut werden können.

Nach Stalins Tod haben in allen drei Ländern Liberalisierungsversuche, Öffnung, ‚Tauwetter' und ‚Reformkommunismus' in unterschiedlichen Zeitperioden und mit unterschiedlichem Erfolg stattgefunden (Segert u.a. 1997). In Ungarn ist die Revolution von 1956 zwar gescheitert, viele Errungenschaften sind jedoch im System von Kádár erhalten geblieben. In Polen entwickelte sich seit 1956 ein längerer Konflikt zwischen einer politisierten Zivilgesellschaft und der Staatspartei, der sich 1980 mit dem Auftreten der Solidarnosc zuspitzte. In der Tschechoslowakei ist 1968 der Versuch der Parteireformer, mit breiter gesellschaftlicher Unterstützung eine freie Entwicklung der zivilen Gesellschaft innerhalb des Konzepts eines ‚Sozialismus mit menschlichem Antlitz' zu ermöglichen, durch sowjetische und andere Interventionstruppen verhindert worden. Nachdem der kommunistische Herrschaftsanspruch in allen drei Ländern mit mehr oder weniger Gewalt wiederhergestellt worden war, wurde versucht, die kommunistischen Systeme mittels gewisser Konzessionen an die zivile Gesellschaft erneut zu stabilisieren. Vorsichtige Liberalisierungen gerade in den Bereichen Wirtschaft und Kultur während dieser sogenannten „Normalisierungsperioden" (Ekiert 1996) fanden in Ungarn und vielleicht auch in Polen statt. Im Gegensatz dazu war die Tschechoslowakei bis 1989, ähnlich der DDR, eines der starrsten Regime des kommunistischen Machtbereichs in Osteuropa. Diese unterschiedlichen Ausgangslagen beeinflußten die Intensität und den Charakter des demokratischen Umbruchs 1989 und die nachfolgenden Prozesse der Institutionalisierung und Konsolidierung der Demokratie. Nach den ersten freien Wahlen 1990 eröffneten sich neue Perspektiven für die Entwicklung der Zivilgesellschaft.

Um den Umfang des Umbruchs und die Schwierigkeiten bei der Konsolidierung der Demokratie in Ost-Mitteleuropa darzustellen (Aráto 1992), sollen an dieser Stelle die grundlegenden Veränderungen der zivilgesellschaftlichen Sphäre im Übergang vom kommunistischen zum postkommunistischen System knapp genannt werden:

- Nach 1989 verschwanden die staatssozialistischen Monopolorganisationen und es bildete sich eine differenzierte und in verschiedenen Formen ‚multiorganisierte' Gesellschaft.
Dies geschah durch die Auflösung der sogenannten Vorfeldorganisationen der herrschenden kommunistischen Parteien (z.B. Jugendbewegungen, Gewerkschaften und Friedensbewegungen), die, finanziert vom Regime, faktisch eine Zwangsmitgliedschaft einforderten und unter staatlicher Kontrolle standen.
- Durch das Ende der kommunistischen Repression öffnete die wieder erwachende Zivilgesellschaft für Gedanken, Personen und Organisationen soziopolitische Räume, in denen sich Diskurse gerade über Massenmedien entfalten konnten.
- Die soziopolitische Kontrolle durch den alten Parteistaat, der jegliche Autonomie der zivilen Sphäre verhinderte und sanktionierte, wurde ersetzt durch eine „selektive Toleranz" (Raschke 1985: 347ff.) des neuen politischen Systems. Dieses ermöglichte im Rahmen der jeweiligen öffentlich

gesetzten Legalitätskriterien die freie Artikulierung und Mobilisierung der zivilgesellschaftlichen Akteure.
- Im neuen pluralistischen System öffneten die jeweiligen politischen und sozialen Konflikte ‚policy windows' für die Mobilisierung spezifischer zivilgesellschaftlicher Aktivitäten. Die Staats- bzw. Regierungstätigkeit (*policy implementation*) stellt dabei nur eine, wenn auch die wichtigste, Beeinflussungsmöglichkeit des politischen Prozesses dar, der durch unterschiedliche Akteure wie Parteien, Verbände, NGO's entsprechend ihrer jeweiligen Machtposition mitgestaltet werden kann.

I. Die Rolle der zivilen Gesellschaft im Systemwechsel Ost-Mitteleuropas

Der Wandel der autoritären ‚staatssozialistischen' Systeme in Osteuropa in den Jahren 1989-1990 erschloß neue Erkenntnis- und Forschungsmöglichkeiten zur Bedeutung von zivilen Gesellschaften im Demokratisierungsprozeß (Knabe 1990). Eine primäre Rolle von Zivilgesellschaften im Transformationsprozeß besteht darin, unorganisierte Interessen in einer spontanen und direkten Weise zum Ausdruck zu bringen und zur Organisierung zu verhelfen. Dabei können im Institutionalisierungsprozeß aus den zivilgesellschaftlichen Akteuren unterschiedliche Organisationen entstehen, die entweder in der zivilgesellschaftlichen Sphäre verbleiben oder aber aufgrund der strukturellen Möglichkeiten politischen Handelns (*political opportunity structure*) zu Akteuren innerhalb des politischen Systems werden. Im Laufe des Systemwandels in Osteuropa in den Jahren 1988-1990 lassen sich drei Phasen für die Entfaltung der Zivilgesellschaft erkennen.

a) Die Phase der Krise

Die Krise der realsozialistischen Systeme hatte in der Diskrepanz zwischen angestrebten Zielen und der Wirklichkeit von Gesellschaft und Politik eine wichtige Quelle. In dem Moment, als diese Diskrepanz sehr groß wurde, manifestierte sie sich in einer Welle von ‚neuen sozialen Bewegungen', die versuchten, die restriktive politisch-administrative Kontrolle des Staates durch die Mobilisierung sozialer Proteste aufzuweichen. Das einst beanspruchte Mobilisierungsmonopol staatlicher Organisationen wurde herausgefordert und ließ sich in den achtziger Jahren nicht länger aufrechterhalten. Das in der Verfassung verankerte Mobilisierungsmonopol der Partei und der ihr angeschlossenen ‚sozialen Organisationen' wie Gewerkschaften, Frauenrat, Friedensrat usw. wurde von verschiedenen autonomen Initiativen zunehmend in Frage gestellt. Damit wurden die autonomen oder alternativen sozialen Bewegungen selbst zu Akteuren wie Symptomen der Krise des politischen Systems (Knabe 1988).

Die Akzeptanz des Staates gegenüber diesen sozialen Bewegungen wurde in Konflikten mit den Regimeorganen der politisch-administrativen Kontrolle schrittweise erkämpft (Raschke 1985: 347ff.). So wurde der Konflikt zwischen dem Einparteienstaat und der erwachenden Zivilgesellschaft um deren Anerkennung zu einem wesentlichen Merkmal der finalen Krise der kommunistischen Regime in Polen und Ungarn.

b) Die Phase des Wandels

Das politische System war in der Umbruchssituation immer weniger in der Lage, die administrative und politische Kontrolle über die Gesellschaft zu behalten. Es wurde vielmehr selbst zum Objekt der von der Gesellschaft getragenen Transformationsprozesse.

Diese Periode des Wandels dauerte bis zur Institutionalisierung eines neuen politischen Systems. Die Mobilisierung und politische Wirkung der sozialen Bewegungen der Zivilgesellschaft erreichte ihren Höhepunkt in dieser relativ kurzen Periode des Transformationsprozesses. Soziale Bewegungen trugen durch ihre Protestaktionen zur Auflösung des alten politischen Systems bei und waren gleichzeitig die Vorläufer der Akteure im neuen politischen Gefüge. Das Zerstörungs- und Deinstitutionalisierungspotential der sozialen Bewegungen ließ sich durch die neuen Institutionen in eine konstruktive Richtung lenken und es etablierten sich Subsysteme innerhalb des politischen Systems (Parteiensystem, Verbändesystem, Gewerkschaften und NGOs) mit relativ klaren Funktions- und Organisationsprofilen.

c) Die Phase der Institutionalisierung und Konsolidierung

Zivile Aktivitäten sind institutionalisierte Formen kollektiven Handelns, die von den weitgehend spontanen und kaum institutionalisierten Formen kollektiven Handelns wie Massenaktivitäten, sozialen und kulturellen Trends, Moden, Panik usw. klar unterschieden werden müssen.

Institutionalisierung in dieser Phase bedeutet für die zivile Gesellschaft zugleich den Aufbau von Institutionen durch Akteure der Zivilgesellschaft und des politischen Systems. Es entstehen neue Rahmenbedingungen für das kollektive Handeln („Actors make rules, rules make actors"). Fragen der strategischen und organisatorischen Optionen im neuen politischen System treten in den Vordergrund. Alte Mobilisierungsthemen (z.B. Auflösung des alten Systems, Öffnung der Archive des Regimes, Öffnung der Grenzen) entfallen, wodurch ein neuer Themenzwang für die Akteure entsteht. Stand früher der Kampf um die Ausdehnung von Mobilisierungsmöglichkeiten im Mittelpunkt, so geht es in der geänderten Situation um die Behauptung der einmal gewonnenen Mobilisierungskapazität. Soziale Bewegungen sind jetzt gezwungen, sich in das demokratische politische System einzufügen, während sie sich in den vergangenen Perioden vor allem als Kontrahenten des allmächtigen Einparteienstaates verstanden.

Die drei skizzierten Phasen überschneiden sich zum Teil und lassen sich nur abstrakt-analytisch unterscheiden, wobei die Länge und Intensität der Phasen im konkreten Fall eines Landes vom Charakter des Systemwandels und der jeweiligen Struktur der zivilen Gesellschaft und ihrer sozialen Bewegungen abhängt. Einerseits ist die Handlungsebene der sozialen Bewegungen an die Bedingungen des Systems gebunden, andererseits entsteht die Dynamik des Systemwechsels gerade durch die Dynamik der sozialen Bewegungen. Die wichtigsten Faktoren für die Entwicklung der zivilen Gesellschaft und der sozialen Bewegungen im Systemwandel sind :

1. die Tradition der politischen Kultur,
2. der Charakter des *ancien régimes*,
3. die Art der Krise des alten politischen Systems,
4. die Form der Entwicklung der Oppositionsgruppen,
5. die Art der Freiräume, die der Prozeß des Systemwandels für die Mobilisierung der einzelnen Akteure der Zivilgesellschaft und ihre Institutionalisierung eröffnet.

In Polen, Ungarn und der Tschechoslowakei lassen sich gemeinsame wie unterschiedliche Entwicklungen der Zivilgesellschaft im Systemwechsel feststellen. Gemeinsam ist ihnen, daß die auftretenden ethnischen und territorialen Konflikte nicht zu Bürgerkriegen und gewaltsamen Auseinandersetzungen geführt haben. Hier hat sich die ‚Zivilität' der Gesellschaft in hohem Maße als Stabilisierungsfaktor erwiesen. Unterschiedlich war in erster Linie die Rolle und der Einfluß der zivilen Gesellschaft bei der Institutionalisierung der demokratischen politischen Strukturen.

II. Die Bedeutung der Zivilgesellschaft: sechs einleitende Thesen

Zur Bedeutung der Zivilgesellschaft für die demokratische Institutionalisierung, Stabilisierung und Konsolidierung postkommunistischer Länder möchten wir hier sechs Thesen formulieren.

1. Die These, daß populärer Protest und andere zivilgesellschaftliche Aktivitäten in der Phase der Institutionalisierung und Konsolidierung marginal werden, muß revidiert werden. Politische und soziale Proteste waren und sind weiterhin wichtige Elemente der demokratischen Stabilisierung in Ostmitteleuropa. Sie sind eine Artikulationsform von Interessen und damit unverzichtbarer Teil des politischen Willensbildungsprozesses in der Demokratie. Gerade diese zivilen Aktivitäten trugen und tragen erheblich zum Aufbau und zur Konsolidierung der demokratischen Kultur im Postkommunismus bei.

2. Nicht nur der Umfang, sondern auch die Charakteristika der jeweiligen ‚Zivilkulturen' sind ein wesentlicher Stabilisierungs- oder Destabilisierungsfaktor der neuen Demokratien Ost-Mitteleuropas. Denn die gewaltfreie Lösung von politisch-sozialen Konflikten muß nicht nur die führende Leitidee und Legitimationsgrundlage demokratischer Institutionen sein, sondern muß auch in einer gewaltfreien und konsensorientierten zivilen Kultur verankert sein, einem in der bisherigen Forschung vernachlässigten Aspekt. Ist nämlich eine zivile Kultur legalitäts- und konsensorientiert, so wirkt sie als Stabilisierungsfaktor für die Demokratie. Im Gegensatz dazu sind Konfliktkulturen mit aggressiven und gewaltsamen Orientierungen, die zwar sehr aktiv sein können, aber die Konfrontationen eskalieren lassen, nicht als Beitrag zu einer zivilgesellschaftlichen Konsolidierung anzusehen.

3. In allen drei Ländern ist zehn Jahre nach der Auflösung des kommunistischen Regimes, das alle zivilen Aktivitäten streng verfolgte und auf Nonkonformität repressiv reagierte, eine komplexe und ausdifferenzierte Struktur und Kultur zivilgesellschaftlicher Gruppierungen entstanden. Alle Arten von gesellschaftlichen Gruppen nutzen die verschiedenen Formen der Mobilisierung und des Protestes für die friedliche Artikulierung ihrer Ansprüche gegenüber den neuen staatlichen Institutionen und Eliten. Dies kann als Zeichen der demokratischen Mündigkeit und als Resultat des schnellen Reifeprozesses einer demokratischen politischen Kultur, als ein „civil test in new politics" angesehen werden.

4. Nach den Kategorien von Albert O. Hirschman gab es für die Unzufriedenen im kommunistischen System nur die Optionen der fast totalen Konformität oder des ‚Exit' (Emigration, Subkultur, Devianz usw.). Erst in den neuen Demokratien besteht durch den legalisierten Freiraum für Widerspruch und Protest die Möglichkeit, Ansprüche an die bestehende politisch-soziale Ordnung in verfassungsmäßig geregelten Prozessen zu artikulieren und für die gesetzten Ziele persönliche und materielle Ressourcen in der Öffentlichkeit zu mobilisieren. Zwar bestehen weiterhin die Optionen ‚Exit', Regelverletzung und Gewaltanwendung, diese müssen sich jetzt jedoch gegenüber den in einer rechtsstaatlichen Demokratie bestehenden regelgerechten zivilen Möglichkeiten legitimieren. Protestbewegungen der kommunistischen Periode müssen ihre Strategien schnell an die neuen institutionellen und politischen Rahmenbedingungen anpassen.

5. Politischer Protest ist als Ausdrucksform demokratischen Partizipationsbestrebens und Gestaltungswillens ein integraler Teil des Prozesses der demokratischen Willensbildung und damit der demokratischen Konsolidierung. Es ist ein Teil, der bisher von der politikwissenschaftlichen Forschung über die postkommunistischen Systeme Ost-Mitteleuropas vernachlässigt wurde (Tarrow 1991: 12ff.). Handbücher über die politischen Systeme widmen ihm kein Kapitel (von Beyme 1994). Parteien, Gewerkschaften und ‚Bürger' lassen sich als Akteure im politischen Geschehen klar identifizieren und ihnen lassen sich bestimmten Formen der Partizipation zuordnen. Dagegen sind die weniger organisierten und formalisierten Aktivitäten der Zivilgesellschaft meistens nur schwer nachzuweisen und ihre Wirkungen nur indirekt zuzuordnen. Im Zentrum der wissenschaftlichen Betrachtung der Konsolidierung der postkommunistischen Demokratien stehen vor allem die organisierten Akteure als Verantwortliche für den Aufbau von neuen Institutionen und Prozessen. Neue Protestformen werden noch zu häufig als Destabilisierungsfaktoren im Konsolidierungsprozeß wahrgenommen.

6. Postkommunistische Bewegungen und Proteste sind vom Gesichtspunkt der Demokratisierung differenzierter und in ihrer Wirkung ambivalenter zu interpretieren als die antikommunistischen Bewegungen und Proteste im alten System. Die unterdrückten sozialen Initiativen im Kommunismus hatten einen gemeinsamen Gegner, waren auf Solidarität untereinander angewiesen und denselben Restriktionen und Repressionen ausgesetzt. Nach dem Regimewechsel können sich die Bewegungen und Gegenbewegungen frei entfalten und es entsteht ein differenzierterer Kontext, in dem sich Gegner und Befürworter von Demokratisierung und Modernisierung frei artikulieren und für ihre Ziele mobilisieren können. Zwar stellt nicht jede Form einer Protestbewegung den Erfolg der Transformation zur Demokratie in Frage, allerdings entfalten sich nun neben den demokratischen Protesten gegen einzelne Entscheidungen auch antidemokratische Bewegungen und Initiativen, die man als ‚Schattenseiten' der Zivilgesellschaft bezeichnen könnte (Merkel/Lauth 1998: 9f.).

III. Die Entwicklung der Zivilgesellschaft vor 1989

Die Tradition der politischen Kultur weist in Ungarn und Polen gewisse Parallelen auf, so die Dominanz der katholischen Kirche, die signifikante Rolle des Adels bei der Modernisierung, die Probleme der territorialen und nationalstaatlichen Identität und die Revolutions- und Freiheitskämpfe staatlichen Identität und die Revolutions- und Freiheitskämpfe (Völgyes 1987: 191ff.; Meyer/Ryszka/Schröder 1989). Allerdings divergierten die Nachkriegsentwicklungen Polens und Ungarns besonders hinsichtlich der Möglichkeiten zur Entfaltung einer Zivilgesellschaft und dies obwohl beide Länder im Jahr 1956 von antistalinistischen Protesten erschüttert wurden. Insbesondere in Polen kam es nach einer kurzen Stabilisierungsperiode des Regimes immer wieder zu Protesten und Krisen (1968, 1970, 1976, 1980). Man kann von einer regelrechten ‚Protestkultur' sprechen (Ash 1985; Wagner 1981; Rupnik 1979: 60ff.), in der mehrere Generationen ihre politische Sozialisation erfuhren. In den wiederkehrenden Krisen- und Protestzyklen entwickelte sich eine Aktionseinheit von Massenprotest und intellektueller Opposition (Smolar/Kende o.J.).

In Ungarn dauerten dagegen die demobilisierenden Folgen der Regimestabilisierung bis zur Systemkrise Ende der achtziger Jahre an. Die letzte soziale Mobilisierung vor dem Systemwandel fand 1956 statt. Die nachfolgenden politischen Generationen erlebten die Marginalisierung der sozialen Mobilisierung und die Stabilität des ‚Kádárismus'. Zwar dienten die polnischen Erfahrungen der ungarischen Opposition als eine Art ‚Modell'. Allerdings blieb in Ungarn die Relevanz dieser intellektuellen Subkultur in den siebziger und achtziger Jahren eher gering (Schöpflin 1979: 142ff.).

Die nur gering ausgeprägte ‚Protestkultur' und ‚Bewegungstradition', verbunden mit einer günstigeren Wirtschaftsentwicklung, führte in Ungarn zu einem weniger ‚bewegten' Systemwandel als in Polen. In Ungarn bildete sich deshalb eine ‚Bewegungssubkultur' heraus, die an keine direkte Tradition anknüpfen konnte und keiner gesamtgesellschaftlich und kulturell vorprägenden Institution wie der Kirche gegenüberstand, die in Ungarn nur eine sehr geringe Rolle im Systemwechsel spielte (Emerich 1990: 63ff.). Dies führte dazu, daß die neue Politik in Ungarn in hohem Maße die Sache einer intellektuellen Elite blieb. Dahingegen konnte die Kirche in Polen als die einzige in der sozialistischen Gesellschaft tolerierte nichtsozialistische Organisation zur Mobilisierung beitragen und eine oppositionelle Haltung und Mentalität pflegen. Eine Haltung, die sie dann auch gegenüber dem neuen demokratischen System gemäß ihrer Tradition beibehielt.

Ein bedeutsamer Faktor innerhalb der politischen Kultur für die Mobilisierung sozialer Bewegungen ist der unterschiedliche Charakter der nationalen Identität. Durch die leidvoll wahrgenommene Geschichte der Teilung Polens und der sowjetischen Suprematie unter dem sozialistischem System ist die Betonung der nationalen Solidarität eine wichtige und starke Größe im politisch-sozialen Leben geworden. Die ‚nationale Frage' ist in Polen für sich genommen schon ein Mobilisierungsfaktor, woraus sich ein relativ stabiles Amalgam von Nationalismus, Katholizismus, sozialer Solidarität und Antikommunismus entwickelte. Dahingegen hat sich die Identität der ungarischen Nation nach dem zweiten Weltkrieg sehr viel zaghafter entwickelt. Abgesehen von einem kurzen Aufflackern des Nationalismus im Jahre 1956 ist seit 1948 durch das kommunistische Regime eine bewußt antinationalistische Politik betrieben worden. Dies führte dann dazu, daß die lange Zeit tabuisierte ‚nationale Frage' im Laufe des Systemwandels zu einem Mobilisierungsfaktor von nicht geahnter Kraft wurde und andere wichtige Themen in den Schatten stellte. Sowohl die Mobilisierung durch den nicht integrierten Nationalismus in Ungarn als auch durch die übersteigerte Form in Polen kann durch die darin enthaltenen religiösen und vor allen Dingen sozialen Komponenten zu einer Gefährdung der Demokratie werden.

Zwar waren in Ungarn die zivilgesellschaftlichen Aktivitäten weniger ausgeprägt als in Polen, aber sie waren immer noch bedeutender als die der Zivilgesellschaft in der Tschechoslowakei, die durch ‚die Normalisierung'[2] gleichsam stillgelegt war. Im kommunistischen System der Tschechoslowakei gab es nicht einmal rudimentäre Ansätze eines gesellschaftlichen Pluralismus mit ‚von unten' entstandenen Organisationen, die sich gegen oder auch nur unabhängig von den vom Staat kontrollierten Strukturen entwickeln konnten. Die ersten Anzeichen von zivilgesellschaftlichen Aktivitäten der Opposition gegen die ‚Normalisierung' haben sich in der damaligen Tschechoslowakei Anfang der Siebziger gezeigt. Dabei handelte es sich allerdings nur um Intellektuelle und Ex-Kommunisten, die schon im Jahr 1968 im ‚Prager Frühling' aktiv waren. Die Mehrheit der Bürger nahm gegenüber dem kommunistischen Regime stets eine eher passiv-neutrale Position ein, da die totalitäre Staatsmacht wie in anderen Ländern (Weigle/Butterfield 1992) einen stillschweigenden ‚Sozialvertrag' mit den Bürgern eingegangen war. Das Regime garantierte den Bürgern einen bestimmten Lebensstandard und soziale Sicherheit, dafür verzichteten diese auf gesellschaftliche und politische Partizipation und zogen sich in die Privatsphäre zurück (Di Palma 1991: 66).[3]

Nach den ersten erfolglosen Versuchen einer gewissen Organisierung hat sich eine kleine Gruppe von Intellektuellen, Nichtkommunisten und Ex-Kommunisten in den siebziger Jahren auf ein Programm geeinigt, das Ausdruck in der Charta 77 gefunden hat. Diese Charta war durch eine sogenannte ‚Anti-Politik' geprägt, d.h. sie war ähnlich wie andere Bürgerinitiativen dieser Zeit in Mitteleuropa an der Verteidigung der Menschen- und Bürgerrechte und an einem ‚Leben in Wahrheit' orientiert (Smolar 1996: 26). Die Zivilgesellschaft war in dieser Konzeption die Sphäre der Bürgertugenden, der Ehrlichkeit und Gerechtigkeit, die in ihrem Inneren einem direkt-demokratischen Verständnis verpflichtet blieb.

Die Charta 77 hat zwar eine große moralische Bedeutung gehabt, blieb aber wegen dauernder Repression der Staatssicherheit in ihrer Wirkung begrenzt und konspirativ. Ihre Resonanz war gerade in der Slowakei sehr schwach. In dieser Periode hat die katholische Kirche der Opposition im Unterschied zu Polen keine wesentliche Unterstützung geboten (Otáhal 1994: 34), was sich erst in der zweiten Hälfte der achtziger Jahre änderte. Dahingegen war die Kirche in der Slowakei, wo eine wesentlich stärkere Kirchenbindung der Bevölkerung festzustellen ist, mit zahlreichen Protesten gegen die staatliche Kirchenpolitik (Wüstenhaus 1997: 280) stärker engagiert.[4]

Allgemein verlief die Entwicklung zivilgesellschaftlicher Aktivitäten in der Slowakei aber verhaltener als in Tschechien. Es gab dort schon während der Zeit des ‚Prager Frühlings' nur bescheidene Reformansätze und einige wenige oppositionelle Initiativen gegen das stalinistische System. Eine mögliche Ursache liegt in den strukturellen Rahmenbedingungen der gesellschaftlichen Entwicklung. Urbanisierung, Industrialisierung und Modernisierung setzten in der Slowakei erst in der kommunistischen Periode, also wesentlich später als in Tschechien ein. Deshalb blieb die slowakische Gesellschaft in einigen charakteristischen Elementen stets einer Gemeinschaft im Tönnies'schen Sinne ähnlich, da in der slowakischen Gesellschaft auch die Individualisierung nur rudimentär Platz gegriffen hat.(Tretí sektor 2/1997: 12).

IV. Die Zivilgesellschaft in der Systemkrise 1989

In Ungarn und Polen hatte die Systemkrise zwar dieselben Wurzeln, allerdings unterschied sich das Krisenmanagement der alten Eliten, wodurch die Ausprägung der entstehenden sozialen Bewegungen und der beteiligten Akteure nicht unerheblich beeinflußt wurde (Brus 1981). Vor allen Dingen unterschied sich die Integration der Arbeiterschaft in die Strukturen des Systems in den beiden Ländern. Das Kádár'sche System in Ungarn hat für die arbeitenden Menschen die Chance zu privaten Wirtschaftstätigkeiten und zu einem bescheidenen Wohlstand eröffnet und dadurch oppositionelle Mobilisierungsversuche entlang ökonomischer Konfliktlinien mit Erfolg verhindert. Weil private und wirtschaftliche Freiräume offenstanden, haben die ungarischen Arbeiter nach 1956 nicht durch kollektive Aktionen gegen das System und für die Demokratie gekämpft (Fehér 1979). Die Kádár'sche Lösung beinhaltete die konsequente Ausgrenzung jeglicher Arbeiterselbstverwaltung und Arbeitersolidarität mit dem Ziel der Aussöhnung der arbeitenden Schichten mit dem System durch die Bereitstellung von Konsummöglichkeiten. In der ungarischen Arbeiterklasse konnte die für Polen typische explosive Mischung von katholischer, nationaler, sozialer Solidarität und Antikommunismus nicht Fuß fassen.

In Polen hat das kommunistische System seit 1956 versucht, die Protestaktionen der Arbeiter und der Arbeiterräte als Legitimationsfaktoren in die eigenen Strukturen zu integrieren. Obwohl es dabei immer wieder zu Konflikten und Spannungen kam, wurden die Grundlagen der potentiellen sozialen und politischen Aktionseinheit der Arbeiter nicht aufgelöst. Es waren dann auch die Arbeiter, die mit ihren kollektiven Protesten, Streiks und der Etablierung einer freien Gewerkschaft die Dynamik des Systemwandels auslösten (Ash 1985).

Dagegen mußte die Führung in Ungarn von Seiten der Arbeiterschaft mit keinerlei Herausforderungen und Protesten rechnen, da diese sich ohne entsprechende soziale Netzwerke und Solidarisierungserfahrungen aus früheren Konflikten nicht organisieren konnten. Die politische und soziale Mobilisierung gegen den Kádárismus entwickelte sich aus den intellektuellen Kreisen inner- und außerhalb der Partei ohne die Unterstützung der Mehrheit der Bevölkerung (Bozóki 1988: 577ff.). Diese ‚Bewegung der Intelligenz' hatte keinen Bezug zu den Arbeitern und konnte durch ihre politische Aktivität die anderen Schichten der Gesellschaft nicht mobilisieren (Schöpflin 1979). Zur Mobilisierung breiter Bevölkerungsschichten kommt es in Ungarn erst nach dem Systemwechsel mit dem Konflikt um die Benzinpreiserhöhung und die Blockade der Taxifahrer im Oktober 1990.

Ein weiterer Faktor für die Mobilisierung sozialer Bewegungen ist die Aktualisierung nationaler Identitäten. In Polen wurde der nationalen Identität auch in der kommunistischen Propaganda und Politik ein Platz gewährt, während entsprechende Themen in Ungarn über Jahrzehnte tabuisiert blieben. Dies kann wiederum den späteren nachholenden Aufstieg national-konservativer Bewegungen in Ungarn erklären, die nur einen marginalen Bezug zu den realen sozialen und wirtschaftlichen Problemen des Landes hatten.

Probleme wie Sozialpolitik, Tarifpartnerschaft und Wirtschaftspolitik sind weitere mögliche Mobilisierungsthemen. Sie konnten in Ungarn gewissermaßen aus der Mobilisierung ‚ausgeklammert' werden, weil die Versorgungslage und die Wirtschaftskapazitäten des Systems durch die Wirtschaftsreformen und die Schattenwirtschaft einigermaßen intakt blieben. Dagegen wurden in Polen Fragen der Versorgung, Wirtschaftslage und Betriebsverfassung schon durch deren katastrophale Lage in den Vordergrund gerückt. Mobilisierungsgründe lagen auch deswegen im wirtschaftlichen Bereich, weil sich die ‚selbstbegrenzende Revolution' 1980 bewußt auf diese zeitweilig von der Staatsmacht tolerierten Themen der Produktion und Verteilung beschränkte und – taktisch motiviert – gewisse Tabus wie die Pluralisierung des Einparteienstaats und den Austritt aus dem Warschauer Pakt stets beachtete (Staniszkis 1984).

In den Zeiten des Umbruchs wurden in Ungarn dann gerade die machtpolitischen Fragen in den Vordergrund gerückt und die Wirtschaftsfragen wiederum vernachlässigt, so daß die neuen alternativen Gewerkschaften aufgrund des nur gering empfundenen Problemdrucks vor allem unter den ‚white collar workers' und in den intellektuellen Berufen, weniger unter der Arbeiterschaft, Anklang finden konnten.

Auslöser der zivilgesellschaftlichen Initiativen gegen das Regime in der CSSR war die ‚Perestrojka' in der UdSSR. In der zweiten Hälfte der Achtziger ist es zur Bildung verschiedener Bürgerinitiativen[5] mit machtpolitisch weitergehenden Konzepten als die der Charta 77 gekommen. Dabei hat die reformkommunistische OBRODA[6] als einzige versucht, mit den staatlichen Herrschaftsträgern in einen Dialog zu treten. Die wichtigste dieser Gruppen war die HOS[7], die auf die Gesellschaft zuging, um sie für die politische und wirtschaftliche Veränderung zu gewinnen (Weigle/Butterfield 1992: 13). Zu diesem Zweck publizierte sie im Oktober 1988 das Manifest ‚Demokratie für Alle' als Programm mit den Forderungen zur Verwirklichung einer bürgerlichen Demokratie (Hlušičková/Císarovská 1994:11). Dadurch erklärte sie sich offen zur politischen Opposition und stellte eine Verbindung zwischen dem Anti-Regime-Dissent und der Öffentlichkeit her[8]. Bald bildeten sich in der HOS unterschiedliche politische Strömungen heraus, die dann später zu politischen Parteien wurden. Neben dieser eindeutigen Opposition gegen das Regime, entstanden immer neue Gruppierungen[9] und Parallelstrukturen, so im kulturellen Bereich, der Wissenschaft und bei ökologischen Aktivisten. Der Protest äußerte sich in schriftlichen Petitionen, der zunehmenden Zahl von ‚Samizdat'-Publikationen und seit August 1988 auch in Demonstrationen an bedeutenden Jahrestagen vor allem in Tschechien. Diese wurden allerdings stets mit der harten Repression des Staates beantwortet. Die unabhängigen Dissidentengruppen und die unzufriedene Bevölkerung haben sich bis zu den Ereignissen am 17. November 1989 nicht zu einer Aktionseinheit verbunden. Erst am 18. November konstituierte sich ein gemeinsames Organ der Opposition – das tschechische „Bürgerforum" und die slowakische „Öffentlichkeit gegen Gewalt". Es entstand das erste politische Programm: ‚Was wir wollen'.

Im Unterschied zu Tschechien hat in der Slowakei der Nationalismus zu Regimezeiten vereinzelt zivilgesellschaftliche Nischen entstehen lassen. Das emanzipatorische Bemühen um die Bildung eines slowakischen Nationalstaates und besonders die Aktivitäten der ungarischen Minderheit zum Schutz ihrer Minderheitenrechte waren die beherrschenden Mobilisierungsthemen. Schon vor der Wende existierten offizielle parallele Strukturen für den Schutz der ungarischen Minderheit, an die die unabhängige ungarische Initiative im Systemwechsel anknüpfen konnte (Homišinová 1995: 110). Für die ungarische Minderheit fungierte der Nationalismus in dieser Zeit als ein Integrationsfaktor zwischen den unterschiedlichen politischen Gruppierungen.

Weder in Tschechien noch in der Slowakei ist es den Dissidentenbewegungen aber gelungen, die breiten Schichten der Gesellschaft zu beeinflussen. Es gab keine Massenbewegung wie jene der Solidarnosc in Polen. Die zivilgesellschaftlichen Initiativen (v.a. das Bürgerforum) haben eine mobilisierende Rolle gespielt und übernahmen dann in der entscheidenden Phase des Regimebruches auch wichtige organisatorische und koordinierende Funktionen der Protestbewegung. Später vor allen Dingen waren sie der entscheidende Verhandlungspartner des alten Regimes. Insgesamt aber hatten bei der Auflösung der totalitären Herrschaft exogene Faktoren ein größeres Gewicht als der interne „zivilgesellschaftliche Druck" auf die Machthaber.

V. Entfaltungsräume und Institutionalisierung der Zivilgesellschaft nach 1989

Die Mobilisierung und Institutionalisierung der gesellschaftlichen Gruppen verlief in den einzelnen Phasen des Systemwandels in Polen und Ungarn unterschiedlich. In Polen ist durch immer wiederkehrende Krisen- und Protestwellen die Aufweichung der staatlichen Kontrolle der Gesellschaft mit der zeitweiligen Legalisierung der Solidarnosc erreicht worden. Später konnte dann diese Kontrolle nicht mehr lückenlos geschlossen werden. Damit war die Institutionalisierungsdynamik von sozialen Bewegungen in Polen schon vor dem Systemwandel in gewisser Weise festgeschrieben worden. Die Organisierung und Stabilisierung der Solidarnosc, einem Bündel von unterschiedlichen Initiativen, avancierte in den achtziger Jahren zum Hauptanliegen der zivilgesellschaftlichen Gruppen. Der Mischcharakter der Solidarnosc in ihren Funktionen als Bewegung, Interessenverband und Partei führte im Laufe des gesamten Institutionalisierungsprozesses zu immer neuen Differenzierungen, die auch unter demokratischen Bedingungen in den neunziger Jahren noch nicht abgeschlossen waren (Tatur 1991: 234ff.; Fehr 1989; Fehr 1997).

In Ungarn gab es dagegen vor dem eigentlichen Systemwandel nur eine graduelle und evolutionäre Lockerung der staatlich-administrativen Kontrollen. Nicht durch den politischen Druck der sozialen Bewegungen wurden diese beseitigt, sondern durch die Selbstauflösungstendenzen des Regimes selbst. Die sozialen Bewegungen durchliefen nach ihrer Legalisierung einen raschen Transformationsprozeß hin zu Vereinen und recht bald auch zu Parteien. Die direkten sozialen Protestaktionen waren für den Verlauf des Systemwandels weniger ausschlaggebend als in Polen, obwohl es in der Umbruchperiode wichtige Massenproteste gegen das Ceausescu-Regime, gegen die Errichtung eines gemeinsamen ungarisch-tschechoslowakischen Staudammes in Bös-Nagymaros und für die Rehabilitierung und Wiederbestattung von Imre Nagy gab. Diese Proteste waren – anders als in der DDR – kein Auslöser des Systemwandels, sondern eher Begleiterscheinungen des in institutionalisierten Formen (Gespräche am Runden Tisch, Gesetzgebung, Verfassungsänderungen, Wahlen) ablaufenden Transformationsprozesses (Mänicke-Gyöngyösi 1991: 221ff.). Der Hauptunterschied zu Polen war jedoch das Fehlen eines einheitlich organisierten und agierenden Verbandes. Die direkten Protestaktionen der verschiedenen eigenständigen Bewegungen, Vereine und Parteien übten zwar einen gewissen Druck auf die Verhandlungen zwischen diesen neuen Organisationen und der Staatspartei aus, beeinflußten die Richtung und den Verlauf des Prozesses allerdings nicht wesentlich.

Im Institutionalisierungsprozeß in Ungarn entstanden Spannungen zwischen der zurückhaltenden Mobilisierung und der schnelleren institutionellen Dynamik, die bei den Wahlen zutage trat. Die Folge war, daß die Legitimität und Konsensfähigkeit der neuen Institutionen von Teilen der Gesellschaft in Frage gestellt wurden. Bedingt dadurch, daß die neuen institutionalisierten Formen der sozialen Bewegungen unabhängig von den Produktionsstrukturen entstanden, kam es zu einer Vernachlässigung der funktionalen Repräsentation von wirtschaftlichen Interessen (Bruszt 1989) und zu einer ersten Krise der ungarischen Republik in der bereits erwähnten Taxifahrer-Blockade (Szabó 1996). Die bisher vernachlässigten wirtschaftlich-sozialen Interessen organisierten sich außerhalb der neuentstandenen politischen Institutionen in einer mächtigen sozialen Bewegung und erreichten dadurch ihre Institutionalisierung in einem korporatistischen ‚Rat für Interessenausgleich', der Arbeitnehmer, Arbeitgeber und Regierung zusammenbrachte (Kurtan 1998).

Zugespitzt formuliert, sind in Ungarn die sozialen Bewegungen und die Gewerkschaften durch das stabilisierte Mehrparteiensystem an den Rand des politischen Prozesses gedrängt worden. Während in Polen die Entwicklung eher in Richtung einer noch andauernden Ausdifferenzierung des Parteiensystems geht, wird es in Ungarn eher zu einer Mobilisierung von sozialen Protesten und Bewegungen neben diesem Mehrparteiensystem kommen. In beiden Fällen verliefen die Institutionalisierungsprozesse für die sozialen Bewegungen jedoch so schnell, daß die inneren Widersprüchlichkeiten zwischen Partei und Bewegung, bzw. Gewerkschaft und Bewegung klar hervortraten. Die neuen Gruppen mußten allzu schnell Regierungsverantwortung in einer Krise übernehmen, obwohl ihre inneren Institutionalisierungsprozesse und strategisch-organisatorischen Diskussionen noch nicht abgeschlossen waren. Dieser Lernprozeß wird weiterhin über innere Richtungskämpfe, Spaltungen, organisatorische und strategische Debatten führen, die in einer noch instabilen neuen Demokratie zu einer Verschärfung von Krisen und zu einer Blockade von Entscheidungsprozessen führen kann. Dies birgt die Gefahr einer Polarisierung zwischen staatlichen und politischen Institutionen einerseits und der Gesellschaft andererseits. In der Dynamik des noch anhaltenden Prozesses der demokratischen Konsolidierung in Osteuropa steckt nach wie vor potentiell die Gefahr, daß soziale Bewegungen, eigentlich eine Kraft der Demokratisierung, auch in den antidemokratischen Populismus münden können. In früheren Krisen und Umbruchsperioden waren die Kräfte des antidemokratischen Populismus zeitweilig mit den Demokratisierungsbewegungen gegen den Einparteienstaat in einer Aktionseinheit verbunden. Heute besteht die Möglichkeit, daß sich daraus eine äußerst gefährliche Konstellation zwischen antidemokratischem Populismus, aggressivem Nationalismus und staatssozialistischem Konservatismus bildet, die zu einer Gefahr für die Konsolidierung der Demokratie in Teilen der ehemaligen Sowjetunion und Südosteuropa werden kann. Während diese Gefahr in Tschechien, Polen und Ungarn geringer ausgeprägt ist, aktualisierte sich diese durchaus in den neunziger Jahren unter den Regierungen Vladimir Meciars in der Slowakischen Republik.

Polen und Ungarn ist gemeinsam, daß dem Systemwandel eine längere Vorbereitungsperiode voranging, in der durch vorsichtige Reformexperimente Alternativkonzepte und alternative politische Eliten entstehen konnten, die dann den Systemwandel mit reformfreudigen und -fähigen Teilen der alten Elite initiieren und vorantreiben konnten. In das entstehende neue politische System wurden die sozialen Bewegungen integriert und einem Transformationszwang von Bewegungen hin zu Parteiformationen unterworfen. Diese Entwicklung ist allerdings noch nicht abgeschlossen.

Die Institutionalisierungsphase der Demokratie läßt sich in der Tschechoslowakei auf die Zeit zwischen Juni 1990, als erste freie Wahlen stattfanden, und dem Ende des Jahres 1992 begrenzen[10]. In dieser Periode hat sich das politische System institutionalisiert, die politischen Parteien begannen sich zu strukturieren und die ‚Umbrella-Organisationen' sind verschwunden[11]. Nach dem Zerfall des Kommunismus haben sich viele ehemalige Bewegungen in Parteien umgewandelt (Bútora et al. 1996: 187) und ein großes personelles Potential für die politischen Institutionen zur Verfügung gestellt. Es stand dank der früheren zivilgesellschaftlichen Aktivitäten in der Krisensituation zur Verfügung, auch wenn sich viele Beteiligte später wieder in die private Sphäre zurückzogen. Das unterstützt die These, daß mit der institutionell „erzwungenen", professionellen Übernahme der politischen Geschäfte durch Parteien, Parlamente und Regierungen der aufsteigende Zyklus der zivilgesellschaftlichen Vitalität endet (Lauth/Merkel 1997a: 38).

Die Systemtransformation des gesamten gesellschaftlichen und sozialen Systems bedeutet in erster Linie den Anfang der Erneuerung der Zivilgesellschaft. Neue Interessen, die sich unter den veränderten Bedingungen bilden, wecken das Bedürfnis nach neuen intermediären Institutionen in Bereichen, die vorher vom Staat verwaltet wurden. Besonders im sozialen Bereich beginnen unterschiedlichste karitative und humanitäre Organisationen tätig zu werden. Bedingt durch den Übergang zur Marktwirtschaft entsteht Bedarf an der Repräsentation von Unternehmer- und Arbeiterinteressen. Neben den Gewerkschaften, die mittlerweile einer der größten autonomen Akteure auf zivilgesellschaftlicher Ebene geworden sind, entstehen schnell Berufs- und Unternehmerverbände. So hat sich in der Tschechoslowakei Ende 1990 ein tripartistischer Rat für wirtschaftliche und soziale Fragen auf föderaler und nationaler Ebene gebildet. Dort wurden neben den Partikularinteressen auch gesamtgesellschaftliche soziale Probleme verhandelt. Die tschechische Regierung hat dann 1994 versucht, diesen Rat wieder aufzulösen, da sie ihn nur als vorübergehende Institution für die Privatisierungsetappe ansah und nicht dauerhaft ein neokorporatistisches Element in der liberalen repräsentativen Demokratie verankern wollte. Da man sich mittlerweile aber auf einen eher informellen Charakter dieses Gremiums geeinigt hat, gab die Regierung ihre Auflösungsversuche auf.

In der Slowakei hat die Bedeutung von tripartistischen Arrangements dagegen zugenommen und es gibt Bestrebungen, diese auch gesetzlich und institutionell zu verankern (Mansfeldová/Čambálikova 1996). Gerade der Dialog zwischen der Regierung und den Repräsentanten von Kapital und Arbeit in solchen Institutionen hat wesentlich zum Erhalt des sozialen Friedens und des wirtschaftspolitischen Konsenses in der Slowakei beigetragen.

Der maßgebliche Zuwachs an Organisationen zivilgesellschaftlicher Prägung hat in den beiden Ländern zwischen 1991 und 1993 stattgefunden. Danach war offensichtlich der ‚Organisationsbedarf' gesättigt und es kam eher zu einem Prozeß der Differenzierung innerhalb der schon bestehenden Gruppierungen. In der Tschechischen Republik handelte es sich in erster Linie um Organisationen der ökonomischen Interessenrepräsentation (Gewerkschaften, Berufs- und Unternehmerorganisationen, Verbraucherverbände usw.), weniger um basisdemokratische und humanitäre Organisationen. Dagegen ist für die Slowakei die stärkere Entwicklung von NGO's und Organisationen mit eher kirchlich-karitativer Orientierung charakteristisch[12]. Diese differierende Entwicklung wurde durch unterschiedliche politische und wirtschaftliche Rahmenbedingungen begünstigt, d.h. insbesondere durch die zunehmende regimekritische Position breiter Teile der Bevölkerung.

Nach der Gründung der Slowakischen Republik im Januar 1993 ist die Zivilgesellschaft durch innenpolitische Spannungen, die Konzentration der wirtschaftlichen und politischen Macht in den Händen eines kleinen Personenkreises und die Bildung eines klientelistischen Systems beeinflußt worden. Von besonderer Bedeutung für die weitere Entfaltung der Zivilgesellschaft waren (und sind) dabei folgende Entwicklungen:

- der Verlauf der Privatisierung,
- die Verletzung der Unabhängigkeit der Medien,
- die Verletzung der verfassungsmäßigen Minderheitenrechte[13] (Sprachgesetz, alternatives Schulwesen),
- der steigende Einfluß der Regierung im Privatsektor,
- die Konzentration der Macht beim Premierminister,
- die Verletzung der Gleichheit vor dem Gesetz (ein Sonderstatus der Matica Slovenská),
- das Gesetz über die NGO's mit dem Versuch der Regierung, Kontrolle über diese zu gewinnen,
- die Beauftragung einer Organisation im Falle des Sprachgesetzes (die Matica Slovenská) mit der Kontrolle der anderen zivilgesellschaftlichen Gruppen.

Unsere These lautet deshalb: Es war der verzögerte Prozeß der demokratischen Konsolidierung in der Slowakei, die Übergriffe der Meciar-Exekutive auf andere Verfassungsgewalten und dissentierende Gruppen, die das Ferment für eine stärkere basisdemokratische Vitalität der slowakischen Zivilgesellschaft bildeten.

VI. Fazit: Der Beitrag der Zivilgesellschaft zur Konsolidierung der Demokratie in Ostmitteleuropa

Die Erwartung, daß nach dem (Wieder)erwachen der ‚Civil Society' in der Endphase des autoritären Systems eine wahre Explosion zivilgesellschaftlicher Aktivitäten (O'Donnell/Schmitter 1986: 49) erfolgen würde, hat sich nicht erfüllt. Das verschwundene Handlungsrisiko, die Schwäche der neuen Parteien und die enormen Handlungsmöglichkeiten in der politischen Arena (Lauth/Merkel 1997a: 35) genügten nicht, um zu einem Aufblühen der Zivilgesellschaft zu führen. Ein Grund für diese Stagnation des zivilgesellschaftlichen Engagements der Bürger lag sicherlich im abnehmenden Interesse für öffentliche Probleme, im Zurückziehen in die Privatsphäre und der individuellen Anpassung an die neuen Lebensbedingungen. Ein weiterer Grund liegt in den veränderten Rahmenbedingungen für die zivilgesellschaftlichen Assoziationen und Organisationen. Außer an finanziellen Problemen[14] leiden manche Organisationen auch an der Schwierigkeit, Mitglieder zu finden, da in Reaktion auf das organisierte Leben im kommunistischen Regime heute ein gewisser Widerstand gegen jede Form der Organisation vorherrscht, die mit Registrierung und Mitgliedsbuch verbunden ist (Macháček et al. 1995: 14).

Die gegenwärtige Entwicklung der Zivilgesellschaft in den vier Ländern ist durch einen Rückgang der gesellschaftlichen Mobilisierung nach der Umbruchsituation gekennzeichnet. Auch die empirischen Daten zeigen, daß eine Phase der Demobilisierung eingetreten ist. Das politische Interesse ist stark rückläufig oder stagniert auf einem niedrigen Niveau (Plasser/Ulram/Waldrauch 1997: 160-161).

a) Die Tschechische und die Slowakische Republik

Besondere Wertschätzung bringen die Bürger der Tschechischen und Slowakischen Republik in erster Linie den Freiheitsräumen der demokratischen Ordnung entgegen, während Partizipations- und Mitsprachechancen noch eine geringe Rolle spielen (Plasser/Ulram/Waldrauch 1997: 101). Kennzeichnend ist eine geringe Identifikation mit den politischen Parteien und ein mangelndes Eingebundensein in institutionelle Netzwerke. In der Tschechischen Republik lassen sich Anzeichen für eine lineare Dynamik hin zur demokratischen Konsolidierung erkennen. In der Slowakischen Republik hingegen nimmt die Konsolidierung einen eher unregelmäßigen Verlauf. Trotzdem sind auch in der Slowakischen Republik mittlerweile demokratische Verhaltensweisen und die Akzeptanz demokratischer Spielregeln verbreitet (Plasser/Ulram/Waldrauch 1997: 133). Gefördert wird dies durch die im Vergleich mit Tschechien höhere Aktivität der zivilgesellschaftlichen Gruppen, die ständig die Öffentlichkeit gegen die häufigen Übergriffe des Staates mobilisiert.

In der Slowakei ist die Bildung einer pluralen Zivilgesellschaft durch die bestehenden Nationalitätsprobleme kompliziert. Diese nationalen Probleme manifestieren sich in tiefen kulturellen und sozioökonomischen Trennungslinien. Die zivilgesellschaftlichen Organisationen sind zum großen Teil mit diesen bestehenden *cleavages* verbunden, so daß man von einer kulturell und ethnisch induzierten Segmentierung der Zivilgesellschaft sprechen kann (Bútora et al. 1996: 191). Unverkennbar ist allerdings das Bemühen einzelner zivilgesellschaftlicher Gruppen, diese Segmentierung in der slowakischen Gesellschaft zu überwinden.

Daß die Tschechische Republik die optimistischen Erwartungen hinsichtlich der Herausbildung einer vitalen Zivilgesellschaft trotz ihrer langen demokratischen Tradition nicht erfüllt, liegt sicherlich auch an der sozioökonomischen Hinterlassenschaft des kommunistischen Systems. In der Tschechoslowakei sind, im Gegensatz zu Ungarn und Polen, durch die fast vollständige Verstaatlichung auch die mittelständischen Schichten als Träger der Zivilgesellschaft praktisch verschwunden. Erst mit der Entstehung dieser Schichten wird sich aber die Zivilgesellschaft wieder voll entfalten. Dahrendorf spricht in diesem Zusammenhang von einer Zeit von ca. 60 Jahren (Dahrendorf 1990). Die empirischen Befunde (Brokl 1997) zeigen jedoch deutlich eine zunehmend aktive Rolle der Zivilgesellschaft bei der Interessenvermittlung auf lokaler und regionaler Ebene. Dahrendorfs skeptische Prognose muß deshalb als zu pessimistisch angesehen werden.

In der politischen und politikwissenschaftlichen Diskussion in der Tschechischen Republik existieren zwei konkurrierende Konzeptionen über die Bedeutung der Zivilgesellschaft. Man kann sie als die normative und die pragmatische Einschätzung bezeichnen. Die erste Konzeption, vertreten z.B. durch Václav Havel, betrachtet die Zivilgesellschaft als fast einheitlichen Akteur, durch den sich die Bürger direkt an der Formulierung von Politik und der Ausübung von Macht beteiligen, wodurch sich dann auch die Qualität der Demokratie verbessert. In der zweiten Konzeption, vertreten durch Václav Klaus, ist die Zivilgesellschaft in erster Linie eine Handlungssphäre, in der sich der Bürger frei assoziieren kann und ihre Funktion vornehmlich die eines Rekrutierungspotential für das politische System (Havel/Klaus/Pithart 1996). In dieser zweiten Konzeption wird die direkte Partizipation der Bürger am politischen Prozeß im Gegensatz zu den gewählten Repräsentanten kritisch gesehen, wobei auf die Legitimitätsdifferenzen zwischen den repräsentativen Demokratieinstanzen und der Zivilgesellschaft hingewiesen wird.

Es scheint, als entwickele sich in der Tschechischen Republik eine Zivilgesellschaft eher im Tocqueville'schen komplementären Sinne (vgl. Merkel/Lauth 1998), während sie sich in der Slowakei primär unter dem Aspekt der gesellschaftlichen Kontrolle und Abwehr eines expansiv und illegitim intervenierenden Staatsapparates versteht. Diese verschiedenen Muster sollen in drei Punkten resümiert werden:

1. In beiden Republiken sind neue demokratische Verfassungen verabschiedet worden. Die antidemokratischen Akteure konnten neutralisiert und von der Macht vertrieben werden. Über eine institutionelle Konsolidierung läßt sich im slowakischen Fall angesichts andauernder Versuche, durch machtpolitisch motivierte Verfassungsänderungen demokratische Rechte abzubauen, zumindest unter den Regierungen Meciars, nicht ohne weiteres sprechen.
2. In der Tschechischen Republik ist nach der Konsolidierung der Repräsentationsstrukturen, d.h. der Parteien und Interessenorganisationen, ein klar strukturiertes Parteienspektrum erkennbar. Gleichzeitig hat sich eine autonome Zivilgesellschaft herausgebildet, die vom politischen System unabhängig ist. Sie erfüllt wichtige demokratiefördernde Funktionen, da sie die gesellschaftlichen Trennungslinien nicht widerspiegelt, diese vielmehr überbrücken hilft und damit zum gesellschaftlichen Konsens beiträgt. In der Slowakei hingegen ist das Parteienspektrum wesentlich unklarer strukturiert. Die Struktur der Zivilgesellschaft spiegelt die Polarisierung der slowakischen Gesellschaft wider bzw. verstärkt sie noch. Trotz der gesetzlich verankerten Autonomie versucht der Staat immer wieder, in diese Autonomie der Zivilgesellschaft einzugreifen. Gerade diese Anzeichen von Autoritarismus verstärken aber wieder die Resistenz der Zivilgesellschaft gegenüber dem Staat und vitalisieren die zivilgesellschaftlichen Aktivitäten und Organisationen.
3. In beiden Republiken funktioniert ununterbrochen der Tripartismus bei der Repräsentation ökonomischer Interessen, wobei er sich in der Slowakei weit in die Richtung klassischer neokorporatistischer Arrangements entwickelt.

b) Polen und Ungarn

Die unterschiedlichen Rollen der Zivilgesellschaft nach 1989 in Polen und Ungarn lassen sich anhand zweier Thesen interpretieren. Linz/Stepan (1996) postulieren in einer ersten These für Polen die Herausbildung einer ‚*ethical civil society*', hervorgerufen durch den Solidarnosc-Konflikt. Aufgrund der zweiten These von Szelény (zitiert nach Frentzel-Zagórska 1990), nämlich des ‚*enbourgoisement*' der ungarischen Gesellschaft, lassen sich die zwei verschiedenen Ausgangspunkte der Entwicklung in den beiden Ländern nach 1989 aufzeigen. In Polen gab es eine Kontinuität der Protestzyklen von 1956 bis 1989, während wir in derselben Zeit in Ungarn eine ökonomisch stabile und dem Regime gegenüber neutrale Gesellschaft vorfinden. In Polen entstand auf der Grundlage dieser Tradition in den achtziger Jahren durch die Mobilisierung recht schnell eine konfrontative und aktivistische Bürgerkultur, die einer auch mit Gewaltmitteln intervenierenden kommunistischen Elite gegenüberstand. In Ungarn war die Konfrontation der Elite des kommunistischen Systems mit einer zivilgesellschaftlich aktiven Gesellschaft nicht konstitutiv für den Systemwandel. Entscheidend war vielmehr die langsame und stille Ausweitung privater und öffentlicher Sicherheit und Freiheit in einem längeren Reformprozeß der achtziger Jahre noch innerhalb des kommunistischen Regimes. Initiiert und vorangetrieben wurde dies durch eine Mehrheit innerhalb der kommunistischen Elite Ungarns, die eine Öffnung des Systems im Sinne der ‚Perestroika' verfolgte. Die kleine oppositionelle Gegenkultur in Ungarn war nie vergleichbar in der Gesellschaft verwurzelt wie die große Massenbewegung der Solidarnosc, die als ‚Umbrella-Organisation' zugleich Partei, Gewerkschaft und soziale Bewegung und gemeinsam mit der Kirche der Hauptakteur des Systemwechsels war. Die Überlappung von ‚*political society*' und ‚*civil society*' und die nicht abgegrenzten Rollen von Partei, Gewerkschaft und Bewegung provozierten in Polen wesentlich mehr Konflikte als in Ungarn. Die polnische Tradition des national-katholischen Widerstands und die ethisch motivierte Konfrontation lebt in den alltäglichen politischen Diskursen wieder auf. Die wirtschaftlichen Probleme und das noch nicht konsolidierte Parteiensystem machen die polnischen Regierungen instabil und kurzlebig und fördern präsidentiell-plebiszitäre Tendenzen in der polnischen Politik der neunziger Jahre. Auch die großen Gewerkschaften mischen sich noch direkt im Parlament ein, während der früh etablierte Korporatismus in Ungarn die alten und neuen Gewerkschaften eher in eine Verbandspolitik durch extraparlamentarische Interessenvertretung einbindet. Alles in allem läßt sich sagen, daß die demokratische Konsolidierung in Ungarn schneller voranschreitet als in Polen, begünstigt durch eine geringere soziopolitische Polarisierung und die verbreitete politische Passivität der Massen. Allerdings bedarf es für eine längerfristige Konsolidierung der ungarischen Demokratie auch einer vitalen Bürgergesellschaft. Deren Aufbau dürfte eine der dringlichsten Aufgaben für die feste Verankerung der Demokratie in der ungarischen Gesellschaft sein.

In der Zusammensetzung des Runden Tisches und in der Rolle der Kirche als politischer Akteur liegt ein weiterer Grund für die unterschiedliche Differenzierung der ‚*civil society*' von der ‚*political society*'. In Polen war die katholische Kirche ein wichtiger Vermittler und Initiator der Gespräche zwischen der Solidarnosc und der kommunistischen Partei. Dadurch und durch die frühere Unterstützung des Widerstandes hat die katholische Kirche Polens eine quasi-politische Rolle inne, die ihre passive Akzeptanz der Trennung von Staat und Kirche auch in einer modernen Demokratie sehr erschwert. So gewährt die Kirche sehr explizit politische Unterstützung für bestimmte Präsidentschaftskandidaten oder für Parteienkoalitionen und vertritt bei gewissen politischen ‚issues' vehement ihre weltanschauliche Position. Im Gegensatz dazu spielten die Kirchen in Ungarn keinerlei Rolle beim Widerstand oder den Gesprächen am Runden Tisch. Es fehlt ihnen dadurch das ethisch-politische Kapital zur massiven Einmischung in die Politik. Zwar versuchen auch sie, ihre Interessen als Großverbände durchzusetzen und mit der Regierung dementsprechend zu verhandeln. Allerdings werden keine ‚nationalen Schicksalsfragen' exklusiv von den Kirchen vertreten und es gibt keine relevanten kirchlich orientierte Parteien.

Ein weiteres wichtiges Element zur Entlastung der alltäglichen politischen Diskurse und Konflikte von ethisch fundamentalen Fragen ist die Tatsache, daß sich in Ungarn die ‚kommunistischen Verbrechen' im wesentlichen auf die Revolution von 1956 beschränken. Es fanden gerade in den achtziger Jahren keine großen Proteste statt, die dazu geeignet gewesen wären, eine Polarisierung zwischen ‚Wir und Sie' oder ‚Gesellschaft gegen Kommunisten' so weit voranzutreiben, daß eine Zusammenarbeit zwischen den alten und den neuen politischen Kräften nicht mehr möglich gewesen wäre. In Polen hingegen entwickelten sich in der Solidarnosc-Zeit und im Ausnahmezustand der achtziger Jahre psychologische Hypotheken, die die späteren Verhandlungen am Runden Tisch und die Kohabitation zwischen dem kommunistischen Präsidenten Jaruzelski und dem von der Solidarnosc dominierten Sejm erschwerten. Es gab immer wieder Konflikte im Parlament und in der Verwaltung. Verstärkt wurde dies noch durch die andauernden Spaltungen innerhalb der Solidarnosc, die das Bestandsproblem einer Einheitsorganisation in der pluralistischen Demokratie verdeutlichen. In Ungarn warfen die nur mäßigen Spaltungen innerhalb des rechten Parteienspektrums geringere Stabilitätsprobleme auf.

Dieses ‚alte Regimevermächtnis', verbunden mit den neuen sozialen und wirtschaftlichen Problemen, führte in Polen, im Gegensatz zu Ungarn, zu einem schnellen Wechsel von Regierungen, Wahlsystemen und grundlegenden Gesetzen. Die starken ‚ethisch-fundamentalistischen' Gruppierungen in der Kirche und in der Solidarnosc, die lange gegen das kommunistische System mobilisiert hatten, engagieren sich auch jetzt ‚gegen die da oben'. Sie wehrten sich massiv gegen die sozialen Lasten beim Übergang zur Marktwirtschaft, gegen die Regierungen und ihre Sparpolitik, Entlassungen und gegen die neuen Wirtschaftseliten. Eine solche Entwicklung bietet charismatisch-nationalen Führern ‚von unten' wie Walesa geradezu optimale Handlungsmöglichkeiten. Solche Personen fehlen in Ungarn völlig. Es dominieren in der Politik eher ‚graue Figuren' und ‚administrative Talente' wie József Antall oder Gyula Horn. Die Regierungen Ungarns von 1989 bis 1998 waren auch deswegen so bemerkenswert stabil, nicht nur wegen gelungener zentraler Verfassungsregelungen (parlamentarisches Regierungssystem, konstruktives Mißtrauensvotum, Kanzlerprinzip). Zusätzlich stabilisiert wurde das politische System auch durch ein stabiles Parteiensystem, in das neue politische Kräfte nicht nennenswert eindringen konnten. Dagegen wird in Polen die politische Landschaft ständig durch Spaltungen und Neugründungen neu ‚kartografiert'.

Für die Konsolidierung der Demokratie waren diese Gründe sicherlich wichtig. Zusätzlich beigetragen hat aber auch die in Ungarn größere politische Passivität und das Fehlen von starken Protestorganisationen im Vergleich zu Polen, wo die von Lauth/Merkel analysierten *dark sides'* einer starken, konfrontativen, ‚ethischen' Zivilgesellschaft zu Problemen bei der Stabilisierung beigetragen haben. Allerdings läßt sich festhalten, daß der polnische „Rousseau'sche Typ" der Zivilgesellschaft mit seinem religiös-ethischen Hintergrund und seinen polarisierenden Aktivitäten der Konsolidierung der Demokratie weniger förderlich war und ist als der passive, denominationalistische, auf politische und materielle Sicherheit bauende, wenn nicht sogar pragmatisch-private Locke'sche Typ in Ungarn.

Anmerkungen

1 Ab 1.1.1993: Tschechische und Slowakische Republik.
2 'Normalisierung' bedeutet die Wiederherstellung der autokratischen Ordnung durch den reaktionären Eingriff von oben (Otáhal 1994: 19).
3 Solche 'Abkommen' sind für die siebziger Jahre erwähnt für Ungarn, Polen und teilweise auch für die UdSSR (Weigle/Butterfield 1992: 10).
4 Ein Beispiel dafür ist z.B. die 'Kerzendemonstratition', die vom katholischen Dissent im März 1988 organisiert wurde.
5 z.B.: Demokratische Initiative, Unabhängige Friedensbewegung, Tschechische Kinder, Friedensclub John Lennon, Bewegung für bürgerliche Freiheiten (HOS), Klub für eine sozialistische Neugestaltung (OBRODA), der die Reformkommunisten vereinigte (Otáhal 1994).
6 OBRODA war ‚Der Club für sozialistische Neugestaltung'.
7 HOS: Die Bewegung für bürgerliche Freiheiten (Hnuti za obcanskou svobodu).
8 Die HOS war in beiden Teilen der Tschechoslowakei tätig, hat sich in der Slowakei später als eigenständige Bewegung formiert und ein eigenes Manifest veröffentlicht.
9 Bis August 1989 sind 39 solcher Gruppen existent (Otáhal 1994: 70).
10 Die Verfassung der Slowakische Republik wird am 1.9.1992, die der Tschechischen Republik am 12.12.1992 verabschiedet.
11 Das Bürgerforum hat sich im Januar 1991 in zwei Organisationen gespalten, die spätere Demokratische Bürgerpartei und die Bürgerbewegung. Die Öffentlichkeit gegen Gewalt hat sich im April 1991 in die Bewegung für die demokratische Slowakei (HZDS) und die Bürgerliche Demokratische Union (ODU) geteilt. Davon ist

die HZDS immer noch eine Bewegung nicht nur dem Namen nach, sondern auch wegen ihres breiten ideologischen Spektrums ohne feste ideologische Basis.
12 So gab es in der Slowakei 1995 ca. 481 Stiftungen und 1084 Bürgervereinigungen mit 3543 profesionellen und 380 386 freiwilligen Mitarbeitern, die auch ein Koordinationszentrum (Gremium des dritten Sektors) mit Fachsektionen und guter Infrastruktur haben.
13 In der Slowakei bekennt sich ca. 1/7 der Bevölkerung zu einer anderen Nationalität: 1991 waren 10,76% der slowakischen Bürger ungarischer Nationalität, 1,7% sind Roma (wahrscheinlich mehr), 1,1% sind Tschechen und andere Minderheiten (Bútora et al. 1995: 51).
14 Der Rückzug des Staates aus der zivilgesellschaftlichen Sphäre hat natürlich auch das Ende der Subventionierung entsprechender Tätigkeiten bedeutet. Heute finanziert der Staat nur noch Tätigkeiten, die ihn entlasten, v.a. humanitäre und soziale Tätigkeiten.

Literatur

Arató, Andrew 1992: Civil Society in the emerging democracies, in: Nugent, Margaret L. (Hrsg.): From Leninism to Freedom: The Challenges of Democratization, Boulder: 127-153.

Ash, Timothy Garton 1985: The Polish Revolution: Solidarity, New York.

Beyme, Klaus von 1994: Systemwechsel in Osteuropa, Frankfurt am Main.

Bonwetsch, Bernd/Grieger, Manfred (Hrsg.) 1991: Was früher hinterm Eisernen Vorhang lag: Kleine Osteuropakunde vom Baltikum bis Bessarabien, Dortmund.

Bos, Ellen 1994: Die Rolle von Eliten und kollektiven Akteuren in Transitionsprozessen, in: Merkel, Wolfgang (Hrsg.):Systemwechsel 1. Theorien Ansätze und Konzeptionen, Opladen: 81-111.

Bozóki, András 1988: Critical Movements und Ideologies in Hungary, in: Südosteuropa 7/8: 377-388.

Brokl, Lubomír 1997. Pluralitní demokracie nebo neokorporativismus?, in: ders. (Hrsg.): Reprezentace zájmů v politickém systému ČR. Pluralitní demokracie nebo neokorporativismus? Praha (i.E.).

Brus, Wlodzimierz et al. 1981: Polen: Symptome und Ursachen der politischen Krise, Hamburg.

Bruszt, László 1989: The Dilemmas of Economic Transition in Hungary, in: Südosteuropa 11/12: 716-729.

Bútora, Martin/Bútorová, Zora et.al. 1996: Tretí sektor dobrovol'níctvo a mimovládnê organizácie na Slovensku (1995-1996), in: Bútora, Martin/Hunčík, Péter (Hrsg.): Slovensko 1995: Súhrnná správa o stave spoločnosti, Bratislava: 185-218.

Bútora Martin/Hunčík, Péter (Hrsg.) 1996: Slovensko 1995: Súhrnná správa o stave spoločnosti, Bratislava.

Čarnogurský, Ján 1994: Zárodky otvorenej spoločnosti v totalitê na stránkách samizdatových časopisov, in: Open Society - Otvorená spoločnost': Aspectus Philosophici, Institute of Philosophy of the Slovak Academy of Sciences, Bratislava: 113-117.

Dahrendorf, Ralf 1990: Betrachtungen über die Revolution in Europa in einem Brief, der an einen Herrn in Warschau gerichtet ist, Stuttgart.

Deppe, Rainer/Dubiel, Helmut/Rödel, Ulrich (Hrsg.) 1991: Demokratischer Umbruch in Osteuropa, Frankfurt a. M.
Di Palma, Giuseppe 1991: Legitimation from the Top to Civil Society, in: World Politics (44) 1: 49-81.
Ekiert, Grzegorz 1991: Democratization Processes in East Central Europe: A Theoretical Reconsideration, in: British Journal of Political Science (21) 3: 285-312.
Ekiert, Grzegorz 1992: Pecularities of Post-Communist Politics: The Case of Poland, in: Studies in Comparative Communism (24) 4: 341-361.
Ekiert, Grzegorz 1996: The State Against Society, Princeton N.J.
Ekiert, Grzegorz/Kubik, Jan 1997a: Collective Protest and Democratic Consolidation in Poland 1989-1993, in: Princeton University Pew Papers on Central and Eastern European Reform and Regionalism, No. 3.
Ekiert/Grzegorz/ Kubik, Jan 1997b: Contentious Politics in New Democracies, in: Harvard University Program on Central and Eastern European Working Paper Series, No. 41.
Emerich, András 1990: Kirchen und Kirchenpolitik in Ungarn, in: Heiner Timmermann (Hrsg.): Ungarn nach 1945, Saarbrücken: 63-79.
Fehér, Ferenc 1979: „Kádárismus": Analyse des tolerantesten Blocklandes Osteuropas, in: Fehér, Ferenc/Heller, Agnes (Hrsg.): Diktatur über die Bedürfnisse, Hamburg: 119-161.
Fehr, Helmut 1989: Korporatistische Interessenpolitik am Beispiel des Verhältnisses von Staat und Kirche in Polen und der DDR, in: Rytlewski, Ralf (Hrsg.): Politik und Gesellschaft in sozialistischen Ländern, PVS-Sonderheft 20, Opladen: 309-335.
Fehr, Helmut 1997: Unabhängige Öffentlichkeit und soziale Bewegungen, Opladen.
Fejtõ, Ferenc 1972: Histoire des démocraties populaires, Bd. I-II, Paris.
Forschungsjournal Neue Soziale Bewegungen 1/1994: Themenheft Zivilgesellschaft und Demokratie.
Frentzel-Zagórska, Janina 1990: Civil Society in Poland and in Hungary, in: Soviet Studies (42) 4: 759-777.
Glaessner, Gerd Joachim 1994: Demokratie nach dem Ende des Kommunismus: Regimewechsel, Transition und Demokratisierung im Postkommunismus, Opladen.
Havel, Václav/Klaus, Václav/ Pithart, Petr 1996: Civil Society After Communism: Rival Vision, in: Journal of Democracy (7) 1: 12-23.
Hlušičková, Růžena/Císařovská, Blanka 1994: Hnutí za občanskou svobodu. Dokumenty. ústav pro soudobé dějiny AV ČR, Maxdorf.
Homišinová, Mária 1995: Mad'arské politické subjekty v politickom systéme Slovenska, in: Parlamentná demokracia a formovanie občianskej spoločnosti, FF UPJŠ Prešov: 110-114.
Knabe, Hubertus 1988: Neue soziale Bewegungen im Sozialismus: Zur Genesis alternativer politischer Orientierungen in der DDR, in: Kölner Zeitschrift für Soziologie und Sozialpsychologie (40) 3: 551-570.
Knabe, Hubertus (Hrsg.) 1990: Soziale Bewegungen und politischer Wandel im Osten, Sonderheft des Forschungsjournal Neue Soziale Bewegungen, No. 2.
Kroupa, Aleš/Mansfeldová, Zdenka, 1997. Občanská sdružení a profesní komory, in: Brokl, Lubomír (Hrsg.), Reprezentace zájmů v politickém systému ČR. Pluralitní demokracie nebo neokorporativismus? Praha (i. E.): 151-186.

Kubik, Jan 1994: The Power of Symbols against the Symbols of Power: The Rise of Solidarity and the Fail of State Socialism in Poland, Pennsylvania State U.P.
Kurtán, Sándor 1998: Gewerkschaften und Tripartismus im ostmitteleuropäischen Systemwechsel, in: Merkel, Wolfgang/Sandschneider, Eberhard (Hrsg.): Systemwechsel 4. Die Rolle von Verbänden im Transformationsprozeß, Opladen: 115-135.
Lauth, Hans-Joachim/Merkel, Wolfgang 1997a: Zivilgesellschaft und Transformation, in: dies. (Hrsg.): Zivilgesellschaft im Transformationsprozess, Mainz: 15-45.
Lauth, Hans-Joachim/Merkel, Wolfgang (Hrsg.) 1997b: Zivilgesellschaft im Transformationsprozess, Mainz.
Lauth, Hans-Joachim/Merkel, Wolfgang 1997c: Zivilgesellschaft und Transformation, in: Forschungsjournal Neue Soziale Bewegungen (10) 1: 12-35.
Lenk, Kurt 1983: Institutionalisierung: Endstation sozialer Bewegungen?, in: Frankfurter Hefte Extra 5: 56-66.
Lewis, Paul G. (Hrsg.) 1992: Democracy and Civil society in Eastern Europe: Selected Papers from the Fourth World Congress for Soviet and East European Studies, New York.
Linz, Juan J./Stepan, Alfred 1996: Problems of Democratic Transition and Consolidation, Baltimore.
Macháček Ladislav et al. 1995: Občiasnke združenia aktéri transformácie a modernizácie Slovenska. Závêrečná zpráva projektu, Bratislava.
Mänicke-Gyöngyösi, Krisztina 1991: Bürgerbewegungen, Parteien und „zivile" Gesellschaft in Ungarn, in: Deppe, Rainer/Dubiel, Helmut/Rödel, Ulrich (Hrsg.): Demokratischer Umbruch in Osteuropa, Frankfurt a. M.: 221-234.
Mansfeldová, Zdenka/Čambáliková, Monika 1996. Sociálne partnerstvo a jeho aktéri v Českej a Slovenskej republike, in: Sociológia (28) 6: 557-574.
Merkel, Wolfgang 1994: Democratic Consolidation and Civil Society: Problems of Democratic Consolidation in East Central Europe, in: Bibic, Adolfe/Graziano, Luigi (Hrsg.): Civil Society, Political Society, Democracy. Ljubljana: 325-354.
Merkel, Wolfgang/Lauth, Hans-Joachim 1998: Systemwechsel und Zivilgesellschaft: Welche Zivilgesellschaft braucht die Demokratie?, in: Aus Politik und Zeitgeschichte 6-7/1998: 3-12.
Meyer, Gerd/Ryszka, Franciszek/Schröder, Jürgen (Hrsg.) 1989: Die politische Kultur Polens, Tübingen.
Misztal, Bronislaw/Jenkins, J. Craig 1995: The Politics of Protest and the Postcommunist Transitions in Poland and in Hungary, in: Jenkins, J. Craig/Klandermans, Bert (Hrsg.): The Politics of Social Protest. London: 324-341.
Molnár, Miklós 1990: Societé civile et communisme en Europe de l'Est: Pologne et Hongrie, Paris.
O'Donnell, Guillermo/Schmitter, Philippe 1986: Transition from Authoritarian Rule: Tentative Conclusions about Uncertain Democracies, Baltimore.
Offe, Claus 1994: Der Tunnel am Ende des Lichts: Erkundungen der politischen Transformation in neuen Osten, Frankfurt a. M./New York.
Otáhal, Milan 1994: Opozice, moc, společnost 1969/1989: ùstav pro soudobé dějiny AV ČR, Maxdorf.
Plasser, Fritz/Ulram, Peter A./Waldrauch, Harald 1997: Politischer Kulturwandel in Ost-Mitteleuropa: Theorie und Empirie demokratischer Konsolidierung, Opladen.

Rammstedt, Otthein 1978: Soziale Bewegungen, Frankfurt a. M.

Raschke, Joachim 1985: Soziale Bewegungen: Ein historisch-systematischer Grundriß, Frankfurt a. M.

Rupnik, Jacques 1979: Dissent in Poland: 1968-1978, in: Tökés, Rudolf L. (Hrsg.): Opposition in Eastern Europe, London: 60-113.

Schöpflin, George 1979: Opposition and Para-Opposition: Critical Currents in Hungary, 1968-1978, in: Tökés, Rudolf L. (Hrsg.): Opposition in Eastern Europe, London: 142-187.

Segert, Dieter u.a. (Hrsg.) 1997: Rückkehr nach Europa? Die geistige-politische Dimension des ostmitteleuropäischen Umbruchprozesses seit 1989, Potsdam.

Smolar, Aleksandr/Kende, Pierre o.J.: Die Rolle oppositioneller Gruppen am Vorabend der Demokratisierung in Polen und Ungarn: 1987-1989, in: Forschungsprojekt Krisen in den Systemen sowjetischen Typs. Studie. Nr. 17/18, Köln.

Smolar, Aleksander 1996: From Opposition to Atomisation: Civil Society After Communism, in: Journal of Democracy (7) 1: 24-38.

Social Research (62) 2/1996: Special Issue: Gaines and Losses of the Transition to Democracy.

Staniszkis, Jadwiga 1984: Polands Self-Limiting Revolution, New Jersey.

Stena, Ján 1992: K priedbežným výsledkom skúmania obnovy občianskej spoločnosti na Slovensku, in: Slovensko a systémové zmeny v spoločnosti, Band 1, Bratislava, Sociologický ústav Slovenskej Akadémie vied: 7-15.

Szabó, Máté 1996: Politischer Protest im postkommunistischen Ungarn, in: Berliner Journal für Soziologie (6) 4: 501-517.

Szabó, Máté 1997: The Study of Protest Politics in Eastern Europe, in: Gerlich, Peter/Glass, Krysztof/Kiss, Endre (Hrsg.): Von der Mitte nach Europa und zurück, Wien/Poznan: 11-31.

Tarrow, Sidney 1991: Aiming on a Moving Target: Social Science and the Recent Rebellions in Eastern Europe, in: Political Science & Politics (24) 1: 12ff.

Tatur, Melanie 1991: Zur Dialektik der „civil society" in Polen, in: Deppe, Rainer/Dubiel, Helmut/Rödel, Ulrich (Hrsg.): Demokratischer Umbruch in Osteuropa, Frankfurt a. M.: 234-256.

Thaa, Winfried 1996: Die Wiedergeburt des Politischen: Zivilgesellschaft und Legitimitätskonflikt in den Revolutionen von 1989, Opladen.

The Journal of Communist Studies 1994: Special Issue: Civil Society and Political Actors in East Central Europe.

Tretí sektor a doobrovol'níctvo 1997: No. 2, Centrum pre analýzu sociálnej politiky, Bratislava.

Völgyes, Iván 1987: Political Culture, in: Grothusen, Klaus D. (Hrsg.): Ungarn: Südosteuropa-Handbuch 5, Göttingen: 191-213.

Wagner, Helmut 1981: Die Doppelgesellschaft: Systemwandel in Polen, Berlin.

Weigle, Marcia A./Butterfield, Jim 1992: Civil Society in Reforming Communist Regime: The Logic of Emergence, in: Comparative Politics (25) 1: 1-23.

Wüstenhaus, Torsten 1997: Von der samtenen Revolution bis zur Teilung: Zivilgesellschaft in der Tschechoslowakei, in: Lauth, Hans-Joachim/Merkel, Wolfgang (Hrsg.): Zivilgesellschaft im Transformationsprozess, Mainz: 172-290.

Zivilgesellschaft und Systemwechsel in Rußland

Timm Beichelt und Susanne Kraatz

Einleitung

Die Debatte um die Bedeutung der Zivilgesellschaft für den Systemwechsel hat nicht nur in der westlichen Transitions- und Konsolidierungsforschung in den letzten Jahren einen Aufschwung erlebt (Cohen/Arato 1992; Diamond 1994; Linz/Stepan 1996; Lauth/Merkel 1997). Auch in den russischen Sozialwissenschaften wird die Frage nach dem für eine funktionierende Demokratie erforderlichen zivilgesellschaftlichen „Unterbau" seit Anfang der neunziger Jahre häufig aufgegriffen. Umfassender noch als im Westen hat sich das Spektrum der Begriffsdefinitionen und Kontroversen entwickelt (vgl. Bendel/Kropp 1997: 10; Sungurov 1997: 56). Dabei haben sich einige russische Spezifika ausgebildet. So gibt es im Russischen für die Termini „bürgerliche Gesellschaft" und „Zivilgesellschaft" nur ein Übersetzungsäquivalent (graždanskoe obščestvo). In russischsprachigen Beiträgen zur Zivilgesellschaft finden sich normative Argumentationsstränge der wiederauflebenden Debatte zwischen „Westlern" und „Slawophilen" wieder. Gelten westliche Demokratien mit Marktwirtschaft als zu erreichendes Vorbild, wird in Rußland unter Zivilgesellschaft häufig vereinfachend die Kopie des Institutionensystems und des zugrundeliegenden gesellschaftlichen Organisationsmodus verstanden (Levin 1996; Bendel/Kropp 1997: 16). Wird der Sonderweg Rußlands postuliert, soll die Zivilgesellschaft als Konsensbeschafferin dienen und eine häufig nicht näher bestimmte Einheit von Staat und Gesellschaft erzeugen. Zugrunde gelegt wird dann ein auf Harmonie und Konsens beruhendes Demokratiemodell (vgl. Langenohl 1996; Scherrer 1997).

Unabhängig von der benutzten Begrifflichkeit kommen allerdings die meisten westlichen und russischen Studien für Rußland zu dem gleichen Ergebnis: Zivilgesellschaftliche Akteure haben nicht nur während der unmittelbaren Transitionsphase eine schwächere Rolle gespielt als in einer Reihe anderer osteuropäischer Transformationsländer, sondern die Zivilgesellschaft ist auch heute vergleichsweise schwach entwickelt (Fish 1994: 35; Bendel/Kropp 1997: 51ff.; Tismaneanu/Turner 1995: 4; Shlapentokh 1996; Shevtsova/Bruckner 1997: 17ff.; Howard 1998: 195f.). Die russische Publizistin Sonja

Margolina (1994) ging vor einigen Jahren gar so weit, im Grundsatz von einer „nichtzivilen" – da immer noch atomisierten Gesellschaft – zu sprechen.

Bei diesen Einschätzungen, die als Meßlatte überwiegend westliche Demokratien oder erfolgreichere ostmitteleuropäische Konsolidierungsländer zugrundelegen, gerät aus dem Blick, wie viel sich in Rußland seit dem Ende der totalitären Phase des Stalinismus bis heute verändert hat. Studien mit diesem diachronen Vergleichsmaßstab kommen zu einem günstigeren Urteil. So sahen in der Euphorie der Perestrojka manche Beobachter die Zivilgesellschaft in Rußland bereits verwirklicht (Starr 1988). Auch für die Gegenwart werden die Fortschritte Rußlands bei der gesellschaftlichen Selbstorganisation hervorgehoben (vgl. Krasin/Galkin 1996: 18; Remington 1997: 108).

Wir möchten in unserem Beitrag beide Perspektiven berücksichtigen und zeigen, welche Wandlungsprozesse sich seit dem Beginn der Perestrojka zugetragen haben, ohne dabei einen im Ansatz vergleichenden Blickwinkel aufzugeben. Wir werden zunächst Gestalt und Strukturwandel der Zivilgesellschaft für die Zeit des posttotalitären Regimes (1956 bis 1985) sowie die Phasen der Perestrojka (1985-1991) und Postperestrojka (1991 bis heute) zu charakterisieren versuchen. Anschließend sollen einige Kontextfaktoren diskutiert werden, die die Entwicklung einer demokratiefördernden Zivilgesellschaft in Rußland im Vergleich zu anderen postsozialistischen Ländern erschweren.

Zugrunde legen wir der Arbeit eine Begriffsdefinition, nach der die Zivilgesellschaft alle Organisationen und Assoziationen im „Zwischenbereich von Privatsphäre und Staat" (Lauth/Merkel 1997: 7f.) umfaßt. Für den russischen Fall ist einerseits die analytische Abgrenzung zur „politischen Gesellschaft", d.h. den politischen Akteuren, die die Kontrolle über öffentliche Macht und den Staatsapparat anstreben, von Bedeutung. Abzutrennen ist andererseits die „ökonomische Gesellschaft" – Unternehmen, die die Kontrolle der Produktion sowie die Regulierung der Beziehungen zwischen Markt und Staat beeinflussen wollen (vgl. Cohen/Arato 1992: IX; Linz/Stepan 1996:17ff.).

Eine Untersuchung zur Entwicklung der Zivilgesellschaft in Rußland steht vor dem Problem, daß es kaum empirisch gehaltvolle Untersuchungen gibt (vgl. jedoch: Bendel/Kropp 1997; Stykow 1998). Um diese Lücke teilweise zu schließen, haben wir im Verlauf des Jahres 1997 zwölf Experteninterviews mit Mitgliedern von Nichtregierungsorganisationen und Lokalverwaltungen in Moskau, Ivanovo und St. Petersburg durchgeführt.[1]

I. Post-totalitäre Phase: Entstehung einer latenten Zivilgesellschaft

Die Voraussetzungen für die Ausbildung von Ansätzen einer Zivilgesellschaft waren in der Sowjetunion bis zur Perestrojka wesentlich ungünstiger als in vielen autoritären Regimen Südeuropas und Lateinamerikas. Konnten diese auf die Erfahrungen unterschiedlich fortgeschrittener Zivilgesellschaften vor dem autoritären Regime zurückblicken, verfügte Rußland traditionell über eine „anämische" Zivilgesellschaft (Tismaneanu/Turner 1995: 4). Dem absolutistischen Staat der Zarenzeit folgte nach einem kurzen Intermezzo zwischen 1905 und 1917 nach der Oktoberrevolution das zunehmend totalitäre System der Einparteiherrschaft. Während in Südeuropa und Lateinamerika häufig rudimentäre Ansätze der Zivilgesellschaft, Interessengruppen, zum Teil sogar oppositionelle Parteien legal und illegal unter dem autoritären Regime überleben konnten, wurden in der Sowjetunion während des totalitären Regimes unter Stalin nicht nur alle Reste einer Zivilgesellschaft, sondern auch noch die sie tragende bürgerliche Mittelschicht und deren Existenzgrundlagen beseitigt (vgl. Hosking 1992: 1; Rigby 1992: 15). Während weite Teile Mitteleuropas von autoritären Regimes (vgl. Linz 1989) beherrscht wurden, gilt die Sowjetunion als im Vergleich repressiveres und ideologiegeleiteteres post-totalitäres Regime (vgl. Linz/Stepan 1996: 254, 375).

Ist schon in den autoritären Regimen eine nur bruchstückhafte Ausprägung der Zivilgesellschaft typisch (vgl. Lauth/Merkel 1997: 23), so war in der Sowjetunion auch nach der Machtübernahme Chruščevs im Jahre 1953 kein Raum für die Bildung von unabhängigen gesellschaftlichen Organisationen. Allerdings haben innerhalb dieser kontinuierlich repressiven institutionellen Rahmenbedingungen erhebliche Wandlungsprozesse stattgefunden. Das Muster sowjetischer Modernisierung sowie die innen- und außenpolitische „Tauwetterperiode" nach dem 20. Parteitag der KPdSU im Jahre 1956 haben einerseits eine Konkurrenz der Interessen innerhalb der offiziellen Institutionen, andererseits einen inoffiziellen ideellen Pluralismus bis hin zu ersten Splittern unabhängiger Organisation im Bereich der Dissidentenbewegung entstehen lassen.

Die totalitäre Modernisierungspolitik seit Ende der 20er Jahre brachte eine neue sowjetische Bildungsschicht hervor. Industrialisierung, Urbanisierung und Bildungsexplosion bewirkten binnen Jahrzehnten einen stärkeren sozialen Wandel als es vorher Jahrhunderte vermocht hatten. Aus einem ländlichen, kaum alphabetisierten Bauernvolk zur Zeit der Oktoberrevolution wurde eine Gesellschaft mit beträchtlichem Bildungsnivau (vgl. Starr 1988: 29). Damit war auch eine Bildungsschicht entstanden, die die Diskrepanz zwischen gesellschaftlicher Modernisierung und politischem Stillstand zunehmend wahrnahm. Während deren Loyalität zur Zeit des Stalinismus durch das Bereitstehen einer Vielzahl von Aufstiegskanälen gesichert werden konnte, wurde die soziale Mobilität später durch die hohe Selbstrekrutierung der „Nomenklatura" stark eingeschränkt (Simon/Simon 1993: 25).

Innenpolitische und außenpolitische Tauwetterperioden verbesserten die Informations- und damit auch die Vergleichsmöglichkeiten. Seit Beginn der Entstalinisierung auf dem 20. Parteitag der KPdSU (1956) bestand nun wenigstens „Redefreiheit in der Küche" – Kritik konnte im Privaten phasenweise recht offen geübt werden. Außenpolitisch durchlöcherte die Entspannungspolitik der sechziger Jahre den „Eisernen Vorhang" und entzog der KPdSU die für das Funktionieren des totalitären Regimes wichtige Kontrolle über Kontakte und Informationskanäle. Mit der Einbindung in internationale Verträge wie der Schlußakte von Helsinki (1975) bekam die sowjetische Intelligenz die Möglichkeit, die Erfüllung der vom Regime eingegangenen Verpflichtungen an der Realität zu messen und einzufordern (Simon/Simon 1993: 29; Beyrau 1993: 188).

Nach der Verordnung „Über wohltätige Gesellschaften und Verbände" aus dem Jahre 1932 waren alle gesellschaftlichen Organisationen auf den Aufbau des Sozialismus verpflichtet und unterstanden der Leitung der KPdSU. Aber nach Stalins Tod dienten gesellschaftliche Organisationen nicht mehr nur als Transmissionsriemen der Partei, sondern sollten auch die Beteiligung der Bevölkerung am politischen Geschehen fördern sowie Rekrutierungs- und Informationsfunktionen für die Politikgestaltung übernehmen (Brunner 1988: 181ff.). Der wachsende Einfluß von Interessengruppen lange vor der Perestrojka ist heute kaum noch strittig (Beyme 1988; Hosking 1992; Tismaneanu 1995; Peregudov/Semenenko 1996). Freilich trifft Olsons (1968) Hypothese von der unterschiedlichen Repräsentationsfähigkeit von Interessen auf ein zentralistisch-autoritäres Regime in besonderem Maße zu, denn Einfluß gewannen vor allem solche Interessen, deren verstärktes Gewicht die Machtbalance im Inneren letztlich stabilisierte. So konnte während der sogenannten „Stagnationsphase" unter Breznev insbesondere einigen Wirtschaftssektoren (Rüstung, Rohstoffe, Energie) Einfluß- oder gar Mitgestaltungskraft zugeschrieben werden (Peregudov/Semenenko 1996). Einige Autoren sprachen deshalb bereits lange vor Beginn der Perestrojka von einem „im Entstehen begriffenen" Pluralismus (Skilling/Griffith 1971: 51, vgl. Hough/Fainsod 1979).

Weitreichende Konsequenzen für die spätere Entstehung zivilgesellschaftlicher Gruppen hatte die Herausbildung einer „zweiten Kultur" und damit einer „zweiten Öffentlichkeit", die sich teils in einer Grauzone der Duldung, teils im illegalen Raum bewegte (Luchterhandt/Luchterhandt 1993: 130). Der Herstellung einer unabhängigen Öffentlichkeit, die die Gesellschaft in die Lage versetzt hätte, Interessen an den offiziellen Kanälen vorbei zu artikulieren und aggregieren, wurde allerdings vom Apparat entgegengewirkt. Während der sechziger Jahre arbeiteten allein unter dem organisatorischen Dach des

Ministerrats etwa 70.000 Personen für die Zensur. Hinzu kamen noch KGB-Angestellte, die den Informationsfluß im militärischen und wissenschaftlichen Bereich überwachten (Beyrau 1993: 143).

Ansätze zu einer neuen Öffentlichkeit entwickelten sich demnach im Umfeld der literarischen Zeitschrift *Novyj Mir* und anderer Periodika, um die sich regelrechte Gesinnungsgemeinschaften bildeten. Im illegalen Bereich bewegten sich die Schriften des „Samizdat" (Selbstverlag) und des später immer wichtiger werdenden „Tamizdat" („Dortverlag", d.h. im Westen gedruckte, illegal importierte Publikationen). Obwohl das thematische und ideologische Spektrum im „Samizdat" und „Tamizdat" sehr breit war (kritische Belletristik, Beschwerdeschriften und Petitionen an den sowjetischen Staat, historische Publikationen über die Stalinära, religiöse Schriften unterdrückter Glaubensgemeinschaften etc.), wurden kaum explizit systemoppositionelle Forderungen oder Modelle entwickelt (Beyrau 1993: 245f.).

Neben dieser Entwicklung auf der diskursiven Ebene bildeten sich auch bescheidene Ansätze illegaler, da unabhängiger gesellschaftlicher Selbstorganisation. Im Untergrund der „zweiten Kultur" entstanden eine Hippie-Bewegung sowie Friedens-, Umwelt- und Frauengruppen (Beyrau 1993: 243f.). Bedeutender für die weitere Entwicklung waren jedoch Ansätze einer oppositionellen Dissidenz seit den sechziger Jahren. Hier werden die Menschenrechtsbewegung, kommunistische und marxistische Zirkel und Organisationen, die Arbeiterbewegung, russisch-nationale Widerstandsbewegungen (wie etwa der 1967 vom KGB enttarnte Allrussische Sozial-Christliche Bund zur Volksbefreiung), extremistische, faschistische und stalinistische Gruppen sowie eine vielfältige Opposition gegen die Nationalitätenpolitik der Partei – u.a. jüdische, ukrainische, baltische und armenische Gruppen – unterschieden (Lewytzkyj 1972; Beyrau 1993; Urban et al. 1997). Als eigentlicher Vorläufer der demokratischen Bewegung sind aber vor allem die Menschenrechtsgruppen zu betrachten, die in den Sowjetrepubliken eng mit den nationalen Widerstandsbewegungen verflochten waren. In Petitionen wurden die Organe der Sowjetmacht von Gruppen wie den Helsinki-Komitees oder der Moskauer Gruppe von Amnesty International aufgefordert, sich an die eigene Verfassung und internationale Verträge zu halten (Luchterhandt/Luchterhandt 1993: 125ff.). Das Mobilisierungspotential der Opposition war allerdings im Zentrum deutlich geringer als in einigen nichtrussischen Sowjetrepubliken. Die Organisationsstrukturen gelangten letztlich über das Niveau eng verbundener Freundeskreise kaum hinaus (Petro 1995:131).

So entwickelten sich im sowjetischen Rußland nur „erste Steinchen für die Herausbildung einer zivilen Gesellschaft" (Kowaljow 1997: 62). Die intellektuelle Opposition konnte nicht als Kristallisationspunkt für die Erarbeitung alternativer politischer Entwürfe dienen, sondern kam allenfalls als Kern einer dem Selbstverständnis nach moralischen Gegenelite in Betracht. Die Opposition verblieb überwiegend im „vorpolitischen" oder „kulturell-politischen"

(Beyrau 1993: 264; Urban 1997: 28, 41), d.h. im vorinstitutionellen Raum. Wie heute bekannt ist, sorgte der durch das Dissidententum erzeugte Druck allerdings für Unruhe im Apparat bis hinein ins Politbüro (Jakovlev 1998). Dadurch wurden Gedanken der Dissidenz in das Herrschaftssystem eingeschleust und bildeten später einen gewissen Bodensatz für die Ideen der Perestrojka (Urban et al. 1997: 61f.).

Betrachtet man nur den Organisationsaspekt, ist das Urteil einer im intraregionalen Vergleich „'flattened' post-totalitarian social and political landscape" (Linz/Stepan 1996: 377) für die post-totalitäre Sowjetunion durchaus gerechtfertigt. Die Sprünge im monistisch organisierten Einparteistaat in Form von Machtkämpfen und Konkurrenz zwischen Interessengruppen, die Entstehung einer „zweiten Öffentlichkeit" mit ideellem Pluralismus und die ersten Ansätze im Rahmen der oppositionellen Dissidenz begründeten jedoch ein nicht unbeträchtliches zivilgesellschaftliches Potential – es hatte sich eine „latente Zivilgesellschaft" herausgebildet. Die institutionellen Rahmenbedingungen für eine autonome Organisation gesellschaftlicher Interessen waren (noch) nicht gegeben, die diskursive Kraft dissidentischer und anderer Gruppen hatten jedoch die Beschränkungen des posttotalitären Regimes bereits z.T. überwunden. So konnte nach dem Beginn der Perestrojka unter Gorbačev innerhalb kurzer Zeit eine Vielzahl von gesellschaftlichen Organisationen und Gruppen konnten.

II. Perestrojka: schwache zivilgesellschaftliche Akteure in der oppositionellen Bewegungsgesellschaft

Während in einer Reihe von autoritären Regimen Lateinamerikas und Südeuropas die Liberalisierung durch den Druck der in der Endphase des autoritären Regimes entstandenen rudimentären zivilgesellschaftlichen Strukturen ausgelöst wurde (vgl. Stiehl/Merkel 1997: 82ff.; Reiß/Stohldreyer 1997: 70f.), begann die Öffnung des Regimes in der Sowjetunion als Reformprojekt der obersten politischen Spitze. Nach dem Generationswechsel an der Spitze der KPdSU standen in einer ersten Phase bis zum ZK-Plenum im Januar 1987 die Modernisierung und Effizienzsteigerung in der Wirtschaft sowie eine neue Öffentlichkeitspolitik im Vordergrund. Erst als sich dieser Weg wegen der vorhandenen Widerstände im Partei- und Staatsapparat als nicht gangbar erwies, begann die Diskussion um einen Umbau auch des politischen Systems. Auf der 19. Parteikonferenz im Sommer 1988 wurde mit den Worten Gorbačevs „die Demokratisierung der Gesellschaft und die radikale Reform des politischen Systems" (zit. bei Bögeholz 1991: 289) in Angriff genommen. Der Reformprozeß entwickelte jedoch eine gesellschaftliche Eigendynamik, die den Rahmen der auf Modernisierung des bestehenden Systems ausgerichteten Politik sprengte.

Zivilgesellschaft in Rußland

Als erster und wichtigster Schritt der Perestrojka-Politik und als Anstoß für die politische Mobilisierung gilt heute die Einführung von „Glasnost", die Schaffung von Öffentlichkeit durch vorsichtige Freigabe von Tabuthemen und die schrittweise Abschaffung der Zensur. Waren schon für das Einsetzen der Perestrojka gesellschaftliche Forderungen nach Differenzierung und Mitsprache aus dem Bereich der Wissenschaften und der Kultur sowie der Einfluß von Politikberatern mitverantwortlich (vgl. Beyme 1995: 122), entstand etwa seit 1987 eine qualitativ neue, unabhängige Öffentlichkeit. „Das, was früher ‚in der Küche' diskutiert worden war, wurde jetzt zum Gegenstand öffentlicher Diskussion" (Luchterhandt/Luchterhandt 1993: 133; Mendras 1988). Konkret äußerte sich Glasnost in neuen Möglichkeiten inner- und außerparteilicher Kritik. Bisher unterdrückte Texte durften nun in den – nach wie vor staatlichen – Verlagen veröffentlicht werden, es bildete sich eine vielgestaltige Presselandschaft heraus (vgl. Luchterhandt 1996: 330).

Glasnost entzog dem System seine ohnehin beschädigten Legitimitätsgrundlagen. Das mühsam aufrecht erhaltene Selbstbildnis eines erfolgreichen Modells wurde zerstört, die Defizite in Wirtschaft, Gesellschaft und Politik aufgezeigt. Bald begann die kritische Auseinandersetzung mit dem Stalinismus, die im Laufe des Jahres 1988 schließlich in eine offene Auseinandersetzung mit der Doktrin des Marxismus-Leninismus mündete (Simon/Simon 1993: 49-64). Mit aufkommender erster Systemkritik setzte das während der gesamten Sowjetzeit fast undenkbare öffentliche oppositionelle Denken ein – aus Systemkritik wurde Systemopposition. Glasnost entwickelte sich zu einem „systemüberwindenden" (Mommsen 1989: 211) oder „systemsprengenden" (Simon/Simon 1993: 93) Diskurs.

Mit der diskursiven Öffnung regten sich Kräfte der gesellschaftlichen Selbstorganisation. Schon zu Beginn des Jahres 1988 sollen in der Sowjetunion etwa 30.000 Gruppen, im Jahre 1989 bereits 60.000 „informelle" Organisationen existiert haben (Simon/Simon 1993: 94). Die Gruppen bezeichneten sich als informell (neformal'nye gruppy), um sich von den offiziellen gesellschaftlichen Organisationen wie Gewerkschaften und Komsomol abzugrenzen. Die Schwerpunkte der Aktivität lagen dabei im Jugend-, Kultur- und Frauenbereich sowie beim Denkmal- und Umweltschutz. Auch im Westen wurden Bürgerrechtsgruppen wie „Memorial", erste Wohltätigkeitsorganisationen wie „Miloserdie" (Barmherzigkeit) und seit 1989 die ersten unabhängigen Gewerkschaften bekannt (vgl. Engert/Gartenschläger 1989). Getragen wurden diese Gruppen überwiegend von der städtischen Intelligenz.

In den ersten Jahren der Perestrojka, also in der zweiten Hälfte der achtziger Jahre, läßt sich damit in der Sowjetunion trotz der vermeintlich ungünstigen Rahmenbedingung des post-totalitären Regimes eine stärkere gesellschaftliche Dynamik konstatieren als in manchen Nachbarstaaten. Ähnlich wie in den mitteleuropäischen Staaten drängten die Akteure der „oppositionellen Bewegungsgesellschaft" (Fish 1995: 61: „movement society"; Bernhard 1996:

„insurgent civil society") in die politischen Institutionen. Institutionelle Reformen wie die ersten Wahlen mit konkurrierenden Kandidaturen auf Unionsebene (März 1989) und später zu den Republiksowjets (März 1990 bis Februar 1991) wirkten in diesem Prozeß als Katalysatoren: Die Wahlkämpfe trugen zur Sammlung, Einigung und Radikalisierung informeller, demokratisch orientierter Gruppen in Wählerklubs und Volksfronten bei (Luchterhandt/Luchterhandt 1993: 149; Urban et al. 1997: 119; Sungurov 1997: 59).

Nun wurde auch in Rußland eine Mobilisierungsspirale in Gang gesetzt, die durch das Zusammenwirken von politischer Gesellschaft und Zivilgesellschaft – von Parlamentsabgeordneten und informellen Gruppen – in einer oppositionellen Massenbewegung mündete. Der elitenzentrierten „Opposition von oben" durch die Gründung der Interregionalen Deputiertengruppe im Volksdeputiertenkongreß der Sowjetunion im Juli 1989 folgte die Organisation der Opposition von unten (Urban 1997: 162). Im Konflikt zwischen den Sowjetrepubliken und dem Zentrum wurden die Forderungen nach einem Systemwechsel zusätzlich durch Streikbewegungen und Massendemonstrationen abgestützt und weitergetrieben. Während der Tage des August-Putsches erlebte die Zivilgesellschaft als oppositionelle Bewegungsgesellschaft im Rahmen der Massenproteste ihre Hochphase: "At the moment of triumph, the Russian state, political and civil society seemed to form a seamless whole" (Urban et al. 1997: 253).

Doch selbst auf diesem Höhepunkt blieb das Mobilisierungspotential der Oppositionsbewegung begrenzt. Die Akteure der russischen Zivilgesellschaft taten sich vergleichsweise schwer, ihre Ziele durchzusetzen und ihre Organisationen im politischen System zu etablieren. In den Volksdeputiertenkongressen erreichte die Opposition zu keinem Zeitpunkt eine stabile Mehrheit. Die Wahl von Boris Jelzin zum russischen Präsidenten im Jahre 1991 führte nicht zu einer grundlegenden Abkehr von autoritären Praktiken des Staatsapparats. Insgesamt wirkten in Rußland eine Reihe ungünstiger Kontextfaktoren: Anders als in den nationalen Sowjetrepubliken fehlte in Rußland auch das einigende Thema einer möglichen Unabhängigkeit von der Sowjetunion. Der wirtschaftliche Niedergang zeichnete sich immer deutlicher ab, die Weite des Landes behinderte die überregionale Verfestigung autonomer Organisationen, Partei- und Staatsapparat wehrten sich gegen den drohenden Gewichtsverlust, ein Großteil der Bevölkerung war politisch desillusioniert (Duncan 1992: 108f.). Gleichzeitig beschränkte die Binnenorganisation vieler Gruppen das demokratiefördernde Potential der Zivilgesellschaft. Viele der neuen Gruppen übernahmen sowjetische, im Grunde parochiale Interaktionsmuster, die auf ambitiöse politische Persönlichkeiten ausgerichtet waren (Urban 1997: 175). Im informellen Teil der Oppositionsbewegung kam – in Fortsetzung der Tradition der Dissidentenbewegung – eine starke moralische Komponente bei der Herstellung einer kollektiven Identität hinzu, die zusätzlich polarisierend wirkte (Luchterhandt/Luchterhandt 1993: 169; Fish 1995: 82; Urban 1997: 253).

Die Zeit der Perestrojka hinterließ damit ein ambivalentes Erbe für die weitere Entwicklung der Zivilgesellschaft. Einerseits hatte die Liberalisierung einen Pluralismus der Medien, Konfessionen und gesellschaftlichen Vereinigungen ermöglicht. Andererseits bildeten die Elitenlastigkeit, der auf Opposition ausgerichtete Bewegungscharakter der zivilgesellschaftlichen Gruppen, deren wenig demokratiefördernde Binnenorganisation und die hochpolarisierte Konfliktkonstellation eine Hypothek für die weitere Entwicklung der Zivilgesellschaft.

III. Russische Föderation: rudimentäre interessenbasierte Zivilgesellschaft

Nach Ablösung des sozialistischen Regimes setzte in Rußland wie im restlichen Osteuropa das aus den Transitionen Südeuropas und Lateinamerikas bekannte „Desencanto"-Phänomen ein – der Rückgang gesellschaftlicher Mobilisierung und Partizipationsbereitschaft. Nach dem „Aufblühen" der Zivilgesellschaft war nun von einer neuen „Atomisierung" der Zivilgesellschaft die Rede, im Nachhinein galt manchen sogar der Beitrag der Zivilgesellschaft zum Systemwechsel als Mythos (vgl. Margolina 1994; Smolar 1996: 39f.; Tempest 1997: 133f.).

Hatte jedoch in Rußland überhaupt ein Systemwechsel stattgefunden? Zwar war mit der Auflösung der Sowjetunion und dem Verbot der KPdSU nach dem August-Putsch 1991 die Ablösung vom alten Regimes gelungen. Die Demokratisierung im Sinne des Aufbaus demokratischer politischer Institutionen verzögerte sich jedoch. Statt Klarheit schaffender Gründungswahlen folgte ein sich zuspitzender Konflikt über die Ausgestaltung des politischen und des wirtschaftlichen Systems zwischen Präsident Jelzin und der zunehmend konservativen Mehrheit des Obersten Sowjet. Das sowjetisch-russische Regime wurde im Zuge von Glasnost und Perestrojka liberalisiert, nach der staatlichen Neugründung jedoch nur unvollständig demokratisiert (Linz/Stepan 1996: 366ff.). Konsolidierungschancen bestanden so auch nicht für eine liberaldemokratischen Grundsätzen genügende Grundordnung, sondern für eine „delegierte" Demokratie (O'Donnell 1994; zu Rußland: Brie 1996; Gel'man 1996).

Obwohl die letztlich in der Dissidentenbewegung gründenden Kräfte der Zivilgesellschaft bei der Transformation des politischen Systems geringere Erfolge erzielen konnten als in anderen Ländern, war nach Auflösung der Sowjetunion auch im neuen Regime Rußlands ein Rückgang zivilgesellschaftlicher Aktivitäten zu verzeichnen. Zum einen waren wie in anderen Transitionsländern potentiell wichtige zivilgesellschaftliche Akteure – besonders im Jahr der „demokratischen" Regierung Gajdar (1992) – in der *political society* gebunden. Da die Parteibildung zögerlich vor sich ging, löste sich die Oppositionsbewegung auf, ohne ihr Potential fest im Parteiensystem verankert zu haben. Zum anderen machten die Wirtschaftsreformen ab 1992 Teile der potentiell zivilgesellschaftstragenden Bevölkerungsschichten zu Transformationsverlierern. Die Sozial- und Konfliktstruktur der Gesellschaft richtete sich zunehmend an der Spaltungslinie zwischen Reformgewinnern und -verlierern aus und erschwerte so den Übergang von der oppositionellen Bewegungsgesellschaft zur „*institutional civil society of interest articulation*" (Bernhard 1996: 322; vgl. Lauth/Merkel 1997: 26-28) nach dem Vorbild etablierter Demokratien.

Die Ausformulierung des rechtlichen Rahmens für die Zivilgesellschaft hinkte in Rußland stets der realen Entwicklung hinterher. Nach der Zulassung unabhängiger Organisationen im Jahre 1986 dauerte es noch fast fünf Jahre, bis alle Zusammenschlüsse engagierter Bürger bis hin zu politischen Parteien mit dem Inkrafttreten des Gesetzes „Über Gesellschaftliche Vereinigungen" am 1.1.1991 eine legale Grundlage erhielten (Baltijskij Gumanitarnyj Fond 1997: 9ff.; Luchterhandt/Luchterhandt 1993: 175). Auch die Pressefreiheit war erst am 12.6.1990 mit dem Gesetz „Über die Presse und die Masseninformationsmittel" auf eine rechtliche Grundlage gestellt worden. Auf die Ausarbeitung der Verfassung von 1993 hatten zivilgesellschaftliche Akteure vergleichsweise geringen Einfluß (vgl. Bos 1996: 190ff.). Angenommen wurde dann bekanntlich ein Verfassungsentwurf, der vom Präsidenten an der Parlamentarischen Versammlung vorbei entworfen und während der „Oktoberereignisse" nochmals eigenhändig korrigiert worden war (von Beyme 1994: 253). In der Russischen Föderation bildet das Gesetz „Über gesellschaftliche Vereinigungen" seit dem Jahre 1996 die legale Grundlage für zivilgesellschaftliche Organisationen. Da sich die Staatsduma bislang nicht zur Verabschiedung eines Parteiengesetzes durchringen konnte, gilt dieses Gesetz (zusammen mit verschiedenen Wahlgesetzen) übrigens auch für politische Parteien. Das Wirken wohltätiger Vereinigungen wird im neuen Bürgerlichen Gesetzbuch geregelt. Die heute in Rußland geltenden Gesetze bilden, abgesehen von der mangelhaft geregelten Frage der Finanzierung zivilgesellschaftlicher Gruppen, aus Sicht unserer Interviewpartner offenbar eine hinreichende Grundlage für die Entwicklung der Zivilgesellschaft.

Für unsere Analyse sind jedoch weniger Gesetzestexte und deren verfassungsrechtliche Verankerung als vielmehr die realen Umstände der Existenz zivilgesellschaftlicher Gruppen von Bedeutung. Gängigen Ansätzen der westlichen Pluralismus- oder Interessengruppenforschung zufolge (Truman 1951; Fraenkel 1991) sind dabei u.a. Fragen der Organisationsdichte, Ressourcenausstattung, Fragmentierung und des Einflusses auf politische Institutionen von Bedeutung. Zur Beurteilung des demokratiefördernden Potentials erscheinen uns für den russischen Fall vor allem zwei Faktoren wesentlich: einerseits eine demokratische Binnenorganisation, andererseits – da die Funktion der

Interessenvermittlung im Laufe der Demokratisierung immer wichtiger wird (vgl. Lauth/Merkel 1998: 10f.) – eine transparente, über formelle Wege verlaufende Interessenvermittlung. Im folgenden möchten wir verschiedene Sektoren der russischen Zivilgesellschaft im Hinblick auf diese Aspekte untersuchen. Die Zivilgesellschaft ist demnach in Rußland in verschiedenen Sektoren unterschiedlich, insgesamt jedoch vergleichsweise schwach entwickelt.

1. Politische Öffentlichkeit

Durchschlagende Erfolge haben aus heutiger Sicht Perestrojka und Glasnost im Bereich der politischen Öffentlichkeit erzielen können. Das Recht auf Informationsfreiheit ist in Art. 29 der Verfassung verankert und wird – allerdings mit nicht unwesentlichen Einschränkungen während des Präsidentenwahlkampfes 1996 (vgl. Beichelt 1997: 120f.) – im großen und ganzen gewährt. Besonders in Moskau und St. Petersburg hat sich eine im Vergleich zur Sowjetphase beachtliche Medienvielfalt etablieren können (vgl. Tabelle 1).

Allerdings drohen der neugewonnen Freiheit Gefahren von politischer Seite sowie durch die Eigentumsverhältnisse. Im Bereich der zentralstaatlichen Rundfunkmedien geht dieser Druck vor allem von der Exekutive, im Zweifelsfall von der präsidentiellen Administration aus. Institutionalisiert ist die staatliche Kontrolle im Staatlichen Pressekomitee (verantwortlich u.a. für Subventionen), der Staatlichen Behörde zur Überwachung der Rundfunk- und Fernsehanstalten (u.a. Lizenzvergabe) sowie einer Reihe von untergeordneten oder regionalen Kommissionen (vgl. Schäfer 1998: 715). Da das Parlament trotz mehrerer Anläufe bislang kein entsprechendes Gesetz verabschieden konnte, dienen dem gesamten Rundfunkbereich präsidentielle Dekrete als legale Grundlage. Darüber hinaus könnten vor allem den Fernsehsendern noch drastischere Einschränkungen in ihrer politischen Berichterstattung drohen, falls sich immer wieder auftauchende Forderungen der nationalkommunistischen Parlamentsmehrheit nach Einrichtung eines machtvollen Medienkontrollrates durchsetzen sollten.

In den Regionen ist die freie Meinungsäußerung wegen der größeren Behördenabhängigkeit stärker begrenzt als im vergleichsweise pluralistischen Moskau. Bei der Lizenzvergabe und der Steuerfestsetzung sind lokale Medien auf die örtlichen Administrationen angewiesen. Ein behördenfreundlicher Grundtenor dieser Medien ist fast überall die Folge. Die meisten privaten Medien in der Russischen Föderation finanzieren sich fast vollständig über Werbung, können sich in der Regel gerade über Wasser halten und verfügen daher nicht über die notwendigen Freiräume für gründliche Recherchen und Aufarbeitung von Hintergrundinformationen (Hübner 1994; Rogerson 1997; Schäfer 1998). Nach der Finanzkrise von 1998 stellt sich dieses Problem offensichtlich in noch größerer Schärfe (Goble 1998).

Neue Grenzen wurden der Freiheit im Medienbereich auch durch eine stetige Zunahme des Eigentümereinflusses besonders im Pressewesen gesetzt. Vereinzelte Stimmen sprechen gar von einer „kompletten Revision" der „einzigen gelungenen Reform" in Rußland zugunsten der „regierenden Oligarchie der Finanzapparate" (Margolina 1997). Dieses Urteil verkennt jedoch u.E., daß besonders die überregionale Presse eine Vielfalt von Ideologien und Meinungen zu präsentieren in der Lage sind. Insgesamt betrachtet stellen die Medien noch immer eine Öffentlichkeit her, die zumindest auf überregionaler Ebene eine gewisse Kontrolle der Regierungsmacht ermöglicht (vgl. Remington 1997: 89).

Zivilgesellschaft in Rußland

Tabelle 1: Russische Medienvielfalt, Eigentumsverhältnisse und Eigentümereinfluß (Stand: Juli 1998)

		Moskau		
	staatlich	**Media-MOST** (Vladimir Gusinskij)	**Vereinte Bank** (Boris Berezovskij)	**andere nicht-staatliche Eigentümer**
Fernsehen	• RTR / RTV • TV Centr (+) (Stadtregierung Moskau)	• NTV (+) • NTV Plus (+) • Radio "Echo Moskvy" (+)	• Anteile an ORT (+) • Anteile an TV-6 (+)	• SBS-Agro-Bank: Anteile an ORT (-) • Gazprom: NTV (+), ORT • Alfa Bank: ORT (-)
Tageszeitungen	• Rossijskaja Gazeta (+) • Moskovskij Komsomolec (+) (Stadtregierung Moskau) • Večernjaja Moskva (+) (Stadtregierung Moskau) • Moskovskaja Pravda (+) (Stadtregierung Moskau)	• Segodnja (+) • Smena (+)	• Nezavisimaja Gazeta (+)	• Oneksim-Bank / Vladimir Potanin: Izvestija (o), Russkij Telegraf (+), Komsomol'skaja Pravda (o) • Gazprom: Izvestija (o) • Menatep-Bank: Delo • SBS-Agro-Bank: Kommersant daily (-) • Weitere Zeitungen
politische Journale / Wochenzeitungen		• Itogi (+) • Sem' dnej (+) • Obščaja Gazeta (+) • Novaja Gazeta (+)	• Ogonjok (+)	• SBS-Agro-Bank: Kommersant weekly (-) • Menatep-Bank: Literaturnaja Gazeta (-) • SBS-Agro-Bank: Den'gi (-) • Gazprom: Novaja Gazeta - Ponedel'nik (+)

	Provinz	
	staatlich	**nicht-staatlich**
Fernsehen	diverse lokale Fernsehstationen (i.d.R. politische Abhängigkeit von den lokalen Administrationen)	diverse nicht-staatliche lokale Fernsehstationen (wirtschaftliche Abhängigkeit von den lokalen Administrationen)
Tageszeitungen	Administrations-zeitungen (+); Rossijskaja Gazeta	i.d.R. eine politisch unabhängige finanzschwache Zeitung pro Stadt Moskauer Presse i.d.R. kaum verfügbar (Ausnahmen: Izvestija, Moskovskij Komsomolec)
politische Journale / Wochenzeitungen		i.d.R. keine politisch ausgerichteten Journale / Wochenzeitungen Ausnahme: Argumenty i fakty

Legende: (+) starker oder beträchtlicher Einfluß; (o) begrenzter Einfluß; (-) wenig Einflußnahme durch die Eigentümer.
Quellen: Economist, 20.9.1997; FAZ, 16.7., 23.7., 7.8.1997; ZEIT, 1.8.1997; Moskovskie Novosti, 25.9.1997, RFE/RL, 26.9.1997, Schäfer 1998.

2. Zivilgesellschaftliche Gruppen

Der allgemeine Rückgang politischer Moblisierung nach dem Ende der Perestrojka, verstärkt durch wirtschaftliche Probleme und die politische Blockade zwischen Parlament und Präsident, brachte von 1992 bis Ende 1993 eine Stagnation der Entwicklung gesellschaftlicher Organisationen mit sich. Anschließend nahm jedoch sowohl die Zahl der Neugründungen als auch die Verfestigung bestehender Gruppen zu. Für das Jahr 1995 wurden etwa 33.000 (Dmitriev et al. 1996: 12), für das Jahr 1997 etwa 50.000 aktive gesellschaftliche Gruppen geschätzt (Bendel/Kropp 1997: 22). Bei diesen Zahlen ist zu berücksichtigen, daß viele der zahlreichen „informellen Gruppen" der Perestrojka-Zeit nur für kurze Zeit oder lediglich auf dem Papier bestanden hatten.

Im *wirtschaftlichen Bereich* kann eine Vielzahl unterschiedlicher Interessengruppen von Unternehmerverbänden, Gewerkschaften und Berufsverbänden verzeichnet werden. Ergänzt werden diese durch mit dem Staat eng verwobene Industrie- und Finanzkomplexe, die zwar z.t. gesellschaftlich verankert sind, in der Regel jedoch vor allem der Durchsetzung „privater" Gewinninteressen dienen. Hier ist die Grenze zwischen *civil* und *economic society* schwer zu ziehen. „Starke" wirtschaftliche Interessengruppen, für die das politische System dauerhafte Rezeptoren bereithält, lassen sich zumindest bis 1998 im Energie-, Finanz- und Handelssektor ausmachen. Insgesamt ist die Institutionalisierung der Interessenvermittlung etwa durch Verbandsstrukturen in der Russischen Föderation jedoch eher schwach ausgeprägt (Stykow 1998).

Die Unternehmer sind schwach organisiert, die Verbandslandschaft in hohem Maße fragmentiert. Die Verbandseliten handeln oft ohne Abstimmung mit den Mitgliedern. Informelle Netzwerke und direkte persönliche Kontakte dominieren gegenüber verbandlichen Aushandlungsprozessen. Das Vorbringen und erst recht die Durchsetzung wirtschaftlicher Interessen ist von Intransparenz gekennzeichnet (ibid.). Dies gilt auch für „schwache" Interessengruppen – etwa die Vertretungen ineffizienter staatlicher Unternehmen (Agrarwirtschaft, Kohlebau etc.) oder des öffentlichen Sektors (Krankenwesen, Bildung, Erziehung etc.) –, die ihre Anliegen noch am ehesten am Rande stabilitätsbedrohender Krisen durchsetzen können (Peregudov/Semenenko 1996: 120-133). Wichtigster Adressat von Forderungen ökonomischer Interessengruppen sind in der Regel die exekutiven Staatsorgane (Stykow 1995: 454).

Trotz hoher Mitgliederverluste ist der Organisationsgrad der Arbeitnehmer in den Nachfolgeorganisationen der kommunistischen Gewerkschaften, zusammengeschlossen im Dachverband der Föderation Unabhängiger Gewerkschaften Rußlands (FNPR), höher als im Arbeitgeberbereich. In der Binnenorganisation gibt es Bemühungen um Demokratisierung, bei der Einflußnahme

Zivilgesellschaft in Rußland

auf den Staat kommen eher verbandliche Muster der Interessenvertretung zum Tragen (vgl. Hoffer 1998: 26f.). Alte Gewerkschaften treten besonders im Energie- und Transportsektor in Konkurrenz zu neugegründeten Gewerkschaften. Als politische Akteure müssen alle Gewerkschaften trotz ihrer 50 Millionen Mitglieder heute als marginalisiert gelten (vgl. Stykow 1998: 138ff.). Wie alle postsowjetischen Gewerkschaften kämpft auch die FNPR mit dem Problem, eine schlüssige Argumentationsplattform zur Wahrung von Arbeitnehmerinteressen in einer reformbedürftigen Wirtschaft entwickeln zu müssen. Während eine umfassende Privatisierung zur Definition und Ausdifferenzierung gewerkschaftlicher Interessen notwendig wäre, können die Gewerkschaften diese wegen der kurzfristigen Nachteile für die Arbeitnehmer nicht offensiv verfechten. Als Folge dieser nicht eindeutigen Haltung sind die Gewerkschaften nicht in der Lage, in der Wirtschaftsreform als gewichtige Akteure aufzutreten (Kubiček 1996: 42). Vom wirtschaftlichen Abschwung betroffene (staatliche und quasi-staatliche) Unternehmen haben damit bisher ähnliche Interessen wie die Arbeitnehmer gehabt. Nur über die massive Subventionierung von staatlicher Seite konnte ihr Kollaps bisher vermieden werden. Dies ist auch einer der wichtigsten Gründe dafür, daß sich eine klare Konfliktstruktur Kapital/Arbeit noch nicht herausgebildet hat: Verteilungskämpfe zwischen den wirtschaftlichen Sektoren überlagern bisher die kapitalismustypischen Tarifkonflikte.

Die *russisch-orthodoxe Kirche* ist eindeutig gestärkt aus den Reformen hervorgegangen. Der neue religiöse Pluralismus und das 1990 verabschiedete Religionsgesetz haben zu einem wachsenden Einfluß der Kirchen insgesamt geführt. Gegenüber anderen Glaubensgemeinschaften ist die russisch-orthodoxe Kirche dabei privilegiert. Dies gilt vor allem auch auf lokaler Ebene. Das neue Religionsgesetz von 1997 stellt im Hinblick auf die Gleichbehandlung der Konfessionen einen Rückschritt dar. Nach heftiger Intervention von Patriarch Alexej II. für die „traditionellen" Religionen – russisch-orthodoxes Christentum, Islam, Buddhismus, Judentum – wurden vor allem konkurrierende christliche Religionen in ihrer Förderungswürdigkeit zurückgesetzt (Stricker 1998). Außer im Hinblick auf die Stärkung des gesellschaftlichen Pluralismus besitzt die russisch-orthodoxe Kirche lediglich ein geringes demokratieförderndes Potential. Die traditionelle Staatsverbundenheit wurde erneuert, das vermittelte Weltbild ist nationalistisch gefärbt, die Reformbereitschaft gering. Partizipative Elemente werden kaum gefördert (vgl. Whitefield/Evans 1996; Smirnov 1998).

Während die anderen Bereiche der Zivilgesellschaft häufig durch die Anpassung alter Strukturen geprägt sind, ist die in den letzten Jahren entstandene Vielfalt an *Nichtregierungsorganisationen* vor allem Neugründungen zu verdanken. Wie in den meisten Bereichen außerhalb der Produktionssphäre konnten alte Organisationen wie die Berufsverbände ihren Einfluß nicht über die Perestrojka hinaus retten (Krasin/Galkin 1996: 14). Das inhaltliche Spektrum der Nichtregierungsorganisationen ist dagegen breit und der Nichtregierungsorganisationen ist dagegen breit und umfaßt thematisch Wohltätigkeit, Menschenrechte, Frauen, Umwelt und Kultur ebenso wie sexuelle Minderheiten, Aidskranke und Verbrauchergruppen. Für den Kulturbereich in St. Petersburg existiert eine der wenigen Monographien über autonome gesellschaftliche Gruppen. Im Jahr 1997 bestanden dort demnach 417 registrierte und aktive kulturelle Vereinigungen u.a. in den Bereichen Humanwissenschaften, Kunst, Kulturbewahrung und religiöse Vereinigungen (vgl. Baltijskij Gumanitarnyj Fond 1997).

Anders als in den westlichen Industriestaaten sind bei russischen Nichtregierungsorganisationen postmaterialistische Zielsetzungen wie Umweltschutz, Gleichstellung der Geschlechter oder Schutz der Menschenrechte von untergeordneter Bedeutung. Selbst bei Frauengruppen steht die materielle Absicherung im Vordergrund (Zelikova 1996; Peregudov 1997). Neben dem Überwiegen materieller Themen unterscheiden sich die Nichtregierungsorganisationen kontextbedingt noch in einer Reihe von anderen Punkten von den NGOs westlicher Demokratien.

Der bemerkenswerteste Unterschied zu westlichen Nichtregierungsorganisationen besteht vielleicht in der starken Staatsorientierung vieler Gruppen. Diese hängt zum einen mit der konkreten Ausrichtung auf materielle Themen zusammen, ist aber andererseits auch auf die Schwäche des intermediären Sektors insgesamt zurückzuführen. Weiterhin sind organisierte Interessen und politische Parteien schwach differenziert. Bei den Dumawahlen von 1995 traten z.B. 11 von 43 angetretenen Parteien oder Wahlblöcken ausdrücklich als Interessengruppen an. Mit der Interessenaggregation versuchen gesellschaftliche Organisationen somit, Funktionen zu übernehmen, die in entwickelten Demokratien von Parteien wahrgenommen werden. Eng verwoben sind eine Reihe von Nichtregierungsorganisationen zudem mit der *economic society*, da sie zur Finanzierung ihrer Aktivitäten selbst unternehmerisch tätig werden. Zudem wird das Verhältnis zum Staat wie auch die Binnenorganisation selten zum Reflexionsgegenstand, da die schwach organisierten Gruppen von ihrer eigenen Etablierung und der Interessenvertretung nach außen absorbiert sind. Außerdem sind sie – wie an der Entwicklung der russischen Frauenbewegung aufgezeigt werden kann (Kraatz 1999) – nicht wie die Neuen Sozialen Bewegungen in westlichen etablierten Demokratien im postmaterialistischen Kontext einer Kapitalismus-, Demokratie- und Herrschaftskritik entstanden.

Zwar sind die Nichtregierungsorganisationen in Rußland schwach organisiert, finanziell schlecht ausgestattet, wenig vernetzt und drohen durch die Unterstützung von ausländischen Organisationen in neue Abhängigkeiten zu geraten (Bendel/Kropp 1997: 52; Shevtsova/Bruckner 1997: 17). Dennoch können von allen gesellschaftlichen Gruppen die Nichtregierungsorganisationen noch am ehesten als „Schule der Demokratie" (Alexis de Tocqueville) gelten. Die Binnenorganisation ist zwar auch, aber nicht durchgängig oligarchisch strukturiert. Viele Gruppen sind stark an führenden Persönlichkeiten orientiert, aber sie sind eher selten klientelistisch organisiert, da es weniger Ressourcen zu verteilen gibt. Im Gegensatz zu den Branchenlobbies erfolgen Versuche der Einflußnahme in stärkerem Maße über die formellen Kanäle. Tatsächlich können dann mitunter politische Institutionen – und nicht klientelbezogene Seilschaften – die Funktion der „Einschleusung" bestimmter zivilgesellschaftlicher Interessen ins politische System übernehmen (vgl. Habermas 1992: 429-435; für Rußland: Neščadin et al. 1996). Zwei Experteninterviews in St. Petersburg ergaben beispielsweise eine institutionalisierte Responsivität staatlicher Institutionen gegenüber alten und neugegründeten Kulturorganisationen. Hier werden Rohgesetzentwürfe (sogenannte „Fische") von der Verwaltung ausgearbeitet. Diese Entwürfe können von gesellschaftlichen Organisationen mit Formulierungen gefüllt werden, die gleichsam zwischen die Gräten des Rohentwurfs eingepaßt werden. Auf diese Weise entstehen in sukzessiven Runden mehrere Gesetzesvorschläge, deren Ergebnisse später an das Stadtparlament weitergereicht werden. Auch in anderen Bereichen – Frauen- und Menschenrechtsgruppen – gibt es den Experteninterviews zufolge eine institutionalisierte Zusammenarbeit mit Legislative und Exekutive auf verschiedenen Ebenen. Wie im Falle der Klagen von Menschenrechtsgruppen über Menschenrechtsverletzungen während des Tschetschenienkrieges können sich Gelegenheitsfenster für gesellschaftliche Interesseneinschleusung allerdings schnell wieder schließen, wenn es um politisch brisante oder unliebsame Themen geht. Die Einschätzung der Nichtregierungsorganisation als demokratieförderlich gilt darüber hinaus nicht für eine Vielzahl nationalistischer Gruppen (vgl. Hielscher 1994; Ivanov 1996; Jakovlev 1998; Kaznačeev 1998) – sofern diese sich wenigstens so zivil gebärden, daß sie überhaupt die eingangs eingeführten zivilgesellschaftlichen Zurechnungskriterien der Fairneß und Toleranz erfüllen.

Tabelle 2: Stärke, Binnenorganisation und Einfluß von zivilgesellschaftlichen Gruppen

	Stellung zivilgesellschaftlicher Gruppen				Demokratieförderndes Potential	
	Mitgliederstärke / Organisationsdichte	Ressourcenausstattung	Fragmentierung	Einflußnahme auf staatliche Institutionen	Binnenorganisation	Muster der Interessenvermittlung
Unternehmerverbände	Gering	Unterschiedlich	Hoch	Starker Einfluß einzelner Lobbies	Oligarchisch-klientelistisch	Überwiegend informell
Gewerkschaften alt	Hoch	Mittel	Mittel	Einflußpotential in Krisensituationen	Oligarchisch mit Tendenz zu mehr Binnendemokratie	Nebeneinander von förmell und informell
Gewerkschaften neu	Gering	Gering				
Russisch-orthodoxe Kirche	Mittel	Regional unterschiedlich	Gering	Stark	Zentralistisch-hierarchisch	Nebeneinander von förmell und informell
Neue Nichtregierungsorganisationen	Gering	I.d.R. gering	Hoch	Gering – mittel	Unterschiedlich	Eher förmell

Quellen: Stykow 1998; Bendel/Kropp 1997: 52; Hoffer 1998: 4; ergänzt und teilweise abgeändert auf der Basis unserer Experteninterviews

Zivilgesellschaft in Rußland 133

Insgesamt, so ein erstes Fazit (vgl. Tabelle 2), ist die Zivilgesellschaft demnach in Rußland in verschiedenen Sektoren unterschiedlich, im osteuropäischen und interregionalen Vergleich jedoch relativ schwach entwickelt (so auch Langenohl 1996; Mommsen 1996; Bendel/Kropp 1997; Merkel 1999). Eine geringe Organisationsdichte geht in der Regel mit einer geringen Ressourcenausstattung und hoher Fragmentierung einher. Die Einflußnahme zivilgesellschaftlicher Gruppen und Organisationen auf staatliche Institutionen ist deshalb bei allen Unterschieden zwischen den in der Tabelle aufgelisteten Sektoren der Zivilgesellschaft insgesamt eher als gering einzuschätzen. Zwar bieten die zivilgesellschaftlichen Strukturen Möglichkeiten des Bürgerengagements (politischer Partizipation), vermitteln aber wegen der häufig oligarchischen Binnenorganisation nur begrenzt demokratische Verhaltensweisen. Informelle Muster der Interessenvermittlung schreiben in gewisser Weise die Herrschaftspraxis des alten Regimes fort. Unsere Ausführungen zeigen aber auch, daß der Wandel gegenüber den früheren Systemwechselphasen beträchtlich ist. Sowohl Verbände als auch Nichtregierungsorganisationen artikulieren ihre Interessen zwar in teilweise vermachteten, aber dennoch vielfältigen Medien der politischen Öffentlichkeit. Unsere Interviews lassen selbst bei ressourcenschwachen Interessen auf gewisse Möglichkeiten der politischen Teilhabe und Einflußnahme schließen.

In einigen Bereichen lassen sich Ansätze von Interessenvermittlung durch intermediäre Organisationen verzeichnen, wobei *economic, political* und *civil society* im Vergleich zu entwickelten Demokratien weniger differenziert erscheinen. Damit läßt sich von einer rudimentär interessenbasierten Zivilgesellschaft sprechen. Bei aller Schwäche ist in Rußland innerhalb eines Jahrzehnts an die Stelle der monistischen Einparteiherrschaft ein bereichsweiser Interessenpluralismus mit teilweise demokratiefördernden autonomen gesellschaftlichen Organisationen getreten.

IV. Kontext: schwierige Rahmenbedingungen für die russische Zivilgesellschaft

Auch für postsozialistische Länder mit erfolgreich verlaufender Konsolidierung gilt eine schwache Zivilgesellschaft als typisch (Mansfeldová 1998; Szabó 1998; Ziemer 1998). Das wegen der längeren Herrschaftsdauer und der größeren Herrschaftstiefe stärker wirkende sozialistische Erbe und der Verlauf des Systemwechsels haben allerdings in Rußland zu einer ungünstigen Konstellation politischer, sozio-ökonomischer und politisch-kultureller Kontextbedingungen geführt.

Die sowjetrussische Traditionslinie des institutionenverschränkten Lobbying (Skilling/Griffith 1971; Hough/Fainsod 1979; Mal'ko 1995) bietet ein Argument dafür, daß Strukturen für die Einflußnahme gesellschaftlicher Gruppen vorhanden sind. Schon in der Sowjetzeit vorhandene Kommissionen in Parlament und Exekutive wurden für den neuen Interessenpluralismus geöffnet (vgl. Nešèadin et al. 1996). Rezeptoren hält das politische System allerdings eher selektiv für personen- und ressourcenorientierte Einflußkanäle bereit. Vor allem im Wirtschaftsbereich bilden sich korporative Komplexe, die in der staatlichen Administration verankert sind, Zugriff auf Import- oder Exportressourcen haben, eine eigene Finanzierungs- und Bankenstruktur besitzen, in der Staatsduma repräsentiert sind und über Massenmedien verfügen.

Weiterhin ist auf die vergleichsweise große Offenheit des Wahlprozesses auf allen Ebenen des politischen Systems zu verweisen. Auf die Legislative wirken gesellschaftliche Gruppen nicht nur im Gesetzgebungsprozeß ein, sondern auch über die Plazierung von Kandidaten auf Parteilisten oder die Finanzierung von Wahlkämpfen. Das Grabenwahlsystem schafft dabei auf nationaler Ebene zusätzliche Anreize für gesellschaftliche Gruppen, anstelle der Interessenbündelung in etablierten Parteien „eigene" Kandidaten ins Parlament zu entsenden (vgl. Beichelt 1998: 616). Die Folge ist eine weitere politische Fragmentierung der Duma. Für die zukünftige Entwicklung der Zivilgesellschaft ist dies genauso als ungünstige Kontextbedingung zu werten wie die nach wie vor anhaltende Schwäche des Parteiensystems (Bos/Steinsdorff 1997). Den gesellschaftlichen Organisationen fehlen dadurch die Bündnispartner, da die von ihnen artikulierten Interessen erst in den entscheidungstragenden Institutionen selbst auf Aggregationsfähigkeit abgeklopft werden können. Diese sind damit nicht nur von personengebunden Einflußkanälen, sondern darüber hinaus durch permanente Überlastung geprägt (vgl. Ágh 1994).

In der Russischen Föderation hat sich die für die Zivilgesellschaft ungünstige Kombination eines invasiven und schwachen Staates herausgebildet (Foley/Edwards 1996: 48; Holmes 1997). Ein hoher politischer Steuerungsanspruch steht einer geringen Effektivität bei der Implementation gegenüber (Remington 1997: 110; Brie 1996: 162). Für die Entwicklung einer starken Zivilgesellschaft ist dies nachteilig, weil die Einbringung von Interessen auf formellem Wege wenig erfolgversprechend erscheint. Mit der Nutzung informeller Einflußwege verzichten gesellschaftliche Akteure jedoch auf einen Teil *der* Autonomie, die sie in der Interaktion mit dem Staat zu einem gleichberechtigten – und nicht subordinierten – Partner werden ließe.

Erschwert wird die Bildung einer Zivilgesellschaft zusätzlich durch die wachsende politische und sozio-ökonomische Heterogenität der russischen Regionen. Es besteht eine „regionale Koexistenz sehr unterschiedlicher politischer Machtverteilungen und Strukturtypen" (Brie 1996: 149; vgl. Gel'man 1996; Busygina 1998). Tendenzen zur ethnischen Segmentierung z.B. im Nordkaukasus oder in anderen Gebieten, die Tendenz zur Ausbildung eines regionalen Sonderbewußtseins (von Beyme 1998: 558, 563; Kappeler 1996) werden zu einem zusätzlichen Hindernis für den Aufbau einer nationalen Zivilgesellschaft in Rußland. Nationale und überregionale Interessenorganisationen könnten eine wichtige Klammer für die Wahrung der territorialen Integrität und zur Überbrückung der Heterogenität bilden (vgl. Fish 1994: 40f.). Doch allenfalls die Gewerkschaften sind bisher ansatzweise in der Lage, diese Funktion zu erfüllen; dafür spricht deren Rolle bei der Koordinierung des Protestverhaltens im Sommer/Herbst 1998. Alle anderen zivilgesellschaftlichen Gruppen sind nicht dicht genug organisiert.

Neben den politischen erschweren auch sozioökonomische und politisch-kulturelle Kontextbedingungen die Entwicklung der Zivilgesellschaft. Nach einem schwankenden Umstrukturierungskurs ist Rußland bei den Wirtschaftsreformen auf halbem Wege steckengeblieben. Die Herausbildung scharfer Interessengegensätze von Reformgewinnern und Reformverlierern spaltet die Gesellschaft und untergräbt die Bereitschaft zum Interessenausgleich entlang anderer Themen. Seit der Finanzkrise vom Herbst 1998 ist die wesentliche Trägerschicht für die Zivilgesellschaft zudem wieder zunehmend mit der Sicherung der eigenen Existenz beschäftigt, so daß Interesse und Zeit für politisch-gesellschaftliches Engagement sinken (vgl. FAZ, 14.9.1998; Izvestija, 31.10.1998).

Die lange Erfahrung mit der sozialistischen Einparteiherrschaft, der fehlende gesamtgesellschaftliche Konsens und die Stärke antidemokratischer Kräfte im Prozeß des Systemwechsels sowie die rasche Desillusionierung über Verlauf und Ergebnisse des politischen und ökonomischen Systemwechsels haben in Rußland einen eher zivilgesellschaftsfeindlichen Typ politischer Kultur hervorgebracht. Während das Institutionenvertrauen im Vergleich zu anderen ostmitteleuropäischen Ländern extrem gering ist, ist die Erwartungshaltung, der Staat sei für die Durchsetzung von Recht und ziviler Ordnung und die Gewährleistung sozialer Sicherung verantwortlich, geblieben (Brie 1997: 207ff.; Plasser/Ulram/Waldrauch 1997: 230). Entwickelt hat sich damit eine entfremdet-paternalistische politische Kultur, teilweise mit Tendenzen zu Autoritarismus, Nationalismus und Antisemitismus. Insgesamt ist dadurch das Mobilisierungspotential zivilgesellschaftlicher Gruppen gering.

Diese lange Liste ungünstiger Kontextfaktoren schwächt das Mobilisierungpotential zivilgesellschaftlicher Gruppen. Die potentiell demokratiefördernde Wirkung der Zivilgesellschaft wird damit doppelt eingeschränkt: zum einen durch das Vorhandensein von „Antidemokraten" auch in zivilgesellschaftlichen Gruppen, zum anderen durch die hohe Bereitschaft in der Gesellschaft, auf traditionale personenorientierte Kanäle der Einflußnahme zurückzugreifen. Unter der reformierten Oberfläche des politischen Systems existiert das sozialistische Erbe an Strukturen, Netzwerken, Praktiken, Personal und Interaktionsmustern weiter.

V. Schluß

Zusammenfassend läßt sich im Hinblick auf Struktur, Funktionen und Typ der Zivilgesellschaft seit dem Beginn der Perestrojka ein durchgängig steigender, wenn auch stets verhaltener Einfluß zivilgesellschaftlicher Gruppen auf den politischen Prozeß in Rußland feststellen (vgl. Tabelle 3).

Tabelle 3: Die Entwicklung der Zivilgesellschaft in Rußland

	Post-totalitäres Regime	**Perestrojka**	**Postperestrojka**
Struktur	Zweite Öffentlichkeit, illegale Gruppen	von tolerierten informellen Gruppen zu legaler Massenbewegung	Interessengruppen und Nichtregierungsorganisationen
Wichtigste Funktionen	Öffnung politischer Diskurse, Einforderung von Abwehrrechten (jeweils stark eingeschränkt)	Beginn unabhängiger Interessenartikulation, überlagert von Systemopposition	Interessenartikulation, Ansätze von Interessenvermittlung
Typ	latente Zivilgesellschaft	Oppositionelle Bewegungsgesellschaft, embryonale Zivilgesellschaft	Rudimentäre interessenbasierte Zivilgesellschaft

Während vor Beginn der Perestrojka autonome gesellschaftliche Gruppen im Erscheinungsbild der sowjetischen Politik fast gänzlich fehlten („latente Zivilgesellschaft"), kann heute davon ausgegangen werden, daß Ansätze einer interessenbasierten Zivilgesellschaft bestehen. Bei allen Fortschritten wird aber auch deutlich, daß die gesellschaftliche Verankerung des Politischen insgesamt vergleichsweise schwach ist. Die Zivilgesellschaft muß sich in einer eher unzivilen Umgebung entwickeln. Nur wenige Segmente, in der Regel Nichtregierungsorganisationen mit geringer Ressourcenausstattung, sind in ihren Zielen und Interaktionsmustern in erster Linie von Toleranz und Fairneß geprägt.

Eine zusammenfassende Bewertung muß somit ambivalent ausfallen. Positiv erscheint die Differenzierung der Zivilgesellschaft, die zumindest in den Großstädten den Interessenpluralismus der russischen Gesellschaft abbildet und Kanäle für die Interessenartikulation zur Verfügung stellt. Auch erfüllen Teile der Zivilgesellschaft eine Rekrutierungsfunktion für die politische Elite. Die andere Seite der Medaille bilden die organisatorische Schwäche und die Fragmentierung der Zivilgesellschaft. Besonders im Wirtschaftsbereich zementieren zivilgesellschaftliche Akteure die eher demokratieabträglichen Interaktionsmuster. Nicht zu übersehen sind die teilweise oligarchisch-klientelistische Binnenorganisation auf der einen, die Enttäuschung einzelner Gruppen hinsichtlich der Steuerungsdefizite des Staates auf der anderen Seite. Die Zivilgesellschaft insgesamt wird damit aber nicht zur Hypothek für den

Demokratisierungs- und Konsolidierungsprozeß (vgl. Lauth/Merkel 1997: 27-29). Eine gegenseitige Befruchtung des auf Responsivität bedachten Staates und der an Interessendurchsetzung orientierten Zivilgesellschaft findet allerdings ebenfalls kaum statt. Einen echten Entwicklungsschub für die russische Zivilgesellschaft dürfte es im Falle einer – durch diese selbst kaum zu beeinflussenden – Stärkung der politischen Institutionen auf Kosten der paternalistischen postsowjetischen Herrschaftskultur geben. Die Orientierung aller Akteure, sowohl des Staates als auch der gesellschaftlichen Gruppen, an einem rechtsstaatlichen Rahmen würde nicht nur die politische Relevanz der Zivilgesellschaft stark erhöhen. Auch wären erst dadurch die impliziten Voraussetzungen zur Analyse organisierten gesellschaftlichen Einflusses auf das politische System im Rahmen wichtiger Zivilgesellschaftskonzepte (Keane 1988; Cohen/Arato 1992; Habermas 1992; Hall 1995) gegeben. Im gegenwärtigen Stadium der delegierten oder „defekten" (Merkel 1999: 364) russischen Demokratie sind es hingegen vor allem Konzepte der empirieorientierten Machtanalyse, die den Einfluß gesellschaftlicher Gruppen zu erfassen in der Lage sind.

Anmerkungen

[1] Liste der Interviewpartner und -partnerinnen (Dezember 1996 bis September 1997): Dr. Svetlana *Ajvazova*, Politikwissenschaftlerin, Vorstandsmitglied der "Bewegung der Frauen Rußlands", Mitarbeiterin von Ekaterina Lachova, der Vorsitzenden der Präsidialkommission für Frauen- und Familienfragen; Prof. Dr. Olga *Chazbulatova*, Historikerin, Vorsitzende der Gebietsgruppe der "Bewegung der Frauen Rußlands", Leiterin des Frauenforschungsprogramms "Frauen Rußlands"; Dr. Karl *Hafen*, Geschäftsführender Vorsitzender der Internationalen Gesellschaft für Menschenrechte, Frankfurt; Alexej *Izmajlov*, Verantwortlicher der Stadtverwaltung von St. Petersburg für Typographiewesen und die staatlichen Verlage; Vladimir *Kartaškin*, Vorsitzender der präsidialen Menschenrechtskommission; Prof. Dr. Igor *Kljamkin*, Institut für soziologische Analyse Moskau; Dr. Valentina *Konstantinova*, Ökonomin, Mitarbeiterin des Zentrums für Gender-Studien Moskau, Mitglied der Frauengruppe "Neždi" (Unabhängige demokratische Saueninitiative); Natalja *Kovaljova*, Abgeordnete des Gebietssowjets von Ivanovo; Dr. Eleonora *Lučnikova*, Leitende Mitarbeiterin des Komitees für gesellschaftliche und interregionale Beziehungen der Regierung Moskau; Valdimir *Novickij*, Rechtsanwalt, Vizepräsident der russischen Sektion der Internationalen Gesellschaft für Menschenrechte; Tatjana *Prajnova*, Koordinatorin des "Fraueninformationsnetzes", Moskau; Juli *Rybakov*, Abgeordneter der Staatsduma (Fraktion DemRossija), Mitglied im Ausschuß für Menschenrechte; Michail *Surov*, Unternehmer, Abgeordneter und Präsident der "Volksbewegung von Vologda".

Literatur

Ágh, Attila 1994: The Hungarian Party System and Party Theory in the Transition of Central Europe, in: Journal of Theoretical Politics (6) 2: 217-238.

Baltijskij Gumanitarniyj Fond 1997: Negosudarstvennye Organizacii kul'tury Sankt-Peterburga, Spravčnik, St. Petersburg.

Beichelt, Timm 1997: Nochmals zu den Wahlen in Rußland. Waren sie demokratisch? Eine Nachlese, in: Osteuropa (47) 2: 116-128.

Beichelt, Timm 1998: Die Wirkung von Wahlsystemen in Mittel- und Osteuropa, in: Zeitschrift für Parlamentsfragen (29) 4: 605-623.

Bendel, Petra/Kropp, Sabine 1997: Zivilgesellschaften und Transitionsprozesse im interregionalen Vergleich: Lateinamerika - Osteuropa. Universität Erlangen-Nürnberg: Arbeitspapier des Zentralinstituts für Regionalforschung.

Bernhard, Michael 1996: Civil Society after the First Transition: Dilemmas of Postcommunist Democratization in Poland and Beyond, in: Communist and Post-Communist Studies (29) 3: 309-330.

Beyme, Klaus von 1988: Reformpolitik und sozialer Wandel in der Sowjetunion: 1970-1988, Baden-Baden.

Beyme, Klaus von 1994: Systemwechsel in Osteuropa, Frankfurt.

Beyme, Klaus von 1995: Wissenschaft und Politikberatung im Transformationsprozeß der postkommunistischen Länder, in: Wollmann, Hellmut/Wiesenthal, Helmut/Bönker, Frank (Hrsg.): Transformation sozialistischer Gesellschaften: Am Ende des Anfangs, in: Leviathan Sonderheft 15, Opladen: 117-133.

Beyme, Klaus von 1998: Sozialer Wandel und politische Krise, in: Osteuropa (48) 6: 543-563.

Beyrau, Dietrich 1993: Intelligenz und Dissens: Die russischen Bildungsschichten in der Sowjetunion 1917-1985, Göttingen.

Birjukov, Nikolaj/Sergeev, Viktor 1995: Parlamentskaja dejatel'nost' i političeskaja kul'tura, in: Obščestvennye nauki i sovremennost' 1/1995: 66-75.

Bögeholz, Hartwig 1991: Vom Beginn der Perestrojka bis zum Ende der Sowjetunion – eine Chronik, in: Schewardnadse, Eduard/Gurkow, Andrej/Eichwede, Wolfgang u.a. (Hrsg.): Revolution in Moskau: Der Putsch und das Ende der Sowjetunion, Reinbek bei Hamburg: 285-310-

Bos, Ellen 1996: Verfassungsgebungsprozeß und Regierungssystem in Rußland, in: Merkel, Wolfgang/Sandschneider, Eberhard/Segert, Dieter (Hrsg.): Systemwechsel 2: Die Institutionalisierung der Demokratie, Opladen: 179-212.

Bos, Ellen/Steinsdorff, Silvia von 1997: Zu viele Parteien – zu wenig System: Zur verzögerten Entwicklung eines Parteiensystems im postsowjetischen Russland, in: Merkel, Wolfgang/Sandschneider, Eberhard (Hrsg.): Systemwechsel 3. Parteien im Systemwechsel, Opladen: 101-142.

Brie, Michael 1996: Rußland: Das Entstehen einer ‚delegierten Demokratie', in: Merkel, Wolfgang/Sandschneider, Eberhard/Segert, Dieter (Hrsg.): Systemwechsel 2. Die Institutionalisierung der Demokratie, Opladen: 143-178.

Brie, Michael 1997: Moskau: Die Ideologie des Chozjain: Zur politischen Kultur eines postsozialistischen urbanen Regimes, in: Pickel, Gert/Pickel, Susanne/Jacobs, Jörg

(Hrsg.): Demokratie: Entwicklungsformen und Erscheinungsbilder im interkulturellen Vergleich, Frankfurt/Oder: 199-212.
Brunner, Georg ²1988: Politisches System und Verfassungsordnung, in: Bütow, Hellmuth G. (Hrsg.): Länderbericht Sowjetunion, Bonn: 170-219.
Busygina, Irina M. 1998: Der asymmetrische Föderalismus: Zur besonderen Rolle der Republiken in der Russischen Föderation, in: Osteuropa (48) 3: 239-252.
Cohen, Jean L./Arato, Andrew 1992: Civil Society and Political Theory, Cambridge/ Mass.
Diamond, Larry 1994: Toward Democratic Consolidation, in: Journal of Democracy (5) 3: 4-17.
DiFranceisco, Wayne/Gitelman, Zvi 1984: Soviet Political Culture and "Covert Participation", in: American Political Science Review (78) 3: 603-621.
Dmitriev, A. V./Stepanov, E. I./Čumikov, A. N. 1996: Rossijskij socium v 1995 godu: konfliktologičeskaja ekspertiza (pervoe polugodie), in: Sociologičeskie Issledovanija 1/1996: 6-23.
Duncan, Peter J. S. 1992: The rebirth of politics in Russia, in: Hosking, Geoffrey A./Aves, Jonathan/Duncan, Peter (Hrsg.): The road to post-communism: Independent political movements in the Soviet Union 1985-1991, London: 67-120.
Engert, Steffi/Gartenschläger, Uwe 1989: Der Aufbruch: Alternative Bewegungen in der Sowjetunion, Reinbek.
Fein, Elke/Matzke, Sven 1997: Zivilgesellschaft: Konzept und Bedeutung für die Transformationen in Osteuropa: Arbeitspapiere des Osteuropa-Instituts, Berlin.
Fish, Steven M. 1994: Russia's Fourth Transition, in: Journal of Democracy (5) 3: 4-17.
Fish, Steven M. 1995: Democracy From Scratch: Opposition and Regime in the New Russian Revolution, Princeton.
Foley, Michael W./Edwards, Bob 1996: The Paradox of Civil Society, in: Journal of Democracy (7) 3: 38-52.
Fraenkel, Ernst 1991: Deutschland und die westlichen Demokratien, Frankfurt.
Gel'man, Vladimir 1996: Stanovlenie regional'nych režimov v Rossii: Svoi avtoritarnye očertanija centr priobretaet s okrain, in: Nezavisimaja Gazeta, 19.9.1996.
Goble, Paul 1998: Russia's Financial Crisis Threatens Regional Press, in: RFE/RL-Newsline, 22.10.1998.
Habermas, Jürgen 1992: Faktizität und Geltung, Frankfurt.
Hall, John A. (Hrsg.) 1995: Civil Society: Theory, History, Comparison, Cambridge.
Hielscher, Karla 1991: Das Gespenst der ‚Russophobie': Schriftsteller als treibende Kraft des ideologischen Antisemitismus, in: Koenen, Gerd/Hielscher, Karla (Hrsg.): Die schwarze Front: Der neue Antisemitismus in der Sowjetunion, Reinbek: 51-81.
Hielscher, Karla 1994: Die Front der Antiwestler: Ideologische Grundmuster des russischen Nationalismus, in: Eichwede, Wolfgang (Hrsg.): Wohin treibt Rußland? Der Schirinowski-Effekt, Hamburg: 57-80.
Hoffer, Frank 1998: Reform der sowjetischen Gewerkschaften in Rußland, in: Berichte des Bundesinstiuts für ostwissenschaftliche und internationale Studien 1.
Holmes, Stephen 1997: When Less State Means Less Freedom in: Transitions (4) 4: 66-75.

Hosking, Geoffrey A. 1992: The beginning of independent political activity. In: Hosking, G. A./Aves, J./Duncan, P. (Hrsg.): The road to post-communism: Independent political movements in the Soviet Union 1985-1991, London: 1-28.
Hough, Jeffrey/Fainsod, M. 1979: How the Soviet Union is Governed, Cambridge.
Howard, Marc M. 1998: Zivilgesellschaft in Rußland: Reflexionen zu einer Tagung, in: Berliner Debatte Initial (9) 2/3: 189-199.
Hübner, Peter 1994: Medienpolitik in Rußland nach dem Oktober 1993: Teil 1: Pressepolitik, in: Berichte des BIOst 41.
Hübner, Peter 1995: Der Zerfall des ‚einheitlichen Informationsraums' in der Rußländischen Föderation und der ehemaligen Sowjetunion, in: BIOst (Hrsg.): Zwischen Krise und Konsolidierung: Gefährdeter Systemwechsel im Osten Europas, München: 65-77.
Ignat'ev, A. A./Michailov, B. V. 1994: Graždanskoe obščestvo i perspektivy demokratii v Rossii, in: Rossijskij naučnyj fond (Hrsg.): Graždanskoe obščestvo i perspektivy demokratii v Rossii, Moskau: 3-32.
Ivanov, Leonid J. 1996: Rußland nach Gorbatschow: Wurzeln, Hintergründe, Trends der sich formierenden Gruppierungen: Perspektiven für die Zukunft, Passau.
Jakovlev, Aleksandr 1998: Rossijskich fašistov porodil KGB, in: Izvestija, 17.6.1998.
Kappeler, Andreas (Hrsg.) 1996: Regionalismus und Nationalismus in Rußland, Baden-Baden.
Kaznačeev, Petr 1998: Bil'jardnye šary. Skinchedy – novoe pokolenie naci?, in: Novoe vremja (56) 32: 36-39.
Keane, John 1988: Civil Society and the State: New European Perspectives, London/New York.
Kowaljow, Sergej 1997: Der Flug des weißen Raben: Von Sibirien nach Tschetschenien: Eine Lebensreise, Berlin.
Kraatz, Susanne 1999: Politische Beteiligung von Frauen in Rußland: Der Staat als Frauenförderer? in: Abels, Gabriele/Sifft, Stefanie (Hrsg.): Demokratie als Projekt: Feministische Kritik an der Universalisierung einer Herrschaftsform, Frankfurt a.M./New York (i. E.).
Krasin, Yuri/Galkin, Alexander 1996: The State and Prospects of Civil Society in Modern Russia. International Foundation for Socio-Economic and Political Studies, Gorbachev Foundation, Moskau.
Kubiček, Paul 1996: Variations on a Corporatist Theme: Interest Associations in Post-Soviet Ukraine and Russia, in: Europe-Asia Studies (48) 1: 27-46.
Langenohl, Andreas 1996: Gegenwind für die Reformer: Soziologen auf unsicherem Fuß: Über die Zivilgesellschaft in Rußland: Wo beginnt sie, und wer gehört dazu? in: Frankfurter Rundschau, 31.5.1996.
Lauth, Hans-Joachim/Merkel, Wolfgang 1997: Zivilgesellschaft und Transformation: Ein Diskussionsbeitrag in revisionistischer Absicht, in: Forschungsjournal Neue Soziale Bewegungen (10) 1: 12-34.
Levin, I. B. 1996: Graždanskoe obščestvo na zapade i v Rossii, in: Polis 1/1996: 107-119.
Lewytzkyj, Borys 1972: Politische Opposition in der Sowjetunion: 1960-1972, München.
Linz, Juan 1989: Autoritäre Regime, in: Nohlen, Dieter (Hrsg.): Politikwissenschaft 1: Pipers Wörterbuch zur Politik, München: 62-65.

Linz, Juan/Stepan, Alfred 1996: Problems of Democratic Transition and Consolidation. Baltimore/London.
Luchterhandt, Galina/Luchterhandt, Otto 1993: Die Genesis der politischen Vereinigungen, Bewegungen und Parteien in Rußland, in: Veen, H.-J./Weilemann,P. R. (Hrsg.): Rußland auf dem Weg zur Demokratie? Politik und Parteien in der Russischen Föderation, Paderborn: 125-214.
Luchterhandt, Galina 1996: Russische Soziologie vor und nach dem Zusammenbruch des Sowjetsystems, in: Balla, Balint/Sterbling, Anton (Hrsg.): Zusammenbruch des Sowjetsystems: Herausforderung für die Soziologie, Hamburg: 323-337.
Mal'ko, Aleksandr 1995: Lobbizm, in: Obščestvennye nauki i sovremennost' 1/1995: 58-65.
Mansfeldová, Zdenka 1998: Zivilgesellschaft in der Tschechischen und Slowakischen Republik, in: Aus Politik und Zeitgeschichte B6-7: 13-20.
Margolina, Sonja 1994: Rußland: Die nichtzivile Gesellschaft, Reinbek.
Margolina, Sonja 1997: Die letzte Bastion:. Die Medienfreiheit in Rußland ist in Gefahr, in: FAZ, 7.8.1997.
Mendras, Marie 1988: Discours et message politique, in: Pouvoirs 45 (avril 1988): 5-16.
Merkel, Wolfgang 1999: Systemtransformation. Opladen
Merkel, Wolfgang/Lauth, Hans-Joachim 1998: Systemwechsel und Zivilgesellschaft: Welche Zivilgesellschaft braucht die Demokratie? in: Aus Politik und Zeitgeschichte B6-7: 3-12.
Mommsen, Margareta 1989: Glasnost in der UdSSR: Von systemimmanenter "Kritik und Selbstkritik" zum systemüberwindenden öffentlichen Diskurs, in: Rytlewski, Ralf (Hrsg.): Politik und Gesellschaft in sozialistischen Ländern (PVS-Sonderheft 20), Opladen: 198-220.
Mommsen, Margareta 1996: Wohin treibt Rußland? Eine Großmacht zwischen Anarchie und Demokratie, München.
Neščadin, A. A. et al., 1996: Lobbizm v Rossii: Etapi bol'šogo puti, in: Sociologièeskie issledovanija 1/1996: 54-62 und 4: 3-10.
O'Donnell, Guillermo 1994: Delegative Democracy, in: Journal of Democracy (5) 1: 55-69.
Olejnik, A. N. 1996: Est' li perspektiva z social'nych dviženij v Rossii: Analiz razvitija šachterskogo dviženija: 1989-1995, in: Polis 1/1996: 70-78.
Olson, Mancur 1965: The Logic of Collective Action, New Haven/London.
Peregudov, S. P. 1995: Graždanskoe obščestvo: „trechčlennaja' ili „odnočlennaja' model'? in: Polis 3/1995: 58-60.
Peregudov, S. P. 1997: Novyj Rossijskij Korporatism: Demokratičeskij ili bjurokratičeskij? in: Polis 2/1997: 23-26.
Peregudov, Sergei/Semenenko, Irina 1996: Lobbying Business Interests in Russia, in: Democratization. (3) 2: 115-139.
Petro, Nicolai N. 1995: The Rebirth of Russian Democracy: An Interpretation of Political Culture, Cambridge/London.
Plasser, Fritz/Ulram, Peter A./Waldrauch, Harald 1997: Politischer Kulturwandel in Ost-Mitteleuropa: Theorie undEmpirie demokratischer Konsolidierung, Opladen.
Putnam, Robert D. 1993: Making Democracy Work: Civic Traditions in Modern Italy, Princeton.

Reiß, Stefanie/Stohldreyer, Sabine 1997: Chile und Mexiko: Wege in die Demokratie, in: Forschungsjournal Neue Soziale Bewegungen (10) 1: 68-80.
Remington, Thomas F. 1997: Democratization and the new political order in Russia, in: Dawisha, Karen/Parrott, Bruce (Hrsg.): Democratic changes and authoritarian reactions in Russia, Ukraine, Belarus, and Moldova, Cambridge: 69-129.
Rigby, Thomas H. 1992: The USSR. End of a long, dark night? in: Miller, Robert. F. (Hrsg.): The Development of Civil Society in Communist Systems, North Sydney: 11-23.
Rogerson, Ken 1997: The Role of the Media in Transitions from Authoritarian Political Systems: Russia and Poland Since the Fall of Communism, in: East European Quarterly (31) 3: 329-353.
Romanenko, Larisa 1994: Graždanskoe obščestvo v Rossii uže est', no..., in: Sociologičeskie issledovanija 1/1994: 12-16.
Schäfer, Anke 1998: TV und andere Medien in Rußland. In: Osteuropa (48) 7: 710-723.
Scherrer, Jutta 1997: Alter Tee im neuen Samowar: Kulturologie: Das neue Schlagwort der philosophischen und politischen Erneuerung in Rußland (...), in: Die Zeit, 19.9.1997.
Schulze, Peter W. 1997: Lateinamerikanische und asiatische Modelle stehen Pate: Rußland am Scheideweg: Die Demokratieentwicklung ist eher von korporatistischen Strukturen als von westlichen Zivilgesellschaften geprägt, in: Frankfurter Rundschau, 17.4.1997.
Ševcova, Lilia (Hrsg.) 1997: Rossija: Desjat´ voprosov o samom važnom, Moskva.
Shevtsova, Lilia/Bruckner, Scott 1997: Toward Stability or Crisis? in: Jounal of Democracy (8) 1: 12-26.
Shlapentokh, Vladimir 1996: Early Feudalism: The Best Parallel for Contemporary Russia, in: Europe-Asia Studies (48) 3: 393-411.
Simon, Gerhard/Simon, Nadja 1993: Verfall und Untergang des sowjetischen Imperiums, München.
Skilling, G./Griffith, F. (Hrsg.) 1971: Interest Groups in Soviet Politics, Princeton.
Smirnow, A. 1998: Die Rolle der russisch-orthodoxen Kirche in der gegenwärtigen politischen Entwicklungsphase Rußlands: 1993-1997, in: KAS-Auslandsinformationen 1: 95-121.
Smolar, Aleksander 1996: Civil Society After Communism: From Opposition to Atomization, in: Journal of Democracy (7) 1: 24-38.
Starr, Fredrick S. 1988: Soviet Union: A Civil Society, in: Foreign Policy (70) Spring: 26-41.
Steinsdorff, Silvia von 1997: Parlamentswahlen und Parteibildung in Rußland - erste Schritte in Richtung pluralistische Demokratie? in: Zeitschrift für Parlamentsfragen (28) 1: 116-139.
Stiehl, Volker/Merkel, Wolfgang 1997: Zivilgesellschaft und Demokratie in Portugal und Spanien, in: Forschungsjournal Neue Soziale Bewegungen (10) 1: 81-94.
Stricker, Gerd 1998: Das neue Religionsgesetz in Rußland: Vorgeschichte, Inhalt, Probleme, Befürchtungen, in: Osteuropa (48) 7: 689-701.
Stykow, Petra 1995: Repräsentation von Wirtschaftsinteressen im russischen Transformationsprozeß, in: Wollmann, Hellmut/Wiesenthal, Helmut/Bönker, Frank (Hrsg.):

Transformation sozialistischer Gesellschaften: Am Ende des Anfangs, Leviathan Sonderheft 15/1995, Opladen: 437-458.
Stykow, Petra 1998: Staat, Verbände und Interessengruppen in der russischen Politik, in: Merkel, Wolfgang/Sandschneider, Eberhard (Hrsg.): Systemwechsel 4. Opladen: 137-180.
Sungurov, A. J. 1997: Stanovlenie gradanskogo obščestva v Sankt-Peterburge i Rossii, in: Obščestvennye nauki i sovremennost', 3/1997: 55-64.
Szabó, Máté 1998: Die Zivilgesellschaft in Ungarn vor und nach der Wende, in: Aus Politik und Zeitgeschichte B 6-7: 21-28.
Tempest, Clive 1997: Myths form Eastern Europe and the Legend of the West, in: Democratization (4) 1: 132-144.
Tismaneanu, Vladimir/Turner, Michael 1995: Understanding Post-Sovietism: Between Residual Leninism and Uncertain Pluralism, in: Tismaneanu, Vladimir (Hrsg.): Political culture and civil society in Russia and the new states of Eurasia, Armonk: 3-24.
Truman, David B. 1951: The Governmental Process. Political Interests and Public Opinion, New York.
Urban, Michael et al. 1997: The rebirth of politics in Russia. Cambridge.
Whitefield, Stephen/Evans, Geoffrey 1996: Support for Democracy and Political Opposition in Russia 1993-1995, in: Post-Soviet Affairs (12) 3: 218-242.
Whitehead, Laurence 1997: Bowling in the Bronx: The Uncivil Interstices between Civil and Political Society, in: Democratization (4)1: 44-114.
Zelikova, Julia 1996: Women's participation in Charity, in: Rotkirsch, Anna/Haavio-Mannila, Elina (Hrsg.): Women's Voices in Russia Today, Aldershot: 248-254.
Ziemer, Klaus 1998: Die Konsolidierung der polnischen Demokratie in den neunziger Jahren, in: Aus Politik und Zeitgeschichte B 6-7: 29-38.

Drei Staaten – ein „Baltischer Weg"?
Die Zivilgesellschaft in der Transformation im Baltikum

Markus Lux

I. Das Baltikum – ein Stück vergessenes Europa

Die Systemwechsel in den drei baltischen Staaten Estland, Lettland und Litauen sind bis heute noch wenig erforscht. In Anbetracht der Tatsache, daß gerade die Systemwechsel in Osteuropa auch neue Impulse für die Diskussion über die Bedeutung der Zivilgesellschaft für den Transformationsprozeß gegeben haben (u.a. Cohen/Arato 1992; Thaa 1996; Merkel/Lauth 1998), liegen für die drei baltischen Staaten[1] (ausgenommen Ostrovska 1996/1997) keine Forschungsberichte in Bezug auf eben jene zivilgesellschaftlichen Einflüsse vor. Dies ist um so mehr zu bedauern, weil Estland, Lettland und Litauen sich nicht nur wegen ihrer ähnlichen Ausgangslage für eine vergleichende Analyse eignen, sondern auch, weil sie sich in einem wesentlichen Punkt von den anderen Staaten Ostmitteleuropas unterscheiden: Sie waren von 1940 bis 1991 Teil der Sowjetunion und keine selbständigen Staaten. Neben dem Systemwechsel steht auch der Aspekt der nationalstaatlichen Souveränität zur Disposition. Die (Wieder)Gründung eines Nationalstaates[2] verlief synchron zum politischen Transformationsprozeß. Hinzu kommt, daß die baltischen Länder über den höchsten Anteil ethnischer Minderheiten von allen Staaten der *dritten Demokratisierungswelle* in Mittelost- und Osteuropa verfügen, und so die Frage nach der Staatsbürgerschaft eine besondere Bedeutung für die demokratische Konsolidierung besitzt.

An dieser Stelle soll nun in vergleichender Absicht ein erster Versuch über die Relevanz der Zivilgesellschaft für den Systemwechsel im Baltikum geleistet werden.[3] Besondere Aufmerksamkeit wird dabei der Gleichzeitigkeit der Transformationsprozesse und dem Verhalten der ethnischen Minderheiten in den baltischen Staaten gewidmet.

II. Der späte Aufbruch der Zivilgesellschaft im Baltikum

1. Der Mangel an Zivilgesellschaft im ancien régime

Die baltischen Nationen erlebten in diesem Jahrhundert eine Anzahl von politischen, gesellschaftlichen und wirtschaftlichen Wechseln wie kaum eine vergleichbare Region in Europa.[4] Ihre seit dem 18. Jahrhundert andauernde Zugehörigkeit zum russischen Zarenreich endete mit dem Zerfall desselben nach Oktoberrevolution und Erstem Weltkrieg und führte zur erstmaligen Nationalstaatsbildung der Esten, Letten und Litauer 1918 und 1920. Den jungen Demokratien war nur eine kurze Lebensdauer beschieden. In allen drei Gesellschaften wurden von 1926 (Litauen) bzw. 1934 (Estland und Lettland) an autoritäre Regime errichtet. Die Eigenstaatlichkeit fand wiederum 1940 ihr Ende durch den Einmarsch der Roten Armee und die zwangsweise Eingliederung als sozialistische Republiken in die UdSSR, unterbrochen von der Eroberung durch deutsche Truppen 1941-44.

Durch die Regimebrüche und Staatswechsel erfolgte ein oft gewaltsamer Verlust oder Austausch größerer Bevölkerungsgruppen, insbesondere der Eliten: 1918 der russisch-zaristischen, 1920 der kommunistischen, 1939 der deutschen und 1941 der jüdischen Einwohner, sowie 1940 und 1946-48 der bürgerlichen und 1959-61 der „national-kommunistischen" Esten, Letten und Litauer. Die *Sowjetisierung* der baltischen Republiken nach 1945 zeichnete sich vor allem durch starke Veränderungen in der Bevölkerungsstruktur aus. Eine durch Moskau gesteuerte Migrationswelle von Rußland ins Baltikum setzte ein. Kamen anfangs vor allem politische Kader, um die Institutionalisierung des Regimes zu gewährleisten, so wurden seit den 60er Jahren massiv Arbeitskräfte – meist Russen – in das Baltikum zur Industrialisierung entsendet, obwohl dort dafür weder Rohstoffe noch die nötige Industrie vorhanden waren.

Dies hatte eine radikale Veränderung der nationalen Zusammensetzung der Bevölkerung in Estland und Lettland zur Folge. In Lettland drohte die Titularnation zur Minderheit im eigenen Land zu werden.[5] Utopisches Ziel dieser Politik war die Neuschöpfung eines russisch dominierten *Sowjetvolkes*, um die Konsolidierung des Systems weiter voranzutreiben (Lewytzkyi 1983). Entgegen den in der sowjetischen Verfassung festgeschriebenen Normen über die Souveränität der Republiken entsprach das Verhältnis der Republiken zur Zentralmacht in vielen Punkten dem einer Kolonie zum ‚Mutterland'. Dies gilt besonders für die baltischen Republiken (Urdze 1991: 21).

Diese Russifizierung der Breschnew-Ära war verbunden mit einer starken Zentralisierung von Wirtschaft und Politik. Die Spitzen von Staat, Wirtschaft und Justiz waren russisch dominiert. Als Reaktion entwickelte sich bei der einheimischen Bevölkerung eine ablehnende Haltung gegenüber einer Mitgliedschaft in der KP. So lag der Anteil der Esten unter den Mitgliedern der KPE 1980 bei 50,8%, der der Letten in der KPLe seit Mitte der 60er Jahre nur bei 39%.[6]

Die Suche nach einer nationalen Identität, die in der zweiten Hälfte der 80er Jahre als sogenanntes *Drittes Erwachen* in allen drei baltischen Staaten begann, ähnelte sehr der Nationenbildung im 19. Jahrhundert, gestützt auf volkstümliche Kultur, Sprache, nationale Mythen und einen fast verklärten Bezug zur Natur. Daher ist es nicht verwunderlich, daß Ökologie und historisches Bewußtsein zu den bestimmenden Faktoren der Massenmobilisierung wurden (Hermann 1993: 40ff.) und der Aktivierung zivilgesellschaftlicher Initiativen dienten.

Die Bildung zivilgesellschaftlicher Strukturen war in einem (post)totalitären System, wie es die UdSSR bis Mitte der 80er Jahre darstellte, kaum möglich, da die herrschenden Eliten jede von ihnen nicht oder nur schwer zu kontrollierende Organisation ausschalteten. Zwar entwickelten sich in der Sowjetunion bereits seit den 60er Jahren erste Ansätze zivilgesellschaftlicher Tätigkeit durch Dissidenten der *intelligenzia* in Form von Bürgerrechtsbewegungen, doch konnten sie letztlich, vom Regime verfolgt, keine gesellschaftlichen Bewegungen auslösen (Luchterhand 1989). Auch in den baltischen Republiken kam es bis 1986 kaum zu nennenswerten Aktivitäten. Alle Verbände und Medien unterlagen der absoluten Kontrolle durch Staat oder Partei.

Auch die Religion spielte nur eine marginale Rolle. Die orthodoxe Kirche galt als ‚russisch' und sytemkonform. Obwohl sich die lutherische Kirche in Estland und Lettland durch größere Freiräume für Individualität und freies Denken auszeichnete und dadurch zu einer Differenzierung zwischen Balten und Slawen beitrug, zeigte sie sich gegenüber der kommunistischen Staatsmacht als schwach und auf Anpassung bedacht (Gray 1996: 82ff.). Die einzige Ausnahme stellte die katholische Kirche in Litauen dar. Sie erfaßte die in Litauen nach der Zerschlagung des Prager Frühlings entstandenen Dissidenten und konnte breitere Bevölkerungsschichten erreichen (Butenschön 1991: 245). 1972 erschien die erste Ausgabe der *Chronik der Katholischen Kirche Litauens*, die nicht nur zur dauerhaftesten aller Samizdatschriften der UdSSR wurde, sondern auch das Erscheinen weiterer Schriften auslöste.

Dem Mangel an zivilgesellschaftlichen Strukturen in allen drei Staaten entsprach auch die Abwesenheit der entsprechenden Akteure. Die nach dem Tod Stalins unter Chrustschow einsetzende *Tauwetterperiode* hatte zwar eine Dezentralisierung und die Entwicklung eines national geprägten Reformkommunismus mit einheimischen Eliten zur Folge. Doch die 1959 bis 1961 durchgeführten Säuberungen entfernten die neuen regionalen Eliten und ersetzten sie durch Mitglieder des Moskauer Zentrums. Dissidenten stammten danach fast ausschließlich aus religiösen Kreisen oder von der Kulturintelligenz.

Zur Öffnung zivilgesellschaftlicher Räume im Baltikum kam es vor dem Regierungsantritt Michail Gorbatschows nur auf der Ebene der unpolitischen sozialen Vereinigungen, die nach Putnam (1993) zur Akkumulation von *social capital* beitragen: Folkloregruppen, hier insbesondere Chöre. Da die Sprache das wichtigste Definitionsmittel für die nationale Identität der Balten war und ist (Gray 1996: 81) und das Volkslied als wichtigstes Kulturgut bei allen drei Völkern gilt (Bula 1996), sollte der Bereich der Folklore in der Phase der Liberalisierung eine entscheidende Rolle bei der Massenmobilisierung spielen und dem Systemwechsel im Baltikum die Bezeichnung *Singende Revolution* einbringen.

2. Die Liberalisierung und die singende Revolution

Die idealtypische Einteilung des Systemwechsels in drei Phasen (Liberalisierung, Demokratisierung, Konsolidierung) von O'Donnell/Schmitter (1986) läßt sich auch auf die demokratische Transformation in den drei baltischen Staaten anwenden. Der erste Impuls zur Transformation in Estland, Lettland und Litauen sollte vom Zentrum Moskau ausgehen. Der Systemwandel der UdSSR begann mit Gorbatschows Politik von *glasnost'* als ‚Wandel von oben', durch die der drohenden Systemkrise der UdSSR (Brahm 1990) begegnet werden sollte. Ursprünglich konzipiert, um gesellschaftliche Energien vor allem im ökonomischen Bereich zu aktivieren, entwickelte sich *glasnost'* schon bald eigendynamisch über die ursprünglichen Intentionen hinaus.

Der Beginn einer zivilgesellschaftlichen Bewegung gegen den autoritären Staat kann in der Gründung der Menschenrechtsgruppe *Helsinki 86* im Juli 1986 durch drei Arbeiter in der lettischen Stadt Liepāja gesehen werden. Ihre unter Berufung auf die Schlußakte von Helsinki aufgestellten Forderungen gingen bis zur Volksabstimmung über den Austritt der LeSSR aus der Sowjetunion und standen damit in direkter Opposition zum Regime. Entgegen der bisher üblichen Praxis wurde diese Gruppe zwar vom Herrschaftsapparat schikaniert, aber nicht strafrechtlich verfolgt (Levits 1991: 154); auch dies war Ausdruck einer beginnenden Liberalisierung.

Allerdings blieb *Helsinki 86* eine kleine Gruppe. Eine größere Mobilisierung konnten zu dieser Zeit nur Gruppen erreichen, die in indirekter Opposition zum Regime standen, so z.B. in der Tradition des ökologischen Protests, der einen teilweise tolerierten Raum in der Sowjetunion innehatte und daher auch im Baltikum nur schwer zu unterdrücken war. Die baltischen Staaten sahen sich Mitte der 80er Jahre von ökologischen Krisen größten Ausmaßes bedroht. Als im Oktober 1986 der estnische Schriftstellerverband Kritik am Phosphoritabbau in Estland übte und die lettischen Journalisten Dainis Īvāns und Artūrs Snips einen kritischen Artikel über die Folgen des Baus eines Wasserkraftwerkes am größten Fluß des Landes, der Daugava, in der Zeitschrift *Literatūra un māksla* (Literatur und Kunst) veröffentlichten, löste dies eine ungeahnte Reaktion in der Bevölkerung aus. Tausende unterstützende Leserbriefe gingen bei den Zeitungen ein, Unterschriften wurden gesammelt, erste kleinere Demonstrationen initiiert. Die Zeitung sollte zum Sprachrohr der Opposition werden.

In Lettland wurden die Möglichkeiten der *perestrojka* am frühesten erkannt; dort wurde auch am offensten diskutiert (Mattusch 1996: 129). Am 25.02.1987 wurde in Rīga der Umweltschutzklub VAK (*Vides aizsardzības klubs*) als erste NGO im Baltikum überhaupt gegründet. Die Gründungen ähnlicher Organisationen in Litauen (*Žemyna* und *Atgaja*) und Estland erfolgten kurze Zeit später; in Estland wurde der Denkmalschutzverein *Muinsuskaitseselts* ins Leben gerufen. Von entscheidender Bedeutung für die weitere Entwicklung der Zivilgesellschaft war, daß den Aktionen der neuen Gruppen teilweise politischer Erfolg beschieden war. So wurde u.a. der Phosphoritabbau gestoppt und die Pläne für das Wasserkraftwerk im November 1987 aufgegeben.

Ein weiterer Sektor für Reformvorschläge im Sinne von *glasnost'* und *perestrojka* war der Bereich der Wirtschaft. Am 26.09.1987 veröffentlichten vier estnische Wissenschaftler in der Tartuer Zeitung *Edasi* (Vorwärts) einen Artikel, in dem sie die „wirtschaftliche Selbständigkeit Estlands"[7] forderten. Die offizielle Kritik daran währte nur kurz, und bereits am 16.11.1987 beschloß der Oberste Sowjet der ESSR, eine Arbeitsgruppe in der Akademie der Wissenschaften zu bilden und einen IME-Forschungsrat einzurichten. Die wirtschaftlichen Reformvorschläge stießen auf breite Zustimmung in der estnischen Bevölkerung, auch unter den Minoritäten (Bewegungen 1989: 403), obwohl sie die Forderung nach einer Begrenzung der Zuwanderung von Arbeitskräften enthielten.

Die Träger und Initiatoren stammten meist aus den Sektionen Kultur, Wissenschaft und Journalismus und waren oft KP-Mitglieder. Dies gewährleistete ihnen Zugang zu den Presseorganen, das kommunistische Meinungsmonopol konnte durchbrochen werden und seit 1988 begann sich ein öffentlicher Meinungspluralismus zu festigen. Ein zentraler Bereich des *ideological marketplace* (Diamond 1994: 6) war damit für die Zivilgesellschaft eingerichtet. Die Presse diente über die bloße Information hinaus auch zur Massenmobilisierung. So wurde die von der Zeitung *Padomju Jaunatne* (Räte-Jugend) in Lettland geführte Kampagne gegen den U-Bahn-Bau in Rīga von März bis Juni 1988 von 42.594 Unterschriften unterstützt (Padomju Jaunatne 1988, Nr. 116).

In allen drei Republiken sollten neben den Zeitungen des Staats- und Parteiapparates, die seit 1987 zunehmend kritischer berichteten, auch die Massenorganisationen der *Volksfronten* (siehe S. 7ff.) eigene Publikationen (z.B. *Atmoda* in Lettland) veröffentlichen. Dabei bekam besonders die litauische Bewegung *Sąjūdis* die Regeln einer freien Presse zu spüren. Ihr erstes Informationsorgan *Sąjūdžio žinios* (Nachrichten der Bewegung) kam durch die schnellen Reformen der Parteipresse nie zu Bedeutung, ihre zweite Gründung *Respublika* (Die Republik) trennte sich von *Sąjūdis*, als diese zu großen Einfluß nehmen wollte, erst ihre dritte Zeitung *Lietuvos aidas* (Echo Litauens), die den Namen der staatlichen Zeitung des autoritären Smetona-Regimes der Zwischenkriegszeit trägt, scheint wirtschaftlich zu überleben (Paleckis 1993: 11ff.).

Das Jahr vom Herbst 1988 bis zum Herbst 1989 gilt als Zeitraum einer wahren „Presseexplosion" im Baltikum. Allein in Litauen wurden über 600 verschiedene Periodika gegründet – von denen allerdings wenige Jahre später mehr als 90% aus wirtschaftlichen und politischen Gründen nicht mehr existierten (Kavaliauskas 1996: 136). Neben der Presse bekam das Fernsehen einen besonderen Stellenwert. Die Esten galten als das bestinformierte Volk in der Sowjetunion, weil sie in weiten Teilen des Landes das finnische Fernsehen empfangen konnten. Auch durch die Öffnung der einheimischen Programme (hier arbeiteten relativ wenig Russen) konnten die Ideen der neuen Bewegungen verbreitet und diskutiert werden. Fernsehen und Radio bekamen eine immer größere Bedeutung im Transformationsprozeß. Ohne die Unterstützung der elektronischen Medien wäre die ‚Revolution' im Baltikum nicht möglich gewesen (Skudra 1997: 207).

Eine besondere Stellung nahmen jene Akteure in der Zivilgesellschaft ein, die den ‚Widerstand' gegen das bestehende Regime initiierten. So wurde z.B. Dainis Īvāns der erste Vorsitzende der Lettischen Volksfront, und auch die Autoren des estnischen IME-Plans gehören heute zu den einflußreichsten Politikern Estlands. Die ersten ‚alten' Verbände, die sich an die Spitze der aufblühenden zivilgesellschaftlichen Bewegung stellten, waren jene der Kulturintelligenz in Estland und Lettland. Sie brachen im Sommer 1988 mit ihren Resolutionen viele Tabus, obwohl sie noch von „sozialistischer Demokratie" sprachen (Raun 1991: 252).

Der Mobilisierung breiter Bevölkerungsschichten im ökologischen Sektor folgte eine Massenmobilisierung mit dem Signum „Historisches Bewußtsein" (Hermann 1993: 41). Auch nach fast 50 Jahren Zugehörigkeit zur UdSSR war die Tatsache, daß der Anschluß zwangsweise geschehen war und waren die Erinnerungen an die erste Phase der nationalen Unabhängigkeit und das Leid, das die Massendeportationen in den 40er Jahren ausgelöst hatten, nicht aus dem kollektiven Gedächtnis der baltischen Völker verschwunden. Auch sahen die Völker durch die Zentralisierung Moskaus und die voranschreitende Russifizierung ihre Kulturen in ihrer Existenz bedroht. Dem über *Voice of America* verbreiteten Aufruf von *Helsinki 86* zu einer Gedenkveranstaltung in Rīga am Jahrestag der Massendeportationen (Juni 1941) folgten etwa 5.000 Menschen, am 23.08.1987 (Jahrestag des Hitler-Stalin-Paktes) waren es bereits 10.000 in Rīga; ähnlich entwickelte sich diese „historische" Bewegung auch in Tallinn und Vilnius.

Parallel dazu avancierten die traditionellen Sängerfeste im Baltikum im Sommer 1987 zu Massenveranstaltungen mit mehr als hunderttausend Teilnehmern. Ihre Inhalte gingen weit über die bloße Präsentation nationaler Kultur hinaus. Sie waren eine Mischung zwischen Kulturveranstaltung und politischem Protest bei strikter Gewaltlosigkeit. Das Regime reagierte anfangs zurückhaltend, doch als es am 18.11.1987, dem lettischen Unabhängigkeitstag, zu einem repressiven Vorgehen gegen Teilnehmer an den offiziell verbotenen Gedenkveranstaltungen kam, war bereits ein sich eigendynamisch entwickelnder Prozeß gesellschaftlicher Mobilisierung in Gang gesetzt worden.

Entsprechend einem am *rational choice* orientierten Risiko-Nutzen-Modell (Przeworski 1986) nimmt bei abnehmendem objektiven Risiko die Risikobereitschaft und damit die Teilnahme an Protestaktionen gegen das Regime zu. Gleichzeitig kann gelten: Je mehr Akteursgruppen auftreten, umso eher ist das Regime bereit, den Protest zu tolerieren. Im Baltikum fanden diese Protestaktionen in Form von sogenannten *Kalender-Demonstrationen* an den jeweiligen Gedenktagen statt. Sie sollten die folgenden vier Jahre das Bild der Öffentlichkeit bestimmen und maßgeblichen Einfluß auf politische Entscheidungsprozesse nehmen.[8]

Die scheinbare Reaktionslosigkeit des Regimes bewirkte zweierlei. Einmal begannen die radikaleren Kräfte der Opposition sich deutlicher öffentlich zu artikulieren, weil sie weniger Repressionen von Seiten des Regimes befürchten mußten. Die Untätigkeit der Machthaber in Moskau und in den baltischen KPs angesichts dringender ökologischer, wirtschaftlicher und sozialer Probleme führte zweitens auch zu der Einstellung bei den moderaten Kräften, daß die Lösung in einer größeren Unabhängigkeit vom Zentrum liege, denn dem sowjetischen System wurde ja die Schuld an den Problemen zugeschrieben.

Die förmliche Explosion an neuen gesellschaftlichen Bewegungen innerhalb eines Jahres machte Mitte 1988 einen Zusammenschluß dieser Gruppen notwendig. Er erfolgte in der Gründung der sogenannten *Volksfronten*, die als Netzwerk und Dachorganisation der Oppositionsgruppen fungierten. Diese Entwicklung läßt sich unter dem Aspekt der Bildung eines gesellschaftlichen Paktes zwischen Reformern des Regimes und moderaten Kräften der Opposition (O'Donnell/Schmitter 1986: 37ff.; Przeworski 1991: 67ff.) sehen, also den baltischen Reformkommunisten und den neuen zivilgesellschaftlichen Organisationen. Die Gründung der *Volksfronten* geschah anfangs als Instrument zur Unterstützung von Gorbatschows Politik der *perestrojka*. Sie wurden zwar von der Führung der KPdSU scharf kritisiert, von Gorbatschow selbst aber als positive Kräfte bezeichnet und begrüßt (Trapans 1991: 37).

Das Phänomen der *Volksfronten* im Baltikum ist innerhalb der Demokratisierungsprozesse in Osteuropa einzigartig. Denn anders als bei den *Runden Tischen* in den Staaten Ostmitteleuropas, die als Gesprächsforen zwischen kleinen Oppositionsgruppen (mit meist unorganisierter Unterstützung der Bevölkerung) und der kommunistischen Staatsführung fungierten, handelte es sich bei den *Volksfronten* um Massenbewegungen von hohem Organisationsgrad, die weniger durch Verhandlungen, sondern über die KP-Mitgliedschaft eines Teils ihrer eigenen Mitglieder politische Einflußmöglichkeiten hatten, die sie aktiv zur Gestaltung des Systemwechsels nutzen konnten (Levits 1991: 159). Über ihren Einfluß in den Medien und die Unterstützung der Bevölkerung gelang es den *Volksfronten*, die ‚Öffentlichkeit' als neuen politischen und gesellschaftlichen Faktor einzuführen. Sie entwickelten sich zu „Flaggschiffen" der Zivilgesellschaft (Lauth/Merkel 1997b: 33), an die andere Organisationen andocken konnten.

Anfang Oktober 1988 wurde die Volksfront Estlands (*Eesti Rahvarinne*) gegründet. Sie verfügte damals bereits über ein „Forum der Völker" (*rahvaste foorum*), das die Nicht-Esten integrieren sollte. *Rahvarinne* war die am stärksten personell von einer KP geprägte *Volksfront* im Baltikum. Fünf von sieben Miglieder des Initiativkomitees vom April 1988 gehörten der KPE an, darunter der spätere erste Vorsitzende Edgar Savisaar.

Auch in Lettland fand Anfang Oktober 1988 der Gründungskongreß der Lettischen Volksfront (*Latvijas Tautas Fronte*, LTF) statt. Anders als *Rahvarinne* in Estland und *Sajūdis* in Litauen hatte die LTF eine feste und registrierte Mitgliederschaft, die Anfang 1989 schon 230.000 Menschen, also fast 10% der Bevölkerung, umfaßte. Von den 1.074 Kongreßdelegierten waren 21% Frauen, 24% gehörten der KPLe an. Die Vertreter der Kulturintelligenz stellten die meisten Delegierten (37%), Ingenieure und Techniker 20%, Arbeiter 16%. Das Durchschnittsalter der Delegierten lag bei 44 Jahren.

In Litauen verzichtete man auf den Begriff *Volksfront*, und verwandte statt dessen das Wort *Sąjūdis* („Bewegung"). Die Initiativgruppe zur Gründung von *Lietuvos Persitvarkymo Sąjūdis* (Litauische Bewegung zur Umgestaltung) bestand aus drei Personenkreisen, die auch die nächsten zwei Jahre die Bewegung führen sollten: Künstler und Geisteswissenschaftler, Intellektuelle aus Technik und Naturwissenschaft sowie junge Mitglieder der KPLi; nur ein Arbeiter war darunter (Lieven 1994: 225). Die zahlenmäßig stärkste Gruppe der Geisteswissenschaftler setzte auf dem Gründungskongreß im Oktober 1988 die Wahl des Musikprofessors Vytautas Landsbergis zum Vorsitzenden von *Sąjūdis* durch. Vertreter der Minoritäten Litauens waren auf dem Kongreß kaum repräsentiert, denn von 1.021 Delegierten waren 980 Litauer.

Alle drei Bewegungen verabschiedeten auf ihren Gründungskongressen ähnliche Programme, in denen sie sich treu den Prinzipien des Sozialismus Leninscher Prägung verschrieben. Sie forderten *glasnost'* und die Demokratisierung der sowjetischen Gesellschaft (im Sinne Gorbatschows) sowie die Respektierung der Menschen- und Bürgerrechte. Worin sie sich von ähnlichen Bewegungen in der UdSSR unterschieden, war die Forderung nach mehr Souveränität für die Republiken innerhalb der UdSSR und nach der Umwandlung der Sowjetunion zu einer Konföderation souveräner Republiken. Diese Punkte wirkten sich mobilisierend auf die Öffentlichkeit aus (Juozaitis 1992: 3).

Parallel zu den Massenbewegungen wurden 1988 in allen KPs der baltischen Republiken die Spitzenfunktionäre durch reformorientierte Kräfte ausgetauscht.[9] Anders als in Litauen und Estland, wo die KPs starken personellen Einfluß auf die Volksfronten zu nehmen versuchten, setzte sich in Lettland die Parteiführung der KPLe nicht an die Spitze der Lettischen Volksfront (LTF). Zum Jahreswechsel 1988/89 erfolgte erstmals eine Mobilisierung der orthodoxen Kräfte des Regimes. Im November 1988 wurden in Litauen die pro-sowjetische Bewegung *Jedinstvo* (Einheit) und im Januar 1989 in Lettland und Estland die „Internationale Front der Werktätigen" (*Interfront*) als Gegenpol zu den *Volksfronten* gegründet.[10] Sowohl *Jedinstvo* als auch die *Interfronten* repräsentierten die Partei- und Staatsbürokratie sowie das Militär, die alle ihren Einfluß schwinden sahen. Fanden sie anfangs auch Unterstützung bei der russischen Arbeiterschaft[11], konnten sie weder die anderen nationalen Minderheiten noch die russische Intelligenz im Baltikum für sich gewinnen, da sie für die Wiederherstellung der führenden Rolle der KP und den Erhalt des alten Regimes eintraten und sich von Gewaltaktionen nicht distanzierten, sondern diese sogar forderten.

Es ist aber nicht zu leugnen, daß *Interfront* und *Jedinstvo* auch die Ängste der Nicht-Balten vor einer absoluten Unabhängigkeit der baltischen Republiken artiku-

Zivilgesellschaft im Baltikum 153

lierten (Plakans 1991: 260). Konnten die Nicht-Balten die Forderungen nach Demokratisierung, Wirtschaftsreformen und Schutz der Umwelt mittragen, so war dies, zumindest für die russischen Einwohner, bei der Frage der nationalen Unabhängigkeit nicht mehr möglich.

Die russische Intelligenz und die anderen nationalen Minderheiten arbeiteten mit ihren Vereinen und Verbänden in den *Volksfronten* mit. Problematisch war der Zugang zu Informationen für die Menschen im Baltikum, die nicht über Kenntnisse einer der baltischen Sprachen verfügten. Sie waren auf die russischsprachige Presse in den baltischen Republiken angewiesen, die sich meist systemkonform und moskautreu verhielt (Skudra 1997: 205), oder mußten auf die regimetreuen Zeitungen der UdSSR zurückgreifen. Zur Bildung von zivilgesellschaftlich relevanten Organisationen unter der russischen Minderheit oder ihrer Partizipation an den *Volksfronten* kam es in der Phase der Liberalisierung im Baltikum nicht.

Der Raum für zivilgesellschaftliche Aktivitäten hatte sich im Sommer 1988 soweit geöffnet, daß sich Bewegungen offen artikulieren konnten, die in totaler Opposition zum Regime standen, d.h. für das Baltikum, die eine klare Forderung nach Unabhängigkeit stellten. Diese radikale Opposition konnte sich bei keiner Gründung einer *Volksfront* durchsetzen, und so entstanden im Juni 1988 in Lettland die Lettische Nationale Unabhängigkeitsbewegung (*Latvijas Nacionālās neatkarības kustība*, LNNK)[12] und in Estland die Nationale Unabhängigkeitspartei (*Eesti Rahva sõltumatuse partei*, ERSP). Die parallel dazu in Litauen gegründete Litauische Freiheitsliga (*Lietuvos Laisvės Lyga*, LLL), die angeblich schon seit 1978 im Untergrund agierte, sollte nicht den Einfluß ihrer nördlichen Schwesterorganisationen gewinnen, weil die nationale Komponente in Litauen weitgehend durch *Sąjūdis* abgedeckt wurde.

LNNK und ERSP sahen sich als Partner, nicht als Teil der Volksfronten.[13] Auch sie erfüllten ab 1989 teilweise die Funktion eines gesellschaftlichen Pakts und zwar innerhalb der estnischen bzw. lettischen Bevölkerung. Denn im Frühjahr 1989 hatten sich in Estland und Lettland sogenannte *Bürgerkomitees* gebildet, die fundamentalistisch die Position der ‚Ersten Republik' vertraten, d.h. nur Organe, die von den Staatsbürgern der Republiken (also vor 1940) oder deren Nachfahren gewählt wurden, als legitimiert ansahen, staatliche Gewalt auszuüben. Hauptziele der *Bürgerkomitees* waren die drei „D": *Deokkupation* (Abzug der Roten Armee), *Desowjetisierung* (Restauration der Ersten Republik) und *Dekolonisierung* (Auswanderung der Immigranten) (Matthes 1995: 48). Besonders von Exilbalten unterstützt, die anfangs die *Volksfronten* als kommunistische Organisationen nicht anerkannten, bestand die Haupttätigkeit der *Bürgerkomitees* in der Registrierung der ‚Staatsbürger'[14], um diese anschließend *Bürgerkongresse* als die – in ihren Augen einzig – legitimen parlamentarischen Vertretungen der Bürger Estlands bzw. Lettlands wählen zu lassen. Dadurch, daß LNNK und ERSP gleichzeitig Vertreter der *Volksfront* und der *Bürgerkomitees* in ihren Reihen hatten, versuchten sie, Konflikte zwischen beiden Organen auszugleichen.

In der Folgezeit kam es zu einer Reaktivierungswelle von Organisationen aus der Zwischenkriegszeit. Während die neuen sozialen Bewegungen aktiv am Aufbau zivilgesellschaftlicher Strukturen beteiligt waren, spielten die alten sozialen Bewegungen eine eher untergeordnete Rolle. Auch die Kirchen, mit Ausnahme der katholischen Kirche in Litauen, die eine enge Bindung mit *Sajūdis* eingegangen war und der Bewegung starke öffentliche Unterstützung zukommen ließ, verhielten sich eher passiv. Besonders die Gewerkschaften, die neben den KPs die mächtigsten und größten Organisationen in der UdSSR waren und fast 90% aller Arbeiter umfaßten, zeigten sich den neuen Entwicklungen gegenüber als sehr unflexibel. Nur in Estland begannen strukturelle Veränderungen bereits 1988, als sich 15 Branchengewerkschaften vom Gewerkschaftszentrum in Moskau unabhängig erklärten. In Lettland wurde über die Schaffung unabhängiger Gewerkschaften erst Ende 1989 verhandelt. (Hartung 1994: 29, 38). Inhaltliche Veränderungen oder Auseinandersetzungen fanden nicht statt, allein in Lettland sollte die nationale Frage eine große Rolle spielen. Durch die Verstaatlichung des Gewerkschaftseigentums 1990 und die enge Bindung an Moskau erschienen die Gewerkschaften nicht mehr als Interessensvertretungen. Dies hatte Massenaustritte und ihren Zerfall zur Folge (ibid. 45).

III. Von der Demokratisierung zur Unabhängigkeit – der Wechsel der Prioritäten

Das Ende der Liberalisierungsphase und der Beginn der Demokratisierung kann im Baltikum mit dem Zeitraum zwischen Herbst 1988, als in allen drei Staaten die Volksfronten gegründet und die alten Symbole der Zwischenkriegszeit (Fahne, Hymne, Nationalfeiertag) wieder zugelassen bzw. geduldet wurden, und März 1989, als die ersten halbfreien Wahlen in der UdSSR zum Kongreß der Volksdeputierten stattfanden, umrissen werden. Die während der Liberalisierung entstandenen zivilgesellschaftlichen Gruppen blieben auch im weiteren Prozeß der Demokratisierung maßgeblich. Zu einem institutionellen Machtvakuum und zivilgesellschaftlichen Freiräumen, wie sie typischerweise in einem Liberalisierungsprozeß entstehen, und der folgenden förmlichen Explosion der *civil society* (O'Donnell/Schmitter 1986: 49) während der Demokratisierung kam es hierbei allerdings nicht. Die „Hochzeit" (Lauth/Merkel 1997b: 35) der Zivilgesellschaft blieb im Baltikum weitgehend aus.

Als wichtigster Grund dafür kann gelten, daß der ‚Sturz' des autokratischen Regimes, bedingt durch die fehlende Eigenstaatlichkeit Estlands, Lettlands und Litauens, in Etappen erfolgte. Während die autokratischen Regime auf Republiksebene relativ schnell in sich zusammenfielen, blieb das System der UdSSR noch bis 1991 bestehen. Daraus resultierend wuchs die Gefahr, daß die Unabhängigkeit Priorität vor der Etablierung der Demokratie bekam. Systemtransformation und Nationalstaatsbildung verliefen zwar synchron, doch je stärker die Unabhängigkeit durch das alte Zentrum in Moskau bedroht wurde, desto mehr wurde der Unabhängigkeit Vorrang eingeräumt. Daher kam es kaum zu einer Absenz von staatlichen Akteuren; ein

Verbleib der staatlichen Kontrolle in den Händen von wenig veränderten Eliten beschränkte das transitorische Machtvakuum auf ein Minimum. Gleichzeitig konnte ein Teil der Bevölkerung – die nationalen Minderheiten – diesen Prioritätenwechsel nicht mehr mittragen. Der Demokratisierungsprozeß wurde gehemmt und kam ins Stocken.

Von eher sekundärer Bedeutung sind in diesem Fall die kulturellen Traditionen und zivilgesellschaftlichen Erfahrungen. Letztere waren zwar im Baltikum als einziger Region in der UdSSR überhaupt vorhanden, angesichts des Scheiterns der jungen Demokratien im Vergleich zu Staaten wie der Tschechoslowakei oder Ungarn aber deutlich weniger ausgeprägt. Dies gilt auch für das sozioökonomische Entwicklungsniveau. Innerhalb der UdSSR hatten Estland, Lettland und Litauen mit weitem Abstand das höchste wirtschaftliche Niveau erreicht. Allerdings lagen sie wiederum gegenüber den Staaten Mittelosteuropas zurück. Der dramatische Einbruch der Wirtschaft aller drei Staaten gegen Ende der Demokratisierungsphase erschwerte den Start in die Unabhängigkeit und Demokratie wesentlich.

1. Der ‚Sturz' des ancien régime

1988/89 stand in allen drei baltischen Staaten eine gut organisierte Opposition mit hoher Akzeptanz in der Bevölkerung der Staatsmacht in Moskau gegenüber, die eine immer geringere Legitimität besaß und ihr Monopol auf materielle Ressourcen zusehends verlor. Die Wahlen im März 1989 zum neu eingerichteten Kongreß der Volksdeputierten brachten in allen baltischen Republiken Erfolge für die Kandidaten der *Volksfronten*. Diese Wahlen lösten aber keinen Regimewechsel aus, denn der Transformationsprozeß in den anderen Republiken der UdSSR, auch in der Russischen SSR (vgl. dazu Jöckel/Löhner 1997), hing weit hinter dem im Baltikum zurück.

Allerdings erkannten die baltischen KPs und mit ihnen die Republiksregierungen in den Obersten Sowjets im Baltikum, daß sie bei den 1990 anstehenden Wahlen auf Republiksebene ihre Machstellung einbüßen würden. Als erstes gingen deshalb die reformwilligen Kräfte der KPs gesellschaftliche und politische Pakte mit den zivilgesellschaftlichen *Umbrella*-Organisationen der Volksfronten ein. Während sich in Estland und Litauen die Führer der KPs, Brazauskas, Savisaar und Rüütel, an die Spitze von *Rahvarinne* und *Sajūdis* stellten und die Forderungen der Volksfronten in die KP übernahmen[15], waren die Verhältnisse in Lettland durch die nationale Zusammensetzung der Partei differenzierter: Auch hier suchten Spitzenkräfte der KPLe wie Anatolijs Gorbunovs engen Kontakt zur LTF, ohne aber die breite Parteibasis hinter sich zu wissen.

Als Folge brach das Parteienmonopol der KP auseinander. Unter Brazauskas erklärte sich die KPLi im Dezember 1989 als erste KP in der UdSSR unabhängig von der KPdSU. Im März 1990 vollzog auch die KPE diesen Schritt, während sich in Lettland im April 1990 eine kleine, lettisch dominierte, unabhängige KP von der orthodoxen russischen KPLe abspaltete. Als Konsequenz wurde durch die Anerkennung bzw. Duldung von LNNK und ERSP der Weg zu einem Mehrparteiensystem *de facto* und durch die Streichung des Machtmonopols der KP aus den Republiksverfassungen im Winter 1990/91 auch *de jure* eröffnet.

Auch die Obersten Sowjets als Republik-Parlamente (1985 gewählt, noch vor Beginn von *glasnost'*) reagierten auf die Forderungen der Volksfronten. Sie erkannten sich immer mehr als eigenständige Vertretungen der Republiken und riskierten sogar wie Estland im November 1988 durch eine Verfassungsänderung und Souveränitätserklärung einen Verfassungskonflikt mit der UdSSR (Uibopuu 1991: 122f.). Dabei war der Einfluß der Volksfronten maßgeblich. Unterstützt von permanenten Massenmobilisierungen wurden Forderungen der radikalen Opposition in den Medien diskutiert, von der Volksfront übernommen, „systemkonformiert" und über die KP-Mitglieder in das Parlament getragen und dort „legitimiert" (Levits 1991: 161). Gleichzeitig begannen die Repressionen von Seiten des Regimes nachzulassen. So weigerten sich die Gerichte Lettlands im Sommer 1989 zum ersten Mal unter Berufung auf ihre formal garantierte Unabhängigkeit, an der politischen Verfolgung teilzunehmen. Die zivilgesellschaftlichen Gruppen verließen immer mehr den Raum der Illegalität.

In Litauen begann im Juli 1989 mit der Ernennung von Kazimiera Prunskienė zur stellvertretenden Ministerpräsidentin, einer *Sajūdis*-Gründerin und nicht KP-Mitglied, die Beteiligung von *Sajūdis* an politischen Ämtern und Institutionen. Dies war in Estland durch die Doppelrolle Edgar Savisaars als *Rahvarinne*-Gründer und stellvertretender Ministerpräsident bereits von Beginn an gegeben. Die maßgebliche Gegenmacht zum ‚alten' Staat wurde zur Gestalterin der neuen Ordnung, auch wenn sie dafür Bündnisse mit staatlichen und politischen Akteuren eingehen mußte. Im Baltikum waren diese Bündnisse aber nicht temporär, sondern die zivilgesellschaftlichen Akteure wanderten dauerhaft in das politische System ab.[16] Diese *shifting involvements* (Hirschman 1984) brachten einen starken Bedeutungsverlust der Zivilgesellschaft mit sich.

Die maßgeblichen Akteure der Zivilgesellschaft, die Volksfronten, begannen sich immer mehr zur *political society* zu entwickeln – ein Prozeß, der sich im Frühjahr 1990 fortsetzte, als die Kandidaten der Volksfronten in allen drei Republiken die Wahlen zu den Obersten Sowjets gewannen und die Regierungstätigkeit übernahmen. Die Grenzen zwischen Zivilgesellschaft, politischer Gesellschaft und staatlichen Funktionen verschwammen für lange Zeit. Mit diesen ersten demokratischen Wahlen wurde das alte Regime auf der Ebene der Republiken abgelöst und durch eine demokratische Herrschaftsordnung ersetzt. Allerdings konnten die Reformkommunisten in Estland und Lettland einen gewissen Einfluß als politische Akteure behalten. So wurde Gorbunovs in Lettland Parlamentspräsident, in Estland verfügte *Rahvarinne* nicht über die Mehrheit im Obersten Sowjet, sondern mußte sie mit der ERSP und der Reform-KP teilen. Die Wahlen zu den Obersten Sowjets in Estland, Lettland und Litauen gelten als *founding elections* (O'Donnell/Schmitter 1986:

57ff.). Der Regimewechsel wurde durch demokratische Wahlen vollzogen. Die Volksfronten aber wechselten von der *civil* zur *political society*.

2. Die ‚zurückgestellte' Demokratisierung

Seit Beginn der Bildung einer oppositionellen Bewegung im Baltikum bestand die Forderung nach mehr Souveränität der Republiken. Diese besaß auch von Anfang an eine nationale Komponente, die unter der Devise der ‚Rettung' der nationalen Kultur stand, nicht nur bei der Bürger- und Menschenrechtsgruppe *Helsinki 86*, sondern auch bei der Umweltschutzbewegung und den Wirtschaftsreformern. Sie sollte im Laufe des Jahres 1989 als Ruf nach Unabhängigkeit immer mehr die politische Agenda bestimmen und bei den Wahlen 1990 zum beherrschenden Thema avancieren. Dies hatte mehrere Ursachen:

- Die baltischen Völker waren in ihrer Geschichte daran gewöhnt, in einem multiethnischen Staat zu leben, konnten dabei aber trotz begrenzter Assimilierung ihre kulturelle Identität wahren. Die in der UdSSR durchgesetzte Sowjetisierungs- und damit Russifizierungspolitik wurde aber als existenzielle Bedrohung wahrgenommen.
- Mit dem Eingeständnis der Existenz der Geheimen Zusatzprotokolle des Hitler-Stalin-Paktes durch eine Kommission des Kongresses der Volksdeputierten im Dezember 1989 hatte die Zugehörigkeit Estlands, Lettlands und Litauens zur UdSSR jede historische Legitimität verloren.
- Für den ökonomischen Niedergang wurde die Schuld dem sowjetischen Wirtschaftssystem, besonders den Planungsmechanismen in Moskau gegeben (Hermann 1993: 34). Auch die ökologischen Krisen wurden der ‚Zentrale' zur Last gelegt.
- Die Reformen in den anderen Republiken der UdSSR und vor allem in der Moskauer Zentrale selbst blieben zeitlich wie inhaltlich hinter denen des Baltikums zurück. Als Gorbatschow Zugeständnisse an die Hardliner in der Führungsspitze der KPdSU machen mußte und den Reformprozeß teilweise stoppte, schien auch den liberalen Reformern in der Opposition, den einheimischen KP-Eliten und Teilen der Minderheiten ein Erfolg des Systemwechsels nur in der Unabhängigkeit erreichbar.

Es kam daher im Baltikum zu einem verschärften Zentrum-Peripherie-Gegensatz (Moskau-Republik) im Sinne des makrosoziologischen Ansatzes von Seymour Martin Lipset und Stein Rokkan (1967), der den politisch-ökonomischen *cleavage* noch verstärkte. Die Systemtransformation und die Nationalstaatsbildung verliefen also im Baltikum zunächst synchron. Im Laufe des Lösungsprozesses aus der UdSSR verlor aber die Forderung nach Demokratie relativ an Bedeutung. Es herrschte zwar in der Bevölkerung Konsens, daß die Demokratisierung unverzichtbar bei der Wiedererlangung der Unabhängigkeit sei. Die Inhalte blieben jedoch noch unklar. So versuchten die nationalen Gruppen in den baltischen Republiken stärkeren Einfluß in den Volksfronten zu gewinnen. Neben der LNNK in Lettland und der ERSP in Estland war es in Litauen die Gruppe national-radikaler Mitglieder von *Sajūdis* aus der Stadt Kaunas, die den Impuls in Richtung Unabhängigkeit auslöste.[17] Schließlich richteten alle drei nationalen Unabhängigkeitsbewegungen am 01.05.1989 einen Aufruf an die Volksfronten, die Idee der Unabhängigkeit offen zu vertreten. Die Zivilgesellschaft erschien in dieser Zeit als ein homogener Akteur, dessen primäres Ziel die Unabhängigkeit geworden war.

Die nationalen Gruppen hatten die Möglichkeit erkannt, die Obersten Sowjets nach der Wahl 1990 zur Durchsetzung ihrer Forderungen zu nutzen. Die Ausrufung der sofortigen Unabhängigkeit des Obersten Sowjets Litauens am 11.03.1990 kam allerdings für die Mehrheit der Bevölkerung unerwartet. Die Unterstützung durch die breite Öffentlichkeit auf der Straße blieb aus. Erst militärische Gewaltaktionen von sowjetischen Verbänden und die von Moskau verhängte Wirtschaftsblockade gegen Litauen ließen die Unterstützung für die Unabhängigkeit wieder sprunghaft ansteigen (Lieven 1994: 239f.)

Litauen brachte auch die nördlichen Nachbarn in eine schwierige Situation. In Lettland verlor die LTF bei Nachwahlen die Unterstützung der russischen Bevölkerung (ibid. 241). Estland und Lettland mußten mehr Rücksicht auf die größeren ethnischen Minoritäten in ihren Republiken nehmen, bei Lettland kam hinzu, daß mit Alfreds Rubiks und Boris Pugo zwei potentielle lettische KP-Führungskräfte dem Zentrum in Moskau bei einem Umsturz zur Verfügung standen. So erklärte der Oberste Sowjet Lettlands als letzter die Unabhängigkeit, um sie allerdings sofort auf unbestimmte Zeit wieder auszusetzen.

Das Frühjahr 1990 bedeutete nicht den Abschluß der Demokratisierung, denn weder war eine wirkliche Unabhängigkeit erreicht noch zeigte die UdSSR Anzeichen, den Verlust der baltischen Republiken zu akzeptieren, vielmehr nahm in den nächsten 15 Monaten der Druck von Moskau bis hin zu den zwei Putschversuchen 1991 immer mehr zu. Dies hatte aber zur Folge, daß die politischen Entscheidungen im Baltikum primär am nationalen Interesse gemessen wurden. Die Lenkung des Transformationsprozesses geriet in die Hände von Eliten, die sich gegen Partizipationsansprüche von Teilen der im Übergang mobilisierten Gesellschaft, vor allem der russischen Bevölkerung, immunisierten. So kam es einerseits zu partiellen *crosscuttings coalitions* (Lauth/Merkel 1997a: 4), die innerhalb der baltischen Bevölkerung die Segmentierung aller gesellschaftlichen und politischen Gruppen überbrückten. Da aber die Mobilisierungspotentiale immer stärker über ethnische Bünde und Assoziationen führten, weil diese schneller und effektiver als andere wirken (Gellner 1991: 133), wurden andere Interessen dahinter zurückgestellt – auch die Demokratisierung. Durch die Nutzung des *nationalist capital* gegen das *social capital* (Putnam 1993: 163ff.) verfiel letzteres immer mehr zu einem Nebenprodukt.

Zur Entfaltung eines integrierenden politischen und gesellschaftlichen Pluralismus kam es nicht. Denn die Entscheidung aller drei Parlamente, für die Unabhängigkeit nicht einen neuen Staat zu gründen, sondern mittels Restauration, d.h. der *de facto* Wiedereinsetzung der unabhängigen Staaten der Zwischenkriegszeit, den insti-

Zivilgesellschaft im Baltikum 159

tutionellen Wechsel zu stabilisieren, demoralisierte die ethnischen Minderheiten (Broks et al. 1996/1997: 106) und drohte sie von der Partizipation auszuschließen. So entstanden Koalitionen entlang ethnisch-kultureller *cleavages*, zwischen den Titularnationen und den ethnischen Minderheiten, die die Kluft zwischen dem Moskauer Zentrum und der baltischen Peripherie in den Gesellschaften des Baltikums verfestigten. Dem lagen zwei historische Ursachen der jüngeren Geschichte zugrunde.

1. Die sowjetische Migrationspolitik in den baltischen Staaten hatte für eine sehr heterogene ethnische Zusammensetzung der Bevölkerung gesorgt. Die Instrumentalisierung der Zuwanderer wies ihnen in der offiziellen sowjetischen Propaganda die Rolle von Befreiern und Entwicklungshelfern zu. Die Russifizierung des öffentlichen Lebens machte es für die Zuwanderer nicht nötig, eine der baltischen Sprachen zu erlernen – während auf der anderen Seite der überwiegende Teil der Balten Russisch beherrschte. Dies wurde aber von den Balten als Mißachtung ihrer in der sowjetischen Verfassung garantierten Souveränität empfunden.
2. Die zunehmende Anwendung von Gewalt durch die Machthaber in Moskau ließ die Wahrnehmung unter der Bevölkerung wachsen, daß es sich hierbei um ein Besatzungsregime handelte (Senn 1991: 248f.).

Die Verschärfung der sowjetischen Gewalt aber rettete die Gesellschaft im Baltikum vor dem Auseinanderbrechen. Sie vereinte die Titularnationen mit den Minoritäten und sorgte für die letzte große Massendemonstration, als nach den Angriffen militärischer Einheiten der Sowjetunion im Januar 1991, bei denen in Vilnius 15 Menschen ums Leben kamen, 700.000 Menschen in Rīga demonstrierten. Die Toten von Vilnius und eine Woche später bei ähnlichen Vorgängen in Rīga und die mit absoluter Gewaltlosigkeit der Einwohner durchgeführte Bewachung ihrer Medien- und Regierungseinrichtungen gaben der Bevölkerung nicht nur das Gefühl, für ihre Unabhängigkeit gekämpft zu haben (Lieven 1994: 255), sondern ließen auch den Minderheiten der Unabhängigkeit den Vorzug vor dem Verbleib in der Sowjetunion geben (Plakans 1991: 263).

Die Entscheidung in allen drei Staaten, die Transformation über die nationale Restauration zu begründen, wirkte zunächst stabilisierend, da Diskussionen über die Neuordnung des Staates weitgehend entfielen. Es kam zu keiner Doppelherrschaft, sondern zu einer weitgehend unproblematischen Übernahme der Strukturen, da das Machtvakuum sofort von traditionellen politischen und staatlichen Akteuren gefüllt wurde und eine große Elitenkontinuität sicherte. Längerfristig war damit jedoch ein ethnisch-politischer Konflikt vorgezeichnet. Kurzfristig bedeutete dies, daß die Zivilgesellschaft maßgeblich an Bedeutung und Mobilisierung verlor. Sie hatte zwischen dem Frühjahr 1990 und August 1991 noch einmal durch Kooperationen und Bündnisse mit den staatlichen Akteuren maßgeblichen Einfluß nehmen können, u.a. bei der Gestaltung der Umweltpolitik und den liberalen Minderheitenrechten (mit Ausnahme der offenen Frage der Staatsbürgerschaft).

Gleichzeitig erfuhr der ethnisch-kulturelle *cleavage* eine inhaltliche Veränderung. Da die Versuche der orthodoxen Kommunisten, mit militärischer Gewalt die Macht wiederzugewinnen, von *Nationalen Komitees zur Rettung der Gesellschaft*, den *Interfronten* und Demonstrationen von Arbeitern und Militärangehörigen unterstützt wurden, die überwiegend aus eingewanderten Russen bestanden, begannen sich in der Diskussion um die Staatsbürgerschaft in Estland und Lettland die nationalistischen Kräfte durchzusetzen, die nur den Bürgern von 1940 und deren Nachfahren das Bürgerrecht verleihen wollten. Die Spaltung in der Gesellschaft verschob sich von Einheimische versus Minderheiten zu zukünftige Bürger (unter ihnen ein Drittel Russischstämmige) versus Nichtbürger.

Die im Februar und März 1991 abgehaltenen Volksbefragungen über die Unabhängigkeit in den baltischen Staaten brachten deutliche Mehrheiten für die Befürworter der Unabhängigkeit – auch unter den ethnischen Minderheiten gab es eine größer werdende Zustimmung.[18] Die Zahlen entsprachen aber bereits ungefähr dem zu erwartenden Verhältnis zwischen Bürgern und Nichtbürgern bei einer restriktiven Anwendung der Staatsbürgerschaftsvergabe. Litauen hatte sich bereits 1989 zur ‚Null-Lösung' bei der Vergabe der Staatsbürgerschaft entschieden, d.h. alle Einwohner konnten ohne größere Voraussetzungen die Staatsbürgerschaft erhalten. Dies geschah, obwohl *Sajūdis* immer eine rein litauische Bewegung war, und die Minoritäten nur wenig und unorganisiert an der Unabhängigkeitsbewegung teilnahmen. Die frühe Fokussierung auf die Unabhängigkeit und ihre überraschend schnelle Durchsetzung konnte deshalb im Transformationsprozeß kaum die Unterstützung der Minderheiten gewinnen (Juozaitis 1992: 5f.).

IV. *Demokratische Konsolidierung ohne Zivilgesellschaft?*

Das Ende der Demokratisierungsphase für das Baltikum läßt sich nur schwer datieren. Die Wahlen 1990 fanden noch innerhalb der UdSSR statt. Die endgültige Ausrufung und internationale Anerkennung der Unabhängigkeit im August 1991 während des Putschversuches gegen Michail Gorbatschow erfolgte ohne eine zusätzliche demokratische Legitimierung, d.h. ohne Volksabstimmung. Bis zu den ersten freien Wahlen in den neuen Nationalstaaten sollte es noch bis 1992 (Estland, Litauen) bzw. 1993 (Lettland) dauern. Spätestens dann kann die Phase der Transition als abgeschlossen gelten. Die Konsolidierung der Demokratie begann allerdings schon nach den Wahlen 1990. Es handelte sich also im Baltikum um eine extrem lange Überschneidung der Phasen von Demokratisierung und Konsolidierung, die durch den die Transformation begleitenden Prozeß der Staatsbildung bedingt wurde.

1. Bedeutungsrückgang der Zivilgesellschaft

Obwohl es paradox erscheint, ist in vielen Fällen der *Dritten Demokratisierungswelle* eine starke Abnahme der zivilgesellschaftlichen Aktivitäten bereits in der Phase der Demokratisierung festzustellen, die sich dann während der Konsolidierung der Demokratie zudem in einem starken zahlenmäßigen Rückgang ihrer Akteure fortsetzt.[19] Diese Entwicklung ist auch für die baltischen Staaten zu konstatieren. Dafür gibt es eine Reihe von allgemeinen und spezifischen Erklärungen:

1. Der Niedergang der Zivilgesellschaft ist ein Ergebnis ihres eigenen Erfolges. Das *ancien régime* wurde zerschlagen, Freiheitsrechte wurden realisiert, eine demokratische Herrschaftsordnung und der Rechtsstaat wurden eingeführt. Vor allem aber wurde die zentrale Forderung erfüllt: die Wiedergründung der Nationalstaaten. Die Akteure der Zivilgesellschaft haben durch das Erreichen dieser Ziele einen Motivationsverlust erfahren. Zudem herrschte in weiten Teilen der Bevölkerung die Auffassung vor, nach vier Jahren Massenmobilisierung jetzt beruhigt die Verantwortung für den weiteren Prozeß in die Hände der Regierung legen zu können, die – „da vom Volk gewählt" – auch für das Volk handeln mußte (Ostrovska 1996/1997: 69).
2. Eine besondere Problematik liegt in dem dreifachen Systemwechsel in den postkommunistischen Ländern, der gleichzeitig auf politischer, wirtschaftlicher und sozialer Ebene stattfand (Offe 1994). Die Wirtschaft erlebte in allen drei baltischen Staaten einen fundamentalen Einbruch. Auch im siebten Jahr der Unabhängigkeit konnte noch nicht die Wirtschaftsleistung von 1989 erreicht werden (Broks et al. 1996/1997: 122). Die Arbeitslosigkeit lag zwar offiziell im westeuropäischen Durchschnitt, allerdings war z.B. 1994 auch nur jeder dritte Arbeitsuchende in Lettland registriert (Cīce 1996: 83). Bis zu einem Fünftel der Erwerbstätigen sind in der „Schattenwirtschaft" tätig (Cīce 1996: 90). Die Folge des wirtschaftlichen Einbruchs ist eine große Verarmung weiter Bevölkerungschichten. Allein in Lettland verfügten 1996 60% der Bevölkerung nur über das gesetzliche Mindesteinkommen, 24% hatten nicht einmal dieses zur Verfügung (Dobelniece 1996/1997: 210). Die Sicherung der Existenz wurde bei vielen Menschen zu einem Kampf um das tägliche Überleben und ließ kaum noch Kräfte für ein politisches Engagement zu. Es kam auch im Baltikum zu einem Wechsel von der *res publica* zur *res privata* (Lauth/Merkel 1997b: 39). Es folgte eine Depressionswelle, die besonders in Litauen zu einem sprunghaften Anstieg der Selbstmordrate führte (*The Baltic Times*, vol. 2, no. 49).
3. Eine eher untergeordnete Rolle für den Rückgang der Zivilgesellschaft spielte im Baltikum die Bildung von Parteien, die erst später in der Konsolidierung versuchten, die politischen Prozesse zu monopolisieren und die zivilgesellschaftlichen Akteure zu verdrängen. Denn im Baltikum beharrten LTF, LNNK und *Sajūdis* lange auf ihrem Charakter als Bewegungen und verweigerten durch den Druck der Basis den

organisatorischen Übergang in politische Parteien, obwohl sie funktional längst zur *political society* gehörten.

4. Durch das Abwandern der Volksfronten in die *political society* und den stärker werdenden Einfluß der nationalistischen Kräfte in den Volksfronten verloren diese Bewegungen ihre Bedeutung als *catch-all*-Institutionen für zivilgesellschaftliche Organisationen. Die Gewerkschaften spielten in den neunziger Jahren keine Rolle. Sie sind in allen drei Staaten von einer internen Konsolidierung weit entfernt und haben sich von den Mitgliederverlusten Anfang des Jahrzehnts noch nicht erholt. Alle Verbände sind innerhalb ihrer Länder untereinander zerstritten, in Litauen kommt noch eine Parteiabhängigkeit der großen Gewerkschaftsbünde hinzu (Hartung 1994: 25). Auch in der Bevölkerung verfügen sie über kein großes Ansehen, nur durchschnittlich 17% der Bürger sprechen ihnen im Baltikum Vertrauen aus (Steen 1996: 211). Hinzu kommt in der Bevölkerung eine rückgängige Bereitschaft zu Streik und Demonstration.

Generell lassen sich vor allem auf regionaler Ebene Anfänge einer neuen Zivilgesellschaft im Bereich der NGOs entdecken. Viele NGOs sind als Stiftungen wiedererstanden, oft mit Startfinanzierungen aus dem Ausland (*The Baltic Times*, vol. 2, no. 62). Anfangs gingen sie auf Distanz zum Staat und es gelang ihnen aufgrund mangelhafter Selbstdefinition nicht, die Bevölkerung zu mobilisieren (Ostrovska 1996/1997: 78). Aber ihre Bedeutung sollte nicht unterschätzt werden. In Lettland sind über 500 NGOs in einem Dachverband organisiert, treten über Konferenzen an die Öffentlichkeit und suchen den Kontakt zu den staatlichen Institutionen. Auch in Litauen hat eine vorsichtige Annäherung zwischen Staat und NGOs begonnen (*The Baltic Times*, vol. 2, no. 71 und 79).

Die traditionellen christlichen Kirchen, der Islam und das Judentum genießen Religionsfreiheit in allen Staaten. Schwierigkeiten haben kleinere und bisher unbekannte Religionsgemeinschaften, wie z.B. die Zeugen Jehovas, auch als solche staatlich anerkannt zu werden. Während in Estland lutheranische Priester bei den Parlamentswahlen kandidierten, ist dies ihren katholischen Amtsbrüdern in Litauen, die aktiv bei der Gründung von *Sajūdis* mitgewirkt hatten, von bischöflicher Seite untersagt (Butenschön 1991: 251). Die Kirchen verhalten sich als Institution weitgehend politisch neutral, auch wenn *Sajūdis* eine maßgebliche Unterstützung durch die katholische Kirche Litauens erfährt. In der sowjetischen Zeit ohne Kapital und Möglichkeiten, sind die sozialen Dienste der Kirche am Ende der neunziger Jahre noch im Aufbau begriffen. Sie genießen aber seit Jahren das höchste Vertrauen in der Bevölkerung. Ein ähnlich hohes Vertrauen wird nur der Presse, dem Radio und dem Fernsehen zugesprochen. Dies gilt auch für Lettland (*Diena*, 19.12.1998) und Estland. Es hat sich mittlerweile eine freie und unabhängige Presse etabliert, die nicht unter der Zensur, sondern unter wirtschaftlichen Schwierigkeiten leidet.[20] Viele Publikationen wurden deshalb eingestellt. Erst 1993 stieg die Gesamttitelzahl wieder (*Neatkarīgā Rīta Avīze*, 30.08.1996).

2. Die „Schattenseiten" der Zivilgesellschaft

Der Einbruch der Zivilgesellschaft und der Rückzug vieler Akteure in die Privatsphäre geschah im Baltikum zu einem Zeitpunkt, als die Parteien ihre repräsentative Funktion als intermediäre Organisationen noch nicht erfüllen konnten. Das entstandene Vakuum wurde durch eine überparteiliche nationale Elitensteuerung der Demokratisierung in allen drei Staaten ‚gefüllt'. In der Konsolidierungsphase kamen allerdings auch die dunklen Seiten der Zivilgesellschaft zum Vorschein.

Der Zerfall der Zivilgesellschaft hatte im Baltikum keine pluralistische Wende zur Folge. Vielmehr bildeten sich Dominanzstrukturen, die das bestehende ethnisch-kulturelle *cleavage* verstärkten. Durch das Drängen der nationalistischen Kräfte in die Führungen der Volksfronten und den Einfluß der Exilbalten erfolgte nach 1991, als die Angst vor einer gewaltsamen Reaktion der UdSSR gewichen war, eine Gleichsetzung von anti-sowjetischen mit anti-russischen Ressentiments (Lieven 1994: 304). Diese mit Intoleranz in den Binnenstrukturen verbundene Entwicklung der Organisationen hatte vor allem den Rückzug der Intellektuellen aus *Sajūdis*, LTF und *Rahvarinne* in die Privatsphäre zur Folge (Matthes 1995; Lieven 1994). Wenn die Akteure nicht wie Dainis Īvāns (LTF) von ihren politischen und gesellschaftlichen Ämtern zurücktraten, mußten sie weitgehende politische Zugeständnisse machen. So scheiterten Edgar Savisaar in Estland und Anatolijs Gorbunovs in Lettland mit ihrer Forderung, die Staatsbürgerschaft in ihren Ländern gemäß dem Beispiel Litauens als „*Null-Lösung*" zu vergeben.

Besonders *Sajūdis* zeichnete sich in der Folgezeit durch steigende Intoleranz, Angriffe gegen politische Gegner, wachsenden Nationalismus, ein Aufgehen im Katholizismus und Versuche der Pressezensur (Kavaliauskas 1996: 114) aus.[21] In Litauen wurden zeitweilig die demokratischen und parlamentarischen Regeln nicht mehr respektiert (Lieven 1994: 264). Ein synonymes Verständnis von Gesellschaft und Zivilgesellschaft und der Anspruch, die gesamte Gesellschaft zu vertreten sowie der Versuch, politischen Gegnern die Legitimation abzusprechen, ließen autoritäre Elemente in *Sajūdis* erkennen.[22]

Daß es zu keinen sozialen Konflikten mit den ethnischen Minderheiten kam, lag vor allem an deren niedrigem Organisationsgrad. Sie hatten außer Kulturverbänden keinerlei zivilgesellschaftlich relevante Gruppen und auch ihre Parteien konnten sich bei den ersten Wahlen nicht durchsetzen. Besonders die russische Bevölkerung verfügte auch am Ende der neunziger Jahre noch kaum über zivilgesellschaftliche Strukturen. Die Angst der Titularnationen vor seperatistischen Tendenzen führte in Gebieten mit überwiegend nichtbaltischer Bevölkerung zu restriktiven Maßnahmen gegen regionale Verwaltungseinheiten (Juozaitis 1992: 20).

Daher ist es nicht erstaunlich, daß 1992 die Nicht-Balten in allen drei Staaten mehrheitlich der Meinung waren, das alte System sei besser als das neue gewesen (Mattusch 1996: 149). Diese Verweigerung gegenüber dem neuen Staat findet ihren Ausdruck in der mangelnden Bereitschaft der ethnischen Minderheiten in Estland und Lettland, sich um die Staatsbürgerschaft zu bewerben. Die Ablehnung des Staates teilen die Titularnationen nicht, wohl aber das Mißtrauen in die demokratischen Institutionen. Die Menschen im Baltikum sind durch ein extremes Mißtrauen gegen politische und ökonomische Institutionen ausgezeichnet (Steen 1996: 206). Die radikale Trennung von privater und öffentlicher Sphäre ist ein Grund für die zivilisatorische Inkompetenz postkommunistischer Gesellschaften (Sztompka 1993). Einer positiven Wertung der Privatsphäre wird ein negatives Urteil des öffentlichen Raumes entgegengesetzt.

3. Zivilgesellschaft und civic culture – die ethnische Dimension

Der Elitenwechsel im Baltikum war von einem ethnischen *cleavage* bestimmt. Um Kontrolle über die Machtpositionen zu bekommen, wurden vor allem die russischen Eliten in Estland und Lettland entmachtet. Dadurch sind die russischen Minoritäten in Staat und Politik kaum noch in Spitzenpositionen vertreten und somit politisch nicht repräsentiert (Steen 1997: 106). Kontinuität der Eliten beim Regimewechsel ist in Lettland, Litauen und Estland nur bei den indigenen Mitgliedern der Kommunistischen Parteien zu beobachten. So ist bis heute ein großer Anteil an ehemaligen KP-Mitgliedern in Parteien, Parlament, Wirtschaft und im Erziehungswesen verblieben. Die neuen Eliten waren oft die alten, nur in Lettland gelang es Personen aus niedrigeren Positionen aufzusteigen (Steen 1997: 99ff.). Der Prozeß der nationalen Konsolidierung erfolgte durch Rekrutierung von jungen, baltischen und gut ausgebildeten Eliten. Dies brachte aber eine Elitenstruktur ohne ethnischen Pluralismus mit sich. Der russische Einfluß dominiert nur noch in der Wirtschaft, hier versucht die russische Minderheit den fehlenden politischen und sozialen Einfluß zu kompensieren (ibid.: 106).

Durch die ethnisch exklusiven Wahlen von 1992 (Estland) und 1993 (Lettland) und die restriktive Vergabe der Staatbürgerschaft in beiden Staaten wurde zwar formal die Einhaltung der Spielregeln gewährleistet, doch viele Teilnehmer vom politischen Spiel ausgeschlossen. In der Zwischenzeit wurden auf Druck des Europarates und der OSZE neue Bürgerschaftsgesetze in beiden Ländern erlassen, doch die Reaktion der – vor allem russischen – Nichtbürger blieb zurückhaltend. In Lettland nahmen bis April 1997 nur 774 von insgesamt 124.000 Nichtbürgern die Staatsbürgerschaft an (*The Baltic Times*, vol. 2, no. 54 und 56). Gründe dafür sind Probleme bei der Visabeschaffung für Rußland, die Wehrpflicht in Lettland und die fehlende Motivation, die lettische Sprache zu lernen. In Estland gibt es sogar einen Trend unter der russischen Bevölkerung, die russische Staatsbürgerschaft anzunehmen. Bereits 120.000 von ihnen sind Bürger Rußlands geworden, fast soviele wie die estnische Staatsbürgerschaft erhalten haben (Girnius 1997).

In Estland nahmen sich 1993 die Russen nicht als nationale Minderheit wahr. Nur 38% sahen sich als eine solche an; dagegen waren es 59% bei den Ukrainern und Weißrussen (Kirch/Kirch/Tuisk 1993: 178). Eine der wichtigsten Dimensionen von *political culture* ist die Identifikation des Individuums mit der Nation (Kaplan

1994: 7). Es ist daher keine echte demokratische Konsolidierung zu erwarten, ehe nicht die slawischen Minoritäten in die neuen *political communities* aufgenommen werden (Gray 1996: 73). Zwar befürchteten 1994 nur 2% der Russen (5% der anderen Minderheiten) in Lettland, ihre ethnische Identität zu verlieren, gleichzeitig hatten aber 18% (15%) Angst vor Deportationen (Zepa 1996/1997: 95).[23] Allerdings ist ein gewisses Maß an subjektiver Integration der Minderheiten in die politische Gemeinschaft feststellbar, da zwischen 74% (Estland) und 86% (Litauen) der ethnischen Minderheiten ein starkes Zugehörigkeitsgefühl zur jeweiligen Republik äußern und diese Werte zwischen 1990 und 1992 gestiegen sind (Mattusch 1996: 151).

Während aber eine große Zahl der Esten, Letten und Litauer demokratische Orientierungen unterstützt, ist dieses bei den ethnischen Minderheiten deutlich geringer (Mattusch 1996: 200). Zur Akzeptanz des neuen, demokratischen Regimes scheint eine erfolgreiche Wirtschaftsentwicklung wichtig, denn eine Systemakzeptanz auf ihrer eigenen Grundlage bildet sich erst später heraus. Dies wird besonders am Fall Estlands deutlich: Obwohl hier die stärksten ethnischen Konflikte vorherrschen, ist die Systemakzeptanz am größten. Estland weist die besten wirtschaftlichen Daten von allen ehemaligen Republiken der UdSSR auf und auch die Zufriedenheit der Bevölkerung mit dem Wirtschaftssystem ist am höchsten (61% der Esten, 49% der Minderheiten) (Broks et al. 1996/1997: 125).[24] In Lettland könnte der Umstand, daß Letten und Minderheiten über ähnliche Arbeitslosenzahlen verfügen und nicht, wie erwartet, die Minderheiten die Hauptlast des wirtschaftlichen Niedergangs spürten, dem sozialen Frieden hilfreich sein.

Im Vergleich mit den anderen ehemaligen Republiken der UdSSR ist die Zustimmung zur Systemtransformation im Baltikum am größten (Mattusch 1996: 203). Doch läßt sich auch erkennen, daß die Unterstützung für politische Systeme im allgemeinen größer ist als für einzelne Institutionen oder die Ziele der Systeme. Es besteht jedoch die Gefahr, daß die Hinwendung zur Demokratie sich vor allem aus einer Negativbelegung des Sozialismus speist oder nur als Mittel für ökonomische Verbesserungen angesehen wird. Ein genuines Pluralismusverständnis ist z.B. in Lettland nur schwach entwickelt, wenn fast drei Viertel der Bevölkerung der Meinung sind, daß eine politische oder gesellschaftliche Gruppe nicht lange existieren kann, wenn sie zuviele Meinungen toleriert (Zepa 1996/1997: 94).

Verbessern sich diese Daten nicht, dann droht Demokratie zu einem bloßen Rahmen ohne Inhalte zu verkommen. Zwar ist die Wahlbeteiligung in den baltischen Staaten mit 65-80% dem westeuropäischen Niveau ähnlich und noch geben mehr als die Hälfte der Bevölkerung der Titularnationen an, ein hohes politisches Interesse zu haben. Doch sind diese Werte zwischen 1990 und 1992 stark gesunken – bei den Minderheiten verlief die Entwicklung noch negativer. Die Bereitschaft an politischen Diskussionen teilzunehmen, lag 1992 nur bei 17,9% (Minderheiten in Litauen) und 33,9% (Esten) und war auch im Vergleich zu 1990 deutlich niedriger (Mattusch 1996: 153).

Von einer Zufriedenheit mit der Demokratie konnte im gleichen Zeitraum nicht die Rede sein: nur 57,7% der Litauer (29,6% der dort lebenden Minderheiten),

21,5% der Letten (12,7%) und 41,5% der Esten (10,1%) sind mit der Entwicklung der Demokratie zufrieden (ibid.). Das mangelnde Vertrauen in den Staat und die *policy-making*-Institutionen läßt sich vor allem aus der Unzufriedenheit der Menschen mit den materiellen Ergebnissen der Transformation und ihren daraus resultierenden wirtschaftlichen Problemen und der mangelnden Erfahrung mit demokratischen Institutionen erklären. Auffallend ist im Baltikum eine besondere Korrelation zwischen Bildungsgrad und Vertrauen in Institutionen – je höher die Bildung, desto geringer ist das Vertrauen (Steen 1996: 223).

V. Fazit: ein „Baltischer Weg" nur für Balten

In der Phase der Liberalisierung in den baltischen Republiken Estland, Lettland und Litauen kam es zur Bildung einer zivilgesellschaftlichen Gegenmacht zum autoritären Staat. Diese Entwicklung verlief in allen Republiken parallel, unterschied sich aber zu den sonstigen Bewegungen in der Sowjetunion durch ihre unbedingte Forderung nach Dezentralisierung und größerer Souveränität bis hin zur Unabhängigkeit. Den Akteuren gelang eine Massenmobilisierung von bisher unbekannten Ausmaßen und absoluter Gewaltfreiheit. Allerdings begann sich schon hier die Nichtteilnahme bestimmter ethnischer Gruppen an den zivilgesellschaftlichen Organisationen abzuzeichnen.

Mit Beginn der Demokratisierungsphase begann rasch die Forderung nach Unabhängigkeit die Agenda zu bestimmen. Die Demokratisierung trat hinter der Staatsbildung zurück. Dennoch wurde letztlich im Baltikum die nationalstaatliche Souveränität mit der demokratischen Transition in weiten Teilen in Einklang gebracht und stabilisiert. Die Zivilgesellschaft büßte in dieser Phase zunehmend an Akteuren und Einflußmöglichkeiten ein, die *Volksfronten* verloren ihren zivilgesellschaftlichen Charakter und wurden zu Teilen der *political society*. Der paktierte Wechsel im Baltikum verhinderte ein institutionelles Vakuum. Die Eliten wechselten meist nur in ethnischer und weniger in politischer Hinsicht. Eine die Ethnien übergreifende Zivilgesellschaft konnte so nicht entstehen.

Die lange Phase, in der sich Demokratisierung und Konsolidierung überschnitten, war von einem steigenden Einfluß national-radikaler Kräfte und dem weiteren Ausschluß der nationalen Minderheiten geprägt. Überhaupt verlief der gesamte Systemwechsel ohne bemerkenswerte Beteiligung der Minderheiten. Die Akteure der Zivilgesellschaft waren in dieser Zeit durch *shifting involvements* in der *political society* aufgegangen oder hatten sich in die Privatsphäre zurückgezogen. Die *civil society* versank in der Bedeutungslosigkeit. Dadurch jedoch, daß wichtige Institutionen der Zivilgesellschaft die höchsten Vertrauenswerte bei allen ethnischen Gruppen im Baltikum genießen, und daß besonders die NGOs ihre Aktivitäten verstärkten, könnte die Zivilgesellschaft längerfristig eine neue Bedeutung für die Stabilisierung der Demokratie in Estland, Lettland und Litauen gewinnen.

Zivilgesellschaft im Baltikum

Wie erfolgreich der noch anhaltende Konsolidierungsprozeß sein wird, ist jedoch offen. Angesichts der Umstände, daß bis zu einem Drittel der Einwohner von den demokratischen Bürger- und Partizipationsrechten ausgeschlossen sind, daß zwar der Rahmen der Demokratie akzeptiert wurde, kaum jedoch ihre Inhalte, daß die wirtschaftliche Transformation zwar Erfolg verspricht, nicht aber gesichert ist und schließlich, daß nur wenig Vertrauen in die demokratischen Institutionen besteht, scheint der Prozeß der Konsolidierung der Demokratie noch sichtbar von einem erfolgreichen Abschluß entfernt zu sein.

Im Vergleich zu den anderen ehemaligen Republiken der UdSSR ist die Legitimität des Systemwechsels und die Stabilität der Demokratie im Baltikum mit Abstand am größten. Für die Zukunft ist es von größter Wichtigkeit, die nationalen Minderheiten in allen drei Staaten stärker in den Konsolidierungsprozeß zu integrieren. Die Zukunft der Demokratie im Baltikum hängt aber auch davon ab, ob die Wirtschaftsentwicklung mit dem Aufbau der Demokratie mithält, denn eine Systemakzeptanz über den ‚Umweg' einer erfolgreichen Wirtschaftsentwicklung erscheint im Moment am erfolgversprechendsten.

Anmerkungen

1 Einleitend zum gesamten Baltikum: Lieven 1994; zu Estland: Taagepera 1993; zu Lettland: Dreifelds 1996; zu Litauen: Vardys/Sedaitis 1993.
2 Im Fall des Baltikums kann nur eingeschränkt von einer *Staatenneugründung* gesprochen werden, denn die 1940 okkupierten Staaten existierten völkerrechtlich *de jure* weiter. Auch wurde nach der Erklärung der Unabhängigkeit 1990 auf bestehende Strukturen und teilweise auch Eliten der Sowjetzeit zurückgegriffen.
3 Dabei wird weitgehend auf das Konzept von Lauth/Merkel (1997b: 22f.) zurückgegriffen.
4 Zu den historischen Entwicklungen, die an dieser Stelle nur angerissen werden können, vgl. Meissner 1991.
5 In Estland sank der Anteil der Titularnation von 88,2% (1934) auf 61,5% (1989); der Anteil der russischen Bevölkerung stieg von 8,2% auf 30,3%. In Lettland waren 1939 noch 75,5% Letten, 1989 aber nur 52,2%; gleichzeitig lebten 1939 nur 10,2% Russen in Lettland, 1989 waren es bereits 34,2%. In Litauen blieb das Verhältnis Titularnation - Minderheit relativ stabil, waren aber 1923 noch die Polen mit 15,3% die größte Minderheit in Litauen (1989: 7,0%), so sind es 1989 die Russen mit 9,4% (1923: 2,5%) (Lieven 1994: 432ff.).
6 Eine Ausnahme stellte Litauen dar, wo sich aufgrund der größeren nationalen Homogenität und enger persönlicher Beziehungen zwischen KPdSU und KPLi eine deutlich stärkere nationale Komponente in Staat, Verwaltung und Wirtschaft erhalten konnte (vgl. dazu Vardys 1991: 227ff.).
7 Estnisch: *Isemanjadav Eesti*; die Abkürzung IME bedeutet auf estnisch gleichzeitig „Wunder".
8 Höhepunkt war der *Baltische Weg* am 23.8.1989 – eine 600km lange Menschenkette von Vilnius über Rīga nach Tallinn – an der fast ein Viertel der Gesamtbevölkerung der drei Republiken teilnahm.

9 1988 waren in Lettland zum ersten Mal alle drei Spitzenämter in Staat und Partei von Letten besetzt und mit Vaino Väljas stellte erstmals seit 1950 wieder ein Este den Ersten Sekretär der KPE.
10 Bei der Gründung der lettischen *Interfront* waren 81% der Teilnehmer Russen und nur 4% Letten.
11 So sprachen 21% der Russen in Lettland 1990 der *Interfront* ihr Vertrauen aus (Matthes 1995: 40).
12 Eine mononationale lettische Organisation von Städtern der mittleren Generation mit schwachem Einfluß auf dem Land und hoher innerer Mobilität (Apals 1992: 24).
13 Sie spürten im Gegensatz zu den durch die *perestrojka* legitimierten Volksfronten stärkere Repressionen durch das Regime u.a. auch Strafverfolgung. Ihr Einfluß auf politische Entscheidungen war gering, z.b. blieben Aufrufe der LNNK wirkungslos, wenn sie nicht von der LTF unterstützt wurden (Apals 1992: 17).
14 Bis Dezember 1989 ließen sich in Lettland 700.000 und in Estland 850.000 „Staatsbürger" registrieren.
15 Bei Litauen wurde auch von einer *Sajūdisierung* der KPLi gesprochen (Butenschön 1991: 62).
16 Die LTF sah sich im Herbst 1989 selbst als zivilgesellschaftliche Institution, wenn sie in ihrem Programm schrieb: „Die Volksfront Lettlands strebt keine Übernahme der staatlichen Funktionen und keinen Ersatz für gesellschaftliche Verbände an" (Noltein 1990: 195).
17 In Litauen brach der alte Unterschied zwischen dem pluralistischen Vilnius und dem ethnisch homogenen Kaunas hervor (Lieven 1994: 226).
18 Sprachen sich in Lettland in Umfragen im Mai 1989 55% der Letten und nur 9% der Nicht-Letten für eine Unabhängigkeit aus, so waren es im März 1994 94% der Letten und 38% der Nicht-Letten (Zepa 1996/1997: 83). In Estland stieg die Zustimmung unter den Esten zwischen September 1989 und Mai 1990 von 64 auf 96%, bei den Nicht-Esten von 9 auf 26% (Raun 1991: 254).
19 So verlor die LTF bereits zwischen Mai und Oktober 1990 mehr als 50.000 Mitglieder.
20 In Lettland stieg z.B. der Papierpreis 1992 um das 28fache (*Diena*, 12.02.1992).
21 Das 1990 in Litauen verabschiedete Pressegesetz ließ durchaus staatliche Zensurmaßnahmen zu und wurde erst 1996 durch ein liberaleres ersetzt (Petrauskis 1997: 220f.).
22 Hier sind Ähnlichkeiten zum Nachbarland Polen und der Rolle der Solidarnosc (vgl. dazu Veser 1997) zu erkennen.
23 Parallel dazu hatten 64% der Russen Angst vor diplomatischem und 53% vor wirtschaftlichem Druck von Seiten Rußlands auf Lettland (Zepa 1996/1997: 95).
24 In Lettland sind es nur 25% der Letten bzw. 28% der Russen (Broks et al. 1996/1997: 125).

Literatur

Apals, Gints 1992: Die nationale Unabhängigkeitsbewegung in Lettland (Juni 1988-Dezember 1991), in: Acta Baltica XXIX/XXX: 9-25.
Bauer, Iris 1997: Nationalstaatsbildung, politischer Transformationsprozeß und die Rolle der Zivilgesellschaft in Palästina, in: Lauth, Hans-Joachim/Merkel, Wolfgang (Hrsg.): Zivilgesellschaft im Transformationsprozeß, Mainz: 347-384.

Bewegungen 1989: Bewegungen im Baltikum (II), in: Osteuropa-Archiv September 1989: 395-436.
Brahm, Heinz 1990: Stagnation, Perestrojka, Krise, in: Osteuropa (40) 5: 389-403.
Broks, Jānis/Ozoliņš, Uldis/Ozozīle, Gunārs/Tabuns, Aivars/Tisenkopfs, Tālis 1996/1997: The Stability of Democracy in Latvia: Pre-Requisites and Prospects, in: Humanities and Social Sciences. Latvia: Social Changes in Latvia, 4(13)/1996, 1(14)/1997: 103-134.
Bula, Dace 1996: The Singing Nation: The Tradition of Latvian Folk Songs and the Self-Image of the Nation, in: Humanities and Social Sciences. Latvia: Folklore Issues, 2(11)/1996: 4-32.
Butenschön, Marianne 1991: Estland, Lettland, Litauen. Das Baltikum auf dem langen Weg in die Freiheit, München und Zürich.
Cīce, Ausma Māra 1996: The Labor Market and Unemployment in Post-Socialist Lativa, in: Humanities and Social Sciences. Latvia: Transforming Latvian economy, 5(10)/1996: 79-96.
Cohen, Jean/Arato, Andrew 1992: Civil Society and Political Theory, Cambridge.
Diamond, Larry 1994: Toward Democratic Consolidation, in: Journal of Democracy (5) 3: 4-17.
Dobelniece, Signe 1996/1997: Poverty in Latvia during the Period of Transformation, in: Humanities and Social Sciences. Latvia: Social Changes in Latvia, 4(13)/1996, 1(14)/1997: 199-211.
Dreifelds, Juris 1996: Latvia in transition, Cambridge.
Gellner, Ernest 1991: Nationalism and Politics in Eastern Europe, in: New Left Review 189: 127-134.
Girnius, Saulius 1997: Back in Europe, to Stay, in: Transition (3) 6: 7-10.
Gray, Victor 1996: Identity and Democracy in the Baltics, in: Democratization (3) 2: 67-91.
Hartung, Gabriele 1994: Neue Staaten - neue Gewerkschaften? Die Gewerkschaften in Litauen, Lettland und Estland Anfang der 90er Jahre, Leipzig.
Hermann, Rainer 1993: Die Transformation des politischen Systems Lettlands, Freiburg [unveröffentl. Magisterarbeit].
Hirschmann, Albert O. 1984: Engagement und Enttäuschung. Frankfurt/Main.
Huntington, Samuel 1991: The Third Wave: Democratization in the Late Twentieth Century, Oklahoma.
Jöckel, Sabine/Löhner, Judith 1997: Zwischen Kooptation und Autonomie: Die Zivilgesellschaft in Rußland, in: Lauth, Hans-Joachim/Merkel, Wolfgang (Hrsg.): Zivilgesellschaft im Transformationsprozeß, Mainz: 200-221.
Juozaitis, Arvydas 1992: The Lithuanian Independence Movement and National Minorities: PRIF Peace Research Reports, Frankfurt/M.
Kaplan, Cynthia 1994: Political Culture in Estonia: The Impact of Two Traditions on Political Development, Paper für die Konferenz „Political Culture and Civil Society in the Former Soviet Union", Washington, D.C.
Kavaliauskas, Vilius 1996: Die Lage der Presse in Litauen und ihre Rolle in der Entwicklung einer demokratischen Gesellschaft, in: Hackmann, Jörg (Hrsg.): Litauen. Nachbar im Osten Europas, Köln.
Kirch, Aksel/Kirch, Marika/Tuisk, Tarmo 1993: Russians in the Baltic States: To be or not to be?, in: Journal of Baltic Studies (XXIV) 2: 173-188.
Lauth, Hans-Joachim/Merkel, Wolfgang (Hrsg.) 1997a: Zivilgesellschaft im Transformationsprozeß: Länderstudien zu Mittelost- und Südeuropa, Asien, Afrika, Lateinamerika und Nahost, Mainz.

Lauth, Hans-Joachim/Merkel, Wolfgang 1997b: Zivilgesellschaft und Transformation, in: dies. (Hrsg.): Zivilgesellschaft im Transformationsprozeß, Mainz: 15-49.

Levits, Egil 1991: Lettland unter der Sowjetherrschaft und auf dem Weg zur Unabhängigkeit, in: Meissner, Boris: Die baltischen Nationen: Estland – Lettland – Litauen, 2. Aufl., Köln: 139-220.

Lewytzkyi, Borys 1983: „Sovetskij narod" – Das Sowjetvolk: Nationalitätenpolitik als Instrument des Sowjetimperialismus, Hamburg.

Lieven, Anatol 1994: The Baltic Revolution: Estonia, Latvia, Lithuania and the Path to Independence, 2. Aufl., New Haven, London.

Lipset, Seymour Martin/Stein, Rokkan 1967: Cleavage Structures, Party Systems, and Voter Alignments: An Introduction, in: dies. (Hrsg.): Party Systems and Voter Aligments, New York, London: 1-67.

Luchterhand, Otto 1989: Die Bürgerrechtsbewegung als Vorläufer und Ferment der Reformen, in: Kappler, Andreas (Hrsg.): Umbau des Sowjetsystems, Stuttgart und Bonn: 111-145.

Matthes, Claudia-Yvette 1995: Lettische Parteien nach der Unabhängigkeit: Gespräche zur Entstehung, Struktur und Zielsetzung, Berlin.

Mattusch, Katrin 1996: Demokratisierung im Baltikum? Über die Begrenzung von Demokratisierungschancen durch politische Kulturen, Frankfurt et al.

Meissner, Boris 1991: Die baltischen Nationen: Estland – Lettland – Litauen, 2. Aufl., Köln.

Merkel, Wolfgang/Lauth, Hans-Joachim 1998: Systemwechsel und Zivilgesellschaft: Welche Zivilgesellschaft braucht die Demokratie, in: Aus Politik und Zeitgeschichte 6-7: 3-12.

Noltein, Erich von 1990: Die Volksfront Lettlands – Enstehung, Programm, Statuten, in: Acta Baltica XXVII: 191-224.

O'Donnell, Guillermo/Schmitter, Philippe 1986: Transitions from Authoritarian Rule: Tentative Conclusions about Uncertain Democracies, Baltimore/London.

Offe, Claus 1994: Der Tunnel am Ende des Lichts, Frankfurt/Main.

Ostrovska, Ilze 1996/1997: The State and its Civil Society: Priorities in a Period of Transition, in: Humanities and Social Sciences. Latvia: Social Changes in Latvia, 4(13)/1996, 1(14)/1997: 64-80.

Paleckis, Rimvydas 1993: Medienlandschaft in Litauen, Köln.

Petrauskis, Kistutis 1997: Zur Restrukturierung der Presselandschaft in Litauen (1989-1996), in: Mühle, Eduard (Hrsg.): Vom Instrument der Partei zur "Vierten Gewalt": Die ostmitteleuropäische Presse als zeithistorische Quelle, Marburg: 219-225.

Plakans, Andrejs 1991: Latvia's Return to Independence, in: Journal of Baltic Studies, (XXII) 3: 259-266.

Przeworski, Adam 1986: Some Problems in the Study of Transition to Democracy, in: O'Donnell, Guillermo A./Schmitter, Philippe C./Whitehead, Laurence (Hrsg.): Transitions from Authoritarian Rule: Prospects for Democracy, vol. 3, Baltimore, London: 47-63.

Przeworski, Adam 1991: Democracy and the Market. Political and Economic Reform in Eastern Europe and Latin America, Cambridge et al.

Putnam, Robert D. 1993: Making Democracies Working: Civic Traditions in Modern Italy, Princeton.

Putnam, Robert D. 1995: Bowling Alone, in: Journal of Democracy (6) 1: 65-78.

Raun, Toivo U. 1991: The Re-Establishment of Estonian Independence, in: Journal of Baltic Studies (XXII) 3: 251-258.

Senn, Alfred Erik 1991: Lithuania's Path to Independence, in: Journal of Baltic Studies (XXII) 3: 245-250.

Skudra, Ojars 1997: Transformationsprozesse in der Gesellschaft und im Pressewesen Lettlands (1986-1997), in: Mühle, Eduard (Hrsg.): Vom Instrument der Partei zur "Vierten Gewalt": Die ostmitteleuropäische Presse als zeithistorische Quelle, Marburg: 201-218.

Steen, Anton 1996: Confidence in Institutions in Post-Communist Societies: The Case of the Baltic States, in: Scandinavian Political Studies (19) 1: 205-225.

Steen, Anton 1997: The New Elites in the Baltic States: Recirculation and Change, in: Scandinavian Political Studies (20) 1: 92-112.

Sztompka, Piotr 1993: Civilizational Incompetence: The Trap of Post-Communist Societies, in: Zeitschrift für Soziologie (22) 2: 85-95.

Taagepera, Rein 1993: Estonia. Return to Independence: Westview Series on the Post-Soviet Republics, Boulder, San Francisco, Oxford.

Thaa, Winfried 1996: Die Wiedergeburt des Politischen: Zivilgesellschaft und Legitimitätskonflikt in den Revolutionen von 1989, Opladen.

Trapans, Jan Arveds 1991: The Sources of Latvia's Popular Movement, in: ders. (Hrsg.): Toward Independence: The Baltic Popular Movements, Boulder, San Franciso, Oxford.

Uibopuu, Henn-Jüri 1991: Estland unter der Sowjetherrschaft und auf dem Wege zur Unabhängigkeit, in: Meissner, Boris: Die baltischen Nationen: Estland – Lettland – Litauen, 2. Aufl., Köln: 120-138.

Urdze, Andrejs 1991: Ein Kolonialreich vor der Auflösung, in: ders. (Hrsg.): Das Ende des Sowjetkolonialismus: Der baltische Weg, Reinbek bei Hamburg.

Veser, Reinhard 1997: Zivilgesellschaft im polnischen Transformationsprozeß: die Rolle der Solidarnosc, in: Lauth, Hans-Joachim/Merkel, Wolfgang (Hrsg.): Zivilgesellschaft im Transformationsprozeß, Mainz: 248-271.

Vardys, V. Stanley 1991: Litauen unter der Sowjetherrschaft und auf dem Wege zur Unabhängigkeit, in: Meissner, Boris: Die baltischen Nationen: Estland – Lettland – Litauen, 2. Aufl., Köln: 223-268.

Vardys, V. Stanley/Sedaitis, Judith B. 1993: Lithuania: The Rebel Nation: Westview Series on the Post-Soviet Republics, Boulder, San Francisco, Oxford.

Zepa, Brigita 1996/1997: State, Regime Identity and Citiczenship, in: Humanities and Social Sciences. Latvia: Social Changes in Latvia, 4(13)/1996, 1(14)/1997: 81-102.

Von der zivilen zur unzivilen Gesellschaft: das Beispiel des ehemaligen Jugoslawien

Friedbert W. Rüb

Einleitung

Die Annahme, daß es im ehemaligen Jugoslawien keine Zivilgesellschaft gegeben hätte und nicht geben könnte, ist nicht nur empirisch unhaltbar (Teil 1), sondern Bestandteil einer ethnischen Argumentation, die den „Balkan" als nicht zivil und nicht reif für eine erfolgreiche Demokratisierung hält. Meine Ausgangsüberlegung dagegen ist, daß es in Ex-Jugoslawien einen *Wendepunkt* gab, bei dem im Kampf der Zivilgesellschaft mit sich selbst in einigen Republiken der zivile und demokratisch orientierte Teil die Oberhand gewann, während in anderen sich die Zivilgesellschaft gegen ihre eigenen zivilen Grundlagen und ihr demokratisches Potential wandte – ein Phänomen, das der slowenische Politologe Tomaz Mastnak als „totalitarianism from below" bezeichnet hat (Mastnak 1992: 55). Ich versuche deshalb ein Konzept von Zivilgesellschaft zu entwickeln, das den dynamischen Prozeß des Kampfes der Zivilgesellschaft mit sich selbst zu konzeptualisieren in der Lage ist (Teil 2). Die Entwicklungsstufen und eine mögliche Entwicklungsdynamik hin zu einer „unzivilen Gesellschaft" in einer zerfallenden Staatlichkeit skizziere ich am Beispiel Bosnien-Hercegovinas, wo eine solche unzivile Gesellschaft im Genozid an anderen ethnischen Gruppen ihren grausamen Ausdruck fand (Teil 3). Der Vertrag von Dayton, der dem ethnischen Krieg von außen und gewaltsam ein Ende setzte, versucht die externe Kreation einer Zivilgesellschaft. Sie beruht jedoch auf einer fiktiven Staatlichkeit und ist deshalb nicht in der Lage, der zukünftigen Zivilgesellschaft ein stabiles institutionelles Gerüst zugrunde zu legen (Teil 4). Ich schließe mit einem perspektivischen Ausblick über mögliche Entwicklungstendenzen der Zivilgesellschaft in den unterschiedlichen Nachfolgestaaten. Er gipfelt in der These, daß allein ein effektiver Staat die Entwicklung zukünftiger Zivilgesellschaften garantieren kann (Teil 5).

I. Die zivilgesellschaftliche Entwicklung im ehemaligen Jugoslawien – eine Bilanz

In Jugoslawien gab es keine einheitliche, föderationsweite Entwicklung der Zivilgesellschaft. Statt dessen spielten sich die zentralen Prozesse innerhalb der einzelnen Republiken bzw. autonomen Regionen ab, die jeweils ihren eigenen Mikrokosmos entwickelt hatten. Dennoch begann die jüngere zivilgesellschaftliche Entwicklung auf einer gemeinsamen Basis, die zeitlich zu Beginn der 80er Jahre verortet werden kann. Ab diesem Zeitpunkt meldeten sich ihre klassischen Organisationen zu Wort und brachen ihr bisheriges Schweigen. Der Auslöser war die tiefe ökonomische Krise Anfang der 80er Jahre, die in der Folge zu massiven Streiks führte und den sozialen Frieden in Jugoslawien zu sprengen drohte.[1]

Während in den anderen mittel- und osteuropäischen Ländern die Transformation zu Demokratie und Marktwirtschaft hauptsächlich durch interne Faktoren ausgelöst wurde, waren in Jugoslawien zunächst *externe* Einflüsse maßgeblich. Wegen der zunehmenden Integration der jugoslawischen Ökonomie in die Weltwirtschaft und infolge der steigenden Auslandsverschuldung startete der Internationale Währungsfonds (IWF) Anfang der 80er Jahre eine Offensive, die weitere Kredite von tiefgreifenden Wirtschaftsreformen *und* Veränderungen der politischen Entscheidungsprozeduren innerhalb der Föderation abhängig machte. Maßnahmen zur Eindämmung der außerordentlich hohen Inflation, weitere Liberalisierung der Wirtschaft, Eindämmung der Subventionen und höhere politische Effizienz, um den Firmen und Republiken strikte Gelddisziplin auferlegen zu können, waren die Bedingungen des IWF. Dies setzte eine Stärkung der föderalen Entscheidungsstrukturen und der Kompetenz zur Implementation der notwendigen Entscheidungen voraus. Die potentielle Stärkung zentralistischer Tendenzen kollidierte jedoch mit den Eigeninteressen der Republiken, insbesondere Sloweniens. Obwohl der IWF und Slowenien völlig entgegengesetzte Interessen hatten, zielten ihre Politiken auf dasselbe Problem:

„Politically, they both attacked the stabilizing political mechanisms of the socialist period – the constitutional rules aimed to protect a perception of national equality, the limits on political nationalism in or by the republics that could destroy the country's multinational composition, and the symbols and institutions of Yugoslav identity at the federal level. Economically, they both took aim at the redistributive transfers at the federal level and social protections that, however minimally, prevented total exclusion of individuals who would lose under economic liberalism." (Woodward 1995: 80)

Zwei (verfassungs)politische Konflikte traten immer mehr in den Vordergrund, die für die weitere Entwicklung die Weichen in Richtung Konfrontation statt Kooperation stellten: Es gab innerhalb der alten Föderationsverfassung

Von der zivilen zur unzivilen Gesellschaft 175

kein plausibles *Verfahren*, wie bei *substantiellen Widersprüchen* – wie der Reform des Staates, Konflikten zwischen föderaler und republikanischer Rechtsprechung und über die für eine Marktwirtschaft adäquate Regierungsform – akzeptable Lösungen gefunden werden konnten. Und es gab keine politischen *Formen*, in denen sich die *Unzufriedenheit der Bevölkerung* jenseits der Republik in der Föderation ausdrücken konnte. Allein auf republikanischer Ebene wurde der Protest der Massen über die vom IWF durchgesetzte Austeritätspolitik aufgefangen und – das war die Strategie der Republiks-Eliten – gegen die Föderation *und* gegen die anderen Republiken gewendet (Woodward 1995: bes. Kap. 3; Cohen 1995). Zwei Entwicklungen – eine in Slowenien und die andere in Serbien – waren zunächst zentral.

1. Slowenien

In Slowenien[2] radikalisierten sich Anfang der 80er Jahre Jugendliche, die gegen die entleerten Formen des politischen Lebens protestierten und sich als „Punk" organisierten. Intellektuelle begannen, sich auf deren Seite zu stellen und selbst der kommunistische Parteiapparat spaltete sich an dieser Frage. Die offizielle Jugendorganisation der Kommunistischen Partei bot der alternativen Szene und ihren Sprechern Unterschlupf. Neben der in Ljubljana ansässigen Radiostation *Radio Student* war es das Wochenmagazin *Mladina,* das sich Mitte der 80er Jahre zum wichtigsten Medium der Zivilgesellschaft entwickelte, in dem sich politische Analyse und eine expressive Subkultur zu einer glücklichen Einheit fanden. Unzufriedene Journalisten gründeten die unabhängige Zeitschrift *Nova revija* (Die neue Zeitung), die sich zum einflußreichsten oppositionellen Blatt entwickelte. Ende der 80er schloß die *Sozialistische Allianz* ein Abkommen mit den Gruppierungen der Zivilgesellschaft, die dadurch offizielle Mitglieder der Allianz wurden und damit einen gewissen Schutz vor polizeilichen und politischen Repressionen genossen, indem sie einen legalen politischen Status erlangten. Dieses Abkommen führte einen *faktischen* Pluralismus in das politische Leben Sloweniens ein und sprengte den monopolistischen Anspruch des Bundes der Kommunisten Sloweniens (BdKS). Das Abkommen war gewissermaßen ein *simulierter Rechtsstaat*[3], innerhalb dessen die verschiedenen Bewegungen der Zivilgesellschaft einen gesicherten Rahmen der Betätigung hatten und Pluralismus ‚lernen' konnten. Diese *erste* Phase war der idealtypische Fall, in dem die „Liberalisierung des autokratischen Regimes durch die ‚strategische Zivilgesellschaft'" (Merkel/Lauth 1998: 8) vorangetrieben wurde.

Auf einem Kongreß im Jahr 1986 erklärte sich die Jugendorganisation des Bundes der Kommunisten Sloweniens als unabhängig von der kommunistischen Partei und definierte sich als *eine* Organisation innerhalb der Zivilgesellschaft. Damit verfügte die Zivilgesellschaft zugleich über eine Organisation innerhalb der ‚politischen Gesellschaft', die dort deren Interessen zur Geltung brachte.

In der anschließenden *zweiten* Phase begann sich der „Kampf der Zivilgesellschaft mit sich selbst" zu intensivieren. In dieser Phase erkannte der Staat die Grenzen seiner bisherigen autoritären Politik und seines Repressionsmonopols. Damit änderte sich auch der Charakter der Repression. Während sich die staatliche Unterdrückung vor allem gegen führende *Personen* der Zivilgesellschaft richtete, war die Repression der Gesellschaft gegen die Andersheit überhaupt gerichtet. Graffitis wurden von Bürgern über Nacht entfernt, bestimmten Personen die Anwesenheit in Cafés oder Restaurants verweigert und Treffpunkte der alternativen Szene geschlossen. Die neue gesellschaftliche Intoleranz reichte bis hin zur unmittelbaren Gewaltanwendung gegen Einzelne oder Gruppen. Dies alles waren keine geplanten Maßnahmen, bei denen staatliche Institutionen die Fäden zogen, sondern sie waren spontan, ungeplant und ungesteuert – es war die *vox populi*, die im Namen der Sauberkeit, der sozialistischen Ordnung oder der schweigenden Mehrheit diese neuen Formen der Repression durchführte (Mastnak 1992: 55).

Der Sommer 1988 wurde zum Kristallisationspunkt, der die Weichen endgültig in Richtung Demokratisierung *und* nationale Unabhängigkeit stellte und den sich abzeichnenden „Totalitarismus von unten" nicht weiter zum Zug kommen ließ. Die Zeitschrift *Mladina* veröffentlichte mehrere Artikel gegen das Militär, in dessen Folge es zur Verhaftung des dafür zuständigen Redakteurs Janez Jansa und einem der Herausgeber kam. Beide wurden zu hohen Gefängnisstrafen verurteilt. Da die Artikel das Militär kritisierten und auf dessen Betreiben die Prozesse durchgeführt wurden, richteten sich die Proteste unmittelbar gegen Belgrad, wodurch der Kampf um Demokratisierung *und* um nationale Unabhängigkeit miteinander *verschmolzen*. Unmittelbar nach der Verhaftung der beiden Redakteure bildete sich ein *„Ausschuß zur Verteidigung der Menschenrechte"*, der alle weiteren Proteste koordinierte und zu dessen Gründungsmitgliedern viele spätere Minister und Politiker gehörten. Fast alle Organisationen der Zivilgesellschaft, über 100 Vereinigungen mit über 100 000 Mitgliedern, traten dem *„Ausschuß"* bei (Mastnak 1992: 58).

Der *„Ausschuß"*, der als Organisation der Zivilgesellschaft begann, wandelte sich schnell zur politischen Organisation. Ohne die zu Beginn der 80er Jahre entstandenen Organisationen der Zivilgesellschaft und neuen sozialen Bewegungen hätte er allerdings diese Rolle nicht spielen können, während umgekehrt seine große politische Bedeutung die Zivilgesellschaft schwächte. Seine Zielrichtung war legalistisch und rechtsstaatlich, da sich der Konflikt, durch den er sich gründete, an juristischen Fragen entzündete, insbesondere an dem Verhältnis von föderalem und slowenischem Verfassungsrecht. Zudem richtete er sich gegen das Militär, das den Prozeß angestrengt und geführt hatte und damit gegen eine *externe* politische Kraft – den jugoslawischen Bundesstaat – gegen den die Meinungsfreiheit verteidigt werden mußte. Hinsichtlich der anti-jugoslawischen Position stimmte der Ausschuß mit den Positionen der kommunistischen Elite Sloweniens überein. Allein der Umfang und das Ausmaß der Demokratisierung war strittig.

Zu einer *gemeinsamen* politischen Aktion der Opposition und der kommunistischen Elite kam es im Frühjahr 1989, als im Kosovo albanische Minenarbeiter einen Hungerstreik begannen, um gegen die drohende Rücknahme des Autonomiestatus durch die serbische Republiksregierung zu protestieren. In Ljubljana demonstrierten mehrere zehntausend Menschen für die Aufrechterhaltung des Autonomiestatuts und auf der Abschlußkundgebung sprachen Vertreter der alten kommunistischen Elite als auch der Opposition. Damit war letztere faktisch legalisiert. Ihre juristische Legalisierung erfolgte dann Ende des Jahres im Rahmen der für das Frühjahr 1990 avisierten ersten Wahlen. Bereits 1988 hatten sich – ohne rechtliche Grundlage und ohne verfolgt zu werden – erste politische Parteien gegründet. Aus dem „*Ausschuß*" ging das Parteienbündnis *Demos* hervor, das bei den ersten freien Wahlen als gemeinsames Bündnis der oppositionellen Parteien und Bewegungen antrat und die Wahl gewann. Das Bündnis war nationalistisch orientiert: „Thus, the struggle für democracy was reduced to primitive anti-communism and crude appeals to nationalism" (Mastnak 1992: 63). Dennoch war dieser Nationalismus mit der Demokratisierung kompatibel, weil die Vertreter der slowenischen Zivilgesellschaft gelernt hatten, rechtsstaatliche und demokratische Positionen positiv zu bewerten. Während es in Slowenien zu einem Bündnis zwischen *allen* wichtigen nationalen Kräften kam, auch den starken liberal-demokratischen Kräften, war dies in Serbien nicht der Fall.

2. Serbien

Zunächst verlief die Entwicklung parallel zu Slowenien. Zu Beginn der 80er Jahre begannen sich verschiedene Organisationen und Institutionen, wie die Serbische Akademie der Wissenschaften, der Schriftstellerverband, die serbisch-orthodoxe Kirche und verschiedene Intellektuelle, außerhalb der herrschenden kommunistischen Elite kritisch mit der Rolle des BdKJ auseinanderzusetzen. Bereits ein Jahr vor dem slowenischen Nationalprogramm, das eine nationalistische Standortbestimmung Sloweniens innerhalb der Föderation vornahm und zum ersten Mal der *nationalen* Selbstbestimmung Vorrang vor der Zugehörigkeit zur jugoslawischen Föderation gab (Meier 1995: 100-112), formulierte die Serbische Akademie der Wissenschaften ein umfassendes Nationalprogramm. In seinem Mittelpunkt stand die Klage, daß der kommunistische Selbstverwaltungssozialismus der serbischen Nation das Recht auf Selbstbestimmung verweigert hätte und Teilen der Serben – im Gegensatz zu anderen Minderheiten – selbst das Recht auf den Gebrauch ihrer Sprache und ihrer Kultur verweigert würde. Die „Herstellung der vollen nationalen und kulturellen Integrität des serbischen Volkes, unabhängig in welcher Republik oder Region sie leben, ist sein historisches demokratisches Recht." (zit. nach Meier 1995: 95) Als Hauptübel sahen die Autoren der Akademie die Verfassung von 1974 an, die die serbische Nation weitgehender Rechte beraubt hätte. Mit der Kritik an der Bürokratisierung des kommunistischen Systems thematisierte das Memorandum das Stichwort, aus dem sich später die „antibürokratische Revolution" entwickelte. Die Stoßrichtung war ähnlich wie in Slowenien: anti-kommunistisch und nationalistisch, allein hinsichtlich der Demokratisierung und Pluralisierung des gesellschaftlichen und politischen Lebens hielt es sich stärker zurück. Der grundlegende Unterschied lag jedoch darin, daß die slowenische *Nation* und die Grenzen der Republik Slowenien deckungsgleich waren, während die Forderung nach der nationalen Selbstbestimmung der Serben und ihre Zusammenführung in einem Staat unvermeidlich bisherige Republiksgrenzen in Frage stellen mußte. Ein erheblicher Teil der serbischen Nation lebte in Bosnien-Hercegovina, Kroatien und den autonomen Provinzen Kosovo und Vojvodina. Aber wie in Slowenien auch kam es in Serbien zu einem Bündnis nationalistisch orientierter Kräfte der Zivilgesellschaft mit den alten kommunistischen Eliten.

Drei Gründe waren in Serbien für den negativen Ausgang des Kampfes der Zivilgesellschaft mit sich selbst ausschlaggebend.

(i) Die *liberalen Kräfte*, die 1988-1989 noch die Mehrheit in der serbischen Bevölkerung ausmachten, hatten keine Bündnispartner in den anderen Republiken, da diese immer antiföderalistischer und nationalistischer wurden und eine Zusammenarbeit mit serbischen Liberalen und serbischen Organisationen der Zivilgesellschaft verweigerten (Woodward 1995: 97).

(ii) *Rechtliche Barrieren* gegenüber zunächst verbalen nationalistischen Diskriminierungen und Exzessen wurden abgebaut bzw. in dem Maße wirkungslos, wie die föderalen Strukturen an Bedeutung verloren. Die viel geschmähte Verfassung von 1974 hatte in Art. 170 festgehalten, daß jeder Bürger das individuelle Recht besitzt, seine Nationalität frei zu wählen und sich seiner nationalen Kultur und Sprache zu bedienen (Abs. 1), jedoch Nationalismus und nationalistische Propaganda unter Strafe gestellt (Abs. 3)[4]. Diese Regelung wirkte als „Zivilisationsschild" gegen offene Feindlichkeiten und als wirksamer Schutz von ethnischen Minderheiten (Varady 1992: 263). Der Schild wurde weggezogen und die zunächst *verbale* Diskriminierung anderer ethnischer Gruppierungen erlaubt.

(iii) Die sogenannte *anti-bürokratische Revolution*, die von nationalistischen Teilen der serbischen Zivilgesellschaft gegen den Parteiapparat und die entleerten Politikformen ins Leben gerufen wurde, schlug schnell in eine *Deinstitutionalisierung* der Politik um. Die Kosovo-Serben gründeten im Juli 1988 ein Organisationskommittee, das die antibürokratische Revolution in alle Provinzen und Republiken von Jugoslawien tragen sollte und in fast allen Landesteilen sogenannte „Versammlungen der Wahrheit" organisierte.[5] Dieser

Anspruch auf Wahrheit ersetzte den Wahrheitsanspruch der Kommunistischen Partei und den davon abgeleiteten Führungsanspruch durch den Wahrheitsanspruch der serbischen Nation. Damit einher ging eine zunehmende Radikalisierung der Parolen und Forderungen. „Serbien ist überall", „Tod den Albanern" und „Wir wollen Waffen" waren die Parolen, die die nationalistische Richtung andeuteten, in die sich diese Bewegung bewegte.

Umgekehrt betrieb die Regierung in Belgrad die Unterdrückung bzw. Neutralisierung der innerserbischen liberalen und demokratisch orientierten Kräfte der Zivilgesellschaft. Die Ereignisse am 9. und 10. März 1991 machten dies besonders deutlich, als eine Demonstration Belgrader Studenten gegen die staatliche Kontrolle der Medien mit Gewalt niedergeschlagen und als Vorwand genommen wurde, um den Ausnahmezustand über ganz Jugoslawien zu verhängen und damit den Einsatz der Armee zu ermöglichen. Parallel führte die Polizei Razzien im unabhängigen Radiosender B-92 und im Studio B, dem einzigen unabhängigen Fernsehsender, durch. Ein Student wurde von der Polizei aus Rache erschossen, weil wütende Demonstranten einen ihrer Kollegen zu Tode gesteinigt hatten (vgl. dazu: Silber/Little 1995: 131-138). „Während der nächsten Wochen nahmen Tausende Angehörige der liberalen Belgrader Elite zum letzten Mal öffentlich und gemeinsam Stellung [...] und ließen ein letztes, flüchtiges Mal noch jene Atmosphäre der Toleranz auferstehen, die früher das Leben in Belgrad bestimmt hatte, die unter dem Regime von Milosevic jedoch abhanden gekommen war. Die Stadt schien noch einmal wie verwandelt" (Silber/Little 1995: 136).

Die Deinstitutionalisierung der politischen Konflikte und die Instrumentalisierung der bestehenden Institutionen waren zwei Seiten ein und derselben Medaille – der *Politisierung von Ethnizität*. Kompromißorientierte Politiker wurden durch die Massendemonstrationen und die „Versammlungen der Wahrheit" so unter Druck gesetzt, daß sie um ihre körperliche Unversehrtheit – wenn nicht um ihr Leben – fürchten mußten und von ihren Positionen zurücktraten. Das Ergebnis war eine „gnadenlos effiziente Säuberungswelle" (Silber/Little 1995: 58), in der von der Regionalbehörde bis zu den Betriebsdirektoren jeder abgesetzt wurde, der nicht dem Kreis um Milosevic bedingungslos ergeben war. Die politische Führung von Montenegro, der Vojvodina und des Kosovo wurde vollständig durch Parteigänger Milosevics ersetzt, wodurch sich auch die politische Zusammensetzung der Institutionen der Föderation zugunsten des serbischen Nationalismus änderte. Die Institutionen der Föderation waren dauerhaft blockiert und vom serbischen Nationalismus majorisiert.

3. Kroatien

Wegen der Unterdrückung des nationalistisch orientierten „Kroatischen Frühlings" zu Beginn der 70er Jahre war das politische Leben in der Folgezeit in Kroatien stärker und dauerhafter gelähmt als in Serbien und Slowenien. Dies hatte zur Folge, daß die Zivilgesellschaft keine Chance hatte

> „to show whether it could develop an internal consistency of democratic methods and free itself from undesirable admixtures of romantic populism. [...] Anathemized, banished from public life, from politics and culture into prisons, into emigration, into lonely frustrated enforced silence, Croatian national feelings, now endulged in secret, became traumatized and radical." (Goldstein 1994: 65)

Dennoch gab es einen kurzen zweiten „kroatischen Frühling", in dem die Gruppierungen und Organisationen der Zivilgesellschaft zu neuem Leben erwachten. Doch die Voraussetzungen für eine stabile und dauerhafte Entwicklung waren – diesmal in den Jahren 1989/1990 – aus drei Gründen brüchig.
(i) Innerhalb der Zivilgesellschaft dominierte schnell der seit den 70er Jahren *unterdrückte Nationalismus*, der sich – verstärkt durch die Rückkehr vieler Nationalisten aus dem Exil – immer mehr radikalisierte.
(ii) Die institutionellen und politischen Voraussetzungen für eine offene und pluralistische Zivilgesellschaft waren instabil, weil sich Teile der Zivilgesellschaft entlang ethnischer Selbstdefinitionen und Identitäten organisierten. Vor allem die serbische Minderheit, die sich immer mehr zu einer ethnisch geschlossenen Gesellschaft entwickelte, wurde zum realen oder imaginären inneren Feind, der die politische und staatliche Einheit in Frage stellte. Mit der Einführung der Kategorie des *inneren Feindes* in den Diskurs der Zivilgesellschaft begann sich diese nicht nur zu ethnisieren, sondern stellte ihre eigenen normativen Grundlagen in Frage. Die Freiheit, auch über die eigene ethnische oder nationale Identität als Kroate, Serbe, serbischer Kroate oder kroatischer Serbe zu entscheiden, wurde negiert: Man brauchte nicht demokratische Freiheiten, um sich eine ethnische Identität zu geben, sondern umgekehrt, man mußte ethnischer Kroate sein, um frei zu sein. Alle anderen ethnischen Selbstdefinitionen wurden in einen minderen Rang herabgestuft bzw. als illegitim betrachtet.
(iii) Die *institutionellen Voraussetzungen* für eine pluralistische und offene Zivilgesellschaft waren instabil. Auch konnte die katholische Kirche nicht – wie in Polen – den „simulierten Rechtsstaat" für die oppositionellen Kräfte bzw. die Zivilgesellschaft bieten, weil sie – historisch wie aktuell – weit mehr mit dem kroatischen Staatsapparat verbunden war als in Polen und seit dem „kroa-

tischen Frühling" von 1971 als einziger legitimer Hort des kroatischen Nationalgedankens auftrat (Meier 1995: 236).

Die Folge war eine ethnische Konzeption der kroatischen Zivilgesellschaft, die sich auf der Basis dieser Selbstdefinition gegenüber anderen ethnischen Definitionen abkoppelte und sie als bedrohlich, ja als Feind betrachtete und ihre eigenen pluralistischen Grundlagen zerstörte. Aus der kurz erwachten Zivilgesellschaft wurde eine „ethnische Gesellschaft".

4. Das Kosovo

Das Kosovo widerstand zunächst dieser Option, hier war die zivilgesellschaftliche Entwicklung durch den Wandel der Zivilgesellschaft zur *parallelen Gesellschaft* gekennzeichnet (dazu Kostovic 1998; Rüb, M. 1998: 171-191). Nachdem die serbischen Nationalisten dem Kosovo durch eine Änderung der serbischen Verfassung im Jahr 1989 den Status einer autonomen Region aberkannt hatten, wurde der Druck der Serben sowohl durch die nationalistisch aufgehetzten Kosovo-Serben als auch durch den von Serben besetzten Verwaltungsapparat immer unerträglicher. In den 70er und 80er Jahren hatte der Nationalitätenschlüssel, der bei der Besetzung von Arbeitsstellen im staatlichen Sektor angewandt wurde, zu einem zwar spannungsreichen, aber dennoch friedlichen Zusammenleben zwischen Serben und Albanern geführt. In den größeren Städten lebten sie gemeinsam in Stadtteilen, besuchten gemeinsam die Schulen und Universitäten und waren einem gemischt besetzten Staats- und Verwaltungsapparat unterworfen. Nach der Aberkennung der Autonomie wurden Hunderttausende von Albanern aus Betrieben, Verwaltung, Universitäten und dem Bildungssystem entlassen. Die Kluft zwischen beiden Gruppen wurde immer tiefer und es entstand ein „sublime[s] Sytem der Apartheid" (Rüb, M. 1998: 173).

In der Folge bauten die Kosovo-Albaner eine komplette zweite Gesellschaft und zweite staatliche Strukturen auf: Schulen, Universitäten, Gesundheitswesen, Kultur, Fußball-Ligen, Wahlen, ein eigenes Parlament und ein eigener Regierungs-, Verwaltungs- und Steuerapparat wurden im Rahmen des Konzepts eines gewaltlosen Widerstandes, das von Mahatma Gandhi entlehnt war, im Untergrund aufgebaut. Fast 10 Jahre lang wurde dieses gewaltfreie Konzept durchgehalten, bis das Auftreten bewaffneter albanischer Verbände, der Albanischen Befreiungsorganisation (UCK), es relativ schnell auflöste. Erhebliche Teile der albanischen Jugend traten der UCK bei und durch bewaffnete Auseinandersetzungen zwischen der serbischen Polizei bzw. dem serbischen Militär und der UCK wurde das Kosovo in den Bürgerkrieg getrieben.

Die Organisation der Zivilgesellschaft als parallele Gesellschaft hatte weitreichende Folgen. Zum einen führte dies im Verlauf der Zeit zu einer volldigen Separierung der serbischen und albanischen Bevölkerungsgruppen. Zum zweiten begünstigte dies auf serbischer Seite den „Totalitarismus von unten", weil es für die Albaner weder zivilisatorischen Respekt noch rechtlichen Schutz vor Übergriffen durch die serbische Minderheit gab. Ein Beispiel: Als nach langwierigen Verhandlungen im Jahr 1998 den Albanern das Gebäude der Architektur-Fakultät in Prishtina für ihre offizielle Universität zugesichert wurde, zerstörten serbische Studenten wochenlang das Gebäude und bemalten Wände mit Parolen wie „Keine Stifte für Albaner" oder sprühten Graffitis, die Albaner mit von einer Axt gespaltenen Schädeln abbildeten. Die serbisch dominierte Polizei griff nicht für die Durchsetzung der vertraglich gewährleisteten Rechte der albanischen Studenten ein, sondern ging, als sich die Auseinandersetzungen zuspitzten, mit Gewalt gegen die demonstrierenden Albaner vor. Dies führte auf albanischer Seite zu einem nur rudimentär ausgeprägten Pluralismus, weil unter dem Druck des serbischen Nationalismus jegliche Pluralisierung als Bedrohung der albanischen Identität und des albanischen Widerstandes angesehen wurde.

5. Bosnien-Hercegovina

Die Republik *Bosnien-Hercegovina* war von allen Republiken ethnisch am stärksten gemischt. „Als Minderheit fühlte sich hier niemand. Man gehörte in jedem Fall und zu jeder Zeit einer ‚Nation' an und war ‚konstitutiver Faktor' der umfassenderen Gemeinschaft. Es wäre eine völlige Verkennung der Verhältnisse in Bosnien-Hercegovina, wenn gutmeinende westliche Vertreter hier mit Kategorien des Minderheitenschutzes operieren wollten" (Meier 1995: 349). Das Regime war hier während und nach der Tito-Zeit besonders repressiv und wegen der multi-ethnischen Zusammensetzung der Republik xenophob und antiwestlich. Eine oppositionelle Zivilgesellschaft gab es nicht und die politischen Eliten sahen den ersten freien Wahlen mit gemischten Gefühlen entgegen. Diese machten im November 1990 die politische Tendenz überdeutlich: Sie waren nicht Ausdruck eines politischen Pluralismus, sondern eine ethnische Selbstvergewisserung der jeweiligen Volksgruppen in Form einer elektoralen „Volkszählung": Die Muslime wählten fast geschlossen die SDA, die Serben die SDS und die Kroaten die HDZ und der Stimmenanteil der jeweiligen Parteien spiegelte die ethnische Zusammensetzung in Bosnien-Hercegovina wider. Mit dieser ethnischen Option der Wähler wurden die Weichen auf eine Ethnisierung des gesamten politischen und gesellschaftlichen Lebens gestellt. Die Partei des jugoslawischen Premier Ante Markovic, die allen Nationalitäten offenstand und der Nationalisierung des politischen Lebens ebenso entgegentreten wollte wie die der reformierten Kommunisten, brachten es zusammen nur auf 27 von insgesamt 130 Sitzen im Parlament. Jedoch verdeutlichten Umfragen im Frühjahr 1990 und in November 1991, daß die über-

Von der zivilen zur unzivilen Gesellschaft 183

wiegende Mehrheit der Bevölkerung keine Trennung von Jugoslawien und keine ethnisch gespaltene Republik wollte (Woodward 1995: 228). Erschwerend trat hinzu, daß die politischen Parteien der Serben und Kroaten Ableger der jeweils durch die Wahlen an die Macht gekommenen Regierungsparteien der anliegenden Republiken bzw. neuen Nationalstaaten waren und nicht nur deren nationalistische Politik, sondern auch deren territoriale Ansprüche vertraten.

Parallel zur politischen und religiösen Fragmentierung verlief die Spaltung der Medien, die sich immer mehr zum Sprachrohr der jeweiligen Ethnie bzw. politischen Parteien wandelten. Eine unabhängige und freie Presse hatte nach den ersten Wahlen zu bestehen aufgehört. Kritische Zeitungen und Radiostationen wurden von den nationalistischen Kräften unterdrückt. Viele Firmen begannen nun, ihre Steuern nicht mehr an den Staat, sondern direkt an die Parteien der jeweiligen Ethnie abzuführen. Exekutive und administrative Funktionen wurden von den ethnisch-nationalen *Parteien* und nicht von der Bürokratie des neuen Nationalstaates übernommen. Ihren Höhepunkt fand die Auflösung der politischen und wirtschaftlichen Strukturen in der Desintegration des staatlichen Gewaltmonopols. Das Innenministerium, das nach ethnischem Proporz besetzt war, spaltete sich unter dem Druck der jeweiligen Interessen auf, was zu einer „Libanonisierung" der bosnischen Polizei führte (Burg 1997: 135).

In Gebieten, in denen die Polizei von den Serben dominiert war, waren die Mitglieder der anderen ethnischen Gruppierungen weitgehend ohne staatlichen Schutz, was sie nicht nur in die Arme lokaler ethnischer Gruppierungen trieb, sondern auch die Forderung nach Bewaffnung dieser Gruppen plausibel erscheinen ließ. Gerade die Bewaffnung von Zivilisten führte zu einer Situation, in der sich die marginalen Reste der Zivilgesellschaft in den *Trümmern von Staatlichkeit* und damit vollständig recht- und schutzlos wiederfanden.

An zwei Ereignissen läßt sich die prekäre Ausgangslage der Zivilgesellschaft verdeutlichen. Im März 1992 kam es anläßlich einer serbischen Hochzeitsfeier zu einer Schießerei, in dessen Verlauf der Schwiegervater des Bräutigams von (vermutlich) Muslimen erschossen und der orthodoxe Priester verletzt wurde. Zuvor hatten die Hochzeitsgäste samt dem Paar serbische Fahnen schwingend und serbische Lieder grölend mehrere Autorunden durch die Bascarsijy, den alten türkischen Basar von Sarajewo, gedreht und aus der Hochzeit eine politische Provokation gemacht. Als Antwort auf den Beschuß der Hochzeitsgesellschaft errichteten serbische Freischärler und bewaffnete serbische Zivilisten Barrikaden, die Sarajewo ethnisch teilten. Nur durch mühselige Verhandlungen zwischen den politischen Kräften konnten die Barrikaden ohne weiteres Blutvergießen abgebaut werden (Silber/Little 1995: 242-243).

Am 5. April 1992 demonstrierten mehrere Tausend Einwohner Sarajewos gegen die zunehmenden Gewalttätigkeiten und den ethnischen Wahnsinn in der Stadt – eine Demonstration, die sich aus allen Nationalitäten zusammensetzte. Vor dem Parlament wurde der Demonstrationszug von bewaffneten serbischen Zivilisten und Freischärlern beschossen, die sich zuvor mit Waffen aus einer serbischen Polizeistation ausgerüstet hatten. Eine tote Demonstrantin und mehrere Schwerverletzte blieben zurück. Als eine Handgranate geworfen wurde, zerstob der Demonstrationszug panikartig in alle Richtungen (Silber/Little 1995: 269-273). Diese Ereignisse verurteilten die Demonstration für mehrere Jahre zum letzten Versuch, die bosnische Gesellschaft an ihre zivilen und multiethnischen Grundlagen zu erinnern. Die zivile Gesellschaft hatte den Kampf gegen die ethnische Unzivilität endgültig verloren.

II. Zwischenbilanz: Einheit und Differenz zu den anderen Entwicklungen in Mittel- und Osteuropa

Die bisher deskriptiv angelegte Darstellung der Entwicklung der Zivilgesellschaften will ich in einer Zwischenbilanz durch einige Überlegungen zur Rolle der Zivilgesellschaft in den Transformationsprozessen Mittel- und Osteuropas ergänzen. In einer Typologie von Herrschaftssystemen[6] kann das ehemalige Jugoslawien als autoritäres Regime klassifiziert werden und hatte damit von allen mittel- und osteuropäischen Ländern die besten Voraussetzungen, eine vitale Zivilgesellschaft zu entwickeln. Jugoslawien durchlief nicht die für die anderen osteuropäischen Länder typische totalitäre Phase[7], die mit der Zerstörung aller autonomen und intermediären Organisationen und ihrer institutionellen Voraussetzungen verbunden war. Warum also hat die Zivilgesellschaft im ehemaligen Jugoslawien den Kampf mit sich selbst verloren? Fünf Punkte sind dafür von besonderer Bedeutung:

(i) Zivilgesellschaften, die sich in Opposition zu kommunistischen Regimen herausgebildet haben und einen großen Einfluß auf die Demokratisierung dieser Regime ausübten, sind grundsätzlich mit dem Paradox konfrontiert, daß sie durch die Demokratie und die damit verbundenen institutionellen und rechtlichen Regeln in ihrem Handlungsradius *beschränkt* werden und diese Einschränkungen um der Demokratie willen hinnehmen müssen (Gross 1992: 57, 70). Akzeptieren Teile der Zivilgesellschaft diese Einschränkungen nicht, so werden Konflikte der Zivilgesellschaft über ihre eigenen normativen Voraussetzungen nicht in institutionalisierten Formen ausgetragen, sondern mit Leidenschaften auf der Basis ethischer oder moralischer Prinzipien, die absolut gedacht werden und häufig zur Deinstitutionalisierung der Zivilgesellschaft führen. Minderheitenpositionen sind dann bedroht und verhindern ihre wirkliche Pluralisierung. Im Kontext einer durch hohe Mobilisierung und Entfaltung der Zivilgesellschaft begleiteten Transformation, wie dies in Jugoslawien der Fall war, ist die Stabilisierung oder Rekonstruktion rechtlicher Rahmenstrukturen von außerordentlicher Bedeutung. Fehlen diese, sind Minderheiten nicht nur bedroht, sondern werden von einem Teil der Zivilgesellschaft regelrecht überrannt. Die „anti-bürokratische Revolution" in Serbien und der beginnende Krieg in Kroatien und Bosnien-Hercegovina taten ihr übriges, um die ethnischen Konflikte innerhalb der Zivilgesellschaft zu entzivilisieren.

(ii) Zivilgesellschaften durchlaufen einen „Prozeß der Zivilisation" (N. Elias). Individuelle Freiheit schließt auch die Freiheit zur Veränderung oder Bekräftigung der jeweiligen ethnischen, nationalen, kulturellen oder religiösen Identitäten und damit die Möglichkeit der Thematisierung dieser Konflikte ein. Sind Zivilgesellschaft insgesamt schwach oder gibt es Minderheiten verschiedenster Art, so bedürfen diese eines besonderen Schutzes vor der Mehrheit, der um so sicherer ist, je effektiver rechtliche Freiheiten garantiert sind und je mehr „civilization-shields against open animosities" (Varady 1992: 263) institutionalisiert sind. Eine *aktive* Zivilgesellschaft bedarf der Komplementierung durch eine *passive* Zivilgesellschaft, die in der Garantie rechtlicher und institutioneller Strukturen durch einen effektiven Staat ihre Voraussetzung hat. Im Unterschied zu anderen zivilgesellschaftlichen Bewegungen in Mittel- und Osteuropa war die jugoslawische nicht konstitutionell orientiert. Slowenien war – wie oben erwähnt – die Ausnahme.

(iii) Für alle Zivilgesellschaften typisch sind endogen bedingte und deshalb *strukturell* vorhandene unzivile Elemente (Keane 1996). So wie das Parteiensystem einer konsolidierten Demokratie Antisystemparteien enthalten kann, so kann eine reife Zivilgesellschaft antizivile Kräfte aufweisen. Damit wird eine Zivilgesellschaft nicht automatisch zur „unzivilen Gesellschaft", sowenig wie eine (oder mehrere) Antisystemparteien aus einer Demokratie ein autoritäres Regime machen. Es kann – muß aber nicht – zu einem Wendepunkt kommen, in dem

„patterns of incivility or behaviour prone to violence [...] accumulate synergetically to the point where occasional violence of some against some *within civil society* degenerate into the constant violence of all against all in an *uncivil society, ...*" (Keane 1996: 63-64; Herv. von mir)

Sind, wie in Jugoslawien, insbesondere aber in Bosnien-Hercegovina, die Konflikte innerhalb der politischen und gesellschaftlichen Eliten polarisierter als in der Gesellschaft selbst, dann verschärft dies dort die Auseinandersetzungen, sofern sich Eliten mit den radikalen Teilen der Zivilgesellschaft kurzschließen.

Große Teile der serbischen, später der kroatischen und bosnischen Zivilgesellschaft unterstützten die nationalistischen Eliten und deren Staat, während umgekehrt diese die nationalistischen Teile und deren anti-bürokratische Politik als historisch, politisch und moralisch gerechtfertigten Ausdruck des unmittelbaren Willens des Volkes betrachteten. Die Zivilgesellschaften gaben ihre Autonomie vom Staat auf, während umgekehrt der Staat seine institutionelle Autonomie aufgab und Bestandteil der nationalistischen Bewegung wurde.

(iv) Das in der „Transitologie" häufig angewandte Vier-Aktoren-Modell[8] geht davon aus, daß Transformationen dann erfolgreich sind, wenn sich der autoritäre herrschende Block in Hardliner und Reformer und die Opposition in Moderate und Radikale spaltet. Die Reformer müssen die Hardliner kontrollieren können, um mit den moderaten Kräften der Opposition erfolgreich zu verhandeln und umgekehrt die Moderaten die Radikalen, damit die Transformation zur Demokratie friedlich verläuft (Fall 1 in Schaubild 1). Ist die Politisierung von Ethnizität[9] eine realistische Option, dann ändert sich dieses Handlungsmodell grundlegend. Hardliner und Radikale bzw. radikalisierte Massen können sich, sofern sie auf ethnische Politik setzen, gegen die Moderaten und Reformer verbünden, die für eine Verfassung eines multiethnischen Staates und für einen *demos* statt eines *ethnos* eintreten. Sind rechtliche und institutionelle Schranken schwach ausgeprägt, so werden Moderate und Reformer in einen minderen rechtlichen und politischen Status versetzt und im Extremfall durch Zensur, politische Unterdrückung oder Anwendung von Gewalt ausgeschaltet (Fall 2).

Schaubild 1: Vier Aktoren-Modell

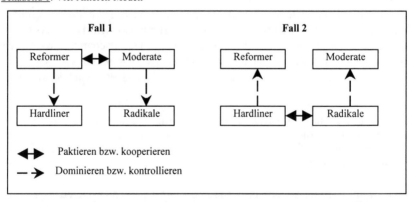

Dieses Bündnis nahm v.a. in Serbien und Kroatien die Form eines spezifischen *ethno-nationalistischen Populismus* an, der xenophobe Züge trägt, antiwestlich ist, nationale und soziale Rhetorik kombiniert und von einem charismatischen Führer zusammengehalten wird, der sich über plebiszitäre Mechanismen mit den Massen unmittelbar kurzschließt und dessen Regierungsstil durch extremen Anti-Institutionalismus charakterisiert ist.[10]

Von der zivilen zur unzivilen Gesellschaft

(v) In erfolgreichen Systemwechseln erfolgt die Mobilisierung der Zivilgesellschaft nach einem spezifischen *Zeitrythmus*, der durch vier Phasen gekennzeichnet ist. Zu Beginn steht die Liberalisierung des autoritären/posttotalitären Regimes durch die strategische Zivilgesellschaft, der sich eine Demobilisierung während des verhandelten Übergangs anschließt. Während der Gründungswahlen kommt es zum erneuten Aufblühen und zur Remobilisierung, die nach den Wahlen in einer zweiten Demobilisierung ihr Ende findet. In der Demokratie kommt es notwendig zu ihrer Ausdifferenzierung und zu Konflikten zwischen den Lagern der Zivilgesellschaft. Ohne diese konfliktreiche Ausdifferenzierung kann die Demokratie nicht konsolidiert werden (Schaubild 2).

Schaubild 2: Phasen der Mobilisierung und Demobilisierung der Zivilgesellschaft

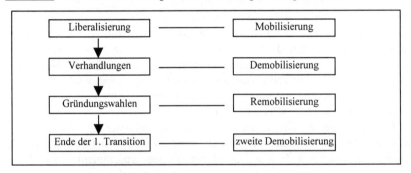

Quelle: modifiziert nach Bernhard 1996: 312.

Allein in Slowenien läßt sich für Ex-Jugoslawien dieser idealtypische Phasenablauf beobachten, während in allen anderen hier erwähnten Fällen die Wellenbewegung unterbrochen bzw. anders verlief.

Während und nach der Bildung der neuen Nationalstaaten hielt die Mobilisierung an bzw. wurde verstärkt, weil die ethnischen Konflikte von den an die Macht gekommenen nationalistischen Eliten radikalisiert und intensiviert wurden. Die Kriege in Kroatien und Bosnien-Hercegovina (und mittelbar in Serbien) beschleunigten diese Entwicklung und es gab faktisch keine Phase der institutionellen Rekonstruktion dieser Gesellschaften, weil die nationalistischen Eliten den Staat(sapparat) nationalisierten und sich kein institutionalisierter rechtsstaatlicher Schutz für ethnische wie politische Minderheiten herausbilden konnte.

(vi) Im Kontext sich radikalisierender multiethnischer Gesellschaften wird entscheidend, wer über Waffen verfügt. Eine unzivile Gesellschaft treibt in den Bürgerkrieg, wenn sich das staatliche Gewaltmonopol auflöst und Gewalt entweder privatisiert oder vergesellschaftet wird. In einem Klima paranoider

Bedrohungsphantasmen kann jeder noch so kleine Zwischenfall in Gewalt umschlagen, der weitere Gewalt nach sich zieht. Brennt die Lunte, so wird eine Eindämmung der Gewalt immer schwieriger, weil die vorangegangene die gegenwärtige oder zukünftige Gewalt zu rechtfertigen scheint.

III. Die „unzivile Gesellschaft" in Aktion: der Genozid in Bosnien-Hercegovina

Der Kollaps institutioneller und staatlicher Strukturen in Bosnien-Hercegovina entkleidete die Bevölkerung allen materiellen, sozialen und rechtlichen Schutzes und trieb die Menschen unter den Schutzschild lokaler Ethnokratien in personale oder lokale ethnische Netzwerke. Nicht präexistente, ethnische Konflikte waren die Ursache für die zunehmenden Gewalttätigkeiten, sondern umgekehrt, der Zerfall staatlicher und institutioneller Strukturen trug zur zunehmenden Ethnisierung und Entzivilisierung der Gesellschaft bei. Zwar waren die politischen Eliten Bosnien-Hercegovinas tief zerstritten, aber das Hauptproblem bestand darin, daß zunehmende Konflikte und wachsende Gewaltanwendung inzwischen ‚von unten' kamen und von den Eliten nicht mehr kontrolliert werden konnten (Burg 1997: 136).

Dies hatte seinen Grund u.a. darin, daß die Politisierung von Ethnizität nicht nur die kulturelle Identität betrifft, sondern unmittelbar eine territoriale Dimension einschließt: Wer soll und kann mit ‚uns' zusammenleben und wer gehört zu den ‚anderen', mit denen wir nicht zusammenleben können – besser – wollen? In ethnisch gemischten Gebieten, die typisch für Bosnien waren, führte dies zur „*physicalization* of citizenship rights and democracy" (Woodward 1995: 236; Herv. im Orginal) und damit zur Territorialisierung von Ethnizität. Intern war dies unmittelbar mit der Vertreibung oder Tötung der Angehörigen anderer Ethnien verbunden, die auf dem beanspruchten Territorium lebten. Extern mit der Erweiterung der Politik über die eigentlichen Staatsgrenzen hinaus, weil benachbarte Patronagestaaten die entsprechenden Ethnien propagandistisch, politisch und militärisch unterstützten, Truppen oder paramilitärische Verbände außerhalb ihres eigentlichen Territoriums agieren ließen und fremdes Territorium in ihr eigenes einzugliedern begannen. Und während zu Beginn der nationalen Unabhängigkeit die noch rudimentär vorhandenen staatlichen Institutionen in Bosnien-Hercegovina, konkret der damalige Verteidigungsminister und Oberbefehlshaber der Nationalen Volksarmee, Kadijevic[11], und der bosnische Staatspräsident Izetbegovic, versuchten, einen Krieg ‚von oben' zu verhindern, hatte er ‚von unten' bereits begonnen.

Als am 8. April 1992 Bosnien-Hercegovinas nationale Unabhängigkeit von der EU anerkannt wurde, konnte die Zentralregierung faktisch keine Souveränität mehr über ihr Territorium ausüben, da bereits rd. 80% des Staatsgebietes aus „autonomen Gebieten" bestand und ihrer Kontrolle entglitten war. Dort hatten lokale Ethnokratien die Macht und das Gewaltmonopol an sich gerissen und die Bildung ethnisch reiner Nationalstaaten bzw. Regionen war bereits in vollem Gang. Dieser Prozeß vollzog sich in mehreren Stufen:

- Die *Außenorientierung* großer Teile der Zivilgesellschaft brachte es mit sich, daß sich der neue Staat ethnisch aufzusplittern begann. Die katholische und die orthodoxe Kirche besaßen keine republikseigenen Kirchenführungen, ihre Zentren befanden sich außerhalb des neuen Nationalstaates, in Zagreb oder in Belgrad. In den 80er Jahren war es zu einer immensen Aufwertung der Religionen gekommen, die nicht nur eine zentrale Rolle beim Wiederaufleben der jeweiligen Nationalismen gespielt hatte, sondern auch in der Diskriminierung der jeweils anderen Religionen, vor allem aber der katholischen und orthodoxen Kirchen gegenüber dem islamischen Glauben der bosnischen Muslime resultierte (Calic 1995: 81; Cigar 1995). Die kulturellen und politischen Eliten der serbischen und kroatischen Bosnier waren zudem auf die Zentren in den jeweiligen Hauptstädten der Patronagestaaten orientiert. Auch die Medien wurden immer mehr dem Einfluß der anliegenden Nationalismen untergeordnet und unter ihre Kontrolle gestellt.
- Die *Enthumanisierung* der anderen durch stereotyp zugeschriebene minderwertige Eigenschaften ist eine Bedingung, um die Hemmschwelle für die Vertreibung und Tötung anderer herunterzusetzen. Hierbei spielten die Medien, die Intelligentsia, Literaten, Journalisten, Geschichts- und Kulturwissenschaft, Sprachwissenschaften und – was insbesondere Serbien betrifft – die griechisch-orthodoxe Kirche und die Orientwissenschaften die zentrale Rolle. Wahrheiten oder verläßliche Informationen wurden durch Gerüchte und Lügen ersetzt, die Geschichte wurde beliebig manipuliert und Tatsachen mutwillig gefälscht. Dies nahm seinen Anfang bei den ersten Wahlen im Jahr 1990, in der die Standards der Achtung und der Zivilität bereits dramatisch unterschritten wurden, und fand seine Fortsetzung bei der Konstruktion von Bedrohungsphantasmen und Feindbildern. Im Jahr 1992 begann Kanal S, der TV-Sender der bosnischen Serben, regelmäßig Zeremonien zu übertragen, in denen Serben allein für die Tötung von Muslimen mit Orden ausgezeichnet wurden (Woodward 1995: 234; allgemein: Thompson 1994). Vor allem die bosnischen Muslime waren Gegenstand des zunächst verbalen Ausschlusses aus der Gemeinschaft und wurden in einen minderwertigen Status versetzt. Zugleich wird dieser minderwertigen ‚fremden' Gruppe im Rahmen einer zirkulären Logik ein fanatischer, quasi-natürlicher Antrieb zur Ausrottung der anderen, d.h. der eigenen Gruppe, zugeschrieben, sei es durch höhere Geburtenraten, höhere Stufe von Gewalttätigkeit, höhere kriminelle Energie oder alles zusammen (vgl. dazu Cigar 1995: 62-73).

- Die *Figur des Genozids*[12] spielte bei der Entzivilisierung der Gesellschaft eine zentrale Rolle, weil sie eine Logik der präventiven Vernichtung in Gang setzte. Nahm eine ethnische Gruppierung die Vorstellung der Vernichtung durch die andere ernst, so war es folgerichtig, ihrer eigenen Vertreibung und Vernichtung durch die Vertreibung und Vernichtung der jeweils anderen zuvorzukommen.[13] Inszenierte Konflikte bestätigen im Sinne einer *self-fullfilling prophecy* die immer unterstellte Aggressivität der anderen Ethnie. Um ihr zu entgehen, muß man ihr zuvorkommen.
- Die erste Stufe ethnischer Säuberung, die v.a. in kleineren und mittleren Städten mit gemischter Bevölkerung angewandt wurde, war deren administrative Selektion, bei der immer der „top-down"-Ansatz verfolgt wurde: Zuerst wurden die politischen Eliten, die mit Hilfe von Listen[14] identifiziert wurden, vertrieben und erst danach die sprach- und führerlos gewordenen, völlig verunsicherten Massen. Entlassungen aus Betrieben und Verwaltungen folgte die offene Diskriminierung und gewaltsam angedrohte Vertreibung. Das Eigentum mußte unter Druck den lokalen Behörden übertragen werden und die Vertreibungen wurden von serbisch organisierten Massentransporten oder von den Opfern zwangsweise bezahlten Schleppern vorgenommen, die ihnen „Sicherheit" garantierten (Silber/Little 1995: 290-296). Eine selbständige, unzivile Ökonomie des Krieges entstand, die auf der unmittelbaren Ausbeutung, Raub und Erpressung aufgebaut ist und auf der kriminellen Selbsttätigkeit der Gesellschaft beruht. In manchen Städten wurde der nicht-serbischen Bevölkerung jeglicher Bewegungsspielraum durch Verordnungen der Bürgermeister genommen. Es wurde ihnen verboten, mit dem Auto oder öffentlichen Verkehrsmitteln zu fahren, sich in Gruppen mit mehr als drei Personen zu versammeln. Selbst telefonieren war nur noch aus dem Postamt erlaubt, für Reisen mußte eine gesonderte Erlaubnis beantragt werden (Silber/Little 1995: 292-299).
- Auf dem Land wurden die Dörfer der nicht-serbischen Bevölkerung einfach umstellt, beschossen oder Beschießung angedroht und dann Haus für Haus durchkämmt und die gesamte Bevölkerung vertrieben. Die Männer wurden separiert, geschlagen und – im Extremfall – getötet. Frauen und Kinder wurden zu Beginn des Krieges in Bussen oder zu Fuß in die muslimisch bzw. kroatisch dominierten Gebiete geschickt, später wurden auch sie immer mehr zum Gegenstand von (sexueller) Gewalt.
- Im Juli 1992 folgten die ersten Berichte über Lager, in denen die Serben Teile v.a. der männlichen Zivilbevölkerung unter unvorstellbaren Grausamkeiten gefangen hielten. Schläge, Mißhandlungen, Hunger, sexuelle Gewalt und sexueller Mißbrauch waren an der Tagesordnung (Gutman 1994: 18; Hukanovic 1996: 152). Im Gegensatz zu den Lagern des Nationalsozialismus[15] waren diese Lager nicht Bestandteil einer hierarchisch befohlenen und bürokratisch organisierten Vernichtung einer

befohlenen und bürokratisch organisierten Vernichtung einer spezifischen Gruppe von Menschen, sondern sie wurden „spontan" errichtet, waren das Werk lokaler *warlords* oder Bürgermeister von Kleinstädten in Zusammenarbeit mit paramilitärischen Gruppen. Sie waren in zweierlei Hinsicht „unbürokratisch". Zum einen war die Tortur oder Tötung der Insassen des Lagers durch einen extrem „handwerklichen" Charakter geprägt: Die Menschen wurden totgeprügelt, totgefoltert oder totgequält und nur im besten Fall erschossen.[16] Zum anderen waren diese Lager „offen", insofern jeder für eine Handvoll DM oder Dollar den Tod seines persönlichen Gegners, seines Schuldners oder eines Augenzeugen von Grausamkeiten kaufen oder jemanden ins Lager bringen lassen konnte (Stewart 1997:13).

- Ein weiterer Grund für die besondere Grausamkeit dieses Krieges ist in der Entmilitarisierung der Gewalt zu sehen. Es gab zwar hierarchisch organisierte Armeen aller Konfliktparteien, aber selbst diese waren zum Teil keine militärisch ausgebildeten und disziplinierten Armeen. Daneben existierte aber eine Vielzahl privater Armeen und paramilitärischer Verbände, die nicht in hierarchisch-militärische Befehlsketten eingebunden waren, sondern von lokalen Warlords oder lokalen Ethnokratien kommandiert wurden.[17] Viele ihrer Mitglieder und Anführer waren Kriminelle, die aus Gefängnissen zur „Resozialisierung" an die Front geschickt wurden (Danner 1997: 62) und die – oft in Zusammenarbeit mit den militärischen Verbänden – den brutalsten Terror gegen die Zivilbevölkerung ausübten. Die Konventionen des Krieges, die militärische Disziplin organisierter Verbände, der Kodex und die Mentalität eines Heeres, die immer prekäre, gleichwohl aber gebundene Gewalt staatlich organisierter Armeen löste sich auf und weitete sich zum „regellosen Krieg" (Waldmann 1997: 490). Der Unterschied zwischen Bürger und Soldat entfällt, denn als Freiwilliger von para-militärischen Verbänden wechselt man seine Rollen: man massakriert, foltert und vergewaltigt und kehrt danach oder dazwischen in seine Rolle als „Bürger" oder an den Arbeitsplatz zurück. Die Fan-Clubs der beiden Fußballvereine Dynamo Zagreb und Roter Stern Belgrad sind hierfür nur ein Beispiel.
- In Abwesenheit staatlicher Strukturen und politischer Instanzen wurden alle Freund-Feind-Unterscheidungen zwischen ethnischen Gruppierungen privat vorgenommen. Wird diese Unterscheidung nicht – wie in Carl Schmitts Schrift „Zum Begriff des Politischen" (Schmitt 1928) – durch staatliche Instanzen vorgenommen, sondern wie beim Zerfall staatlicher Strukturen typisch durch kleine Gruppen oder gar Individuen, dann dehnt sich die Freund-Feind-Konstruktion ins Grenzenlose. Feinde sind dann all diejenigen, die als Ergebnis des Zerfalls individueller Unterscheidungsfähigkeit gefühlsmäßig – und nicht mehr politisch – als Feinde identifiziert werden. Konkrete Konfliktursachen treten dann völlig hinter die angstbe-

setzte Gestalt des abstrakten, gleichwohl unmittelbar bedrohlichen anderen zurück.

IV. Der Vertrag von Dayton: die externe Kreation der Zivilgesellschaft in Bosnien-Hercegovina

Zivilgesellschaften werden in der Regel als eine evolutionär entstandene Eigenschaft einer Gesellschaft verstanden. Wird ein Krieg durch Intervention von außen beendet, so handelt es sich in der Folge häufig um die externe Kreation der Zivilgesellschaft. Der Vertrag von Dayton[18], der alle wesentlichen konstitutionellen, institutionellen, rechtlichen und politischen Voraussetzungen des neuen staatlichen Gebildes formulierte, war genau der Versuch einer solchen externen Kreation der Zivilgesellschaft in Bosnien.

Da es sich in Bosnien-Hercegovina vorwiegend um einen innerstaatlichen und keinen zwischenstaatlichen Konflikt handelte, sind die Aufgaben der externen Konfliktbeendigung und der internen Befriedung hochkomplex (Calic 1997; Raffone 1996). Nicht allein ein Krieg muß beendet werden, was sich in der Regel durch friedenserhaltende Truppen zwischen den Parteien erreichen läßt, sondern vielfältige Aufgaben beim Aufbau einer neuen zivilen Ordnung treten hinzu, wie die Vermittlung zwischen den Konfliktparteien, die Förderung des Dialogs zwischen den verfeindeten Gruppen, der Aufbau staatlicher, rechtsstaatlicher und administrativer Strukturen, der Neuaufbau des staatlichen Gewaltapparates (Polizei, Militär etc.), die Verfolgung und Bestrafung von Kriegsverbrechern und die Gewährleistung des persönlichen und rechtlichen Schutzes der jeweiligen Minderheiten. Es geht um die Wiederherstellung von Vertrauen und damit Zivilität in einer durch Bürgerkrieg, Vertreibung und Genozid zerrissenen Gesellschaft. Erschwerend tritt hinzu, daß in (ethnonationalistischen) Bürgerkriegen Gewalt zum vorherrschenden Modus der gesellschaftlichen Kommunikation wird und sich zu einem eigendynamischen System entwickelt.[19] „Frieden machen" bedeutet also die durch externe Kräfte vorgenommene Zivilisierung der Politik und des gesellschaftlichen und sozialen Zusammenlebens durch konstitutionelle, institutionelle und materielle Voraussetzungen, die den kognitiven, psychischen und emotionalen Haushalt der jeweiligen Gruppierungen und Gesellschaften zum Frieden wenden (Senghaas 1997).

Nach dem ethno-nationalistischen Bürgerkrieg gab es keine Situation, in der die beteiligten Akteure von sich aus ein Interesse an der Beendigung des Krieges und einer sich anschließenden Zivilisierung der Politik und der Gesellschaft gehabt hätten. Die Gruppierungen und Personen, die für den Krieg verantwortlich waren, blieben auch nachher in den Schlüsselpositionen und bestimmten die politischen Konfliktlinien. Es öffnete sich kein „historisches

Zeitfenster" (Arato), während dessen die Vergangenheit vollständig delegitimiert, die ethnischen Konflikte für diesen Moment stillgestellt, ihre strukturierende Wirkung auf die gegenwärtigen Konflikte verloren hätten und die Eliten und die Bürger die einmalige Chance hätten ergreifen können, die konstitutionellen, institutionellen, sozialen und ökonomischen Strukturen einer neuen Gesellschaft konsensuell zu gestalten.

Die internationalen IFOR- später SFOR-Truppen, die die militärische Implementation des Dayton-Abkommens sicherstellen sollten[20], entwaffneten erfolgreich die jeweiligen Armeen und zivilen Verbände, verhinderten weitere bewaffnete Auseinandersetzungen und setzten den militärischen Teil notfalls mit Waffengewalt durch. Auch bei der Ergreifung der vom Internationalen Gerichtshof für Kriegsverbrechen und Verbrechen gegen die Menschlichkeit Angeklagten haben die bewaffneten Kräfte wichtige Hilfe geleistet.

Die Gründe für die erfolgreiche Implementierung des militärischen Teils und der erstaunlichen Vertragstreue der internen Akteure sind erstens der Respekt vor der militärischen Macht der SFOR bzw. der NATO und zweitens die durch diese Kräfte gesicherte räumliche Abgrenzung der sogenannten „Entitäten", die entlang der durch den Krieg geschaffenen ethnischen Trennungen vorgenommen wurde und die damit die Ziele dieses Krieges vertraglich bestätigte (Krizan 1996: 61).

Die Aufteilung Bosnien-Hercegovinas in zwei „Entitäten", die Teil des zivilen Programms des Dayton-Vertrages sind, ist dagegen die zentrale Schwäche des Vertrages. Das Hauptproblem sehe ich darin, daß es ein fiktives Staatsgebilde kreiert, das weder eine handlungs- und entscheidungsfähige Regierung besitzt noch volle Souveränität über weite Teile seines Territoriums ausüben kann. Bosnien-Hercegovina ist zwar als Staat erhalten geblieben, aber die externe Kreation künstlicher Staaten wird sich für die Entwicklung einer Zivilgesellschaft genauso destruktiv auswirken wie ein Leben in Trümmern von Staatlichkeit.

(a) Die staatliche Stellung der bosniakisch-kroatischen Föderation (MKF), die 51% des Territoriums umfaßt, und die der Serbischen Republik (RS), die die restlichen 49% ausmacht, ist unklar. Unklar ist, ob der Staat Bosnien-Hercegovina eine Föderation ist, denn nur die bosniakisch-kroatische Entität wird so genannt, ist jedoch nicht wie für Föderationen typisch auf territorialer Basis, sondern auf nationalistischer bzw. ethnischer Grundlage aufgebaut. Umgekehrt ist die staatsrechtliche Bindung der zwei Entitäten für eine staatsrechtliche Konstruktion als Föderation zu schwach, denn alle wesentlichen Aufgaben, die für die Herausbildung eines föderalen Staates wichtig wären, werden von den Entitäten durchgeführt. Die Kompetenzen der Zentralregierung – Außenpolitik, Währungs- und Zollpolitik, Kontrolle des Luftraums und Sicherung des freien Verkehrs von Waren, Dienstleistungen und Geld – reichen gerade nicht für die Herausbildung einer staatlichen Identität aus. Denn umgekehrt bleiben alle jene Funktionen, wie Verteidigung, innere Angelegenheiten, Polizei, Justiz, Finanzen, Bildung, Wissenschaft und Kultur und – äußerst wichtig – Medien, in der Hand ethnisch konstruierter Entitäten, die die Identifikation der unterschiedlichen Bevölkerungsgruppen mit dem Zentralstaat fördern könnten. Alle zentralen politischen Prozesse und Entscheidungen spielen sich in den Entitäten und nicht auf der Ebene des Zentralstaates ab.

(b) Auch die Konstruktion der Staatsbürgerschaft, die Grundlage jedes demokratischen Staates, bleibt ambivalent. Es gibt innerhalb des Nationalstaates eine doppelte Staatsbürgerschaft, einmal die des Staates Bosnien-Hercegovina und eine der jeweiligen „Einheiten". Zusätzlich kann jeder Staatsbürger Bosnien-Hercegovinas die Staatsangehörigkeit eines anderen Staates – im Zweifel des Patronagestaates – annehmen.[21] Noch grotesker wird die Konstruktion des Staatsbürgerstatus dadurch, daß die kroatischen Bürger der MKF nach dem Wahlrecht der Republik Kroatien, also dem des angrenzenden Patronagestaates, als Auslandskroaten für die dortigen Parlaments- und Präsidentenwahlen wahlberechtigt sind und somit eine wichtige Rolle bei der Zusammensetzung des Parlaments und bei der Wahl des Staatspräsidenten im benachbarten (National)-Staat spielen. Solange es aber keine klare und einheitliche Staatsbürgerschaftsdefinition hinsichtlich des Gesamtstaates gibt, also das „stateness"-Problem nicht gelöst ist, sind die Grundlagen der Demokratie und einer sie ausmachenden Bürgergesellschaft nicht gegeben (Linz/Stepan 1996: Kap. 2).

(c) Erschwerend kommt hinzu, daß wesentliche staatlich-administrative Funktionen nicht vom Zentralstaat, sondern von den jeweiligen „Einheiten" ausgeübt werden. Am bedeutendsten ist sicherlich die Ausübung des staatlichen Gewaltmonopols und die Rechtsprechung. Die Gewährung und der effektive Schutz von Menschenrechten in der Republik Serbien wird von der serbischen Polizei und der serbische Justiz ausgeübt und kann nicht ausreichend von der zentralstaatlichen Behörde kontrolliert werden. Was das für Minderheiten oder rückkehrwillige Vertriebene bedeutet, ist klar: Sie haben keinen effektiven Schutz, weil keine übergreifende Behörde die serbischen Behörden hinsichtlich der Einhaltung rechtsstaatlicher Prinzipien kontrollieren bzw. zur Verantwortung ziehen kann. Dies gilt natürlich für alle Minderheiten in den jeweiligen „Einheiten". Die im Vertrag von Dayton garantierten Menschenrechte und fundamentalen Freiheiten bleiben papierene Rechte, solange sie nicht vom staatlichen (Gewalt)-Apparat effektiv geschützt und rechtsstaatlich durchgesetzt werden.

Dies gilt auch für die Durchsetzung des Rechts der Flüchtlinge auf Rückkehr in die alten Gebiete, ihren Anspruch auf den Schutz des Lebens und die Rückgabe des Eigentums. Große Gebiete sind dem Zugriff der Zentralgewalt entzogen, weil Polizei und Gerichtsbarkeit in den Händen der Einheiten liegen. Trotz mehrerer Konferenzen über die Rückkehr der Flüchtlinge hat die ethnische Homogenisierung seit Vertragsabschluß zugenommen. Der Gesamtstaat selbst ist ein externes Kunstprodukt, das von der Bevölkerung und den sie vertretenden Eliten wie ein fremdes Implantat abgewiesen wird. Regiert wird über Dekrete des Hohen Repräsentanten wie im permanenten Ausnahmezustand.

V. Über die Zukunft der Zivilgesellschaft in den Nachfolgestaaten

In den vom Krieg geschüttelten Nachfolgestaaten sind die Zivilgesellschaften in einer „Spirale der Selbstzerstörung" (Blagojevic 1998) gefangen. Es mangelt an externen wie internen verläßlichen und stabilen Strukturen, die eine multiethnische Zivilgesellschaft konstituieren könnten. Nach außen gibt es keine klaren Staatsgrenzen, vielmehr greifen bestehende Nationalstaaten über ihre eigenen Grenzen hinaus tief in benachbarte Staaten ein. Serbien und Kroatien haben sowohl ihr Territorium, ihre Ökonomie, ihre Währung, Verwaltungsstrukturen und politischen Beziehungen nach Bosnien-Hercegovina ausgedehnt und bedrohen dessen territoriale Integrität und Souveränität.

Nach innen sind dies zerstörte Gesellschaften, die grundlegend durch ein Hypersystem auf Seiten der herrschenden Clique(n) gekennzeichnet sind, dem es jedoch an interner Strukturierung fehlt und das statt dessen auf familialen und klientelistischen Mustern aufgebaut ist, in denen jederzeit alles möglich oder unmöglich ist. Es verfügt über die Mittel zur autoritären Herrschaft über die Gesellschaft, ohne die „zerstörte Gesellschaft" jedoch vollständig kontrollieren zu können. Die „Nicht-Gesellschaft" ist ein Antisystem, das durch Chaos, Unübersichtlichkeit, Unvorhersehbarkeit und Auswegslosigkeit charakterisiert ist. Um zu überleben müssen die Menschen die übriggebliebenen Trümmer der Gesellschaft verlassen, alles institutionalisierte, regelhafte, geordnete und normengeleitete Handeln – mit einem Wort „Zivilität" – vergessen und in informelle Netzwerke umsteigen, die die Gesellschaft fast vollständig durchsetzt haben (Blagojevic 1998). Diese hier als Idealtypus skizzierten „Nicht-Gesellschaften" sind weitgehend Realität in Serbien und Bosnien-Hercegovina (vgl. dazu Blagojevic 1998; Ivanovic 1998; Gosztonyi/Rossig 1998), etwas abgeschwächt auch in Kroatien. Allein Slowenien hat gute institutionelle und kognitiv-moralische Voraussetzungen für die Entwicklung einer aktiven Zivilgesellschaft.

Wie lassen sich aus solchen „Nicht-Systemen" wieder die Regeln einer zivilen Gesellschaft gewinnen? Dafür sind zwei Bedingungen, eine institutionelle und eine kognitiv-moralische, von fundamentaler Bedeutung.

1. Die Re-Konstitution einer „passiven" Zivilgesellschaft ist die *conditio sine qua non* für eine aktive Zivilgesellschaft.[22] Sie bildet für ihre verschiedenen kollektiven oder individuellen Aktionen den unverzichtbaren Rahmen. Dies setzt zunächst (a) die vollständige Rückeroberung des staatlichen Gewaltmonopols und die Wiederherstellung der territorialen Souveränität des Staates über sein Herrschaftsgebiet voraus. Dies ist (b) untrennbar mit der Entwaffnung der Gesellschaft verbunden; es ist der erste Schritt der Wiederherstellung des Vertrauens in staatliche Institutionen, daß man nicht umstands- und folgenlos von Mitgliedern der anderen Ethnie bedroht, ausgeraubt, vertrieben oder getötet werden kann. Dies muß (c) durch die Wiederherstellung rechtsstaatlicher Strukturen ergänzt werden; nur so bewegt sich das staatliche Gewaltmonopol in regelgebundenen Bahnen und wird (d) für die ihm Unterworfenen kalkulierbar; nur so werden deren Freiheiten geschützt und der demokratischen Kontrolle zugänglich. Es sollte (e) eine Zügelung demokratischer, vor allem plebiszitärer Verfahren, erwogen werden, um die Wahl und damit demokratische Legitimation von ‚heißen' Nationalisten in staatlich-administrative Positionen zu verhindern.

2. Oktroyierte Institutionen stellen solange keine ausreichende Basis für eine aktive Zivilgesellschaft dar, solange sie sich nicht mit moralischen und psychologischen Grundlagen verbinden. Hierbei spielen Nichtregierungsorganisationen (NGOs) oder „inoffizielle Diplomatie" (Müller-Fahrenholz 1997; Curle 1997; Ropers 1997; Kelman 1997; Huber 1997) eine zentrale Rolle. Doch die Erfahrungen im ehemaligen Jugoslawien, insbesondere in Bosnien-Hercegovina, sind ernüchternd. Ein Friedensvermittler mit mehr als 30-jähriger Erfahrung in vielen internationalen und nationalen Konflikten sei als Beleg ausführlicher zitiert:

„Meine Erfahrungen im ehemaligen Jugoslawien [...] haben mich veranlaßt, meine Rolle als Friedensstifter und die bisher behandelten Themen zu überdenken. Man ging davon aus, daß ich als nicht-offizieller Vermittler hilfreich sein könnte. Doch es stellte sich bald heraus, daß dies nicht möglich war: Ich traf zwar auf vielfältigste Formen gewaltsamer Konflikte, doch auf keine Gruppe, die die von mir angebotene Vermittlung wünschte – alle waren entschlossen, den Kampf fortzuführen. [...] Solche Situationen sind durchaus nicht unüblich – neuartig an dem Krieg [...] ist jedoch, daß er allem Anschein nach Ausdruck dessen ist, was einer meiner Freunde als „moralischen Schmelzprozeß" bezeichnet hat. Die für das ungestörte Zusammenleben jeder Gemeinschaft unabdingbaren Normen gesellschaftlicher Moral scheinen sich fast vollständig aufzulösen. Ein Serbe vergewaltigt die Frau eines Nachbarn, eines Freundes, und erklärt zu seiner Rechtfertigung, sie sei Kroatin – dasselbe ereignet sich auch unter umgekehrten Vorzeichen. Dies ist in jeder Hinsicht eine Ungeheuerlichkeit; sie wird aber dadurch noch ins Unermeßliche gesteigert und damit zum Symptom einer tiefsitzenden Krise, daß die Entschuldigung allgemein als vernünftig akzeptiert wird."(Curle 1997: 211)

Mit anderen Worten: Die gegenwärtig akzeptierten und als „vernünftig" betrachteten Regeln und Normen des gesellschaftlichen Zusammenlebens sind die Regeln der Barbarei. Um das moralische Koordinatensystem in Richtung Zivilität zu justieren, müssen mindestens vier Bedingungen erfüllt werden:

(a) Kriegsverbrecher müssen ausnahmslos vor dem Haager Kriegsverbrechertribunal hart, aber in rechtsstaatlichen Verfahren bestraft werden. Dies ist eine Voraussetzung, um die Vergangenheit zu delegitimieren und zivile Kriterien für die Beurteilung von Handlungen der Vergangenheit und der Zukunft zu gewinnen.
(b) Alle am Krieg und an Verbrechen Beteiligten sollte der Zugang zu politischen und öffentlichen Ämtern grundsätzlich verweigert werden.
(c) Das Koordinatensystem von Wahrheit und Lüge, vor allem in den staatlich kontrollierten Medien, muß komplett umgepolt werden. Unabhängige Kommissionen oder ähnliche Institutionen müssen Kriterien entwickeln und durchsetzen, nach denen wieder klar entschieden werden kann, was Tatsachen bzw. Unwahrheiten sind.
(d) Ähnliche Regelungen sind auch für das Wissenschaftssystem denkbar, das an der Konstruktion von historischen oder politischen Lügen in einem erheblichen Ausmaß beteiligt war und beteiligt ist (Milosavljecic 1998). Die Autonomie von Akademien und Universitäten ist dafür unabdingbar.

„Nie wieder" – erst wenn diese zwei Worte sowohl von den Eliten als auch den Organisationen der Zivilgesellschaft akzeptiert und verinnerlicht worden sind, ist die Entstehung einer zivilen Gesellschaft in den vom Krieg und vom Genozid betroffenen Staaten möglich. Ist dies nicht der Fall, sind erneute Kriege und ethnische Säuberungen jederzeit wahrscheinlich.

Anmerkungen

1 Im Jahr 1987 fanden insgesamt über 1 500 Streiks mit fast einer halben Million Teilnehmern statt, fast vier mal soviel wie ein Jahr zuvor (Goati 1992: 5). Streiks waren im übrigen nach dem damaligen Recht illegal.
2 Die folgende Darstellung basiert weitgehend auf Mastnak 1992; Meier 1995.
3 Die polnische katholische Kirche spielte für die Solidarnosc eine ähnliche Rolle. Sie bot ihr Schutz vor dem Zugriff des Staates und gewährte ihr Spielräume, die einem begrenzten Pluralismus nahe kamen.
4 „Verfassungswidrig und strafbar ist jede gegen die nationale Gleichberechtigung gerichtete Propaganda und Praxis sowie jedes Schüren von nationalem Rassen- oder Religionshaß und Intoleranz." (Art. 170 Abs. 3).
5 Diese Organisationskomitees waren ohne weiteres in der Lage, mehrere Millionen Menschen zu mobilisieren. Vor allem im Jahr 1988 waren Kundgebungen mit über einer Million Menschen keine Seltenheit.

6 Vgl. dazu Linz/Stepan 1996: Kap. 3.
7 Polen ist vielleicht die Ausnahme; vgl. dazu Linz/Stepan 1996: Kap. 16; Bernhard 1996.
8 O'Donnell/Schmitter 1986: 373; Przeworski 1991: 419.
9 Dazu lesenswert Rothschild 1981; Offe 1994.
10 Es ist erstaunlich, daß sich die Literatur, die sich mit dem osteuropäischen Populismus beschäftigt, Jugoslawien bzw. seine Nachfolgestaaten bisher vollständig ignoriert. Dennoch finden sich einige grundsätzliche Überlegungen bei: Bozóki/Süskösd 1993; Di Tella 1997; Greskovits 1998: 130.
11 Kadijevic trat erst im Januar 1992 von seinem Posten als jugoslawischer Verteidigungsminister zurück.
12 Zu dieser Figur ausführlich Calic 1995: 113-115; Cigar 1995: 63-85; Woodward 1995: 225-236.
13 „Denn wer den Eindruck vermittelt, gleichsam überzeitlich und universal bedroht zu sein, bedarf zur Rechtfertigung seiner Selbstverteidigung keiner weiteren Argumente. Historisches Selbstmitleid dient dann als ideologisches Bindemittel zur Schaffung einer nicht mehr kritisierten und kritisierbaren nationalen Solidarisierung. Nationalistische Propaganda enthält also immer auch entsprechende Handlungsappelle" (Calic 1995: 115). Empirische Untersuchungen bestätigen, daß die Angst vor der anderen Ethnie – sei sie real oder eingebildet – die zentrale Variable ist, die neue Grenzziehungen, Vertreibungen oder Vernichtung legitimiert (vgl. Woodward 1995: 228 und FN 6).
14 „The existence of such lists of names was itself an instrument of cleansing. The terror it instilled in neighboring communities, once the atrocities spread, encouraged many of those who feared they might be targeted to flee even before they were attacked" (Silber/Little 1995: 291).
15 Vgl. dazu: Sofsky 1997.
16 "Apart from obvious differences in scale and ambition, it is the Serb's reliance on this laborious kind of murder that most strikingly distinguishes the working of their camps from those of the German death factories" (Danner 1997: 56).
17 Calic (1995: 100) schätzt deren Anzahl auf mindesten 45.
18 Vgl. dazu Calic 1996; Hayden 1998; Krizan 1996; Raffone 1996.
19 Dies hat P. Waldmann in seinen vergleichenden Studien über Bürgerkriege eindringlich gezeigt; vgl. Waldmann 1995, 1997.
20 Anfang August 1996 betrug deren Stärke rd. 60 000 Mann, die 1997 auf 30 000 bis 35 000 Mann reduziert wurde.
21 Art. I, Annex 4 des Vertrages bestimmt, daß die Bürger Bosnien-Hercegovinas „may hold the citizenship of another state, provided that there is a bilateral agreement, approved by the Parliament Assembly."
22 Diese Terminologie geht zurück auf Arato 1992.

Literatur

Arato, Andrew 1990: Revolution, Civil Society and Democracy, in: Transit 1: 110-121.
Arato, Andrew 1992: Social Theory, Civil Society and the Transformation of Authoritarian Socialism, in: Gáthy, Vera/Jensen, Jody (Hrsg.): Citizenship in Europe? In-

stitute of Sociology, Hungarian Academy of Sciences, the Center for European Studies, and the Department of Social and Political Studies of the Berzsenyi College, Szombathely: 116-146.
Bernhard, Michael 1996: Civil Society after the First Transition: Dilemmas of Post-Communist Democratization in Poland and Beyond, in: Communist and Post-Communist Studies (29) 3: 309-330.
Blagojevic, Marina 1998: Die Spirale der Selbstzerstörung, in: Ost-West Gegeninformationen (10) 4: 16-20.
Bozóki, András/Süskösd, Miklós 1993: Civil Society and Populism in the Eastern European Democratic Transitions, in: Praxis International (13) 3: 224-241.
Burg, Stephen L. 1997: Bosnia-Hercegovina: A Case of Failed Democratization, in: Dawiska, Karen/Parrot, Bruce (Hrsg.): Politics, Power, and the Struggle for Democracy in South-East Europe, Cambridge: 122-145.
Calic, Marie-Janine 1995: Der Krieg in Bosnien-Hercegovina: Ursachen, Konfliktstrukturen, Lösungsversuche, Frankfurt a.M.
Calic, Marie-Janine 1996: Chancen und Risiken: Die Umsetzung des Dayton-Abkommens, in: Internationale Politik (51) 5: 61-64.
Calic, Marie-Janine 1997: Friedensstrategien in komplexen Konfliktfeldern: Lehren aus dem zerfallenen Jugoslawien, in: Senghaas, Dieter (Hrsg.): Frieden machen, Frankfurt a.M.: 166-186.
Cigar, Norman 1995: Genocide in Bosnia: The Policy of "Ethnic Cleansing", Texas.
Cohen, Jean/Arato, Andrew 1992: Civil Society and Political Theorie, Cambridge.
Cohen, Lenard J. 1995: Broken Bonds: The Disintegration of Yugoslavia, Boulder u.a.
Colovic, Ivan 1998: Fußball, Hooligans und Krieg, in: Bremer, Thomas u.a. (Hrsg.): Serbiens Weg in die Krise: Kollektive Erinnerung, nationale Formierung und ideologische Aufrüstung, Berlin: 261-276.
Curle, Adam 1997: Bürger machen Frieden – Neue Herausforderungen, in: Senghaas, Dieter (Hrsg.): Frieden machen, Frankfurt a.M.: 205-218.
Danner, Mark 1997: The US and the Yugoslav Catastrophe, in: New York Review of Books XLIV(18) vom 20.11.1997.
Di Tella, Torcuato S. 1997: Populism into the Twenty-First Century, in: Government and Opposition (32) 2: 187-200.
Goati, Vladimir 1992: The Challenge of Post-Communism, in: Seroka, Jim/Pavlovic, Vukasin (Hrsg.): The Tragedy of Yugoslavia: The Failure of Democratic Transformation, New York: 3-22.
Goldstein, Slavko 1994: Introduction: Erasmus Today, in: Helsinki Monitor 5: 61-67.
Gosztonyi, Kristóf/Rossig, Rüdiger 1998: Ohne "Raja" geht wenig, in: Ost-West Gegeninformationen (10) 4: 10-15.
Greskovits, Bela 1998: The Political Economy of Protest and Patience: East European and Latin American Transformations Compared, Budapest.
Gross, Jan P. 1992: Poland: From Civil Society to Political Nation, in: Banac, Ivo (Hrsg.): Eastern Europe in Revolution, Ithaka/London: 56-71.
Gutman, Roy 1994: Augenzeuge des Völkermords: Reportagen aus Bosnien, Göttingen.
Hayden, Robert M. 1998: Bosnia: The Contradictions of "Democracy" without Consent, in: EECR (7) 2: 47-51.

Huber, Wolfgang 1997: Die Friedensverantwortung der Zivilgesellchaft, in: Senghaas, Dieter (Hrsg.): Frieden machen, Frankfurt a.M.: 268-277.
Hukanovic, Rezak. 1996: The Tenth Circle of Hell: A Memoir of Life in the Death Camps of Bosnia, New York.
Ivanovic, Zorica 1998: Transition und informelle Beziehungen, in: Ost-West Gegeninformationen (10) 4: 21-25.
Keane, John 1988: Democracy and Civil Society, London.
Keane, John 1996: Reflections on Violence, London.
Kelman, Herbert C. 1997: Inoffizielle Diplomatie – Ihr Beitrag zur Lösung internationaler Konflikte, in: Senghaas, Dieter (Hrsg.): Frieden machen, Frankfurt a.M.: 243-267.
Klinsberg, Ethan 1992: The State Rebuilding Civil Society: Constitutionalism and the Post-communist Paradox, in: Michigan Journal of International Law (13) 4: 865-907.
Kostovic, Denisa 1998: The Trap of the Parallel Society, in: Transition (Mai), zit. nach http:/www.omri.cz/transition/thetrap1.html.
Krizan, Mojmir 1996: Zerbrechliche Hoffnungen: Das Abkommen von Dayton/Paris und die Zukunft des Balkans, in: Osteuropa (46) 4: 315-330.
Linz, Juan J./Stepan, Alfred 1996: Problems of Democratic Transition and Consolidation: Southern Europe, South America and Eastern Europe, Baltimore/London.
Mainwaring, Scott/O'Donnell, Guillermo/Valenzuela, Samuel J. 1992: Introduction, in: dies. (Hrsg.): Issues in Democratic Consolidation: The New South American Democracies in Comparative Perspective, Notre Dame: 1-16.
Mastnak, Tomaz 1992: Civil Society in Slovenia: From Opposition to Power, in: Seroka, Jim/Pavlovic, Vukasin (Hrsg.): The Tragedy of Yugoslavia: The Failure of Democratic Transformation, New York: 49-66.
Meier, Victor 1995: Wie Jugoslawien verspielt wurde, München.
Merkel, Wolfgang 1999: Systemtransformation: Theorien und Analysen, Opladen.
Merkel, Wolfgang/Lauth, Hans-Joachim 1998: Systemwechsel und Zivilgesellschaft: Welche Zivilgesellschaft braucht die Demokratie?, in: Aus Politik und Zeitgeschichte B 6-7/ 1998: 3-12.
Milosavljecic, Olivera 1998: Der Mißbrauch der Autorität der Wissenschaft, in: Bremer, Thomas u.a. (Hrsg.): Serbiens Weg in die Krise: Kollektive Erinnerung, nationale Formierung und ideologische Aufrüstung, Berlin: 159-182.
Müller-Fahrenholz, Heiko 1997: Heilt die Zeit die Wunden?, in: Senghaas, Dieter (Hrsg.): Frieden machen, Frankfurt a.M.: 189-204.
O'Donnell, Guillermo/Schmitter, Philippe C. 1986: Transitions from Authoritarian Rule: Tentative Conclusions about Uncertain Democracies, Baltimore/ London.
Offe, Claus 1994: Ethnische Politik im osteuropäischen Transformationsprozeß, in: ders.: Der Tunnel am Ende des Lichts, Frankfurt a.M./New York: 135-186.
Przeworski, Adam 1991: Democracy and the Market: Political and Economic Reforms in Eastern Europe and Latin America, Cambridge.
Pusic, Vesna 1995: Democracy versus Nation: Dictatorship with Democratic Legitimacy, in: Helsinki-Monitor 5 (Special Issue): 69-84.
Raffone, Paola 1996: Der Weg nach Dayton: Diplomatische Stationen eines Friedensprozesses, in: Blätter für Deutsche und Internationale Politik (41) 2: 230-240.

Ropers, Norbert 1997: Prävention und Friedenskonsolidierung als Aufgabe für gesellschaftliche Akteure, in: Senghaas, Dieter (Hrsg.): Frieden machen, Frankfurt a.M.: 219-242.
Rothschild, Joseph 1981: Ethnopolitics: A Conceptual Framework, New York.
Rüb, Mathias F. 1998: Balkan Transit: Das Erbe Jugoslawiens, Wien.
Scheffler, Thomas 1995: Ethnoradikalismus: Zum Verhältnis von Ethnopolitik und Gewalt, in: Seewann, Gerhard (Hrsg.): Minderheiten als Konfliktpotentiale in Ostmittel- und Südeuropa, München: 9-47.
Schmitt, Carl 1928: Zum Begriff des Politischen, Berlin.
Senghaas, Dieter (Hrsg.) 1997: Frieden machen, Frankfurt a.M.
Senghaas, Dieter 1997: Vorwort, in: ders. (Hrsg.): Frieden machen, Frankfurt a.M.: 9-27.
Silber, Laura/Little, Allan 1995: Bruderkrieg: Der Kampf um Titos Erbe, Graz u.a.
Sofsky, Wolfgang 1997: Die Ordnung des Terrors: Das Konzentrationslager, Frankfurt a.M.
Stewart, Michael 1997: Atone and Move Forward, in: London Review of Books (24) 19: 12-16.
Thompson, Mark 1994: Forging war: The Media in Serbia, Croatia, and Bosnia-Hercegovina, International Centre against Censorship, Avon.
Ugresic, Dubravka 1995: Die Kultur der Lüge, Frankfurt a.M.
Varady, Tibor 1992: Collective Minority Rights and Problems of their Legal Protection, in: East European Politics and Society (6) 2: 260-282.
Waldmann, Peter 1995: Gesellschaften im Bürgerkrieg: Zur Eigendynamik entfesselter Gewalt, in: Zeitschrift für Politik (42) 4: 343-368.
Waldmann, Peter 1997: Bürgerkrieg – Annäherung an einen schwer faßbaren Begriff, in: Leviathan (25) 4: 481-500.
Woodward, Susan L. 1995: Balkan Tragedy: Chaos and Dissolution after the Cold War, Washington D.C.
Zartman, William I. (Hrsg.) 1995: Collapsed States: The Disintegration and Restoration of Legitimate Authority, Boulder/London.

Zivilgesellschaft und Demokratie in Südeuropa

Mark Arenhövel

Einleitung

Ernest Gellner hat jüngst den Begriff der *civil society* als die für den Transformationsprozeß Osteuropas und der früheren Sowjetunion zentrale, ihn leitende und durchdringende Idee bezeichnet. Dies wird sich so zweifellos für die drei südeuropäischen Länder Portugal, Spanien und Griechenland, die Mitte der siebziger Jahre die dritte Demokratisierungswelle eröffneten, nicht sagen lassen. Nicht zuletzt wird eine Untersuchung zur Relevanz der Zivilgesellschaft in diesen Ländern durch den Umstand erschwert, daß das Konzept einer Zivilgesellschaft als Kampfbegriff gegen den autoritären/totalitären Staat und als Legitimationskonzept einer selbstbewußten politischen Öffentlichkeit noch nicht vorlag und es sich deshalb immer um eine theoretische Rekonstruktion handelt, wenn im folgenden von zivilgesellschaftlichen Akteuren die Rede ist.

Daher soll nach einer Klärung dessen, was hier unter dem Konzept *Zivilgesellschaft* verstanden wird, eine phänomenologische Vergewisserung versucht werden, die Antworten auf die Fragen geben soll, ob bzw. welche zivilgesellschaftlichen Akteure in den jeweiligen autoritären Systemen agierten, welche Rolle sie für den Transitionsprozeß spielten und ob sich diese Rolle im Laufe der Konsolidierung der Demokratie veränderte. Daran anschließend werden in aller Kürze Daten zur politischen Kultur mit den Befunden zur Zivilgesellschaft in den drei hier interessierenden Ländern verglichen, um abschließend einige Bemerkungen zum Ertrag des Konzepts Zivilgesellschaft für die Transitionsforschung zu wagen.

I. Die Imagination der Zivilgesellschaft

Mit aufsehenerregender Schnelligkeit hat sich die Konzeption der Zivilgesellschaft in der soziologischen und politikwissenschaftlichen Theoriebildung fest etabliert, was paradoxerweise an der Unschärfe liegen mag, die dem Konzept anhaftet: Von der „freundlichen" und auch „gefährdeten" bis hin zur "internationalen/globalen" Zivilgesellschaft reichen die Zuschreibungen, bis schließlich zur Fragestellung, ob es sich bei alledem um ein „postmodernes Kunstprodukt" handeln könnte.[1] Die Rede von der *Imagination der Zivilgesellschaft* verweist auf zwei Dinge: Zum einen auf die Faszination eines Begriffs, die von der „intuitiven Treffsicherheit, mit der er einen unübersichtlichen Problemzusammenhang in eine komprimierte Formel" zu bannen scheint, ausgeht (Dubiel 1994a: 67). Die beinahe globale Konjunktur des Konzepts nährte sich von den schillernden Beispielen der friedlichen Systemwechsel in Osteuropa, in denen die Idee der zivilen Gesellschaft aus dem Traditionsfundus abendländischen Nachdenkens über die öffentliche Gemeinschaft (*koinonía politikè* bei Aristoteles) hervorgeholt wurde und im antitotalitären Kampf als Chiffre für Solidarität, Dissidenz, öffentliche Deliberation, für einen „Handlungsraum von Handlungsräumen" (Walzer) diente. Das Projekt der Zivilgesellschaft hatte in vielen Übergangssystemen als Gegenbild zum autoritären System gewirkt und bot in seinen normativen Aspekten den Rahmen, in dem sich der Übergang jenseits vom revolutionären Weg und jenseits vom Umbau „von oben" vollziehen sollte. Auch in der Transitions- bzw. Transformationsforschung wurde das Konzept schnell aufgenommen: Die Civil Society als „missing link" konnte möglicherweise Prozesse oder konsolidierungsfördernde Einstellungsmuster erklären, die sonst nur mehr oder weniger unscharf im Rückgriff auf politische Traditionen oder die politische Kultur zu deuten gewesen wären.

Beeinflußte also die Imagination der Zivilgesellschaft einerseits die rasche Rezeption des Konzeptes in der westlichen Theoriebildung mit nach wie vor unklaren Ergebnissen für die Reflexionschancen westlicher Modernisierungsmuster und liberal-demokratischer Systeme, so gründet die zweite von mir vorgeschlagene Lesart in demokratietheoretischen Überlegungen, wie sie etwa von Claude Lefort, Marcel Gauchet oder Cornelius Castoriadis angestellt worden sind.[2] Diese Autoren konzeptualisieren die Dekorporierung von Gesellschaft und Macht und deren Auseinandertreten als *das* Definitionsmerkmal demokratischer Herrschaftssysteme und als Bedingung für die Herausbildung einer potentiell autonomen Gesellschaft. Ein Entwicklungsprozeß zu einer solchen sozial-historischen Formation hat sich in den meisten spät- oder nachtotalitären bzw. autoritären Systemen zumindest angedeutet, der von Linz beschriebene „begrenzte Pluralismus" autoritärer Systeme könnte hier ein Indikator sein. In diesem Prozeß wird ein Ort eröffnet zur symbolischen Repräsentation und kollektiven Imagination selbstorganisierter politischer Praxis und Konfliktaustragung, in der sich eine Gesellschaft über unterschiedliche Selbstbeschreibungen auseinandersetzt und damit die Instituierung (C. Castoriadis) der Gesellschaft in einem unabgeschlossenen Prozeß betreibt. Die Zivilgesellschaft bildet folglich den Rahmen, in dem unterschiedliche Akteure mit durchaus konkurrierenden Interessen sich das „Recht, Rechte zu haben" (H. Arendt) nehmen – in vielen Fällen auch erkämpfen oder den Machthabern abtrotzen – und den legalen und verfassungsmäßigen Rahmen mitunter transzendieren. Somit wird die Zivilgesellschaft zu jener Sphäre, in der die Gesellschaft sich imaginiert und den Raum für demokratische Politik selbst schafft.

Die Zivilgesellschaft umfaßt all jene staatsfreien Räume, in denen gesellschaftliche Problemlagen von mittelbar oder unmittelbar Betroffenen in Form von Assoziationen, Vereinigungen oder Organisationen aufgenommen und verarbeitet werden und an eine „alarmierte" politische Öffentlichkeit zurückgegeben werden. O'Donnell et al. unterscheiden dabei zwischen dem Entstehen einer Zivilgesellschaft und der Mobilisierung von Massen. Zwar kann sich eine zivile Gesellschaft in verschiedenen Formen von Massenmobilisierung manifestieren, doch meint Zivilgesellschaft zunächst etwas anderes, nämlich „to openly deliberate about their common affairs and publicly act in defense of justifiable interests" (O'Donnell/Schmitter 1986: 6). Es ist für Zivilgesellschaften, die einen bestimmten Organisationsgrad erreicht haben, geradezu typisch, daß sie sich nicht in Massenaktionen entladen, sondern diskursiv ihre Forderungen an das politische System zurückgeben. In der Terminologie von Hannah Arendt liegt der operative Kern dieser subpolitischen Responsion in der Ausübung von Macht, die der staatlichen Macht allerdings in ihrer Erscheinungsform diametral entgegengesetzt ist, indem sie „entsteht, wann immer Menschen sich zusammentun und gemeinsam handeln" (Arendt 1981: 53). Heinrich Ahlemeyer hat als operatives Letztelement sozialer Bewegungen die Mobilisierung hervorgehoben, welche nicht nur andere zur Teilnahme verpflichten soll, sondern auch – oder vor allem – *selbstbindend* wirkt: „Mobilisierung mobilisiert Mobilisierung" (Ahlemeyer 1989: 188). Der Begriff der Selbstbindung oder Selbstverpflichtung ist ein brauchbares Kriterium zur Distinktion zivilgesellschaftlicher „Mobilisierung". Die Zusammensetzung dieser Assoziationen ist dabei nicht genau zu umschreiben: es können Intellektuellenzirkel, Mittelstandsorganisationen, Menschenrechtsgruppen, Gewerkschaftsverbände, Selbsthilfegruppen, Familien, Kleingruppen, Frauen- und Ökologiebewegungen usw. sein (Cohen/Arato 1992: 49). Ihr Wirkungskreis ist eher „öffentlich" als „massenhaft". Doch die Frage bleibt: Wie können diese Gruppen autoritäre Regime, die auf eine Depolitisierung und Atomisierung abzielen, überleben oder in ihnen entstehen? Und weiter: Wie können sie Impulse dafür geben, daß eine gemeinsame Koordination eines diskursiv gerechtfertigten gesellschaftlichen Zusammenlebens im politischen System Anerkennung findet? O'Donnell und Schmitter (1986: 49ff.) versuchen, eine Reihenfolge der sich erhebenden sozialen Sektoren zu geben, die zwar nicht empirisch ist, aber dennoch einen Eindruck von den Prozessen gibt, die in dieser frühen Phase der Systemtransformation vonstatten gehen können. Sie weisen darauf hin, daß zunächst jene soziale Gruppe Themen, die bis dahin unartikulierbar waren, ansprechen wird, die sich am ehesten einer Repression entziehen kann, nämlich die Künstler und

Intellektuellen. Die nächste Gruppe von einem völlig anderen Segment der Gesellschaft, die sich der „Semi-Opposition" anschließt, kommt häufig aus den Bereichen, die von der Diktatur profitiert haben, nun aber erkennen, daß eine Öffnung des Systems ihren Interessen eher dient als die Beibehaltung des starren alten Regimes. Die Gründe für diesen Einstellungswechsel müssen zunächst nicht mit einer demokratischen Wertorientierung einhergehen, sondern können wiederum einer Kosten-Nutzen-Erwägung entspringen, was für die Konsolidierungsphase der jungen Demokratie zumindest nicht unproblematisch ist. Dennoch ist gerade das Umschwenken von Unternehmern, Bankiers, Kaufleuten und Großgrundbesitzern ein deutliches Anzeichen für die Erschütterung der Basis, auf der das autoritäre Regime fußt. Anwaltsvereinigungen, die Rechtsstaatlichkeit einfordern und Wirtschaftsexperten, die auf die hohen wirtschaftlichen und sozialen Kosten der Politik hinweisen, haben in breiten Bevölkerungskreisen ein großes Gewicht und stimulieren eine (halb-) öffentliche Diskussion. Menschenrechtsorganisationen und kirchliche Stellen machen die Menschenrechtsverletzungen zum Thema und verringern die Legitimationsbasis weiterhin. Von entscheidender Bedeutung für einen erfolgversprechenden Systemwechsel ist schließlich die Herausforderung an das autoritäre Regime, die von Arbeiterorganisationen ausgeht. In jeder Diktatur steht dieser Bereich unter besonderer Aufmerksamkeit staatlicher Politik und die Forderungen nach Organisationsfreiheit, Streikrecht, Arbeitsschutzgesetzen, Tarifautonomie, Arbeitslosenunterstützung usw. erschüttern die Grundlagen jeder Diktatur.

Ein weiterer Bereich, wo autonome Organisationen entstehen und häufig Netzwerke bilden, sind Selbsthilfegruppen in Stadtteilen, Kommunen oder Elendsvierteln, die viel zu einer entstehenden demokratischen politischen Kultur beitragen können. Durch spontan sich überall unabhängig voneinander organisierende Gruppierungen von Arbeitern, Bauern, Bewohnern der Elendsviertel, Nachbarschaftsgruppen, Intellektuellenzirkel, Studenten- und Frauengruppen „wurde ein mehr oder minder zufälliges Beisammensein zu einer politischen Institution" (Arendt 1974: 343f.). Aus diesen allgemeinen Bemerkungen leiten sich die Fragestellungen ab, die an die empirischen Fälle heranzutragen sind: In welchem Verhältnis steht nun der Aufbau einer Zivilgesellschaft zur Etablierung eines demokratischen politischen Systems? Ist die von O'Donnell und Schmitter (1986: 48ff.) beschworene „resurrection of civil society" eine notwendige Voraussetzung zum demokratischen Übergang, d.h. ist sie eine Prä-Requisite für die schließlich erfolgreiche Installierung/Konsolidierung einer Demokratie, oder ist es gleichfalls möglich, daß erst die Demokratie den Rahmen setzt und Bedingungen schafft, damit eine Zivilgesellschaft entstehen kann? Und schließlich: Wann und mit welchen (institutionellen) Folgen entfaltet sich die Imagination der Zivilgesellschaft als die Sphäre der „allgemeinen, kulturellen, ideologischen und politischen Repräsentation der Gesellschaft" (Shaw 1998: 237)?

II. Struktur, Dynamik und Wirkung der Zivilgesellschaft

1. Portugal: die Eruption der Zivilgesellschaft

"When the revolution ocurred in Portugal the US was out to lunch; we were completely surprised." (Cord Meyer, ehemaliger Leiter des CIA in London)

Die portugiesische Revolution, die mit der Erhebung junger Offiziere des *Moviminto das Forças Armadas* (MFA) am 25.4.1974 begann, kam nicht nur für den US-amerikanischen Geheimdienst völlig überraschend. Fast gelähmt und ohne jedes Verteidigungskonzept wirkte der 48-jährige *Estado Novo* (vgl. Passos 1987: 478), der ebenso überrascht war wie die demobilisierte Bevölkerung, die meist noch stark von parochialen Einstellungen und Werten geprägt war. Etwas überspitzt läßt sich feststellen, daß die „Nelkenrevolution" der Auslöser für die „resurrection of civil society" (O'Donnell/Schmitter), oder eher noch, für die Entstehung einer Zivilgesellschaft in Portugal war. Während der langen Dauer des autoritären Regimes in Portugal hatte es zwar immer wieder ad hoc Mobilisierungen wie z.B. die spontane Streikwelle der Industrie- und Landarbeiter gegen Ende des Jahres 1961 gegeben, mit denen Lohnforderungen oder die Einführung des 8-Stunden-Tages durchgesetzt werden sollten, doch waren diese in der Regel unorganisiert und auf rein wirtschaftliche bzw. soziale Forderungen begrenzt und konnten durch brutale Repression des Regimes zerschlagen werden. Die interne Regimekrise nach dem Wechsel von Salazar zu Caetano 1968 oder nach Salazars Tod 1970 konnte von oppositionellen Gruppen oder den isolierten gesellschaftlichen Akteuren nicht genutzt werden, einen Systemwechsel einzuleiten.

Während der gesamten Regierungszeit Caetanos hatten Streikaktionen der Arbeiterschaft stattgefunden, die sich nach der Rücknahme der liberalisierten Gewerkschaftsgesetze im Oktober 1970 fortsetzten. Besonders um den Jahreswechsel 1973/74 setzte eine massive Streikwelle ein, die von spontanen und nicht von Partei- oder gewerkschaftlichen Gruppen getragen wurde. Zusammen mit den auf einem Minimalkonsens kooperierenden Sozialisten und Kommunisten setzten sie das Regime unter Druck. Die sehr heterogene Oppositionsbewegung leistete damit eine nicht zu unterschätzende Vorarbeit für den Umbruch, da es aber zu keiner Zusammenarbeit mit den Militärs kam, war sie am Umsturz nicht aktiv beteiligt und stand diesem unvorbereitet gegenüber (Sänger 1994: 94f.). Zwar war in der städtischen Bevölkerung die langjährige „a-politische" Kultur durch die verstärkte internationale Eingliederung, zurückkehrende Arbeitsmigranten, die wirtschaftliche Öffnung und durch die Agitationen der Oppositionsbewegungen allmählich aufgebrochen, so daß sich die traditionellen Hauptinteressen nicht mehr als „fado und futebol" abtun ließen, doch führte dies nicht zu einer von einer breiten Mehrheit der Bevölkerung getragenen Demokratiebewegung.

Der Kollaps des ancien régime führte vorübergehend zu einem Machtvakuum, das innerhalb kürzester Zeit von einer nicht vorhersehbaren Vielzahl von Gewerkschaftsgruppen, Nachbarschaftsvereinigungen und sozialen Bewegungen gefüllt wurde, welche von den Militärs nicht mehr kontrolliert werden konnten. Im Gegensatz zu den meisten vergleichbaren Demokratisierungsprozessen stand in Portugal keine erfahrene Gegenelite bereit, die konzeptionell und personell den Strom der Ereignisse hätte lenken können. Aus diesem Umstand rührt Kenneth Maxwells viel zitierter Vergleich, direkt nach dem Putsch habe Portugal am ehesten Nicaragua geähnelt (Maxwell 1986: 120).[3] Im Vergleich mit den beiden anderen hier behandelten Fällen gelang es der Zivilgesellschaft in Portugal in weit stärkerem Maße als in Griechenland oder Spanien, den Ablauf und die Agenda der Transitionsphase zu beeinflussen.

Nicht zu unterschätzen war in diesem Zusammenhang die Konstituierung einer freien Öffentlichkeit durch unzensierte Medien, die den Politisierungsprozeß vorantreiben konnten. Einen ersten Höhepunkt der Mobilisierung ergaben die Kundgebungen zum ersten Mai, die einen bisher nicht gekannten Zulauf erreichten. Dieser Politisierungsprozeß war zunächst auf die städtischen und industriellen Zentren beschränkt, drang aber bald in innere Regionen vor und ging über die traditionellen Formen der bürgerlichen Demokratie hinaus. In den Städten und auf dem Land entstanden soziale Bewegungen, wie Wohnungskommissionen bzw. Agrarkooperationen, spontane Arbeiterkommissionen und kleine radikale Gruppen, die in ihren revolutionären Vorstellungen weit über die Ideen der Parteien hinausgingen. In dieser Zeit spontaner Mobilisierung und der Radikalisierung von Forderungen wurde die Rede vom „poder popular" geprägt, in dem manche Beobachter eine Verselbständigung der portugiesischen Revolution sahen.[4]

Die portugiesische Transition war während eines Jahres, von Beginn der Nelkenrevolution bis zu den Gründungswahlen im April 1975, von dem Versuch unterschiedlicher politischer Strömungen gekennzeichnet, die Dynamik der sozialrevolutionären Mobilisierung zu kontrollieren. Dabei schien zunächst die Kommunistische Partei (*Partido Comunista Português*) und die unter ihrem Einfluß stehende Gewerkschaft *Intersindical* erfolgreich zu sein, doch einerseits gelang es den eher gemäßigten Sozialisten (*Partido Socialista*) unter Mário Soares ebenfalls, ihre Anhänger zu Massendemonstrationen zu mobilisieren, andererseits zeigte sich deutlich, daß die Mehrheit der Portugiesen einen Systemwechsel wünschte, allerdings im Rahmen demokratischer Verfahren. Wenn auch die Wahlen noch kein Ende der Mobilisierung der zivilgesellschaftlichen Akteure brachten, so waren sie doch ein eindeutiges Bekenntnis zu einer liberaldemokratischen Orientierung, wie sie von Soares und dem gemäßigten Flügel innerhalb des MFA vertreten wurde. Bei einer bemerkenswert hohen Wahlbeteiligung von 91,7 Prozent – trotz eines Aufrufs linker Kräfte im MFA zur Wahlenthaltung – stimmten 37,9 Prozent für die Sozialisten, während die Kommunisten nur 12.5 Prozent erringen konnten.[5] Obwohl das Ausland die Wahlen nur schwach registrierte, das Ergebnis nicht den Ausschlag für die provisorische Regierung bildete und die Verfassungsgebende Versammlung weder die Funktion eines Parlamentes ausübte noch die Rolle eines souveränen Organs im politischen System innehatte, war das Ergebnis von erheblicher Bedeutung für das Parteiensystem und für die Ereignisse der folgenden Monate. Der linksextreme Putschversuch niederer Militärsränge am 25.11.1975 zeigte, wie ungefestigt die Situation nach wie vor war. Innerhalb der politischen und gesellschaftlichen Gruppen waren die Auseinandersetzungen über die demokratische oder revolutionäre Legitimität nicht beendet worden. Wie in Spanien anläßlich des fehlgeschlagenen Putsches am 23.2.1981 zeigte sich die reale Gefahr eines undemokratischen Fortgangs der Transition, welche in Portugal das Ende gesellschaftlicher Mobilisierung einleitete. Zunehmend wurde die Zielvorstellung einer „liberalen Demokratie mit sozialistischen Inhalten in der Wirtschafts- und Sozialgesetzung" (Stiehl/Merkel 1997: 99) von der Mehrheit der Bevölkerung unterstützt. Was folgte, war die Institutionalisierung des politischen Systems mit Verfassungsgebung und Parlamentswahlen. Die Phase der revolutionären oder basisdemokratischen Entwürfe war damit beendet und die Konfliktaustragung fand nunmehr fast ausschließlich in der politischen Arena statt. Der Einfluß der während der Transition den Umbruch unterstützenden wie auch die Demokratisierung fördernden zivilgesellschaftlichen Akteure wurde von den politischen Parteien nach und nach marginalisiert mit der Folge einer Entpolitisierung der Bevölkerung, Lethargie und wachsender Politikverdrossenheit. Ralf Sänger bilanziert kritisch: „Die gegen Mitte der 60er Jahre eingeleiteten emanzipatorischen [gesellschaftlichen] Tendenzen wurden nach 1976 gekittet und das soziale Gewebe wiederhergestellt. Die traditionell-patriarchale Gesellschaftsordnung existiert wieder und verhindert eine freie, emanzipatorische Gesellschaft, sowie das Ausschöpfen des vorhandenen Potentials für eine Entwicklung" (Sänger 1994: 611).

2. Spanien: die Zivilgesellschaft als confining condition im Demokratisierungsprozeß

Der franquistische Staat veränderte sein Erscheinungsbild während der langen Dauer seines Bestehens hinsichtlich des Repressionsgrades, der dominanten Eliten und der ordnungspolitischen Maßnahmen in entscheidendem Maße. Dabei führte die scheinbar monolithische Geschlossenheit des Regimes, repräsentiert durch die dominante Figur des Diktators, zu der Einschätzung sowohl im Inneren Spaniens als auch im Ausland, das politische System sei anpassungsfähig und stabil. Es bedurfte der Öffnung der Ökonomie und einer begrenzten internationalen Orientierung des politischen Systems ab der frühen fünfziger Jahre, um eine Sphäre des begrenzten Pluralismus zu begründen. Daraufhin entwickelte sich die Zivilgesellschaft innerhalb Spaniens unabhängig von den Exilgruppen im Ausland. Ort der Herausbildung eines antifranquistischen Bewußtseins waren zunächst die Universitäten, wo sich Mitte der fünfziger Jahre Widerstand gegen das falangistische Universitätssyndikat (SEU) bildete. In Anlehnung an liberale Traditionsbestände eines Ortega oder Unamuno und der Generation '98 entfremdete sich eine Reihe hervorragender Intellektueller von der dominanten Kultur, den religiösen Vorstellungen und dem franquistischen Staat. Pérez Díaz beschreibt anschaulich, wie die Rezeption existentialistischer und marxistischer Literatur dazu beitrug, das franquistische System als unmodern und „unwestlich" zu entlarven, den politischen Dissens zu stärken und gleichzeitig Europa als Referenzpunkt anzunehmen (vgl. Pérez Diaz 1993a: 31f.).[6]

Es dauerte jedoch mehr als ein Jahrzehnt, bis die antifranquistische Universitätsbewegung die Autorität des Staates herausforderte. Steigende Studentenzahlen, die größere Anzahl der Universitäten, Impulse aus der Rezeption des Marxismus und die Etablierung neuer Wissenschaftsdisziplinen führten zu Massenprotesten, Sitzstreiks und Flugblattaktionen, die weit über den studentischen Bereich hinausgingen und eine Demokratisierung der spanischen Gesellschaft forderten. Nachdem die Studentenproteste zunächst nur in Madrid und Barcelona von Bedeutung waren, weiteten sie sich ab 1966 auf alle Universitätsstädte aus und wurden erst durch die Erklärung des Ausnahmezustands, wodurch die Universitäten unter Polizeiüberwachung gestellt wurden, im Februar 1969 beendet. Es ist bezeichnend, daß die alten franquistischen Eliten die Unzufriedenheit der jungen studentischen Generation nicht verstanden und die Überlebtheit ihres Systems als kommunistisch gesteuerten Aufruhr deuteten. Besonders aufmerksam wurde an den Universitäten auch rezipiert, was demokratisch gesinnte Juristen publizierten: Das von Gregorio Peces-Barba Martínez im Jahr 1973 erschienene Buch „*Derechos fundamentales*" (Grundrechte) diente den Studenten als „erstes Licht in der Barrikade des Kampfes der Universitäten für die Demokratie", wie der Autor selbst anläßlich der 3. Auflage im Jahr 1980 rückblickend feststellte. Bernecker und Pietschmann attestieren der Studentenbewegung eine entscheidende Bedeutung für den „Verfall der Diktatur" (Bernecker/Pietschmann 1993: 349) und Pérez Díaz formuliert prägnant, „[...] tatsächlich bildete diese neue Generation ihre Identitätszeichen in der Opposition zum Franquismus" (Pérez Díaz 1993a: 32).[7] Zu den „Initiationsriten" junger Studenten gehörte es in der Endphase des Franquismus, an öffentlichen Protesten gegen das Regime teilzunehmen, und aus den Universitäten trat eine neue Generation von Anwälten, Ärzten, Ingenieuren und Wirtschaftswissenschaftlern ins öffentli-

Zivilgesellschaft und Demokratie in Südeuropa 211

che Leben, welche die überkommene Ordnung in Zweifel zogen und die in semi-offiziellen Berufsverbänden zu alternativen politischen Vorstellungen kamen und so allmählich den Wandel vorbereiteten. Selbst traditionell konservative Sektoren der Gesellschaft begannen sich in der Semi-Opposition zu engagieren und gründeten die *Unión de Funcionarios Democráticos* (Vereinigung demokratischer Beamter), *Justicia Democrática* (Demokratisches Justizwesen) und sogar die *Unión Militar Democrático* (Militärische Demokratische Vereinigung, UMD). Die UMD wurde in der Endphase des Franquismus von zwölf Militärangehörigen in Barcelona gegründet, um einen Diskussionsprozeß innerhalb des Militärs einzuleiten.[8] Bereits im Sommer des Jahres 1975, nicht einmal ein Jahr nach der Gründung, wurden die Initiatoren der UMD verhaftet und wegen angeblicher „Verschwörung bzw. Provokation zur Militärrebellion" zu empfindlichen Haftstrafen verurteilt. Erst im Sommer 1976 wurden sie vom König amnestiert und 1986 in ihr früheres Dienstverhältnis wieder aufgenommen. Gegen Ende des franquistischen Systems entstanden in ganz Spanien Nachbarschaftsorganisationen (*asociaciones de vecinos*), welche vom Regime wegen ihres vermeintlich unpolitischen Charakters geduldet wurden. Neben der Beschäftigung mit Problemen lokaler Art entstanden in diesen Organisationen Diskussionsrunden, die sich auch mit politischen Fragen auseinandersetzten und als Deckung für Untergrundaktivitäten dienten. Gerade in der Phase zu Beginn der siebziger Jahre waren die Nachbarschaftsorganisationen eine Plattform für politische Aktivitäten, wie ein Funktionär der kommunistischen Partei im Jahr 1979 bestätigte (vgl. Gunther/Sani/Shabad 1988: 151). Zwar hatte die Kommunistische Partei keinen direkten Einfluß auf diese Organisationen, doch bestand ein Netz aus informellen Kontakten, Beziehungen und Kommunikationskanälen zwischen den Nachbarschaftsgruppen und besonders der spanischen Kommunistischen Partei. Im Zuge der Transition verloren diese Organisationen ihre Struktur und ihren Einfluß, da sehr viele Aktivisten ihr politisches Engagement in den legalisierten Parteien weiterführten. Wurde in Portugal erst im Zuge der Transition im November 1975 das Pressegesetz liberalisiert, wurde der rechtliche Rahmen, in dem die Presse in Spanien berichten konnte, durch das Pressegesetz von 1966 erheblich erweitert. Dieses *„Ley de Prensa e Imprenta"* modifizierte das wesentlich rigidere Pressegesetz aus dem Jahre 1938, nach welchem der Presse die Aufgabe einer „nationalen Institution" (C. Molinero) zukam. Wenn sich auch im Anschluß an Fraga Iribarnes Pressegesetz der Freiheitsraum für die Massenmedien ausweitete, so stellte es doch den Versuch des Regimes dar, eine kontrollierte Erleichterung der Zensur zuzulassen und eine „begrenzte Öffentlichkeit" zu schaffen. Die Neufassung des Gesetzes war also eine Reaktion des Regimes auf gesellschaftliche Prozesse und Forderungen nach einer gewissen Öffnung, doch deutete sie in keiner Weise auf eine Neudefinition der Grundlagen des politischen Systems hin. Dennoch konnten die Medien schrittweise ihren Spielraum erweitern und wurden damit zu *Beobachtern* wie *Teilnehmern* des politischen Prozesses (vgl. Montabés Pereira 1994: 45). Die Gründung der regimekritischen Zeitschrift „*Cuadernos para el Diálogo*" bereits drei Jahre vor der Revision des Pressegesetzes deutete die gesellschaftliche Forderung nach öffentlichen Foren demokratisch gesinnter Kräfte an. Ermöglicht wurde die Publikation noch innerhalb der strengen Zensurregeln durch die Nähe der Zeitschrift zur katholischen Kirche in Gestalt des ehemaligen spanischen Nuntius in Rom, Joaquín Ruíz Jiménez, der die Zeitschrift herausgab. Wie Helmut Bischoff (1991: 454) nachweist, sahen die „*Cuadernos*" ihre Aufgabe nicht in der Mobilisierung der Öffentlichkeit, vielmehr gaben sie einen vor Repression geschützten Raum für Diskurse unter Christdemokraten, Sozialdemokraten, Sozialisten und gewerkschaftlich orientierten Kommunisten, welche durch die Publikation eine Art „Semilegalisierung" (H. Bischoff) erhielten und an Publizität gewannen. Nach der Änderung des Pressegesetzes kamen eine Reihe von pro-demokratischen Wochen- und Monatszeitungen hinzu, wie „*Triunfo*", „*Cambio 16*" und „*Destino*". Die oppositionellen Tageszeitungen waren dem staatlichen Zugriff weit mehr ausgesetzt, so daß die Tageszeitung „*Madrid*" Anfang der siebziger Jahre geschlossen wurde. Zeitgleich dazu entstand aber eine andere Tageszeitung, welche die Modernisierung der spanischen Gesellschaft unter dem verkrusteten politischen System notwendig gemacht hatte. Mit „*Cambio 16*" entstand ein Medium, „das die haltlos gewordene Phraseologie des Regimes mit den Realitäten der Straße konfrontierte" (Bischoff 1991: 455). Dennoch, und das sollte nicht übersehen werden, war die Medienlandschaft in Spanien in keiner Phase der Transition mehrheitlich anti-franquistisch eingestellt. Die Blätter der (Semi-)Opposition dienten der gegenseitigen Verständigung, der Entwicklung von Handlungsoptionen und der Selektion und Organisation einer Gegenelite. Damit wurde ein Meinungsklima geschaffen, in welchem zum Zeitpunkt des Todes des Diktators gute Voraussetzungen in breiten gesellschaftlichen Sektoren für eine Demokratisierung bestanden. Läßt sich eine direkt politische Rolle der Massenmedien während des Franquismus nicht ausmachen, so stieg die Bedeutung der Medien – und insbesondere der Presse – in der heißen Phase der Transition. In diesem Moment der größten Ungewißheit konnte gerade die Presse als unabhängige, nicht-staatliche Institution den Gedanken der Demokratisierung aufnehmen und einen starken Legitimationsdruck auf die politischen Eliten ausüben. Zu nennen ist in diesem Zusammenhang natürlich die am 4. Mai 1976 entstandene Tageszeitung „*El País*", die sich rückhaltlos für einen Demokratisierungsprozeß einsetzte. Von den ersten regime-kritischen Blättern wie „*Cuadernos para el Diálogo*", „*Madrid*" und „*Triunfo*" läßt sich eine direkte personelle Linie zur ersten Redaktion von „*El País*" ausmachen, d.h. die jungen Redakteure entstammten den Foren und Diskussionszusammenhängen, die seit Mitte der sechziger Jahre im Umfeld der kritischen Presse entstanden waren. Der Umstand, daß einige Redakteure von profranquistischen Zeitschriften zu „*El País*" kamen, beweist, daß sich im Zuge der Liberalisierung des Presserechts auch innerhalb der konservativen Meinungsführer kritische Auseinandersetzungen mit der eigenen Position entwickelten. In der entscheidenden Phase des Regimewechsels waren es vor allem die kritischen Tageszeitungen „*El País*" und „*Diario 16*", durch die sich die entstehenden Oppositionsparteien artikulieren konnten und durch die demokratisierungswillige Eliten des alten Regimes Unterstützung gegen die ultrakonservativen Kreise des „Bunkers" erhielten.

Seit Ende der fünfziger Jahre hatte in Spanien ein Modernisierungsprozeß eingesetzt, der zwar wirtschaftlichen Fortschritt brachte, sich jedoch nicht in den staatlichen Institutionen niederschlug und auch keine wesentlichen Konsequenzen für die Regelung der Arbeitsbeziehungen brachte. War bis zum Tode des Diktators das vornehmliche Ziel der Gewerkschaften die Bildung einer Einheitsgewerkschaft gewesen, so wandten sich diese nach 1975 zunehmend politischen Zielen zu. Die Forderungen umfaßten dabei zum einen Punkte „traditioneller Gewerkschaftspolitik" (Arbeitsrecht, Auflösung der franquistischen vertikalen Syndikate, Legalisierung der freien Gewerkschaften), zum anderen intendierten die Gewerkschaften explizit, den politischen Wandel in Form einer „Reform von oben" voranzutreiben. Ab den Wintermonaten 1975/76 häuften sich die politischen Streiks und waren sogar häufiger als ökonomisch motivierte. Wie Walther Bernecker anmerkt, läßt sich keine kausale Beziehung zwischen den gewerkschaftlichen Aktivitäten und den tatsächlichen politischen Veränderungen in jener Phase der Transition feststellen, doch fällt „der Zusammenhang zwischen Streikbewegungen und politischen Vorgängen [...] an vielen Punkten ins Auge" (Bernecker 1993: 51). In den ersten anderthalb Jahren nach Francos Tod zeigte die spanische Gewerkschaftsbewegung ein ambivalentes Bild: Während sie gegenüber der reformunwilligen Regierung und der starren Verwaltung geschlossen auftrat und durch die Mobilisierung ihrer Basis einen deutlichen Mobilisierungsdruck zu erzeugen vermochte, war sie doch im Inneren in verschiedene Strömungen zersplittert. Hierüber konnte auch nicht die Formierung der „*Coordinadora de Organizaciones Sindicales*" (COS, Koordinationsorgan der Gewerkschaften) hinwegtäuschen, in welcher sich im Juli 1976 die „*Comisiones Obreras*" (CCOO, Arbeiterkommissionen), die „*Unión General de Trabajadores*" (UGT) und die „*Unión Sindical Obrera*" (USO) zusammenschlossen. Während der gesamten Transition stärkten die gewerkschaftlichen Mobilisierungen die Demokratisierer; nicht zuletzt führte die Reformfähigkeit des Altfranquisten Arias Navarro im Hinblick auf die Neuordnung des Arbeitssektors zu dessen Absetzung. Sein Nachfolger wurde Adolfo Suárez, der den Demokratisierungsprozeß entschlossen vorantrieb. Verglichen mit Portugal war also in Spanien während der autoritären Herrschaft eine lebendige, differenzierte, in weiten Teilen pro-demokratische Zivilgesellschaft entstanden, die jedoch während der Transition weit weniger in Erscheinung trat. Die

Gründe hierfür sind vor allem in den Umständen des Systemwechsels zu sehen: Handelte es sich in Portugal um einen vom „revolutionary nonhierarchical military" (Linz/Stepan 1996: 118) geführten Putsch, der zu einem radikalen Bruch mit dem autoritären Regime führte, so fand in Spanien ein von oben gelenkter paktierter Übergang statt, in dem auf die Interessen der Militärs Rücksicht zu nehmen war. Weiterhin verfügten die demokratiewilligen Eliten um Suárez über ein Projekt, welches innerhalb der institutionellen Verfaßtheit des Franquismus den Übergang zur Demokratie bewerkstelligen sollte. Während die Massenmobilisierung in Portugal zweifellos den Widerstand der reaktionären Kräfte brechen half, so hätte sie in Spanien den reaktionären Kräften des „Bunker" in die Hände gespielt.

3. Griechenland: Kontinuität im Wandel?

Wird als einer der Gründe für das Gelingen des unblutigen Militärputsches vom 21.4.1967 durch einen Zirkel rechtskonservativer Jungoffiziere unter der Führung von Papadopoulos, Makarezos und Pattakos das Mißverhältnis zwischen einer hochtechnisierten, durchaus professionalisierten Armee und einer „desorganisierten, gespaltenen Gesellschaft" (Spengler 1995: 67), die seit den frühen 60er Jahren von sozialen Unruhen und politischer Mobilisierung erschüttert worden war, angeführt, so gilt die Mobilisierung der Zivilgesellschaft ab etwa 1973 gleichsam als ein Ferment für die „142-day-transition" (Linz/Stepan 1996), die letztlich durch den Zypernkonflikt im Juli 1974 ausgelöst wurde.

Im Zuge der Durchsetzung sozio-ökonomischer Modernisierung, die bereits in den fünfziger Jahren eingesetzt hatte und sich besonders in den 60er Jahren beschleunigte, kam es in Griechenland zur Verschärfung sozialer Forderungen der Arbeiterschaft an eine zerbrechliche, gespaltene Mittelschicht, die die soziale Ordnung aufrecht erhalten wollte. Es zeigte sich, daß das Institutionengefüge nicht in der Lage war, diese Konflikte zu moderieren. Diamandouros und andere beschreiben den Putsch von 1967 als den Versuch der griechischen Rechten, eine Demokratisierung des politischen Systems zu verhindern, damit die sich mobilisierenden Sektoren der Gesellschaft keine autonome Rolle im politischen Prozeß spielen sollten (vgl. Diamandouros 1986: 145f.). Dennoch war eine Zivilgesellschaft nur schwach entwickelt: Ihr fehlte das sozialstrukturelle Rückgrat; aggregierte soziale Interessenlagen, die als Ausgangspunkt einer Generalisierung von Interessen in sozialen Werten und Normen und Gruppensolidaritäten hätten dienen können, waren nicht vorhanden.

Dennoch wurde unter der Regierung Papadopoulos zunächst versucht, jegliche Interessenartikulation aus der Gesellschaft zu unterbinden. Wie auch in anderen autoritären Regimen in Europa oder Lateinamerika wurde die

Interessenartikulation durch die Kooptierung der bestehenden Organisationen und die Demobilisierung der Bevölkerung reglementiert oder eliminiert. Massenmedien wurden einer strikten Zensur unterworfen und die Rede-, Meinungs- und Versammlungsfreiheit stark eingeschränkt. Für die frühe Phase des autoritären Regimes ist die folgende Beschreibung zutreffend:

„Die Grundlage des Systems bildete eine immobilisierte Gesellschaft frühindustriellen Charakters, in der trotz einzelner Ansätze der Industrialisierung die Auflösung der statisch-feudalen Agrarstrukturen nur langsam fortschritt. Geprägt von einer konservativen Grundhaltung entschied die Minderheit der Finanz- und Handelsoligarchie weiterhin über die Interessen einer schmalen städtischen Mittelschicht und der breiten Masse der Land- und Industriearbeiter [...] Die Griechen hatten eine ausgeprägte Untertanenkultur entwickelt, während die Oligarchisierung und geringe Organisationsdichte die Interessenorganisationen lahmlegten" (Spengler 1995: 82).

Die Fortführung der sozio-ökonomischen Entwicklung unter dem autoritären Regime führte weder zu einer stärkeren Legitimation des Regimes noch zu dessen Institutionalisierung. Die Auflösung tradierter Werte und Bindungen, nicht zuletzt durch die Erfahrungen, die nach Griechenland zurückkehrende Arbeitsmigranten mitbrachten, aber auch materielle und politische Ansprüche der neuen Industriearbeiterschaft und der Mittelschichten, brachten eine weitere Schwächung des autoritären Regimes mit sich.

Wird Zivilgesellschaft als normative Zielvorstellung mit der Herausbildung eines anti-staatlichen, pro-demokratischen Projektes verbunden, in dem es nicht zuletzt um die Erweiterung von Partizipations- und Lebenschancen geht, so läßt sich bis in das Jahr 1973, trotz der Publikation regimefeindlicher Artikel und Bücher, gelegentlicher Bombenanschläge und der seit 1971 trotz des Streikverbots einsetzenden Arbeitskämpfe, kaum von einer erstarkenden Zivilgesellschaft sprechen. Zwar kam es immer häufiger zu spontanen Arbeitsniederlegungen und Streiks, doch waren diese weder von der Gewerkschaftsbewegung organisiert noch waren sie von politischen Forderungen nach Demokratie begleitet; vorherrschendes Motiv waren Forderungen nach Lohnerhöhungen, Verbesserung der Arbeitssicherheit usw.

Eine ganz neue Qualität bekam die zivilgesellschaftliche Selbstorganisation durch das Aufkommen einer von Parteien und Widerstandsgruppen unabhängigen Studentenbewegung, die sich zunächst inneruniversitären Zielen zugewandt hatte, doch spätestens seit Ende 1972 gesellschaftlich-politische Ziele zu verfolgen begann. Nun waren es auch Forderungen nach freien Wahlen, Volksmacht und Demokratie, die sich öffentlich, mehr und mehr von breiter Basis unterstützt, Bahn brachen. Hatten Professoren, Intellektuelle und Studenten vor der Machtübernahme der Militärs als unpolitisch gegolten, so hatte sich diese Gruppe während des autoritären Regimes zunehmend politisiert und zunächst auf Formen symbolischen Protests wie etwa dem demonstrativen Schweigen beim Singen der Nationalhymne verlegt. Nach

1972 gerieten Vorlesungsboykotte, Demonstrationen und Straßenkämpfe zu gebräuchlichen Protestformen. Die Besetzung der juristischen Fakultät der Technischen Universität in Athen wirkte als Katalysator für eine sich ausbreitende Studentenbewegung, etwa in Saloniki und Patras, aber auch für die Mobilisierung und Solidarisierung anderer Gesellschaftssegmente. Auch die Presse, die seit der Lockerung der Zensur 1973 größere Spielräume hatte, unterstütze in Teilen die Studentenproteste und wirkte mobilisierend. Das von der Heftigkeit des Protests überraschte Regime reagierte mit Repression, wobei mit Verhaftungen und in besonderen Fällen auch mit Zwangsrekrutierung in die Armee zu rechnen war. Kriegsrecht und Ausnahmezustand wurden verhängt und die Universitäten vorübergehend geschlossen.[9] In intra-eliten Auseinandersetzungen innerhalb des Regimes setzten sich die auf Repression setzenden Hardliner durch, Joannides nutzte die Gunst der Stunde und setzte Papadopoulos ab, ohne daß dadurch jedoch dem öffentlichen Protest die Spitze gebrochen werden konnte oder es gelang, das Regime zu konsolidieren. Mehr oder weniger desorientiert gelang es den Militärs, sieben weitere Monate durchzuhalten, bis der Zypernkonflikt den endgültigen Auslöser für den Regimekollaps lieferte (vgl. Diamandouros 1986: 153).

Damit läßt sich festhalten, daß die besonders seit 1993 mit Mobilisierungspotential und Deutungskompetenz ausgestatteten zivilgesellschaftlichen Akteure einen notwendigen, aber keinesfalls hinreichenden Faktor für den nun einsetzenden Systemwechsel darstellten. Es waren die reformorientierten Generäle, die am 23.7.1974 beschlossen, die Regierungsgewalt an Politiker zu übergeben. Innerhalb von 72 Stunden nach der türkischen Invasion auf Zypern wurde die Machtübergabe an Karamanlis vollzogen. Begleitet wurde diese „von oben" gelenkte Transition von landesweiter öffentlicher Mobilisierung, die jedoch jene „Selbstbegrenzung" übte, welche für die – wie Jacek Kuron formuliert hat – „selbstbegrenzende Revolution" der zivilen Gesellschaft so typisch ist. Einerseits waren die zivilgesellschaftlichen Akteure sicherlich nicht so stark, als daß sie einen weitergehenden Systemwechsel, wie er durch die Übergangsregierung Karamanlis zu erwarten gewesen wäre, hätten durchsetzen können. Darüber hinaus bildete die durchaus reale Kriegsgefahr den Hintergrund für die offenen Solidaritätsbekundungen für die neue zivile Regierung.

In Griechenland fanden zu Beginn der Transition im Jahr 1974 zwei entscheidende Weichenstellungen statt, die auf die Konsolidierung der jungen Demokratie großen Einfluß hatten: die Abschaffung der Monarchie und die Einführung eines kompetitiven Parteiensystems.

Besonders letzteres wirkte sich auf die Operationsbedingungen der Zivilgesellschaft nach dem Umbruch aus. Die Reorganisation des Parteienwesens, die durch die frühe Ansetzung der Parlamentswahlen für den November 1974 forciert wurde, führte – mit den Worten von Yannis Papadopoulos – zu einer „partyness of the society" (Papadopoulos 1989: 66). Die ein breites politisches Spektrum umfassenden politischen Parteien versuchten, auf alle gesellschaftlichen Bereiche Einfluß zu gewinnen.

„By that is meant the involvement of party sections or related bodies in all Greek mass movements - ranging from cultural or local associations to the students´ movement - and their attempts to gain control over them. Social life is suffocated, it becomes an arena for party competition. The move from the limited democracy to open competition thus resulted in an extension of the area of party interaction" (ibid.)

Die Institutionalisierung des alten klientelistischen Systems schwächte die Zivilgesellschaft und stärkte die politischen Parteien in der Weise, daß die griechische Zivilgesellschaft nach dem Systemwechsel als atrophisch bezeichnet worden ist. Den Assoziationen der Zivilgesellschaft gelang es in noch geringerem Maße als in Portugal oder Spanien, ihre Autonomie gegenüber dem Staat zu wahren. Wie auch bei einer Reihe lateinamerikanischer Demokratisierungsprozesse wurde die Konsolidierung der Demokratie mit einer Schwächung der Zivilgesellschaft erkauft.

III. Zivilgesellschaft und politische Kultur

Von Volker Stiehl und Wolfgang Merkel (1997: 104f.) stammt der sinnvolle Vorschlag, die im Rahmen von *civic-culture*-Forschungen erhobenen Daten mit Untersuchungen zur Zivilgesellschaft zu vergleichen. Es ist zu vermuten, daß *civic culture* und *civil society* wechselseitig aufeinander bezogen sind. Während die *civic culture* die individuellen Werte- und Einstellungsdimensionen betrifft, umfaßt die *civil society* die aggregierten Einstellungen, Normen und Werte und macht sie auf der (wahrnehmbaren) Handlungsdimension sichtbar (vgl. ibid.: 105).

Wenn auch ein allgemeiner Konsens darüber besteht, daß sowohl Portugal, Spanien wie auch Griechenland heute als stabile, konsolidierte Demokratien anzusehen sind, so ist zu unterstellen, daß sich die drei Länder hinsichtlich der Zufriedenheit mit der Demokratie als Staatsform und ihrer tragenden Institutionen, der Beurteilung ihrer Effektivität bei der Problemlösung, der Präferenz des bevorzugten Demokratie-Modells, wie auch der individuellen und kollektiven Partizipationsdimension unterscheiden werden.

Die pro-demokratischen Einstellungsmuster, soviel läßt sich vorweg verallgemeinernd feststellen, erreichten in den Vorreiterländern der „dritten Demokratisierungswelle" etwa zehn Jahre nach Beginn der Transitionen ein Niveau, daß es auch hinsichtlich ihrer „attitudinal consolidation" (Linz/Stepan 1996), legt man den Maßstab nicht zu streng an, gerechtfertigt erschien, von konsolidierten Demokratien zu sprechen.

In Spanien wuchs die Zahl derer, die ein repräsentatives System bevorzugten, von 35 Prozent im Jahr 1966 auf 76 Prozent 1979. Für ein kompetitives Parteiensystem votierten 1971 nur 3 Prozent, 1976 waren es bereits 67 Prozent der Befragten, während die Zahl derer, die sich gegen politische Parteien aussprachen, von 34 Prozent im Jahr 1973 auf 3 Prozent im Laufe von drei Jahren sank. Es mag paradox scheinen, daß im Jahr 1978 54 Prozent derer, die im Rückblick mit Franco einverstanden waren, gleichzeitig in der Demokratie die beste bisher bekannte Regierungsform sahen und 45 Prozent der Meinung waren, die Demokratie ermögliche es, die Probleme Spaniens zu lösen. Hier zeigt sich deutlich eine erfolgreiche Re-Legitimierung der Demokratie bei ehemaligen Anhängern des Franquismus, welche jedoch den Demokratisierungsprozeß mitzugehen bereit waren. Die demoskopischen Ergebnisse aus der Frühphase der Demokratisierung lassen den Schluß zu, daß die *„reforma pactada"*, die vereinbarte Reform, nicht nur von den gemäßigten oder überzeugten Francogegnern, welche in der Bevölkerung etwa 51 Prozent ausmachten, getragen wurde, sondern auch die ehemals gemäßigten Anhänger Francos dem demokratischen System die Legitimation und Unterstützung nicht verweigerten. Weiterhin lassen sie darauf schließen, daß gegen Ende des Franquismus auch bei den Parteigängern des Diktators das Wissen um die Notwendigkeit politischer Veränderungen nach dem Tode Francos vorherrschte. Die große Mehrheit der Spanier habe in den siebziger Jahren nach politischer Sicherheit und angesichts des wirtschaftlichen Aufschwungs nach sozialer Stabilität gestrebt. Im Todesjahr Francos vertraten laut einer Untersuchung von López Pintor nur noch zwischen 8 und 9 Prozent der Bevölkerung deutlich die Prinzipien des autoritären Regimes (López Pintor 1982, 83ff.).

Das als *„Desencanto"* (Ernüchterung) bezeichnete Post-Wendetrauma, welches zu Beginn der achtziger Jahre angesichts der großen ökonomischen Probleme, der zunehmenden Aktivitäten terroristischer Gruppen, der inneren Zerrissenheit der UCD und der Kommunistischen Partei und einer spürbaren Wahl- und Politikmüdigkeit einsetzte, brachte die parlamentarischen Kräfte in die Krise und förderte unpolitische Stimmungen, ohne jedoch zu einer Wiederbelebung franquistischer oder faschistischer Ideen zu führen. Dennoch wurde von zahlreichen zeitgenössischen Analytikern der spanischen Politik eine Krise des gesamten politischen Systems konstatiert. Die politischen Parteien und ihre Eliten wurden wegen der fehlenden Verbindung zwischen den Parteien und ihrer Basis bzw. Wählerschaft, der unzureichenden parteilichen Binnendemokratie und der fehlenden Dynamik und starren Bürokratien ihrer Organisationen besonders kritisiert. Für die neunziger Jahren läßt sich sowohl hinsichtlich der *civic culture* wie auch der *civil society* ein problematisches Bild der spanischen Gesellschaft malen: Die politische Kultur wird wie folgt beschrieben: Es herrsche „Mangel an Interesse, politischer Zynismus, Passivität, Apathie, fehlende Beteiligungsbereitschaft und

Demobilisierung" (Aguilar/Vallespín 1994: 123); hatten 1981 69 Prozent der Befragten noch erklärt, keiner wie auch immer gearteten Vereinigung anzugehören, so stieg dieser Anteil 1990 bis auf 78 Prozent an. In Griechenland und Portugal stellte sich das Bild wie folgt dar: Mitte der achtziger Jahre hatten 90 Prozent der befragten Griechen Vertrauen in ihr Parlament und 67 bzw. 68 Prozent vertrauten dem Staats- bzw. dem Ministerpräsidenten. Favorisierten im Jahr 1978 nur 26 Prozent der befragten Portugiesen ein Mehrparteiensystem, so stieg dieser Wert auf 40 Prozent im Jahr 1980.[10] Die Wahlbeteiligung liegt bei allen drei Ländern mit ca. 75 Prozent etwa beim westeuropäischen Niveau.

Die folgende Tabelle gibt Aufschluß über die jeweilige Bewertung der Demokratie allgemein, die Einschätzung der Diktatur und die Meinung zur Effektivität der Demokratie:

Tabelle 1: Haltungen gegenüber der Demokratie (1985)

	Portugal	Spanien	Griechenland
Demokratie ist immer vorzuziehen (%)	61	70	87
autoritäres System u. U. vorzuziehen	9	10	5
kein Unterschied	7	9	6
„weiß nicht", keine Antw.	23	11	2
Bewertung des vor-demokratischen Systems:			
schlecht	30	28	59
teils gut, teils schlecht	42	44	31
gut	13	17	6
„weiß nicht", keine Antw.	15	11	4
Effektivität des demokratischen Systems. „Die Demokratie funktioniert...			
gut"	5	8	35
trotz Schwächen"	63	60	46
kaum noch, bald gar nicht mehr"	11	20	14
„weiß nicht"; keine Antw.	21	11	4
N	2000	2488	1998
Angaben in Prozent, Quelle: Four Nation Survey (ohne Italien), 1985.			

Zunächst fällt eine große Übereinstimmung zwischen den Daten für Portugal und Spanien auf, während für Griechenland in dieser Deutlichkeit überraschend pro-demokratische Einstellungsmuster belegt werden.[11] Die Dauer der autoritären Regime in Spanien und Portugal lag unvergleichlich höher als in Griechenland, so daß zwangsläufig in diesen Ländern eine engere Bindung an das autoritäre Regime oder ein Arrangieren mit demselben aufkommen mußte. Außerdem waren diese beiden Regime eindeutig stärker institutionalisiert und konnten eine gewisse Legitimität aufbauen, während diese in Griechenland während der Diktatur prekär blieb. Ein erklärungsbedürftiger Befund liegt in der auffallend großen Zahl derer, die in Portugal keine eindeutige Meinung haben oder keine Antwort geben. Hier könnte eine für die *civic culture* wie auch für die *civil society* problematische Gleichgültigkeit und Apathie Ausdruck finden, die mit der in post-autoritären Gesellschaften gängigen Rede vom „*desencanto*" nicht hinreichend erklärt werden kann. Allerdings ist zu bedenken, daß Portugal Mitte der achtziger Jahre – verglichen mit Spanien und Griechenland – den geringsten Modernisierungsgrad, wertet man die Urbanisierung, die Bildung und die Verbreitung von Massenkommunikationsmedien als Indikatoren, aufwies. Hinzu kommt, daß eine zivile Gesellschaft in Portugal in weitaus geringerem Maße als in Griechenland und besonders in Spanien vor der Transition bestanden hatte. Die mögliche Schlußfolgerung hieraus wäre, daß sich die Verspätung der Etablierung der Zivilgesellschaft negativ auf die demokratische politische Kultur ausgewirkt hat.

Die Bewertungen des autoritären Regimes stützen in etwa die Ergebnisse der ersten Frage. Wir finden einhellige Ablehnung der Diktaturen in allen drei Ländern, wobei wiederum in Griechenland deutlich mehr der Befragten mit der Diktatur nur Schlechtes verbinden, während in Portugal und Spanien immerhin 13 bzw. 17 Prozent der Befragten rückblickend zu einem positiven Urteil kamen. Morlino/Montero (1995: 236) haben diese und ähnliche Befunde zu den Ergebnissen der allgemeinen Demokratieeinschätzung in Beziehung gesetzt und folgern aus der geringeren abstrakten Wertschätzung für Diktaturen (9 bzw. 10%) als auch für den Salazarismus bzw. Franquismus (13 bzw. 17%), daß eine Reihe der Befragten zwar positive Erinnerungen an die überwundene Diktatur hat, aber im Laufe der Transition und Konsolidierung zu pro-demokratischen Einstellungen gefunden hat. Die Daten zur Effektivität der demokratischen Systeme zeigen, daß die Wertschätzung der Demokratie nicht (kurzfristig) an die Effektivitätserwartungen gekoppelt ist und daß diese durchweg geringer liegt als die allgemeinen pro-demokratischen Einstellungen. Betrachtet man die unterschiedlichen *Demokratisierungspfade* (*revolutionärer Staatsstreich* der nicht-hierarchischen Militärs („liberation bei golpe" heißt es u.a. bei Schmitter)[12] in Portugal, *Kollaps* des autoritären Regimes nach einer militärischen Niederlage, Absetzung des nicht-hierarchischen Militärs durch höherrangige Offiziere mit nachfolgender Übergabe der Regierungsgewalt an zivile Politiker in Griechenland, *paktierter Übergang* mit Legitimationstransfer in Spanien) und nimmt die unterschiedlich gelagerten „*zivilgesellschaftlichen Zyklen*" (Stiehl/Merkel 1997) in den drei Ländern hinzu (kaum existente Zivilgesellschaft in Portugal vor der Revolution, eruptiver Ausbruch mit Momenten höchster Unklarheit über den Ausgang des Umbruchs während der Hochzeit der Revolution und Rückgang zivilgesellschaftlicher Organisationen im Zuge der Institutionalisierung der Demokratie; eine differenzierte zivile Gesellschaft vor dem Systemwechsel in Spanien, zurückhaltende Unterstützung der Demokratisierer gegen den altfranquistischen „Bunker" und gleichsam ein Rückgang zivilgesellschaftlicher Organisation, wenn auch nicht in dem Maße wie in Portugal; und schließlich eine sich kurz vor dem Systemwechsel bildende Zivilgesellschaft in Griechenland, welche die Demokratisierung unterstützte, nach dem Systemwechsel jedoch stark an Autonomie verlor), so kann es nicht überraschen, daß die Bewertung unterschiedlicher Demokratiemodelle in den drei Ländern unterschiedlich ausfällt.

Die folgende Abbildung verdichtet Ergebnisse von Umfragen von Morlino und Montero (1995: 253ff.) zum bevorzugten Grad an Involviertheit bei politischen Entscheidungsprozessen (direkte Mitwirkung der Bevölkerung vs. passive Akzeptanz von Entscheidungen) und zur Bewertung unterschiedlicher Entscheidungsarten (schnelle und effektive Entscheidungsfindung vs. Prozesse der Konsultation bzw. Deliberation).[13] Aus der Kombination der Antworten ergibt sich eine Matrix aus vier divergierenden Demokratiemodellen, der Dezisionsdemokratie, der repräsentativen Demokratie, der populistischen Demokratie und der partizipativen, basisdemokratischen Demokratie (vgl. Abb. 1):

Abbildung 1: Bevorzugte Demokratie-Modell

	Bevorzugtes Demokratie-Modell			
	Schnelle, effektive Entscheidungen		diskursive Entscheidungsprozesse der Repräsentanten oder Staatsbürger	
	Dezisions-Demokratie (passive Zivilgesellschaft)		Repräsentative Demokratie	
Akzeptanz der Entscheidungen	Portugal	36	Portugal	51
	Spanien	22	Spanien	51
	Griechenland	7	Griechenland	53
	Populistische Demokratie		partizipative Demokratie (aktive Zivilgesellschaft)	
gesellschaftl. Einflußnahme	Portugal	4	Portugal	10
	Spanien	6	Spanien	21
	Griechenland	2	Griechenland	38

Quelle: Morlino, Leonardo/Montero, José (1995): Legitimacy and Democracy in Southern Europe, in: Gunther/Diamandouros/Puhle (Hrsg.), S.255, eigene Bearbeitung.

Die Mehrheit der Befragten in allen drei Ländern präferiert das bestehende liberal-demokratische Modell und bestätigt damit die schon festgestellte Affinität zu einem repräsentativen Mehrparteiensystem. Hinsichtlich der zweiten Präferenz der Befragten zeigen sich jedoch interessante Unterschiede. In Portugal scheinen sich Relikte einer Untertantenkultur verfestigt zu haben, immerhin 36 Prozent votieren für delegierte Entscheidungen ohne Konsultationen. Im Gegensatz dazu fordert in Griechenland ein großer Teil der Bevölkerung mehr Möglichkeiten für Partizipation, was auf eine moderne politische Kultur schließen läßt. Nach einer anderen Interpretation erscheint dieses Ergebnis als durchaus schlüssig, wenn von der überaus engen Verbindung von Parteien und gesellschaftlichen Assoziationen ausgegangen und unter Partizipation die Ausnutzung dieser gesellschaftlich/politischen Kanäle verstanden wird. Die interessanteste Konstellation zeigt sich in Spanien: Hier konkurrieren zwei diametral unterschiedliche Demokratiemodelle um den Platz der zweiten Präferenz. Während sich etwa ein Fünftel der Befragten für eine Demokratie ohne eigene Beteiligungschancen ausspricht, steht dieser Gruppe ein etwa gleichstarkes Segment der Bevölkerung gegenüber, welches größere gesellschaftliche Teilnahmechancen fordert. Im Hinblick auf den Konsolidierungsgrad aller drei Länder ist positiv festzustellen, daß nur ein marginaler Teil der Befragten sich für eine „populistische Demokratie" ausgesprochen hat.

IV. Resümee: die Aporie der Zivilgesellschaft im Systemwechsel

Wie auch in den späteren Systemwechselprozessen in Osteuropa zeigte sich in Portugal, Spanien und Griechenland etwa 15 Jahre vorher, daß der Mobilisierungsgrad der zivilgesellschaftlichen Akteure wie auch die Hoffnungen auf weitergehende Demokratisierung der Gesellschaft, wie sie in den dramatischsten Momente der Transition sichtbar wurden, nur noch in Ansätzen in der Phase der Institutionalisierung der jungen Demokratie wirken konnten. Die bereits angesprochene „Selbstbegrenzung" der Zivilgesellschaft, auf die *via revolutionaria* zu verzichten und einen Kompromiß zu suchen zwischen der Dynamik der neuen gesellschaftlichen Bewegung und den Erfordernissen gewisser Regelungs- und Steuerungsmodi, ohne die eine Institutionalisierung demokratischer Herrschaft unmöglich ist, führte in die Aporie der Zivilgesellschaft, nach dem Systemwechsel marginalisiert zu werden. In keinem der hier betrachteten Fälle gelang es den zivilgesellschaftlichen Akteuren, den Transformationsprozeß in „eigener Regie" (Habermas) weiterzuführen und in „neuen Filter- und Verhandlungsinstitutionen" (Beck) zu verfestigen. Vielmehr waren es die traditionellen politischen Akteure oder traditionelle, meist korporatistische Interessenvermittlungsstrukturen, welche die politische und ggf. ökonomische Transformation weiterführten. Abgesehen davon, daß es unmöglich erscheinen muß, den hohen Grad der Mobilisierung, Politisiertheit und Interessiertheit der Bevölkerung über den direkten Systemwechsel hinaus zu verlängern, lassen es zwei Konstellationen, die sich in allen Demokratisierungsprozessen ergeben, als höchst unwahrscheinlich erscheinen, daß eine aktive, vielfältige und lebensfähige Zivilgesellschaft aus diesem Prozeß hervorgeht: (1) Es wird häufig übersehen, daß viele Institutionen und Organisationen der *civil society* auf die staatliche Unterstützung angewiesen sind. Doch damit ergibt sich die Frage, „wie man die Mittel verteilt, ohne die *civil society* der politischen Führung auszuliefern, welche über diese Mittel verfügt" (Linz 1990: 129). Außerdem sind es häufig auch intellektuelle Potentiale, die von den Assoziationen der *civil society* in die politische Arena überwechseln oder kooptiert werden. (2) Die „Institutionalisierung von Ungewißheit" (Przeworski) als Ergebnis demokratischer Transformation führt zunächst in der Regel zu einer Überbetonung der Funktionsimperative des demokratischen politischen Systems, sprich der Regierbarkeit und Stabilität. Aus der Sicht der neuen Eliten betrachtet, könnte sich die potentielle Konfliktivität der Zivilgesellschaft hier negativ auswirken, weshalb der Raum für autonome Assoziationen sukzessive verringert wird. Die den elitendemokratischen Systemen eingeschriebene Rechtfertigung einer apathischen, immobilen Bevölkerung, einer asymmetrischen Repräsentation von Gruppeninteressen und einer korporativen Abdichtung der öffentlichen Sphäre (vgl. Dubiel 1994b: 59), die in hochgradig kontingenten Momenten des Übergangs alle Argumente für sich zu haben scheint, birgt die Gefahr in sich, daß die Einschränkung der zivilen Gesellschaft zu einer dauerhaften Beschädigung der politischen Kultur führt. Die Vergleiche der diesbezüglichen Daten haben gezeigt, daß die Präferenzen für ein Mehrparteiensystem nicht mit einer ausgebildeten *civic culture* gleichgesetzt werden können (vgl. Liebert 1995: 165). Schon Valenzuela warnte: „[...] the resulting stability cannot be equated with progress towards creating a fully democratic regime" (Valenzuela 1992: 59).

Wenn auch die zivilgesellschaftlichen Akteure *nach dem Übergang* zur Demokratie in den Hintergrund gedrängt wurden, so kann ihre Relevanz *für die Transitionsphase selbst* kaum überschätzt werden. Einige Autoren haben die hypothetische Frage gestellt, ob es im Anschluß an den „Frühling von Lissabon" im Jahr 1968 eine Möglichkeit gegeben hätte, einen demokratischen Wandel in Portugal einzuleiten, wie er später in Spanien zum Modell einer *reforma pactada* wurde (vgl. etwa Maxwell 1986: 113). In der Tat bietet sich ein Vergleich zwischen den unterschiedlichen Demokratisierungspfaden in Portugal und Spanien an, da beide hinsichtlich des Regimetyps und der langen Dauer des autoritären Regimes augenscheinlich in wesentlichen Punkten ähnliche Voraussetzungen für den Demokratisierungsprozeß hatten. Der erste

Unterschied mag in dem Punkt gesehen werden, daß der revolutionäre Wandel in Portugal zeitlich vor dem paktierten Übergang in Spanien lag. Linz und Stepan dazu kurz und bündig: „The model of reforma pactada-ruptura pactada had not been invented" (Linz/Stepan 1996: 117). Ein weiterer Unterschied wird in den am Übergang beteiligten Akteuren zu finden sein: Caetano war kein „innovative leader",[14] der wie Suárez die Transition hätte bewerkstelligen können. Drittens schließlich mag die Existenz einer wesentlich stärker ausgeprägten Zivilgesellschaft in Spanien als eine Schlüsselvariable zur Beantwortung dieser Frage dienen. Die portugiesische Zivilgesellschaft hatte erst in den frühen 70er Jahren eine Gestalt angenommen, begonnen den Systemwechsel zu imaginieren und eine Selbstorganisation der Gesellschaft vorzubereiten. Wie die massenwirksame Unterstützung der Nelkenrevolution und auch die Unterstützung des elektoralen Weges zeigen, können zivilgesellschaftliche Aktionen mäßigend auf die Eliten einwirken und ein Überschlagen des Demokratisierungsprozesses verhindern. Insofern war die Zivilgesellschaft in Portugal ein Akteur des Überganges, während sie in Spanien und Griechenland eher als passiver *constraint* diente, um die Handlungsoptionen der Eliten des alten Regimes einzuschränken (Stiehl/Merkel 1997:108f.).

Die vergleichende Untersuchung zur Relevanz der zivilen Gesellschaft in Portugal, Spanien und Griechenland hat gezeigt, daß die theoretische und heuristische Konzeptualisierung der Zivilgesellschaft für demokratische Übergangsprozesse selbst (als utopisches Gegenbild zur Realität in autoritären Systemen und als Modell einer Selbstorganisation der gesellschaftlichen Sphäre auch unter schwierigen Bedingungen), wie für deren theoretische Durchdringung (in der Identifizierung politisch/kultureller, sozialstruktureller und ökonomischer Trägergruppen als Fermente von Demokratisierungsprozessen) Zusammenhänge aufzuzeigen in der Lage ist, welche sonst nur im Rückgriff auf mythologisierende Erklärungen wie die der „Gunst der Stunde" oder schlichtweg einer historischen Kontingenz zu deuten wären. Gleichzeitig vermag die Offenlegung „zivilgesellschaftlicher Zyklen" aber auch auf Defizite einer liberalen Demokratiekonzeption hinzuweisen, die häufig einer positivistisch bornierten Perspektive verhaftet bleibt, ohne nach Möglichkeiten einer weiteren Demokratisierung der Demokratie (Anthony Giddens) zu suchen. Wenn von den osteuropäischen Akteuren der zivilen Gesellschaft der normative Anspruch formuliert wurde, daß nach dem Ende des totalitären/autoritären Staates die „zivile Gesellschaft" als „Quelle von Dissidenz, Innovation und öffentlicher Revision in Permanenz erhalten bleibt" (Dubiel 1994b: 50), so ergibt sich das Fazit, daß die Zivilgesellschaft in keinem der hier betrachteten Fälle diesem Anspruch gerecht werden konnte. Einer normativ angelegten Demokratietheorie stellt sich die Aufgabe, nach Verfahren und Institutionen zu suchen, die aus der Aporie der Zivilgesellschaft führen können.

Anmerkungen

1 Vgl. etwa Fanizadeh, Andreas/Müller, Jost 1992: Vorwort, in: Redaktion diskus (Hrsg.): Die freundliche Zivilgesellschaft. Rassismus und Nationalismus in Deutschland, Berlin/Amsterdam: 7-12; Dahrendorf, Ralf 1991: Die gefährdete „Civil Society", in: Michalski, K. (Hrsg.): Europa und die Civil Society, Stuttgart; Kößler, Reinhart/Melber, Henning, 1993: Chancen internationaler Zivilgesellschaft, Frankfurt/M.; Shaw, Martin 1998: Die Repräsentation ferner Konflikte und die globale Zivilgesellschaft, in: Beck, U. (Hrsg.): Perspektiven der Weltgesellschaft, Frankfurt/M.; Schmalz-Bruns, Rainer 1992: Civil Society - ein postmodernes Kunstprodukt?, in: Politische Vierteljahresschrift (33) 2: 235-242.

2 Zur Rezeption dieser Überlegungen im Rahmen deutscher sozialwissenschaftlicher Forschung sei verwiesen auf Rödel/Frankenberg/Dubiel 1989, Rödel 1990 und Rödel 1997.

3 Eine weitere Ähnlichkeit mit Nicaragua sieht Maxwell im „Revolutionstourismus": „For many European and North American Radicals, Portugal provided for a time a reasonably close and safe way to experience a revolution in progress and first hand. Not unlike Nicaragua during the 1980s, Portugal was invaded by would-be revolutionary groupies and not a few ambitious journalists on the make" (Maxwell 1995: 181).

4 Vgl. etwa: Downs, Charles 1989: Revolution at the Grassroots: Community Organizations in the Portuguese Revolution, New York; Hammond, John L. 1988: Building Popular Power: Workers´ and Neighborhood Movements in the Portuguese Revolution, New York.

5 Mehr als ein Jahr nach Abhaltung der Gründungswahlen bemerkte der Botschafter der Vereinigten Staaten von Amerika, Frank Carlucci, lakonisch: „I think it was the election that turned the situation around" (zit. in: Maxwell 1986: 122). Einer völligen Fehleinschätzung dagegen unterlag Alvaro Cunhal, Führer der portugiesischen Kommunisten, der im Juni 1975 in einem später berühmten Interview mit Oriana Falacci für L' Europeo die Wahlen auf seine Weise interpretierte: „If you think the Socialist Party with its 40 percent and the Popular Democrats with its 27 percent constitutes the majority, you´re the victim of a misunderstanding. (...) I'm telling you the elections have nothing or very little to do with the dynamics of a revolution. (...) I promise you there will be no parliament in Portugal" (zit. in: Maxwell 1995: 148).

6 Pérez Díaz nennt Heidegger, Sartre, Camus, Nietzsche, Hegel, Marx und Popper als einflußreiche Autoren, die das Geistesleben seit den fünfziger Jahren prägten (Pérez Díaz 1993: 32).

7 „Señas de identidad" [Identitätszeichen] ist auch der Titel eines experimentellen Romans von Juan Goytisolo (erschienen 1966 in Mexiko), in welchem sich der Autor auf sehr komplexe Art und Weise mit seiner anti-franquistischen Identitätsbildung auseinandersetzt und ein eindringliches Portrait Spaniens vor der Transition zeichnet.

8 Mitglieder der UMD hatten während ihres Universitätsstudiums Kontakte zu oppositionellen oder semi-oppositionellen Studentengruppen aufgebaut und Verbindungen zu regimekritischen Kirchengruppen hergestellt.

9 Edward Malefakis: „The colonels had imposed a dictatorship *on* Greek society but could no longer make it penetrate deeply into that society" (Malefakis 1995: 71).
10 Die Mehrheit der Befragten hatte keine eindeutig zuzuordnende Meinung zu dieser Frage. Der hohe Anteil der „Meinungslosen" in Portugal ist ein hervorstechendes Merkmal beim Vergleich der drei südeuropäischen Länder.
11 Für eine ausführliche Diskussion der Daten, besonders im Hinblick auf Legitimität und Effektivität, siehe Morlino/Montero 1995: 235ff.
12 Vgl. dazu die klassische Studie von: Schmitter, Philippe 1975: Liberation by golpe: Retrospective Thoughts on the Demise of Authoritarian Rule in Portugal, in: Armed Forces and Society (1) 2 (November 1975), S. 5-33.
13 Die Fragen lauteten zum ersten Komplex: „(1) When faced with an urgent problem in your neighborhood which affects you directly, which of the following would you prefer?: (1) let the authorities decide; (2) call on the authorities; (3) turn to groups or associations; (4) demonstrate with others affected." Zum zweiten Komplex: „When the authorities have to solve a problem, which of the following should they do?: (1) it is better that they make quick decisions without consulting the citizens or the associations that represent them; (2) they must always consult the citizens and the associations that represent them even though this might delay the solution of the problem" (Morlino/Montero 1995: 463).
14 Vgl. dazu: Mainwaring, Scott/Share, Donald 1986: Transition through Transaction: Democratization in Brasil and Spain, in: Selcher, Wayne (Hrsg.): Political Liberalization in Brazil, Boulder: 175-215.

Literatur

Aguilar, Rafael del/Montoro, Ricardo 1984: El discurso político de la transición española, Madrid.
Aguilar, Rafael del/Vallespín, Fernando 1994: Liberale und demokratische Grundhaltungen in der liberalen Demokratie Spaniens, in: Bundeszentrale für politische Bildung (Hrsg.): Grundwerte der Demokratie im internationalen Vergleich, Bonn: 112-125.
Ahlemeyer, Heinrich W. 1989: Was ist eine soziale Bewegung: Zur Distinktion und Einheit eines sozialen Phänomens, in: Zeitschrift für Soziologie (18) 3: 175-191.
Arendt, Hannah 1974: Über die Revolution, München.
Arendt, Hannah 1981: Macht und Gewalt, München.
Arenhövel, Mark 1998: Transition und Konsolidierung in Spanien und Chile: Strategien der Demokratisierung, Gießen.
Bernecker, Walther L. 1993: Gewerkschaftsbewegung und Arbeitsbeziehungen, in: Bernecker, Walther L./Collado Seidel, Carlos (Hrsg.): Spanien nach Franco: Der Übergang von der Diktatur zur Demokratie 1975-1982, Schriftenreihe der Vierteljahrshefte für Zeitgeschichte, München.
Bernecker, Walther L./Pietschmann, Horst 1993: Geschichte Spaniens, Stuttgart.
Bischoff, Helmut 1991: Presse und Redemokratisierung in Spanien, in: Bernecker, W./Oehrlein, J. (Hrsg.): Spanien heute, Frankfurt/M: 451-462.
Castoriadis, Cornelius 1984: Gesellschaft als imaginäre Institution, Frankfurt/M.

Cohen, Jean/Arato, Andrew 1992: Civil Society and Political Theory, Cambridge/Mass.
Diamandouros, Nikiforos 1986: Regime Change and the Prospects for Democracy in Greece: 1974-1983, in: O'Donnell, G./Schmitter, P./Whitehead, L. (Hrsg.): Transitions from Authoritarian Rule: Southern Europe, Baltimore: 138-164.
Dubiel, Helmut 1994a: Ungewißheit und Politik, Frankfurt/M.
Dubiel, Helmut 1994b: Der entfesselte Riese?, in: Leggewie, Claus (Hrsg.): Wozu Politikwissenschaft? Über das Neue in der Politik, Darmstadt: 49-60.
Gellner, Ernest 1991: Civil society in historical context, in: International Social Science Journal (43) 3: 495-510.
Gunther, Richard/Sani, Giacomo/Shabad, Goldie 1988: Spain after Franco: The Making of a Competitive Party System, Berkeley/Los Angeles/London.
Kößler, Reinhart/Melber, Henning 1993: Chancen internationaler Zivilgesellschaft, Frankfurt/M.
Langenohl, Andreas 1998: Entwicklungstätige als Agenten der Zivilgesellschaft: Doch welcher? Gießen, i.E.
Liebert, Ulrike 1995: Modelle demokratischer Konsolidierung, Opladen.
Linz, Juan J. 1984: Das Erbe Francos und die Demokratie, in: Waldmann, P./Bernecker, W./López-Casero, F. (Hrsg.): Sozialer Wandel und Herrschaft im Spanien Francos, Paderborn: 371-391.
Linz, Juan J. 1990: (Wieder)Aufbau der civil society, Diskussionsbeitrag in: Transit, Nr. 1, Osteuropa: Übergänge zur Demokratie: 129.
Linz, Juan J./Stepan, Alfred 1996: Problems of Democratic Transition and Consolidation, Baltimore.
López Pintor, Rafael 1982: La opinión pública española: del franquismo a la democracia, Madrid.
Malefakis, Edward 1995: The Political and Socioeconomic Contours of Southern European History, in: Gunther, R./Diamandouros, N./Puhle, H.-J. (Hrsg.): The Politics of Democratic Consolidation, Baltimore/London: 33-76.
Maravall, José Maria/Santamaria, Julian 1986: Political Change in Spain and the Prospects for Democracy, in: O'Donnell, G./Schmitter, P./Whitehead, L. (Hrsg.), Transitions from Authoritarian Rule: Southern Europe, Baltimore: 71-108.
Maxwell, Kenneth 1986: Regime Overthrow and the Prospects for Democratic Transition in Portugal, in: O'Donnell, G./Schmitter, P./Whitehead, L. (Hrsg.), Transitions from Authoritarian Rule: Southern Europe, Balitimore: 109-137.
Maxwell, Kenneth 1995: The Making of Portuguese Democracy, Cambridge.
Montabés Pereira, Juan 1994: Los parlamentos de papel en el caso español, in: Filgueira, C./Nohlen, D. (Hrsg.): Prensa y transición democrática, Frankfurt/M.: 42-67.
Morlino, Leonardo/Montero, José R. 1995: Legitimacy and Democracy in Southern Europe, in: Gunther, R./Diamandouros, N./Puhle, H.J. (Hrsg.): The Politics of Democratic Consolidation, Baltimore/London: 231-260.
O'Donnell, Guillermo/Schmitter, Philippe C. 1986: Transitions from Authoritarian Rule: Tentative Conclusions about Uncertain Democracies, Baltimore/London.
O'Donnell, Guillermo/Schmitter, Philippe C./Whitehead, Laurence (Hrsg.) 1986: Transitions from Authoritarian Rule: Southern Europe, Baltimore/London.

Papadopoulos, Yannis 1989: Parties, the State and Society in Greece: Continuity within Change, in: West European Politics (12) 2: 55-71.
Passos, Marcelino 1987: Der Niedergang des Faschismus in Portugal, Marburg.
Peces-Barba Martínez, Gregorio 1973: Derechos fundamentales, Madrid.
Pérez Díaz, Victor 1993a: La primacía de la sociedad civil, Madrid.
Pérez Díaz, Victor 1993b: The Return of Civil Society: The Emergence of Democratic Spain, Cambridge.
Rödel, Ulrich (Hrsg.) 1990: Autonome Gesellschaft und libertäre Demokratie, Frankfurt/M.
Rödel, Ulrich 1997: Von der Totalitarismustheorie zur Demokratietheorie, in: Söllner, A./Walkenhaus, R./Wieland, K. (Hrsg.): Totalitarismus: Eine Ideengeschichte des 20. Jahrhunderts, Berlin: 208-219.
Rödel, Ulrich/Frankenberg, Günter/Dubiel, Helmut 1989: Die demokratische Frage, Frankfurt/M.
Sänger, Ralf 1994: Portugals langer Weg nach Europa, Frankfurt/M.
Shaw, Martin 1998: Die Repräsentation ferner Konflikte und die globale Zivilgesellschaft, in: Beck, Ulrich (Hrsg.): Perspektiven der Weltgesellschaft, Frankfurt/M.: 221-255.
Spengler, Birgit 1995: Systemwandel in Griechenland und Spanien: Ein Vergleich, Frankfurt/M.
Stiehl, Volker/Merkel, Wolfgang 1997: Zivilgesellschaft und Demokratie in Portugal und Spanien, in: Lauth, Hans-Joachim/Merkel, Wolfgang (Hrsg.): Zivilgesellschaft im Transformationsprozeß, Mainz: 92-113.
Valenzuela, J. Samuel 1992: Democratic Consolidation in Post-Transitional Settings: Notion, Process, and Facilitating Conditions, in: Mainwaring, S./O'Donnell, G./Valenzuela, J.S. (Hrsg.): Issues in Democratic Consolidation, Notre Dame: 57-104.

Zivilgesellschaft in Südamerika – Mythos und Realität

Peter Birle

Einleitung

Das Thema ‚Zivilgesellschaft' fehlt in kaum einer wissenschaftlichen Diskussion – und erst recht in keinem politischen Diskurs – über die neuere politische und soziale Entwicklung Lateinamerikas. Der Terminus fand in der Region zunächst als politischer Kampfbegriff in der Auseinandersetzung mit den Militärdiktaturen der 60er, 70er und 80er Jahre Verwendung. Erst später wurde er auch als analytische Kategorie im Rahmen der Diskussion über die ‚neuen' lateinamerikanischen Demokratien aufgegriffen. Wie viele modische Begriffe wurde ‚Zivilgesellschaft' im Laufe der Zeit von Vertretern ganz unterschiedlicher normativer und theoretischer Positionen aufgegriffen, die das gleiche Wort zwar meist mit einer positiven Konnotation, aber nicht selten mit völlig unterschiedlichem Sinngehalt verwenden. Vor diesem Hintergrund ist es nicht verwunderlich, daß inzwischen auch kritische Stimmen zu hören sind. Sie reichen von Warnungen, das Konzept drohe zu einer ‚magischen Formel' und damit zu einer ‚Leerformel' (Lechner 1995: 7) zu werden, bis zu Appellen, auf den Begriff als analytische Kategorie ganz zu verzichten, da durch den gegenwärtigen Gebrauch gesellschaftliche Unterschiede überdeckt, komplexe Realitäten vereinfacht dargestellt und letztendlich die ‚herrschende neoliberale Ideologie' gestärkt werde (Meschkat 1999).

Um die verschiedenen Schattierungen der Zivilgesellschaftsdiskussion aufzuzeigen, skizziere ich im ersten Teil des Beitrages die ‚Karriere' des Begriffs in Südamerika. Da eine sinnvolle Auseinandersetzung mit der zivilgesellschaftlichen Realität des Subkontinents nur auf der Grundlage einer klaren Definition erfolgen kann, gehe ich anschließend auf das im weiteren Verlauf des Aufsatzes zugrundegelegte Verständnis von Zivilgesellschaft ein. Den Schwerpunkt des Beitrages bildet eine Untersuchung des Verhältnisses von Zivilgesellschaft und Staat in Südamerika. Neben einigen historischen Aspekten wird für fünf südamerikanische Länder (Argentinien, Bolivien, Brasilien, Chile, Uruguay) untersucht, welche Rolle zivilgesellschaftliche Akteure bei der Etablierung, im Verlauf und beim Zusammenbruch der letzten Militärdiktaturen gespielt haben. Im letzten Abschnitt geht es um die Entwicklung der Zivilgesellschaften seit der Redemokratisierung und ihre Wirkung auf die Konsolidierung der jungen Demokratien.

I. Die Zivilgesellschaftsdiskussion in Lateinamerika

Die Debatte über die Zivilgesellschaft begann in Lateinamerika bereits, bevor das Konzept in den 80er Jahren Verbreitung im Rahmen der internationalen Demokratiediskussion fand.[1] Wie bereits angedeutet, ist sie auch in Lateinamerika im Laufe der Zeit zunehmend komplexer und unschärfer geworden. Etwas vereinfachend kann zwischen fünf Diskussionssträngen auf dem Subkontinent unterschieden werden:

1. Die anti-autoritäre Zivilgesellschaft: Von Zivilgesellschaft war zunächst in der Auseinandersetzung mit den Militärdiktaturen die Rede, die sich seit den 60er Jahren in vielen südamerikanischen Ländern etabliert hatten. Der Begriff brachte den Widerstand gegen Staaten und Regierungen auf den Punkt, die grundlegende Menschenrechte mißachteten, eine „Kultur der Angst" (Corradi/Fagen/Garretón 1992) säten und mit Gewalt versuchten, jede oppositionelle gesellschaftliche Meinungsäußerung zum Schweigen zu bringen. ‚Zivile' Gesellschaft bedeutete in diesem Zusammenhang ‚anti-autoritär' im Sinne ziviler Gegenpole zu den Militärdiktaturen. Die Ablehnung von Gewalt richtete sich aber nicht nur an die Adresse des Staates. Vielmehr beinhaltete der Rekurs auf die Zivilgesellschaft auch eine umfassende Distanzierung von Gewalt als Mittel der Politik. Der staatliche Terror hatte seine Opponenten auf den gemeinsamen Nenner ungeschützter und furchtsamer Individuen reduziert. Diese Erfahrung der Angst und die Bemühungen, sie durch kollektives Handeln zu überwinden, gaben den ersten Anstoß für Entwicklungen, die später als „Wiederauferstehung der Zivilgesellschaft" (O'Donnell/Schmitter 1986: 48ff.) und als „unsichtbare Transition" (Garretón 1989) bezeichnet wurden. Die Berufung auf die Zivilgesellschaft gab dem heterogenen ‚Wir' aus Kollektivakteuren, die sich den Militärregimen im Laufe der Zeit entgegenstellten, einen Namen. Der Terminus wurde somit zunächst als normativ eindeutig zu verortender Begriff der politischen Identitätsstiftung gegenüber einem autoritären Staat gebraucht. Er stand für Gewaltlosigkeit, Toleranz, Menschenwürde und Demokratie.

2. Die ‚gramscianische Zivilgesellschaft' der reformierten Linken: Eine wichtige Rolle spielte die Bezugnahme auf die Zivilgesellschaft bei der theoretisch-politischen Erneuerung der lateinamerikanischen Linken, die sich seit der kubanischen Revolution (1959) revolutionären Hoffnungen hingegeben hatte und vor der Machtergreifung der Militärs vielerorts davon überzeugt war, der Zusammenbruch des Kapitalismus und die Errichtung sozialistischer Herrschaftsordnungen stehe unmittelbar bevor. Das traditionelle Denken der lateinamerikanischen Linken zeichnete sich durch ein vom Marxismus-Leninismus geprägtes, elitäres Politikverständnis aus. Die spezifischen Identitäten, Merkmale und Interessen einzelner gesellschaftlicher Gruppen und zivilgesellschaftlicher Akteure galten diesem Denken als sekundäres Phänomen, das dem ‚bewußten' Handeln einer Avantgarde-Partei unterzuordnen sei.

Das Scheitern des bewaffneten Kampfes, die Machtergreifung der Militärs, die Erfahrung von Repression und Exil und der Attraktivitätsverlust des ‚Modells Kuba' waren einige der Faktoren, die zu einem Überdenken dieser orthodoxen Vorstellungen der Linken beitrugen. Als theoretischer Katalysator des Erneuerungsprozesses diente das Werk des italienischen Marxisten Gramsci. Dessen unorthodoxe Überlegungen ermöglichten es der Linken, neue Wege des Denkens einzuschlagen, ohne einen traumatischen Bruch mit der eigenen Vergangenheit vollziehen zu müssen (Aricó 1988). Gerade der fragmentarische, oftmals vorläufige Charakter von Gramscis Konzepten der ‚Hegemonie' des ‚organischen Intellektuellen' und der *società civile* ermöglichte deren (Neu-)Interpretation für die eigenen lateinamerikanischen Bedürfnisse. Die Kritik am autoritären Staat führte zu einer kritischen Auseinandersetzung mit etatistischen Politikvorstellungen insgesamt. Die Linke entdeckte, daß es in der Politik mehr gab als den Staat, den es zu ‚erobern' und für die eigenen Zwecke zu instrumentalisieren galt (Weffort 1989: 329). Die Erkenntnis, daß die Zivilgesellschaft ein unersetzlicher Raum des politischen Diskurses und der kollektiven Organisation ist, gehörte neben der neuen Wertschätzung für die zuvor oft als ‚formal' und ‚bourgeois' kritisierte liberale Demokratie zu den zentralen Neuerungen des linken Denkens.[2]

3. Die neoliberale Zivilgesellschaft: Wenn Verfechter neoliberaler Entwicklungsstrategien von Zivilgesellschaft sprechen, meinen sie damit oft die ‚Befreiung' der Privatinitiative von ‚staatlicher Gängelung' im Zuge der ‚heimlichen Revolution' durch die Entstaatlichung und Deregulierung der lateinamerikanischen Volkswirtschaften seit den 80er Jahren. Ein so verstandener Zivilgesellschaftsbegriff zielt in erster Linie auf individuelle ökonomische Freiheit und Kreativität (Portantiero 1999). Dies geht bei einigen Autoren so weit, daß selbst der informelle Sektor als zivilgesellschaftliche Wiege eines Schumpeterianischen Unternehmergeistes betrachtet wird (de Soto 1986). Stärkung der Zivilgesellschaft heißt aus dieser Perspektive vor allem Stärkung der Privatwirtschaft durch Privatisierung staatlicher Unternehmen und Dienstleistungen (Lechner 1995: 5f.).

4. Die Zivilgesellschaft der (Neuen) Sozialen Bewegungen: Demgegenüber wurde der Zivilgesellschaftsbegriff für viele linke Akademiker und Aktivisten zum Synonym für die (Neuen) Sozialen Bewegungen.[3] Sie betrachteten die oft auch als Volksorganisationen (*movimientos populares*) bezeichneten sozialen

Bewegungen als Keimzellen einer egalitären und partizipativen soziopolitischen Ordnung. Neben einer optimistischen, teilweise ‚romantischen' Einschätzung des Demokratisierungs- und Transformationspotentials der sozialen Bewegungen, das infolge neuerer Studien skeptischer zu beurteilen ist (Roberts 1997), zeichnen sich viele Vertreter eines derartigen Verständnisses von Zivilgesellschaft durch große Skepsis gegenüber den politischen Parteien aus.
5. Die Zivilgesellschaft sozialer Netzwerke: Der Rekurs auf die Zivilgesellschaft spielt auch im Rahmen neuerer Diskussionen über ‚demokratisches Regieren' und die Qualität der Demokratie eine Rolle (Domínguez/Lowenthal 1996). Nach den neoliberalen Wirtschaftsreformen der ‚ersten Generation' haben viele lateinamerikanische Regierungen inzwischen Reformen der ‚zweiten Generation' in Angriff genommen, die unter anderem einer Erneuerung der Bildungs- und Erziehungssysteme sowie einer Dezentralisierung der staatlichen Verwaltungsapparate dienen sollen. Von einer stärkeren Beteiligung zivilgesellschaftlicher Akteure verspricht man sich nicht nur eine qualitative Verbesserung des Regierungshandelns, sondern auch eine verbesserte Regierbarkeit (Maihold 1998). Einige Autoren sprechen in diesem Zusammenhang von ‚assoziativen Netzwerken' als eines neuen Typus von Repräsentationsstrukturen (Chalmers/Martin/Piester 1997).

II. Eine Arbeitsdefinition von Zivilgesellschaft

Als Zivilgesellschaft wird im folgenden in Anlehnung an Linz/Stepan (1996: 7ff.) eine zwischen Privatsphäre (Individuum, Familie) und Staat angesiedelte Sphäre des politischen Gemeinwesens bezeichnet, in der Kollektivakteure, die über ein Mindestmaß an Autonomie gegenüber dem Staat verfügen und deren Zielsetzungen sich an öffentlichen Belangen orientieren sowie gesellschaftliche Interessen, Werte und Forderungen artikulieren. Die Akteurspalette einer so verstandenen Zivilgesellschaft umfaßt eine Vielzahl formaler und informeller Organisationen, sie reicht von Interessengruppen wie Gewerkschaften und Unternehmerverbänden[4] über religiöse Gruppierungen und soziale Bewegungen (Menschenrechts-, Stadtteil-, Frauen-, Umweltgruppen, etc.) bis hin zu Nichtregierungsorganisationen.[5] In Abbildung 1 wird versucht, die Überschneidungen zwischen Zivilgesellschaft, politischer Gesellschaft und ökonomischer Gesellschaft im Hinblick auf die jeweiligen Akteure zu veranschaulichen.[6]

Zivilgesellschaft in Südamerika

Schaubild 1: Akteure der politischen, der ökonomischen und der Zivilgesellschaft[i]

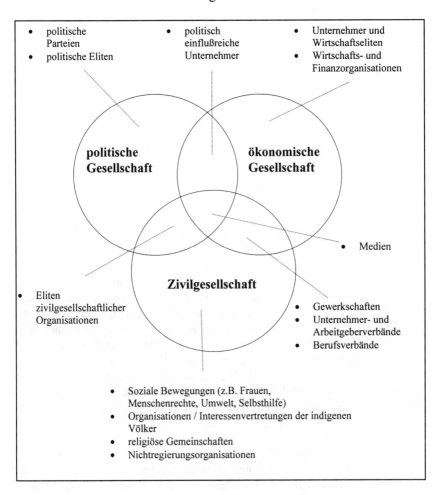

---

[i] Das Schaubild lehnt sich an die Darstellung bei Howard (1998:195) an.

Aus dem Gesagten ergibt sich, daß der Terminus Zivilgesellschaft im folgenden als Analysekategorie Verwendung findet, die nicht automatisch positiv besetzt ist. Im einzelnen bedeutet das:

1. Die Zivilgesellschaft ist weder eine Handlungsebene ‚desinteressierter' oder altruistischer Akteure noch ein herrschaftsfreier Raum. A priori eine grundsätzliche analytische Unterscheidung im Hinblick auf die Zielsetzungen und Strategien der verschiedenen Akteure vorzunehmen, ist nicht sinnvoll (Costa 1997: 38). Dies kann nur Ergebnis empirischer (d.h. kontextgebundener) Untersuchungen sein. Gleiches gilt für die konkrete Ausprägung von Machtbeziehungen und Hierarchien innerhalb von und zwischen zivilgesellschaftlichen Organisationen.
2. Ziviltugenden wie Toleranz und Fairneß sollten aus methodischen Gründen nicht zum Abgrenzungskriterium für die Zugehörigkeit eines Akteurs zur Zivilgesellschaft gemacht werden, da sonst die Gefahr besteht, die „Schattenseiten der Zivilgesellschaft" (Merkel/Lauth 1998:12) als Untersuchungsgegenstand auszugrenzen. Dagegen ist es sinnvoll, das jeweilige Ausmaß an Toleranz, Fairneß und anderen Ziviltugenden auf seiten der einzelnen Akteure empirisch zu untersuchen.[7]
3. Die Zivilgesellschaft kann nicht *per se* als demokratieförderliche Sphäre betrachtet werden, wie Berman (1997) unter Bezugnahme auf die Weimarer Republik aufgezeigt hat. Schmitter verweist darauf, daß die Zivilgesellschaft sowohl positive als auch negative Auswirkungen für die Demokratie haben kann (Schmitter 1997: 247f.), und auch Merkel/Lauth betonen, daß die Demokratisierungspotentiale der Zivilgesellschaft nur kontextabhängig erschlossen werden können, denn „[...] je nach Ausprägung des Regimekontextes verändern sich nicht nur Akteure, Strukturen und Funktionen einer Zivilgesellschaft, sondern auch deren Bedeutung für die Demokratie." (Merkel/Lauth 1998: 12)
4. Es kann durchaus danach gefragt werden, welche Funktionen bzw. Leistungen von der Zivilgesellschaft bzw. von den zivilgesellschaftlichen Akteuren erwartet werden, beispielsweise im Hinblick auf unterschiedliche Phasen der demokratischen Transition und Konsolidierung (Merkel/Lauth 1998). Dabei gelangen Anhänger unterschiedlicher demokratietheoretischer Positionen zu divergierenden Antworten, je nachdem, ob z.B. Partizipation und Teilhabe oder Stabilität und Regierbarkeit als höherrangige Zielvorgaben gelten. Aber nur konkrete Analysen können Auskunft darüber geben, inwiefern die erwünschten Funktionen tatsächlich erbracht werden. Infolge der Akteursvielfalt und -heterogenität sind zudem pauschale Aussagen über die Zivilgesellschaft eines Landes oder gar eines ganzen Kontinents mit größter Vorsicht zu treffen.

5. Eine isolierte Betrachtung der Zivilgesellschaft ist nicht sinnvoll. Insbesondere die wechselseitigen Beziehungsmuster zwischen Zivilgesellschaft und Staat verdienen Aufmerksamkeit. Wenn Stepan betont, die Rolle des Staates könne nicht angemessen analysiert werden, ohne die die Zivilgesellschaft durchziehenden Konfliktlinien und die horizontalen Verbindungen zwischen verschiedenen zivilgesellschaftlichen Sektoren zu berücksichtigen (Stepan 1985: 340), so kann umgekehrt die Situation der Zivilgesellschaft nur verstanden werden, wenn ihr Verhältnis zum Staat, zur politischen und zur ökonomischen Gesellschaft in die Analyse einbezogen wird.

III. Historische Aspekte des Verhältnisses Zivilgesellschaft – Staat in Südamerika

In einer vergleichenden Analyse über Zivilgesellschaft und Demokratie in Lateinamerika und im Mittleren Osten wurde vor kurzem die These aufgestellt, daß es schon im Verlauf des 19. Jahrhunderts in einigen lateinamerikanischen Ländern zur Herausbildung semi-autonomer, semi-demokratischer Zivilgesellschaften gekommen sei (Kamrava/Mora 1998: 899). Eine solche Aussage wird der historischen Realität jedoch nur ansatzweise gerecht. Zwar entstanden nach der im Vergleich zu anderen Regionen der ‚Dritten Welt' frühen Unabhängigkeit (1810-1830) in allen südamerikanischen Ländern mit Ausnahme Brasiliens, das bis 1889 Monarchie blieb, Republiken, die sich auf das Prinzip der Volkssouveränität beriefen und demokratische Verfassungen verabschiedeten. Auf die Unabhängigkeitskriege folgte jedoch vielerorts eine längere Periode gewalttätiger Konflikte um die Definition der neuen politischen Gemeinwesen. Nicht Demokratie, sondern Bürgerkriege, politische Instabilität, die Herrschaft lokaler Caudillos und die zum Teil bis ins letzte Viertel des 19. Jahrhunderts äußerst prekären Staatsformen prägten die Realität.[8] Die nachkolonialen Gesellschaften zeichneten sich durch eine extreme geographische und soziale Konzentration von Machtressourcen, das weitgehende Fehlen von Mittelschichten und eine geringe soziale Mobilität aus (Flisfich/Lechner/Moulian 1985: 51f.; Oxhorn 1995a: 253f.). Traditionelle Lebens- und Organisationsformen der indigenen Völker, die lange Zeit weitgehend außerhalb des Zugriffs staatlicher Politiken existiert hatten, wurden durch die Privatisierung von Gemeindeländereien vielfach zerstört. Damit verbunden waren der Verlust von Subsistenzgrundlagen, Migrations- und Proletarisierungsprozesse sowie eine brutale wirtschaftliche Ausbeutung der indigenen Bevölkerung. Noch schlimmer erging es den nomadischen und halbnomadischen Gruppen in Chile, Argentinien und Brasilien, die ähnlich den Indianern Nordamerikas weitgehend ausgerottet wurden. In Brasilien, wo die Sklaverei die Unabhängigkeit überdauert hatte, bestand die Gesellschaft noch um 1850 zu einem Drittel aus Sklaven (Fisher 1992: 416). Insgesamt zeichneten sich die Gesellschaften durch einen ausgrenzenden sozialen Autoritarismus aus. Wenn überhaupt Strategien der sozialen Inklusion anzutreffen waren, dann basierten sie auf personalistischen und patrimonialen Verhaltensmustern.

Die Bevölkerungsmehrheiten blieben bis in die ersten Jahrzehnte des 20. Jahrhunderts von politischen Entscheidungen weitgehend ausgeschlossen. Dominierende politische Akteure waren die Großgrundbesitzer, das Militär und die Kirche. Die katholische Kirche übte in vielen Bereichen des gesellschaftlichen Lebens großen Einfluß aus. Durch ihre Gemeindearbeit, aber auch durch ihre vielfältige Präsenz in Erziehungs-, Bildungs- und Wohlfahrtseinrichtungen wurde sie zu einer wichtigen Institution der Sinndeutung. Nicht ohne Grund wurde Lateinamerika lange Zeit als ‚katholischer Kontinent' bezeichnet. Bis in die zweite Hälfte des 20. Jahrhunderts zeichnete sich die Kirche durch eine sozialkonservative, antiliberale und antimoderne Haltung aus. Solange ihre Sonderrechte respektiert und garantiert wurden, war sie auch dazu bereit, sich mit autoritären Regimen zu arrangieren.[9]

Noch bis zu Beginn des 20. Jahrhunderts bestanden nur kleine ‚Teilöffentlichkeiten' in Form von Clubs, Bruderschaften, Logen, Kultur- und Literaturzirkeln der urbanen Schichten. Sie repräsentierten jedoch nur geringe Teile der jeweiligen Gesellschaften (Sábato 1998). Modernisierungs- und Säkularisierungsprozesse, wie sie beispielsweise im Erziehungswesen von liberal orientierten Eliten in einer Reihe von Ländern vorangetrieben wurden, änderten zunächst wenig an der politischen Dominanz kleiner Oligarchien.

Im letzten Drittel des 19. Jahrhunderts gingen von der europäischen Industrialisierung Nachfrageimpulse aus, die in Südamerika zu sozioökonomischen Modernisierungsprozessen führten und einen Anreiz für die Masseneinwanderung aus Europa boten. Im Verlauf dieser Entwicklungen veränderten sich die traditionellen Sozialstrukturen grundlegend. Die Prozesse sozialen Wandels – Urbanisierung, Säkularisierung, Wachstum der städtischen Arbeiterschaft und der Mittelschichten – schlugen sich in der Gründung zivilgesellschaftlicher Organisationen nieder. Es entstanden erste Gewerkschaften, Bauernorganisationen, Unternehmer- und Berufsverbände sowie weitere Assoziationen der urbanen Bevölkerung. Aufgrund des autoritär-oligarchischen Charakters der politischen Regime sahen sich jedoch diejenigen zivilgesellschaftlichen Organisationen, deren Existenz von den Herrschenden als Bedrohung empfunden wurde (Gewerkschaften, Bauernorganisationen) mit staatlicher Repression konfrontiert.[10]

Zu einer entscheidenden Wende führte die Weltwirtschaftskrise von 1929/30, in deren Folge die internationale Arbeitsteilung weitgehend zusammenbrach und sich die Exportökonomien der Region mit einem abrupten Verlust ihrer Absatzmärkte und damit auch ihrer Deviseneinnahmen und Importkapazitäten konfrontiert sahen. In der Folgezeit etablierte sich in allen Cono-

Sur-Ländern eine „staatszentrierte Entwicklungsmatrix" (Cavarozzi 1993), d.h. der Staat übernahm in politischer, ökonomischer und sozialer Hinsicht eine zentrale gestaltende und regulierende Rolle. In der Wirtschaftspolitik verband sich damit eine Strategie der importsubstituierenden Industrialisierung, die Abschottung der Volkswirtschaften gegenüber ausländischer Konkurrenz, die staatliche Regulierung der Güter-, Arbeits- und Finanzmärkte sowie ein rapide wachsender staatlicher Unternehmens- und Beschäftigungssektor. Die Produktion für den Binnenmarkt wurde zum dynamischen Kern der wirtschaftlichen Entwicklung und führte in den folgenden Jahrzehnten phasenweise zu hohen Wachstumsraten (Nohlen/Fernández B. 1988). Die genannten Prozesse bewirkten auch eine Beschleunigung des sozialen Wandels, wodurch sich der Inklusionsdruck auf die politischen Systeme erhöhte. In dieser Situation kamen in vielen Ländern Regierungen an die Macht, die im Rahmen ‚populistischer' Bündnisstrategien einen Teil der neuen gesellschaftlichen Akteure etatistisch integrierten. Die Instrumente der Inklusion wiesen länderspezifische Unterschiede auf, in Abhängigkeit etwa von den existierenden Parteiensystemen, politischen Institutionen und der politischen Rolle des Militärs. Gemeinsam war diesen Strategien jedoch fast ausnahmslos der ‚top down'-Charakter von Repräsentation und Partizipation. In einigen Ländern wurde der traditionelle oligarchische Klientelismus intensiviert und partiell auf staatliche Behörden ausgerichtet, in anderen schuf der Staat autoritär-korporatistische Kanäle der Interessenorganisation und Interessenrepräsentation.

Populistische Regime wie das unter Vargas in Brasilien (1930-45; 1950-54) und Perón in Argentinien (1946-55) schufen gesellschaftliche Identitäten und soziale Bindungen auf der Grundlage einer zentralen Rolle von Staat und Nation. Diese Identitätsstiftung ‚von oben' mittels vager symbolischer Botschaften subsumierte die (zivile) Gesellschaft unter die Idee der Nation und die Vielfalt der sozialen Akteure unter die Vorstellung von einem einheitlichen Volk. Die anti-liberale und patrimoniale Inkorporationsstrategie der populistischen Regime fiel aus zwei Gründen auf fruchtbaren Boden. Zum einen war der Liberalismus diskreditiert, weil er jahrzehntelang als Rechtfertigungsideologie von Regimen gedient hatte, die lediglich die Privilegien kleiner Oligarchien absicherten (Flisfich/Lechner/Moulian 1985: 53f.). Zum anderen bestand das ‚neue Proletariat' der 30er und 40er Jahre zum großen Teil aus Binnenmigranten, die an die auf dem Land vorherrschenden Patronagesysteme und den Personalismus gewöhnt und ohne großen Widerstand dazu bereit waren, im Austausch für eine fortschrittliche Arbeits- und Sozialgesetzgebung auf Organisationsautonomie und effektive Partizipationsrechte zu verzichten (Sotelo 1973:139f.).

Die soziale Inklusivität der populistischen Regime beschränkte sich im wesentlichen auf die urbane Arbeiterschaft. Die Landbevölkerung und die indigenen Völker blieben ausgegrenzt. Bereits die objektiven Bedingungen außerhalb der urbanen Zentren – Arbeitskräfteüberschuß, Löhne am Rande des

Existenzminimums, prekäre Arbeitsverhältnisse, etc. – machten eine Organisation der Landbevölkerung schwierig. Kam es trotzdem zu Protestversuchen, so reagierten die Großgrundbesitzer mit äußerster Schärfe. Private Sicherheitsdienste sorgten auf den Zuckerplantagen des brasilianischen Nordostens für die sofortige – oft physische – Beseitigung von ‚Störenfrieden', Gewerkschaftsvertreter wurden auf den Haciendas mit Schüssen empfangen. Selbst Anliegen wie die Einrichtung einer Grundschule, wie sie die erste, 1955 im brasilianischen Nordosten gegründete Bauernliga vorbrachte, betrachteten die Landbesitzer als subversiv. Deren Macht war um so größer, als Rechts- und Polizeigewalt vielerorts in ihren Diensten standen (Sotelo 1973: 127f.).

Die Anzahl und Vielfalt zivilgesellschaftlicher Organisationen nahm seit den 30er Jahren in allen Ländern zu. Die im Rahmen des Populismus etablierten Beziehungsmuster zwischen zivilgesellschaftlichen Akteuren und Staat trugen jedoch nicht zu mehr Rückhalt für die liberale Demokratie bei. Große Teile der Bevölkerung wurden nicht in erster Linie durch die Garantie politischer Rechte, sondern durch die von einem ‚vormundschaftlichen' Staat gewährten sozialen Rechte (Arbeits- und Sozialgesetzgebung) in die politischen Gemeinwesen integriert (González Bombal 1995: 71f.; Paoli 1995: 58). Entscheidungen über die Forderungen einzelner Akteure fielen nicht im Rahmen öffentlich nachvollziehbarer Diskussions- und Verhandlungsprozesse, sondern in isolierten Arenen unter Ausschluß der Öffentlichkeit. Ein diffuser *support* der zivilgesellschaftlichen Akteure für als legitim erachtete institutionelle Prozeduren zur Lösung gesellschaftlicher und politischer Konflikte konnte sich auf dieser Grundlage nicht herausbilden. Das Fehlen prozeduraler Legitimität brachte die Stabilität der politischen Regime ins Wanken, wenn die Bindekraft von Gründungsmythen nachließ und/oder die geforderten Leistungen nicht erbracht werden konnten (Cavarozzi 1993). Die geringe Marktautonomie der ökonomischen Gesellschaft führte dazu, daß die Möglichkeiten der gesellschaftlichen Akteure zur Verwirklichung ihrer Ziele und Durchsetzung ihrer Forderungen weitgehend vom Staat abhingen. Vor diesem Hintergrund konnten sich Vorstellungen von individuellen bürgerlichen Rechten und einer Sphäre negativer Freiheiten gegenüber dem Staat kaum durchsetzen. Nur wenige zivilgesellschaftliche Akteure setzten sich für individuelle Rechte oder den Schutz von Minderheiten ein.

Das Verhältnis zwischen Zivilgesellschaft und politischer Gesellschaft variierte zwischen einzelnen Ländern beträchtlich. In Chile, wo sich relativ früh ein stabiles Parteiensystem etabliert hatte, kam es zu einer starken Penetration zivilgesellschaftlicher Organisationen durch die politischen Parteien. Dies führte in den 60er und frühen 70er Jahren des 20. Jahrhunderts dazu, daß sich die zunehmende ideologische Polarisierung innerhalb der politischen Gesellschaft auch auf die Zivilgesellschaft übertrug. In Uruguay, dessen Parteiensystem seit Beginn des Jahrhunderts ebenfalls relativ stabil war, verfügten die politische Gesellschaft und die Zivilgesellschaft über weitaus mehr wechselseitige Autonomie. In Brasilien waren große Teile der Zivilgesellschaft in staatskorporatistische Beziehungsmuster eingebunden. In Argentinien kam es wiederholt zu wechselseitigen Blockaden zwischen den Akteuren der politischen Gesellschaft und der Zivilgesellschaft.[11]

Bolivien unterscheidet sich von den anderen vier Ländern grundlegend. Die seit der Kolonialzeit nahezu ungebrochene Aneignung des staatlichen Raumes durch eine kleine Oligarchie verhinderte die Entstehung eines modernen Nationalstaates ebenso wie die Herausbildung zivilgesellschaftlicher Strukturen. Bis zur Revolution von 1952 galten die Kulturen und Organisationsformen der indigenen Völker, die je nach Schätzung zwischen 50% und 80% der Bevölkerung ausmachen, als Ausdruck der Zurückgebliebenheit. ‚Modernisierung' hieß bis zu diesem Zeitpunkt Eliminierung der traditionellen Kulturen. Nach der Revolution, in deren Folge sich auch in Bolivien eine staatszentrierte Entwicklungsmatrix durchsetzte, wurde zwar allen gesellschaftlichen Gruppen der formale Zugang zur politischen Partizipation eröffnet, die endogenen Traditionen galten jedoch weiterhin als rückständig, weshalb jetzt durch die Assimilierung der indigenen Bevölkerung in die okzidentale Kultur ein neues Nationalbewußtsein geschaffen werden sollte. Aus *indios* wurden *campesinos*, zum Konstrukt der nationalen Identität erwuchs das Mestizentum (*mestizaje*). Trotzdem blieb die indigene Bevölkerung auf allen Ebenen des gesellschaftlichen und politischen Lebens systematisch benachteiligt und weitgehend ausgegrenzt (España/Bejarano 1993: 16ff.). Die vielfältigen Organisationsformen der indigenen Völker konnten vor diesem Hintergrund nicht zu einem Potential für die Bereicherung der Zivilgesellschaft werden.

Zu einem zentralen zivilgesellschaftlichen und politischen Akteur wurde dagegen mit der Revolution von 1952 die Gewerkschaftsbewegung in Form des Dachverbandes Central Obrera Boliviana (COB). Unter ihrem Dach schlossen sich nicht nur abhängig Beschäftigte, sondern auch Bauern, Kleinhändler, Studenten und eine Reihe weiterer gesellschaftlicher Gruppen zusammen. Die COB erstritt sich das Recht des Mitregierens (*cogobierno*) und das der Mitbestimmung (*cogestión laboral*) in den verstaatlichten Unternehmen. Neben der Nähe zum Staat und zur Macht zeichnete sie sich dadurch aus, daß sie nicht wie viele andere lateinamerikanische Gewerkschaften klientelistisch in das System integriert wurde, sondern immer Wert auf ihre Autonomie gegenüber allen anderen politischen Akteuren legte. Vorstellungen von repräsentativer Demokratie betrachtete sie mit Mißtrauen. Aus ihrer Präferenz für direkte Demokratie leitete sie das Recht ab, die Einhaltung des ‚Programms der Revolution' durch Regierung und Staat zu überwachen (Laserna 1985: 124ff.).

Wenn es trotz beschleunigter sozio-ökonomischer Entwicklung in Südamerika nicht zu dauerhaften Demokratisierungsprozessen kam, wie dies noch Mitte der 50er Jahre viele Beobachter erwartet hatten (z.B. Johnson 1958), so waren dafür mehrere Faktoren verantwortlich, auf die hier nicht im einzelnen eingegangen werden kann. Ein Aspekt, der die Etablierung von Militärdiktaturen seit Mitte der 60er Jahre begünstigte, war der Zustand der Zivilgesellschaften. Da unter den Akteuren der Zivilgesellschaft und der politischen Gesellschaft kein ziviler Konsens im Hinblick auf eine grundsätzliche Wertschätzung liberaler Demokratie vorhanden war, gerieten die demokratischen Regime von links und rechts unter Beschuß. Dies äußerte sich zum einen darin, daß nicht-zivile Verhaltens- und Organisationsformen um sich griffen (Guerrilla, Todesschwadronen). Zum anderen sympathisierten wachsende Teile der Gesellschaften mit nicht-zivilen gesellschaftlichen Akteuren bzw. mit politischen Interventionen der Streitkräfte.

IV. Zivilgesellschaft und Staat zur Zeit der jüngeren Militärdiktaturen

Seit Mitte der 60er Jahre übernahmen in den meisten südamerikanischen Staaten die Streitkräfte die Macht, wobei sie nirgendwo als isolierter Akteur handelten, sondern in allen Ländern auf die aktive Unterstützung oder zumindest die stillschweigende Duldung von Teilen der Zivilgesellschaft zählen konnten (Rouquié 1982). In Bolivien (1964-1982), Brasilien (1964-1985), Chile (1973-1990), Uruguay (1973-1985) und Argentinien (1976-1983) entstanden Diktaturen, zu deren wichtigsten Zielen die bis zur physischen Vernichtung gesteigerte Ausgrenzung der im Zuge der populistischen Bündnispolitik inkorporierten und immer weniger zu kontrollierenden zivilgesellschaftlichen Akteure gehörte (O'Donnell 1979). Anders als für Chile und Uruguay, zwei zuvor jahrzehntelang demokratisch regierte Länder, war diese Erfahrung für Argentinien, Brasilien und Bolivien insofern nicht neu, als die Militärs dort bereits in der Vergangenheit wiederholt ins politische Geschehen eingegriffen hatten. Neu war allerdings auch dort, daß die Streitkräfte ihre Machtergreifung nicht als kurzfristige Intervention, sondern als auf unbestimmte Zeit angelegte Herrschaft konzipiert hatten. Die Militärregime haben nie versucht, alle zivilgesellschaftlichen Organisationen unter ihre Kontrolle zu bringen oder vollständig zu eliminieren. Neben der katholischen Kirche konnten auch die Unternehmerverbände relativ frei agieren. Die staatliche Repression richtete sich in erster Linie gegen die Guerrilla und die „andere Seite der Zivilgesellschaft" (Meschkat 1999): die Organisationen der städtischen Unterschichten, die Gewerkschaften und Bauernorganisationen – kurz, gegen alle Akteure, die die überkommenen Gesellschafts- und Wirtschaftsstrukturen in Frage stellten. In der Anfangsphase der Militärherrschaft konnte der Staat in allen Ländern durch massive Repression seine Handlungs- und Durchsetzungsfähigkeit erweitern. Im Verlauf der Diktaturen zeigten sich dann aber deutliche länderspezifische Unterschiede im Hinblick auf die Beziehungen zwischen dem autoritären Staat und den Akteuren der Zivilgesellschaft (Stepan 1985: 318ff.).

In Chile trugen die hohe Intensitität der gesellschaftlichen Konflikte gegen Ende der zivilen Herrschaftsphase sowie die in der Ober- und Mittelschicht auch Jahre nach Beginn der Diktatur noch weitverbreitete Furcht vor einer Regeneration der sozialistischen Opposition dazu bei, daß große Teile der Zivilgesellschaft die autoritäre Herrschaft guthießen. Auch die interne Kohäsion des staatlichen Entscheidungs- und Repressionsapparates war hoch. Pinochet verstand es, divergierende Gruppen und Akteure in seinen ‚Machtblock' zu integrieren. Der große Rückhalt des Regimes zeigte sich anläßlich des 1980 durchgeführten Plebiszits, mit dem über eine neue autoritäre Verfassung abgestimmt wurde. Fast alle Interessengruppen der Privatwirtschaft erklärten ihre Zustimmung. Aber auch andere zivilgesellschaftliche Gruppen, z.B. konservative Frauenorganisationen und Berufsverbände, mobilisierten ihre Mitglieder zur Unterstützung des Regimes. Das kollektive Handlungspotential der oppositionellen zivilgesellschaftlichen Akteure war dagegen nicht nur wegen des hohen Ausmaßes an Repression, sondern auch aufgrund inneroppositioneller ideologischer Spannungen stark eingeschränkt. Hinzu kamen die strukturellen Veränderungen infolge der neoliberalen Wirtschafts- und Sozialpolitik. Neben dem Rückgang der Industriearbeiterschaft gehörten dazu insbesondere die veränderten Rahmenbedingungen infolge der arbeits- und sozialpolitischen Reformen ab Ende der 70er Jahre. Mit Zwang und gezielten Anreizen setzte die Militärregierung eine Entwicklung in Richtung gesellschaftlicher Individualisierung, Fragmentierung und Atomisierung in Gang, durch die vor allem jene Teile der Zivilgesellschaft geschwächt wurden, die sich solidarischen Grundprinzipien verpflichtet fühlten (Bultmann et al. 1995; Drake/Jaksic 1995; Garretón 1989; Imbusch 1995; Oxhorn 1994 u. 1995b). Trotzdem gaben zivilgesellschaftliche Kräfte den Anstoß für die erste Liberalisierung. Legitimationseinbußen des Regimes infolge einer schweren Wirtschaftskrise Anfang der 80er Jahre führten ab 1982 zu sozialen Protesten. Ab 1983 organisierte die Opposition sieben ‚nationale Protesttage', an denen sich neben den Gewerkschaften vor allem studentische Gruppierungen und Organisationen der Bewohner der Armenviertel beteiligten. Pinochet sah sich zu einer vorsichtigen Öffnung des Systems veranlaßt, wodurch sich auch für die politischen Parteien Spielräume öffneten. Die Opposition war jedoch nach wie vor ideologisch gespalten und zerstritten über die dem Regime gegenüber zu verfolgende Strategie. Eine teilweise Radikalisierung der Proteste wurde von Pinochet 1985 zum Anlaß genommen, die Liberalisierung zu stoppen (Stohldreyer 1997). Die Rückkehr zur zivilen Herrschaft fand dann ab 1988 im Rahmen des durch das Regime selbst in der Verfassung von 1980 vorgegebenen Zeitplans statt. Dieser sah für 1988 eine Volksbefragung darüber vor, ob die Amtszeit Pinochets um weitere acht Jahre verlängert würde oder nicht. Die starke Mobilisierung der zivilgesellschaftlichen Opposition im Vorfeld des

Plebiszits spielte eine wichtige Rolle für die Niederlage Pinochets. Bereits zum damaligen Zeitpunkt deutete sich allerdings eine weitgehende ‚Zähmung' der Zivilgesellschaft durch die politischen Parteien an (Oxhorn 1995b). Unter Verweis auf die Notwendigkeit eines geeinten und moderaten Auftretens der Opposition lehnten die in der *Concertación* zusammengeschlossenen regimeoppositionellen Parteien eine autonome Rolle zivilgesellschaftlicher Akteure ab. Die Rückkehr zu einem demokratischen Regime – mit autoritären Enklaven – fand 1990 auf der Grundlage eines Konsenses zwischen den demokratischen Eliten und den Eliten des autoritären Regimes statt. Wesentlicher Bestandteil dieses Konsenses war, daß keine der seit 1973 durchgeführten „Reformen" nach dem Regimewechsel zur Revision anstehen würde. Insofern ist die Redemokratisierung Chiles das Ergebnis der Niederlage der (zivilgesellschaftlichen) Demokratiebewegung der frühen 80er Jahre und der Sieg einer anderen Demokratiebewegung, die aus den Mißerfolgen der Vergangenheit lernte und sich auf die von der Militärregierung auferlegten Bedingungen einließ (Moulian 1993: 108ff.).

Obwohl die Repression auch in Uruguay in den ersten Jahren der Diktatur zum Verstummen der Opposition führte, war die Legitimation der Militärregierung von Anfang an prekär. Selbst gegenüber den ihr eher positiv gesonnenen Gesellschaftssegmenten konnte sie sich aufgrund wesentlich geringerer Bedrohungsperzeptionen nicht derart als ‚Retter' (des Privateigentums) darstellen wie Pinochet in Chile. Die geringere Bereitschaft zu einer aktiven Unterstützung des autoritären Regimes auch auf seiten derjenigen, die seine Existenz zumindest duldeten, zeigte sich 1980. Die uruguayischen Militärs bemühten sich ebenso wie Pinochet um die plebiszitäre Absegnung einer autoritären Verfassung. Anders als in Chile sprach sich jedoch im Vorfeld keine einzige relevante zivilgesellschaftliche Gruppierung dafür aus (Filgueira 1985; Gillespie 1991; Wagner 1997).

Uruguay war im südamerikanischen Vergleich das Land, in dem die Rückkehr zur Demokratie am explizitesten zwischen der Opposition und den Militärmachthabern ausgehandelt wurde, wobei das Timing weitgehend von den Streitkräften selbst vorgegeben wurde. Nach dem 1980 gescheiterten Versuch, mittels einer reformierten Verfassung eine Democradura (Gillespie 1990: 51) zu errichten, führte die Transition über mehrere Etappen bis zu den Wahlen Ende 1984 und dem Amtsantritt eines zivilen Präsidenten im März 1985 (Wagner 1991: 45ff.). Von Beginn der Transition an spielten die politischen Parteien auf seiten der Regimeopposition eine zentrale Rolle. Zwar wurden ab 1983 alte (Gewerkschaften) und neue (Menschenrechtsorganisationen, Studentenverbände, Genossenschaften) zivilgesellschaftliche Akteure zu Protagonisten sozialer und politischer Proteste, sie blieben gegenüber den Parteien jedoch in einer untergeordneten Position. Symptomatisch dafür war, daß das Ende 1983 entstandene Komitee, die ‚Intersectorial', aus politischen Parteien und zivilgesellschaftlichen Akteuren, auf Drängen konservativer Politiker schon bald in eine ‚Multipartidaria' und eine ‚Intersocial' aufgeteilt wurde. Die Multipartidaria, der neben den Parteien nur der Gewerkschaftsdachverband angehörte, wurde zum Protagonisten der Transition, während den in der Intersocial zusammengeschlossenen kleineren sozialen Bewegungen keine andere Wahl blieb, als die Strategie ‚Mobilisierung – Verhandlung – Konzertierung' zu akzeptieren. Die gemäßigten Parteien waren im Rahmen ihrer Strategie zur Beendigung der Diktatur weniger an einer tatsächlichen Mobilisierung zivilgesellschaftlicher Proteste interessiert als vielmehr daran, die Möglichkeit solcher Proteste als Verhandlungsargument gegenüber den Militärs einzusetzen (Gillespie 1991: 129ff.). Allerdings wurden an dem in der Endphase der Transition beschlossenen und über die Gründungswahlen hinaus zunächst weitergeführten Konzertierungsprozeß zu Fragen der zukünftigen Regierungspolitik neben den Parteien auch zivilgesellschaftliche Akteure (Gewerkschaften, Studenten, Unternehmer, Genossenschaften) beteiligt (Filgueira 1985; Wagner 1991: 50f.)

Die vorautoritäre Situation in Argentinien war durch extreme Gewalt und bürgerkriegsähnliche Zustände charakterisiert, weshalb große Teile der Gesellschaft die Machtübernahme des Militärs zur Wiederherstellung von ‚Ruhe und Ordnung' zunächst akzeptierten. Die Legitimation des Regimes nahm jedoch in dem Maße ab, wie sich die staatliche Repression ausweitete und unkalkulierbarer wurde. Die Existenz eines klandestin agierenden Repressionsapparates, der Tausende von Menschen ‚verschwinden' ließ, führte zu einer ‚Kultur der Angst'. Oppositionelle zivilgesellschaftliche Aktivitäten waren in diesem Klima bis Anfang der 80er Jahre so gut wie unmöglich. Die einzige Kraft, die es schon früh wagte, an die Öffentlichkeit zu gehen, war die Menschenrechtsbewegung. Zunächst handelte es sich nur um kleine Gruppen, allen voran die 1977 erstmals in Erscheinung getretenen und später weltweit bekanntgewordenen *Madres de Plaza de Mayo*, die von den Machthabern Auskunft über das Schicksal ihrer ‚verschwundenen' Kinder forderten. Lange Zeit ernteten sie international mehr Aufmerksamkeit als in Argentinien selbst, wo sie zunächst weitgehend ignoriert und später selbst teilweise zu Opfern der Repression wurden (Navarro 1989). Während die Zivilgesellschaft am Boden lag, wuchsen gleichzeitig im Verlauf der Diktatur die Widersprüche innerhalb des Staatsapparates. Die vom Regime institutionalisierte Entscheidungsregel, wonach jeweils ein Drittel der politischen und administrativen Posten einer Teilstreitkraft zufiel, führte zu erheblichen Konflikten innerhalb der Militärregierung, aber auch zwischen der Regierung und den Teilstreitkräften (Birle 1995; Brysk 1994; Corradi 1987; Jelin 1985).

1979 kündigten die Militärs einen Dialog mit der Opposition an, allerdings ohne zunächst entsprechende Schritte einzuleiten. Erst nachdem eine schwere Wirtschaftskrise ab 1980 zu Protesten geführt hatte, reagierte das Regime im März 1981 mit einer vorsichtigen Liberalisierung. Nach einem Palastputsch setzten sich jedoch ab Dezember 1981 mit General Galtieri wieder die Hardliner durch. Die Mobilisierungskampagne des Regimes im Zusammenhang mit dem Krieg gegen Großbritannien im April 1982 erwies sich dann als innenpolitischer Bumerang. Zu Beginn der militärischen Auseinandersetzung gelang es dem Regime noch einmal, durch den Appell an nationalistische Gefühle einen großen Teil der Zivilgesellschaft auf seine Seite zu ziehen. Parteien und zivilgesellschaftliche Organisationen verbanden ihre Unterstützung der außenpolitischen Strategie der Militärs jedoch von Anfang an mit Forderungen nach größeren politischen Freiheiten. Nach der Niederlage hatten die Militärs dann jeden Kredit verspielt. Kurz nach dem Ende des Krieges erfolgte im Juni 1982 die Aufhebung des Parteienverbots und die Ankündigung von Wahlen für Oktober 1983. Alle Versuche der Streitkräfte, Bedingungen für den Übergang auszuhandeln, lehnten die Parteien ab. Von seiten der zivilgesellschaftlichen Akteure übten die Menschenrechtsorganisationen einen nicht unerheblichen Einfluß auf die Gestaltung der Transitionsagenda aus. Sie sorgten mit ihren Aktivitäten dafür, daß das Thema Menschenrechte den Wahlkampf von 1983 beherrschte (Brysk 1994: 154ff.). Derartige Einflußmöglichkeiten waren jedoch weniger ein Zeichen zivilgesellschaftlicher Stärke als ein Symptom für die vollständige Diskreditierung der Militärs in jeder nur denkbaren Hinsicht. Insofern zeigt das Beispiel Argentinien besonders klar, daß die jeweilige Macht von Staat und Zivilgesellschaft immer relativ zu sehen ist:

„The near collapse of the state coercive apparatus increased the relative power of civil society [...]. After the defeat in Malvinas, state power was clearly in disintegration, but civil and political society still faced tough problems of democratic recomposition." (Stepan 1985: 331)

Die brasilianische Militärdiktatur unterschied sich in einigen Punkten grundlegend von den bislang diskutierten Fällen. Zum einen setzte sie gegenüber den zivilen Akteuren und den Institutionen der politischen Gesellschaft nicht auf eine umfassende Verbotspolitik, sondern stärker auf deren Kontrolle. Im Rahmen einer subtilen militärisch-zivilen Kooperation wurden viele konservative Politiker erfolgreich in den herrschenden Block kooptiert. Von zeitweisen Unterbrechungen abgesehen, blieb während der gesamten Militärherrschaft eine Fassade von Wahlen und eines domestizierten Kongreß erhalten. Die Aktivität der politischen Parteien wurde nicht vollständig eingefroren, sondern der Staat versuchte, ein regimeloyales Parteiensystem mit einer Regierungs- und einer ‚Oppositions'-Partei zu etablieren. Auch in der Wirtschaftspolitik setzten die brasilianischen Militärs nicht auf Entstaatlichung, wie sie in Chile praktiziert und in Argentinien und Uruguay zumindest propagiert wurde, sondern auf eine weitere Expansion des staatlichen Sektors.

In keinem anderen Land spielte die Kirche und insbesondere der Wandel innerhalb der katholischen Kirche eine ähnlich wichtige Rolle für das Verhältnis zwischen Zivilgesellschaft und Staat wie in Brasilien. Wie in anderen Staaten hatte auch die brasilianische Kirchenhierarchie die Machtübernahme der Militärs zunächst unterstützt. Ab Anfang der 70er Jahre traten dann jedoch die innerkirchlichen Veränderungen zutage, die sich seit dem II. Vatikanischen Konzil (1962-65) und nach der II. Gesamtlateinamerikanischen Bischofskonferenz von Medellin (1968) ergeben hatten. Sie führten gerade auf seiten der brasilianischen Nationalkirche zu einer sozialprogressiven Position. Die Kirche übte ab Anfang der 70er Jahre deutliche Kritik an Menschenrechtsverletzungen. Daneben entwickelte sich der Aufbau von kirchlichen Basisgemeinden im ganzen Land zu einer wichtigen Ressource für die Stärkung zivilgesellschaftlicher Aktivitäten. Die ideologische, menschliche und materielle Unterstützung durch die Basisgemeinden war ein wichtiger Faktor für das Wachstum und die verstärkten Autonomiebestrebungen der brasilianischen Gewerkschaften. Zudem zeigte sich seit der zweiten Hälfte der 70er Jahre, daß die Herausbildung neuer Organisationen in verschiedenen Bereichen der Zivilgesellschaft auch zu stärkeren horizontalen Vernetzungen zwischen einzelnen Sektoren führte (Mainwaring 1986; Stepan 1989).

Von allen untersuchten Ländern wies Brasilien den mit Abstand längsten Transitionsprozeß auf. Erste Liberalisierungsschritte erfolgten 1974, bis zum endgültigen Rückzug der Streitkräfte in die Kasernen vergingen jedoch mehr als zehn Jahre. Als Präsident Geisel 1974 sein Amt antrat, existierten zwar bereits Anzeichen für eine ‚Wiederauferstehung' der Zivilgesellschaft, aber das Regime handelte bei seiner Entscheidung zur *abertura* (Öffnung) aus einer Position der Stärke heraus (Gillespie 1990: 68f.). Erst nach Beginn der Liberalisierung erfolgte eine schrittweise Umorientierung der zivilgesellschaftlichen Aktivitäten von spezifischen Themen auf eine allgemeine Auseinandersetzung mit dem politischen System. Gegen Ende der 70er Jahre konnte sich ein Teil der Gewerkschaften zunehmend aus dem staatskorporatistischen Zwangskorsett befreien und auch die Unternehmerverbände traten nun für die Demokratie ein (Payne 1994). Die sozialen Bewegungen wiesen zum damaligen Zeitpunkt ebenfalls eine beeindruckende Vielfalt und Organisationsfähigkeit auf. Die in zunehmendem Maße miteinander vernetzten Aktivitäten der verschiedenen zivilgesellschaftlichen Akteure für eine Demokratisierung des politischen Systems nahmen Anfang der 80er weiter zu und gipfelten in der mit Massenprotesten untermauerten Forderung nach direkten Präsidentschaftswahlen im Jahr 1984. Es gelang der Opposition jedoch nicht, sich mit dieser Forderung durchzusetzen. Die Transition folgte vielmehr bis zum Ende weitgehend dem Schema, dem sie von Anfang an gehorcht hatte: ein langsamer und gradueller Prozeß politischer Reformen, ausgehandelt auf der Ebene der politischen Eliten, kontrolliert von den Machthabern des autoritären Systems. Dabei spielten auch die Parteien eine wichtige Rolle, obwohl sie weitaus schwächer waren als die argentinischen, chilenischen oder uruguayischen. Insbesondere die Spaltung der von den Militärs geschaffenen Pro-Regime-Partei unterminierte deren Pläne für eine vollständig ‚von oben' kontrollierte Transition zum Teil. Vor diesem Hintergrund ist dann auch die Bedeutung der zivilgesellschaftlichen Akteure für den Verlauf des Transitionsprozesses nicht zu unterschätzen, denn deren Aktivitäten hatten in erheblichem Maße zum Anwachsen auch der parteipolitischen Opposition beigetragen (Hellmann 1995).

In Bolivien fand die Machtergreifung der Streitkräfte 1964 vor dem Hintergrund grundlegender Auseinandersetzungen zwischen den treibenden Kräften der Revolution – dem seitdem regierenden Movimiento Nacional Revolucionario (MNR) und der COB – statt. Die zunächst von der gesamten – linken wie rechten – Opposition begrüßte Militärdiktatur dauerte bis 1982 und damit ähnlich lang wie in Brasilien, sie zeichnete sich jedoch nicht durch einen einheitlichen Kurs aus. Auseinandersetzungen innerhalb der Streitkräfte führten bis Anfang der 70er Jahre zu mehreren Palastputschen und einer chaotisch-revolutionären Phase 1971, bevor sich das autoritäre Regime unter General Banzer (1971-78) stabilisieren konnte. Die COB blieb trotz der staatlichen Repression ein mächtiger Akteur, dessen Widerstand gegen die Diktatur nie ganz verlöschte. Daneben konnten sich aufgrund des weitgehenden Verbots politischer Parteien auch die regionalen Bürgerkomitees (*Comités Cívicos*) als politische Akteure profilieren (Conaghan/Malloy 1994; Laserna 1985 u. 1992).

Zivilgesellschaftliche Akteure spielten in Bolivien für Beginn und Verlauf des Transitionsprozesses eine zentrale Rolle. Der im Dezember 1977 begonnene Hungerstreik von vier Minenarbeiterfrauen wurde zum Auslöser der Transition. Er weitete sich rasch aus, und nach wenigen Wochen sorgten etwa 1.200 Hungerstreikende für weltweite Aufmerksamkeit und internationale Solidaritätsbekundungen. Die Regierung Banzer akzeptierte nach kurzen Verhandlungen mit der Opposition die Durchführung von Wahlen im Jahr 1978. Zwar wurden diese Wahlen auch tatsächlich durchgeführt, aber erst im Oktober 1982 konnte eine zivile Regierung auf Dauer die Macht übernehmen. Dazwischen lagen vier Jahre, die durch erneute militärische Machtübernahmen, provisorische Regierungen, neuerliche Wahlen und eine zunehmend chaotische politische und ökonomische Situation gekennzeichnet waren. Der Einsatz zivilgesellschaftlicher Akteure für die Demokratie trug entscheidend dazu bei, daß es keiner Fraktion der Militärs gelang, sich auf Dauer an der Macht zu halten. Neben den Gewerkschaften und den regionalen Bürgerkomitees engagierten sich in der Endphase der Diktatur auch die Privatunternehmer stärker für einen politischen Systemwandel (Conaghan/Malloy 1994: 70ff.; Laserna 1992: 45ff.). Den entscheidenden Impuls für den endgültigen Zusammenbruch der Diktatur gab jedoch die COB. Am 16.9.1982 erkärte sie für das ganze Land einen unbefristeten Generalstreik und forderte von den Streitkräften die Übergabe der Macht an die Sieger der Wahlen von 1980. Nur 21 Stunden später erkannten die Militärs die Legitimität dieser Wahlen an und kündigten ihren Rücktritt an. Wenige Wochen später, am 10.10.1982, übernahm der zivile Präsident Siles die Macht (Laserna 1985).

Zweifellos haben die südamerikanischen Militärregime die Rahmenbedingungen der Beziehungen zwischen Zivilgesellschaft, politischer Gesellschaft, ökonomischer Gesellschaft und Staat grundlegend verändert und damit auch Weichenstellungen für die Zeit nach dem Ende der Diktaturen vorgenommen. Von besonderer Bedeutung waren die folgenden Entwicklungen:

1. Zwar gelang es den Streitkräften in keinem Land, die Gesellschaften auf Dauer zu demobilisieren, aber ihre Politik führte zu einem Gestaltwandel der Zivilgesellschaften. Es kam zu Machtverschiebungen im Verhältnis der Interessengruppen von Arbeit und Kapital, wobei dies zum Teil auf eine Schwächung der Gewerkschaften (Argentinien, Uruguay), zum Teil eher auf eine Stärkung und Professionalisierung der Unternehmerverbände (Bolivien, Brasilien) und in Chile auf beide Tendenzen zurückzuführen war. Zudem verschlechterte sich innerhalb der Privatwirtschaft die Position derjenigen Klein- und Mittelunternehmen, deren Interessen mit der staatszentrierten Matrix in Verbindung standen. Eine Neuauflage früherer ‚klassenüberschreitender' Verteilungskoalitionen war damit unwahrscheinlich.
2. Neue zivilgesellschaftliche Akteure und mit ihnen oft zuvor unpolitische Personen betraten die politische Bühne, zum Teil als direkte Reaktion auf die Politik der Militärs (Menschenrechtsorganisationen), zum Teil als Reaktion auf zunehmende soziale Probleme (Nachbarschaftsorganisationen, Landbesetzerbewegungen), zum Teil im Zuge allgemeiner Prozesse des sozialen Wandels (Frauenorganisationen).
3. Paradoxerweise führte die autoritäre Herrschaft – die Erfahrung der Repression, die Kultur der Angst, die Blockade klientelistischer und staatskorporatistischer Netzwerke – zur Entwicklung weniger staatsfixierter zivilgesellschaftlicher Akteure. Mit ihren Versuchen, die Zivilgesellschaft zum Schweigen zu bringen, trugen die Diktaturen somit unwillentlich zu einer Stärkung des gesellschaftlichen Pluralismus bei. Gerade in der Auseinandersetzung mit dem autoritären Staat entwickelten sich in der Zivilgesellschaft neue Stile der politischen Auseinandersetzung und veränderten sich die kollektiven Normen und Werte im Sinne einer (neuen) Wertschätzung für Bürgerrechte, Rechtsstaatlichkeit und Demokratie.

Tabelle 1: Die Militärregime in Argentinien, Bolivien, Brasilien, Chile und Uruguay – Entstehungszusammenhang und Merkmale der Transition

	Argentinien	Bolivien	Brasilien	Chile	Uruguay
Dauer der Diktatur	1976-83	1964-82	1964-85	1973-90	1973-85
ENTSTEHUNGS-ZUSAMMENHANG					
Industrialisierungsgrad	Hoch	sehr niedrig	mittel	mittel	mittel
Organisierungsgrad gesellschaftl. Interessen	Hoch	mittel	hoch	hoch	mittel
Strukturiertheit des Parteiensystems	Mittel	mittel	niedrig	hoch	hoch
Grad der sozialen Mobilisierung	hoch	mittel	hoch	sehr hoch	mittel
Grad der Bedrohung des gesellschaftlichen Status Quo	mittel	mittel	mittel	hoch	niedrig
MERKMALE DER TRANSITION					
Beginn der Transition	1982	1978	1974	1988	1980
Auslöser der Transition	militär. Niederlage	Soziale Proteste	autoritäre Machthaber	Niederlage bei Plebiszit	Niederlage bei Plebiszit
Dauer der Transition	15 Monate	4 Jahre	11 Jahre	2 Jahre	4 Jahre
Art der Transition	Rückzug der autoritären Machthaber	chaotisch	verhandelt / abgewickelt	paktiert	paktiert
Einfluß der autoritären Machthaber auf den Verlauf der Transition	gering	mittel	hoch	sehr hoch	mittel/hoch
Einfluß zivilgesellschaftl. Akteure auf den Verlauf der Transition	gering/mittel	mittel/hoch	mittel	gering	gering
Einfluß polit. Parteien auf den Verlauf der Transition	mittel	gering	mittel	hoch	hoch

Quelle: Zum Entstehungszusammenhang vgl. Nohlen 1986: 7.

Zivilgesellschaft in Südamerika 251

In Tabelle 1 sind einige Merkmale der hier diskutierten neueren südamerikanischen Militärregime zusammengestellt. Trotz zum Teil gravierender Unterschiede zwischen den einzelnen Fällen ist für alle Länder zu konstatieren, daß zivilgesellschaftliche Akteure nur einen zeitlich und sachlich begrenzten Einfluß auf den Verlauf der Transition ausüben konnten, da die politischen Parteien im Zusammenspiel mit den autoritären Machthabern meist unmittelbar nach Beginn der Liberalisierung die weitere Entwicklung dominierten. Eine gewisse Ausnahme stellen in dieser Hinsicht Bolivien und Brasilien dar. In Argentinien übten zivilgesellschaftliche Akteure in der Endphase der Transition bedeutenden Einfluß auf die Themenpalette des Wahlkampfes vor den ersten freien Wahlen aus. Als direkter Auslöser der Transition spielten zivilgesellschaftliche Akteure nur in Bolivien eine wichtige Rolle. Allerdings waren die zivilgesellschaflichen Aktivitäten in allen Ländern wichtig für die Überwindung der ‚Kultur der Angst' sowie zur Wiederherstellung und Bewahrung öffentlicher Räume.

V. Die Situation der Zivilgesellschaft nach der Rückkehr zur Demokratie

‚Rückkehr zur Demokratie – Ende der Zivilgesellschaft?', so fragte vor einiger Zeit ein Beobachter der postautoritären Situation in Chile (Oxhorn 1995: 270). Ähnliche Stimmen waren auch aus anderen ‚neuen Demokratien' zu hören. Schon kurze Zeit nach der Redemokratisierung war Mitte der 80er Jahre vielerorts von ‚*desencanto*', von Ernüchterung gegenüber der Demokratie die Rede. Die vielbeschworene ‚Wiederauferstehung der Zivilgesellschaft' sei ein kurzlebiges Phänomen gewesen, ihr folge nun eine gleichermaßen dramatische Ausbreitung von politischer Apathie und Mißtrauen. Die Gründe für derartige Klagen lagen auf der Hand: Die gesellschaftliche Mobilisierung ging nach dem Ende der autoritären Herrschaft zurück, die politischen Parteien und Eliten bestimmten wieder weitgehend allein das Geschehen auf der großen politischen Bühne und viele zivilgesellschaftliche Akteure erfuhren eine mangelhafte Responsivität von Regierungen und politischen Parteien gegenüber ihren Anliegen. Die konkreten Partizipationsmöglichkeiten blieben weit hinter den Partizipationserwartungen zurück (Colombo/Palermo 1985; Munck 1993). Hinzu kamen ‚konjunkturelle' Ursachen dafür, daß viele zivilgesellschaftliche Akteure Schwierigkeiten hatten, sich in der neuen Situation zurechtzufinden: Die gemeinsame Zielscheibe des Protests war nach dem Abtritt der Generäle verschwunden. Die Trennungslinie zwischen ‚uns' und ‚denen' war nicht mehr so einfach zu ziehen, Gegensätze im ‚zivilgesellschaftlichen Demokratieblock' wurden sichtbarer und brachen auf. Viele Aktivisten zivilgesellschaftlicher Organisationen zogen sich ins Privatleben zurück, andere wurden von den neuen Regierungen, von Parteien, Verwaltungen und auch von privatisierten Unternehmen rekrutiert. Die während der autoritären Herrschaft kultivierten Politikstile und Strategien erwiesen sich oftmals als den neuen Rahmenbedingungen nicht mehr angemessen. Derartige Probleme der funktionalen Anpassung erfuhr beispielsweise ein Teil der argentinischen Menschenrechtsbewegung, deren nicht-verhandelbare ethisch-moralischen Standards es erschwerten, sich auf Bündnisse mit anderen Akteuren einzulassen. Versuche, die moralische Autorität weiterhin nahezu ausschließlich durch symbolische Politik zu erhalten, ohne sich auf die Imperative einer Kultur des politischen Kompromisses einzulassen, führten zu einer tendenziellen (Selbst-)Isolierung (Brysk 1994).

Ein Blick auf die gegenwärtigen politischen, ökonomischen und sozialen Rahmenbedingungen für zivilgesellschaftliches Handeln in Südamerika ergibt ein ambivalentes Bild. Trotz demokratischer Verfassungen und regelmäßiger Wahlen sind in den letzten Jahren Zweifel aufgekommen, ob die politischen Systeme des Subkontinents überhaupt als Demokratien eingestuft werden können und ob es sinnvoll ist, deren ‚Konsolidierung' zu untersuchen (Dominguez/Lowenthal 1996; Carreras 1998). Der von O'Donnell geprägte Begriff der ‚delegativen Demokratie' (O'Donnell 1996) ist nur einer von vielen Termini, die aus dem Unbehagen mit der ‚realexistierenden Demokratie' resultierten und zu einer breitgefächerten Diskussion über ‚Demokratien mit Adjektiven' (Collier/Levitsky 1997) führten.[12] Egal zu welchem Ergebnis man hinsichtlich einer typologischen Einordnung der politischen Systeme kommt, kaum jemand bestreitet, daß weitverbreitete Defizite wie mangelhafte Rechtsstaatlichkeit, übermächtige Exekutiven oder geringe Responsivität und accountability der zivilen Regierungen nicht dazu geeignet sind, ‚dauerhafte Demokratien' (Przeworski et al. 1995) zu konstruieren. Allerdings muß von Land zu Land differenziert werden, um die jeweils konkreten Defizite und deren Auswirkungen auf die Opportunitätsstruktur der zivilgesellschaftlichen Akteure aufzuzeigen.

Dies gilt auch im Hinblick auf die ökonomische Gesellschaft. Einerseits kann die weitgehende Abkehr von der staatszentrierten Entwicklungsmatrix konstatiert werden. Die neoliberalen Wirtschafts-, Arbeits- und Sozialpolitiken haben die sozio-ökonomische Situation des Subkontinents grundlegend verändert. Neben neoliberalen ‚Musterknaben' wie Chile, Argentinien und mit Abstrichen Bolivien gibt es aber auch ‚Nachzügler' wie Uruguay und Brasilien.[13] Die gesellschaftlichen Folgen der neoliberalen Politik hat Lechner mit dem Begriff der ‚Marktgesellschaft' umschrieben. Die rasante Einführung kapitalistischer Marktwirtschaften in Gesellschaften, die sich nicht in ausreichendem Maße auf zuvor existierende solidarische Werte stützen konnten, habe zur Herausbildung von Gesellschaften geführt, in denen egoistische Kosten-Nutzen-Kalküle fast die gesamten sozialen Verhaltensweisen dominierten. Ein neuer Typ von Individualismus dehne sich aus, der die früheren Formen von

Gesellschaftlichkeit nicht mehr zu schätzen wisse. Gemeinschaftliche Organisationen, auf Gegenseitigkeit basierende Verbindungen und ethische Motive seien auf dem Rückzug (Lechner 1994). Die Gesellschaften seien von einer Tauschmentalität durchzogen, womit letztendlich der ‚*animus societatis*', die soziokulturelle Grundlage der Demokratie, untergraben werde (Lechner 1996: 42). Um der Frage nachzugehen, inwieweit ein derart skeptisches Szenario tatsächlich mit der Realität übereinstimmt, erfolgt auf den nächsten Seiten zunächst ein etwas differenzierterer Blick auf die einzelnen weiter oben untersuchten Länder. Dabei sollen grundlegende sozio-ökonomische Divergenzen, wie sie in Tabelle 2 nur angedeutet werden können, nicht außer acht gelassen werden.

Tabelle 2: Sozio-ökonomische Kerndaten für Argentinien, Bolivien, Brasilien, Chile und Uruguay

	Argentinien	Bolivien	Brasilien	Chile	Uruguay
Bevölkerung in Mio.(1996)	35,2	7,6	161,3	14,4	3,2
Ranking im Human Development Index (1998)	36	116	62	31	38
BSP pro Kopf (in US-$) (1996)	8380	830	4400	4860	5760
Einkommensverteilung (Gini-Koeffizient)	0.48	0.53	0.59	0.56	0.43
durchschn. Wachstum des BIP (in %):					
1981-90	-0,9	0	+1,4	+2,6	+0,3
1990-96	+5,8	+3,9	+2,9	+7,0	+3,8
durchschn. Inflationsrate 1990-96 (in %)	15,8	10,5	675,4	13,6	49,8
Inflationsrate 1996 (in %)	0,1	8,0	9,3	6,6	24,3
Inflationsrate 1997 (in %)	0,3	6,7	7,5	6,0	15,2
Auslandsschuld (1996) (in Mrd. US-$)	105,4	5,5	185	23,0	7,4
Auslandsschuld/Exporte (in %)	334	405	314	117	175

Quellen: Bevölkerung, Inflation 1981-90 u. 1990-96, BIP und BSP: Bodemer et al. 1998; Gini-Koeffizienten: IDB 1998; Human Development Index: http://www.undp.org/hdro/98hdi.htm; Inflationsrate 1996 und 1997: http//www.dbla.com

Chile ist das einzige Land, in dem der Regimewechsel nach der Durchsetzung des neoliberalen Entwicklungsleitbildes stattfand. Dieser Kurs wurde von den demokratisch gewählten Regierungen grundsätzlich weiterverfolgt, mit leichten Akzentverschiebungen bei der Armutsbekämpfung sowie der Arbeits- und Sozialpolitik. Die makroökonomische Entwicklung verlief bislang erfolgreich, nicht zuletzt aufgrund eines weitreichenden Elitenkonsenses über die Wirtschaftspolitik und die für lateinamerikanische Verhältnisse sehr effizienten Implementierungskapazitäten der Regierung. Allerdings weist das Land nach Brasilien die ungünstigste Einkommensverteilung der untersuchten Länder auf. Die Regierungsgeschäfte liegen seit der Redemokratisierung in den Händen einer ‚großen Koalition' früherer politischer Gegner, der christdemokratischen und der sozialistischen Partei. Im Gegensatz zu vielen anderen Ländern haben die von ihnen geführten Administrationen weder mit Dekreten regiert, noch sahen sie sich mit größeren Korruptionsvorwürfen konfrontiert. Funktionierende staatliche Institutionen, der Wiederaufbau eines bereits vor der Diktatur stark institutionalisierten Parteiensystems, der makroökonomische Erfolg des eingeschlagenen Entwicklungsweges, ein vor allem in den ersten Jahren nach dem Ende der Diktatur weitverbreitetes Konsensbedürfnis innerhalb des demokratischen Lagers sowie die Tatsache, daß wohl in keinem südamerikanischen Land die neoliberalen Werte derart gesellschaftlich internalisiert wurden wie in Chile (Messner/Scholz 1997: 48ff.), sorgten dafür, daß zivilgesellschaftliche Akteure nach dem Ende der Diktatur in der politischen Öffentlichkeit wenig präsent waren. Dies gilt vor allem für die ressourcenarmen, informellen Akteure der Zivilgesellschaft, während konservative Akteure wie die katholische Kirche und die Unternehmerverbände durchaus dazu in der Lage waren, sich bei politischen Auseinandersetzungen Gehör zu verschaffen.

Wenn im Hinblick auf Uruguay gelegentlich von einer ‚Restauration' des vorautoritären politischen Systems gesprochen wird, so gilt dies in gewisser Hinsicht auch für das Verhältnis zwischen Zivilgesellschaft, politischer Gesellschaft und Staat. Die bislang drei postautoritären Regierungen haben eine ganze Reihe von politischen und ökonomischen Reformen realisiert, ohne dabei solch gravierende Kurswechsel zu vollziehen, wie das im Nachbarland Argentinien der Fall war. Es waren nicht zuletzt zivilgesellschaftliche Initiativen in Form von Plebisziten, die wiederholt einen allzu abrupten Wandel verhinderten, z.B. bei der Privatisierung von Staatsbetrieben. Die ‚uruguayische Langsamkeit', zurückzuführen auch auf das hohe Durchschnittsalter der Bevölkerung (das Durchschnittsalter der Wählerinnen und Wähler bei den Wahlen von 1994 betrug 42 Jahre; 600.000 der etwa drei Millionen Uruguayer befinden sich im Rentenalter), wird inzwischen wieder eher als Tugend betrachtet, während in den 80er und frühen 90er Jahren viele Klagen über einen ‚Reformstau' zu hören waren (Filgueira/Papadópulos 1997). Der Niedergang der Gewerkschaften und das Auftreten neuer sozialer Bewegungen sind Phänomene, die auch in Uruguay zu beobachten waren. Eine Besonderheit des Landes ist neben der traditionell großen Autonomie dieser Akteure und der nach dem Ende der Diktatur langsam wiederentdeckten zivilen politischen Kultur die starke Präsenz der Linken innerhalb der politischen Gesellschaft. Der linke Frente Amplio stellt seit 1990 den Bürgermeister der Hauptstadt Montevideo, wo gut ein Drittel der Bevölkerung des Landes lebt. Im Zuge einer Verwaltungsreform entstanden in der zuvor sehr zentralistisch regierten Stadt neue Spielräume für zivilgesellschaftliche Aktivitäten, beispielsweise in den Nachbarschaftsräten und Gemeindezentren.

Die Wiedergeburt der Zivilgesellschaft in Argentinien im Verlauf der vergleichsweise kurzen Transition mündete in erhebliche Mobilisierungen in der Anfangsphase der ersten demokratischen Regierung unter Präsident Alfonsín. Insbesondere die Menschenrechtsbewegung war in dieser Zeit sehr aktiv. Eine Reihe bekannter Intellektueller machte der Präsident, der einen stark ethischmoralisch geprägten Diskurs pflegte, zu seinen Beratern (Hollensteiner 1998). Eine Erlahmung dieser Art zivilgesellschaftlichen Engagements war spätestens seit 1987 zu bemerken, wobei Enttäuschung über die mangelnde Responsivität der Regierung sowie zunehmende ökonomische und soziale Krisensymptome eine wichtige Rolle spielten. Eine andere Art zivilgesellschaftlichen Engagements machte der Regierung von Anfang an das Leben schwer: Es gelang ihr nur vorübergehend, zu einem einigermaßen tragbaren modus vivendi mit den peronistischen Gewerkschaften zu finden, die immer wieder die Rolle einer Ersatzopposition für die kriselnde peronistische Partei übernahmen. Dreizehn Generalstreiks trugen mit dazu bei, die Regierbarkeit zu untergraben, und die Unkontrollierbarkeit der sozialen Situation zwang die Administration letztendlich zu einem vorzeitigen Rücktritt. Im Unterschied zu Chile und Uruguay, wo sich die politische und ökonomische Entwicklung seit dem Ende der Diktatur durch eine relative Kontinuität auszeichnete, führte der Regierungswechsel von Alfonsín zu Menem in Argentinien zu einem Bruch. Im Gegensatz zu der relativ verantwortlichen und responsiven Regierung Alfonsín legte die Menem-Administration einen Regierungsstil an den Tag, der weitestgehend dem von O'Donnell beschriebenen Typus der ‚delegativen Demokratie' entsprach. Die makroökonomische Stabilisierung nach zwei Hyperinflationen sorgte jedoch dafür, daß große Teile der argentinischen Gesellschaft und der politischen Klasse diesen Stil zumindest duldeten. Für die Zivilgesellschaft und paradoxerweise gerade für die peronistischen Gewerkschaften bedeutete die Menemsche Politik eine massive Einschränkung ihres politischen Gewichts und ihrer Handlungsspielräume. Zumindest teilweise überwunden geglaubte korporatistische und klientelistische Praktiken griffen um sich. Insbesondere schwächere Gruppen mußten sich auf solche Beziehungsmuster einlassen, wenn sie von den politischen Entscheidungsträgern nicht ganz ignoriert werden wollten (Birle 1995; Bodemer/Carreras 1997; Grüner 1991). Korruption, Klientelismus und Korporatismus etatisierten und marginalisierten weite Teile der neuentstandenen Zivilgesellschaft.

Zivilgesellschaft in Südamerika 257

Auch die brasilianische Zivilgesellschaft, die im Verlauf des Transitionsprozesses auf dem lateinamerikanischen Subkontinent die größten Mobilisierungserfolge erzielt hatte, erlebte nach dem Regimewechsel zunächst ein Abflauen der Aktivitäten. Zivilgesellschaftliche Akteure stellten in den darauffolgenden Jahren jedoch wiederholt eine beachtliche Mobilisierungsfähigkeit unter Beweis. Dies gilt z.b. für die Diskussion um eine neue Verfassung in den Jahren 1987/88. Ein Netzwerk aus sozialen Bewegungen, Gewerkschaften und Basisgemeinden sammelte während des Reformprozesses mehr als zwölf Millionen Unterschriften und legte weit über hundert Änderungsanträge vor. Einige der geforderten sozialen Garantien wurden tatsächlich in den neuen Verfassungstext aufgenommen (Hellmann 1995: 20ff.). Auch das Amtsenthebungsverfahren gegen Präsident Collor im Jahr 1992 war begleitet von starker zivilgesellschaftlicher Mobilisierung. Brasilien weist von allen untersuchten Ländern das am schwächsten institutionalisierte Parteiensystem auf. Gleichzeitig verfügt das Land mit der Anfang der 80er Jahre entstandenen Arbeiterpartei (Partido dos Trabalhadores; PT) über eine politische Kraft, die sich durch große Responsivität gegenüber zivilgesellschaftlichen Forderungen auszeichnet, etwa denen der ‚neuen' autonomen Gewerkschaften oder der Landlosenbewegung (Movimento dos Trabalhadores Rurais Sem Terra; MST). Dies liegt nicht zuletzt daran, daß der PT ursprünglich aus den sozialen Bewegungen hervorgegangen ist. Der inzwischen dreimal relativ knapp unterlegene Präsidentschaftskandidat des PT, Luis Inacio ‚Lula' da Silva, konnte sich im Wahlkampf regelmäßig auf die Unterstützung der ‚anderen Zivilgesellschaft' verlassen.

Zur stärksten politischen Bewegung des Landes hat sich in den vergangenen Jahren das MST entwickelt. Mit direkten, gewaltlosen Aktionen wie Landbesetzungen, Straßenblockaden und Protestmärschen ist es dem auf politische Autonomie bedachten MST seit seiner Gründung 1979 unter anderem gelungen, die öffentliche Meinung zum Thema Agrarreform grundlegend zu verändern und eine große Mehrheit der Bevölkerung für entsprechende Maßnahmen zu gewinnen. Trotz aller Erfolge derartiger zivilgesellschaftlicher Aktivitäten zeigen andererseits Massaker gegen Landlose wie das von Corumbiara 1995 oder Eldorado do Carajás 1996, daß das mit Abstand größte Land Südamerikas noch weit davon entfernt ist, eine durch Rechtsstaat und Demokratie gestützte zivile Gesellschaft zu sein. Brasilien weist nicht nur von allen Ländern des Kontinents die krasseste soziale Ungleichheit auf, es bietet vor allem in den großen Städten auch die erschreckendsten Beispiele für die Zunahme von – staatlicher und gesellschaftlicher – Gewalt.

Bolivien ist von den fünf untersuchten Ländern mit Abstand das ärmste, das BSP pro Kopf macht gerade einmal ein Zehntel des argentinischen Vergleichswertes aus. Mit sieben Militärregierungen und zwei labilen zivilen Administrationen zwischen 1978 und 1982 verlief die dortige Transition zur Demokratie äußerst chaotisch. Begleitet war sie von einer schweren Wirtschaftskrise, die auch die erste postautoritäre Regierung unter Präsident Hernán Siles Suazo nicht in den Griff bekam. Bezeichnend für das Verhältnis zwischen ziviler und politischer Gesellschaft in Bolivien war die Tatsache, daß die gleichen Akteure, die 1982 das endgültige Ende der Diktatur herbeiführten, auch für ein vorzeitiges Ende der Regierung Siles sorgten: Der Gewerkschaftsdachverband COB, dessen Forderungen nach *cogobierno* und *cogestión laboral* von der Regierung abgelehnt wurden, begann im Dezember 1984 einen vierzehntägigen Generalstreik aus Protest gegen die Wirtschaftspolitik und erzwang damit einen Rücktritt der Regierung und vorzeitige Neuwahlen (Laserna 1992). Seit 1985 fanden dann verschiedene Entwicklungen statt, die innerhalb der Zivilgesellschaft zu deutlichen Kräfteverschiebungen führten. Die Orientierung an einem neoliberalen Entwicklungsleitbild und insbesondere die mit der Privatisierung der Minen einhergehende Entlassung Tausender Bergleute führte zu einer strukturellen Schwächung der COB. Andere zivilgesellschaftliche Akteure, allen voran die Interessenvertretungen der indigenen Bevölkerung, machten seit der zweiten Hälfte der 80er Jahre durch öffentlichkeitswirksame Aktionen vermehrt auf ihre Anliegen aufmerksam. Die insgesamt gewachsene Sensibilität für die Belange der *indígenas* trug mit dazu bei, daß mit Víctor Hugo Cárdenas von 1993 bis 1997 der erste Aymara in der Geschichte des Landes das Amt des Vizepräsidenten bekleidete. Der in diesen Jahren regierende Präsident Gonzalo Sánchez de Lozada gab mit einem ambitionierten und umfassenden Modernisierungsprogramm eine Fülle von Anstößen für gesellschaftliche Reformen (IIK 1996). Paradoxerweise wurden diese Reformen, die von ihren Zielsetzungen her gerade auf eine Stärkung der Zivilgesellschaft hinauslaufen sollten (Dezentralisierung, Volksbeteiligung, Erziehungsreform, etc.), ohne Beteiligung zivilgesellschaftlicher Akteure verabschiedet. Trotz allgemeiner Partizipationsfortschritte und insbesondere verbesserter politischer Beteiligungsmöglichkeiten für die indigene Bevölkerung im Zuge des Volksbeteiligungs- und des Dezentralisierungsgesetzes hat auch die bolivianische Realität nach wie vor nur wenig mit den Tocquevillschen Vorstellungen einer Zivilgesellschaft gemein. Armut, soziale Ungleichheit, Korruption, Klientelismus, Gewalt – diese Phänomene dominieren große Teile des bolivianischen Alltags und lassen positive zivilgesellschaftliche Ansätze immer wieder in den Hintergrund rücken (Birle 1997a u. b).

Die skizzierte Entwicklung der Zivilgesellschaften in Chile, Argentinien, Uruguay, Brasilien und Bolivien hat gezeigt, daß das von Lechner entworfene Negativszenario insofern überzeichnet ist, als auch im heutigen Südamerika eine Vielzahl von zivilgesellschaftlichen Organisationen und Assoziationen aktiv ist. Neben ‚alten' Akteuren wie den Gewerkschaften, den Unternehmer- und Berufsverbänden existiert eine Fülle von sozialen Bewegungen und Nichtregierungsorganisationen (NGOs): Arbeitslosigkeit, Armut, Bürgerrechte, Frauen, Gewalt, Homosexualität, indigene Völker, Landlose, Korruption, Menschenrechte, regionale Integration, Schwarze, Straßenkinder, Umwelt – es dürfte kaum ein Thema zu finden sein, das in den vergangenen Jahren nicht zum Gegenstand kollektiven Handelns wurde.[14] Insofern ist ein wachsender zivilgesellschaftlicher Pluralismus zu konstatieren, der in vielfältiger Weise zur ‚Vertiefung' der Demokratie, zu einer verbesserten Qualität der Demokratie beiträgt:

- Eintreten für Rechte: Der Einsatz zivilgesellschaftlicher Akteure für Bürger-, Menschen- und Minderheitenrechte dient dem Schutz des Individuums vor Übergriffen des Staates, sichert autonome lebensweltliche Räume und trägt zur Herausbildung von zivilen Tugenden wie Toleranz und Respekt vor dem ‚Anderen' bei. Gerade angesichts des traditionell geringen Schutzes individueller Rechte in Lateinamerika sind derartige Aktivitäten ein wichtiger Beitrag zur gesamtgesellschaftlichen Demokratisierung (Jelin/Hershberg 1996).
- Förderung ‚alternativer Modernen': Die indigenen Völker Südamerikas haben sich seit einigen Jahren verstärkt kollektiv organisiert und setzen sich für eine Berücksichtigung ihrer Rechte ein (von Gleich 1997). Umgekehrt haben Regierungen sich darum bemüht, Voraussetzungen für eine verbesserte Integration der eingeborenen Bevölkerung zu schaffen. In der reformierten bolivianischen Verfassung beispielsweise ist ausdrücklich die Rede von einem ‚multiethnischen Gemeinwesen', was gegenüber der jahrzehntelang verfolgten Assimilierungsstrategie ein großer Fortschritt ist. Ähnliches gilt für die rechtliche Anerkennung traditioneller indigener Organisationsformen im Rahmen des sogenannten Volksbeteiligungsgesetzes. Derartige Politiken schaffen zumindest ansatzweise Möglichkeiten für die indigene Bevölkerung, sich stärker der liberalen Demokratie zuzuwenden, ohne damit die eigenen Wurzeln verleugnen zu müssen (Rojas Ortuste 1994).
- (Wieder-)Herstellung von Öffentlichkeit: Costa hat für Brasilien auf die unterschiedlichen Formen hingewiesen, mittels derer zivilgesellschaftliche Akteure zur (Re-)Konstituierung einer demokratischen Öffentlichkeit beitragen. Dazu gehört die Erzeugung von Gegenöffentlichkeit, die Erweiterung des in der Öffentlichkeit thematisierten Problemspektrums sowie die Förderung der in der Lebenswelt verankerten Kommunikationsmöglichkeiten (Costa 1997: 62ff.).
- Politische Partizipation: Dies ist die ‚klassische' Form des Handelns von Interessengruppen. Die Mitarbeit der Sozialpartner in vom Staat eingerichteten tripartistischen Konzertierungsgremien, wie sie von vielen Regierungen seit den 80er Jahren eingerichtet wurden (Birle 1999), zählt genauso dazu wie traditionelles Lobbying, die Anhörung von Verbänden im Rahmen der Gesetzgebung oder die Partizipation in staatlichen Verwaltungsausschüssen. Derartige Gremien wurden im Zuge der neueren Dezentrali-

sierungsprozesse vielerorts eingerichtet und geben zivilgesellschaftlichen Akteuren die Möglichkeit, an der Planung, Durchführung und Kontrolle staatlicher Politiken in Bereichen wie Erziehung und Kultur mitzuwirken (IIK 1996; Chalmers et al. 1997; Cunill Grau 1997; Maihold 1998).

- Cultural politics: Der ‚Erfolg' zivilgesellschaftlicher Akteure sollte nicht allein daran gemessen werden, inwieweit sie dazu in der Lage sind, Interessen und Forderungen gegenüber der politischen Gesellschaft und dem Staat durchzusetzen, auf die Öffentlichkeit einzuwirken oder Protest zu mobilisieren. Stärker in die Lebenswelt hineinreichende Aktivitäten, die beispielsweise der kulturellen Rückvergewisserung der indigenen, der schwarzen oder der weiblichen Bevölkerung oder der Bekämpfung des traditionellen gesellschaftlichen Autoritarismus dienen, sind zwar in ihrer unmittelbaren Wirkung nur schwer zu messen, in ihren mittel- und langfristigen Auswirkungen auf die Herausbildung und den Erhalt einer demokratischen politischen Kultur jedoch nicht zu unterschätzen (Alvarez/Dagnino/Escobar 1998b).

Solchen positiven Tendenzen stehen zahlreiche Probleme und Defizite gegenüber, die sich zum einen auf die Zivilgesellschaften, zum anderen auf einzelne zivilgesellschaftliche Akteure beziehen:

- Fragmentierter Pluralismus der Verbändesysteme: Wachsende Unabhängigkeit gegenüber dem Staat, weniger ideologische Grabenkämpfe als in früheren Jahren und mehr Pragmatismus auf seiten der ‚Sozialpartner' stellen die positive Seite dieser Entwicklung dar. Die negative lautet: sinkende Aggregation gruppenspezifischer Interessen, zunehmende Verbandsabstinenz und Verbandsflucht. Was bereits während der Diktaturen begann, hat sich im Zuge der Realisierung neoliberaler Politiken verstärkt: Die gewerkschaftlichen Organisationsgrade gehen weiter zurück und die Kräfteverhältnisse zwischen den Interessenvertetungen von Arbeit und Kapital haben sich eindeutig zugunsten der Unternehmerverbände verschoben. Auf seiten der Privatwirtschaft haben frühere Bedrohungsperzeptionen dadurch an Bedeutung verloren und die Bereitschaft zur Akzeptanz demokratischer Regime ist gestiegen, aber die Dominanz unternehmerischer Interessen verhindert eine Entwicklung von formalen zu stärker egalitären Demokratieformen und trägt dazu bei, daß die politischen Systeme nur sehr eingeschränkt dazu in der Lage sind, eine Leistungslegitimität gegenüber der Bevölkerung zu erwerben (ausführlicher: Birle 1999).
- Fortbestand überkommener klientelistischer und (neo-)populistischer Politikmuster: Die Herausbildung neuer ‚assoziativer Netzwerke' ist nicht abzustreiten, derartige Formen der Interaktion zwischen zivilgesellschaftlichen Akteuren und staatlichen Institutionen können jedoch nicht darüber

hinwegtäuschen, daß auch ‚alte' Erscheinungsformen der lateinamerikanischen Politik nach wie vor präsent sind, wenn auch oft in neuem Gewand (Oxhorn 1998). O'Donnell geht sogar so weit, Partikularismus und Klientelismus als zwei außerordentlich wichtige (informelle) Institutionen der lateinamerikanischen Polyarchien zu bezeichnen (O'Donnell 1997), verkennt aber auch nicht deren negative Wirkungen auf Rechtsstaat und Demokratie.

- Probleme der Repräsentativität, Legitimation, inhaltlichen und finanziellen Autonomie, Kompetenz sowie der demokratischen Qualität zivilgesellschaftlicher Akteure: Mit derartigen Fragen sehen sich nicht zuletzt die immer zahlreicher agierenden NGOs konfrontiert (Koschützke 1994). Auch die ‚NGOisierung' sozialer Bewegungen im Sinne einer Verdrängung der selbst handelnden Betroffenen durch international alimentierte ‚Politprofis' gilt inzwischen als ernsthaftes Problem (Alvarez 1998).

- Dilemmata infolge der Mitwirkung an staatlichen Entscheidungsprozessen: Zwischen der Skylla einer selbstreferentiellen politischen Isolation zum Erhalt der eigenen Autonomie und der Charybdis einer politischen Beteiligung mit der Gefahr des Identitätsverlustes den richtigen Weg zu finden, ist nicht einfach, wie Erfahrungen mit der Beteiligung zivilgesellschaftlicher Akteure an staatlichen Planungs- und Implementierungsverfahren in Bolivien und Brasilien zeigen (Blanes 1998; Costa 1997). Die gleichen Studien machen zudem auf die Gefahr einer staatlichen Instrumentalisierung zivilgesellschaftlicher Partizipation für die politische Legitimationsbeschaffung aufmerksam.

- Zunahme ‚unziviler' Verhaltensformen infolge von wachsender Armut und sozialer Ausgrenzung: Ein Drittel der Bevölkerung Lateinamerikas muß am Ende des 20. Jahrhunderts mit einem Tageseinkommen von weniger als zwei US-Dollar auskommen. Der Subkontinent weist im globalen Vergleich die mit Abstand ungleichste Einkommensverteilung auf (IDB 1998). Gewalt, Kriminalität, innere Unsicherheit und soziale Anomie nehmen zu. Niemand weiß, wann das Minimum an sozialer Kohäsion unterschritten wird, das für jede Gesellschaft überlebensnotwendig ist. Pluralisierungs- und Demokratisierungstendenzen in zivilgesellschaftlich organisierten Teilbereichen verlieren aus einer gesamtgesellschaftlichen Perspektive jedoch an Bedeutung, wenn der Anteil der ‚nicht-zivilen' Gesellschaft ständig weiter zunimmt.

VI. Schluß

Welches abschließende Fazit läßt sich aus diesen Tendenzen für den Zusammenhang zwischen Zivilgesellschaft und demokratischer Konsolidierung in den fünf untersuchten südamerikanischen Ländern ziehen? Zunächst muß mit Philippe C. Schmitter noch einmal daran erinnert werden, daß jede Zivilgesellschaft eine Mischung aus positiven und negativen Wirkungen hervorbringt (Schmitter 1997: 248). Hält man sich außerdem vor Augen, daß etwa Larry Diamond in einer neuen Publikation dreizehn positive zivilgesellschaftliche Funktionen für eine funktionierende Demokratie unterscheidet und ein halbes Dutzend mögliche Gefährdungselemente nennt (Diamond 1999: 239ff.), so wird um so deutlicher, wie schwierig allgemeine Aussagen über die Zivilgesellschaft eines Landes zu treffen sind.

Für alle untersuchten Länder gilt, und dies ist vor allem im globalen Vergleichsmaßstab keine Selbstverständlichkeit, daß sie auch viele Jahre nach dem Ende der autokratischen Regime über außerordentlich dichte und vielfältige Zivilgesellschaften verfügen. Viele der zivilgesellschaftlichen Organisationen sind in regionale und internationale Netzwerke integriert und partizipieren aktiv an den dort geführten Diskussionen. Die Annahme, nach der Rückkehr zur Demokratie flaue das zivilgesellschaftliche Engagement völlig ab, kann für Südamerika als widerlegt gelten, auch wenn die zivilgesellschaftlichen Aktivitäten in der Zwischenzeit vielfältigen Veränderungen unterlagen und manche Krise durchliefen. Verglichen mit der Situation vor Beginn der letzten Diktaturen ist für alle Länder eine größere zivilgesellschaftliche Vielfalt und Dichte sowie eine insgesamt demokratieförderlichere politische Kultur zu konstatieren. Dies gilt unabhängig davon, ob es sich wie im Falle Boliviens um ein sehr armes Land oder wie im Falle Argentiniens, Chiles und Uruguays um für südamerikanische Verhältnisse eher wohlhabende Länder handelt. Trotzdem haben wir es im bolivianischen Fall mit der wohl ungünstigsten zivilgesellschaftlichen Konstellation zu tun. Dies liegt insbesondere daran, daß Ziviltugenden wie Toleranz und Pragmatismus bei den nach wie vor wichtigsten zivilgesellschaftlichen Akteuren des Landes, den Gewerkschaften, nur sehr schwach ausgeprägt sind. Von einer ‚Schule der Demokratie' kann im Hinblick auf das Wirken dieser Akteure ganz und gar nicht die Rede sein. Auch die Entfremdung zwischen Zivilgesellschaft und Staat ist in Bolivien sehr stark. Hinzu kommt eine extreme finanzielle Abhängigkeit von ausländischen Geldgebern. Zudem droht bei einer weiteren Eskalation der Drogenproblematik ein Abdriften eines Teils der noch zur Zivilgesellschaft zu rechnenden Akteure in das terroristisches Lager. Den Gegenpol zu Bolivien bildet unter den fünf untersuchten Ländern Uruguay, ein Land mit langen pluralistischen Traditionen und einer relativ toleranten politischen Kultur. Auch in puncto Kor-

Zivilgesellschaft in Südamerika 263

ruption – eine wenig korrupte bürokratische Kultur gilt als guter Nährboden für eine aktive Zivilgesellschaft – schneidet Uruguay wesentlich besser ab als Bolivien, das im letzten Korruptionsindex von Transparencia Internacional (1998) unter 85 Ländern Rang 69 belegt, mit einem Wert von 2.8, wobei der Wert 0 einem völlig korrupten, der Wert 10 einem völlig integren Land entspricht. Uruguay liegt mit einem Wert von 4.3 auf Rang 42, Chile mit 6.8 Punkten auf Rang 20. Auch Brasilien (4.0 Punkte, Rang 46) und Argentinien (3.0 Punkte, Rang 61) schneiden schlechter ab als Uruguay.

Positiv im uruguayischen Fall ist zudem, daß es zumindest zwischen einem Teil der zivilgesellschaftlichen Akteure und einigen relevanten Parteien, vor allem dem Frente Amplio, ein relativ gut funktionierendes Zusammenspiel gibt, das nicht in erster Linie auf klientelistischen Mustern basiert. Eine ähnliche Beobachtung kann für Brasilien konstatiert werden, wo mit der PT ein Akteur der politischen Gesellschaft existiert, der sehr offen für zivilgesellschaftliche Belange ist. Trotzdem ist der brasilianische Fall unter den hier analysierten Ländern am schwersten einzuschätzen. Einerseits gibt es in Brasilien gegenwärtig die wohl mobilisierungsfähigsten zivilgesellschaftlichen Akteure, allen voran die Landlosenbewegung MST, andererseits ist in keinem anderen Land die ‚unzivile Gesellschaft' in Form von Kriminalität und Gewalt derart ausgeprägt. In dieser Hinsicht und auch mit Blick auf die wenig korrupte bürokratische Kultur sowie ein relativ günstiges Ranking im Human Development Index bietet Chile eigentlich einen guten Nährboden für zivilgesellschaftliches Engagement. Trotzdem wird gerade die Entwicklung der chilenischen Zivilgesellschaft von vielen Experten negativ eingeschätzt. In der Tat ist die Responsivität der chilenischen Parteien für zivilgesellschaftliche Belange sehr schwach ausgeprägt, die sozio-kulturellen und institutionellen Hinterlassenschaften der langen Diktatur sitzen nach wie vor tief in vielen Köpfen. Die Marktgesellschaft ist neoliberal ausgeprägt und gerade das linke Spektrum zivilgesellschaftlicher Organisationen hat seit der Transition viele Rückschläge hinnehmen müssen, nicht zuletzt wegen des massiv gesunkenen Engagements ausländischer Geldgeber. Andererseits sind die meisten dieser Organisationen weiterhin aktiv und zudem sind im mittleren und im konservativen politischen Spektrum viele neue zivilgesellschaftliche Akteure entstanden, deren Aktivitäten für die Konsolidierung der Demokratie durchaus positive Auswirkungen haben könnten (Clewett 1998). Extrem ungünstig ist allerdings vor allem im chilenischen Fall das Kräfteverhältnis zwischen den traditionellen zivilgesellschaftlichen Akteuren an der Schnittstelle zur ökonomischen Gesellschaft: In keinem anderen Land ist die Übermacht der Privatwirtschaft und ihrer Interessenvertretungen gegenüber einer durch die Diktatur extrem geschwächten und nach wie vor eher defensiv agierenden Arbeiterbewegung so stark ausgeprägt wie in Chile. In dieser Hinsicht bildet insbesondere Argentinien einen Gegenpol, denn dort konnten sich die Gewerkschaften bislang eine einflußreiche Position bewahren. Allerdings wird gerade für Argentinien immer wieder der negative Einfluß traditioneller klientelistischer und korrupter Praktiken bemängelt, was die Herausbildung einer aktiven pluralistischen Zivilgesellschaft sowie einen positiven Beitrag zur Konsolidierung der Demokratie behindert. Ein so vorsichtiges Fazit mag unbefriedigend erscheinen. Angesichts der Fülle und Verschiedenartigkeit zivilgesellschaftlicher Akteure sowie der Tatsache, daß die Zivilgesellschaft lediglich eine von etwa einem halben Dutzend Arenen ist, die für Fragen nach der Stabilität, Qualität oder Konsolidierung von Demokratie eine Rolle spielen, scheint mir dies jedoch fruchtbarer zu sein als allzu deterministische Prognosen oder gar die Bildung eines zivilgesellschaftlichen Mythos'.

Anmerkungen

1 Zur allgemeinen Zivilgesellschaftsdiskussion siehe: Berman 1997; Cohen/Arato 1992; Diamond 1996; Merkel/Lauth 1998.
2 Dies bedeutet allerdings nicht, daß die gesamte Linke diesen Wandel mitvollzogen hätte. Siehe dazu die kritische Position von Petras (1997). Zur Veränderung linken Denkens in Lateinamerika siehe außerdem: Carr/Ellner 1993; Castañeda 1993; Lechner 1985; Sterr 1997; Weffort 1989 sowie Nr. 157 (1998) der Zeitschrift Nueva Sociedad.
3 Zur Rolle der sozialen Bewegungen siehe: Calderón 1986 u. 1995; Eckstein 1989; Escobar/Alvarez 1992; Bultmann et al. 1995; Foweraker 1995; Hellmann 1995; Jelin/Hershberg 1996; Chalmers et al. 1997; Boris 1998; Alvarez/Dagnino/Escobar 1998a.
4 Eine Analyse zivilgesellschaftlicher Entwicklungen kann zwar nicht ohne Verweise auf Gewerkschaften und Unternehmerverbände auskommen. Da ich mich an anderer Stelle (Birle 1999) ausführlich mit diesen Akteursgruppen auseinandergesetzt habe, beschränken sich die diesbezüglichen Anmerkungen und Literaturverweise im vorliegenden Beitrag jedoch auf ein Mindestmaß.
5 Idealtypisch unterscheiden sich Nichtregierungsorganisationen von sozialen Bewegungen in erster Linie durch ihren intermediären Charakter, ihre Vermittlungstätigkeit zwischen Betroffenen und anderen Instanzen. Demgegenüber werden soziale Bewegungen von den unmittelbar Betroffenen selbst zur Durchsetzung ihrer Interessen und Ziele gegründet (Koschützke 1994: 43).
6 Zur Unterscheidung zwischen Zivilgesellschaft, Politischer Gesellschaft und Ökonomischer Gesellschaft siehe: Linz/Stepan 1996: 7ff.
7 Eine andere Position vertreten Merkel/Lauth (1998). Wie diesen scheinen mir allerdings die Merkmale 'Mindestmaß an Autonomie' und 'Gewaltverzicht' als sinnvolle empirische Abgrenzungskriterien, obwohl es auch diesbezüglich in Einzelfällen zu divergierenden Interpretationen und Grenzfällen kommen kann.
8 Zur Entwicklung des Staates in Lateinamerika siehe: Borón 1997; Calderón/Dos Santos 1994; Mols 1989; Veliz 1980; Vellinga 1998.
9 Zur Katholischen Kirche in Lateinamerika siehe: Dussel 1988; Keogh 1990.

10 Zu den Modernisierungsprozessen siehe: Anderson 1967; Johnson 1958. Zur Entwicklung der Gewerkschaften und Unternehmerverbände siehe: Birle 1999 und die dort angegebene Literatur.
11 Zu Chile siehe: Oxhorn 1994 u. 1995b; zu Argentinien siehe: González Bombal 1995; für einen Vergleich der vier Cono Sur-Länder siehe: Stepan 1985.
12 Siehe auch: Huber et al. 1997 u. O'Donnell 1997. Für eine kritische Auseinandersetzung mit den Kritikern siehe: Nohlen 1995.
13 Zu den neoliberalen Reformen siehe die Beiträge in: Dombois et al. 1997; Contreras 1996; IIK 1996; Lawton 1995.
14 Siehe die Beiträge in: Boris 1998; Chalmers et al. 1997; Gleich 1997; Jelin/Hershberg 1996.

Literatur

Anderson, Charles 1967: Politics and Economic Change in Latin America, Princeton.
Alvarez, Sonia, E. 1998: Latin American Feminisms „Go Global": Trends of the 1990s and Challenges for the New Millenium, in: Alvarez/Dagnino/Escobar 1998a: 293-324.
Alvarez, Sonia E./Dagnino, Evelina/Escobar, Arturo (Hrsg.) 1998a: Cultures of Politics. Politics of Cultures. Re-visioning Latin American Social Movements, Boulder/Colorado.
Alvarez, Sonia E./Dagnino, Evelina/Escobar, Arturo 1998b: Introduction: The Cultural and the Political in Latin American Social Movements, in: dies. 1998a: 1-29.
Aricó, José 1988: La cola del diablo. Itinerario de Gramsci en América Latina, Caracas.
Bendel, Petra 1996: Parteienkrise und Zivilgesellschaft in Lateinamerika: Zum Stand der Debatte, Bonn.
Berman, Sheri 1997: Civil Society and the Collapse of the Weimar Republic, in: World Politics (49) 3: 401-429.
Birle, Peter 1995: Argentinien: Unternehmer, Staat und Demokratie, Frankfurt a. Main.
Birle, Peter 1997a: Verfassungsänderung, Reformpolitik und Konsolidierung der Demokratie in Bolivien, in: Betz, Joachim (Hrsg.): Verfassungsgebung in der Dritten Welt, Hamburg: 101-126.
Birle, Peter 1997b: Bolivien – Die Reformpolitik der Regierung Sánchez de Lozada, in: Betz, Joachim/Brüne, Stefan (Hrsg.): Jahrbuch Dritte Welt 1998, München: 221-241.
Birle, Peter 1999: Die südamerikanischen Gewerkschaften und Unternehmerverbände im Systemwechsel, in: Merkel/Sandschneider (Hrsg): Systemwechsel 4. Die Rolle von Verbänden im Transformationsprozeß, Opladen: 181-219.
Blanes, José 1998: La Paz. Juntas Vecinales y Comité de Vigilancia, La Paz.
Bodemer, Klaus/Krumwiede, Heinrich-W./Nolte, Detlef/Sangmeister, Hartmut (Hrsg.) 1998: Lateinamerika Jahrbuch 1998, Frankfurt a. Main.
Bodemer, Klaus/Carreras, Sandra 1997: Die politischen Parteien im demokratischen Transitions- und Konsolidierungsprozeß in Südamerika: Argentinien, Chile und Uruguay im Vergleich, in: Merkel/Sandschneider: 171-213.
Boris, Dieter 1998: Soziale Bewegungen in Lateinamerika, Hamburg.

Borón, Atilio A. 1997: Estado, Capitalismo y Democracia en América Latina, Buenos Aires (3. erw. Auflage).
Brysk, Alison 1994: The Politics of Human Rights in Argentina: Protest, Change, and Democratization, Stanford.
Bultmann, Ingo/Hellmann, Michaela/Meschkat, Klaus/Rojas, Jorge (Hrsg.) 1995: Demokratie ohne soziale Bewegung?, Unkel a. Rhein/Bad Honnef.
Calderón, Fernando (Hrsg.) 1986: Los movimientos sociales ante la crisis, Buenos Aires.
Calderón, Fernando 1995: Movimientos sociales y política: La década ochenta en Latinoamérica, México.
Calderón, Fernando/Dos Santos, Mario 1994: Hacia un nuevo orden estatal en América Latina: Veinte tesis sociopolíticas y un corolario, Mexiko.
Calderón, Fernando/Laserna, Roberto 1994: Paradojas de la modernidad. Sociedad y cambios en Bolivia, La Paz.
Carr, B./Ellner, S. 1993 (Hrsg.): The Latin American Left. From the Fall of Allende to Perestroika, Boulder/San Francisco.
Carreras, Sandra 1998: 15 Jahre im Labyrinth: Wegmarken und Aporien der Debatte über die Demokratie in Lateinamerika, in: Bodemer et al.: 35-53.
Castañeda, Jorge B. 1993: Utopia Unarmed: The Latin American Left after the Cold War, New York.
Cavarozzi, Marcelo 1993: Beyond Transitions to Democracy in Latin America, in: Journal of Latin American Studies 24 (3): 665-584.
Chalmers, Douglas A./Vilas, Carlos M./Hite, Katherine/Martin, Scott B./Piester, Kerianne/Segarra, Monique (Hrsg.) 1997: The New Politics of Inequality in Latin America. Rethinking Participation and Representation, Oxford.
Clewett, Elizabeth 1998: The Development of Civil Society in Chile in the 1990s and the Role of the NGO Sector (http://136.142.158.105/LASA98/CLEWETT.PDF).
Cohen, Jean L./Arato, Andrew 1992: Civil Society and Political Theory, Cambridge/London.
Collier, David/Levitsky, Steven 1997: Democracy with Adjectives: Conceptual Innovation in Comparative Research, in: World Politics (49) 3: 430-451.
Colombo, Ariel/Palermo, Vicente 1985: Participación política y pluralismo en la Argentina contemporánea, Buenos Aires.
Conaghan, Catherine M./Malloy, James M. 1994: Unsettling Statecraft. Democracy and Neoliberalism in the Central Andes, Pittsburgh/London.
Contreras, Carlos (Hrsg.) 1996: Reforma política, gobernabilidad y desarrollo social. Retos del siglo XXI, Caracas.
Corradi, Juan E. 1987: The Culture of Fear in Civil Society, in: Peralta-Ramos, Monica/Waisman, Carlos H. (Hrsg.): From Military Rule to Liberal Democracy in Argentina, Boulder/London: 113-129.
Corradi, Juan E./Fagen, P.W./Garretón, Manuel A. (Hrsg.) 1992: Fear at the Edge: State Terror and Resistance in Latin America, Berkeley.
Costa, Sérgio 1997: Dimensionen der Demokratisierung: Öffentlichkeit, Zivilgesellschaft und lokale Partizipation in Brasilien, Frankfurt a. Main.
Cunill Grau, Nuria 1997: Repensando lo público a través de la sociedad. Nuevas formas de gestión pública a través de la sociedad, Caracas.
De Soto, H. 1987: El otro sendero: La revolución informal, Lima.

Diamond, Larry 1996: Toward Democratic Consolidation, in: Diamond/Plattner: 227-240.
Diamond, Larry 1999: Developing Democracy: Toward Consolidation, Baltimore/London.
Diamond, Larry/Linz, Juan J./Lipset, Seymour Martin (Hrsg.) 1995: Politics in Developing Countries: Comparing Experiences with Democracy, Boulder/London.
Diamond, Larry/Plattner, Marc F. (Hrsg.) ²1996: The Global Resurgence of Democracy, Baltimore/London.
Diamond, Larry/Plattner, Marc F./Chu, Yun-han/Tien, Hung-mao (Hrsg.) 1997: Consolidating the Third Wave Democracies: Themes and Perspectives, Baltimore/London.
Dombois, Rainer/Imbusch, Peter/Lauth, Hans-Joachim/Thiery, Peter (Hrsg.) 1997: Neoliberalismus und Arbeitsbeziehungen in Lateinamerika, Frankfurt a. Main.
Domínguez, Jorge I./Lowenthal, Abraham F. (Hrsg.) 1996: Constructing Democratic Governance. Latin America and the Caribbean in the 1990s, Baltimore/London.
Drake, Paul/Jaksic, Iván (Hrsg.) 1995: The Struggle for Democracy in Chile, Lincoln.
Dussel, Enrique 1988: Die Geschichte der Kirche in Lateinamerika, Mainz.
Eckstein, Susan (Hrsg.) 1989: Power and Popular Protest: Latin American Social Movements, Berkeley/ Los Angeles/ London.
Escobar, Arturo/Alvarez, Sonia E. (Hrsg.) 1992: The Making of Social Movements in Latin America: Identity, Strategy, and Democracy, Boulder/ San Francisco/ Oxford.
España Cuellar, Raul/Bejarano Vega, Javier 1993: Democracia y pedagogia democrática, La Paz.
Filgueira, Carlos H. 1986: Movimientos sociales en la restauración del orden democrático, Uruguay 1985, in: Calderón: 62-102.
Filgueira, Fernando/Papadópulos, Jorge 1997: Putting Conservatism to Good Use? Long Crisis and Vetoed Alternatives in Uruguay, in: Chalmers et al.: 360-387.
Fisher, John R. 1992: Lateinamerika 1830-1900, in: Buve, Raymond Th./Fisher, John R. (Hrsg.) : Lateinamerika von 1760 bis 1900, Stuttgart (Handbuch der Geschichte Lateinamerikas, Band 2): 387-438.
Flisfich, Angel/Lechner, Norbert/Moulian, Tomás 1985: Problemas de la democracia y la política democrática en América Latina, in: Cepeda Ulloa, F. et al.: Democracia y Desarrollo en América Latina, Buenos Aires: 51-102.
Foweraker, Joe 1995: Theorizing Social Movements, London/ Boulder/ Colorado.
Freres, Christian (Hrsg.) 1998: La cooperación de las sociedades civiles de la Unión Europea con América Latina, Madrid.
Garretón, Manuel Antonio 1989: Popular Mobilization and the Military Regime in Chile: The Complexities of the Invisible Transition, in: Eckstein: 259-277.
Garretón, Manuel Antonio 1997: Revisando las transiciones democráticas en América Latina, in: Nueva Sociedad 148: 20-29.
Gillespie, Charles Guy 1990: Models of Democratic Transition in South America, in: Ethier, Diane (Hrsg.): Democratic Transition and Consolidation in Southern Europe, Latin America and Southeast Asia: 45-72.
Gillespie, Charles Guy 1991: Negotiating Democracy. Politicians and Generals in Uruguay, Cambridge.

Gleich, Utta von (Hrsg.) 1997: Indigene Völker in Lateinamerika: Konfliktfaktor oder Entwicklungspotential, Frankfurt am Main.
González Bombal, Inés 1995.: ¿Entre el Estado y el Mercado? ONGs y sociedad civil en la Argentina, in: Thompson, Andrés (Hrsg.): Público y Privado. Las organizaciones sin fines de lucro en la Argentina, Buenos Aires: 65-83.
Grüner, Eduardo 1991: Las fronteras del (des)orden. Apuntes sobre el estado de la sociedad civil bajo el Menemato, in: Borón, Atilio et al. (Hrsg.): El Menemato: Radiografía de dos años de gobierno de Carlos Menem, Buenos Aires: 85-118.
Hagopian, Frances 1993: After Regime Change: Authoritarian Legacies, Political Representation, and the Democratic Future of South America, in: World Politics 45 (3): 464-500.
Hellmann, Michaela (Hrsg.) 1995: Ohne uns keine Demokratie. Soziale Bewegungen und die Auseinandersetzungen um die Demokratie in Brasilien, Unkel a. Rhein/Bad Honnef.
Hollensteiner, Stephan 1998: Aufbruch und Ernüchterung: Linksintellektuelle und Politik in Argentinien und Brasilien, 1960-1995, in: Bodemer, Klaus et al. (Hrsg.): Lateinamerika Jahrbuch 1998, Frankfurt a. Main: 54-80.
Howard, Marc Morjé 1998: Zivilgesellschaft in Rußland: Reflexionen zu einer Tagung, in: Berliner Debatte INITIAL 9.2/3: 189-199.
Huber, Evelyne/Rueschemeyer, Dietrich/Stephens, John D. 1997: The Paradoxes of Contemporary Democracy. Formal, Participatory, and Social Dimensions, in: Comparative Politics (29) 3: 323-342.
Imbusch, Peter 1995: Unternehmer und Politik in Chile, Frankfurt a. Main.
Institut für Iberoamerika-Kunde (IIK) (Hrsg.) 1993: Armut und Armutsbekämpfung in Lateinamerika (Lateinamerika. Analysen – Daten – Dokumentation, Heft 23), Hamburg.
Institut für Iberoamerika-Kunde (IIK) (Hrsg.) 1996: Bolivien. Traumland der Reformen? (Lateinamerika. Analysen – Daten – Dokumentation, Heft 31), Hamburg.
Inter-American Development Banc (IDB) 1998: Economic and Social Progress in Latin America, Washington.
Jelin, Elizabeth 1985: Otros silencios, otras voces: El tiempo de la democratización en la Argentina, in: Calderón: 17-44.
Jelin, Elizabeth/Hershberg, Eric (Hrsg.) 1996: Constructing Democracy: Human Rights, Citizenship, and Society in Latin America, Boulder/Colorado.
Johnson, John J. 1958: Political Change in Latin America: The Emergence of the Middle Sectors, Stanford.
Kamrava, Mehran/Mora, Frank O. 1998: Civil society and democratisation in comparative perspective: Latin America and the Middle East, in: Third World Quarterly (19) 5: 893-916.
Keogh, Dermot (Hrsg.) 1990: Church and Politics in Latin America, New York.
Kohut, Karl/Hengstenberg, Peter/Maihold, Günther (Hrsg.) 1999: El papel de la sociedad civil en América Latina: representación de intereses y gobernabilidad, Caracas (i.V.).
Koschützke, Albrecht 1994: Die Lösung auf der Suche nach dem Problem: NGOs diesseits und jenseits des Staates, in: Dirmoser, Dietmar et al. (Hrsg.): Jenseits des Staates? (Lateinamerika. Analysen und Berichte 18), Bad Honnef: 39-64.

Laserna, Roberto 1986: La acción social en la coyuntura democrática, in: Calderón: 103-156.
Laserna, Roberto 1992: Productores de Democracia: Actores Sociales y Procesos Políticos en Bolivia 1971-1991, Cochabamba.
Lawton, Jorge A. (Hrsg.) 1995: Privatization Amidst? Poverty. Contemporary Challenges in Latin American Political Economy, Miami.
Lechner, Norbert 1985: De la revolución a la democracia: El debate intelectual en América del Sur, in: Opciones 6: 57-72.
Lechner, Norbert 1994: Marktgesellschaft und die Veränderung von Politikmustern, in: PROKLA 97: 549-561
Lechner, Norbert 1995: La problemática invocación de la sociedad civil, in: Espacios: Revista Centroaméricana de Cultura Política 4: 4-13.
Lechner, Norbert 1996: Staat und Zivilgesellschaft in den lateinamerikanischen Demokratisierungsprozessen. Überlegungen zu einem Beziehungswandel, in: Kolland, Franz/Pilz, Erich/Schedler, Andreas/Schicho, Walter (Hrsg.): Staat und zivile Gesellschaft, Frankfurt a. Main.
Linz, Juan J./Stepan, Alfred 1996: Problems of Democratic Transition and Consolidation: Southern Europe, South America, and Post-Communist Europe, Baltimore, London.
Maihold, Günther 1998: Demokratie als Prozeß: Die Suche nach Modellen demokratischer Regierbarkeit in Bolivien und Peru, in: Ibero-Amerikanisches Archiv (24) 1/2: 103-137.
Mainwaring, Scott 1986: The Catholic Church and Politics in Brazil, 1916-1985, Stanford 1986.
Merkel, Wolfgang/Lauth, Hans-Joachim 1998: Systemwechsel und Zivilgesellschaft: Welche Zivilgesellschaft braucht die Demokratie?, in: APuZ B 6-7/98: 3-12.
Merkel, Wolfgang/Sandschneider, Eberhard (Hrsg.) 1997: Systemwechsel 4: Die Rolle von Verbänden im Transformationsprozeß, Opladen.
Meschkat, Klaus 1999: Movimientos sociales y articulación política: Una crítica a la ideología de la ‚Sociedad Civil', in: Kohut/Hengstenberg/Maihold (i.V.).
Messner, Dirk/Scholz, Imme 1997: Chile: La dinámica económica del desarrollo y los bloqueos sociales para la modernización, in: Nueva Sociedad 151: 37-56.
Mols, Manfred 1985: Demokratie in Lateinamerika, Stuttgart.
Mols, Manfred 1989: Staat und Demokratie in Lateinamerika, in: Hünermann, Peter/Eckholt, Margit (Hrsg.): Katholische Soziallehre – Wirtschaft – Demokratie, Mainz, 197-254.
Moulian, Tomás 1993: Democracia de consensos o democracia de conflictos?, in: Colección Estudios Cieplan 38: 95-154.
Munck, Ronaldo 1993: After the Transition: Democratic Disenchantment in Latin America, in: European Review of Latin America and Caribbean Studies 55: 7-19.
Navarro, Marysa 1989: The Personal Is Political: Las Madres de Plaza de Mayo, in: Eckstein: 241-258.
Nohlen, Dieter 1986: Militärregime und Redemokratisierung in Lateinamerika, in: APuZ B9/86: 3-16.
Nohlen, Dieter (Hrsg.) 1995: Democracia y neocrítica en América Latina, Frankfurt a. Main.

Nohlen, Dieter/Fernández B., Mario 1988: Wirtschaft, Staat und Sozialpolitik in Lateinamerika, in: Schmidt, Manfred G. (Hrsg.): Staatstätigkeit. International und historisch vergleichende Analysen, Opladen (PVS Sonderheft 19): 406-437.
O'Donnell, Guillermo 1979: Modernization and Bureaucratic-Authoritarianism: Studies in South American Politics, Berkeley.
O'Donnell, Guillermo 1996: Delegative Democracy, in: Diamond/Plattner: 94-108.
O'Donnell, Guillermo 1997: Illusions About Consolidation, in: Diamond et al.: 40-57.
O'Donnell, Guillermo/Schmitter, Philippe C. 1986: Transitions from Authoritarian Rule: Tentative Conclusions about Uncertain Democracies, Baltimore/London.
Oxhorn, Philip 1994: Where Did All the Protesters Go? Popular Mobilization and the Transition to Democracy in Chile, in: Latin American Perspectives (21) 3: 49-68.
Oxhorn, Philip 1995a: From Controlled Inclusion to Coerced Marginalization: The Struggle for Civil Society in Latin America, in: Hall, John A. (Hrsg.): Civil Society. Theory, History, Comparison, Cambridge: 250-277.
Oxhorn, Philip 1995b: Organizing Civil Society: The Popular Sectors and the Struggle for Democracy in Chile, Pennsylvania.
Oxhorn, Philip 1998: The Social Foundations of Latin America's Recurrent Populism: Problems of Popular Sector Class Formation and Collective Action, in: Journal of historical sociology 11 (2): 212-246.
Colombo, Ariel/Palermo, Vicente 1985: Participación política y pluralismo en la Argentina contemporánea, Buenos Aires.
Paoli, Maria Célia 1995: Soziale Bewegungen in Brasilien, in: Hellmann: 26-60.
Payne, Leigh A. 1994: Brazilian Industrialists and Democratic Change, Baltimore.
Petras, James (1997): América Latina. La izquierda contraataca, in: Nueva Sociedad 151: 27-36.
Portantiero, Juan Carlos 1999: La Sociedad Civil en América Latina: Entre autonomía y centralización, in: Kohut/Hengstenberg/Maihold (i.V.).
Przeworski, Adam et al. 1995: Sustainable Democracy, Cambridge.
Roberts, Kenneth M. 1997: Beyond Romanticism: Social Movements and the Study of Political Change in Latin America, in: Latin American Research Review (32) 2: 137-151.
Rojas Ortuste, Gonzalo 1994: Democracia en Bolivia: Hoy y mañana. Enraizando la democracia con las experiencias de los pueblos indígenas, La Paz.
Rouquié, Alain 1982: L'état militaire en Amérique Latine, Paris.
Sábato, Hilda (Hrsg.) 1998: Ciudadanía política y formación de las naciones: Perspectivas históricas de América Latina, Mexiko.
Schmitter, Philippe C. 1997: Civil Society in East and West, in: Diamond u.a.: 239-262.
Sotelo, Ignacio 1973: Soziologie Lateinamerikas: Probleme und Strukturen, Stuttgart.
Stepan, Alfred 1985: State Power and the Strength of Civil Society in the Southern Cone of Latin America, in: Evans, Peter B./Rueschemeyer, Dietrich/Skocpol, Theda (Hrsg.): Bringing the State Back in, Cambridge: 317-343.
Stepan, Alfred (Hrsg.) 1989: Democratizing Brazil: Problems of Transition and Consolidation, Oxford.
Sterr, Albert (Hrsg.) 1997: Die Linke in Lateinamerika: Analysen und Berichte, Köln.

Stohldreyer, Sabine 1997: Zivilgesellschaft in Lateinamerika: Der Fall Chile, in: Lauth, Hans-Joachim/Merkel, Wolfgang (Hrsg.): Zivilgesellschaft im Transformationsprozeß, Mainz: 50-68.

Thiery, Peter 1992: Zivilgesellschaft, Staat und Entwicklung im Kontext neoliberaler Anpassungsstrategien: Die Beispiele Chile und Peru, in: Gormsen, E./Thimm, A. (Hrsg.): Zivilgesellschaft und Staat in der Dritten Welt, Mainz: 61-103.

Touraine, Alain 1989: América Latina. Política y Sociedad, Madrid.

Transparencia Internacional 1998: Índice de percepción de la corrupción (http://www.transparency-lac.org/percepcion.html).

Veliz, Claudio 1980: The Centralist Tradition of Latin America, Princeton.

Vellinga, Menno 1998: The Changing Role of the State in Latin America, Boulder/Colorado.

Vilas, Carlos M. 1997: Participation, Inequality, and the Whereabouts of Democracy, in: Chalmers et al.: 3-42.

Wagner, Christoph 1991: Politik in Uruguay 1984-1990: Probleme der demokratischen Konsolidierung, Münster/Hamburg.

Wagner, Cristoph 1997: Uruguay: Unternehmer zwischen Diktatur und Demokratie, Frankfurt a. Main.

Weffort, Francisco 1989: Why Democracy?, in: Stepan: 327-350.

Werz, Nikolaus 1991: Das neuere politische und sozialwissenschaftliche Denken in Lateinamerika, Freiburg.

Zivilgesellschaft und demokratische Transformation in Zentralamerika

Petra Bendel und Michael Krennerich

I. Zum Nutzen des Konzepts „Zivilgesellschaft" für Zentralamerika

Der vorliegende Beitrag untersucht die Entwicklung und Bedeutung der Zivilgesellschaft[1] in und für die Systemwechsel in Zentralamerika. Dabei geht es zunächst darum, die jeweiligen Handlungsspielräume für zivilgesellschaftliche Aktivitäten auszuloten, um danach die Rolle zivilgesellschaftlicher Organisationen für die Erlangung und Festigung der Demokratie zu bestimmen.

Lauth/Merkel verstehen unter Zivilgesellschaft all jene Organisationen und Vereinigungen, die freiwillig gegründet worden sind, im vorstaatlichen bzw. nicht-staatlichen Raum ihre materiellen und normativen Interessen autonom organisieren und deren Handeln auf das Gemeinwesen (*res publica*) orientiert ist, ohne jedoch nach staatlichen Ämtern zu streben. Wichtig ist hierbei, daß sie bei aller Heterogenität einen normativen Grundkonsens teilen, der auf den Prinzipien der Toleranz und Fairneß beruht und die Anwendung physischer Gewalt ausschließt.

Bei der Anwendung eines solchen Konzepts der Zivilgesellschaft auf die zentralamerikanischen Fälle möchten wir der Untersuchung einige Bemerkungen voranstellen, die zwar das analytische Konzept der Zivilgesellschaft, wie es hier verwandt wird, nicht als solches in Frage stellen, wohl aber Probleme seiner Anwendung auf den spezifisch zentralamerikanischen Kontext benennen – und womöglich auch auf die Realität anderer Transitionsgesellschaften (siehe etwa Bendel/Kropp 1997 und 1998).

Zunächst wirft das Konzept bei der Anwendung auf die zentralamerikanische Empirie Abgrenzungsschwierigkeiten auf. Nur zwei seien hier erwähnt: Die erste betrifft die anspruchsvolle Voraussetzung, nach der die Zivilgesellschaft ausschließlich solche Organisationen und Vereinigungen umfaßt, die im vor- bzw. nichtstaatlichen Bereich autonom agieren: Läuft die Idee einer autonom verfaßten Zivilgesellschaft bereits in gestandenen liberal-demokratischen

Regimen Gefahr, empiriefern zu bleiben, so gilt dies erst recht für die zentralamerikanischen Staaten. Empirisch betrachtet, besteht in Zentralamerika eine enge Verflechtung zwischen Staat und bestimmten gesellschaftlichen Gruppen. Hier ist zu beachten, daß es sich um wenig entwickelte, lange Zeit autoritär regierte Gesellschaften handelt, in denen die politischen und gesellschaftlichen Strukturbereiche sich stark überlagern. Einerseits haben bestimmte gesellschaftliche Gruppen direkt oder indirekt den Staat traditionell für ihre Interessen instrumentalisiert. Andererseits gab es erfolgreiche und weniger erfolgreiche Bestrebungen, gesellschaftliche Partizipation und Organisation ‚von oben' einzuleiten und zu steuern. Die Grenzen sind hier fließend.

Wichtiger noch als der Gesichtspunkt der Verflechtung von Staat und Gesellschaft ist für die zentralamerikanischen Fälle das Problem der Gewalt. Bei den zentralamerikanischen Staaten im Demokratisierungsprozeß handelt es sich (mit Ausnahme von Honduras) um Länder, die von revolutionären bzw. konterrevolutionären Unruhen erschüttert waren und in denen bis in die 90er Jahre hinein, d.h. noch lange nach Einleitung der Demokratisierung, Bürgerkriege vorherrschten. Theoretisch-konzeptionell ist es sicherlich sinnvoll, physische Gewaltakte – so legitim sie auch sein mögen – nicht mehr der zivilgesellschaftlichen Sphäre zuzurechnen. Doch daraus ergeben sich folgende Abgrenzungsschwierigkeiten: Fällt es noch vergleichsweise leicht, die Guerilla nicht der Zivilgesellschaft zuzuordnen, so ist dies schon weitaus schwieriger im Falle jener gesellschaftlichen Organisationen und Bewegungen, welche die Guerilla direkt oder indirekt unterstützten oder die sowohl auf friedliche als auch auf gewaltsame Protestformen gegen die (semi-)staatliche Unterdrückungsgewalt zurückgriffen. Dabei ist obendrein noch der Dynamik der Radikalisierung und Deradikalisierung gesellschaftlicher Gruppierungen gerecht zu werden. Im Zeitverlauf können sich nämlich die Handlungsformen ein und derselben Organisation maßgeblich verändern und ihre „zivilgesellschaftliche Qualität" einbüßen oder (wieder-)erlangen. Das Konzept von Lauth/Merkel legt es demnach nahe, den jeweiligen – gewaltlosen oder gewaltsamen – Handlungsformen Rechnung zu tragen, wenn man bestimmte Organisationen und Bewegungen zur Zivilgesellschaft zuordnen oder von dieser abgrenzen will. Ob die gewaltlosen Aktionen dann den (leider wenig konkretisierten) „Prinzipien von Toleranz und Fairneß" (Lauth/Merkel 1997a: 12; 1998: 7) genügen, ist allerdings nur schwerlich zu bewerten. Wichtig jedoch ist, daß dem Konzept von Lauth/Merkel zufolge ein und dieselbe Organisation sowohl innerhalb als auch außerhalb des zivilgesellschaftlichen Raums agieren kann.

Der Hinweis auf empirische Abgrenzungsschwierigkeiten und vorhandene Grauzonen (siehe Kößler 1997) entwertet nun selbstverständlich nicht das theoretisch abgeleitete Konzept der Zivilgesellschaft. Gefordert ist aber Fingerspitzengefühl bei seiner Anwendung. Daher haben wir für den zentralamerikanischen Kontext auch solche Organisationen berücksichtigt, die nicht völlig autonom und nicht immer bzw. nicht ausschließlich friedlich (geschweige denn tolerant und fair) agieren, haben aber dann jeweils darauf aufmerksam gemacht, zu welchem Zeitpunkt sie ihre „zivilgesellschaftliche Handlungsqualität" eingebüßt haben.

Ein weiteres Problem ist weniger dem Konzept als vielmehr dessen Anwendung zuzuschreiben. Das enge Konzept verleiten dazu, all jene gesellschaftlichen Gruppen aus der Analyse auszuklammern, die nicht als Zivilgesellschaft im obigen Sinne fungieren. Über eine isolierte Betrachtung der Zivilgesellschaft aber läßt sich deren Bedeutung für den Systemwechsel nur bedingt einschätzen. Die Bedeutung und Rolle der Zivilgesellschaft für den Systemwechsel läßt sich strenggenommen nur dann angemessen bestimmen, wenn das Wechselspiel der Akteure und deren spezifische Rolle im Demokratisierungsprozeß zumindest implizit berücksichtigt werden. Dies gilt umso mehr, wenn den zivilgesellschaftlichen Kräften nur eine untergeordnete Bedeutung im Transitionsprozeß zukommt. Um einem unserer Ergebnisse vorzugreifen: Es waren in Zentralamerika nicht die vergleichsweise schwachen zivilgesellschaftlichen Kräfte (im Sinne von Lauth/Merkel), welche den Demokratisierungsprozeß maßgeblich vorantrieben. Dieser ergab sich vor allem aus dem Wechselverhältnis zwischen externen Akteuren, politischen Akteuren i.e.S. und den gewaltbefürwortenden gesellschaftlichen Gruppen. Im Rahmen der folgenden Analyse konnte das Wechselspiel der Akteure nicht explizit beschrieben werden. Auf Grundlage unserer bisherigen Arbeiten floß es aber implizit in die Einschätzung der Bedeutung der Zivilgesellschaft im und für den Demokratisierungsprozeß ein.

II. Zivilgesellschaft unter den rechtsautoritären Regimen

Spricht man in Zentralamerika von autoritären Regimen, so sind zunächst die rechtsautoritären Regime gemeint, die in den 50er, 60er Jahren und bis Ende der 70er, Anfang der 80er Jahre in El Salvador, Guatemala, Nicaragua und in Honduras vorherrschten. Unter den rechtsautoritären Regimen stießen gesellschaftliche Gruppen, die auf sozioökonomische und demokratische Reformen drängten (z.B. auf die Durchführung von Agrarreformen und die Einhaltung von Menschenrechten), auf vielfältige Organisations- und Handlungsbeschränkungen. Diese ergaben sich nicht nur aus den allgemeinen sozioökonomischen und soziokulturellen Bedingungen der unterentwickelten Isthmus-Staaten, sondern auch aus den politischen Restriktionen, wie der Einschränkung der Vereinigungs- und Versammlungsfreiheit und faktischer Repression. Zivilgesellschaftliches Engagement ‚im engeren Sinne' (Akzeptanz der Prinzipien von „Toleranz und Fairneß" etc.) blieb vergleichsweise schwach, da die autoritären Machthaber gesellschaftliche Organisationsbemühungen entweder behinderten oder in die politische Radikalisierung trieben, indem sie im Anschluß an politische Öffnungsphasen oppositionelle Spielräume repressiv wieder verschlossen. Vor dem Hintergrund einer ausgeprägten autoritären Tradition und mangelnder Demokratieerfahrung war also der spezifische Typus der ausschließenden autoritären Regime maßgeblich mit dafür verantwortlich, daß die Zivilgesellschaft nur schwach ausgeprägt war.

Dennoch konnten in mehr oder minder kurzen Phasen relativer politischer Öffnung neben städtischen Gewerkschaften auch Bauernorganisationen, Landarbeitervereinigungen, befreiungstheologisch inspirierte Basisgemeinden und lose organisierte Selbsthilfegruppen städtischer und ländlicher Marginalisierter entstehen. Allein: Aufgrund des engen legalen Organisations- und Handlungsspielraums agierten diese von vornherein am Rande der Legalität und mußten dementsprechend auf institutionell kaum eingebundene, unkonventionelle Aktionsformen zurückgreifen. Aufgrund der fehlenden Autonomie und der repressiven Reaktion des Staates, der vollauf und unverblümt im Dienste kleiner militärischer und wirtschaftlicher Eliten stand, wurden aus begrenzten Konflikten – etwa um Löhne, Arbeitsbedingungen, Pachtgebühren, Verkehrstarife – fast zwangsläufig Auseinandersetzungen mit der Staatsmacht (vgl. Krennerich 1996: 221 ff.). Mit dem Zusammenschluß zu interessenübergreifenden oder sogar zu ethnienübergreifenden ‚Volksbewegungen' wurden die Interessengruppen und sozialen Bewegungen in ihren Zielsetzungen politischer und in ihren Aktionen radikaler. Forciert durch massive staatliche Repression, verwischten die Grenzen zwischen unkonventionellen Protestformen, wie ungenehmigten Demonstrationen, illegalen Streiks, Land- und Botschaftsbesetzungen etc. und dem gewaltsamen Widerstand gegen die autoritären Regime.

Damit fällt ab Ende der 70er Jahre ein Großteil gesellschaftlicher Oppositionsgruppen aus dem Konzept der Zivilgesellschaft, wie es Lauth und Merkel definiert haben, heraus. Zu diesem Zeitpunkt zielten die Volksbewegungen auf einen gewaltsamen Regimesturz und auf die Errichtung weniger einer liberaldemokratischen als einer revolutionären oder demokratisch-partizipativen Gesellschaftsordnung ab. Die (semi-)staatliche Unterdrückungsgewalt bildete den gemeinsamen Erfahrungshintergrund, vor dem sie nebeneinander oder miteinander agierten. Hier sei daran erinnert, daß noch im Vorfeld der Bürgerkriege in Nicaragua, El Salvador und Guatemala jeweils zehntausende Menschen binnen weniger Jahre von staatlichen Stellen ermordet wurden. Unzählige Mitglieder regimekritischer Interessengruppen und sozialer Bewegungen wurden massenhaft getötet, ins Exil oder in den gewaltsamen Widerstand gedrängt. Die Zivilgesellschaft i.e.S. wurde – plakativ ausgedrückt – zerrieben zwischen Repression und Revolution, zwischen Unterdrückungsgewalt und Aufstandsgewalt.

Betrachten wir die (zivil)gesellschaftlichen Gruppierungen unter den Diktaturen in Nicaragua, El Salvador und Guatemala etwas genauer[2], bevor wir kurz auf den Sonderfall Honduras eingehen.

In *Nicaragua* unterdrückte die Somoza-Dikatur (1936-1979) gegen Ende der 40er Jahre die junge städtische Gewerkschaftsbewegung, nachdem sie noch 1945 mit einem für die damaligen Verhältnisse fortschrittlichen Arbeitsgesetz Teile der kleinen städtischen Arbeiterschaft kurzfristig an sich gebunden hatte. In der Folgezeit baute der Diktator einen Gewerkschaftsverband auf, unter dessen Dach zwar eine Reihe neuer Gewerkschaften entstehen und bestehen durfte, dessen Leitung aber von somozistischen Gefolgsleuten und Regimespitzeln durchsetzt war. Im Zuge des Industrialisierungsschubs der 50er und 60er Jahre kam es zu einer leichten Liberalisierung und weiteren gewerkschaftlichen Organisationsbemühungen, in deren Folge sich auch regierungsunabhängige Gewerkschaftsverbände herausbildeten. Alles in allem blieb jedoch der Organisationsgrad der städtischen Arbeiterschaft sehr gering. Unabhängige Gewerkschaften erstarkten und traten als zivilgesellschaftliche Akteure erst auf, als Somoza nach dem verheerenden Erdbeben von 1972 versuchte, die Kosten des Wiederaufbaus, an dem sich der Somoza-Clan und seine Helfershelfer im großen Stil bereicherten, u.a. auf die Arbeiterschaft abzuwälzen. 1973/74 überzog Nicaragua eine Welle von Streiks, die allesamt für illegal erklärt wurden. Gleichzeitig kam es zu studentischen Protestaktionen und kritischen Stellungnahmen der Kirche gegen Repression und Korruption. Im Rahmen des 1974 verhängten Ausnahmezustands waren zwar die Gewerkschaften verstärkt staatlicher Repression ausgesetzt, beteiligten sich in der zweiten Hälfte der 70er Jahre aber dennoch aktiv an der anti-somozistischen Oppositionsbewegung, indem sie (illegale) Streiks ausriefen, an Antiregime-Demonstrationen teilnahmen und sich anti-somozistischen Bündnissen bürgerlich-reformistischen und schließlich revolutionären Zuschnitts anschlossen. Organisationszusammenhänge in den städtischen Slums und auf dem Lande waren weitaus loser und resultierten vor allem aus der Arbeit christlicher Basisgruppen, vielfach inspiriert vom Gedankengut der Theologie der Befreiung. Gerade in den städtischen Slums erstarkten in den 70er Jahren Basisgemeinden, mehrten sich Hilfsaktionen christlicher Jugendbewegungen, und es wurde kontinuierlich Selbsthilfe-, Aufklärungs- und Bildungsarbeit betrieben. Auch auf die Landbevölkerung gingen von den unterschiedlichen Formen christlich inspirierter Basisarbeit emanzipative Impulse aus, indem soziale Mißstände kritisiert, politische Verantwortlichkeiten benannt und Selbsthilfeaktionen unterprivilegierter Bevölkerungsgruppen befördert wurden, die in Kritik und Aktion zusehends politische Züge annahmen. Maßgeblich vorangetrieben wurde die Politisierung und schließlich Radikalisierung durch die dreisten Bereicherungsmethoden des Somoza-Clans in Zeiten nationalen Notstands sowie durch die staatliche Verfolgung und Ermordung engagierter Christen, die oft pauschal als subversiv stigmatisiert wurden. In zunehmendem Maße unterhielten christliche Basisgruppen Verbindungen zur sandinistischen Guerilla und beteiligten sich aktiv am politischen und schließlich gewaltsamen Widerstand gegen Somoza.

In *Guatemala* hatte die Gewerkschaftsbewegung in der sogenannten revolutionären Phase (1944-1954) eine kurze Blütezeit erlebt, bevor sie infolge der sogenannten Konterrevolution von 1954 fast vollständig zerschlagen wurde. In den folgenden Jahrzehnten wurden gewerkschaftliche Organisationsbemühungen nachhaltig durch systematische Repression und restriktive Arbeitsgesetze behindert, welche die Gewerkschaften auf rein wirtschaftliche Interessenvertretungen beschränkten und die Austragung von Arbeitskonflikten fast automatisch illegalisierten. Das Gros der offiziellen Gewerkschaftsmitglieder war zwar in regierungskonformen Verbänden zusammengeschlossen, doch Teile der organisierten Arbeiterschaft konnten sich im Rahmen regierungsunabhängiger Gewerkschaften zusehends den offiziellen Kontrollbemühungen entziehen. Infolge einer kurzfristigen politischen Öffnung kam es ab 1973 zu einer Welle von Arbeitskämpfen und Solidaritätsaktivitäten, die mit massiven Mobilisierungseffekten der Gewerkschafts- und Volksbewegung nicht nur in den Städten einhergingen, sondern auch auf dem Lande, wo durch christliche Basisarbeit und nach dem Erdbeben von 1976 durch indigene Selbsthilfegruppen Organisationsstrukturen errichtet wurden. Ihren Höhepunkt fand die Mobilisierung in den Jahren 1977 bis 1979, als riesige Solidaritätsveranstaltungen, Protestdemonstrationen und Streiks stattfanden. Diese trugen insofern immens politische Züge, als sie immer auch gegen die – sich wieder verschärfende – Unterdrückungsgewalt des Regimes gerichtet waren. Auf Initiative der unabhängigen Gewerkschaften schloß sich 1979 eine Vielzahl gesellschaftlicher und politischer Organisationen zu einem breiten anti-diktatorischen Bündnis zusammen, das den aufschlußreichen Namen „Demokratische Front gegen die Repression" (*Frente Democrático contra la Represión*) trug. Infolge überaus massiver staatlicher und semistaatlicher Unterdrückungsgewalt wurde bis 1981 jedoch die gesamte Organisationsstruktur der städtischen Gewerkschafts- und Volksbewegung sowie der ländlichen Campesino- und Landarbeitervereinigungen zerschlagen. Amnesty International sprach 1981 von politischem Mord als Regierungsprogramm. Unzählige Führer und Mitglieder zivilgesellschaftlicher Organisationen und Vereinigungen wurden ermordet oder ‚verschwanden', gingen ins Exil oder schlossen sich in geringerem Umfang auch der Guerilla an. Bis zur Einleitung der äußerst zähen Transition durch die Militärs, beginnend 1984 mit den Wahlen zur verfassunggebenden Versammlung, waren zivilgesellschaftliche Aktivitäten unmöglich. Stattdessen setzte im großen Stil eine gesteuerte Militarisierung der Zivilbevölkerung – vor allem im Rahmen sogenannter ziviler Selbstverteidigungskomitees gegen ‚subversive' Aktivitäten – ein, die noch bis Mitte der 90er Jahre anhalten sollte.

In *El Salvador*, wo in den 60er Jahren die autoritären Machthaber – im Unterschied zu jenen in Nicaragua und Guatemala – eine längere Phase relativer politischer Öffnung zuließen, hatten unabhängige städtische Gewerkschaften bereits Ende des Jahrzehnts illegale[3] Streiks initiiert. In den 70er Jahren war die städtische Gewerkschaftsbewegung, wenn auch mit sektoralen und zeitlichen Schwankungen, beachtlich aktiv, was sich in einer hohen Anzahl von Arbeitskämpfen und verbotenen Solidaritätsstreiks manifestierte (vgl. Béjar 1990). Auf dem Lande stellte die Praxis der Theologie der Befreiung den zentralen sozialen Wahrnehmungs- und Handlungszusammenhang dar, aus dem heraus die bäuerliche Bevölkerung ihre Organisations- und Widerstandsfähigkeit begründete und gestaltete (vgl. Niebling 1992). Ab Mitte der 70er Jahre setzte in den Städten wie auf dem Lande ein Politisierungs- und auch Radikalisierungsprozeß ein, der seinen organisatorischen Ausdruck im Zusammenschluß regimekritischer Gewerkschafts- und Bauern(dach)verbände, Lehrer-, Schüler- und Studentenvereinigungen sowie anderer, nichtgewerkschaftlich strukturierter Organisationen zu sogenannten Volksfronten (*frentes populares*) fand. Dabei handelte es sich um hochpolitische Organisationen (Béjar 1990), die im Unterschied zu den anderen zentralamerikanischen Ländern stark von der Guerilla beeinflußt und z.T. sogar von dieser gegründet wurden, so daß es fraglich ist, ob diese noch mit dem Konzept der Zivilgesellschaft im Sinne von Lauth/Merkel zu fassen sind. Gleichwohl stellten sie nicht einfach den gesellschaftspolitischen Arm der Guerilla dar. Es handelte sich um heterogene Verbände, unter deren Dach sehr unterschiedliche Organisationen ihre Aktionen koordinierten. Mittels vielfältiger Aktionsformen – von Streiks und Protestkundgebungen bis hin zu Besetzungen von Betrieben, Ländereien und schließlich sogar von Botschaften und Niederlassungen internationaler Organisationen – verknüpften sie Forderungen nach der Behebung konkreter sozialer und politischer Mißstände mit übergreifenden gesellschaftspolitischen Zielvorstellungen, die auf einen grundlegenden Wandel der politischen und sozioökonomischen Strukturen abhoben. Infolge staatlicher Repression erhielten gegen Ende der 70er Jahre die Volksorganisationen massiven Zulauf und radikalisierten sich in Aktionsformen und Zielen. Der Putsch reformorientierter Militärs 1979 konnte die revolutionäre Dynamik nicht mehr aufhalten, zumal Gewalt und Gegengewalt ab 1980 eskalierten. In der zweiten Hälfte des Jahres 1980 wurde schließlich die hochaktive, vornehmlich pro-revolutionäre Volksbewegung in einem wahren Blutrausch zerschlagen. Wenig später brach der Bürgerkrieg offen aus. Als die Transition schließlich ‚von oben' eingeleitet wurde, war öffentliches zivilgesellschaftliches Engagement praktisch inexistent.

Einzig in *Honduras*, wo das begrenzt einschließende Regime die Organisation von Interessenverbänden institutionell förderte und weitaus weniger repressiv vorging als in den Nachbarstaaten, blieb eine vergleichbare Radikalisierung aus. Im Unterschied zu Nicaragua, El Salvador und Guatemala bestanden in Honduras weitaus größere Organisations- und Handlungsspielräume für Gewerkschaften und vor allem Bauernorganisationen. Schulz (1993: 5 f.) wies darauf hin, daß die honduranische Elite (zumindest zeitweise) in den 70er Jahren bereit war, den Arbeitern und Bauern Organisationsmöglichkeiten zu öffnen, mittels derer sie kollektiv ihre Interessen einfordern und verhandeln konnten[4]. Honduras war der einzige autoritär regierte Staat in Zentralamerika, in dem vor 1980 der Agrarkonflikt als wichtigster Strukturkonflikt der zentralamerikanischen Gesellschaften eine institutionalisierte Regulierung erfuhr und in dem ernsthafte Agrarreformen durchgeführt wurden, die zwar das Landproblem nicht lösten, wohl aber zur Mäßigung des Konfliktes und zur Einbindung der organisierten Bauern beitrugen.

Für die Beantwortung der Frage, welchen Anteil zivilgesellschaftliche Akteure an dem Zusammenbruch – oder besser der Destabilisierung – der rechtsautoritären Regime hatten, ist zunächst zu beachten, daß sich in Zentralamerika – anders als in vielen anderen hier untersuchten Systemen – der Prozeß des Systemwechsels als sehr langwierig darstellte. Er setzte mit den Wahlen zu den jeweiligen verfassunggebenden Versammlungen in der ersten Hälfte der 80er Jahre ein, zog sich über eine Reihe von Wahlprozessen hinweg und mündete nach Abschluß der Friedensabkommen (Nicaragua: 1990, El Salvador: 1992, Guatemala: 1996) in die politische Reintegration der bewaffneten Opposition. Im Verlauf dieser Prozesse wurden peu á peu autoritäre Herrschaftsstrukturen abgebaut und – trotz zeitweiliger autoritärer Rückschläge – demokratische Regierungssysteme errichtet. Es handelt sich hierbei weniger um einen Zusammenbruch der autoritären Regime als vielmehr um einen zähen, von ‚oben' eingeleiteten und von ‚außen' beförderten Wandel. Diesem voraus ging aber immerhin eine Delegitimierung und Destabilisierung der autoritären Regime, auf welche diese mit einer Kombination von Repression und politischer Liberalisierung reagierten. Welche Rolle spielten dabei also zivilgesellschaftliche Akteure?

Unsere These lautet: Die reformorientierten zivilgesellschaftlichen Akteure nahmen im Vorfeld der Ende der 70er Jahre ausgebrochenen revolutionären Unruhen indirekt Einfluß auf die Destabilisierung der rechtsautoritären Regime. Gewerkschaften, Studentenvereinigungen, akademische und religiöse *think tanks* (wie die Jesuitenuniversitäten), kirchliche Basisgemeinden und zumeist illegale Vereinigungen von Bauern, Landarbeitern, Landlosen und städtischen Marginalisierten forderten sozioökonomische und politische Reformen und Partizipationsmöglichkeiten ein, betrieben massiv Selbsthilfe-, Aufklärungs- und Bildungsarbeit, schürten Reformerwartungen in der Bevölkerung und beförderten deren Handlungsbereitschaft. Indem die autoritären Regime (mit Ausnahme von Honduras) jegliche Reformansätze systematisch verhinderten, ja, die zivilgesellschaftlichen Gruppen brutal unterdrückten, wurde der reformresistente und repressive Charakter der Regime allseits offenbar. Neben wirtschaftlichen Krisenerscheinungen, dreisten Bereicherungspraktiken, massiver Korruption, Wahlbetrug und außenpolitischen Legitimationseinbußen, die aufgrund der Themenstellung des Beitrags hier nicht eigens untersucht wurden, trug dies Ende der 70er Jahre maßgeblich zur Delegitimierung der rechtsautoritären Regime bei. Die Folge war eine Radikalisierung vieler zivilgesellschaftlicher Kräfte, welche direkt und nicht selten unter Befürwortung von Gewalt auf die Destabilisierung der autoritären Regime hinwirkten. Ausgelöst durch die revolutionären Unruhen entstanden schließlich auch Risse in den autoritären Herrschaftsallianzen: zwischen den militärischen Machthabern und ihren gesellschaftlichen Unterstützern, aber auch im Innern beider Gruppen. Sie entzündeten sich nicht zuletzt an der Frage, wie die revolutionäre ‚Bedrohung' des status quo einzudämmen sei. Während in Nicaragua 1979 die Revolution siegte, zog sich diese Frage in El Salvador und Guatemala durch den gesamten Systemwechsel hindurch.

III. Zivilgesellschaften im Transitionsprozeß

1. El Salvador und Guatemala

Betrachten wir zunächst die Systemwechsel in El Salvador und Guatemala. Dort folgte auf interne Militärputsche, die einen sozialrevolutionären Umsturz ähnlich dem nicaraguanischen zu verhindern suchten, eine politische Öffnung, in deren Verlauf Wahlen zu verfassunggebenden Versammlungen sowie Präsidentschafts- und Parlamentswahlen stattfanden. Aus den Wahlen gingen zivile Regierungen hervor. Die Demokratisierung bezog sich vornehmlich auf die prozessuale Ebene der Demokratie: auf die Abhaltung einer Serie zusehends kompetitiver Wahlen, den allmählichen Aufbau eines annähernd pluralistischen Parteienwettbewerbs sowie auf die sukzessive Etablierung demokratischer Verfahren anstelle autoritärer Willkürakte (siehe ausführlich Bendel/Krennerich 1996).

Für die Zivilgesellschaften El Salvadors und Guatemalas ist zunächst folgende Bemerkung von Belang: Nicht all jene gesellschaftlichen Akteure, die in diesen beiden Ländern zur Destabilisierung der autoritären Regime beitrugen, strebten auch einen demokratischen Wandel im Sinne eines liberalpluralistischen Demokratiemodells an, sondern traten vielmehr für eine – wie im einzelnen auch immer geartete – revolutionäre Umgestaltung der Herrschafts- und Gesellschaftsstruktur ein. Soweit nach dem wiederholten unverhohlenen Wahlbetrug der 70er Jahre Oppositionsgruppen überhaupt noch für eine Demokratisierung im liberalen Sinne eintraten, handelte es sich vorwiegend um politische Parteien (allen voran die Christdemokraten), die zwischenzeitlich jedoch stark an gesellschaftlicher Bedeutung eingebüßt hatten. Auf gesellschaftlicher Ebene waren prodemokratische Reformgruppen blutig zerschlagen worden, ins Exil vertrieben oder hatten sich radikalisiert und mit der Guerilla liiert. Zivilgesellschaftliche Akteure i.e.S. waren damit zu Beginn der politischen Öffnung faktisch nicht vorhanden. Die Annahme, daß es (wenn ein entsprechendes Phasenmodell verwandt wird) im Zuge der Liberalisierung häufig zu einem Aufblühen der Zivilgesellschaft käme (vgl. Lauth/Merkel 1997a: 30), läßt sich also für El Salvador und Guatemala nicht bestätigen.

Es waren nunmehr die revolutionären Gruppen, welche zwar anfänglich keine liberale Demokratie anstrebten, aber indirekt einen dahingehenden Reformdruck auslösten. Auf die revolutionären Unruhen nämlich reagierten die autoritären Machthaber und ihre gesellschaftlichen Unterstützergruppen nicht nur mit Repression, sondern leiteten zu Beginn der 80er Jahre allmählich auch Liberalisierungsschritte ein, die letztlich in eine Demokratisierung mündeten. Die nicaraguanische Erfahrung spielte dabei eine gewisse Rolle. Dort hatte sich das Somoza-Regime in Nicaragua jeglichen Reformbemühungen verstellt, die enorm anwachsende revolutionäre Bewegung jedoch nicht mehr per Repression zerschlagen können und war 1979 durch einen Volksaufstand gestürzt worden. Zu Beginn der 80er Jahre begannen, forciert durch außenpolitischen Druck, dann die Militärmachthaber in El Salvador und Guatemala, ihre brutale Aufstandsbekämpfung mit politischen Liberalisierungsschritten zu kombinieren (Zulassung von Parteien, Wahlen zur verfassunggebenden Versammlung), nicht zuletzt, um der Guerilla gesellschaftlich ‚das Wasser abzugraben'. Das heißt: Die Demokratisierung wurde in Zentralamerika nicht ‚von unten' durch zivilgesellschaftliches Engagement angeschoben. Diejenigen Demokratisierungskräfte, die Reformdruck ausübten, werden mit dem Konzept der Zivilgesellschaft nicht erfaßt.

Unter den Herausforderungen eines revolutionären Kampfes wurde die Demokratisierung also ‚von oben' eingeleitet, ‚von außen' (USA; Westeuropa; zentralamerikanische Friedensbemühungen) befördert und entwickelte erst allmählich eine Eigendynamik. Die Demokratisierung konzentrierte sich zunächst auf die Durchführung von Wahlen und den Parteienwettbewerb. Davon profitierten vorrangig die politischen Parteien, die jedoch gesellschaftliche Interessen nur begrenzt zu repräsentieren vermochten und ‚Tabu-Themen' wie Menschenrechte und die Rolle des Militärs zunächst kaum aufzugreifen wagten.

Doch öffneten sich im ‚Windschatten' der Wahlen und Friedensbemühungen auch zivilgesellschaftlichen Akteuren Spielräume, sich (wieder) zu formieren und auf den Abbau noch bestehender autoritärer Herrschaftsstrukturen zu drängen. Unter den Bedingungen eines ausgesprochen langwierigen und mühsamen Demokratisierungsprozesses und vor dem Hintergrund der anhaltenden Bürgerkriege konnten sich zivilgesellschaftliche Organisationen i.e.S. allerdings nur sehr langsam und zögerlich (wieder) bilden. Nachdem zivilgesellschaftliche Akteure durch die staatliche Repression zu Beginn der 80er Jahre faktisch aufgerieben worden waren, mußten sie große personelle und organisatorische Probleme bewältigen, bevor sie sich im Zuge der Transition wieder formieren konnten. Vor dem Hintergrund der traumatischen Repressionserfahrung standen darüber hinaus viele Gruppierungen anfänglich der politischen Öffnung skeptisch gegenüber, zumal (para-)staatliche Unterdrückungsgewalt auch während der Demokratisierung noch anhielt und die Gesellschaft im Zuge der Aufstandsbekämpfung in extremem Maße militarisiert wurde. Mitunter blieben gesellschaftliche Gruppen noch lange nach Einleitung der Transition dem bewaffneten Widerstand verhaftet. Kurz, anders als in Verlaufsmodellen demokratischer Transition und Konsolidierung unterstellt (O'Donnell/Schmitter 1986, Lauth/Merkel 1997a; 1997b), kam es – unter den Bedingungen der Repressionserfahrung und des Bürgerkrieges – auch in der Anfangsphase der Transition nicht zu einem ‚Aufblühen', sondern allenfalls zu einem ‚Aufkeimen' zivilgesellschaftlicher Organisationen.

Selbst im Laufe der Transition wagten sich zivilgesellschaftliche Gruppierungen nur zögerlich (wieder) an die Öffentlichkeit. Dabei wurden mit der Etablierung demokratischer Institutionen und der Abhaltung zusehends kompetitiver Wahlen die Handlungsmöglichkeiten zivilgesellschaftlicher Organisationen und Bewegungen jedoch nicht etwa eingeengt, wie bei Lauth/Merkel (1997a: 31) allgemein unterstellt. Auch gruben die politischen Parteien den zivilgesellschaftlichen Organisationen nicht aufgrund größerer rechtlicher, administrativer und wirtschaftlicher Ressourcen ‚das Wasser ab'. Vielmehr verbesserten sich erst durch den auf den Wahl- und Parteienwettbewerb konzentrierten, von der internationalen Staatengemeinschaft aufmerksam beobachteten Demokratisierungsprozeß allmählich die Bedingungen zivilgesellschaftlichen Engagements, wenn sie sich auch nicht als gut bezeichnen lassen.

In beiden Ländern entstanden zwar alte und/oder neue klassische Interessengruppen wie städtische Gewerkschaften und später auch Bauernorganisationen. Unter den Bedingungen des andauernden Bürgerkrieges waren diese aber schon bei der Formulierung ihrer sektoralen ökonomischen Interessen dem Subversionsverdacht ausgesetzt – und damit auch unterschiedlichen Formen von Repressalien bis hin zu staatlich angeleitetem oder doch toleriertem Mord. Dies gilt ebenso für Selbsthilfeorganisationen und NGOs (Menschenrechts- und Flüchtlingsgruppen, Frauen-, Umwelt- und Maya-Organisationen, sozialwissenschaftliche Forschungsinstitute), aber auch für die (privaten) Universitäten und regierungskritischen Presseorgane, soweit diese in den 80er Jahren so sensible Themen aufgriffen wie Menschenrechte, Flüchtlinge, sozioökonomische Strukturreformen und lange Zeit auch Forderungen nach Friedensverhandlungen mit der Guerilla. International besonders hohe Aufmerksamkeit erregte die Ermordung fast der gesamten Forschungselite der Jesuitenuniversität UCA in El Salvador im Jahre 1989, d.h. sieben Jahre nach den Wahlen zur verfassunggebenden Versammlung, welche die Transition eingeleitet hatten. Die international renommierten Sozialwissenschaftler hatten nicht mehr gefordert als soziale Gerechtigkeit, Einhaltung der Menschenrechte und eine politische Lösung des Bürgerkrieges.

Trotz des Aufkeimens blieb die Zivilgesellschaft während der 80er Jahre doch alles in allem schwach, wenn man Kriterien anlegt wie: Organisationsfähigkeit, Mitgliederstärke, Mobilisierungskraft, Bündnisfähigkeit selbst innerhalb ein und desselben Handlungsfeldes und politische Einflußnahme (vgl. ausführlich: Bendel/Kropp 1997). Nach wie vor bestand eine ausgeprägte Asymmetrie zugunsten von Unternehmerverbänden und – trotz Machteinbußen – auch Vereinigungen von Viehzüchtern und Großgrundbesitzern. Diese verfügten über bessere Ressourcen, Organisationsbedingungen und -kontinuität sowie formelle und vor allem informelle politische Einflußkanäle als diejenigen gesellschaftlichen Gruppierungen, die kaum Partizipations- und Organisationserfahrung jenseits von Untergrund und Exil besaßen oder sich gar gänzlich neu formieren mußten.

Die von zivilgesellschaftlichen Organisationen übernommenen Funktionen veränderten sich je nach Organisationstyp und Handlungsfeld in unterschiedlichem Maße. Allgemein läßt sich feststellen, daß reformorientierte Interessengruppen und soziale Bewegungen eine geringere politische Rolle spielten als in den 70er Jahren, in denen sie, zusammengeschlossen zu sogenannten Volksorganisationen, den Part der sich rasch radikalisierenden Systemopposition übernahmen und gemeinsam mit der Guerilla schließlich für eine revolutionäre Umgestaltung der bestehenden Herrschafts- und Gesellschaftsordnung eintraten. Vor dem Erfahrungshintergrund der Repression, in deren Folge zivilgesellschaftliche Gruppierungen i.e.S. völlig zerschlagen worden waren, angesichts enttäuschter Revolutionserwartungen sowie unter den Bedingungen einer schleppenden Demokratisierung und des Bürgerkrieges waren gesellschaftliche Organisationen, soweit nicht in der Guerilla aufgegangen, weniger politisiert. Sie wurden auf ihre ökonomischen oder sozialen und kulturellen Handlungsfelder beschränkt. Ihre politische Bedeutung bestand zumindest aber darin, daß sie Organisations- und Handlungsspielräume nutzten, welche durch den – auf den Wahl- und Parteienwettbewerb verkürzten – Demokratisierungsprozeß geöffnet wurden. Außerdem griffen einzelne Organisationen gesellschaftspolitische Themen (Menschenrechte, Friedensprozeß etc.) auf, die von den politischen Parteien vernachlässigt wurden, für den Demokratisierungsprozeß aber von Bedeutung waren.

Betrachten wir zum Beispiel ethnische Gruppierungen in Guatemala: Sie knüpften zum Teil an zuvor massiv unterdrückte Vereinigungen an (Bauernorganisation *Comité de Unidad Campesina*, CUC) und hatten mit den entsprechenden Folgen der personellen und strukturellen Unterdrückung zu kämpfen. Es entstand auch eine ganze Reihe neuer, indigener Gruppierungen, die sich noch in den 80er Jahren als friedliche Oppositionsgruppen gegen den anhaltenden parastaatlichen Terror organisierten, deren Anliegen sich somit nicht ausschließlich auf den ethnischen Konflikt bezog und sie auch mit Gruppierungen von Ladinos wie Menschenrechtsgruppen und Flüchtlings-Selbsthilfegruppen bündnisfähig machte. Sie hatten insofern eine wichtige, durchaus demokratieförderliche Funktion inne, als sie auf fortbestehende politische, wirtschaftliche und soziale Ungerechtigkeiten aufmerksam machten und Reformdruck ausübten. Zudem machten sie deutlich, daß zivile gesellschaftliche Partizipation tatsächlich möglich war, daß dem Öffnungsprozeß also zu trauen war. Neue soziale indigene Bewegungen, die erst in den 90er Jahren entstanden, betonten demgegenüber den ethnischen Konflikt als den dominierenden und forderten vor allem das Recht der Mayas auf kulturelle Identität und Selbstbestimmung (Bastos/Camus 1993; Sterr 1994).

Im Verlauf der Transition wandten sich auch ehemals bewaffnete Gruppen friedlichen Mitteln zu, um ihre Interessen – etwa auf lokaler Ebene – durchzusetzen. Ehemalige Teile von ‚Volksorganisationen' und mit der Guerilla liierter Basisgemeinden wandelten sich beispielsweise in El Salvador im Verlauf der 80er und 90er Jahre (wieder) zu lokalen Selbsthilfegruppen, die sich nunmehr an konkreten lokalen Anliegen orientierten. Obwohl sie in El Salvador z.T. die parteipolitische Polarisierung reproduzierten, gingen von der konkreten kommunalpolitischen Arbeit entscheidende, demokratieförderliche Lerneffekte auf beide ehemalige Bürgerkriegsseiten aus. Umfragen (Seligson/Córdova Macías 1995; Córdova Macías/Maihold 1995) belegen, daß lokale Partizipation auf ein positives Feedback stieß und entsprechend positive, demokratieförderliche Einstellungen bestärkte. Mit beginnender Dezentralisierung entstanden auch in Guatemala neue lokale Selbsthilfegruppen, die sich jedoch nur selten verstetigten (Amaro 1994).

2. Honduras

In Honduras hatte sich der Typus der autoritären Regime insofern von seinen Nachbarstaaten unterschieden, als hier in Form quasi-korporatistischer Einflußnahme je nach Ausrichtung der einzelnen Militärregierungen entweder die Gewerkschaften oder aber Unternehmer- und Viehzüchterverbände starken Einfluß auf Regierungsentscheidungen nahmen. Ein Jahr nach dem Sieg der Revolution in Nicaragua, im Jahr 1980, setzten die letzten autoritären Machthaber in Honduras auf eine Liberalisierung, bevor revolutionäre Kräfte hier überhaupt erstarken konnten. Obschon die Repression in Honduras nie die Ausmaße wie in den Nachbarländern annahm, gerieten Bauernorganisationen und Gewerkschaften als reformorientierte Kräfte in der Liberalisierungsphase auch hier unter Druck, da man in ihnen subversive Organisationen sah. Während der Transition, die einen ähnlichen Verlauf nahm wie in El Salvador und Guatemala (Wahlen zur verfassunggebenden Versammlung, Präsidentschafts- und Parlamentswahlen, zivile Regierungswechsel) und ähnliche Probleme aufwarf (zivile Kontrolle des Militärs, in geringerem Maße Menschenrechtsverletzungen), verloren vor allem die Gewerkschaften, die zusammen mit den politischen Parteien nunmehr auf Demokratisierung drängten, an politischer Bedeutung und – bestärkt durch andere gesellschaftliche und wirtschaftliche Entwicklungen (wie die neoliberalen Wirtschaftspolitiken) – auch an Mobilisierungsfähigkeit. Die Funktionen politischer Intermediation gesellschaftlicher

Interessen gingen allmählich wieder in die Hände der politischen Parteien über. Honduras folgte somit eher als die von revolutionären Unruhen geschüttelten Staaten Zentralamerikas dem von Lauth und Merkel angenommenen Muster gesellschaftlicher Organisation und Partizipation. Allerdings ist im traditionell klientelistisch geprägten Parteiensystem Honduras' auch die klientelistische Anbindung gesellschaftlicher Organisationen an die Parteien besonders hoch.

3. Nicaragua

Im Unterschied zu ihren nördlichen Nachbarn leiteten die sandinistischen Machthaber in Nicaragua (1979-1990) nicht unmittelbar eine Demokratisierung liberal-repräsentativer Prägung ein, sondern errichteten ein sozialrevolutionäres Mobilisierungsregime, das sich zwar bereits grundlegend von der patrimonialen Somoza-Diktatur unterschied, in verschiedener Hinsicht aber noch autoritäre Züge aufwies. Diese bestanden u.a. im politischen und gesellschaftlichen Hegemonialanspruch der Sandinisten und der engen Verflechtung von Staat, Partei und sandinistischen Massenorganisationen[5].

Die Sandinisten setzten ein beachtliches organisatorisches und mobilisatorisches Potential *(Frente Sandinista de Liberación Nacional / FSLN)* frei. Als Hauptträger des Volksaufstandes von 1979 genossen sie in der Bevölkerung zunächst große Sympathie und verstanden es, den Revolutionsschwung zu nutzen, um innerhalb kürzester Zeit ein Vielzahl sandinistischer und prosandinistischer Massenorganisationen aufzubauen und an sich zu binden. Ein enormer Teil der städtischen und ländlichen Arbeiterschaft und der Campesinos war in sandinistischen oder prosandinistischen Organisationen organisiert (vgl. Luciak 1991, Vilas 1989). Hinzu kamen kleinere, aber aktive FSLN-nahe Gewerkschaften im Bildungs- und Gesundheitsbereich, sandinistische Frauen- und Jugendorganisationen und schließlich die sogenannten sandinistischen Verteidigungskomitees, die eine Reihe gemeinnütziger und semistaatlicher Aufgaben übernahmen und zum Zwecke der Verteidigung der Revolution gegen konterrevolutionäre Aktivitäten die Militarisierung der Gesellschaft vorantrieben.

Obwohl die Massenorganisationen – angesichts gravierender wirtschaftlicher Probleme und des Contra-Krieges – zunehmend in den Dienst der ‚von oben' oktroyierten Regierungspolitik gestellt wurden und ihre Autonomie in mehr oder minder großem Maße beschnitten war, ist es nicht sinnvoll, diese aus dem Konzept der Zivilgesellschaft einfach auszuklammern. Denn der Mobilisierung ‚von oben' entsprach ein gesellschaftlicher Partizipationseifer ‚von unten', der in Zentralamerika seinesgleichen suchte. Damit gingen insofern emanzipatorische Effekte einher, als sich Teile der Gesellschaft erstmals für ihre sozialen Belange einsetzen konnten.

Allerdings vermochten die Sandinisten im Rahmen der revolutionären Umgestaltung der Gesellschaft, des Contra-Krieges und gravierender wirtschaftlicher Probleme nicht zwischen Regimekritik und Contra-Unterstützung zu unterscheiden. Der Handlungsspielraum der Opposition war stets mehr oder minder stark eingeschränkt. Als zivile – im Unterschied zur militärischen – Systemopposition im weiten Sinne fungierten im sandinistischen Nicaragua neben regierungskritischen Parteien auch parteinahe Gewerkschaften, Unternehmerverbände, oppositionelle Medien sowie die katholische Amtskirche. Die unorganisierten anti-sandinistischen Teile der Bauernschaft stellten hingegen Rekrutierungspotential für die Contra dar, deren militärische und politische Führungsschicht sich jedoch unter Leitung der USA aus ehemaligen Somozisten, anti-sandinistischen Politikern und Unternehmern zusammensetzte.

Mit Blick auf den zivilgesellschaftlichen Beitrag zur Demokratisierung ist zunächst hervorzuheben, daß die sandinistischen Massenorganisationen im revolutionären Nicaragua nicht etwa für eine Demokratisierung liberal-repräsentativen Zuschnitts eintraten, sondern einer solchen eher skeptisch bis ablehnend gegenüberstanden. Ihnen ging es weniger darum, Wahlen abzuhalten, als vielmehr, die gesellschaftliche Partizipation zu erhöhen und die revolutionären Errungenschaften zu verteidigen. Demgegenüber forderten die oppositionellen Organisationen zumindest rhetorisch ein demokratisches Regime und drängten vor allem auf die Abhaltung von Wahlen. Innerhalb Nicaraguas wurde diese Forderung weniger von gesellschaftlichen Gruppierungen (mit Ausnahme des Unternehmerverbandes) erhoben, als vielmehr von oppositionellen politischen Parteien und Medien, die ihre Handlungsmöglichkeiten unter den Sandinisten beschnitten sahen. Der stärkste Druck auf eine Demokratisierung im liberal-repräsentativen Sinne ging allerdings vom Ausland aus. Nachdem die Sandinisten schon 1984 Wahlen abgehalten hatten, kam es im Rahmen des zentralamerikanischen Friedensprozesses ab 1987/88 zu einer nachhaltigen politischen Öffnung, die 1990 in die unerwartete Wahlniederlage des FSLN mündete. Kurz darauf wurde der Contra-Krieg beendet.

IV. Zivilgesellschaft und Konsolidierungsproblematik

Wie wir bereits an anderer Stelle ausgeführt haben (vgl. Bendel/Krennerich 1996), überlappten sich in Zentralamerika aufgrund der langwierigen und zähen Demokratisierungsprozesse Transitions- und Konsolidierungsproblematik. Strenggenommen kann in den zentralamerikanischen Bürgerkriegsländern der in den 80er Jahren eingeleitete Transitionsprozeß erst mit der – z.T. noch offenen – Umsetzung der Friedensabkommen der 90er Jahre als abgeschlossen gelten, die den Demokratisierungsprozessen nochmals einen wichtigen Impuls verliehen und vor allem zur politischen Reintegration der ehemals bewaffneten Opposition führten. Typische Konsolidierungsprobleme traten schon auf und wurden gerade auch von zivilgesellschaftlichen Gruppen artikuliert, als die Transition noch in ihren Anfängen steckte bzw. noch lange nicht abgeschlossen war. In dieser Hinsicht war die Rolle zivilgesellschaftlicher Organisationen ambivalent.

In El Salvador und Guatemala wurde auf der einen Seite mit vollem Recht auf bestehende Defizite des Demokratisierungsprozesses, etwa bezüglich der Menschenrechte und der Rolle des Militärs, sowie auf die Vernachlässigung der sozialen Aspekte der Demokratisierung hingewiesen und so – wenn auch bescheidener – Reformdruck ausgeübt. Besonders deutlich zeigte sich dies durch institutionalisierte Mitwirkung zivilgesellschaftlicher Akteure an Konzertierungsbemühungen im Rahmen der Friedensprozesse zu Beginn der 90er Jahre (*Asamblea de la Sociedad Civil in Guatemala, Comisión Permanente para la Paz in El Salvador*, vgl. INCEP 1996b). Aber auch in die Aushandlung der wirtschaftlichen Strukturanpassungsprogramme, deren soziale Kosten die Konsolidierungsfrage berührten, wurden Organisationen der Zivilgesellschaft zeitweise mit einbezogen. Mit den Friedensabkommen der 90er Jahre wurden schließlich Politik und Zivilgesellschaft sogar um die ehemaligen revolutionären Kräfte erweitert, die sich nunmehr liberal-demokratischen Spielregeln unterwarfen und auf die Umsetzung der Friedensabkommen, inklusive der darin vereinbarten demokratischen Reformen (Militär-, Polizei-, Justizreform, Aufklärung von Menschenrechtsverbrechen etc.), drängten. Die Friedensabkommen lösten zumindest in El Salvador und Guatemala auch einen neuen Schub des Vertrauens in die Möglichkeiten gesellschaftlichen und gesellschaftspolitischen Engagements aus. Dies führte zumindest zeitweise zu einem Anstieg zivilgesellschaftlichen Reformdrucks. In Nicaragua gilt dies allerdings nur für die zivilgesellschaftliche Organisation ehemaliger antisandinistischer Kräfte. Die sandinistischen Organisationen verloren hingegen, ausgehend von einem sehr hohen Partizipationsniveau, beachtlich an Organisations- und Mobilisierungsfähigkeit.

In allen Ländern stellte sich jedoch durchaus ein ‚Ernüchterungseffekt' (*desencanto*) über die mangelnde Leistungsfähigkeit der Demokratie und die Grenzen zivilgesellschaftlichen Einflusses ein. Er führte aber nicht zu einer einheitlichen Reaktion gesellschaftlicher Organisationen im Sinne eines *shifting involvements* der Bürger vom Öffentlichen zum Privaten. Mit zunehmender Ausdifferenzierung gesellschaftlich verfaßter Interessen variierten nämlich auch die Reaktionen auf den *desencanto:* Vier Reaktionen lassen sich grob unterscheiden. Bei einigen Gruppen zeigt sich tatsächlich ein Rückzug aus dem gesellschaftlichen Engagement, der aber von vielen Faktoren bedingt ist, wie beispielsweise von den schwierigen Umständen der Alltagsbewältigung in den unterentwickelten Nachkriegsgesellschaften des Isthmus. Zweitens und parallel dazu werden sich einige gesellschaftliche Gruppen erst bestehender Ungleichheiten bewußt oder sind mit steigender Organisations- und Partizipationsfreiheit in der Lage, diese zu artikulieren. Dies gilt beispielsweise für die wiedergeschaffenen oder neugegründeten ethnischen Vereinigungen Guatemalas. Anders als in einigen anderen Staaten der dritten und vierten Demokratisierungswelle stellt jedoch gegenwärtig der ethnische Konflikt dort keine Gefährdung der Demokratie dar. Drittens suchen zivilgesellschaftliche Organisationen aber in der Tat eine Frontstellung zu den politischen Institutionen. Versatzstücke partizipativer politischer Kultur sind in Zentralamerika in der Kombination mit den Erfahrungen der jahrzehntelangen Bürgerkriege somit nicht automatisch demokratieförderlich im Sinne einer *civic culture*. Eine weitere, vierte Reaktion auf den *desencanto* besteht aber auch darin, die Frustration über die mangelnden Einflußmöglichkeiten dadurch zu überwinden, daß man nun statt einer Frontstellung eine Anbindung an die politischen Organisationen sucht oder als Zusammenschluß verschiedener zivilgesellschaftlicher Gruppierungen selbst politische Parteien gründet.

V. Schlußbemerkungen

Wie gezeigt, spielte die Zivilgesellschaft i.e.S für die Initiierung der hier untersuchten Demokratisierungsprozesse, die eben nicht maßgeblich ‚von unten' angeschoben wurden, nur eine geringe, indirekte Rolle. Erst im Verlauf des Transitions- und Konsolidierungsprozesses konnte sie sich auf Kosten der gewalttätigen und -bereiten Gruppierungen rechts und links des gesellschaftspolitischen Spektrums ausweiten. Die Ausweitung jener gesellschaftlichen (und politischen) Kräfte, welche friedliche, demokratische Spielregeln akzeptieren, wurde v.a. durch die Friedensabkommen der 90er Jahre gestärkt, mit denen die Konsolidierung einsetzt.

Dieser Verlauf der allmählichen Ausweitung zivilgesellschaftlicher Gruppen und Aktivitäten entspricht aufgrund der spezifischen Handlungsbeschränkungen der Bürgerkriegsländer nicht den von O'Donnell/Schmitter (1986) bzw. von Lauth/Merkel (1997b: 31) konstatierten Phasen zivilgesellschaftlichen Engagements. Einzig Honduras als nicht unmittelbar vom Bürgerkrieg betroffenes Land folgte am ehesten dem angenommenen Verlauf. Auch in Nicaragua ist auf seiten der Sandinisten ein – freilich von einem extrem hohen Niveau ausgehendes – Absinken (zivil)gesellschaftlichen Engagements zu konstatieren, aber auf seiten der bürgerlichen Organisationen ist dieses, befördert durch die Wahlsiege der bürgerlichen Parteien 1990 und 1996, noch im Steigen begriffen. Nachdrücklich sei darauf hingewiesen, daß es in den Isthmus-Staaten keine einheitliche Reaktion der heterogenen ‚Zivilgesellschaften' auf den *desencanto democrático* gibt, sondern daß sich vielmehr mit der Ausweitung gesellschaftlicher Organisation und Interessenvermittlung auch vielfältige Reaktionen aufzeigen lassen.

Zivilgesellschaftliches Engagement hat in Zentralamerika für den Demokratisierungsprozeß zwiespältige Wirkung gezeigt. Selbst dort, wo gesellschaftliche Organisation parteipolitische Polarisierungen reproduziert, haben sich – vor allem auf lokaler Ebene, aber auch im Rahmen von Konzertierungsprozessen – demokratieförderliche Lerneffekte wie eine veränderte Wahrnehmung des Bürgerkriegsgegners von einst gezeigt. Einschränkungen der oft angenommenen demokratieförderlichen Effekte zivilgesellschaftlicher Organisation und Aktivität ergeben sich erstens aus der weiterhin bestehenden Asymmetrie zugunsten der traditionell starken Interessenverbände, insbesondere der Unternehmerverbände, die gerade im Verlauf der Transition der Demokratie nicht notwendigerweise positiv gegenüberstanden und nicht selten an den demokratischen Institutionen vorbei über korporatistische und/oder informelle Kanäle ihre Interessen zu wahren versuchen. Zweitens wird der demokratieförderliche Effekt dadurch eingeschränkt, daß einige Organisationen gegen die politischen Institutionen Sturm liefen und deren Glaubwürdigkeit als solche in Frage stellten. Wenn auch in bestimmten Bereichen demokratieförderlicher Reformdruck gerade bei solchen *issues* von ihnen ausging, die von den politischen Parteien vernachlässigt wurden, trug doch allzu frühzeitig und harsch artikulierte Kritik an den Defiziten des Demokratisierungsprozesses und zum Teil gewaltsam vorgetragener Protest dazu bei, den *desencanto* über die nur eingeschränkt leistungsfähigen politischen Institutionen frühzeitig zu verstärken und so nicht nur die Legitimität der jeweiligen Regierungen, sondern des demokratisierten Systems als ganzem in Frage zu stellen.

Die von Merkel/Lauth (1998: 4 ff.) theoretisch abgeleiteten, normativen Funktionen der Zivilgesellschaft für die Demokratie sind in Zentralamerika noch lange nicht erfüllt – was allerdings insofern nicht verwundert, als diese sehr anspruchsvoll sind. Dementsprechend bleibt auch der – aus diesen Funktionen theoretisch begründete – Beitrag der Zivilgesellschaft zur Demokratisierung in Zentralamerika weit hinter den von Merkel/Lauth (1998: 6f.) aufgezählten Demokratisierungspotentialen zurück. Freilich perpetuieren die vermeintlichen ‚Funktionsmängel' der Zivilgesellschaft nicht nur demokratische ‚Defizite', sondern sie sind auch deren Folge und korrespondieren mit Funktionsmängeln auf anderen Ebenen des intermediären Systems.

Abschließend ist zu betonen, daß sich in keinem Staat Zentralamerikas und zu keinem Zeitpunkt die Zivilgesellschaft durch die ‚optimale' interne Struktur, Gestalt und Kommunikation auszeichnete, wie sie Merkel/Lauth (1998: 8ff.) für die verschiedenen Phasen des Systemwechsels herauszuarbeiten versuchten. Dennoch gelang die Transition. Um dies zu erklären, ist die Identifikation ‚optimaler' Zivilgesellschaften nur von begrenztem heuristischem Wert. Denn gemessen an der hochgesteckten Meßlatte, erweisen sich alle ‚suboptimalen' Konfigurationen von Zivilgesellschaften – und dies sind die allermeisten realen – als defizitär und lassen deren demokratieförderlichen Auswirkungen erklärungsbedürftig erscheinen. Die kontrafaktische Frage, ob der Systemwechsel zügiger verlaufen oder der Beitrag der Zivilgesellschaft zum Systemwechsel größer gewesen wäre, wenn die zivilgesellschaftlichen Akteure handlungsfähiger gewesen und den impliziten Handlungsanleitungen von Merkel/Lauth (1998: 8ff.) gefolgt wären, ist müßig zu diskutieren. Unter den spezifischen Bedingungen der zentralamerikanischen Staaten war dies erst gar nicht möglich. Vor diesem Hintergrund ist, bezogen auf Zentralamerika, nicht nur der heuristische, sondern auch der praktische Nutzen von Überlegungen zum ‚optimalen' strategischen Verhalten zivilgesellschaftlicher Akteure begrenzt. Von praktischer Bedeutung wäre dort allenfalls die Frage, wie sich die zivilgesellschaftlichen Akteure unter den gegebenen ‚suboptimalen' Bedingungen strategisch geschickt oder ungeschickt verhalten. Allein: Die Möglichkeiten der akademischen Einflußnahme auf das Verhalten zivilgesellschaftlicher Akteure sind äußerst gering; *civil society engineering* ist in Zentralamerika genauso wenig möglich wie anderortens.

Anmerkungen

1 Wir orientieren uns hierbei in kritischer Absicht an den Definitionen von Lauth/Merkel (1997; 1998).
2 Die folgenden Ausführungen sind im wesentlichen Krennerich (1996: 208 ff.) entnommen.
3 Das komplizierte rechtliche Genehmigungsverfahren machte es seinerzeit nahezu unmöglich, legal zu streiken (vgl. Krämer 1995: 34, Fn. 30).
4 Detailliert zu Gewerkschaften und Bauernorganisationen in Honduras siehe Rüppel (1983), Sieder (1995) sowie in historischer Dimension Posas (1981).
5 Um Überschneidungen zu vermeiden, sei hier auf den Beitrag von Bendel/Krennerich in Systemwechsel 2 (Bendel/Krennerich 1996) verwiesen.

Literatur

Almond, Gabriel/Verba, Sidney 1963: The Civic Culture, Princeton.
Almond, Gabriel/Verba, Sidney (Hrsg.) 1980: The Civil Culture Revisited, Newsbury Park u.a.
Amaro, Nelson 1990: Descentralización y participación popular en Guatemala, Guatemala.
Amaro, Nelson 1994: Descentralización, gobierno local y participación: América Latina y Honduras, Tegucigalpa.
Araya Monge, Rolando/Maihold, Günther (Hrsg.) 1992: Los partidos políticos y la sociedad civil: De la crisis a un nuevo tipo de relación, Heredia/Costa Rica.
Bastos, Santiago/Camus, Manuela 1995: Guatemala: Una visión panorámica sobre la organización política de los Mayas, in: Cuadernos Africa, América Latina (17) 1: 59-83.
Béjar, Rafael Guido 1990: El movimiento sindical después de la guerra mundial en El Salvador, in: Estudios Centroamericanos 504: 871-892.

Bendel, Petra 1996: Parteienkrise und Zivilgesellschaft in Lateinamerika: Zum Stand der Debatte, Bonn.

Bendel, Petra 1997: Zentralamerika: Die fragmentierten Gesellschaften, in: Mols, Manfred/Öhlschläger, Rainer (Hrsg.): Lateinamerika: Die ungerechte Gesellschaft, Rottenburg-Stuttgart: 57-74.

Bendel, Petra/Krennerich, Michael 1996: Zentralamerika: Die schwierige Institutionalisierung der Demokratie, in: Merkel, Wolfgang/Sanschneider, Eberhard/Segert, Dieter (Hrsg.): Systemwechsel 2. Die Institutionalisierung der Demokratie, Opladen: 315-340.

Bendel, Petra/Kropp, Sabine 1997: Zivilgesellschaften und Transitionsprozesse im interregionalen Vergleich Lateinamerika-Osteuropa: Ein empirisch-analytischer Beitrag, Erlangen.

Bendel, Petra/Kropp, Sabine 1998: Zivilgesellschaft – ein geeignetes Konzept zur Analyse von Systemwechseln? Lateinamerika und Osteuropa, in: Zeitschrift für Politikwissenschaft (8) 1: 39-68.

Chalmers, Douglas A./Vilas, Carlos M. u.a. (Hrsg.) 1997: The New Politics of Inequality in Latin America: Rethinking Participation and Representation, Oxford.

Córdova Macías, Ricardo/Maihold, Günther (Hrsg.) 1995: Cultura política y transición democrática en Nicaragua, Managua.

Diamond, Larry 1994: Rethinking Civil Society: Toward Democratic consolidation, in: Journal of Democracy (5) 3: 4-17.

Estudios Centroamericanos no. 557 1995: Qué es la "sociedad civil" y cuales son sus desafíos en El Salvador?, El Salvador.

Foley, Michael W./Edwards, Bob 1996: The Paradox of Civil Society, in: Journal of Democracy (7) 3: 38-52.

INCEP 1996a: Partidos políticos y sociedad civil en Centro América, Panorama Centroamericano, Temas y documentos de Debate, No. 65/sept.-oct., Guatemala.

INCEP 1996b: El rol de la Sociedad Civil en los procesos de paz de Guatemala y El Salvador – Procesos de Negociación comparados -, Karen Ponciano Castellanos, Panorama Centroamericano, Temas y documentos de debate, No. 64/julio-agosto, Guatemala.

Kößler, Reinhart 1992: Zivilgesellschaft in der „Dritten Welt"?, in: Gormsen, Erdmann/Thimm, Andreas (Hrsg.): Zivilgesellschaft und Staat in der Dritten Welt, Mainz.

Kößler, Reinhart 1997: Transformation und Transition als Ausdruck sozialer Kämpfe und gesellschaftlicher Prozesse: Kommentar zu Lauth/Merkel, in: Forschungsjournal Neue Soziale Bewegungen (10) 1: 35-41.

Krämer, Michael 1995: El Salvador: Vom Krieg zum Frieden niedriger Intensität, Köln.

Krennerich, Michael 1993: Krieg und Frieden in Nikaragua, El Salvador und Guatemala, in: Bendel, Petra (Hrsg.): Zentralamerika: Frieden – Demokratie – Entwicklung?, Frankfurt a.M.: 105-140.

Krennerich, Michael 1995: Nicaragua, in: Nohlen, Dieter/Nuscheler, Franz (Hrsg.): Handbuch der Dritten Welt, Bd. 3: Mittelamerika und Karibik, Bonn: 208-242.

Krennerich, Michael 1996: Wahlen und Antiregimekriege in Zentralamerika, Opladen.

Krennerich, Michael/Nuscheler, Franz 1995: El Salvador, in: Nohlen, Dieter/Nuscheler, Franz (Hrsg.): Handbuch der Dritten Welt, Bd. 3: Mittelamerika und Karibik, Bonn: 85-116.
Lauth, Hans-Joachim/Merkel, Wolfgang 1997a: Zivilgesellschaft und Transformation: Ein Diskussionsbeitrag in revisionistischer Absicht, in: Forschungsjournal Neue Soziale Bewegungen (10) 1: 12-35.
Lauth, Hans-Joachim/Merkel, Wolfgang (Hrsg.), 1997b: Zivilgesellschaft im Transformationsprozeß: Länderstudien zu Mittelost- und Südeuropa, Asien, Afrika, Lateinamerika und Nahost, Mainz.
Luciak, Ilja A. 1991: Democracy and Revolution in Nicaragua, in: Coleman, Kenneth M./Herring, George (Hrsg.): Understanding the Central American Crisis, Wilmington/Delaware: 77-107.
Maihold, Günther 1993: Gewerkschaften und solidarismo-Bewegung in Zentralamerika, in: Bendel, Petra (Hrsg.): Zentralamerika: Frieden – Demokratie – Entwicklung? Politische und wirtschaftliche Perspektiven in den 90er Jahren, Frankfurt a.M.: 325-338.
Merkel, Wolfgang/Lauth, Hans-Joachim 1998: Systemwechsel und Zivilgesellschaft: Welche Zivilgesellschaft braucht die Demokratie?, in: Aus Politik und Zeitgeschichte, B 6-7/98: 3-12.
Niebling, Ursula 1992: Kriege in Zentralamerika seit 1945: Ein Beitrag zur vergleichenden Kriegsursachen- und Kulturforschung, Bremen.
O'Donnell, Guillermo/Schmitter, Philippe C. 1986: Transitions from Authoritarian Rule: Tentative Conclusions about Uncertain Democracies, Baltimore/London.
O'Donnell, Guillermo/Schmitter, Philippe C./Whitehead, Lawrence (Hrsg.) 1986: Transitions from Authoritarian Rule: Comparative Perspectives, Baltimore/London.
Parker, Dick 1989: Las organizaciones no-gubernamentales en la crisis centroamericana: el caso de los sindiators, in: Revista Relaciones Internacionales 27, Escuela de Relaciones Internationales, Universidad Nacional, Heredia, Costa Rica, Segundo trimestre, 65-80.
Polakoff, Erica/La Ramée, Pierre 1998: Grass-Roots Organizations, in: Walker, Thomas W. (Hrsg.): Nicaragua without Illusions, Wilmington: 185-202.
Posas, Mario 1981: Luchas del movimiento obrero hondureño, San José.
Putnam, Robert 1995: Bowling alone, in: Journal of Democracy (6) 1: 65-78.
Rödel, Ulrich 1996: Vom Nutzen des Konzepts der Zivilgesellschaft, in: Zeitschrift für Politikwissenschaft (6) 3: 669-678.
Roggenbuck, Stefan 1995: Sociedad civil y sociedad política, in: Béjar, Rafael Guido/Roggenbuck, Stefan (Hrsg.): Sociedad participativa en El Salvador, San Salvador: 3-10.
Rüppel, Joachim 1983: Honduras, in: Boris, Dieter/Rausch, Renate (Hrsg.): Zentralamerika, Köln: 194-247.
Salomón, Leticia 1992a: Neoliberalismo, Sociedad Civil y Estado, in: Centro de Documentación de Honduras, Puntos de Vista, Temas Políticos, Tegucigalpa: 81-94.
Salomón, Leticia 1992b: Sociedad Civil, Poder Político y Autonomía Militar, in: Centro de Documentación de Honduras, Puntos de Vista, Temas Políticos, Tegucigalpa: 111-128.

Sandschneider, Eberhard 1995: „Zivilgesellschaft" – Zu den Intentionen und Grenzen einer aktuellen demokratietheoretischen Diskussion, in: Neue Gesellschaft/Frankfurter Hefte (42) 8: 744-749.

Schulz, Donald E. 1993: Como Honduras evitó la violencia revolucionaria, Tegucigalpa.

Seligson, Mitchell A./Córdova Macías, Ricardo 1995: El Salvador: De la guerra a la paz: Una cultura política en transición, San Salvador.

Sieder, Rachael 1995: Honduras: The Politics of Exception and Military Reformism (1972-1978), in: Journal of Latin American Studies (27) 1: 99-127.

Sterr, Albert 1994: Guatemala: Lautloser Aufstand im Land der Maya, Köln.

Vilas, Carlos M. 1997: Participation, Inequality and the Whereabouts of Democracy, in: Chalmers, Douglas A. u.a. (Hrsg.) The New Politcs of Inequality in Latin America. Rethinking Participation and Representation, Oxford: 1-42.

Vilas, Carlos M. 1989: Transición desde el subdesarrollo: Revolución y reforma en la perferia, Caracas.

Walzer, Michael 1992: The Civil Society Argument, in: Chantal, M. (Hrsg.): Dimensions of Radical Democracy: Pluralism, Citizenship, Community, London: 89-107.

Yashar, Deborah J. 1997: The Quetzal is Red: Military States, Popular Movements and Political Violence in Guatemala, in: Chalmers, Douglas A./Vilas, Carlos M. u.a. (Hrsg.): The New Politics of Inequality in Latin America: Rethinking Participation and Representation, Oxford: 239-260.

Die Rolle von Zivilgesellschaften in afrikanischen Systemwechseln

Siegmar Schmidt

I. Einleitung[1]

Die Zivilgesellschaften in Afrika sind zum Hoffnungsträger für die Bewältigung der gravierenden wirtschaftlichen und politischen Probleme der 47 subsaharischen Länder des Kontinents avanciert.[2] Von den Zivilgesellschaften[3] schwarzafrikanischer Staaten wird mindestens zweierlei erwartet: Erstens, daß sie einen Beitrag zur Überwindung der relativen Unterentwicklung des Kontinents leisten und zweitens, daß sie sich angesichts der Schwäche politischer Institutionen zur tragenden Säule der jungen und fragilen Demokratien entwickeln. Die wissenschaftliche Diskussion über die Rolle der Zivilgesellschaft in Afrika erfolgt daher aus den beiden unterschiedlichen Perspektiven der Entwicklungssoziologie (Lachenmann 1997) und der Politikwissenschaft. Im Rahmen dieses Beitrages werden Fragen nach den Funktionen von Zivilgesellschaften für die sozio-ökonomische Entwicklung weitgehend ausgeklammert. Demgegenüber steht im Mittelpunkt der Analyse die Rolle afrikanischer Zivilgesellschaften in den Demokratisierungsprozessen, die die Mehrheit dieser Staaten seit ca.10 Jahren durchlaufen.[4] Die impliziten Annahmen über Verlauf und Charakteristika von Demokratisierungsprozessen fußen auf den Annahmen der akteursspezifischen Transitionsforschung, die von einer idealtypischen Dreiteilung in Liberalisierungs-, Demokratisierungs- und Konsolidierungsphase ausgeht.[5]

In einem konzeptionellen Beitrag machen Lauth/Merkel (1997) grundlegende Annahmen zum Verhalten von Zivilgesellschaften in Systemwechseln. Ausgangspunkt ihrer Argumentation ist, daß Zivilgesellschaften grundsätzlich in Opposition zu autoritären und totalitären Systemen stehen. Im Falle einer Systemöffnung bzw. Liberalisierung, so die Annahme, können sich zivilgesellschaftliche Gruppen zu den wichtigsten Protagonisten des Systemwechsels entwickeln (ebd.: 24). Trotz ihrer Heterogenität verbindet die einzelnen Gruppen die Ablehnung des autokratischen Systems und dies ermöglicht gemeinsames Handeln. Die ‚Hochzeit' der Zivilgesellschaft in der Liberalisierungsphase hält typischerweise nur bis zu den ersten Wahlen an, denn durch demokratische Wahlen werden politische Parteien zu den zentralen Akteuren. Für die Phase der demokratischen Konsolidierung konstatieren die Autoren einen weiteren Bedeutungsverlust, ja sogar einen temporären Zerfall der Zivilgesellschaft (ebd.: 26). In der Konsolidierungsphase ist ferner die Wahrscheinlichkeit am größten, daß die negativen bzw. die „dunklen Seiten" von Zivilgesellschaften (ebd.: 28) zutage treten. Hierzu gehören ein Rückzug ins Private, die Ablehnung demokratischer Verfahren zugunsten von klientelistischen Beziehungsmustern, Einsatz von Veto-Macht gegen Reformen und eine undifferenzierte Ablehnung jeglicher staatlicher Autorität. Auch tritt in dieser Phase ihre oftmals hierarchische Binnenstruktur, die dann in Widerspruch zu demokratischeren Strukturen steht, zutage.[6] Im Rahmen dieses Überblicksbeitrags sollen Hinweise auf die Relevanz der Hypothese von Lauth/Merkel gegeben werden. Anders ausgedrückt wird danach gefragt, inwiefern das Konzept der Zivilgesellschaft ein sinnvolles analytisches Instrument zur Untersuchung von afrikanischen Systemwechseln darstellt. In empirischer Hinsicht gilt es zu untersuchen, welchen Anteil die Zivilgesellschaft erstens beim Sturz zahlreicher autoritärer Regime hatte und zweitens welche Rolle sie beim Aufbau neuer demokratischer Systeme spielt. Dies läßt dann Aussagen darüber zu, inwieweit die vielfach großen Hoffnungen in die Zivilgesellschaften Afrikas als ‚Motoren der Demokratisierung' berechtigt sind.

Diese Analyse läßt sich in drei große Abschnitte einteilen. Zunächst folgen einige Anmerkungen zur Diskussion über Bedeutung und Rolle der Zivilgesellschaft in Afrika, um eine Einordnung der Ergebnisse dieser Analyse zu ermöglichen. Im ersten inhaltlichen Abschnitt werden einige historische Voraussetzungen und damit Ursachen für die bislang geringe politische Rolle afrikanischer Zivilgesellschaften identifiziert. Ausführlicher betrachtet werden in diesem Kapitel diejenigen Faktoren, die zur Renaissance der Zivilgesellschaften seit den 80er Jahren beigetragen haben. Zu diskutieren sind vor allem die Implikationen der tiefen wirtschaftlichen und sozialen Krise des Kontinents, sowie die zu ihrer Behebung von den Bretton-Woods-Institutionen ‚verschriebenen' Strukturanpassungsprogramme[7] (SAPs). Ferner wird mit der Neuausrichtung der Entwicklungszusammenarbeit der Geberstaaten, deren Unterstützung für die meisten Staaten Afrikas überlebenswichtig ist, ein weiterer externer Faktor für die Konstituierung der Zivilgesellschaft in Afrika berücksichtigt. Basierend auf dieser Analyse wird im folgenden Abschnitt eine Typologie der verschiedenen Segmente afrikanischer Zivilgesellschaften[8] vorgestellt. Die spezifischen Charakteristika afrikanischer Zivilgesellschaften werden anschließend in fünf Punkten zusammengefaßt.

Das vierte Kapitel analysiert unter Rückgriff auf die Annahmen von Lauth/Merkel (1997) das Verhalten von Zivilgesellschaften in den idealtypisch differenzierten drei Phasen des Systemwechsels. Im ersten Abschnitt zu den Zivilgesellschaften in der Liberalisierungsphase wird ausführlicher auf die Rolle der Nationalkonferenzen für die Transition vieler frankophoner afrikanischer Staaten eingegangen. Im Abschnitt über afrikanische Zivilgesellschaften in der Demokratisierungs- und Konsolidierungsphase werden insbesondere die strukturellen und akteursinhärenten Handlungsrestriktionen diskutiert. Ein eigener Abschnitt wird dabei den Ursachen für die mangelnde Kooperation zwischen politischen Parteien und zivilgesellschaftlichen Gruppen gewidmet. In einem Exkurs wird auf das Phänomen hingewiesen, daß sich einige zivilgesellschaftliche Vereinigungen Afrikas zu unzivilen Gruppen und damit zu einem Störfaktor für Demokratisierungsprozesse entwickeln können.

In der abschließenden Zusammenfassung wird die zentrale These dieses Beitrages begründet, daß den Zivilgesellschaften Afrikas zwar eine bedeutende Rolle in Transitionsprozessen zukommt, sie aber letztlich mit der Aufgabe, einen Systemwechsel ganz wesentlich zu tragen oder Garant demokratischer Konsolidierung zu sein, aus verschiedenen Gründen überfordert sind.

II. Einige Anmerkungen zur Diskussion über die Bedeutung und Rolle der Zivilgesellschaft in Afrika

Mit Einsetzen der politischen Liberalisierung afrikanischer Staaten Ende der 80er bzw. Anfang der 90er Jahre begann eine noch keineswegs abgeschlossene Diskussion über die Verwendung des Konzeptes der Zivilgesellschaft zur Erklärung der ablaufenden Veränderungen. Auffällig war, daß afrikanische Wissenschaftler, die an afrikanischen Einrichtungen forschen, sich zunächst sehr distanziert gegenüber diesem als europäisch oder allgemein westlich geltenden Konzept verhielten (Hutchful 1996: 67). Auf Seiten der sich mit Afrika beschäftigenden westlichen Sozialwissenschaftlern, die im folgenden als Afrikanisten bezeichnet werden sollen, wurde das Konzept anfangs sehr unterschiedlich aufgenommen. Tendenziell positiv, ja teilweise sogar optimistisch hinsichtlich der Bedeutung der Zivilgesellschaft zeigten sich vor allem Afrikanisten aus dem anglo-amerikanischen Sprachraum (vor allem Diamond 1988; Bratton 1994a; Bratton/Walle 1997; Chazan 1992). Auf der Suche nach neuen Ansprechpartnern für Projekte aus der Entwicklungszusammenarbeit setzten ferner zahlreiche multi- und bilaterale Geber zunehmend auf die Zivilgesellschaft als Ansprechpartner (Kasfir 1998a: 1) und förderten massiv NRO (MacLean/Shaw 1996). Für weitaus weniger relevant und im Grundton pessimistischer über die Möglichkeiten von Zivilgesellschaften in afrikanischen Kontexten zeigten sich hingegen französische Afrikanisten (Bayart 1986; Lemarchand 1992; aber auch Molt 1994; Fatton 1992).

Am Ende der 90er Jahre hat sich das Konzept Zivilgesellschaft als Analyseinstrument für die Transitionsprozesse in der Forschung weitgehend durchgesetzt. Nahezu in jeder neueren Analyse zur politischen Entwicklung afrikanischer Länder wird wie selbstverständlich ausführlich auf die Zivilgesellschaft eingegangen.[9] Dies gilt auch verstärkt für afrikanische Autoren (Nwokedi 1993; Makumbe 1998). In zahlreichen Studien werden jedoch unterschiedliche und relativ unpräzise Begriffe von Zivilgesellschaft verwendet. Daraus ergeben sich in der konkreten Analyse Probleme, einzelne Gruppen eindeutig als Teile der Zivilgesellschaften zu identifizieren. Viele Analysen verzichten auch darauf, die Aktivitäten zivilgesellschaftlicher Gruppen während der Prozesse an die unterschiedlichen Phasen einer Transition rückzubinden und damit Aufschluß über die jeweils veränderte Funktion von Zivilgesellschaften zu erhalten. Dieser Beitrag versteht sich daher nicht zuletzt als ein Versuch – unter Rückgriff auf die Annahmen von Lauth/Merkel (1997) – Verbindungen zwischen den Phasen der Systemwechsel und den Verhaltensweisen der Zivilgesellschaften aufzuzeigen.

Zunächst soll aber im folgenden kurz die Kritik, die von einigen Afrikanisten und Afrikanern am Konzept der Zivilgesellschaft und seiner Bedeutung für die Analyse afrikanischer Transitionsprozesse geübt wird, zusammengefaßt werden. Folgende Kritikpunkte lassen sich in der Diskussion nachweisen:

Kritik 1: Zivilgesellschaft in Afrika ist ein ideologisches Projekt der Geber.
Eine Minderheit von Autoren bestreitet generell jede Relevanz des Konzeptes für Afrika. Die Diskussion und Förderung der Zivilgesellschaft durch Geberstaaten wird als Teil einer ideologischen Offensive des Westens angesehen. Beispielsweise beantwortet Allen (1997: 336) seine rhetorische Frage „who needs civil society?" mit dem Hinweis auf westliche Regierungen, die Bretton-Woods-Institutionen und multinationale Unternehmen. Dieser selten so explizit geäußerte Ideologie-Vorwurf wird empirisch nicht belegt und ignoriert weitgehend die Komplexität der realen Entwicklungen.

Kritik 2: Der Begriff ist als Analysekategorie zu unpräzise.
Allen (1997: 329) bringt diese Kritik wiederum auf dem Punkt: "Conceptually, however, ‚civil society' proves to be diffuse, hard to define, empirically imprecise, and ideologically laden. Analytically it is vacuous, and concepts such as class or gender contribute far more to understanding recent political change than can ‚civil society'".

Sicherlich ist die definitorische Pluralität, die sich jeweils auf unterschiedliche Traditionen in der politischen Philosophie (Locke, Tocqueville, Gramsci) berufen, problematisch (vgl. unten), doch ist zu bezweifeln, ob ‚class' und ‚gender' als Konzepte zur Erklärung von Systemwechseln einen substantiellen Beitrag leisten können. Aus dieser Richtung liegen bislang keine Studien vor.

Kritik 3: Eine Übertragung des Konzeptes auf Afrika ist den Verhältnissen nicht angemessen.
Verschiedene als gemäßigt-kritisch einzuordnende Autoren[10] argumentieren, daß Zivilgesellschaft ein spezifisches Produkt des westlichen kapitalistischen Entwicklungsweges sei und daher in Afrika die Voraussetzungen für die Ent-

faltung einer Zivilgesellschaft fehlen würden (Young 1994). Auch unter Verweis auf koloniale Traditionen wird argumentiert (ebd.), daß afrikanische Zivilgesellschaften sich signifikant von Zivilgesellschaften auf anderen Kontinenten unterscheiden. Weitere Unterschiede bestünden vor allem in der spezifischen Zusammensetzung (Monga 1994; Kasfir 1998a, 1998b), in ihrer mangelnden Zivilität (Lémarchand 1992; Monga 1994), ihrer Elitenlastigkeit (Kasfir 1998b) und der engen Verquickung von Staat und (Zivil-)Gesellschaft (Kasfir 1998a). Ein afrikanischen Verhältnissen angemessenes Konzept müsse daher, so zahlreiche Autoren, beispielsweise die primordialen oder patrimonialen Gruppen einbeziehen (Hutchful 1996: 68). Zu Recht konstatieren diese Autoren Differenzen zwischen afrikanischen und anderen Zivilgesellschaften, doch entwerten die Spezifika afrikanischer Zivilgesellschaften nicht das Konzept als Instrument zur Analyse von Systemwechseln, wie dieser Beitrag zu zeigen versucht.

Die Grenzen einer Ergänzung oder graduellen Anpassung des Konzeptes aus den Erfahrungen in Afrika sind allerdings erreicht, wenn Kasfir (1998b: 144) paradox fordert, daß Zivilität als Kriterium für Zivilgesellschaften in Afrika aufzugeben sei.

Während die zuerst genannte Fundamentalkritik keinen Beitrag zur Rolle und Bedeutung der Zivilgesellschaft in Demokratisierungsprozessen leisten will, sondern andere Analysekonzepte („class') favorisiert, erkennt die gemäßigte Kritik die Existenz einer afrikanischen Zivilgesellschaft an, relativiert aber ihre Bedeutung in Systemwechseln aufgrund bestimmter Spezifika und organisatorischer Schwächen (Makumbe 1998: 316). Die Kritik leidet insgesamt darunter, daß sie zumindest bislang letztlich auf kein alternatives Konzept verweisen kann, sondern höchstens fordert, andere Faktoren stärker zu berücksichtigen.[11] Als vorläufiges Fazit einer facettenreichen und multiperspektivischen Diskussion mit oftmals ideologischen Untertönen läßt sich festhalten, daß die Einschätzung der Bedeutung und Relevanz von Zivilgesellschaft für Transitionsprozesse nach wie vor sehr unterschiedlich ist. Bislang stehen empirisch systematische, modell- oder theoriegeleitete Untersuchungen zur Rolle von Zivilgesellschaften in den Demokratisierungsprozessen Afrikas noch aus.

III. Die Entwicklung afrikanischer Zivilgesellschaften in historischer Perspektive

1. Zivilgesellschaft unter autoritärer Herrschaft in Afrika

In den ersten beiden Dekaden nach dem Erreichen der Unabhängigkeit afrikanischer Staaten spielte die Zivilgesellschaft in den meisten Ländern als politische Kraft auf nationaler Ebene keine wesentliche Rolle. Dies hatte im wesentlichen zwei Ursachen: Zum einen war die im interkontinentalen Vergleich relative Unterentwicklung des Kontinents für das Fehlen einer ‚bürgerlichen' Mittelklasse verantwortlich, die historisch betrachtet das Rückgrat der Zivilgesellschaft in Europa stellte. Polemisch formuliert Hutchful (1996: 63) in Anlehnung an Marx und Barrington Moore ‚*no bourgeosie – no civil society*'.

Ein zweiter wesentlicher Grund für die marginale Rolle der Zivilgesellschaft bestand in der Herrschaftspraxis der sich formierenden autoritären Systeme (Nuscheler/Ziemer 1981), die nur zu oft den kolonialen Autoritarismus fortsetzten. Sowohl sozialistische Einparteiensysteme als auch ‚westlich' orientierte Militärdiktaturen perzipierten die vom Staat autonomen Organisationen, sofern deren Aktivitäten über einen engen lokalen Rahmen hinausgingen, als direkte Bedrohung ihres umfassenden Machtanspruches. Sie unterdrückten ihre ehemaligen Bündnispartner aus der Zeit der antikolonialer Befreiungskoalitionen oder versuchten sie zu kooptieren (Bayart 1986: 112). Die ‚Gleichschaltung' der Verbändelandschaft und im weitesten Sinne der Zivilgesellschaft traf nicht immer auf den entschiedenen Widerstand der Betroffenen oder der westlichen Geberstaaten, schien sie doch kongruent mit dem herrschenden Entwicklungsparadigma der ‚Entwicklungsdiktatur' und des ‚*benevolent dictator*' zu sein. Angesichts der Unterentwicklung und der gesellschaftlichen Traditionen bestand unter afrikanischen Intellektuellen und westlichen Gebern (wenngleich weniger explizit) die Auffassung, der alles inkorporierende Einparteienstaat sei für Afrikaner die ‚angemessene' Form politischer Herrschaft (Makumbe 1998: 306).

Die Unterdrückung und Kooptation erstreckte sich auch auf die aus der vorkolonialen Zeit stammenden Gruppen und Organisationsformen, die häufig in staatliche Strukturen integriert oder zumindest finanziell abhängig wurden (z.B. in Südafrika, Ghana). Die traditionellen Strukturen waren bereits vorher geschwächt, da die Kolonialmächte zuvor z.T. erfolgreich versucht hatten, alle traditionellen zivilen Strukturen afrikanischer Gesellschaften zu zerstören.

Das Ausmaß an Unterdrückung und Kooptation der Zivilgesellschaft durch die unabhängig gewordenen neuen Staaten variierte allerdings beträchtlich.[12] Es hing einerseits von den zur Verfügung stehenden Ressourcen bzw. Repressionskapazitäten des jeweiligen Staates ab, andererseits von der spezifischen, von der Kolonialzeit beeinflußten politischen Kultur und ihrer Herrschaftspraxis. Kaum Entfaltungsmöglichkeiten besaß die Zivilgesellschaft in relativ kleinen Staaten, in denen das gesamte politische und öffentliche Leben von einem Diktator und dessen neo-patriomonialer Herrschaftspraxis bestimmt werden konnte (Snyder 1992). Dies galt u.a. für Togo, Äquatorialguinea, die Zentralafrikanische Republik, Liberia und Gabun (Bayart 1986: 114). In anderen Staaten hingegen gelang es einigen Interessengruppen, wie z.B. den Gewerkschaften in Zambia und der Law Society of Kenya[13] trotz aller staatlichen Gängelung, zumindest einen Teil ihrer Autonomie zu bewahren (Bratton 1994a). Eine weitere wichtige Variable zur Erklärung der relativen Schwäche afrikanischer Zivilgesellschaften liegt im unterschiedlichen Entwicklungsstand: Fortgeschrittenere Staaten bieten in der Regel mehr Betätigungsfelder für Zivilgesellschaften als unterentwickelte Länder. Allerdings wäre es angesichts der hohen Dynamik der demographischen, sozialen und politischen Entwicklungen verfehlt, die ohne Zweifel wirkungsmächtigen strukturellen Faktoren deterministisch zur Erklärung der spezifischen Ausformungen der Zivilgesellschaft in einzelnen Staaten heranzuziehen.

2. Die Wiedergeburt der Zivilgesellschaft in den 80er Jahren

Angesichts derart ungünstiger historischen Ausgangsbedingungen registrierte die politikwissenschaftliche Afrikaforschung Ende der 80er Jahre überrascht die Existenz einer Vielzahl von zivilgesellschaftlichen Gruppen (Diamond 1988; Chazan 1992: 286) sowohl innerhalb der städtischen Ballungsräume als auch, wenngleich weniger ausdifferenziert, in ländlichen Gebieten. Dabei handelte es sich zum einen um die Wiederbelebung von Gruppen, die auf eine lange Tradition zurückblicken konnten (vor allem die traditionellen Interessengruppen), zum anderen um Neugründungen wie Anwalts- und Menschenrechtsgruppen. Ingesamt lassen sich mindestens drei Ursachenbündel für die Renaissance der afrikanischen Zivilgesellschaft unterscheiden. Erstens formierten sich zahlreiche Gruppen in Reaktion auf die tiefe wirtschaftliche und soziale Krise, sowie die von Weltbank und dem Internationalen Währungsfonds konzipierten Strukturanpassungsprogramme. Zweitens begann die internationale Gebergemeinschaft aus entwicklungsstrategischen und politischen Gründen mit der massiven Unterstützung von Nichtregierungsorganisationen. Drittens führten die politischen Liberalisierungsprozesse zu einer regelrechten Explosion der Zivilgesellschaft in Afrika. Im folgenden werden die ersten beiden Ursachenbündel näher erläutert.

2.1 Die Reaktionen afrikanischer Gesellschaften auf die wirtschaftliche Krise und Strukturanpassung in Afrika

Die 80er Jahre gelten weithin als Krisendekade, als ‚verlorenes Jahrzehnt' für Afrika, da die schon lange schwelende wirtschaftliche, und damit auch soziale Krise des Kontinents offen zutage trat und keine durchgreifende Verbesserung der Lage erfolgte. Eine jeweils länderspezifisch unterschiedlich akzentuierte Mischung aus fallenden *terms of trade*, vervielfachten Ölpreisen und einer gescheiterten Modernisierungsstrategie trug zu einer immensen Überschuldung bei, die die politischen und wirtschaftlichen Handlungsspielräume der meisten Staaten drastisch einengte. Nach dem weitgehenden Rückzug privaten Kapitals verblieben IWF und Weltbank als die entscheidenden Kreditgeber, da sich andere Geber in der Regel den Voten der Institutionen bezüglich der mangelnden Kreditwürdigkeit der Länder angeschlossen hatten. Um die Schuldenrückzahlung zu ermöglichen und die afrikanischen Volkswirtschaften wieder auf Wachstumskurs zu bringen, legten die Bretton-Woods-Institutionen zwischen 1980 und 1989 allein 243 Strukturanpassungsprogramme auf, die eine Kreditvergabe an strukturelle Reformen in Richtung auf Liberalisierung und Privatisierung knüpften. ‚Getting the state out of the market' wurde zur Leitidee auch der bilateralen Geber, die (mit partieller Ausnahme Frankreichs) die Weltbank-Strategie übernahmen.

Diese makroökonomischen Entwicklungen – Wirtschaftskrise und SAPs – schufen günstige Rahmenbedingungen für den Aufstieg der Zivilgesellschaft. Als Reaktion auf die Ineffizienz staatlicher Wirtschaftspolitik und die bürokratische Reglementierung aller wirtschaftlichen Aktivitäten wuchs der ohnehin schon umfangreiche informelle Sektor (die Schattenwirtschaft) stark (Kunz 1995: 184; für Zaire: MacGaffey et al. 1991; Lémarchand 1992: 187). In nahezu allen Staaten übertraf die Wachstumsdynamik und in einigen Ländern sogar das Volumen der im informellen Sektor erwirtschafteten Leistungen diejenigen des formalen Sektors. Der durch Wirtschaftskrise und SAPs teilweise unvermeidliche, teilweise erzwungene Rückzug des Staates ließ die ohnehin bereits prekäre Versorgung der Bevölkerungen mit Leistungen in der Gesundheitsfürsorge, dem Bildungswesen oder der Infrastruktur (wie Wasser- und Elektrizitätsversorgung) kollabieren (Chazan 1992: 286; für Zambia: Bratton 1994a: 65). Angesichts der katastrophalen Lage war die Gründung zahlreicher Selbsthilfe- und Nachbarschaftsorganisationen überlebenswichtig.[14] Ein Beispiel dafür bieten die von Lachenmann u.a. (1990) untersuchten Bauernorganisationen im westafrikanischen Senegal. In diesem Fall übernahmen die Ende der 80er Jahre unter einem Dachverband vereinten sieben Verbände mit ca. 200.000 Mitgliedern als eine Art Lückenbüßer wichtige Versorgungs- und Dienstleistungen für den Staat. Über die Landräte und in Kooperation mit traditionellen Autoritäten, den Marabouts der muridischen Bruderschaften, nahmen sie auch Einfluß auf die wichtige Landverteilung (ebd. 22) und die generelle Entwicklungsplanung. Die Arbeit der Bauernorganisationen angesichts der offensichtlichen Unfähigkeit des Staates, die Grundversorgung für die Bevölkerung aufrechtzuerhalten, erweiterte letztlich auch ihren politischen Handlungsspielraum: Sie wurden zum Sprachrohr der ländlichen Bevölkerung, schufen durch Kommunikation eine (kritische) Öffentlichkeit und entwickelten sich sogar zu einer Kontrollinstanz der lokalen Herrschaft (ebd. 234).

Die von humanitären oder Entwicklungsmotiven für die Daseinsvorsorge inspirierte, im Grunde a-politische Arbeit autochthoner Selbsthilfeorganisationen und anderer NRO delegitimierte den autoritären Staat (Neubert 1992: 44) und machte ihn aus dem Blickwinkel der Bevölkerung regelrecht überflüssig. Die Formierung und Proliferation von Selbsthilfeeinrichtungen und NRO konnte vom Staat auch nicht gestoppt werden, „denn verhindert er (der Staat, S.S.) die Aktivitäten von NRO, verliert er nicht nur deren Ressourcen, sondern setzt sich auch internationaler Kritik und internationalem Druck aus" (Neubert 1992: 44). Eine Zurückdrängung des informellen Sektors wurde zwar von einigen Regierungen mittels neuer Restriktionen versucht, ließ sich aber nur zu hohen ökonomischen und politischen Kosten durchsetzen, da eine schlechtere Versorgung der Bevölkerung und eine höhere Arbeitslosigkeit soziale und politischen Spannungen verschärft hätten. Im Verlauf der 80er Jahre war selbst das damalige Apartheidsregime in Südafrika gezwungen, den informellen Sektor Schritt für Schritt zu legalisieren, da von ihm Wachstumsimpulse ausgingen und von einer Liberalisierung der Märkte, sowie einer Legalisierung des Status des informellen Sektors eine Reduktion der chronisch hohen Arbeitslosigkeit erhofft wurde.

Gleichzeitig begünstigten die im Rahmen der SAPs durchgeführten Handelsliberalisierungen und Privatisierungen die Entstehung einer einheimischen Unternehmerschicht (Harbeson 1994: 9; Schmidt 1995)[15]. Diese positive Bewertung von SAPs in Hinblick auf die Wiederbelebung der Zivilgesellschaft ist in der wissenschaftlichen Literatur keineswegs unumstritten. So argumentieren Hutchful (1996: 70) und Olukoshi (1998: 21-25) beispielsweise, daß der Widerstand breiter Bevölkerungskreise gegen die negativen wirtschaftlichen und sozialen Folgen der SAPs erst zur Mobilisierung und Selbstorganisation und damit zur Wiederbelebung der Zivilgesellschaft geführt hätten. Beide Argumentationslinien schließen sich nach Auffassung des Verfassers keineswegs aus, wenn berücksichtigt wird, daß die Programme auf die einzelnen sozialen Gruppen und in zeitlicher Perspektive durchaus unterschiedliche Wirkungen haben können.

2.2 Die Rolle externer Geber von Entwicklungshilfe und der dadurch verstärkte NRO-Boom

Die sich Mitte der 80er Jahre ausbreitende Enttäuschung über ausbleibende Entwicklungsfortschritte der meisten afrikanischen Staaten sowie die mangelnde Effizienz staatlicher Entwicklungshilfe führte auf Seiten der Geber zu einer Revision der modernisierungstheoretischen Vorstellung des ‚Entwicklungsmotors Staat' bzw. einer Absage an das Modell einer Entwicklungsdiktatur. Die Hoffnungen der Geberstaaten konzentrierten sich schon bald auf die beständig angewachsene Zahl von Nichtregierungsorganisationen. Diese Veränderung der EZ-Strategie der wichtigsten Geberländer wurde noch verstärkt durch die neoliberale, anti-etatistische Wirtschaftsphilosophie der 80er Jahre, die alle nichtstaatlichen Akteure deutlich aufwertete.[16]

Die Folge war seit Mitte der 80er Jahre eine Umlenkung der EZ bilateraler und multilateraler Geber (EU, IWF und Weltbank) sowohl zugunsten von NRO aus den OECD-Ländern (‚Nord-NRO'), als auch den Entwicklungsländern (‚Süd-NRO'). Das Ergebnis bestand in einer massiven Umschichtung der zur Verfügung stehenden Ressourcen zugunsten nicht-staatlicher Kanäle: Schätzungen zufolge werden mindestens 13 % der 54 Mrd. EZ der OECD-Länder (1995) über NRO verteilt.[17]

Die Umlenkung der EZ zugunsten der NRO ist aber nicht nur Resultat einer neuen Entwicklungsstrategie der Geber, sondern verstärkte sich noch als Folge der aktiven Demokratieförderungspolitik der OECD-Staaten. Sowohl die im Entwicklungsausschuß der OECD, dem Development Assistance Committee (DAC) zusammengeschlossenen 22 westlichen wichtigsten bilateralen als auch multilaterale Geber räumten der Förderung von Demokratie und Menschenrechten einen hohen Stellenwert ein. Die Vergabe von Leistungen aus der Entwicklungszusammenarbeit wird seit 1989/1990 zunehmend von der Beachtung der Menschenrechte und demokratischer Prinzipien durch das Empfängerland abhängig gemacht. Die Demokratieförderungspolitik geht trotz Inkonsequenzen und konzeptioneller Mängel deutlich über die reinen Lippenbekenntnisse zur Förderung von Demokatie und Menschenrechten vergangener Jahrzehnte hinaus (Hartmann 1999; Schmidt 2000). Durch die Anwendung von politischer Konditionalität erzwangen Geberstaaten in vielen Fällen z.B. die Achtung von Organisationsfreiheit und schufen damit die notwendigen Spielräume für die Formation der Zivilgesellschaft.[18]

Neben der politischen Konditionierung der Hilfe versuchen die Geberstaaten durch eine Vielzahl sogenannter ‚positiver' Maßnahmen (z.B. Wahlhilfe) die Demokratie zu fördern. Im Hinblick auf die Zivilgesellschaft war die direkte Unterstützung zivilgesellschaftlicher Gruppen für die Geber von zentraler Bedeutung: „ (...) support for civil society was equivalent of support for democratization and support to NGOs was the equivalent of support for civil society" (Stewart 1997: 26). Mit ihrer materiellen, finanziellen, personellen, politischen und auch inhaltlichen[19] Unterstützung für Gruppen der Zivilgesellschaft, die demokratische Ziele verfolgen, sollen politischer Pluralismus gefördert (Hadenius/Uggla 1996) und ‚checks and balances' innerhalb der politischen Systeme etabliert werden. Die meisten Geberstaaten bedienen sich dabei der NRO aus dem Norden, oder, wie vor allem im deutschen Fall, der politischen Stiftungen, die als Auftragnehmer staatlicher Stellen Demokratieförderung vor Ort durchführen. Diese indirekte Demokratieförderung kommt in Afrika vor allem Gruppen der Zivilgesellschaft zugute. Der Umweg über NRO immunisiert die Geber auch gegen Vorwürfe der Regierungen afrikanischer Staaten einer Einmischung in ihre internen Angelegenheiten, wie er z.B. im Falle direkter Parteienförderung erhoben werden könnte. Die Unterstützung von NRO zur Demokratieförderung ist auch innenpolitisch innerhalb der Geberstaaten und innerhalb der gemäß ihren Statuten zur politischen Neutralität verpflichteten Weltbank leichter durchsetzbar (Stewart 1997: 26).

2.3 Auswirkungen der Förderung von Nichtregierungsorganisationen

Auch als Folge der veränderten Geberpolitiken ist es zu einer regelrechten Proliferation von Nord- und Süd-NRO in nahezu allen afrikanischen Länder gekommen. Die Rolle zahlloser NRO aus dem Norden in afrikanischen Staaten bzw. Zivilgesellschaften stellt einen markanten Unterschied gegenüber der Zeit nach der Unabhängigkeit dar. Neben der quantitativen Zunahme an NRO nahm auch die ‚Qualtität' der NRO zu, d.h. sie verfügen in vielen Fällen über qualifiziertes Personal einheimischer Fachkräfte und ausländischer Experten, sowie eine moderne (Büro-)Infrastruktur und Kommunikationstechnik. Klein (1997: 327) sieht aufgrund des immensen Ressourcentransfers Süd-NRO als zum Teil effektiver und professioneller als Nord-NRO, deren Ressourcenausstattung sich nicht in gleichem Maße verbessert habe. Insbesondere Nord-NRO, aber in Einzelfällen auch Süd-NRO können auf beträchtliche finanzielle Mittel zurückgreifen. Auf der regionalen Ebene, etwa in Verwaltungseinheiten in Kenia, Mali oder Burkina Faso übertreffen die den NRO zur Verfügung stehenden Finanzen mittlerweile die Budgets der lokalen oder sogar regionalen Behörden. Sie bestimmen damit häufig die Schwerpunkte lokaler Entwicklungspolitik (Powell/Seddon 1997: 7). Durch ihre Bereitschaft höhere Gehälter zu zahlen, werben sie, beabsichtigt oder nicht, Fachkräfte aus staatlichen Projekten oder Verwaltungen ab, wodurch der Staat letztlich geschwächt wird. Ein wichtiger Teil der afrikanischen Zivilgesellschaften verdankt seine Existenz zu einem bedeutenden Teil externer Unterstützung für NRO.

Die massive Förderung von Süd-NRO durch bi- und multilaterale Geber, aber auch Nord-NRO besitzt folgende Implikationen: Es bestehen eindeutige Abhängigkeitsverhältnisse, da Süd-NRO stark fremdfinanziert sind. Bratton (1994b: 54) gibt an, daß die von ihm untersuchten zimbabwischen und kenianischen Selbsthilfeorganisationen 85-90% ihres Etats aus Zuwendungen aus dem Ausland finanzieren. Ähnliches gilt für NRO in Uganda.[20] Neubert (1992: 32) stellt für Rwanda fest, daß „ohne die Gelder aus dem Norden keine der rwandischen NRO auch nur ansatzweise arbeitsfähig" wäre. In den meisten Fällen ist eine Weiterführung der Arbeit der Süd-NRO bei einem teilweisen oder vollständigen Rückzug der Geber – z.b. als Folge veränderter Prioritäten in der Entwicklungspolitik – nicht vorstellbar (Kasfir 1998a; b). Die neuerdings vielbeschworene Nachhaltigkeit von Entwicklungsprojekten nach Abzug der Geber ist zumindest in den in kommerzieller Hinsicht kaum überlebensfähigen Bereichen wie politische Bildung und Menschenrechtsarbeit kaum zu erreichen. Zumindest ein Teil der Zivilgesellschaft vieler afrikanischer Staaten wäre damit eine Zivilgesellschaft auf Abruf. Die hohe Auslandsabhängigkeit schwächt die Legitimität der Süd-NRO und läßt sie leicht zum Ziel einer Regierungspropaganda werden, die diese NRO als Marionetten des Auslands diskreditieren kann (Bratton 1994b: 55). Die starke finanzielle Förderung von NRO hat dazu geführt, daß sich zahlreiche NRO mit primär kommerziellen Interessen gegründet haben. Diese „brief-case-NGOs"[21] versuchen mit regelrecht maßgeschneiderten, auf die jeweils aktuellen Geberprioritäten und Moden zugeschnittenen Profilen, an Mittel aus der Entwicklungszusammenarbeit zu kommen.

Zwar kann einerseits durchaus zu Recht die hohe finanzielle Abhängigkeit von Süd-NRO beklagt werden, doch andererseits ermöglicht erst die externe Finanzierung die Unabhängigkeit vom Staat oder einflußreichen politischen Führern. Sie verhindert die in der Vergangenheit häufig zu beobachtende direkte Einflußnahme auf, oder sogar die Inkorporation von Teilen der Zivilgesellschaft in, die staatlich kontrollierten Strukturen.

IV. Segmente und einige Charakteristika afrikanischer Zivilgesellschaften

Wie auch in anderen Regionen bestehen die Zivilgesellschaften in den einzelnen afrikanischen Staaten jeweils aus einer Vielzahl von heterogenen Gruppen, die eine allgemein gültige Typologisierung erschweren. Zudem muß mit Ausnahme einiger Staaten (Ghana, Nigeria, Südafrika)[22] ein empirisches Defizit konstatiert werden, insbesondere für die ländlichen und abgelegeneren Regionen. Zahlreiche Studien konzentrieren sich auch ‚nur' auf einzelne wichtige Gruppen, wie z.B. die Kirchen[23] in Kenia oder die Gewerkschaften in Südafrika (Schmidt 1992) und Zaire (Chico-Kaleu 1991). In der Literatur werden mehrere, insgesamt keineswegs ausgereifte Vorschläge zur Typologisierung angeboten (Chazan 1992: 287-289; Hutchful 1996: 60-61; Hillebrand 1994). Auf der Basis der Definition von Lauth/Merkel (1997) wird im folgenden diskutiert, welche Segmente am ehesten zu einer demokratischen Zivilgesellschaft gerechnet werden können. Die normativen Elemente der Definition ermöglichen es, über die bei einigen Autoren[24] anzutreffende simple Gleichsetzung von Gesellschaft[25] – verstanden als die Gesamtheit aller vom Staat autonomen Gruppen – mit Zivilgesellschaft hinauszugehen.

1. Segmente afrikanischer Zivilgesellschaften

Insgesamt läßt sich die Vielzahl von Gruppen der afrikanischen Zivilgesellschaften grob in vier oder sogar fünf Kategorien einteilen. Die im folgenden präsentierte Typologie orientiert sich an der Darstellung von Hillebrand (1994), der vier Segmente identifiziert. Allerdings soll erörtert werden, ob nicht die Nord-NRO ein fünftes Segment afrikanischer Zivilgesellschaften bilden. Hillebrand (1994) unterscheidet die folgende vier Typen von Gruppen:

1. Neo-traditionale Gruppen,
2. klassische Interessen- und Selbsthilfegruppen,
3. religiöse Gruppen und Sekten,
4. indogene (Süd-)NRO.

Als offensichtliche Gemeinsamkeit läßt sich feststellen, daß alle neo-traditionale Gruppen aus Klientelen und Netzwerken ethnischer und familialer Art bestehen, die nicht ausschließlich privaten Charakter besitzen. Sie versuchen vielmehr, sich staatliche ökonomische Ressourcen für ihre Klientel anzueignen und somit Einfluß auf die Politik zu nehmen. Sie schließen in vielen Staaten angesichts der schwachen formalen Interessengruppen eine Lücke zwischen Staat und Gesellschaft. Die Bezeichnung neo-traditional weist einerseits auf die traditionale, primordiale Legitimierung der Führung hin, andererseits auf die informellen Entscheidungsfindungsprozesse sowie die traditionalen Normen wie Solidarverpflichtung gegenüber der Familie, gegenüber dem Clan und der eigenen Klientel (Hillebrand 1994: 63). Sie knüpfen damit an traditionelle Herrschafts- und Kommunikationsmuster an. Im weitesten Sinn sind sie Reaktion auf das Versagen des Staates und autoritäre Herrschaftspraxis. Ihr Verhalten wird insbesondere in Phasen der Liberalisierung politisch, indem diese Gruppen versuchen, die Richtung des Transitionsprozesses in ihrem Sinne, z.B. durch Präferenzen für bestimmte Persönlichkeiten zu beeinflußen. Sie können aus den unterschiedlichsten Motivationen heraus durchaus zu pro-demokratischen Kräften werden (für Benin: Kohnert/Preuß 1992), indem sie sich gegen das autoritäre System wenden und demokratische

Kräfte unterstützen, wenngleich dies eher aus taktischen Motiven heraus als aus wirklicher Überzeugung geschieht. Eine Ideologie, sei es nur im Sinne eines Weltbilds, das einen verbindlichen Handlungsrahmen für Individuen und die Gruppe vorgibt, existiert nicht. Auf der Grundlage der Definition von Lauth/Merkel (1997) zählt sicherlich nur der Teil von ihnen zur Zivilgesellschaft, dessen Aktivitäten nicht ausschließend auf die Verwirklichung persönlicher Interessen gerichtet sind.

Interessen- und Selbsthilfegruppen werden hier zusammengefaßt, da beide primär die begrenzten Ziele ihrer Mitglieder verfolgen. Die Interessengruppenlandschaft in Afrika umfaßt Gewerkschaften, Unternehmervereinigungen, die traditionell unabhängigeren Organisationen von Selbständigen (Ärzte, Rechtsanwälte, Journalisten) und Staatsangestellten (z.B. Lehrern). Hauptsächlich sind Interessengruppen im urbanen Raum aktiv. In den ländlichen Gebieten existieren hingegen weit weniger organisierte Gruppen.

Nahezu unübersehbar ist die große Zahl an Selbsthilfeorganisationen in Afrika. Sie leisten z.T. mit Unterstützung von außen einen wichtigen Beitrag zum Überleben der Bevölkerung angesichts der Unterentwicklung und des Versagens des Staates. Die Forderungen von Interessen- und vielen Selbsthilfegruppen[26] sind zwar vor allem materieller Art, doch nehmen sie geradezu zwangsläufig politischen Charakter in einem vom Staat bzw. der Regierung und den sie tragenden Kräften dominierten Umfeld an. Obwohl Interessen- und vielfach auch Selbsthilfegruppen, gemessen an europäischen Maßstäben, insgesamt schwach hinsichtlich Ressourcenausstattung und Organisationsgrad sind[27], besonders da sie sich erst langsam von der freiwilligen oder zwangsweisen Kooptation in Einparteiensystem lösen, spielten sie für die Liberalisierung des politischen Systems eine zentrale Rolle (vgl. unten). Sofern Selbsthilfegruppen die lokale Arena verlassen, ist eine Entwicklung zu einer sozialen Bewegung möglich.[28] Im Unterschied zu Interessengruppen zielen soziale Bewegungen auf einen grundlegenden sozialen Wandel. Beispiele in Afrika sind dafür das Green Belt Movement in Kenia und die zahlreichen, z.T. sehr aktiven Frauenbewegungen in Ländern Afrikas (Lachenmann 1997: 198-199).

Geradezu einen explosionsartigen Anstieg erleben in nahezu allen afrikanischen Staaten Kirchen und Sekten – allein in Südafrika existieren zur Zeit über 2000 verschiedene. Dies ist zum einen, wie Hillebrand (1994: 64) argumentiert, unmittelbare Reaktion auf eine weitgehend gescheiterte Modernisierung und den Verlust kultureller Identität (auch aufgrund der Landflucht in die Städte), zum anderen auch Reaktion auf das Versagen des Staates, die Versorgung seiner Bürger zu gewährleisten. Viele Sekten haben Selbsthilfeeinrichtungen gegründet oder bieten soziale Leistungen für ihre Mitglieder an. Insbesondere islamische Bruderschaften konzentrieren sich auch in Subsahara-Afrika auf diesen Bereich und werben damit erfolgreich um Anhänger.

Unter dem Kürzel NRO[29] wird in der Regel ein Sammelsurium höchst verschiedener Organisationen verstanden. Dazu zählen in Entwicklungsländern vor allem humanitäre Organisationen, Lobbygruppen, die allgemeine Ziele vertreten, Forschungs- und Bildungseinrichtungen sowie *single-issue*-Organisationen. Die soziale Basis der Führung von NRO rekrutiert sich meist aus der Mittelklasse (Lachenmann 1997: 200).

Eine grundsätzliche Unterscheidung der bunten NRO-Szene in Afrika ist nach dem Kriterium ‚*ownership*' möglich. Zu unterscheiden ist daher zwischen indogenen (Süd-) und externen (Nord-)NRO. Unter den an dieser Stelle analysierten indogenen NRO werden die in afrikanischen Staaten gegründeten NRO erfaßt, die unter Leitung von Einheimischen stehen und deren Großteil an Personal aus dem Inland stammt. Exakte und aktuelle Angaben über die Anzahl der in einzelnen Ländern jeweils aktiven Nord- und Süd-NRO stehen nur vereinzelt zur Verfügung.[30] Meinhardt (1997: 125) gibt für Malawi (1991) Zahlen von ca. 40 indogenen und 20 externen Organisationen an. Nach Angaben des zuständigen ‚desk-officers' für NRO der Weltbank-Vertretung in Kampala sind von den ca. 1400 im Land aktiven NRO ca. 20% ausländische.[31]

Durch ihre Tätigkeit im Bereich Menschen- und Bürgerrechte verkörpern sie einen eher modernen und westlichen Typ mit anwaltschaftlicher (*advocacy*) Funktion (Hillebrand 1994: 64). Der Begriff modern hebt zum einen auf ihr Selbstverständnis als Anwalt unterdrückter oder benachteiligter, aus dem gesellschaftlichen und politischen Leben ausgeschlossener (marginalisierter) Gruppen ab. Zum anderen hebt er auf ihre im Vergleich zu neo-traditionalen Gruppen moderne Organisationsform ab. NRO besitzen schriftlich festgelegte Statuten, betreiben Öffentlichkeitsarbeit und ihre Führung ist nicht-traditionell legitimiert. Sie streben häufig nach Etablierung von Netzwerken im Land und über die Landesgrenzen hinaus (z.B. GERDDES, CODERISA[32] oder die Kooperation der Law Societies in Ostafrika). Auch ein Teil der Süd-NRO, der mit ‚klassischen' Entwicklungsprojekten beschäftigt ist, läßt sich als ein Teil der Zivilgesellschaft begreifen, da die Aktivitäten dieser NRO auf die *res publica* hin ausgerichtet sind. Angesichts der geringen Handlungsspielräume und einer bürokratischen Überregulierung des ‚*overdeveloped state*' erscheint eine solche Politisierung geradezu zwangsläufig.

2. Nord-NRO als Teil der afrikanischen Zivilgesellschaften?

Wird ‚*ownership*' zum zentralen Kriterium für eine Einordnung von NRO, so sind Nord-NRO eindeutig nicht Teil afrikanischer Zivilgesellschaften. Die Leitung dieser NRO erfolgt oftmals durch die Zentrale im Heimatland, der Anteil an ausländischem Personal ist hoch, viele Organisationen arbeiten hochprofessionell und zum Teil schon seit Dekaden vor Ort.[33] Orientiert man sich an ihren Funktionen und Zielen im politischen und gesellschaftlichen Prozeß afrikanischer Staaten, so zeigen sich große Überschneidungen mit indigenen NRO:

1. Es besteht eine hohe Zielkompatibilität zwischen Nord- und Süd-NRO, etwa im Bereich von Menschenrechts- und Umweltschutzorganisationen.

2. Die eindeutigen finanziellen Abhängigkeitsverhältnisse von Süd-NRO gegenüber den Gebern und NRO im Norden führten zu einer Vermischung oder sogar zu einer zumindest teilweise Übernahme der Agenda der Geber durch Süd-NRO. Nach Kößler/Melber (1993: 94, 95-107) sollte daher, anstatt von getrennten Zivilgesellschaften auszugehen, von der Existenz einer internationalen Zivilgesellschaft in einigen Politikfeldern ausgegangen werden. Ein Kennzeichen der partiellen internationalen Zivilgesellschaft ist z.b. die gemeinsame Durchführung bestimmter Kampagnen in den Ländern des Nordens und/oder den Ländern des Südens.

3. Die NRO aus dem Norden versuchen die Politik ihrer Gastländer in Richtung auf Entwicklung sowie Einhaltung demokratischer Prinzipien und Menschenrechte zu beeinflußen. Indirekten Einfluß auf die Politik in afrikanischen Staaten nehmen Nord-NRO über ihre diversen Unterstützungs- und Beratungsleistungen für Partnerorganisationen. Durch die zahlreichen informellen Kontakte zu Regierungsstellen, einzelnen Politikern und Parteien im Gastland versuchen die Nord-NRO ferner, direkt Einfluß auf einzelne Politikbereiche zu nehmen.[34]

Die Arbeit der Nord-NRO sowie ihre vielfältigen Kooperationsbeziehungen und Vernetzungen mit Süd-NRO haben einen entscheidenden Beitrag zur Verbreitung von Menschenrechtsideen und Demokratievorstellungen und damit zur Entstehung einer demokratischen Zivilgesellschaft geleistet.[35] Sie sind ein wichtiger Grund dafür, daß kaum mehr Vorbehalte in Afrika gegenüber ‚westlichen' Menschenrechten existieren. Die bedeutenden Fortschritte in der Menschenrechts- und Demokratiediskussion in Afrika, die ihren Ausdruck beispielsweise in „The African Charter for Popular Participation in Development and Transformation" (Ambrose 1996: Appendix II) finden, sind ohne die Arbeit von transnational arbeitenden Menschenrechts-Organisationen nicht denkbar.

Sowohl Nord-NRO als auch Süd-NRO haben damit ferner einen wichtigen Beitrag zur Entstehung eines Wertekonsens geschaffen. Ein Basiskonsens auf Seiten afrikanischer Intellektueller hinsichtlich grundlegender politischer Strukturprinzipien war in der Vergangenheit schwach ausgeprägt. Bayart (1986: 122) nennt in diesem Zusammenhang ein Beispiel aus Nigeria. Er beschreibt das Scheitern eines Verfassungskomitees zur Ausarbeitung einer neuen Verfassung im Jahr 1975. Er erklärt dies mit völlig gegensätzlichen Vorstellungen und Politikkontexten der Akteure, die sich aus der extremen Heterogenität afrikanischer Gesellschaften, die über keinen Basiskonsens verfügten, ergäben. Vor dem Hintergrund des Versagens des Sozialismus als alternatives

Zivilgesellschaften in afrikanischen Systemwechseln 311

politisches Konzept, des nahezu globalen Diskurses über die Universalität der Menschenrechte, Forderungen der Bevölkerungen afrikanischer Staaten sowie wichtiger Geber nach mehr Demokratie und der Arbeit zahlloser Süd- und Nord-NRO als Protagonisten von Demokratie und Menschenrechten, ist diese These Bayarts obsolet geworden. Nach Auffassung des Verfassers existiert unter afrikanischen Intellektuellen und der Mehrheit zivilgesellschaftlicher Gruppen ein Basiskonsens über demokratische Strukturprinzipien, die Einhaltung der Menschenrechte und Rechtsstaatlichkeit (Schmidt 1996b: 298-304).

Die Zusammensetzung und die Bedeutung der einzelnen Segmente der afrikanischen Zivilgesellschaften variiert von Land zu Land stark. Eine exakte Zuordnung einzelner Organisationen zu den vier bzw. fünf Typen ist in Einzelfällen durchaus schwierig, da die Übergänge fließend sein können. Beispielsweise kann die Abgrenzung zwischen Selbsthilfegruppen und NRO oder zwischen Selbsthilfegruppen und neo-traditionalen Gruppen schwierig sein, wie auch Lachenmann (1997: 195) ausdrücklich hervorhebt.

3. Afrikanische Zivilgesellschaften in vergleichender Perspektive

Die sich formierenden Zivilgesellschaften in afrikanischen Staaten unterscheiden sich in dreierlei Weise signifikant von Zivilgesellschaften auf anderen Kontinenten und dabei besonders von westlichen Zivilgesellschaften, mit denen sie häufig verglichen werden (Hutchful 1996: 76):

a) Die unterschiedliche Zusammensetzung

Während Interessengruppen, die christlichen Kirchen und die Mehrheit der Süd- und Nord-NRO wohl zur Zivilgesellschaft gehören, sind Zweifel im Falle neo-traditionaler Gruppen und religiöser Sekten angebracht. Neo-traditionale Gruppen verfolgen häufig ausschließlich materielle Eigeninteressen. Inwieweit neo-traditionale Gruppen den demokratischen Minimalkonsens der Zivilgesellschaft teilen und eine aktive Rolle als Protagonisten einer Transition spielen, ist im Einzelfall fraglich und nur einzeln überprüfbar. Im Falle religiöser Sekten ist die Möglichkeit, daß sie ausschließlich spirituell orientiert sind oder sogar undemokratische Ziele verfolgen, relativ hoch. Zwar demonstriert das Beispiel Zaire die Bedeutung neo-traditionaler Gruppen und informeller Netzwerke für Kommunikation und Mobilisierung im Liberalisierungsprozeß, doch bedarf es zusätzlicher empirischer Studien, um zu prüfen, inwieweit, oder genauer, unter welchen spezifischen Bedingungen, neo-traditionale Gruppen Teil einer Zivilgesellschaft sind.[36]. Die strikte Anwendung der von Lauth/Merkel (1997) geleisteten Definition von Zivilgesellschaft führt zum Ausschluß der wichtigen ethnisch-orientierten und religiösen Gruppen aus der

Betrachtung afrikanischer Zivilgesellschaften, da sie z.T. fundamentalistisch, dogmatisch und intolerant orientiert sowie exklusiv hinsichtlich ihrer Mitgliedschaften sind (Hutchful 1996: 68). Ohne Berücksichtigung dieser Gruppen bleiben Analysen der Demokratisierungsprozesse bzw. ihrer Blockaden jedoch unvollständig. Diese Gruppen können z.b. durchaus eine wichtige Rolle beim Sturz eines autoritären Systems spielen. Signifikant unterscheiden sich afrikanische Zivilgesellschaften von ihrem Pendant vor allem in Osteuropa, weniger in Lateinamerika, durch das breite Spektrum an einheimischen NRO und die hohe Bedeutung der zahlreichen Nord-NRO.

b) Die hohe Abhängigkeit von externen Gebern

Mit massiver Unterstützung der Geberstaaten bildeten sich in den zurückliegenden 20 Jahren eine nahezu unübersehbare Anzahl an NRO mit größtenteils anwaltschaftlicher Funktion, wie Frauen- und Menschenrechtsgruppen. Es ist trotzdem sicherlich übertrieben, Zivilgesellschaften als ein ausschließlich Geber-induziertes Phänomen zu bewerten, doch darf nicht übersehen werden, daß viele Gruppen ohne externe Hilfen aller Art nicht überlebensfähig sind. Zahlreiche afrikanische Zivilgesellschaften befinden sich noch in einer Art Embryonalzustand, deren Nabelschnur die externe Unterstützung darstellt. Einerseits sind die NRO von den Gebern und damit den jeweiligen Konjunkturen deren Entwicklungspolitiken abhängig, andererseits sind sie weitgehend unabhängig von staatlichen Ressourcen, womit die Chance auf Entstehung einer ‚kritischen' Masse an pro-demokratischen Akteuren langfristig steigt.

c) Das Verhältnis zwischen Staat und Zivilgesellschaft

Die aus osteuropäischen Systemwechseln abgeleitete rigide Dichotomie zwischen Staat und Zivilgesellschaft[37] wird im afrikanischen Kontext der Situation nicht gerecht, da Staat und Zivilgesellschaft eng miteinander verbunden sind. Kößler (1997: 36) spricht daher zu Recht von einer breiten ‚Grauzone' zwischen Staatsapparat und Zivilgesellschaft. Der Grund liegt in der Struktur afrikanischer Gemeinwesen: Die Dominanz des afrikanischen Staates in allen Bereichen und seine Zugriffsmöglichkeiten auf Ressourcen bei gleichzeitiger relativer Schwäche des privaten Sektors verhindert das Abkoppeln der Zivilgesellschaft vom Staat (Kasfir 1998a: 4)[38]. Der hohe Anteil von im weitesten Sinne im öffentlichen, d.h. staatlichen, Sektor Beschäftigten in vielen afrikanischen Zivilgesellschaften macht die von westlichen Erfahrungen gespeiste rigide Dichotomie von Staat und Zivilgesellschaft fraglich. Pankhurst (1998: 205) bezeichnet die Tatsache, daß in ihrer Fallstudie zu Zimbabwe Staatsangestellte die schärfste Opposition zum Staat bilden, geradezu als Ironie.

Die Finanzierung von außen bietet für viele Gruppen die Chance Autonomie zu erreichen. Doch setzt sie eine Zielkompatibilität voraus, die für viele länger existierende Gruppen nicht besteht.

Das Versagen bzw. die Zurückdrängung eines ineffektiven Staates generierte bzw. begünstigte einerseits die Entstehung potentiell pro-demokratischer Kräfte (im Sinne eines stärkeren Pluralismus) wie Selbsthilfeeinrichtungen, Nachbarschaftsvereinigungen etc. Andererseits entstanden zahlreiche Gruppen, die im Sinne Hirschmans die *exit-option* wählen, worunter auch Teile des informellen Sektors fallen. Angesichts der katastrophalen sozialen und wirtschaftlichen Lage, traumatischer Erfahrungen mit jahrzehntelangen Bürgerkriegen und einer hohen Zahl von Aids-Infizierten besteht die Möglichkeit, daß Teile der Bevölkerungen Zuflucht zu fundamentalistischen Sekten und Heilslehren nehmen oder daß die Schwelle zur Anwendung von Gewalt niedrig ist. Unter diesen Bedingungen sind Zivilgesellschaften keineswegs immun gegen Versuche einer Instrumentalisierung durch politische ‚Unternehmer'.

d) Stadt-Land-Unterschiede als Spezifika afrikanischer Zivilgesellschaften

Während Angehörige der Mittelklasse die urbanen Gruppen dominieren, spielen auf dem Land Führer (neo-)traditionaler Gruppen eine wichtige Rolle. Diese traditionellen Führungsautoritäten, die sich häufig durch geringere formale Bildung von städtischen Aktivisten unterscheiden, werden häufig in Selbsthilfegruppen und soziale Bewegungen integriert (Bratton 1994b: 37). Die Art der politischen Einflußnahme der Gruppen auf dem Land und in der Stadt unterscheidet sich vor allem dadurch, daß die Eliten ländlicher Gruppen in enger, klientelistischer Beziehung zu politischen Führern stehen. Wie Lachenmann u.a. (1990) am Beispiel der Marabouts des Senegal zeigt, kooperieren traditionale Führer von Klientelen eng mit dem Staat. In einer Art Tauschhandel gestehen staatliche Institutionen im Senegal den Marabouts Mitsprache bei der Landverteilung zu und finanzieren sie zum Teil, während die Marabouts im Gegenzug Wahlhilfe für die Regierungspartei leisten (Lachenmann u.a. 1990: 21-28). Offene Konflikte zwischen Staat und Zivilgesellschaft sind auf dem Land daher eher selten. Bratton (1994b: 39) belegt an drei Fallstudien zu Selbsthilfegruppen aus Zimbabwe und Kenia, daß diese kooperative Interessenwahrnehmung erfolgreicher als eine konfrontative Politik sei, die angesichts des Ressourcenvorsprungs staatlicher Verwaltung aussichtslos sei. Die Vorstellung von einer Zivilgesellschaft, die ausschließlich als Widerpart zur staatlichen Macht gesehen wird, wird daher den Realitäten afrikanischer Zivilgesellschaften insgesamt nicht gerecht, da die Beziehungsmuster in der Realität weitaus komplexer sind.

Das Verhalten städtischer Gruppen der Zivilgesellschaft unterscheidet sich demgegenüber deutlich von diesem kooperativen Verhalten: Städtische Gruppen setzen stärker auf öffentlichen Protest (Streiks, Demonstrationen), organisieren Medienkampagnen oder unterstützen, wenngleich zurückhaltend, auch politische Führer. Deutliche Distanz wahren urbane zivilgesellschaftliche Gruppen auch zu staatlichen Einrichtungen.[39] Wie bereits angedeutet ist auch in Hinblick auf die soziale Herkunft von Führung und Mitgliedschaft zivilgesellschaftlicher Gruppen zwischen städtischen und ländlichen Regionen zu unterscheiden. Die Führung bei städtischen Gruppen liegt z.b. in Zambia (Meyns 1995: 97), Kamerun (Mehler 1998: 176-182) und Zaire (Stroux 1996: 88, Schmidt 1998: 217) bei Angehörigen der Mittelklasse. Dazu zählen Selbständige (Journalisten, Rechtsanwälte, Ärzte), Intellektuelle, Lehrer, Professoren und Studenten, Angestellte bzw. Arbeiter des öffentlichen Dienstes und Beamte. Eine wichtige Rolle in den meisten Ländern spielen ferner Angehörige der christlichen Kirchen.

e) Das Potential der ‚unzivilen' Gesellschaft

In vielen afrikanischen Staaten besteht aufgrund der Armutsbedingungen, sozialen Streßsituationen und ethnischen Animositäten die Gefahr, daß Gruppen der Zivilgesellschaft ‚unzivile' Verhaltensweisen annehmen indem sie keinerlei Toleranz zeigen und bereit sind Gewalt anzuwenden.[40]

V. Die Rolle von Zivilgesellschaften in afrikanischen Transitionsprozessen

Die von Lauth/Merkel (1997) entworfenen idealtypischen Verhaltensmuster für Zivilgesellschaften in Transitionsprozessen lassen sich für afrikanische Demokratisierungsprozesse[41], trotz einiger Abweichungen, insgesamt bestätigen.

1. Zivilgesellschaften in der Liberalisierungsphase

Die Hochzeit der Zivilgesellschaften in afrikanischen Transitionsprozessen stellt die Liberalisierungsphase dar. Die gewährte bzw. erkämpfte Vereinigungsfreiheit, die Zulassung von Öffentlichkeit, der Wegfall von Restriktionen aller Art lassen die bereits vorhandenen Gruppen in das Licht der Öffentlichkeit treten, und führen zu zahlreichen Neugründungen. In vielen Fällen wie u.a. in Kenia und Zaire läßt sich von einem geradezu explosionsartigem Anwachsen der Gruppen sprechen. Da zu Beginn der Transition die demokratische „*political society*'[42] nur begrenzt handlungsfähig war, übernahmen zumeist breite Koalitionen von zivilgesellschaftlichen Gruppen – Kirche, Unternehmer(verbände), Gewerkschaften, Studenten und Schüler (Makumbe 1998: 309: Bratton 1994a: 60-75) – die Führung auf Seiten der Opposition (Bratton/Walle 1997: 200). Sie trugen damit zur Delegitimation autoritärer Herrschaft bei (Lauth 1999: 105). Diese häufig informellen Koalitionen wurden jeweils von bestimmten organisierten Interessengruppen dominiert. So spielten Gewerkschaften in Zambia und im Kongo, Rechtsanwaltsvereinigungen in Benin und Kenia, Journalistenvereinigungen in Benin, der Cote d'Ivoire und Zaire und Unternehmerverbände in Zambia und Benin eine bedeutende Rolle. In Zambia[43] und Südafrika entsprach die zentrale Stellung der Gewerkschaftsbewegungen im Liberalisierungsprozeß der Vorstellung Lauth/Merkels (1997: 23) von einem „Flagschiff', das die Führung und Koordination übernimmt und an das andere Assoziationen ‚andocken' können.

In nahezu allen Fällen spielten die Studenten und die angesehenen christlichen Kirchen (z.B. für Malawi: Meinhardt 1997: 104-111) eine maßgebliche Rolle für das Einsetzen politischer Liberalisierung und bei der Überwindung des autoritären Systems. Über das Verhalten der neo-traditionalen Gruppen in dieser Phase liegen kaum Informationen vor.

Der Protest dieser Zivilgesellschafts-Koalitionen in Form von Demonstrationen und Streiks richtete sich zunächst gegen ökonomische Mißstände, nahm aber rasch politischen Charakter an. Typische Forderungen beinhalteten das Ende von Menschenrechtsverletzungen und Korruption, die Abhaltung freier Wahlen und den Rücktritt des Autokraten. Die Koalitionen werden in der Regel nur durch einen sehr allgemeinen Konsens zusammengehalten, dessen vordringliches Ziel die Beseitigung der autoritären Herrschaft ist. Konkrete Pläne zur Neuordnung des post-autoritären Systems existierten hingegen häufig (z.B. in Zambia) nicht.

1.1 Die Nationalkonferenzen im frankophonen Afrika

Unter Nationalkonferenzen können im weitesten Sinne ‚Runde Tische' verstanden werden, an denen Delegierte der Opposition – Zivilgesellschaftliche Gruppen, Parteien und Individuen –, Vertreter des Regimes und politisch indifferente Gruppen teilnehmen. Zwischen 1991 und 1994 fanden insgesamt sieben Nationalkonferenzen in Benin, Gabun, Kongo, Mali, Togo, Niger und Zaire statt. Die Tatsache, daß sie ausschließlich im frankophonen Afrika als Übergangsinstitution eingerichtet worden sind, läßt sich einmal mit Beispieleffekten (Huntington 1991) erklären, da die Ereignisse in einem Land immer mit großer Aufmerksamkeit in anderen Ländern der Region bzw. des Sprachkreises verfolgt werden.[44] Zum anderen spielt im von der französischen Kultur geprägten Afrika die historische Analogie zur Rolle der Generalstände in der

Revolution von 1789 eine Rolle. Zwar spiegelte die Zusammensetzung der Konferenzen die jeweiligen länderspezifischen politischen Kräfteverhältnisse wider, doch trotz aller Unterschiede lassen sich einige gemeinsame Charakteristika erkennen:

- Die teilnehmenden Delegierten verfügten in der Regel nicht über eine demokratische Legitimation und darüberhinaus bleibt fraglich, inwieweit sie repräsentativ für die Bevölkerung waren.
- In der Regel waren die Teilnehmerzahlen weitaus höher als im Falle der Runden Tische in Osteuropa. Im Kongo nahmen 1100, in Niger 1200, im Kleinstaat Gabun immerhin 1500 und in Zaire schließlich sogar 3000 Delegierte teil. Diese hohe Teilnehmerzahlen an Delegierten, die sich auch mit finanziell attraktiven hohen Tagessätzen erklären, erschwerten die Arbeit der Konferenzen.
- Auf den Konferenzen dominierten die städtischen[45], artikulationsfähigen Gruppen der Zivilgesellschaft: Gewerkschaften, Vereinigungen von Lehrern, Studierenden, Staatsangestellten, Journalisten und Rechtsanwälten, Vertreter von ‚advocacy'-NRO und den christlichen Kirchen. In Togo, Benin, Kongo und Zaire leiteten Kirchenführer die Nationalkonferenzen (Nwokedi 1993: 414-415). Während der Nationalkonferenzen befand sich die Zivilgesellschaft auf dem Zenit ihres Einflusses. Sie markieren aber auch einen Wendepunkt, da die politischen Parteien im Verlauf der Konferenzen bereits damit begannen, die Agenda zu dominieren.
- Nahezu alle Konferenzen entwickelten eine Eigendynamik (Clarke 1995: 252), in deren Verlauf es der Opposition gelang, über die Inhalte des vom Regime vorgegebenen Rahmens hinauszugehen. Von den Autokraten waren die Konferenzen häufig einberufen worden, um den Reformprozeß zu verlangsamen und zu kontrollieren, nachdem zuvor Repression fehlgeschlagen war (Bratton/Walle 1997: 173). Die Nationalkonferenzen in Benin, Kongo, Niger und Zaire erklärten sich dann aber für souverän.
- Die Geberstaaten nahmen durchaus Einfluß auf einzelne Akteure und den Verlauf der Konferenzen, ohne jedoch die Ergebnisse bestimmen zu können.

Für die Zivilgesellschaft und die Oppositionsparteien besaßen die Konferenzen drei Funktionen: Erstens wurden sie als ein Instrument zur Aufarbeitung der Korruption und der Menschenrechtsverletzungen verstanden. Damit bestand ihre auch moralische Aufgabe darin, einen neuen gesellschaftlichen Basiskonsens zu schaffen. Sie leisteten in jedem Fall einen Beitrag zur Ausbildung einer ‚kollektiven' demokratischeren Identität (Lauth/Merkel 1997: 23). Zweitens zielten sie auf eine dauerhafte Veränderung der politischen Strukturen in Richtung einer Verwirklichung von Menschenrechten und Demokratie. Im Mittelpunkt dieses Zieles stand die Ausarbeitung einer neuen Verfassung bzw. eines Entwurfes, über den die Bevölkerung in der Regel abstimmen sollte. Drittens, und nur an diesem Punkt trafen sich die Ziele und Absichten mit denen der autoritären Regierungen, sollten Lösungswege für die in einigen Staaten katastrophale wirtschaftliche Lage aufgezeigt werden.

Die Bilanz der Nationalkonferenzen hinsichtlich ihres Zieles, eine umfassende Demokratisierung einzuleiten, fällt ambivalent aus: In Benin, Kongo, Mali und Niger stellten die Konferenzen entweder eine entscheidende Weiche für den Systemwechsel dar oder brachten den Prozeß zumindest temporär deutlich voran. In Togo, Gabun und Zaire gelang der Systemwechsel durch die Nationalkonferenz nicht. Dennoch erreichten die Konferenzen auch dort durch ihre umfassenden Diskussionen bisheriger Tabu-Themen und besonders ihrer Verfassungsentwürfe, daß eine politische Alternative sichtbar wurde und schufen damit inhaltliche Referenzpunkte, an denen die weiteren politischen Diskussionen ansetzen konnten. Der unterschiedliche Ausgang der Nationalkonferenzen rief eine lebhafte und kontroverse Diskussion in der Wissenschaft über die Erfolgs- bzw. Mißerfolgsbedingungen von Nationalkonferenzen hervor (Heilbrunn 1993; Nwajiaku 1994; Clarke 1995). Heilbrunn (1993: 298) argumentiert unter Hinweis auf Benin und Togo, daß die Organisationsfähigkeit und die erfolgreiche Koalitionsbildung unter den Gruppen der Zivilgesellschaft ausschlaggebend für den Erfolg der Nationalkonferenz in Benin gewesen sei und im Gegenzug die schwache Zivilgesellschaft in Togo somit das weitgehende Scheitern der Konferenz verursacht habe. Hinzu kommt, daß die Nationalkonferenz dem Diktator Benins, Matthieu Kérékou, mit einem Verzicht auf eine Anklage für die von ihm zu verantwortenden Verbrechen eine ‚exitoption' einräumte, die ihm den Verzicht auf sein Amt ermöglichte. Die Nationalkonferenz Togos hingegen gewährte keine Straffreiheit für den Militärherrscher Eyadema (Nwokedi 1993: 417). Diese Interpretation wird von Nwajiaku (1994: 445) abgelehnt. Sie erklärt, daß „the divergent scenarios witnessed in Benin and Togo stem from the extent and nature of the power exercised by each ruling régime." Die absolute Kontrolle Eyademas über das Militär, das vor allem von Angehörigen seiner Heimatethnie, den Kabiyé dominiert wird, und die Bereitschaft zu einem äußerst brutalen Vorgehen gegen jegliche Opposition erklärten das Scheitern der Nationalkonferenz.

Diese beiden Thesen sind nur auf den ersten Blick unvereinbar, denn die Argumentationsstränge können durchaus komplementär sein, wie das Beispiel des Scheiterns der zairischen Nationalkonferenz demonstriert: Mönikes-Imholt (1991: 3) macht die zerstrittene, unprofessionell agierende Opposition und ihre chaotische Organisation für das Scheitern des ersten Durchganges der zairischen Nationalkonferenz 1991 zumindest mitverantwortlich. Der konkrete Anlaß für den Abbruch der Konferenz war jedoch die Plünderung der großen Städte durch meuternde Soldaten, die von einer Explosion sozialer Gewalt auf Seiten der Bevölkerung begleitet wurde. Diese von der Regierung Mobutu bewußt hingenommene, möglicherweise sogar initiierte Eskalation der Gewalt stellte den Höhepunkt einer ganzen Reihe von Sabotageaktionen (z.B. Bestechung von Delegierten, Störmanöver seiner Anhänger, Repressionen gegen Oppositionelle etc.) dar (Stroux 1996). Die Ereignisse auf der Nationalkonferenz Zaires demonstrieren ferner, daß noch weitere Faktoren wie die inkonsequente Haltung der Geber, die Tiefe der Wirtschaftskrise etc. Ursachen für Erfolg oder Mißerfolg der Konferenzen bilden können.

Im Unterschied zu den Prozessen in anglophonen Ländern boten die Nationalkonferenzen in vielen frankophonen Staaten eine Arena für die Opposition als ganzes – Parteien und Zivilgesellschaft – um einen Basiskonsens über die Grundstrukturen des zukünftigen Systems in Form von Verfassungsvorschlägen zu finden. In der Terminologie von Merkel und Lauth (1998) läßt sich die Zivilgesellschaft in diesen Fällen als konstruktiv bezeichnen, da sie zur institutionellen Entwicklung einen Beitrag leisteten. Die Nationalkonferenzen markierten sowohl den Höhepunkt des Einflusses der Zivilgesellschaft als auch den Beginn ihres Abstiegs. Während es den zivilgesellschaftlichen Gruppen vielfach gelang, ihre Vorstellungen einer alternativen politischen Ordnung zu artikulieren, ging die politische Initiative mit dem Näherrücken des Wahltermins mehr und mehr auf die primären Akteure der „*political society*', damit auch auf die Parteien über (z.B. in Kenya, Südafrika).

2. Zivilgesellschaften in der Demokratisierungs- und Konsolidierungsphase

Mit dem Eintritt in die Demokratisierungsphase durch bevorstehende Wahlen beginnt der Zerfall der zivilgesellschaftlichen Oppositionskoalition. Der Konsens innerhalb der Zivilgesellschaften war temporärer Natur, denn er bezog sich nur auf das Ziel, das autoritäre System abzuschaffen. Da es in Afrika kaum ethnische und soziale cleavages übergreifende Gruppen gibt, findet in der Demokratisierungs- und Konsolidierungsphase eine Polarisierung statt und Konflikte innerhalb der Zivilgesellschaft brechen auf (Makumbe 1998: 311). Damit bestätigen sich im wesentlichen die Annahmen von Lauth/Merkel (1997: 27-28). Doch die Tendenz zur De-Mobilisierung und De-Politisierung einer Zivilgesellschaft in der Phase der demokratischen Konsolidierung (Lauth/Merkel 1997: 27-28) ist zwar auch in afrikanischen Ländern sichtbar, allerdings sind diese Tendenzen weniger ausgeprägt als in osteuropäischen Transitionsländern, wie die Beispiele Südafrika und Zambia (Meyns 1995) demonstrieren. Dies gilt noch stärker für Länder, in denen die Transitionen unvollkommen oder durch einzelne an der Macht befindlichen Gruppen blockiert sind (Schubert/Tetzlaff 1998), wie z.B. in Kenia oder Zaire. In diesen Ländern befindet sich die Zivilgesellschaft regelrecht ‚im Wartestand'. Erst unter günstigeren Rahmenbedingungen wird sie ihr durchaus vorhandenes demokratisches Potential einbringen können.

In Staaten, die nach einem Wahlsieg der demokratischen Kräfte in die Konsolidierungsphase gehen, lassen sich auf Seiten der zivilgesellschaftlichen Gruppen unterschiedliche Verhaltensweisen konstatieren. Während ein Teil der Zivilgesellschaft sich von der politischen Bühnen zurückzieht, versuchen viele zivilgesellschaftliche Gruppen, vor allem Kirchen, Menschenrechtsgruppen und häufig Journalisten eine Art ‚Wachhund-Funktion' zu übernehmen. In Südafrika verstehen sich Bürgervereinigungen und Gewerkschaft explizit als Wächter über den Fortgang des Demokratisierungsprozeß (Schmidt 1997b: 51). In Zambia war es die Zivilgesellschaftskoalition, die sich als catch-all-Partei unter dem Namen Multiparty Movement for Democracy (MMD) formiert hatte, zunächst gelungen die Einheitspartei bei den Wahlen regelrecht zu deklassieren (Meyns: 1995). Doch einmal in der Regierungsverantwortung, entfremdete sich das MMD trotz seiner zivilgesellschaftlichen Wurzeln von den ursprünglichen Zielen der demokratischen Opposition und errichtete ein korruptes Patronage-System, das demjenigen des früheren Präsidenten Kaunda durchaus vergleichbar ist. Es gelang der zambischen Zivilgesellschaft jedoch nicht nur ihre Unabhängigkeit zu bewahren, sondern sie war durchaus in der Lage, mit Rückendeckung der Geber, eine ‚Wachhund-Funktion' zu erfüllen und eine noch stärkere Rückkehr zu autoritären Verhältnissen zu verhindern. Die Geber, von deren Krediten Zambia in hohem Maße abhängig ist, können einzelne Gruppen oder Individuen gewissermaßen gegen Repressionen ‚immunisieren'.

Die ‚Wachhund-Funktion' kann in anderen Ländern von den Zivilgesellschaften allerdings nur unzureichend wahrgenommen werden, da die Gruppen im Grunde genommen kaum Informationen besitzen, wie Staat und Politik funktionieren (Makumbe 1998: 312). Ferner behindern fortgesetzte Kontrollen etwa die Arbeit der Journalisten (ebd. 312-313).

Die Annahme, von der Lauth/Merkel (1997: 28) und Stepan (1997: 663) ausgehen, daß die Zivilgesellschaft die demokratische Konsolidierung erschweren kann, läßt sich nicht ohne weiteres bestätigen. Vielmehr gilt für die untersuchten Fälle, daß eher die politischen Parteien das Haupthindernis für den Fortgang der Transition (z.B. in Zaire und Kenia) und für die demokratische Konsolidierung (Zambia) darstellen. In Zaire und Kenia (Peters 1996) beispielsweise verhinderten interne Machtkämpfe der Parteiführer, der Opportunismus einzelner Repräsentanten und die Verfolgung persönlicher Machtinteressen die Permanenz einer Demokratisierungskoalition. Erst unter diesen Umständen konnten die Sabotagestrategien eines Mobutu in Zaire oder eines Mois in Kenia gegenüber dem Demokratisierungsprozeß über Jahre so erfolgreich sein.

Ein Vergleich beispielsweise zwischen Zambia und Zaire demonstriert ferner, daß die jeweiligen Rahmenbedingungen – Typ der autoritären Herrschaft, Transitionspfad[46], die Anwendung von Gewalt sowie das Verhalten der Gebergemeinschaft – zu einem wesentlichen Teil über die Chancen der Zivilgesellschaft, den Transitionsprozeß merklich zu beeinflussen, entscheiden. Pessimistisch beurteilt Stepan (1997: 660-661) die Chancen jeglicher Opposition unter den Ausgangsbedingungen sultanistischer Regime, da der Charakter dieser Staaten paktierte Übergänge ausschließe. Damit schwänden auch die Aussichten auf eine gewaltfreie Transition. Die Entwicklung Zaires bestätigt (zumindest bis Mitte 1999) Stepans pessimistische Annahme.

2.1 Handlungsrestriktionen von Zivilgesellschaften

Die in vielen Ländern besonders in der Demokratisierungs- und Konsolidierungsphase eingeschränkte Funktionsfähigkeit von Zivilgesellschaften als Protagonisten in Transitionsprozessen erklärt sich zum einen mit der dem Prozeß inhärenten Dynamik, die politischen Parteien angesichts von Wahlen gleichsam automatisch zentrale Funktionen zuweist. Zum anderen markieren Bürgerkriege (Sudan), ethnisch akzentuierte Konflikte (Burundi, Ruanda) und skrupellose Gewaltanwendung von Autokraten (Togo, Zaire) die Grenzen zivilgesellschaftlicher Aktivitäten und Strategien. Im folgenden sollen die Grenzen afrikanischer Zivilgesellschaften in Transitionen näher beleuchtet werden. Dazu gehören die bislang kaum thematisierten organisatorischen Defizite der zivilgesellschaftlichen Akteure sowie ihre strukturellen Unzulänglichkeiten wie mangelnde Koalitionsfähigkeit mit anderen Akteuren.

Zweifelsohne ist es unter günstigen externen und internen Rahmenbedingungen zu einer Formierung und Ausdifferenzierung afrikanischer Zivilgesellschaften gekommen. Dennoch, so die zentrale These dieses Beitrages, sind viele Zivilgesellschaften nach wie vor zu schwach, um einen wesentlichen Beitrag für den Systemwechsel zu erbringen. Dafür lassen sich mindestens vier Ursachen benennen:

1. Ein Großteil der Organisationen verfügt nicht über eine Massenbasis[47] und ist nur lose in der Bevölkerung verankert. Besonders die von Gebern geförderten modernen NRO besitzen keine ausreichende soziale Basis.[48] Die Reichweite der Zivilgesellschaft bleibt beschränkt, nicht zuletzt da die Medien noch immer nicht den größten Teil der Bevölkerung, die zu 70% auf dem Land lebt, erreichen können. Dominiert werden afrikanische Zivilgesellschaften von urbanen Eliten und Vertretern der Mittelklasse (Kasfir 1998a: 5, 13).

2. Für die Mehrzahl der zivilgesellschaftlichen Gruppen gilt, wie Bratton (1994b: 37) für Süd-NRO feststellt, daß die Organisationen „[...] are commonly crippled by desperate shortages of professional skills – in program planning, resource mobilization, and financial control." Allerdings verallgemeinert diese Aussage zu sehr, da zahlreiche Gruppen durchaus gut organisiert sind, zahlreiche NRO massiv von außen unterstützt werden und daher durchaus über Res-

sourcen und Professionalität verfügen. Gemessen an formalen Kriterien wie Mitgliedschaft, Finanzkraft etc. sind die klassischen Interessengruppen, von Ausnahmen abgesehen (wie z.b. in Südafrika die schwarzen Gewerkschaften), im Vergleich zu europäischen Organisationen sicherlich als schwach zu bezeichnen. Diese Bewertung ist jedoch insofern zu relativieren, als daß erstens informelle Strukturen eine große Rolle spielen. Zweitens stellen auch andere Akteure wie Parteien, aber auch Verwaltungen, keine homogenen oder effektiven Akteure dar. Eine Bewertung, inwiefern die Zivilgesellschaft stark[49] oder schwach ist, ist nur relational im Verhältnis zur Stärke, d.h. im Verhältnis zu den Machtressourcen anderer Akteure möglich. Die relative Stärke und die spezifische Funktionslogik afrikanischer Zivilgesellschaften über informelle Netzwerke erklärt auch die erstaunliche Mobilisierungsfähigkeit der Zivilgesellschaften – Hunderttausende protestierten in afrikanischen Städten.

3. Da die Strukturen der Zivilgesellschaft „sadly undemocratic in both their organizational structures and their operations" (Makumbe 1998: 311; Hutchful 1996: 66) sind, können sie nur sehr bedingt ,Schulen der Demokratie' nach Toquceville sein.

4. Die mangelnde Kooperation der Zivilgesellschaft mit politischen Parteien (Olukoshi 1998; Widner 1997) läßt die Opposition in der Auseinandersetzung mit Regierungen oftmals ohne Chance. Auf der einen Seite fehlen dadurch den politischen Parteien der organisatorische Unterbau und die notwendigen inhaltlichen Inputs, wodurch deren programmatische Profillosigkeit noch verstärkt wird. Auf der anderen Seite beraubt sich damit die Zivilgesellschaft erstens eines wichtigen Einflußkanals auf politische Entscheidungen und zweitens kann sie Verselbständigungstendenzen von Parteieliten nicht verhindern.

2.2 Schwache Verbindungen zwischen Parteien und Zivilgesellschaft

Die schwachen Verbindungen zwischen Zivilgesellschaft und Parteien bedarf einer genaueren Betrachtung. Trotz des gemeinsamen Interesses an der Ablösung der bisherigen autoritären Regierung stellt Olukoshi (1998: 6) fest, daß ein „poor interface between the oppositional elements in political society and pro-democracy activists in civil society" existiert. Widner (1997) hat die These aufgestellt, daß für Parteien die politischen und materiellen Kosten für eine Allianz mit Gruppen der Zivilgesellschaft zu hoch sind. Zu beobachten ist aber, daß die politischen Parteien versuchen, Führungspersonal von zivilgesellschaftlichen Gruppen zu rekrutieren bzw. daß führende Mitglieder der Gruppen dann in die Administrationen wechseln. Dies kann im Extremfall wie auf Seiten der südafrikanische Gewerkschaften zu einem Mangel an erfahrenem und qualifizierten Führungspersonal in zivilgesellschaftlichen Gruppen führen. Die organisatorischen Schwächen vieler Gruppen der Zivilgesellschaft machen sie als Kooperationspartner für Parteien uninteressant. Wichtiger ist jedoch, daß Gruppen der Zivilgesellschaft, insbesondere NRO nur über eine geringe Mitgliederzahl verfügen, vor allem in Städten aktiv sind und die Bevölkerungsmehrheit, die auf dem Land lebt, praktisch nicht erreichen können (Widner 1997: 73). Damit sind sie als Wählerpotential oder als Wähler mobilisierende Organisationen zu schwach. Die einzigen Organisationen, die normalerweise landesweit vertreten sind, die Kirchen und Lehrerorganisationen, kommen als dauerhafter Kooperationspartner nur bedingt in Frage. Während die Kirchen in der Regel hohen Wert auf ihre formale Autonomie legen, ist aus der Perspektive von Lehrervereinigungen die Anlehnung an Parteien generell, aber vor allem an Oppositionsparteien zu riskant, da sie vom Staat abhängig sind. Daher sind Gruppen bzw. Klientele, deren Zusammenhalt auf Zugehörigkeit zu einer bestimmten Ethnie, einem Clan oder einer lokalen Dorforganisation beruht, die natürlichen und kostengünstigsten Ansprechpartner von Parteien zur Mobilisierung von Anhängern. Dadurch bleibt die traditionell klientelistische Ausrichtung der Politik bestehen und die Entstehung ‚moderner' Parteien wird erschwert.

Auch auf Seiten der demokratischen Zivilgesellschaft unterbleibt zumeist ein sichtbares Engagement zugunsten bestimmter Parteien aus Mißtrauen gegenüber den Akteuren der „*political society*". (Olukoshi 1998: 24). Dafür gibt es mindestens zwei Gründe: Unter den zahlreichen Gruppen afrikanischer Zivilgesellschaften hat sich erstens aufgrund der langen autoritär-repressiven Herrschaft eine regelrechte Kultur der Ablehnung von staatlicher Autorität per se und der Verweigerung jeglicher Kooperation mit staatlichen Institutionen herausgebildet (Monga 1994: 208, 216; für Südafrika: Schmidt 1992). Zweitens bedingt der Charakter vieler afrikanischer Parteien Ablehnung: Wie die Beispiele aus Zambia und Zaire deutlich demonstrieren, sind viele afrikanische politische Parteien aus einer Vielzahl von Gründen[50] in erster Linie Instrument ambitionierter Führer und repräsentieren kaum bestimmte Bevölkerungsteile.

Zum anderen befürchten Gruppen der Zivilgesellschaft (wie auch viele Oppositionsparteien) negative Konsequenzen bezüglich der Verteilung von Ressourcen, falls die von ihnen nicht unterstützte Partei die Macht erringen kann. Unternehmer und Unternehmervereinigungen befürchten beispielsweise, daß sie in einem solchen Fall von öffentlichen Aufträgen ausgeschlossen werden (Makumbe 1998: 313). Regional arbeitende NRO befürchten, daß ihre Region bei der Verteilung von Haushaltsmitteln benachteiligt werden. Daß diese Ängste nicht grundlos waren, demonstrierte die kenianische Regierung, indem sie nach den von ihr gewonnenen Wahlen Regionen, die mehrheitlich für Oppositionskandidaten gestimmt hatten, durch Ressourcenentzug bestrafte (Widner 1997: 79; Peters 1996).

Die negativen Erfahrungen von zivilgesellschaftlichen Akteuren mit Parteien können einerseits zu einer De-Politisierung führen, andererseits zu einer Abkoppelung der Zivilgesellschaft von der parteipolitischen Opposition, wodurch die gesamte Opposition geschwächt wäre. Diese Entwicklung ist beispielsweise in Kenia zu beobachten (Kanyinga 1998). Ein Auseindanderdriften von ‚political' und ‚civil society' ist fatal für die Konsolidierungsaussichten afrikanischer Demokratien, denn „democratic consolidation obviously needs both strong civil society and political society" (Stepan 1997: 666).

Ohne enge Verbindungen zwischen Zivilgesellschaft, Parteien und Institutionen (Kasfir 1998b: 145) bleibt die demokratische Opposition angesichts der Repressionskapazitäten und Ressourcen vieler autoritärer Systeme ohne wirklichen Einfluß auf einen Systemwechsel. Im Falle von Staaten in der Konsolidierung verhindert eine gegenseitige Abschottung, daß gesellschaftliche Interessen artikuliert, als Inputs in das System einfließen (Kunz 1995: 187).

2.3 Die ‚unzivile' Gesellschaft in Afrika: Rückzug aus der Moderne, Gewaltbereitschaft und Ethnisierung

In afrikanischen Staaten sind im Zuge der Doppelkrise von Staat und Gesellschaft zahlreiche Gruppen entstanden, die zwar eindeutig zu den ‚*voluntary associations*' gezählt werden können, deren Zuordnung zur demokratischen Zivilgesellschaft allerdings problematisch ist, da sie sich schnell zu ‚unzivilen' und damit undemokratischen Gruppen entwickeln können. Es besteht die Gefahr, daß einzelne Gruppen und Individuen, die zunächst eindeutig der demokratischen Zivilgesellschaft zugerechnet werden können, unter Bedingungen jahrzehntelangen sozialen Stresses aufgrund ungünstiger ökonomischer und sozialer Rahmenbedingungen und der bewußten Politisierung von Ethnizität durch politische Eliten sich zu ‚unzivilen' Gruppen entwickeln. Ein Dilemma afrikanischer Zivilgesellschaften besteht in diesem Zusammenhang darin, daß nach Kasfir (1998b: 135) gerade diese fundamentalistischen ethnischen und religiösen Gruppen am aktivsten sind, vor allem, wenn es um den Sturz autoritärer Regime geht. Im folgenden werden konkrete Verhaltensweisen und Ursachen für die Degeneration von Teilen der Zivilgesellschaft zu einer ‚unzivilen' Gesellschaft skizziert werden.

Zu Recht macht Lemarchand (1992) darauf aufmerksam, daß Selbstorganisation und Beschäftigung im informellen Sektor nicht die einzigen Reaktionsmöglichkeiten auf die doppelte wirtschaftliche und politische Legitimationskrise des Staates darstellen. Als *exit-option* im Sinne Hirschmans´ bieten sich Migration und eine Retraditionalisierung bzw. Spiritualisierung an (Lemarchand 1992: 187). Die Anknüpfungspunkte der Vielzahl religiöser, sektiererisch-spiritueller Gruppen liegen häufig in der magischen Tradition afrikanischer Gesellschaften, die mit christlichen oder muslimischen Vorstellungen eine Synthese eingehen.[51] Die zahlreichen und oftmals über eine große Anhängerschaft verfügenden Gruppen symbolisieren eine Regression vor dem Hintergrund einer gescheiterten oder höchst unvollkommenen Modernisierung.[52]

Die psychische Disposition zu massiver Gewaltanwendung hängt zum einen mit sozialer Deprivation zusammen, zum anderen kann sie auch das Resultat der bewußten Instrumentalisierung von Ethniziät sein. Die Instrumentalisierung von Ethnizität als Machtressource gelingt politischen Eliten umso leichter, da sich viele zivilgesellschaftliche Gruppen entlang ethnischer Linien bilden. Eine Selbstorganisation entlang ethnischer oder familialer Loyalitäten unter den Bedingungen einer sozialen Krise ist nach Tetzlaff (1991) eine im afrikanischen Kontext durchaus rationale (Überlebens-)strategie, da die ethnische Identität leicht mobilisierbar ist und zu (scheinbar) homogenen, durch emotionale Bindungen zwischen den Mitgliedern zusammengehaltenen Solidargemeinschaften führt.

Das völlige Versagen des Staates, kollektiv empfundene Wert- und Identitätsverluste in Verbindung mit sozialem Überlebensstreß und einer moralischen Verrohung[53] angesichts allgegenwärtiger Gewalt bedingen, daß der Basiskonsens der Gewaltfreiheit nur schwach ausgeprägt ist und eine egoistische, das Gemeinwohl ignorierende Haltung im öffentlichen Leben eingenommen wird (Monga 1994: 216).

Von einigen Autoren werden diese in Jahrzehnten sozialisierten Verhaltensweisen in Verbindung mit der Reproduktion ethnischer *cleavages* in der Zivilgesellschaft auch als Erklärung für das bislang unbekannte Ausmaß an Gewalt in Liberia und ganzer Bevölkerungen wie beim Genozid in Rwanda verantwortlich gemacht.[54] Ein besonders drastisches Beispiel ist die aktive Beteiligung weiter Bevölkerungskreise einschließlich einiger vorher eindeutig zivilgesellschaftlicher Gruppen (Molt 1994: 34) und von Teilen des Klerus beim ruandischen Genozid an der Tutsi-Minderheit. Dies ist umso erstaunlicher, als der Klerus als integer galt und seit Jahrzehnten enge Verbindungen ins Ausland – im Fall Ruandas auch zum ‚Partnerland' Rheinland-Pfalz – unterhielt. Das Beispiel Ruanda demonstriert, daß ein „*risk of barbarism*" (Monga 1994: 217) den Zivilgesellschaften Afrikas inhärent ist. Die simplifizierende Dichotomie von ‚*uncivil states*' and ‚*civil societies*', die von Lemarchand (1992) daher zu Recht kritisiert wird, geht von einer Trennlinie aus, die wesentlich schwächer ist als angenommen.

VI. Zusammenfassung

Unter den Einparteiensystemen herrschte, so Olukoshi (1998: 24), bis Mitte der 80er in vielen Staaten Afrikas eine ‚politische Kultur des Schweigens'. Afrikanische Regierungen, von wenigen Ausnahmen abgesehen, unterdrückten bzw. inkorporierten alle gesellschaftlichen Organisationen und legitimierten

Zivilgesellschaften in afrikanischen Systemwechseln 325

dies vielfach mit einer Bündelung aller Kräfte zur Entwicklung des Landes und dem Verweis auf die afrikanische Tradition des Konsens anstelle von Pluralismus. Doch auch unter autoritärer Herrschaft überlebten Teile der Zivilgesellschaften in Nischen oder aufgrund ihres Charakters als informelle Netzwerke, die von einem keineswegs allmächtigen Staat nicht erfaßt werden konnten. Die Renaissance afrikanischer Zivilgesellschaften begann erst Anfang der 80er Jahre. Die krisenhafte Zuspitzung der wirtschaftlichen Lage und die von außen erzwungene ökonomische Liberalisierung bildeten den Hintergrund für die Entstehung von autonomen Selbsthilfegruppen, Protestbewegungen gegen SAPs und Interessengruppen, deren Handlungsspielräume sich vergrößert hatten.

Mit dem Einsetzen der politischen Liberalisierung beginnt die Hochzeit der Zivilgesellschaft: Es werden zahlreiche neue Gruppen gegründet, bestehende politisieren sich angesichts neuer Handlungsspielräume. Breite Koalitionen zivilgesellschaftlicher Gruppen treiben die Demokratisierung voran. Auf den Nationalkonferenzen vieler Staaten des frankophonen Afrikas werden die Zivilgesellschaften als pro-demokratische Akteure institutionalisiert (Fatton 1992: 108). Bereits im Vorfeld von Wahlen beginnt der Abstieg der Zivilgesellschaft. Die Koalition zerbricht und die Initiative geht auf die politischen Profis der Parteien über. Im Falle blockierter oder fehlgeschlagener Transitionen hält die Mobilisierung der Zivilgesellschaft auf unterer Stufe an. Dies demonstriert auch das Verhalten der Zivilgesellschaft Zambias – vor allem der Presse und der Intellektuellen – angesichts der ‚Degeneration' eines zunächst erfolgreichen Systemwechsels. In gelungenen Systemwechseln, in denen demokratische Kräfte autoritäre Herrschaft durch Wahlen ablösten (Benin, Südafrika) findet zwar eine De-Politisierung statt, aber Teile der Zivilgesellschaft bleiben politisch aktiv und erfüllen eine ‚Wachhund-Funktion'.

Die Rückbindung des Konzeptes an die akteursspezifische Transitionsforschung demonstriert aus forschungsstrategischer Perspektive, daß das Konzept der Zivilgesellschaft ein sinnvolles Instrument zur Analyse afrikanischer Systemwechsel darstellt. Dies bedeutet aber nicht, daß die Zivilgesellschaft als wirksamer Motor des Systemwechsels fungiert. Als Fazit dieser Untersuchung ist folgendes festzuhalten: Die spezifischen Rahmenbedingungen in Afrika, aber auch Eigenheiten und organisatorische Defizite der Assoziationen selbst, lassen Hoffnungen, auch auf Seiten der Geberstaaten, auf die Zivilgesellschaften als Garanten für eine demokratischere Entwicklung als übertrieben erscheinen

Die zentrale These dieses Beitrages lautet daher, daß die Zivilgesellschaften Afrikas in der Liberalisierungsphase die entscheidende Rolle auf Seiten der Opposition spielen. Doch sie sind – vielleicht mit Ausnahme Südafrikas (Schmidt 1997b) – unter den gegenwärtigen Rahmenbedingungen und ihrer begrenzten Ressourcen damit überfordert, die fragilen Demokratisierungs- bzw. Konsolidierungsprozesse weiter zu einem positiven Abschluß zu treiben.

Anmerkungen

1 Ich danke hiermit besonders Gero Erdmann und Wolfgang Merkel für ihre konstruktive Kritik und Anregungen.
2 So beispielsweise Lewis (1992: 31) für Afrika: „democracy will stand or fall on the creation of new political communities [...]."
3 Die dieser Analyse zugrundeliegende Konzeption von Zivilgesellschaft orientiert sich an der Definition von Lauth/Merkel (1997:16-17).
4 Vgl. für einen Überblick Schmidt (1996a) und Tetzlaff (1998).
5 Vgl. für eine kurze Zusammenfassung Bos (1996); für Afrika: Schmidt (1996a).
6 Die Problematik von ambivalenten Zivilgesellschaften ist von Merkel/Lauth (1998) analysiert worden, die eine Typologie von Zivilgesellschaften in Demokratisierungsprozesen entwickelt haben.
7 Im folgenden wird die in der wissenschaftlichen Analyse gängige Abkürzung SAPs, die auf den englischen Begriff Structural Adjustment Programs zurückgeht, verwendet.
8 Die verallgemeinerten Aussagen dieser Studie basieren in erster Linie auf der Auswertung der vorliegenden Sekundärliteratur, insbesondere auf Monographien zu Demokratisierungsprozessen (Meyns 1995; Stroux 1996; Meinhardt 1997) sowie den jährlichen Länderartikeln des vom Afrika-Institutes herausgegebenen Afrika-Jahrbuchs. Zweitens liegen eigene Recherchen des Verfassers in Uganda, Kenia, Mosambik und Südafrika zugrunde.
9 Vgl. hier für die deutsche Forschung Mehler (1998); Mair (1998); Tetzlaff (1998); Schmidt (1998); Meinhard (1997); Peters (1996).
10 Vgl. hier die Zusammenfassungen der Argumente von Hutchful (1996) Kunz (1995), und Fatton (1992).
11 Kasfir (1998b: 145) fordert z.B. eine stärkere Konzentration auf Institutionen.
12 In den Siedlerkolonien Namibia, Südafrika und dem damaligen Rhodesien existierten bis zur Unabhängigkeit autonome, allerdings rassisch exklusive Interessenvertretungen weißer Bevölkerungsteile.
13 Im Falle der Law Society verhinderte auch ein von britischen Traditionen getragenes Selbstverständis und Standesbewußtsein der kenianischen Rechtsanwälte die völlige Gleichschaltung der Organisationen, vgl. ausführlich zu Kenia: Peters (1996).
14 Das Versagen des Staates zeigte sich auch in der Hilflosigkeit zahlreicher Regierungen im Umgang mit der AIDS-Epidemie. Pankhurst (1998: 212) sieht dies als einen auslösenden Faktor für die Organisation von Selbsthilfegruppen in Zimbabwe.
15 Insgesamt blieben die Ergebnisse der SAPs in Afrika weit unter den Erwartungen der Weltbank und bilateraler Geber.
16 Von Wahl (1997: 296) wird außerdem darauf hingewiesen, daß der Aufstieg der NRO mit den technologischen Innovationen im Kommunikationsbereich – E-mail, Vernetzung Süd- und Nord-NRO, global agierende Medien – im Zuge der Globalisierungsprozesse eng verknüpft ist.
17 Wichtige Geber beabsichtigen den Anteil der über NRO abfließenden Mittel noch zu steigern, obwohl die anfängliche Euphorie über die Leistungsfähigkeit der NRO mittlerweile in der Wissenschaft merklich nachgelassen hat und sich Ernüchterung breit macht. Vgl. hier Wegner (1994), die mehrheitlich kritischen Artikel in der

Themenausgabe des Review of African Political Economy Vol. 24, no. 71, March 1997 und der Themenausgabe der Zeitschrift E+Z, 39. Jahrgang, Heft 1, 1998; für Kenia: Gibbon (1995: 23).
18 Von den Gebern initiierte bzw. geförderte Reformen im Justiz- und Medienwesen schufen erst die Voraussetzungen für eine stärkere Entfaltung der Zivilgesellschaft.
19 U.a. in Form von Hilfen bei Ausarbeitung von Programmen und Statuten von Organisationen wie Gewerkschaften etc.
20 Quelle: Persönliche Gespräche des Verfassers mit Repräsentanten deutscher Stiftungen und ugandischer NRO im September/Oktober 1996.
21 So eine Vertreterin der Weltbank in Uganda in einem Gespräch mit dem Verfasser im September 1996. Vgl. hierzu auch die z.T. amüsanten Beispiele von Groffebert (1995).
22 Vgl. zu Nigeria: König (1994), zu Ghana: Chazan (1992).
23 Vgl. zur Rolle der afrikanischen Kirchen im Demokratisierungsprozeß der Überblick von Gifford (1995).
24 Vgl. hier den Überblick von Hutchful (1996: 65-66).
25 Demnach wären für Sezession eintretende gewaltbereite Gruppen oder fundamentalistische Sekten auch Teil der Zivilgesellschaft.
26 Mair (1998: 244) gibt unter Verwendung kenianischer Quellen eine Zahl von 20.000 Selbsthilfegruppen für Kenia (1994) an.
27 Vgl. hier den Beitrag von Mehler (1999).
28 Vgl. zur Rolle sozialer Bewegungen zusammenfassend Lachenmann (1997: 194-199) und den Sammelband von Hanisch (1983).
29 Kennzeichen von NRO sind zwischen Staat und Markt angesiedelte Organisationen. Sie werden erstens durch die Freiwilligkeit ihres auf der Initiative von Individuen basierenden Zusammenschlusses, sowie zweitens durch ihre parteipolitische Unabhängigkeit charakterisiert. Drittens gelten sie als altruistisch, d.h. ihre Mitglieder streben weder nach wirtschaftlichem Gewinn noch nach Verwirklichung ihrer Eigeninteressen. Viertens sind sie weder hinsichtlich ethnischer, religiöser oder nationaler Kategorien exklusiv. Fünftens besitzen sie häufig Bezüge zu neuen und alten sozialen Bewegungen. Diese allgemeinen Definitionsmerkmale werden jedoch keineswegs von allen Autoren geteilt. So bezeichnet beispielsweise Glagow (1993: 308) die Vorstellung, NRO seien altruistisch, als eine Organisationsmythos. Vgl. zu den Definitionsmöglichkeiten Glagow (1993) und Altvater/Brunngräber/Walk (1997: 13).
30 Neubert (1992: 37) schätzt die Zahl der in Kenia arbeitenden NRO auf 400 bis 1000.
31 Quelle: Interview in Kampala 22.9.1996.
32 GERRDES steht für Groupe D'Etudes et de Recherche sur la Démocratie et le Dévelopement Economique et Social; CODERISA für Council for the Development of Economic and Social Research in Africa.
33 Daher zählt Neubert (1992: 31) die NRO aus dem Norden ausschließlich zur Zivilgesellschaft der Industrieländer.
34 Ein eindeutiges Beispiel dafür ist die Arbeit der deutschen Stiftungen in Afrika, vgl. Schmidt (2000).
35 Transnational arbeitende NRO übten zudem direkten Druck auf Geberstaaten aus, auf die Einhaltung von Menschenrechten gegenüber afrikanischen Regierungen zu pochen, vgl. für Kenia detailliert Schmitz (1997).

36 Im Falle neo-traditionaler Gruppen besteht die Gefahr eines Rückzug ins Private oder der Entwicklung zu gewaltbereiten, radikalen Organisationen. Ein zentrales Kriterium bei der notwendigen Einzelfallüberprüfung der Frage, inwieweit neo-traditionale Gruppen Teil der Zivilgesellschaft sind, ist die Frage nach ihrer Toleranz gegenüber anderen Gruppen.
37 Vgl. Stepan (1997: 664), der Polen als Beispiel nennt.
38 Auch daher kommt auch patrimonialen, d.h. klientelistischen Strukturen, die gemäß der Definition von Lauth/Merkel (1997) außerhalb der Zivilgesellschaft stehen, eine hohe Bedeutung zu.
39 Nach Lachenmann u.a. (1990: III) trifft dies auch für die unabhängigen Selbsthilfeorganisaitonen der Bauern im Senegal zu.
40 Vgl. ausführlich Kap. V.2.3
41 Vgl. hier die einzelnen Beiträge in Olukoshi (1998) sowie zu Südafrika: Schmidt (1997b), für Kamerun: Mehler (1998), für Kenia: Mair (1998) und für Malawi: Meinhardt (1997).
42 Unter ‚*political society*' versteht Stepan (1997: 663) „that arena in which the polity specifically arranges itself to contest the legitimate right to exercise control over public power and the state apparatus."
43 In Zambia war dies die Dachorganisaiton Zambian Congress of Trade Unions (ZCTU), in Südafrika vor allem der Congress of South African Trade Unions (COSATU).
44 Prägenden Einfluß auf die Zivilgesellschaft übte der positive Ausgang der ersten Nationalkonferenz in Benin Ende 1989 aus. Die ‚sanfte' Transition Benins per Nationalkonferenz erhielt trotz der landesspezifischen Bedingungen praktisch Modellcharakter (Clarke 1995: 231; Allen 1992; Heilbrunn 1993).
45 Nwokedi (1993: 415) gibt an, daß nur 64 von 1204 Delegierten auf der nigrischen Nationalkonferenz Repräsentanten der Landbevölkerung darstellten.
46 Vgl. einen der wenigen Versuche, Pfade afrikanischer Transitionen sowie gescheiterter Übergänge zu systematisieren, bei Tetzlaff (1998: 147), der sechs Transitionstypen („Demokratiekarrieren") unterscheidet. Allerdings ist diese Unterscheidung nicht trennscharf und läßt keine Rückschlüsse auf Akteursverhalten zu. Hier besteht ein Desiderat der politikwissenschaftlichen Afrikaforschung.
47 Widner (1997: 77) stellt fest: „the number of new voluntary associations is large and rapidly increasing, but the membership of these groups is small."
48 Vgl. hier zu Tansania: Klemp (1997: 26).
49 Ein Beispiel für eine ausdifferenzierte, gut organisierte und über Rückhalt in der Bevölkerung verfügende Zivilgesellschaft bildet diejenige Kenias (Mair 1998).
50 Zur den vielfältigen und komplexen Ursachen für die Schwäche afrikanischer Parteien vgl. Schmidt (1997a).
51 U.a. in Mosambique und zeitweise in Uganda und Nigeria.
52 Ein Beispiel dafür ist das Holy Spirit Movement unter Führung der ‚Prophetin' Alice Lakwena bzw. die daraus hervorgegangene und zunehmend terroristische Lord´s Resistance Army (LRA) unter Führung des Onkels von Alice Lakwena, Joseph Kony, in Uganda; vgl. Behrend (1992).
53 Beispielsweise kritisierten die Bischöfe in öffentlichen Erklärungen in Togo und Kamerun wiederholt nicht nur die brutal regierenden Diktatoren Eyadema und Biya und geißelten die Verschwendungssucht der Staatsklasse, sondern kritisierten auch

große Teile der Bevölkerung aufgrund ihrer destruktiven Einstellungen, übermäßigen Alkoholgenusses und sich ausbreitender Kleinkriminalität.
54 Vgl. hier: Der Überblick 32, Heft 1/1996.
55 Die im Inhaltsverzeichnis angegebenen Seitenzahlen stimmen nicht mit den tatsächlichen Seitenzahlen überein. Hier werden die tatsächlichen Seitenzahlen angegeben.

Literatur

Allen, Chris 1992: Restructuring an authoritarian state: ‚Democratic Renewal' in Benin, in: Review of African Political Economy (Vol?) 54: 42-58.
Allen, Chris 1997: Who needs civil society?, in: Review of African Political Economy (Vol?)73: 329-337.
Altvater, Elmar/Brunnengräber, A./Walk, H. (Hrsg.) (1997): Einleitung, in: dies.: Vernetzt und verstrikt: Nicht-Regierungs-Organisationen als gesellschaftliche Produktivkraft, Münster: 10-25.
Ambrose, Brendalyn P. 1996: Democratization and the protection of human rights in Africa, Westport.
Bayart, J.F. 1986: Civil Society in Africa, in: Chabal, P. (Hrsg.): Political domination in Africa – Reflections on the limits of power, London: 109-125.
Bayart, J.F./Mbembe, A./Toulabor, C. 1992: Le politique par le bas en Afrique noire, Paris.
Behrend, Heike 1992: Alice Lakwena und die Holy-Spirit-Bewegung im Norden Ugandas: Einige Bemerkungen zu Prophetinnen in Afrika, in: Peripherie (Vol?) 47/48: 129-136.
Bierschenk, Thomas 1997: Die Fulbe Nordbénins, Münster u.a.
Blaney, David L./Pasha, M.K. 1993: Civil society and democracy in the Third World: ambiguities and historical possibilities, in: Studies in Comparative International Development (28) 1: 3-24.
Bos, Ellen 1996: Die Rolle von Eliten und kollektiven Akteuren in Transitionsprozessen, in: Merkel, Wolfgang. (Hrsg.): Systemwechsel 1. Theorien, Ansätze und Konzepte der Transitionsforschung, Opladen: 81-110.
Boyle, Patrick M. 1992: Beyond Self-Protection to Prophecy: The Catholic Church and political change in Zaire, in: Africa Today (39) 3: 49-66.
Bratton, Michael 1994a: Civil society and political transitions, in: Harbeson, John W./Rothchild, D./Chazan, N. (Hrsg.): Civil society and the state in Africa, Boulder/London: 51-81.
Bratton, Michael 1994b: Non-governmental organizations in Africa: Can they influence public policy?, in: Sandberg, Eve (Hrsg.): The changing politics of Non-governmental organizations and African states, Westport: 33-58.
Bratton, Michael/Walle, Nicholas van de 1997: Democratic experiments in Africa, Cambridge.
Callaghy, Thomas M. 1994: Civil society, democracy, and economic change in Africa: a dissenting opinion about resurgent societies, in: Harbeson, John W./Rothchild, D./Chazan, N. (Hrsg.): Civil society and the state in Africa, Boulder/London: 231-254.
Chazan, Naomi 1992: Africa's Democratic Challenge – Strengthening Civil Society and the State, in: World Policy Journal (1992) 1: 279-309.

Chico-Kaleu, Jean Jérome Muyemba 1991: Die Entwicklung der Gewerkschaftsbewegung in Schwarzafrika, Hamburg.
Clarke, Walter S. 1995: The National Conference phenomenon and the management of political conflict in Sub-Saharan Africa, in: Glickman, H. (Hrsg.): Ethnic conflict and democratization in Africa, Atlanta: 227-254.
Diamond, Larry 1988: Introduction: Roots of Failure, Seeds of Hope, in: ders./Linz, J./Lipset, S.M. (Hrsg.): Democracy in Developing Countries, Vol.2, Africa: 1-33.
Diamond, Larry 1994: Introduction: Civil society and the struggle for democracy, in: ders. (Hrsg.): The democratic revolution, Lanham: 1-27.
Ekeh, Peter 1975: Colonialism and the two publics in Africa: a theoretical statement, in: Comparative Studies in Society and History (17) 1: 91-112.
Elsenhans, Hartmut 1985.: Der periphere Staat: Zum Stand der entwicklungstheoretischen Diskussion, in: Nuscheler, F. (Hrsg.): Dritte Welt Forschung, PVS-Sonderheft 16/1985: 135-156.
Fatton, Robert 1992: Predatory rule: State and civil society in Africa, Boulder.
Freyhold, Michaela v. 1998: Beziehungen zwischen Nicht-Regierungsorganisationen des Nordens und des Südens: Erkenntnisse und Annahmen, in: Peripherie (18) 71: 6-30.
Gibbon, Peter 1995: Markets, civil society and democracy in Kenya, in: ders. (Hrsg.): Markets, civil society and democracy in Kenya, Uppsala: 7-31.
Gifford, Paul 1995: Neuere Entwicklungen im afrikanischen Christentum, in: Evangelisches Missionswerk (Hrsg.): Kirchen und Demokratisierung in Afrika (Weltmission heute 17), Breklum: 9-39.
Glagow, Manfred 1993: Die Nichtregierungsorganisationen in der internationalen Entwicklungszusammenarbeit, in: Nohlen, D./Nuscheler, F. (Hrsg.): Handbuch der Dritten Welt, Bd.1, 3. Aufl., Bonn: 304-328.
Groffebert, Hans 1995: Die „ONGs-bidon": Materialien zum Thema Bluff-Organisationen im West-Sahel, in: Oppen, Achim von/Rottenburg, R. (Hrsg.): Organisationswandel in Afrika: Kollektive Praxis und kulturelle Aneignung, Berlin: 131-144.
Hadenius, Axel/Uggla, F. 1996: Making civil society work, promoting democratic development: what can states and donors do?, in: World Development (24) 10: 1621-1639.
Hanisch, Rolf (Hg.) 1983: Soziale Bewegungen in Entwicklungsländern, Baden-Baden.
Hanisch, Rolf (Hg.) 1996: Demokratieexport in die Länder des Südens?, Hamburg.
Harbeson, John W. 1994: Civil society and the study of African politics: a preliminary assessment, in: Harbeson, John W./Rothchild, D./Chazan, N. (Hrsg.): Civil society and the state in Africa, Boulder/London
Hartmann, Christof 1999: Externe Faktoren im Demokratisierungsprozeß: Eine vergleichende Untersuchung afrikanischer Länder, Opladen.
Heilbrunn, John R. 1993: Social origins of National Conferences in Benin and Togo, in: Journal of Modern African Studies (31) 2: 277-299.
Hillebrand, Ernst 1994:Nachdenken über Zivilgesellschaft und Demokratie in Afrika, in: Internationale Politik und Gesellschaft (1) 1: 57-72.
Huntington, Samuel 1991: The Third Wave, Norman.
Hutchful, Eboe 1996: The civil society debate in Africa, in: International Journal (21) 1: 54-77.

Kanyinga, Karuti 1998: Contestation over political space: the state and the demobilisation of opposition politics in Kenya, in: Olukoshi, Adebayo (Hrsg.): The politics of opposition in contemporary Africa, Uppsala: 39-90.

Kasfir, Nelson 1998a: The conventional notion of civil society: a critique, in: The Journal of Commonwealth & Comparative Politics (36) 2: 1-20.

Kasfir, Nelson 1998b: Civil society, the state and democracy in Africa, in: The Journal of Commonwealth & Comparative Politics (36) 2: 123-149.

Klein, Ansgar 1997: Die NGOs als Bestandteil der Zivilgesellschaft und Träger einer partizipativen und demokratischen gesellschaftlichen Entwicklung, in: Altvater, Elmar/Brunnengräber, A./Walk, H. (Hrsg): Vernetzt und verstrikt: Nicht-Regierungs-Organisationen als gesellschaftliche Produktivkraft, Münster: 315-339.[55]

Klemp, Ludger 1997: Ein Volk bricht nicht auf – entwicklungspolitische Überlegungen zur Zivilgesellschaft in Tansania, in: Aus Politik und Zeitgeschichte B9/1997: 19-29.

König, Claus-Dieter 1994: Zivilgesellschaft und Demokratisierung in Nigeria, Münster/Hamburg.

Kößler, Reinhart 1997: Transformation und Transition als Ausdreuck sozialer Kämpfe und gesellschaftlicher Prozesse: Kommentar zu Lauth/Merkel, in: Forschungsjournal Neue Soziale Bewegungen (10)1: 35-40.

Kößler, Reinhart/Melber, Henning 1993: Chancen internationaler Zivilgesellschaft, Frankfurt a. M..

Kohnert, Dirk/Preuß, H.J. 1992: Vom Camarade zum Monsieur: Strukturanpassung und Demokratisierung in Benin, in: Peripherie (Vol?) 46: 47-70.

Kunz, Frank A. 1995: Civil society in Africa (review article), in: The Journal of Modern African Studies (33) 1: 181-187.

Lachenmann, Gudrun u.a. 1990: Bauernorganisation und Selbsthilfebewegung im Senegal, Berlin.

Lachenmann, Gudrun 1997: Zivilgesellschaft und Entwicklung, in: Schulz, Manfred (Hrsg.): Entwicklung: Die Perspektive der Entwicklungssoziologie, Opladen: 197-212.

Lauth, Hans-Joachim 1999: Strategische, reflexive und ambivalente Zivilgesellschaften: Ein Vorschlag zur Typologie von Zivilgesellschaften in Systemwechseln, in: Zinecker, Heidrun (Hrsg.): Unvollendete Demokratisierung in Nichtmarktökonomien, Amsterdam: 95-120.

Lauth, Hans-Joachim/Merkel, Wolfgang 1997: Zivilgesellschaft und Transformation: Ein Diskussionsbeitrag in revisionistischer Absicht, in: Neue Soziale Bewegungen (10) 1: 12-34.

Lemarchand, René 1992: Uncivil states and civil societies: how illusion became reality, in: Journal of Modern African Studies (30) 2: 171-191.

Lewis, Peter M. 1992: Political transition and the dilemma of civil society in Africa, in: Journal of International Affairs (46) 1: 31-54.

MacGaffey, Janet et al. 1991: The real economy of Zaire, Philadelphia.

MacGaffey, Janet 1992: Initiatives from below? Zaire's other path to social and economic restructuring, in: Bratton, M./Hyden, G. (Hrsg.): Governance and Politics in Africa, Boulder: 243-263.

MacLean, Sandra J./Shaw, Timothy M. 1996: Civil society and the political economy in contemporary Africa: What prospects for sustainable democracy?, in: Journal of Contemporary African Studies (14) 2: 247-259.

Mair, Stefan 1998: Kenia – eine blockierte Demokratie trotz starker Opposition, in: Schubert, Gunter/Tetzlaff, R. (Hrsg.): Blockierte Demokratien in der Dritten Welt, Opladen: 239-266.

Makumbe, John Mw 1998: Is there a civil society in Africa?, in: International Affairs (74) 2: 305-317.

Mehler, Andreas 1998: Zwischen Siechtum und Stagnation – Kameruns unvollendete Demokratie, in: Schubert, G./Tetzlaff, R. (Hrsg.): Blockierte Demokratien in der Dritten Welt, Opladen: 165-196.

Mehler, Andreas 1999: Verbände und Interessengruppen im Transformationsprozeß in Afrika: Annäherungen an ein wenig erforschtes Thema, in: Merkel, Wolfgang/Sandschneider, Eberhard (Hrsg.): Systemwechsel 4. Die Rolle von Verbänden im Transformationsprozeß, Opladen: 221-244.

Meinhardt, Heiko 1997: Politische Transition und Demokratisierung in Malawi, Hamburg.

Merkel, Wolfgang/Lauth, Hans-Joachim 1998: Systemwechsel und Zivilgesellschaft: Welche Zivilgesellschaft braucht die Demokratie, in: Aus Politik und Zeitgeschichte B 6-7/1998: 3-12.

Meyns, Peter 1995: Zambia in der 3. Republik, Hamburg.

Mönikes-Imholt, Volker 1991: Zaire vor der Anarchie, in: KAS-Auslandsinformationen (7) 10: 1-10.

Monga, Célestin 1994: Elements for an anthropology of anger: civil society and democracy in Sub-Saharan Africa, in: Betz, Joachim u.a. (Hrsg.): Africa and Europe: Relations of two continents in transition, Münster/Hamburg: 205-223.

Monga, Célestin 1997: Eight problems with African politics, in: Journal of Democracy, (8) 3: 156-170.

Molt, Peter 1994: Zerfall von Staat und Gesellschaft in Ruanda, in: KAS-Auslandsinformationen (10) 5: 3-38.

Neubert, Dieter 1992: Zur Rolle von freien Vereinigungen beim Aufbau einer afrikanischen Zivilgesellschaft, in: Gormsen, Erdmann/Thimm, A. (Hrsg.): Zivilgesellschaft und Staat in der Dritten Welt, Mainz: 27-60

Nuscheler, Franz./Ziemer, K. 1981: Politische Herrschaft in Schwarzafrika, München.

Nwajiaku, Kathryn 1994: The National Conferences in Benin and Togo revisited, in: Journal of Modern African Studies, (32) 3: 429-447.

Nwokedi, Emeka 1993: Democratic transition and democratization in Francophone Africa, in: Verfassung und Recht in Übersee (26) 4: 399-437.

Pankhurst, Donna 1998: Striving for „real" democracy in Africa: the roles of international donors and civil society in Zimbabwe, in: Global Society (12) 2: 197-219.

Peters, Ralph-Michael 1996: Zivile und politische Gesellschaft in Kenia, Institut für Afrikakunde (IAK-Diskussionsbeiträge Nr. 5), Hamburg.

Powell, Mike/Seddon, D. 1997: NGOs & the development industry, in: Review of African Political Economy (24) 71: 3-10.

Olukoshi, Adebayo 1998: Economic crisis, multipartyism, and opposition politics in contemporary Africa, in: Olukoshi, Adebayo (Hrsg.): The politics of opposition in contemporary Africa, Uppsala, 8-38.

Schmidt, Siegmar 1992: Die Rolle der schwarzen Gewerkschaften im Demokratisierungsprozeß Südafrikas, Hamburg.
Schmidt, Siegmar 1995: Strukturanpassung und Transitionsprozesse in Afrika, in: Betz, J. (Hrsg.): Politische Restriktionen der Strukturanpassung in Entwicklungsländern, Hamburg: 123-157.
Schmidt, Siegmar 1996a: Demokratisierung in Afrika: Fragestellungen, Ansätze und Analyse, in: Merkel, Wolfgang, (Hrsg.): Systemwechsel 1. Theorien, Ansätze und Konzeptionen, Opladen: 229-272.
Schmidt, Siegmar 1996b: Widerstand gegen Demokratie- und Menschenrechtsinterventionen: Erfahrungen mit Zaire und Kenia, in: Hanisch, R. (Hrsg.): Demokratieexport in die Länder des Südens, Hamburg: 297-339.
Schmidt, Siegmar 1997a: Parteien und demokratische Konsolidierung in Afrika unter besonderer Berücksichtigung der Entwicklungs Kenias, in: Merkel, Wolfgang/Sandschneider, E. (Hrsg.): Systemwechsel 3. Parteien im Transformationsprozeß, Opladen: 251-292.
Schmidt, Siegmar 1997b: Die Zivilgesellschaft im Demokratisierungsprozeß Südafrikas: Schwarze Bürgervereinigungen und Gewerkschaften, in: Neue Soziale Bewegungen (10) 1: 41-55.
Schmidt, Siegmar 1998: David gegen Goliath – Präsident Mobutu und die erfolglose Opposition in Zaire, in: Schubert, G./Tetzlaff, R. (Hrsg.): Blockierte Demokratien in der Dritten Welt, Opladen: 197-238.
Schmidt, Siegmar 2000: Demokratie als Exportgut? Die Demokratieförderung im Rahmen der Außen- und Entwicklungspolitik der Bundesrepublik Deutschland in Afrika und Osteuropa, (in Vorbereitung).
Schmitz, Hans-Peter 1997: Defining Human rights and democracy: US-based foreign policy towards Kenya and Uganda 1982-1997, Paper presented at the International Conference „Africa, France and the United States, IEP (CEAN) Talence, Bordeaux, 22nd to 24th May 1997.
Schubert, Gunter/Tetzlaff, R. (Hrsg.) 1998: Blockierte Demokratien in der Dritten Welt, Opladen.
Snyder, Richard 1992: Explaining transitions from neopatrimonial dictatorships, in: Comparative Politics (24) 4: 379-399.
Stepan, Alfred 1997: Democratic opposition and democratization theory, in: Government and Opposition (32) 4: 657-673.
Stewart, Sheelagh 1997: Happy ever after in the marketplace: Non-governmental organisations and uncivil society, in: Review of African Political Economy (24) 71: 11-34.
Stokke, Olav (Hrsg.) 1995: Aid and political conditionality, London.
Stroux, Daniel 1996: Zaires sabotierter Systemwechsel: Das Mobutu-Regime zwischen Despotie und Demokratie 1990-1995, Hamburg.
Tetzlaff, Rainer 1991: Demokratisierung von Herrschaft und gesellschaftlicher Wandel in Afrika: Perspektiven für die 90er Jahre, Bonn.
Tetzlaff, Rainer 1998: Widersprüche und Risiken, Chancen und Voraussetzungen der Demokratisierung, in: Ferdowsi, Mir A. (Hrsg.): Afrika zwischen Agonie und Aufbruch, München: 123-164.
Young, Crawford 1994: In search of civil society, in: Harbeson, John W./Rothchild, D./Chazan, N. (Hrsg.): Civil society and the state in Africa, Boulder/London: 33-49.

Wahl, Peter 1997: Mythos und Realität internationaler Zivilgesellschaft: Zu den Perspektiven globaler Vernetzung von NRO, in: Altvater, Elmar/Brunnengräber, A./Walk, H. (Hrsg.): Vernetzt und verstrikt: Nicht-Regierungs-Organisationen als gesellschaftliche Produktivkraft, Münster: 293-314.

Wegner, Rodger 1994: Zur Rolle von NRO in der „Neuen Weltordnung": Enstaatlichung der Sozialpolitik oder Bürokratisierung der NRO?, in: Hein, Wolfgang (Hrsg.): Umbruch in der Weltgesellschaft, Hamburg: 325-350.

Widner, Jennifer A. 1997: Political parties and civil societies in Sub-Saharan-Africa, in: Ottaway, Marina (Hrsg.): Democracy in Africa, Boulder: 65-81.

Zivilgesellschaft und Transformation in Ostasien

Aurel Croissant

Einleitung

Ziel dieses Beitrags ist es, die Bedeutung der Zivilgesellschaft in drei asiatisch-pazifischen Systemwechseln der dritten Welle – Philippinen, Südkorea und Taiwan – zu untersuchen. Im Zentrum der intraregionalen Vergleichsanalyse steht die Prüfung der Frage, ob sich typische Entstehungs-, Einfluß- und Konsolidierungsmuster von Zivilgesellschaft in asiatisch-pazifischen Demokratien herauskristallisiert haben und welche Wirkung hiervon auf die Konsolidierungschancen der Demokratie ausstrahlen. Um die Rolle der Zivilgesellschaft im Systemwechsel verstehen zu können, muß deren dynamische Entwicklung jedoch zunächst innerhalb ihres historischen und sozioökonomischen Kontexts betrachtet werden (White 1995: 57). Zweifellos darf eine demokratievergleichende Analyse dabei nicht von grundlegenden Kontextdifferenzen sozialer Systeme abstrahieren. Die Übertragung konzeptioneller und theoretischer Annahmen von einem kulturell-historischen Kontext auf einen anderen muß sich vielmehr der Grenzen eines solchen Vorhabens (*traveling problem*) bewußt sein (Sartori 1970).

Daher soll in einem ersten Schritt dargestellt werden, in welcher konzeptionellen Form Zivilgesellschaft als politikwissenschaftliche Kategorie zur Analyse politisch-gesellschaftlicher Prozesse in ostasiatischen Gesellschaften geeignet ist. In einem zweiten Schritt wird überprüft, welche Bedingungen wie die spezifische Ausprägung der Zivilgesellschaften in der autoritären Phase beeinflußt haben. Drittens wird untersucht, welchen Einfluß zivilgesellschaftliche Akteure auf den Verlauf der *transition* (O'Donnell/Schmitter 1986) hatten, um viertens die Entwicklungsdynamik und den Beitrag der Zivilgesellschaft in der demokratischen Konsolidierung zu erörtern. Den Abschluß bilden einige generalisierende Schlußfolgerungen hinsichtlich der Genese, Gestalt und transformationstheoretischen Bedeutung der Zivilgesellschaft in den Untersuchungsländern.

I. Wie weit können Zivilgesellschaftskonzepte „reisen"?

Zivilgesellschaft als *historisches Konzept* ist untrennbar verbunden mit einer spezifischen Sequenz geschichtlicher Ereignisse, die zum Entstehen eines bestimmten Typus kapitalistischer, „bürgerlicher Gesellschaften" in einigen Ländern Westeuropas und Nordamerikas geführt haben (Shils 1997: 63-103). So hat Jürgen Habermas in seiner Untersuchung über den „Strukturwandel der Öffentlichkeit" (1991) im historischen Kontext der englischen, französischen und deutschen Entwicklung im 18. und frühen 19. Jahrhundert dargelegt, wie „aus der Mitte der Privatsphäre heraus" (ibid.: 13) eine neue Form der öffentlichen Meinung und Kommunikation entstand, die sich grundsätzlich von der altertümlichen *doxa* Platons unterschied und der Entstehung der Zivilgesellschaft den Boden bereitete. Während die *doxa* der griechischen *polis* und später der europäisch-mediävalen Gesellschaften unreflektiert und unvermittelt durch Diskussion und Kritik *passiv* von einer Generation auf die nächste vermittelt wurde, entstand diese neue Art der sozialen Meinung aus *öffentlichen* Diskursen. Sie verkörperte einen *aktiv* erreichten Konsens und war mithin das Produkt gesellschaftlicher Reflexion. Dieses reflexive Element des in der öffentlichen Meinung seinen Ausdruck findenden bürgerlichen Bewußtseins hatte eine neue normative Qualität: Die Ausübung politischer Herrschaft sollte an die Berücksichtigung dieses gemeinsamen Bewußtseins und der öffentlichen Meinung gebunden sein (Walzer 1995: 190 ff.).

Die strukturelle Transformation von Öffentlichkeit reflektierte das gewachsene Verhältnis von Staat und Gesellschaft im Westeuropa des 18. Jahrhunderts, das durch die organisatorische und institutionelle Trennung von einem in sich selbst stehenden Staat und der durch das Bürgertum repräsentierten Gesellschaft charakterisiert war. Jene staatsrechtlich konstruierte Trennung wurde begleitet von der „Ausdifferenzierung einer über Märkte gesteuerten Ökonomie" (Habermas 1991: 23) und der Herausbildung moderner Staatsbürokratien und mündete schließlich in die „Autonomie der bürgerlichen Gesellschaft im Sinne von Hegel und Marx, d.h. in der ökonomischen Selbststeuerung einer privatrechtlich organisierten, rechtsstaatlich garantierten Wirtschaftsgemeinschaft" (ibid.). Das Aufkommen diskursiver Formen der Meinungsbildung und der ideologischen Trennung von Privatheit, Öffentlichkeit und Staat waren somit konstitutive Bedingungen für die Formierung ziviler Gesellschaftssphären.

Diese Elemente einer sich konstituierenden modernen Gesellschaft existierten in den konfuzianisch geprägten Gesellschaften des kaiserlichen China (bis 1911) und des Korea der Yi-Periode (1392-1910) nicht (Tu 1994; Chan/Nesbitt-Larking 1995; He 1997; Hahm 1997, 1997a). Im Mittelpunkt des patrimonialen Staats- und Gesellschaftsmodells der konfuzianischen Philosophie wie der politischen und sozialen Realität der „konfuzianisierten" Gesellschaften Nordostasiens stand vielmehr einerseits die Familie als soziales Zentrum der Gesellschaft und andererseits der Staat als manifeste Verkörperung des moralischen und ethischen Mittelpunkts der Gesellschaft. Grundlegende soziale Einheit war die Familie, auf deren Modell sich alle menschlichen Beziehungen, gesellschaftlichen und politischen Institutionen gründeten (Chen 1982: 412). Der oikonomische Entwurf sozio-politischer Ordnung, welcher den Staat in Form und Zweck metaphorisch wie symbolisch nach dem Abbild der Familie formte, basierte auf einer Vermischung der privaten (familiären) mit der staatlichen Sphäre. Dies beeinflußte nicht nur den Charakter des Staates, sondern auch den der Privatsphäre (Hahm 1997: 83): Der patrimoniale Staat kannte keine Trennung zwischen Privatheit und Öffentlichkeit und keine Autonomie der öffentlichen Sphäre. Zugleich bildete die Sphäre des Privaten eine eminent öffentliche Angelegenheit (Hahm 1995: 345).

Die Fusion von Öffentlichem mit Privatem ließ kaum Raum für autonome gesellschaftliche Kräfte wie Kirchen, Gewerbestände, Bürgertum oder Lehnswesen, die „ökonomisch, politisch und geistig die Klammer zwischen patrimonialistischen und primordialen Mechanismen hätten dauerhaft aufbrechen können" (Schluchter 1983: 38). Zwischen der Familie und dem Staat existierten daher kaum vermittelnde Infrastrukturen (de Bary 1996: 97; Jenner 1998: 78 f.). Neben den innerhalb staatlicher Strukturen konkurrierenden Elitengruppen bestanden kaum autonome Autoritäts- und Machtzentren. Zentrale Elemente der bürgerlichen Gesellschaft wie öffentliche Medien gesellschaftlicher Interessenvermittlung, die Partizipation des Bildungsbürgertums und von Intellektuellen in öffentlichen Diskussionen und bei der Formierung der öffentlichen Meinung waren den konfuzianischen Gesellschaften Chinas und Koreas fremd (Fischer 1994: 602; de Bary 1996: 7). Ebenso gilt dies für die Idee einer bürgerlichen Gesellschaft als Sektor zwischen Familie und Staat, d.h. als Handlungsraum für die Durchsetzung privater und gesellschaftlicher Interessen (Steinberg 1997: 152; Fox 1997: 591).

Zivilgesellschaft ist aber auch ein *analytisches Konzept* und als solches nicht synonym zur bürgerlichen Gesellschaft (vgl. von Beyme; Merkel/Croissant in diesem Band). Als empirisch-analytisches Konzept ist Zivilgesellschaft nicht an bestimmte historisch, kulturell oder geographisch determinierte Gegebenheiten gebunden, sondern erfordert zunächst lediglich eine funktional und organisatorisch differenzierte, nicht-totalitäre Gesellschaft. Konkret auf die Transformationsforschung gewendet bedeutet dies, daß die Frage nach dem Zusammenhang zwischen Zivilgesellschaft und Transition bzw. demokratischer Konsolidierung überall dort berechtigterweise gestellt werden darf, wo Demokratisierungs- und Konsolidierungsprozesse beobachtet werden können, in denen die oben definierten Akteure, gleich in welcher konkreten Form, in Erscheinung getreten sind. Am treffendsten hat jüngst Philippe C. Schmitter dies auf den Punkt gebracht:

"While its historical origins are unequivocally rooted in Western Europe, the norms and practices of civil society are relevant to the consolidation of democracy in all cultural and geographic areas of the world, provided that the generic type of democracy that the actors seek to consolidate is modern and liberal - that is, constitutional, representative, accountable via multiparty competitive elections, tolerant of social and ethnic diversity, and respectful of property rights." (Schmitter 1997: 251).

Zudem waren alle hier behandelten Gesellschaften im Laufe ihrer jüngeren Geschichte mehr oder weniger stark der Diffusion westlicher politischer Konzepte und Verhaltensweisen ausgesetzt. Wenn auch Begriffe wie Zivilgesellschaft und Demokratie sowie die damit verbundenen Konzepte aus ideengeschichtlicher Perspektive und mit Blick auf die philosophisch-geisteswissenschaftlichen Traditionen der Länder „fremde" Elemente darstellen, so ist die Beschäftigung mit Zivilgesellschaft ungeachtet ihres „radical different [...] local stock of concepts or practices onto which they have been grafted" (Kelly 1998: 6) keineswegs eine den Gesellschaften der Region „von außen" oktroyierte Diskussion (ibid.). Dies verdeutlichen sowohl die intensiven wissenschaftlichen Debatten in Taiwan und Südkorea um Konzepte der Zivilgesellschaft sowie deren terminologischer Rekonstruktion (vgl. u.a. Hsiao 1990; He 1995; Han 1997; Han et al. 1998; Cho 1997), wie auch die von sozialen Akteuren innerhalb der Gesellschaften selbst geführten zivilgesellschaftlichen Strategiedebatten (vgl. APCSForum 1995).

Der berechtigte Verweis auf divergierende kulturell-philosophische Legate ist somit kein stichhaltiges Argument gegen die Verwendung des Zivilgesellschaftskonzepts im Kontext der asienbezogenen politikwissenschaftlichen Forschung, sondern sollte vielmehr als Mahnung zur Berücksichtigung regionaler Spezifika verstanden werden.

II. Strukturelle Rahmenbedingungen zivilgesellschaftlicher Genese

Zivilgesellschaft wird in Transformationsprozessen in erster Linie durch drei strukturprägende Einflüsse geformt (vgl. u.a. White 1994; Foley/Edwards 1996; Linz/Stepan 1996; Schmitter 1997; Merkel/Lauth 1998):

1. kulturelle Traditionen und historische Erfahrungen;
2. sozioökonomische Entwicklungspfade und Entwicklungsniveaus;
3. Institutionen und Strukturen der autoritären Regimes.

Diese drei Faktorenbündel wirken keinesfalls ausschließlich und prägen die zivilgesellschaftliche Entwicklungsdynamik nicht in allen Gesellschaften gleichzeitig mit identischer Gewichtung oder auf dieselbe nachhaltige Art. Ob, und wenn in welcher Weise, sozioökonomische Modernisierung die Machtbalance zwischen Staat und Gesellschaft sowie die Zusammensetzung der *civil society* beeinflußt, welche Restriktionen oder Entfaltungsmöglichkeiten die institutionelle Architektur autoritärer Regime dem zivilgesellschaftlichen Potential einer Gesellschaft bietet und unter welchen kollektiven historischen und kulturellen Erfahrungen sich Zivilgesellschaften konstituieren, ist jedoch von besonderer Bedeutung.

1. Der Einfluß kultureller Traditionen und historischer Erfahrungen

Die Entwicklung von Zivilgesellschaften wird nicht nur durch historische Handlungen und Strukturen, sondern auch durch die kontinuierliche und gegenwärtige Wirkung normativer Kräfte geprägt. Die sozio-kulturellen Merkmale einer Gesellschaft bilden dabei *eine unter mehreren* Variablen, die den Kontext formen, innerhalb dessen sich sozio-politische Prozesse vollziehen. In unserem Zusammenhang erscheint vor allem der von Banfield (1958), Almond/Verba (1963) und jüngst Robert Putnam (1993, 1995) aufgezeigte Zusammenhang zwischen kulturellen Mustern einer Gesellschaft und Formen von bürgerlicher Partizipation und Organisation relevant. Die Möglichkeiten der Bürger zur Wahrnehmung gesellschaftlicher Eigenverantwortung und zur Geltendmachung von Interessen stehen dabei insbesondere in engem Zusammenhang mit dem Grad des sozialen und interpersonellen Vertrauens der Bürger: Je größer das Vertrauen ist, das Individuen der Gesellschaft entgegen bringen, desto größer sind die Chancen, ad hoc Bürgerinteressen zu vertreten (Almond/Verba 1963: 494).

Robert Putnam (1993: 163 ff.) greift diesen Aspekt auf, wenn er schreibt, daß freiwillige gesellschaftliche Kooperation eher erreichbar scheint in Gemeinschaften, die auf substantielle Reserven an „sozialem Kapital"[1] zurückgreifen können. „Soziales Kapital" ermöglicht erst die Schaffung effektiver politischer und ökonomischer Organisationen sowie ziviler Gesellschaften, in denen Werte wie Solidarität, Partizipation, Integration und Engagement solide verankert sind. Ohne diese Werte und Netzwerke erscheinen Phänomene wie Familialismus, Klientelismus, Gesetz- und Regellosigkeit und nicht zuletzt Ineffizienz von Regierungshandeln wahrscheinlicher als eine erfolgreiche demokratische Konsolidierung (Putnam 1993: 184; Fukuyama 1995).

Ohne tiefer in die gegenwärtig geführte Debatte um „asiatische Werte" einzutauchen[2], läßt sich feststellen, daß Studien zu sozialen Verhaltensweisen und Organisationsmustern in den hier untersuchten Gesellschaften den hohen Grad an kollektiven Orientierungen und konstruktiven Einstellungen gegenüber vertikal strukturierten sozialen Beziehungen hervorheben (u.a.: Pye 1985;

Moody 1988; Jocano 1989; Chu et al. 1993; Ligeralde 1997). Die starke Gruppenorientierung dieser Gesellschaften ist jedoch weniger Ausdruck partizipativer Gesellschafts-, sondern unvermindert dominierender parochialer Gemeinschaftsorientierungen. Die in der konfuzianischen Ethik Taiwans und Südkoreas wurzelnde Vorrangigkeit familiärer oder gemeinschaftlicher Gruppeninteressen vor allgemeinen Interessen fördert nepotistisch-klientelistische Tendenzen des Gruppenverhaltens. Sie geht einher mit einem niedrigen Grad an *spontaner Soziabilität*[3] (Fukuyama 1995: 27) in diesen Gesellschaften. Ähnliches gilt auch für die philippinische Gesellschaft. Soziale Identitäten und Verantwortlichkeiten sind hier häufig in ein Netz bilateraler, tatsächlicher oder fiktiver (*Compadre*) Verwandtschaftsbeziehungen eingebettet. Horizontale Solidaritäten und Intrastatus-Allianzen sind selten oder zumindest fragil. Soziale Organisationen sind hochgradig paternalistisch und klientelistisch strukturiert (Riedinger 1995: 36ff; Ramos 1990; McCoy 1993).

Zugleich resultierten in Südkorea und Taiwan aus der politischen und wirtschaftlichen Exklusion breiter Bevölkerungsschichten während der japanischen Kolonialzeit bzw. durch die einheimischen autokratischen Herrschaftseliten starke Frustrationsgefühle und Ungerechtigkeitsempfindungen (Chu et al. 1993; Hsiao 1994). Das hieraus resultierende erhebliche Defizit im Bereich interpersonellen Vertrauens und wechselseitiger sozialer Kooperation innerhalb der, durch ein geringes soziales Kapital charakterisierten, „*Low-Trust Societies*" (Fukuyama 1995), erschwert die Bildung intermediärer Gemeinschaften jenseits von Staat und Familie. Beides zusammen wirkt eher hinderlich auf die Selbstorganisation der Bürger in zivilgesellschaftlichen Assoziationen.

Historische Ereignisse waren ebenfalls von Einfluß auf die Konturen und Strategien der *civil society*, ohne das dabei jedoch ein allgemeiner Trend erkennbar ist. So gaben in Taiwan die Erfahrungen mit der gewaltsamen Unterdrückung zivilgesellschaftlicher Proteste 1979 (*Kaohsiung-Zwischenfall*) den Befürwortern gewaltfreier Strategien Auftrieb. Innerhalb der südkoreanischen Studentenschaft vollzog sich wiederum als Folge der fehlgeschlagenen Demokratisierung nach der Ermordung von Präsident Park Chun Hee (1979) und dem „Kwangju-Massaker" vom Mai 1980 ein Prozeß der Ideologisierung und Institutionalisierung des bis dahin diffusen und sporadischen studentischen Aktionismus (Kim D.J. 1993: 245 ff.). Als Basis der ideologischen Selbstindoktrination diente die in den 70er Jahren in Dissidentenkreisen entwickelte *Minjung*-Ideologie[4] sowie ein militanter Anti-Amerikanismus, der in den USA den maßgeblich Verantwortlichen für die politischen Mißstände sah. Innerhalb der Studentenbewegung konkurrierten wiederum verschiedene radikale und moderate Strömungen. Sowohl hinsichtlich ihrer in den 80er Jahren steigenden Gewaltbereitschaft, als auch im Hinblick auf ihre in der Betonung der Wiedervereinigungsfrage zum Ausdruck kommenden stark pan-koreanischen, nationalistischen Ausrichtung (Paik 1996: 69) stand die *Minjung*-Bewegung klar in der Tradition der antijapanischen Volksbewegung der zwanziger Jahre.[5]

2. Der Einfluß sozioökonomischen Wandels auf die Zivilgesellschaft

Mit der Ausnahme der Philippinen vollzogen sich die hier untersuchten Systemwechsel im Kontext erfolgreicher sozioökonomischer Modernisierung. Diese führte zu tiefgreifenden Veränderungen in den wirtschaftlichen, sozialen und kulturellen Subsystemen der einzelnen Gesellschaften. In Südkorea und Taiwan forcierte die exportorientierte Industrialisierung den Wandel weitgehend konfuzianisch geprägter, agrarisch strukturierter Gesellschaften zu industriellen Schwellenländern mit hochgradig differenzierter Sozialstruktur. Die hiermit verbundenen Effekte des sozialen Wandels bewirkten in beiden Ländern einen lang anhaltenden Prozeß der sozialen Mobilisierung. Hierdurch wurden die Bürger aus ihren alten sozialen, wirtschaftlichen und psychologischen Bindungen gelöst und in neue Formen der Vergesellschaftung und des gesellschaftlichen Verhaltens eingebunden. In seiner quantitativen Wirkung hatte dieser Prozeß die Ausweitung politisch mobilisierter und informierter Personengruppen zur Folge. In seiner qualitativen Wirkung führte er zur Multiplikation neuer, an das politische System und die Träger politischer Autorität herangetragener Erwartungen und Forderungen (Croissant 1998: 66-71; Schubert 1994a).

Insbesondere Segmente der städtischen Mittelschichten bildeten in Taiwan und Südkorea die soziale Basis der Zivilgesellschaft (Cheng 1989; Park 1998), aus der sich eine Vielzahl von neuen sozialen Bewegungen, Nichtregierungsorganisationen (NGOs), Bürgerrechts- und Dissidentenorganisationen rekrutierten. Durch die Bereitstellung finanzieller Ressourcen, von Wählerstimmen und nicht zuletzt auch als Pool zur Rekrutierung von Personal dienten sie zudem der demokratischen Opposition als wichtiges Unterstützungspotential. Die modernisierungsbedingte soziale Differenzierung veränderte in diesen Ländern sukzessive sowohl die Machtbalance zwischen Staat und Gesellschaft, als auch die Struktur und Zusammensetzung der Zivilgesellschaft. Die von den autoritären Regimen angestrebte Atomisierung der Gesellschaft respektive die Abkapselung des Staates von der Gesellschaft ließen sich angesichts der funktionalen Notwendigkeit, neue Funktionseliten zu inkorporieren und der Gesellschaft einen größeren Raum der Selbstorganisation zu erlauben, nur noch schwer aufrechterhalten. Gleichzeitig verbesserte die Zunahme moderner, höher gebildeter und materiell besser gestellter Bevölkerungsschichten die Fähigkeit der Zivilgesellschaften zur horizontalen Koalitionsbildung und gesellschaftlichen Mobilisierung. So entstand in den 70er Jahren in Südkorea eine lose organisierte Massenbewegung aus Studenten, Intellektuellen, Farmern, Arbeitern, städtischen Armen und christlichen Dissidenten (*Undonggwon*, vgl. Moon/Kim 1996: 149 f.). In Taiwan lösten unabhängige Professionals, klein- und mittelständische Unternehmer sowie einheimische Intellektuelle die kleine Gruppe oppositioneller Festlandsintellektueller als bisherige Trägerschicht der Zivilgesellschaft ab (Chu J.J. 1996: 210). Mit zunehmender Urbanisierung, Anhebung des Bildungsniveaus und Abnahme der Bedeutung klassischer *cleavage*s (vor allem zwischen Festlandchinesen und einheimischen Taiwanesen)[6] zugunsten funktionaler Konfliktlinien entstand innerhalb der Gesellschaft ein zivilgesellschaftliches Potential.

Vor allem ist hier die sich 1977/78 konstituierende *Dangwai* (Außerhalb der Partei)-Bewegung zu nennen, ein diffuses Spektrum von Dissidenten, Intellektuellen, Freiberuflern, Wissenschaftlern, Journalisten sowie Bürgerrechtlern, die sich weitgehend gewaltfrei und vor allem über illegale Publikation mit ihren Forderungen an die Öffentlichkeit wandten (Domes 1978). Die *Dangwai* war keine Organisation mit festen Strukturen und klaren Mitgliedschaftskriterien, sondern ein Sammelbecken für Gegner der Einparteiendiktatur der KMT (*Kuomintang)* und Befürwortern einer „Taiwanisierung" der Politik (Halbeisen 1982: 209), bei denen es sich überwiegend um Befürworter eines westlichen Gesellschafts- und Demokratiemodells handelte. Freilich verfolgte die im Vorfeld der Wahlen vom Dezember 1978 gebildete *Dangwai* von Anfang an eine explizit auf die Besetzung politischer Ämter zielende Strategie. Mit dem Aufgehen großer Teile der Bewegung in der oppositionellen *Demokratischen Fortschrittspartei* schied sie im September 1986 aus dem zivilgesellschaftlichen Spektrum aus.

Im Unterschied zu diesen beiden Fällen war das autoritäre Regime auf den Philippinen durch eine sich insbesondere in den frühen 80er Jahren verschärfende ökonomische und – im Kampf gegen kommunistische bzw. sezessionistische Aufstandsbewegungen – auch militärische Leistungskrise charakterisiert, die Mittelschichten, Unternehmer, Gewerkschaften und auch Teile der politisch einflußreichen katholischen Kirche vom Regime entfremdete (Lane 1990: 4-21; Bionat 1998: 55 ff.). Forciert durch die Ineffizienz der staatlichen Verwaltung auf dem Lande kam es verstärkt zur Bildung von NGOs. So verfügten die Philippinen Mitte der 80er Jahre mit ca. 18.000 registrierten Organisationen über den größten NGO-Sektor im gesamten Asien (Miclat-Teves/Lewis 1993: 200). Die endemische Ausmaße annehmende Korruption des Marcos-Regimes, sein exklusiver Nepotismus bei der Besetzung von Entscheidungspositionen in Staat, Politik und Wirtschaft sowie die sich insbesondere nach der Ermordung des Oppositionsführers Benigno Aquino 1983 verschärfende Kritik an Menschenrechtsverletzungen stimulierten die Gründung einer Vielzahl von Bürgerrechtsgruppen, die teils klandestin, teils aber auch offen das autoritäre Regime herausforderten (Croissant/Merkel 1999: 308 ff.).

3. Der Einfluß politischer Institutionen und Strukturen auf die Zivilgesellschaft

Sowohl die wechselnden autoritären Regime Südkoreas[7], als auch das „sultanistische" Marcos-Regime[8] waren durch eine vergleichsweise schwach ausgeprägte Kontrolle gesellschaftlicher Prozesse charakterisiert. Lediglich in Taiwan erreichte die staatliche Durchdringung der gesellschaftlichen Sphäre zeitweise ein mit den kommunistischen Diktaturen Osteuropas vergleichbares Niveau. In allen drei Ländern war die Bildung autonomer Organisationen und Vereinigungen aber bereits in autoritärer Zeit möglich, wenn auch in Taiwan erst in der Spätphase des Regimes und auch dann zunächst nur in geduldeten informellen Grauzonen.

Auf den Philippinen erlaubte die im Vergleich zur japanischen Besatzungsmacht (Korea, Taiwan) weniger repressive amerikanische Herrschaft bereits während der späten kolonialen Periode (1898-1946) die Formierung unabhängiger gesellschaftlicher Vereinigungen insbesondere im Bereich funktionaler Interessenvermittlung. Nach der Unabhängigkeit des Landes bestanden mit der Institutionalisierung einer funktionierenden Parteiendemokratie wesentlich günstigere Bedingungen für die Ausbreitung zivilgesellschaftlicher Aktivitäten, als in den anderen Ländern. So konnte sich schon früh eine organisierte Zivilgesellschaft herausbilden. Gleichzeitig verfügte der schwache philippinische Staat nur über eine gering ausgeprägte Autorität und Autonomie gegenüber sozialen Akteuren (McCoy 1993: 10-19). Staatliche Institutionen waren vielmehr einem kontinuierlichen Kolonialisierungsdruck durch die Gesellschaft ausgesetzt. Auch nach dem *auto golpe* des demokratisch gewählten Präsidenten Marcos (1972) bildete Klientelismus das dominante Austausch- und Interaktionsmuster zwischen Staat und Gesellschaft (Ligeralde 1997: 126 f.). Versuche der staatlichen Durchdringung der sozialen Sphäre etwa in Form der staatskorporatistischen Einbindung von Gewerkschaften und Unternehmerverbänden waren weitgehend ineffektiv.

In Taiwan und Südkorea war die Entwicklung der Zivilgesellschaft bis in die 80er Jahre durch die Konfrontation zwischen starkem Staat und schwacher Gesellschaft geprägt. Hier waren sowohl Herrschaftsdauer und -tiefe, als auch der Herrschaftsumfang (vgl. dazu: Merkel 1999) der autoritären Regime wesentlich ausgeprägter als auf den Philippinen. So begann sich in Taiwan erst in den 70er Jahren als Reaktion auf die exogen induzierte und durch endogene Faktoren verschärfte Legitimitätskrise des KMT-Regimes der staatlich definierte Raum für das Entstehen zivilgesellschaftlicher Strukturen allmählich auszuweiten (Schubert 1994: 46 ff.). Trotz sozio-ökonomischen Wandels gelang es der KMT aber weiterhin, durch die Kooption der Bürger in die Massenorganisationen des Regimes die Loyalität großer Segmente der Gesellschaft an das System zu binden. Im Unterschied dazu unternahmen die autokratischen Eliten Südkoreas geringe Anstrengungen zur Institutionalisierung ihrer Herrschaft. Soweit vorhanden, dienten staatliche Massenorganisationen nicht der Inkorporation sozialer Interessen und mithin der Entschärfung sozialer Konflikte, sondern lediglich der Überwachung und Demobilisierung der Gesellschaft. Anders als in Taiwan fehlten dem südkoreanischen Regime daher immer wieder die institutionellen Mechanismen, um gesellschaftliche Forderungen nach verbreiterter politischer und ökonomischer Partizipation erfolgreich zu kooptieren. Diese strukturellen Gegebenheiten ermöglichten hier bereits in den 60er Jahren das Entstehen vitaler zivilgesellschaftlicher Organisationen.

Obwohl die entstanden zivilgesellschaftlichen Konturen in den einzelnen Ländern sehr unterschiedlich waren, lassen sich doch einige allgemeine Muster erkennen:

1. Lediglich auf den Philippinen bildeten die Medien funktionaler Interessenvertretung einen relevanten Transformationsakteur. Den in der Tradition einer politischen Arbeiterbewegung stehenden linken Gewerkschaften sowie einer großen Zahl unabhängiger Betriebsorganisationen und Gewerkschaftsbünde gelang es weitgehend, ihre ideologische und organisatorische Autonomie gegenüber dem Regime zu bewahren. Dies galt teilweise auch für Bauernorganisationen, die von kirchennahen Organisationen Unterstützung erfuhren sowie für Unternehmerverbände (Riedinger 1995: 228; Ramos 1990, 1992). In Taiwan und Südkorea spielten Verbände für die Transition keine nennenswerte Rolle. Die staatskorporatistische Einbindung dieser Organisationen, die Kooptation ihrer Spitzenvertreter in die Regimekoalition und die Instrumentalisierung des antikommunistischen Herrschaftsanspruchs der Regime neutralisierten Bestrebungen zur Bildung unabhängiger Gewerkschaften bereits auf der Betriebsebene (Frenkel 1993; Croissant 1997a). Während jedoch die staatskorporatistischen Arrangements in Taiwan einen stark inklusiven Charakter trugen, zielte die Gewerkschaftspolitik in Südkorea auf die Depolitisierung, Fragmentierung und Marginalisierung einer während der japanischen Kolonialzeit radikalisierten und ideologisierten nationalistischen Arbeiterbewegung. In beiden Ländern dienten die großen nationalen Wirtschaftsverbände in erster Linie als Transmissionsriemen zur Durchsetzung der Interessen der autoritären Regime sowie als formale Hülle für die informelle Vermittlung von Interessen zwischen Großunternehmern und Vertretern aus Politik und Spitzenbürokratie im Rahmen „symbiotischer" Klientelbeziehungen (Heilmann 1998).

2. Bedingt durch die institutionelle Architektur der autoritären Regime übernahmen hier statt dessen vor allem neue soziale Bewegungen und Intellektuelle oppositionelle Funktion. So waren in Taiwan mit der *Dangwai* und anderen sozialen Bewegungen (Umweltschutzgruppen, Minderheiten- und Frau-

enrechtsorganisationen) jene Gruppierungen Träger der *civil society*, die aufgrund der Neuartigkeit der von ihnen problematisierten gesellschaftlichen Fragen schwerer von den Durchdringungsmechanismen des Regimes erfaßt werden konnten. Die organisierte Studentenschaft hingegen blieb aufgrund ihrer Einbindung in die Jugendorganisationen der KMT weitestgehend passiv (Schubert 1994: 264 ff.). Grundsätzlich ähnlich kann auch für Südkorea argumentiert werden. Allerdings war hier gerade die Studentenschaft eine zentrale gesellschaftliche *pressure group*, die aufgrund nur ungenügend institutionalisierter Kontrollen der autoritären Regime zu einem informellen, aber wirkungsmächtigen Akteur mit allerdings ambivalenter Bedeutung für die demokratische Entwicklung dieser Gesellschaft wurde[9].

3. Christliche Organisationen hatten in allen drei Ländern wichtige Funktionen für die Zivilgesellschaft. Durch die nationalen Amtskirchen und deren soziale Einrichtungen offerierten sie anderen zivilgesellschaftlichen Gruppen vor staatlichen Zugriffen relativ geschützte institutionelle Rückzugsräume und autonome Strukturen (Hanson 1980: 88f; Kim S.C. 1993: 410; Velasco 1997: 93)[10]. Zudem begrenzte der enge Kontakt zwischen koreanischen bzw. philippinischen Kirchen und christlichen Organisationen vor allem in den USA den Reaktionsspielraum des Regimes gegenüber diesen Gruppen. Festzuhalten bleibt jedoch, daß die Beteiligung kirchlicher Kreise an oppositionellen Aktivitäten in allen Ländern ein Ausnahmephänomen war. Die offiziellen Amtskirchen und hier insbesondere die katholische Kirche verhielten sich überwiegen passiv oder standen den Herrschaftseliten lange Zeit nahe (Hanson 1980: 86; CISJD 1985: 30, 110ff.).

4. Charakteristisch für den zivilgesellschaftlichen Widerstand in den drei Ländern war dessen soziale, ideologische und programmatische Heterogenität. Auf den Philippinen bildeten so verschiedene Gruppen wie die *Namfrel* (*Nationale Bürgerbewegung für freie Wahlen*) und der *Makati Business Club*, der pro-kommunistische Gewerkschaftsverband KMU (*Kilusang Mayo Uno, Erster-Mai-Bewegung*) sowie Teile des durch die Befreiungstheologie beeinflußten katholischen Klerus das organisatorische Rückgrat einer städtischen Massenbewegung, die seit Anfang der 80er Jahre überwiegend legal und gewaltfrei gegen das Regime agitierte (Lane 1990; Velasco 1997: 93 ff.). In Südkorea wiederum verlief die ideologische Spaltung der Zivilgesellschaft entlang dem Konflikt Wiedervereinigung versus südlicher Teilstaat sowie dem *cleavage* politische Demokratisierung versus soziale Demokratie. Ideologische Gegensätze bestanden dabei sowohl zwischen der organisierten Studentenschaft und der in den 70ern aufgekommenen christlichen Dissidentenbewegung, wie auch zwischen der *Minjung*-Bewegung und dem bürgerlich-konservativen Lager (CISJD 1985; Choi 1993). In Taiwan schließlich standen auf der einen Seite die radikalen Befürworter einer taiwanesischen Unabhängigkeit (*Republik Taiwan*), die eine Politisierung der Bevölkerung durch außerparlamentarische Strategien anstrebten und auf der anderen Seite gemäßigte Gruppen, die

innerhalb des von der KMT vorgegebenen institutionellen Rahmens auf eine Reform des Systems drängten (Schubert 1994: 250 f.).
5. Während in Südkorea *civil* und *political society* interagierten, die Demokratiebewegung sich aufgrund der relativ weit gesteckten Grenzen des politischen und gesellschaftlichen Pluralismus der autoritären Regime jedoch aus beiden Sphären zusammensetzte, war in Taiwan die Zivilgesellschaft auch gleichzeitig der einzige Träger politischer Opposition. Das völlige Fehlen einer organisierten Alternative zur Staatspartei KMT hatte hier zur Folge, daß die Zivilgesellschaft eine wesentlich stärkere politische Funktion hatte. Zeitweise waren Zivilgesellschaft und Opposition weitestgehend identisch. Die Grenzen zwischen *political society* und *civil society* gestalteten sich fließend. In der Frühphase der Transformation bestand eine quasi-symbiotische Beziehung (Tien 1997: 153) zwischen Zivilgesellschaft und politischer Opposition, in der erstere den Nährboden bildete, auf dem letztere sich (zunächst noch illegal) in Parteien organisieren konnte. Die Philippinen nehmen hier gleichsam eine Mittelposition ein. Sowohl das linksideologische Spektrum der Zivilgesellschaft als auch ihr konservativer bzw. liberaldemokratischer Gegenpart unterhielten intensive Beziehungen zu Oppositionsparteien; teilweise nahmen Parteipolitiker der Prä-Marcos-Ära Führungsfunktionen innerhalb zivilgesellschaftlicher Organisationen ein.

III. Zivilgesellschaft und Transition

Kennzeichnend für die Regimeübergänge in Südkorea (zwischen 1985 und 1988), auf den Philippinen (1986) und in Taiwan (von 1986 bis 1992) ist, daß dort, wo der Demokratisierungsprozeß relativ rasch verlief, die Mobilisierung der Zivilgesellschaft ein Schlüsselelement der Demokratisierung war. Lediglich in Taiwan vollzog sich die Transformation des *Kuomintang*-Regimes ohne ausgedehnte Massenproteste. Zwar löste die kontrollierte Öffnung des Regimes Mitte der 80er Jahre auch hier entsprechend akteurstheoretischer Annahmen (O'Donnell/Schmitter 1986, Przeworski 1991) einen gesellschaftlichen Mobilisations- und vor allem Organisationsschub aus, in dessen Gefolge sich eine große Zahl neuer zivilgesellschaftlicher Akteure konstituierte. Insbesondere im Hinblick auf das Entstehen unabhängiger Gewerkschaften, Farmerverbände, der Umweltschutzbewegung sowie Bürger- und Menschenrechtsorganisationen ging dieser Prozeß mit einer starken Tendenz zur Institutionalisierung einher (Hsiao 1992; Chu 1994). Obwohl diese Gruppierungen einen signifikanten Beitrag leisteten, um das Regime zur Liberalisierung zu drängen (Hsiao 1992: 153; Chen 1994: 263), muß das Ausmaß ihrer konkreten Einflußnahme auf den Systemwechsels als niedrig bezeichnet werden. Vielmehr verlagerte sich die Auseinandersetzung schon sehr früh während der

Transition in die politischen Institutionen des Regimes und auf die politischen Parteien.

Im Unterschied hierzu prägte in Südkorea und auf den Philippinen vor allem die Massenmobilisierung der (Zivil-)Gesellschaft die Dynamik der Liberalisierungsprozesse. In Südkorea reagierten oppositionell gesinnte Studentengruppen und verschiedene Bürgerrechtsgruppen als erste auf die Mitte der 80er Jahre offensichtlich werdende Unterstützungskrise des Regimes. Der Versuch der autoritären Hardliner, angesichts des wachsenden gesellschaftlichen Widerstands die im Vorfeld der Parlamentswahlen 1985 eingeleitete Liberalisierung im Frühjahr 1987 zu stoppen, bewirkte fast augenblicklich das Anwachsen des oppositionellen Widerstands und bewegte eine Vielzahl bislang passiver Akteure dazu, sich der Demokratiebewegung anzuschließen (ausführlich: Park 1996; Croissant 1998).

Ganz ähnlich der Entwicklung in Südkorea war auch der philippinische Präsident Marcos gezwungen, angesichts einer zunehmenden gesellschaftlichen Mobilisierung als Folge der virulenten Legitimitätskrise des Regimes Liberalisierungsschritte einzuleiten. So wurden für den Februar 1986 Präsidentschaftswahlen angekündigt. Die Wahlen fanden am 7. Februar 1986 statt und führten zu dem paradoxen Ergebnis, daß beide Kandidaten den Sieg für sich beanspruchten[11]. Obwohl auch die Angaben der Opposition teilweise nicht nachprüfbar waren, stand für große Teile der philippinischen und internationalen Öffentlichkeit außer Frage, daß der Sieg von Marcos das Resultat umfangreicher Manipulationen bei der Stimmauszählung war. Die unter der Bezeichnung „People's Power" weltweite Aufmerksamkeit erregenden Massenproteste vor allem in der Hauptstadt Manila für eine Anerkennung des Wahlsiegs der Oppositionskandidatin Corazon Aquino führten schließlich den Sturz von Präsident Marcos herbei.

Während sich in diesen beiden Fällen eine strategisch handelnde Zivilgesellschaft formierte, die für kurze Zeit über die Fähigkeit verfügte, in ideologischer, programmatischer und sozialstruktureller Hinsicht stark heterogene Gruppierungen und Akteure unter einem organisatorischen Dach zu vereinen, mangelte es der taiwanesischen Zivilgesellschaft an dieser Fähigkeit. Mit der Konstituierung der *Dangwai* als politischer Partei schied der bis dato wirkungsmächtigste Akteur aus dem zivilgesellschaftlichen Spektrum aus. Ein mit der *National Coalition for Democratic Constitution* (NCDC) in Südkorea oder der *Namfrel* auf den Philippinen vergleichbares Koordinations- und Konsultativorgan existierte in Taiwan nicht. Generell läßt sich im Vergleich zu den übrigen beiden Fällen ein wesentlich geringeres Niveau politischer Mobilisierung der Zivilgesellschaft in Taiwan feststellen. Die Akteure der taiwanesischen Zivilgesellschaft forderten vor allem mehr soziale und ökonomische Partizipationsrechte für die einheimische Bevölkerungsmehrheit der Taiwanesen. Dieser Fokussierung zivilgesellschaftlicher Aktivitäten auf die Forderung nach mehr „sozialer Demokratie" steht eine sehr viel stärker politisierte Mobilisierung der südkoreanischen Zivilgesellschaft entgegen, die in erster Linie ein Mehr an demokratischen Rechten und politischen Partizpationsmöglichkeiten einforderte (Koo/Hsiao 1997: 321, 331).

Ungeachtet unterschiedlicher Mobilisierungsniveaus, abweichender Strategien und divergierender Einflußmöglichkeiten läßt sich gleichwohl in allen drei Fällen eine zentrale Funktion der Zivilgesellschaft in der Transitionsphase erkennen: die Schaffung politischer „Opportunitätsstrukturen" (Tarrow 1995) durch weitgehend gewaltlose Massenmobilisierung, die von den Parteien schließlich zur Aushandlung demokratischer Institutionen genutzt werden konnten. Die von Michael Hsiao (1992: 154) mit Blick auf Taiwan getroffene Feststellung, zwischen der Mobilisierung neuer sozialer Bewegungen und politischer Liberalisierung habe eine reziproke Beziehung bestanden, gilt auch für die übrigen Untersuchungsländer: Der Druck neuer und im Falle der Philippinen auch alter sozialen Bewegungen förderte die Öffnung des Regimes, dies verstärkte wiederum die Tendenz zur Formierung der Zivilgesellschaft.

Mit Einleitung der Demokratisierung kann eine in Geschwindigkeit und Umfang rapide Abnahme zivilgesellschaftlicher Mobilisierung sowie der Möglichkeiten politischer Einflußnahme auf Seiten zivilgesellschaftlicher Akteure festgestellt werden. Die Aushandlung demokratischer Institutionen vollzog sich im wesentlichen als parteienzentrierter Verhandlungsprozeß, in dem zivilgesellschaftliche Akteure zunächst keine signifikante (Südkorea, Taiwan) oder nur eine untergeordnete Rolle (Philippinen) spielten. Mit der Erreichung des gemeinsamen Ziels (Einleitung der Demokratisierung) brach die Einheit der zivilgesellschaftlichen Front gegenüber dem autoritären Regime auf. Unterschiedliche ideologische Vorstellungen, Interessen und nicht zuletzt auch differierende parteipolitische Bindungen ließen die Akteure auseinanderdriften. So scheiterte der Versuch der südkoreanischen Studentenbewegung, ihren hohen politischen Einfluß aus dem Frühjahr 1987 zu konservieren und als programmatischer Kopf einer Demokratisierungskoalition aus Arbeiterschaft, Mittelschichten, Intellektuellen und Oppositionspolitikern Geschwindigkeit und Inhalte der Demokratisierung zu beeinflussen. Auf den Philippinen gelang es den lange Zeit neutralisierten Oppositionsparteien schon bald, die nach dem Abtritt Marcos' und einem mißlungenen Putschversuch von Teilen des Militärs kurzzeitig verworrene politische Situation zu beruhigen. In den folgenden Monaten wurden zivilgesellschaftliche Akteure auch hier von den Parteien weitgehend aus der politischen Arena verdrängt und es kam zur Kolonialisierung der demokratischen Institutionen durch die alten, die philippinische Politik bereits in der Prä-Marcos-Ära dominierenden, politischen Eliten (Boudreau 1996).

IV. Wandel, Beharrung und Ambivalenz: die Zivilgesellschaft in der Konsolidierungsphase

Die konsolidierungstheoretische Relevanz der Zivilgesellschaft wird in der empirischen Demokratieforschung von verschiedener Seite hervorgehoben (u.a. O'Donnell/Schmitter 1986; Schmitter 1992, 1997; Gunther et al. 1995, Linz/Stepan 1996; Merkel 1996; Puhle 1997). Robert Dahl (1971) etwa betont in seinem Polyarchie-Konzept, daß Demokratie auf der Existenz einer Vielzahl kollektiv organisierter Akteure basiert, die innerhalb des institutionellen Rahmens um die Vertretung ihrer Interessen konkurrieren und so zur Legitimation der demokratischen Ordnung beitragen. Parteien und zivilgesellschaftliche Organisationen konstituieren im Idealfall ein Netz intermediärer Strukturen, daß auf der Legitimität sozialer Konflikte, gleichzeitig aber auch auf der, durch die Multiplikation von Mitgliedschaften in freiwilligen Gruppen und Vereinigungen erzeugten Überschneidung von Interessen basiert. Eine starke, durch demokratische Traditionen, gekennzeichnete Zivilgesellschaft, so Hans-Jürgen Puhle (1997: 146), vermag zudem als „Puffer und Bollwerk" gegen einen starken Staat zu wirken.

Dies bedeutet keineswegs, daß das Vorhandensein einer starken Zivilgesellschaft eine notwendige Bedingung für die Konsolidierung junger Demokratien darstellt. Es lassen sich innerhalb der dritten Demokratisierungswelle (Griechenland) auch erfolgreiche Konsolidierungen im Verbund mit schwachen Zivilgesellschaften konstatieren (vgl. etwa Sotiropolous 1995). Gerade in postautoritären Gesellschaften mit sozial schwach verankerten Kartell- und Elitenparteien, wie sie insbesondere Südkorea und die Philippinen darstellen (Croissant 1997b: 325), sind jedoch zivilgesellschaftliche Organisationen als soziale und politische Partizipationsalternativen, als Agenten „demokratischer Selbstorganisation" (Held 1987) einer Gesellschaft, als Akkumulatoren sozialen Kapitals und als Propagandisten zur Durchsetzung sozialer Forderungen und Interessen von besonderer Bedeutung für die Produktion von demokratischer ‚Öffentlichkeit'. Denn die institutionalisierte Meinungs- und Willensbildung ist hier noch stärker als sonst „auf Zufuhren aus den informellen Kommunikationszusammenhängen der Öffentlichkeit, des Assoziationswesens und der Privatsphäre angewiesen" (Habermas 1992: 426). Gerade hier, wo die intermediären und programmatischen Kapazitäten der Parteien teils erhebliche Schwächen aufweisen, kann dem Kern der Zivilgesellschaft, den Kirchen, kulturellen Vereinigungen, unabhängigen Medien, Bürgerforen und -initativen, Berufsverbänden und Gewerkschaften als „meinungsbildende[n] Assoziationen" (ders. 1991: 46) eine besondere demokratiestützende Funktion zukommen.

In welchem Maße zivilgesellschaftliche Akteure die ihnen zugeschriebenen Konsolidierungsfunktionen erfüllen, ist in erster Linie abhängig von der sozialstrukturellen Zusammensetzung der Zivilgesellschaft, den Organisationsmustern und -profilen zentraler Akteure, dem Grad der ideologischen Polarisierung und dem Anteil demokratischer Elemente in der Zivilgesellschaft. Die Fragestellung lautet also: Welche Ausprägungen von Zivilgesellschaft fördern und welche behindern in den drei Ländern die demokratische Konsolidierung?

1. Struktur und Organisationsprofile der Zivilgesellschaften

Zunächst läßt sich feststellen, daß die politische Transformation in allen drei Ländern eine Reformulierung der Beziehungen zwischen Staat und Gesellschaft eingeleitet hat. Die Befreiung der politischen Märkte von staatlicher Kontrolle wird in den 90er Jahren von den unterschiedlichsten gesellschaftlichen Gruppen zur Bildung neuer Repräsentationsorgane genutzt. Generell ist erkennbar, daß der politische Einfluß der Dissidenten und Studenten seit der Demokratisierung kontinuierlich abnimmt, eine Entwicklung wie sie für junge Demokratien charakteristisch zu sein scheint (Schmitter 1997). Dies ist aber nicht zwangsläufig gleichbedeutend mit der politischen Marginalisierung der Zivilgesellschaft insgesamt. Vielmehr treten einerseits neue Organisationen vor allem in den Bereichen Umweltschutz, Minderheitenrechte, Verbraucherschutz sowie Menschen- und Bürgerrechte an die Stelle alter Akteure. Andererseits läßt sich ein Erstarken der Zivilgesellschaft im Bereich der Vertretung funktionaler Interessen erkennen. Gemeinsam ergibt dies ein Bild zivilgesellschaftlichen Strukturwandels, der seinen Niederschlag sowohl auf der organisatorischen als auch auf der funktionalen Ebene findet. Als generelles Muster ist erkennbar, daß der zivilgesellschaftliche Struktur- und Funktionswandel dort am schnellsten und erfolgreichsten verläuft, wo die Beziehungen zwischen Zivilgesellschaft und autoritär regiertem Staat am konfliktärmsten waren (Taiwan). Dort hingegen, wo das Verhältnis zwischen Staat und ziviler Gesellschaft am stärksten durch konflikthafte und teilweise gewalttätige Auseinandersetzungen geprägt war, verläuft dieser Prozeß schleppend und erratisch (Südkorea).

2. Bürgergruppen und NGOs: Hoffnungsträger der Civil Society?

In allen drei Ländern ist es neuen sozialen Bewegungen, Bürgergruppen und NGOs gelungen, sich als Institutionen sozialer Interessenaggregation und Interessenartikulation zu etablieren. Die besondere Bedeutung dieser Organisationen liegt darin, daß sie nicht ausgesuchte soziale Schichten oder funktionale Partikularinteressen ansprechen, sondern auch allgemeine gesellschaftliche Fragen thematisieren und somit eine wichtige Rolle bei der Entwicklung einer pluralistischen Gesellschaft übernehmen. So ist die *civil society* Taiwans gekennzeichnet durch die Formierung zahlreicher neuer und freiwilliger Gruppen. Mit Hsiao (1990, 1994) lassen sich generalisierend für die große Mehrzahl der zivilgesellschaftlichen Akteure eine Reihe gemeinsamer Merkmale feststellen. Wichtigstes Thema der meisten Akteure ist die direkt an das Regime gerichtete Forderung nach umfassenden sozialen und politischen Reformen sowie nach größerer Autonomie für die Zivilgesellschaft. Sie sind dabei überwiegend auf Distanz zu politischen Parteien bedacht. Die rasche Institutionalisierung der Akteure meist noch in der Transitionsphase wird in der Konsolidierungsphase vermehrt begleitet von Koalitions- und Allianzbildungen zwischen den zivilgesellschaftlichen Akteuren, die auf der Herausbildung gemeinsamer Ziele und Forderungen gegenüber der Regierung basieren. Soziale Bewegungen werden hierbei nicht nur von der Gesellschaft selbst als unverzichtbare Elemente demokratischer Willensbildung akzeptiert. Vielmehr kann die Sensibilität der KMT-Regierung und ihre Bereitschaft zur Adaption der von diesen Akteuren thematisierten Forderungen auch als ein Erklärungsfaktor für die hohe Stabilität betrachtet werden, mit der sich die Konsolidierung der taiwanesischen Demokratie vollzieht. Bereits seit Ende der 80er Jahre hat die *civil society* ihre negative Schutz- und Abwehrfunktion um eine konstruktive und bewahrende Komponente ergänzt (Hee 1995: 43 f.).

Charakteristisch für die südkoreanische Zivilgesellschaft ist, daß eine große Zahl von Akteuren auf verschiedenen Politikfeldern aktiv ist. So zählten Beobachter Anfang der 90er Jahre alleine ca. 200 Organisationen und Gruppen, die sich im Bereich Umweltschutz engagieren, dabei jedoch auch gleichzeitig als Interessenvertretung der Bauern, der städtischen Armen, in Belangen der Menschen- und Bürgerrechte sowie in der Wiedervereinigungsfrage tätig sind (Kang 1994: 159-162). Nachdem durch die Demokratisierung die grundsätzliche Auseinandersetzung um den Charakter der politischen Herrschaftsordnung aus der innenpolitischen Auseinandersetzung weitgehend verschwunden ist, konzentrieren soziale Bewegungen und NGOs ihre Aktivitäten nun vermehrt auf den Bereich der politischen Bildung sowie die Beeinflußung des politischen Entscheidungsprozesses auf konkreten Policy-Feldern. Teilweise übernehmen zivilgesellschaftliche Gruppen auch para-staatliche Funktion, etwa indem sie in Zusammenarbeit mit der zentralen Wahlbehörde die Einhaltung der Wahlkampfbestimmungen kontrollieren (Lee 1997: 166).

Auffällig ist die große Bereitschaft dieser als *simin* bezeichneten neuen Generation zivilgesellschaftlicher Organisationen zu kooperativem und strategischem Handeln. So beteiligten sich Anfang der 90er Jahre über 190 Organisationen an den Kampagnen gegen die Öffnung des südkoreanischen Reismarktes. Gemeinsam mit Umweltschutzgruppen sowie der *Korean Farmers League* (*Chonnong*) unterstützte die Bürgerrechtsbewegung die unabhängigen Gewerkschaften bei ihrem Generalstreik gegen ein neues Arbeitsgesetz im Januar und Februar 1997. Mit der Gründung des *Korean Council of Citizens Organisation* (*Shiminhyop*, KCCO) gaben sich soziale Bewegungen erstmals ein gemeinsames organisatorisches Dach. Durch die Gründung nationaler und lokaler Netzwerke, die beispielsweise das Umweltbewußtsein der Bürger auf lokaler Ebene schärfen sollen, oder durch die Organisation öffentlicher Diskussionsforen und Hearings zu aktuellen politischen Fragen, tragen diese Organisationen auch zur Vertiefung demokratischer Einstellungen und Praktiken in der südkoreanischen Gesellschaft bei. Neben ihrer integrativen und erzieherischen Funktion verkörpert dieser neue Typus bürgerlicher NGOs zugleich eine gesellschaftliche Kraft politischer Mäßigung. Zwar vertreten sie teilweise ähnliche politische Inhalte wie etwa die radikale Studenten- und Arbeiterbewegung. Sie distanzieren sich gleichzeitig aber sowohl in ihrer Rhetorik als auch in ihren Strategien eindeutig von deren konfrontativen und und radikalen Forderungen (Yoon 1997: 47).

Charakteristisch für die *civil society* der Philippinen ist die breite soziale Differenzierung der Organisationen und ihr „high-profile activism" (Hewison/Rodan 1996: 62). Dabei ist jedoch eine gewisse Skepsis insbesondere bei der Bewertung der Tätigkeit von NGOs angebracht: Sie enthält häufig Elemente von Patronage, die Verantwortlichkeit der NGOs gegenüber der eigenen Klientel ist teilweise nur mangelhaft ausgebildet und das partizipative Element mitunter eher formalistisch (Rüland 1998: 252 ff.). Ähnlich der südkoreanischen Entwicklung ist auch die philippinische Zivilgesellschaft in der Post-Marcos-Ära vor allem durch eine rasch abebbende Massenmobilisierung gekennzeichnet, die mit dem Auseinanderbrechen der Zivilgesellschaft in unterschiedliche ideologische Lager zusammenfällt (Lane 1990: 20). Nachdem zunächst eine teilweise enge Zusammenarbeit zwischen demokratischer Regierung und zivilgesellschaftlichen Gruppen zu verzeichnen war, hat die erneute Kartellisierung der Zugangschancen zu politischen Entscheidungspositionen während der Präsidentschaft Corazon Aquinos (1986-1992) signifikante Segmente der Zivilgesellschaft, die unter Demokratisierung nicht das nahtlose Anknüpfen an die Elitendemokratie der vorautoritären Zeit verstanden, vom demokratischen System enttäuscht (Cala 1995: 184).

Der philippinische Fall zeigt vielleicht am deutlichsten das strategische Dilemma zivilgesellschaftlicher Akteure in einer hochgradig elitendominierten Demokratie: Entweder kooperieren sie in einem Reformprozeß, der zu ihrer politischen (Teil-)Marginalisierung führt, oder sie entscheiden sich für die Option der erneuten Reautoritarisierung. Letztere steht jedoch im Widerspruch zu ihren elementaren Interessen. Wählen *civil society*-Organisationen die erste Variante, so bleibt ihnen nur die Hoffnung, die Duldung partizipativer Defizite im politischen Bereich gegen bestimmte soziale Mitsprache einzutauschen[12]. Auf den Philippinen war dies der Fall: Trotz ihrer Enttäuschung über die Aquino-Regierung stützte eine Koalition aus Menschenrechtsaktivisten, katholischer Kirche, NGOs und Unternehmerverbänden die demokratisch gewählte Regierung gegen Putschversuche rechtsgerichteter Militärs und hatte so einen maßgeblichen Anteil daran, daß die junge philippinische Demokratie nicht bereits in ihrer Anfangszeit scheiterte (Boudreau 1996: 67 f.).

3. Die Gewerkschaften: Korporatismus, Pluralismus oder Neokorporatismus?

Ein struktureller Wandel der Zivilgesellschaft in der demokratischen Konsolidierung läßt sich in Taiwan und Südkorea auch auf der Ebene der funktionalen Interessenrepräsentation in der zunehmenden Konkurrenz zwischen ‚alternativer' Arbeiterbewegung und ex-staatskorporatistischen Arbeiterorganisationen erkennen. Hier, wo die staatskorporatistische Kontrolle der Kapitalverbände, Gewerkschaften und Bauernvereinigungen besonders stark ausgeprägt war, beginnen sich diese aus der Umarmung des Staates zu lösen und ein eigenes Profil als autonome und durchaus regierungskritische Organisationen zu entwickeln (Kim 1996: 85; Chu J.J. 1996: 220).

Sowohl in Taiwan als auch in Südkorea organisierten sich mit der Abnahme des autoritären Repressionspotentials eine Vielzahl neuer Gewerkschaften außerhalb der staatskorporatistischen *Federation of Korean Trade Unions* (FKTU) bzw. der *Chinese Federation of Labor* (CFL). Im Unterschied zu den Philippinen und Südkorea existiert aber in Taiwan bis heute keine militante und politisierte Arbeiterbewegung und der Trend zur gewerkschaftlichen Organisation der abhängig Beschäftigten außerhalb der bestehenden Organisationen ist wesentlich schwächer als in Südkorea.[13] Die Formierung alternativer Gewerkschaften vollzog sich weitgehend autonom von anderen politischen oder zivilgesellschaftlichen Akteuren. In Südkorea hingegen bestehen enge Beziehungen zwischen alternativen Gewerkschaften und insbesondere der Studentenbewegung. Im Gegensatz zu den taiwanesischen Arbeiterorganisationen verstehen sich die alternativen Gewerkschaften in Südkorea explizit als politische Organisationen und verfolgen Strategien der Allianzbildung mit anderen zivilgesellschaftlichen Akteuren. Wenig erstaunlich ist daher, daß die Arbeitsbeziehungen in Südkorea wesentlich konfliktreicher als in Taiwan verlaufen, zumal die Proteste der Arbeiter nicht nur gegen einzelne Unternehmen, sondern auch gegen den Staat und die Regierung als - tatsächlichem oder vermeintlichem - Partner der Großindustrie gerichtet sind (Kim, E.M. 1997: 208 f.).

Wenn auch insgesamt ein Aufweichen der staatskorporatischen Strukturen erkennbar ist, so ist dies jedoch nicht notwendigerweise als Indiz für das Etablieren neokorporatistischer Arrangements zu werten. Ob sich dieses in der Forschung (Schmitter 1992; Croissant/Merkel/Sandschneider 1998) als günstig für die Konsolidierung der Demokratie erachtete Ordnungsmuster industrieller Beziehungen zu etablieren vermag, erscheint gegenwärtig zweifelhaft. Denn dies würde voraussetzen, daß die grundlegende Struktur des staatskorporatistischen Systems (vor allem Repräsentationsmonopole, offizielle Anerkennung der Arbeitervertretungen, hierarchische Koordination) erhalten blieb und die demokratische Regierung nur indirekt existierende Verbände unterstützt, nicht jedoch nach direkter Kontrolle ihrer Aktivitäten strebt (Schmitter 1992).

Besonders ausgeprägt ist das personalistische und klientelistische Element in der philippinischen Arbeiterbewegung. Hier tendiert das dualistisch strukturierte Gewerkschaftswesen zu einem organisatorischen Pluralismus, der sich u.a. in einer großen Zahl unabhängiger Betriebsgewerkschaften, etwa ein Dutzend miteinander konkurrierende Föderationen, einem geringen Zentralisierungsgrad und einer richtungspolitischen Fragmentierung der Gewerkschaften niederschlägt. Stark pluralisiert, polarisiert und fragmentiert verfügen die nationalen Verbände nur über geringe Durchgriffsrechte gegenüber lokalen Organisationen. Wie Schubert/Thompson (1998) jüngst bemerkt haben, knüpfen die philippinischen Gewerkschaften dabei fast nahtlos an ihre Traditionen funktionaler Interessenvermittlung aus vorautoritärer Zeit an; unter Marcos zeitweise verschwundene Techniken der klientelistischen Einflußnahme werden erneut aufgenommen. Tatsächlich beruht die Fähigkeit philippinischer Gewerkschaften, Mitgliederinteressen effizient zu vertreten, weniger auf ihrer Stärke als Organisation, als vielmehr auf der Verhandlungsmacht einzelner Gewerkschaftsführer und deren Verbindung zu ihrem jeweiligen politischen „Patron".

4. Ideologische Polarisierung, Klientelismus und die demokratische Ambivalenz der Zivilgesellschaft

In den neuen Demokratien müssen zivilgesellschaftliche Akteure etablierte Muster gesellschaftlichen Verhaltens überwinden und neue Techniken der Interessenartikulation erlernen. Während die Anzahl neuer Gruppen wächst, begleitet von einer thematischen Ausdifferenzierung ihrer Aktivitäten, hat die Bedeutung traditioneller Formen radikaler zivilgesellschaftlicher Opposition –

Studenten- und Dissidentengruppen in Südkorea, linksradikale Organisationen auf den Philippinen sowie die radikale Unabhängigkeitsbewegung auf Taiwan – stetig abgenommen (Schubert 1994; Abelmann 1996: 227; Kerkvliet 1996, Boudreau 1996, Hewison/Rodan 1996). Weiterhin prägen aber in nicht unerheblichem Maße Defizite im Bereich der Habitualisierung demokratischer Verhaltensweisen und Einstellungen unter zivilgesellschaftlichen Aktivisten, ein Mangel an demokratischer Streitkultur sowie die Logik von Nullsummenspielen die Konfliktaustragung und Interessenvermittlung zwischen *civil society* und Staat.

Insbesondere gilt dies für Südkorea. Die ideologische Verunsicherung der Studenten nach der blutigen Niederschlagung der Studentenproteste auf dem Pekinger Tiananmen-Platz (1989) und den politischen Umwälzungen in den kommunistischen Staaten Osteuropas, die ablehnende Haltung der Bevölkerung gegenüber den teilweise gewaltsam vorgetragenen revolutionären Forderungen der Studenten (Kim 1995: 56) und nicht zuletzt auch die Einsicht in die Begrenztheit partizipativer Einflußmöglichkeiten in liberaldemokratischen Systemen, haben zwar dazu geführt hat, daß Studentengruppen ihre Protestaktionen in den letzten Jahren weitgehend auf andere Themenkomplexe verlagerten. Damit verbunden ist jedoch weiterhin eine hohe Akzeptanz militanter und gewaltsamer Formen des Protests unter den Studenten. Die auch in den 90er Jahren immer wieder zu beobachtenden gewalttätigen Demonstrationen und Protestaktionen der Studenten sind Ausdruck einer schon als gewohnheitsmäßig zu charakterisierenden Akzeptanz von politischer Gewalt als legitimem Instrument der Interessenartikulation und -durchsetzung. Deutlich wird hier, daß eine infolge des hohen Gewaltpotentials mit erheblichen Zivilitätsdefiziten belastete gesellschaftliche Mobilisierung und die Beibehaltung bestimmter Techniken der Interessenartikulation, die unter den restriktiven Bedingungen autoritärer Herrschaft durchaus funktional waren, die Konsolidierung demokratischer Systeme eher behindern. Unverhohlen gezeigte Sympathien für das kommunistische Regime Nordkoreas, wie sie beispielsweise im *Hanchongnyong-Zwischenfall*[14] zum Ausdruck kamen, bieten der Regierung immer wieder Anlässe, um gegen besonders kritische Teile der Gesellschaft vorzugehen. So zeigen Bond et al. (1997: 574) in ihrer quantitativen Untersuchung über politischen Konflikt und Zivilgesellschaft u.a., daß die Zahl repressiver Maßnahmen, mit denen die südkoreanische Regierung auf Konflikte zwischen gesellschaftlichen Akteuren und Staat reagiert hat, zwischen 1984 und 1993 etwa gleich geblieben ist. Solange jedoch die staatlichen Entscheidungseliten nicht bereit sind, die Frage der Beziehungen zu Nordkorea zu entideologisieren bzw. einen offenen gesellschaftlichen Diskurs über die Wiedervereinigung zu dulden und solange die strukturellen Bedingungen für eine dauerhafte gewaltsam agierende Studentenbewegung bestehen bleiben, ist zu befürchten, daß sich auf Seiten der radikalen studentischen Dissidenten keine ausbalancierte Protestkultur entwickeln wird.

In Taiwan beinhaltete die ideologische Konfrontation zwischen zivilgesellschaftlichen Akteuren und dem Regime ein viel geringeres Konfliktpotential (Chu 1993: 180). Ethnische, bzw. aus Sicht der Gewerkschaften, ökonomische Fragen, waren von wesentlich größerer Relevanz. Aber auch hier hat sich die Zivilgesellschaft zu einem Raum potentieller und virulenter disruptiver Konflikte zwischen konkurrierenden Interessen und Verhaltenstraditionen entwickelt (Heck 1995: 73 ff.). Gegen das positive Bild der demokratiefordernden Zivilgesellschaft wäre einzuwenden, daß ihre Akteure mit der Teilnahme an Protesten und anderen Aktionen durchaus materielle Eigeninteressen verbinden. Ähnlich wie in Südkorea tritt die in den 90er Jahren zu veritablem Einfluß gelangte taiwanesische Umwelt- und Naturschutzbewegung zwar einerseits als *watchdog* für die Einhaltung umweltpolitischer Bestimmungen und als *pressure group* für eine rigidere staatliche Umweltpolitik auf. Proteste gegen Umweltverschmutzung dienen jedoch häufig lediglich der Durchsetzung von Forderungen nach finanzieller Kompensation oder sonstigen materiellen Gewinnen, werden von lokalen politischen Größen organisiert und dienen eher selbstinteressiertem, kurzfristigem *rent-seeking* der Beteiligten, als daß sie Ausdruck eines, die eigenen Interessen übersteigenden Umweltbewußtseins aufgeklärter Bürger wären (Moon/Kim 1996: 157; Tang/Tang 1997: 287).

Auf den Philippinen läßt sich seit den späten 80er Jahren eine Tendenz zur Entpolarisierung der *civil society* verzeichnen (Hewison/Rodan 1996: 48). Gleichzeitig profitiert die Zivilgesellschaft vom Niedergang der kommunistischen Bewegung, die insbesondere von den Mittelschichten als Bedrohung wahrgenommen wurde und dem Marcos-Regime die Diffamierung zivilgesellschaftlicher Organisationen als „pro-kommunistisch" ermöglichte. Dies darf aber nicht dazu verleiten, der Zivilgesellschaft bzw. ihren Akteuren eine demokratieförderliche Funktion und Wirkung *per se* zuzuschreiben. Die Annahme einer linearen Verbindung von Zivilgesellschaft und demokratischer Qualität eines politischen Systems, so zeigen insbesondere die Erfahrungen der Philippinen (aber auch Südkoreas), ist vielmehr trügerisch. Denn die Proliferation zivilgesellschaftlicher Akteure und die Befreiung politischer Prozesse von autokratischer Kontrolle schwächt keineswegs notwendigerweise klientelistische Arrangements und Patronagemuster, vertikale Ordnungsmuster sozialer Beziehungen oder undemokratische Einstellungen unter den Bürgern. Die Philippinen (und Südkorea) zeigen, daß auch dort, wo die gesellschaftliche Verankerung und ideologische Basis bestehender politischer Parteien schwach ist und gleichzeitig gut organisierte soziale Gruppen existieren, die politischen Einflußmöglichkeiten zivilgesellschaftlicher Akteure nicht notwendigerweise größer sind, als in Ländern mit einem relativ konsolidierten Parteiensystem (Taiwan). Vielmehr behindern die gleichen sozialen Bedingungen, die die Konsolidierung sozial inklusiver und politisch effizienter Parteien erschweren (Netzwerke von Patron-Klientbeziehungen, Personalismus und Nepotismus) auch die zivilgesellschaftliche Entwicklung (Riedinger 1995: 13). Im Unterschied zu den konflikthaften Beziehungen von schied zu den konflikthaften Beziehungen von Staat und Gesellschaft in Südkorea ist auf den Philippinen das charakteristische Merkmal staatlich-zivilgesellschaftlichen Austauschs eine „Kultur der Patronage" im Rahmen stark personalisierter Interaktion (Vatikiotis 1996: 13, 195). Die Grenzen zwischen Staat und Zivilgesellschaft sind fließend, NGOs und soziale Organisationen werden in nicht unerheblichem Maße von Parteien und Politikern zur Mobilisierung von Wählerstimmen und als politisches Unterstützungsreservoir instrumentalisiert, korrumpiert und kooptiert (Rüland 1998: 261).

V. Schlußfolgerungen

Welche generellen Schlußfolgerungen lassen sich aus der Genese, Gestalt und Bedeutung der Zivilgesellschaft in den Systemwechseln ziehen und tragen die Zivilgesellschaften zur Konsolidierung der Demokratie bei?

Erstens kann festgehalten werden, daß die Bewertung der Rolle zivilgesellschaftlicher Akteure in den asiatisch-pazifischen Transitionsverläufen hinsichtlich ihrer Gestaltungsmöglichkeiten in den einzelnen Transitionsphasen unterschiedlich ausfällt. Die Zivilgesellschaften trugen in unterschiedlichem Maße zur Unterminierung der autoritären Regime bei. In allen drei Fällen wirkten im Zuge der „resurrection of civil society" (O'Donnell/Schmitter 1986) zivilgesellschaftliche Gruppen als Eröffnungsakteure der Transformation und als Ressourcenbasis bereits bestehender oder sich neu formierender Parteien. Dabei lassen sich teilweise erhebliche Unterschiede in Struktur und Strategie der Zivilgesellschaften erkennen. In Taiwan und Südkorea waren es vor allem neue soziale Bewegungen, religiöse und kulturelle Gruppierungen sowie Intellektuelle (Südkorea), die die Transition beeinflußten. Auf den Philippinen hingegen sind in erster Linie Verbände, aber auch erneut religiöse Organisationen zu nennen. Die Ursachen hierfür liegen vor allem im Charakter des autoritären Regimes begründet, genauer in seiner institutionellen Stärke (*regime coherence*) und der Dauerhaftigkeit der institutionalisierten Autoritätsmuster (*regime durability*, vgl. Eckstein/Gurr 1975): Je stärker institutionalisiert das autoritäre Regime, je langlebiger und je effektiver insbesondere seine korporatistischen Arrangements waren, desto geringer war die Rolle alter sozialer Bewegungen und ihrer Assoziationen während des autoritären Regimes und in der Transitionsphase (Taiwan und Südkorea). Hier dominierten die neuen sozialen Bewegungen die Zivilgesellschaft.

Die Unterschiede im Einfluß der Zivilgesellschaft auf die Liberalisierung stehen ebenfalls in engem Zusammenhang mit den Variablen *regime coherence* bzw. *durability* und „Stärke" des Staates: Dort, wo die institutionelle Kohärenz und Dauerhaftigkeit des Regimes besonders niedrig war und ein schwacher Staat kaum über Autonomie und Autorität gegenüber den gesellschaftlichen Akteuren verfügte, war der Einfluß der Zivilgesellschaft auf die Transition besonders hoch (Philippinen). In Südkorea, wo die institutionelle Kohärenz und Dauerhaftigkeit des Regimes ebenso wie die Autonomie bzw. Autorität des Staates gegenüber der Gesellschaft stärker war, hatte die Zivilgesellschaft einen geringeren Einfluß als auf den Philippinen. Am schwächsten war die Rolle der Zivilgesellschaft in Taiwan, jenem Regime mit dem höchsten Grad an institutioneller Kohärenz und Konstanz.

Ein ähnlicher Zusammenhang läßt sich auch hinsichtlich des Transitionsverlaufs erkennen: Je schwächer der Einfluß der Zivilgesellschaft in der Liberalisierungsphase war, desto stärker dominierten die autoritären Eliten die Demokratisierung. Hier war der zivilgesellschaftliche Rückhalt für die Oppositionsparteien und das auf der Möglichkeit der Massenmobilisierung basierende Drohpotential der Zivilgesellschaft, welche die oppositionelle Verhandlungsposition gegenüber dem Regime hätte stärken können, am schwächsten. Die folgende Übersicht veranschaulicht diesen Zusammenhang noch einmal:

Abb. 1: Staat, Zivilgesellschaft und Transitionsverlauf

Kriterium / Land	Philippinen	Südkorea	Taiwan
institutionelle Kohärenz des Regimes	niedrig	mittel	hoch
institutionelle Dauerhaftigkeit des Regimes	niedrig	mittel	hoch
Grad der staatlichen Autonomie und Autorität gegenüber der Gesellschaft	niedrig	hoch	hoch
Einfluß der Zivilgesellschaft auf die Liberalisierung	hoch	mittel	niedrig
Demokratisierung	niedrig	niedrig	niedrig
Art des Systemwechsels	von unten	ausgehandelt	von oben

Nota: Bei diesen Angaben handelt es sich um qualitative Einschätzungen des Autors, die notwendigerweise die komplexe Realität reduzieren.

In Südkorea, dem Fall der ausgehandelten Transition, hatte die Zivilgesellschaft vor allem die Funktion, gesellschaftlichen Druck gegenüber dem Regime, aber auch gegenüber den Oppositionsparteien zu erzeugen. Die Zivilgesellschaft übernahm hier die Aufgabe, Opposition und Regime „paktwillig" zu machen. Auf den Philippinen war eine paktierte Transition nicht möglich, da mit dem Abtritt der Herrscherperson Marcos das sultanistische Regime nicht mehr lebensfähig war und der Opposition schlichtweg kein Verhandlungspartner mehr zur Verfügung stand. In Taiwan wiederum korrelierte der geringe Einfluß der Zivilgesellschaft auf die Transition mit der von oben gelenkten Transition.

Zweitens zeigen die ost- und südostasiatischen Systemwechsel der dritten Welle, daß die Möglichkeiten zivilgesellschaftlicher Organisationen durch die

Zivilgesellschaft: ein innerasiatischer Vergleich

Erzeugung und Aufrechterhaltung sozialen Drucks die Regimeeliten zur Demokratisierung zu drängen, mit der Verlagerung der Auseinandersetzung in die politischen Institutionen und auf die Frage der Aushandlungen konkreter demokratischer Verfahren rapide abnehmen. Demokratisierung bedeutet für zivilgesellschaftliche Akteure vor allem die Erfüllung ihrer Forderungen nach Gewährung individueller und kollektiver bürgerlicher und politischer Freiheiten (Foweraker/Landman 1997: 235). Im Zuge der Erfüllung dieser Forderungen verlagert sich der Transitionsprozeß fast zwangsläufig in die institutionelle Arena. Mit fortschreitender Demokratisierung füllen dann die Akteure der *political society* die neuen Opportunitätsstrukturen politischen Handelns.

Drittens hat sich gezeigt, daß die einzelnen Zivilgesellschaften in der Phase demokratischer Konsolidierung einer unterschiedlichen Entwicklungsdynamik unterliegen und unterschiedlichen Entwicklungspfaden folgen. Auf den ersten Blick scheint sich die aus den süd- und osteuropäischen Erfahrungen gewonnene Annahme, zivilgesellschaftliche Organisationen als „kleine Schulen der Demokratie" würden in der Konsolidierungsphase nur noch spärlich besucht (Merkel/Lauth 1998) für Ost- und Südostasien nicht zu bestätigen: Die zivilgesellschaftliche Organisationslandschaft blüht hier mehr denn je[15]. Zwar ist im Vergleich zur Hochphase zivilgesellschaftlicher Mobilisierung am Ende des autoritären Regimes in allen Ländern ein Rückgang aktiven Protestverhaltens und erfolgreicher politischer Einflußnahme zu verzeichnen. In keinem der untersuchten Fälle aber konnte die Zivilgesellschaft ihren Organisationsvorsprung gegenüber den Parteien sichern und sich als gleichberechtigter Partner im politischen Entscheidungsprozeß etablieren. Dieses pessimistische Fazit relativiert sich jedoch, vergleicht man die Niveaus des zivilgesellschaftlichen Engagements bzw. der Einflußnahme in der demokratischen Konsolidierung mit jenen der autoritären Phase.

Hat in den drei ostasiatischen Transformationsstaaten die Zivilgesellschaft überhaupt als „Schule der Demokratie" die eigenen Mitglieder und Aktivisten sowie die Bürger allgemein in demokratischen und zivilen Tugenden unterrichtet? Hier scheinen hinsichtlich der asiatisch-pazifischen Demokratien zumindest für bestimmte Segmente und Aktionsformen Zweifel angebracht. Insbesondere in Taiwan und Südkorea nehmen Teile der Zivilgesellschaft durch ihren Beitrag zur sozialen Integration und ideologischen Mäßigung gesellschaftlicher Gruppen zwar eine wichtige Funktion bei der Konsolidierung der Demokratie wahr. Auf den Philippinen wird dies noch ergänzt durch die Schutzfunktion, die zivilgesellschaftliche Gruppen vor allem in der Anfangszeit für die junge Demokratie ausübten. Dem steht jedoch die „dunkle Seite" der Zivilgesellschaft (Merkel/Lauth 1998) gegenüber. Die ost- und südostasiatischen Zivilgesellschaften sind eben keine „Sphäre reiferer Demokratie": Das Wiederaufleben der Zivilgesellschaften sowie deren Emanzipation von staatlicher Bevormundung vermag unter bestimmten Umständen zwar wesentlich Tempo, Art und Verlauf einer Transition zu beeinflussen.

Sie kann jedoch nicht gleichgesetzt werden mit einem automatischen Gewinn an gesellschaftlicher „civility" (Shils 1997). Gesamtgesellschaftlich prägende soziale Interaktionsmuster, Werte und Einstellungen, die in einem Spannungsverhältnis zu den Funktionsanforderungen der Demokratie stehen (Klientelismus, Personalismus, Primordialität, soziale und politische Gewalt, die Betonung vertikaler Strukturen sozialer Beziehungen) lassen sich auch in der Zivilgesellschaft nachweisen (vgl. auch Roninger 1994). Die philippinischen Erfahrungen zeigen, daß die Proliferation zivilgesellschaftlicher Organisationen und Aktivitäten und die Befreiung politischer Prozesse von staatlicher Kontrolle nicht notwendigerweise Patronage- und Klientelmuster schwächen. Eine rege Zivilgesellschaft, dies zeigt uns wiederum in besonderem Maße das Beispiel Südkorea, ist nicht nur von positiver Wirkung auf die Demokratie, sondern kann auch destabilisierend und gefährdend wirken. Dies ist dann der Fall, wenn gesteigerter Aktivismus mit der Beibehaltung konfrontativer Taktiken und einem Mangel an demokratischer Streitkultur einher geht.

Ob und in welchem Maße die Zivilgesellschaft den Prozeß demokratischer Konsolidierung stützt, hängt auch davon ab, inwieweit innerhalb der Zivilgesellschaft Prozesse des Struktur- und Funktionswandels stattfinden, die es ihr selbst ermöglichen, sich erfolgreich an die gewandelten Systembedingungen anzupassen. Sie muß sich in neuen und funktional differenzierteren Formen organisieren: Es geht nicht mehr um die kurzfristige Mobilisierung der Gesellschaft gegen eine Diktatur, sondern um die Art und Weise wie die Demokratie funktioniert. Deutlich geworden ist, daß dieser zivilgesellschaftliche Strukturwandel in Taiwan am stärksten ausgeprägt ist, schwächer hingegen in Südkorea und auf den Philippinen. Insbesondere in den beiden erstgenannten Fällen wuchs seit der Demokratisierung die Zahl der Interessenverbände sozial benachteiligter Schichten, etwa in Form freier Gewerkschaften, alternativer Agrarverbände sowie von Interessengemeinschaften der städtischen Armen und ethnischen Minoritäten. Der Funktionswandel, d.h. die Übernahme und Akzeptanz neuer Aufgaben und Formen der Interessenvermittlung, ist wiederum am stärksten in Taiwan. Während mit Blick auf Taiwan also in begrenztem Umfange von einer „adaptiven" Zivilgesellschaft gesprochen werden kann, weist insbesondere die südkoreanische Studentenschaft in hohem Maße Anpassungsschwierigkeiten auf, was ihre Reaktion auf die gewandelten politischen Rahmenbedingungen angeht. Der Wandel von „movement politics" zu „institutional politics" (Im 1996: 205) ist von der Zivilgesellschaft in Südkorea bislang noch nicht erfolgreich adaptiert worden. Auch weiterhin wird hier eine aus der vergangenen Konfrontation geborene moralisch, teilweise auch ideologisch selbst legitimierte Vetohaltung eingenommen, die sich immer wieder in gewaltsamen Protest- und Blockadeaktionen Bahn bricht. Konflikte zwischen der nun demokratisch legitimierten Staatsmacht und der „moralisch legitimierten" Zivilgesellschaft können hier im Extremfall in Reformblockaden, gesellschaftliche Gewalt und politische Erschütterungen münden. Diese ambivalente Seite der Zivilgesellschaft hat wiederum ihre Ursprünge zu einem erheblichen Teil in historischen Traditionslinien sozialen Verhaltens und sozialer Organisation sowie in Erscheinungsform und Umfang des sozialen Kapitals einer Gesellschaft. Dies zeigt sich auch auf den Philippinen, wo sich im Bereich der Verbände eine Wiederaufnahme jenes „dezentralisierten Klientelismus" (Schubert/Thompson 1998) abzeichnet, der bereits in vorautoritärer Zeit die Interaktion zwischen *political* und *civil society* prägte.

Welche Bedeutung hat dieser ambivalente Gehalt der Zivilgesellschaften für die Zukunft der Demokratie in den hier untersuchten Ländern? Es darf angenommen werden, daß die weitere Entwicklung der Zivilgesellschaften mitentscheidenden Einfluß auf die Art der sich konsolidierenden Demokratien haben wird. Mit Larry Diamond (1994: 10f., 15) kann argumentiert werden, daß die demokratieförderliche Funktion der Zivilgesellschaft abhängig ist von der Bereitschaft ihrer Akteure, auf maximalistische, militante oder den Staat kolonisierende Strategien zu verzichten, von ihrer Fähigkeit zur dauerhaften Organisation, von ihrem internen demokratischen Gehalt und davon, wie die zivilgesellschaftlichen Akteure selbst ihr Verhältnis zum Staat definieren. Eine nur in geringem Maße ihre demokratische und politische Funktion ausübende Zivilgesellschaft mit ambivalenter Haltung zu den Prinzipien der Gewaltfreiheit bzw. Toleranz und undemokratischen Binnenstrukturen, wie sie zumindest in Teilbereichen in Südkorea und auf den Philippinen erkennbar ist, eröffnet politischen Eliten die Möglichkeit der Stabilisierung einer partiellen und „defekten" Demokratie (Merkel/Croissant 2000). Hier droht die Gefahr einer „begrenzten Demokratie", in der zivilgesellschaftliche Organisationen marginalisiert oder isoliert werden (Mainwaring/Viola 1984: 46) und in der das Verkrusten und die Oligopolisierung der Zugangschancen zu politischen Entscheidungsprozessen dauerhaft in eine Kluft münden zwischen den formalen und wirklich gegebenen Rechten der Bürger, zwischen der rechtlichen Verpflichtung des Staates zur prinzipiellen Gleichbehandlung der Bürger und der Wahrung ihrer Freiheitsrechte einerseits sowie staatlichen Praktiken, die diesem Anspruch nicht genügen andererseits (Held 1992: 10).

Eine „starke", d.h. demokratische und politisch aktive Zivilgesellschaft, die den normativen Grundkonsens auch im Inneren lebt, bildet wiederum ein Fundament, auf dem eine bedeutungsvolle, *nachhaltige* Demokratie (Przeworski et al. 1995) zu wachsen und sich zu konsolidieren vermag. Die Zukunft der asiatisch-pazifischen Demokratien, ob sie sich zu konsolidierten liberalen Gemeinwesen oder zu stabilen defekten Demokratien (Merkel/Croissant 2000) entwickeln, wird daher nicht nur davon abhängen, ob es den Zivilgesellschaften gelingt, sich von staatlicher Bevormundung, sondern auch, ob ihre Akteure fähig sind, sich von ihren demokratieschädlichen Verhaltensweisen zu befreien. Die Forderung nach demokratischer Selbstkontrolle der *civil society*, daß zeigen uns die Beispiele der ostasiatischen Demokratien, ist daher weder „bad democratic theory" noch „bad democratic politics" (Linz/Stepan 1996: 9), sondern vielmehr ein konsolidierungstheoretisches Gebot und ruft ein zentrales Funktionsprinzip der Demokratie in Erinnerung: politische Mäßigung. Dies bedeutet jedoch nicht nur, daß politische Eliten ihre Strategien und Forderungen mäßigen, sondern erlegt auch der Zivilgesellschaft diese Forderung auf.

Anmerkungen

1 Soziales Kapital als Bestandteil einer Gesellschaftsordnung wie auch als individuelle Ressource (Coleman 1990: 300) umfaßt nach Putnam (1993: 184) jene Merkmale sozialer Organisation wie (gegenseitiges) Vertrauen, Normen und horizontal strukturierte soziale Netzwerke, die koordiniertes Handeln von Individuen durch Bildung dauerhafter sozialer Übereinkünfte erleichtern und hierdurch die Effizienz gesellschaftlichen Handelns fördern.
2 Zum Stand der Diskussion, vgl. u.a.: Lee 1997, Fox 1997, Foot 1997, Senghas 1998: 135-198, Habermas 1998: 183ff.
3 *Spontane Soziabilität* bezeichnet die Fähigkeit einer Gesellschaft, ihre Mitglieder zur Vertretung und Verwirklichung gemeinsamer Interessen ad hoc, spontan sowie autonom vom Staat bzw. der Regierung in formelle oder informelle Gruppen zusammenzuschließen (Fukuyama 1995: 27).
4 Bei der *Minjung*-Ideologie handelt es sich weniger um ein konkret ausformuliertes und kodifiziertes Konzept, als vielmehr um ein Amalgam aus Befreiungstheologie, Neo-Marxismus, der *Juche*-Ideologie Kim Il Sungs und Überlegungen der Dependenztheoretiker (vgl. Choi 1993: 17; Lee 1988: 13 ff., 1990: 8 f.).
5 Ausführlich: Kang Man-gil (1996) sowie Helgesen (1998: 21-40).
6 Die vier „ethnischen" Hauptgruppen in Taiwan (1. Festländer, d.h. Gefolgsleute der nationalchinesischen Regierung, die 1949 vor den siegreichen Kommunisten auf die Insel Taiwan flohen sowie deren Nachkommen, 2. die Fujian-Chinesen und die Ethnie der „Hakka", 3. die einheimische Bevölkerung der „Taiwanesen", die den Großteil (ca. 80%) der Bevölkerung ausmacht sowie 4. die als ethnische Minderheit anerkannten „Eingeborenen" (Aborigines, *shandiren*) repräsentieren zwei verschiedene Ethnien. Dabei gehören die ersten drei Gruppen der Ethnie der Han-Chinesen an, während die „Eingeborenen" malaiischen Ursprungs sind (Yen 1995: 8).
7 Autoritäre Regime bestanden in Südkorea von 1948-1960, 1961-1979 und von 1980 bis 1987/88.
8 Juan Linz und Alfred Stepan (1996: 52) charakterisieren Sultanismus als eine extreme Form des Patrimonialismus, geprägt durch (1) die Verschmelzung von privater und öffentlicher Sphäre, (2) stark nepotistische Tendenzen, (3) die Abhängigkeit persönlicher Karrierechancen von personalen Beziehungen zur Herrscherperson, (4) das Fehlen einer rationalen und personenungebundenen Herrschaftsideologie sowie (5) dient die Herrschaftsausübung vor allem der Befriedigung persönlicher Interessen des Herrschers.
9 So waren es in Südkorea zunächst Studentenproteste, die im April 1960 zum Sturz des autoritären Regimes von Präsident Syngman Rhee führten. Die ungeduldigen Forderungen der Studenten nach sofortiger Wiedervereinigung der beiden koreanischen Teilstaaten und die Radikalisierung unabhängiger Gewerkschaften provozier-

Zivilgesellschaft: ein innerasiatischer Vergleich 363

ten jedoch eine Gegenreaktion rechtskonservativer Kräfte in Militär und Bürokratie und ließen das demokratische Intermezzo bereits ein Jahr später in einem Militärputsch enden (Croissant 1998: 48, 54).

10 Hier sind etwa die von protestantischen Gemeinden getragene *Urban Industrial Mission* (UIM) in Südkorea, die *Association of Major Religious Superiors of the Philippines* oder die presbyterianische Kirche Taiwans zu nennen.

11 Während *Namfrel* in ihrer Hochrechnung Corazon Aquino mit 52,3% der Stimmen vor Marcos (47,7%) sah, gab die für die Durchführung der Wahlen verantwortliche Wahlkommission (*Comolec*) ein genau gegenteiliges Ergebnis bekannt (Marcos: 52,3%, Aquino 47,7%, vgl. Siemers 1986: 184).

12 Zur Beteiligung der philippinischen Zivilgesellschaft an einer ganzen Reihe von Reformvorhaben im wirtschaftlichen und sozialen Bereich während der Präsidentschaft von Fidel Ramos (1992-1998) siehe Montinola 1999: 132.

13 Der alternative Dachverband *Korean Congress of Trade Unions* (KCTU) verfügte Ende 1997 nach eigenen Angaben über 556.843 Mitglieder, die in 1.185 Betriebsgewerkschaften und 24 Industrieföderationen organisiert sind. Er wurde am 23. November 1999, mehr als vier Jahre nach seiner Gründung, endlich vom Arbeitsministerium offiziell registriert und zugelassen (s. KCTU 1999). Die alternative Föderation der Industriegewerkschaften in Taiwan umfaßte 1994 insgesamt ca. 200.000 Mitglieder, organisiert in 25 Einzelgewerkschaften (vgl. Cooley 1996: 23).

14 Der linksradikale Studentenverband *Hanchongnyong* veranstaltete im August 1996 Demonstrationen für die Unterstützung nordkoreanischer Vorschläge zur Wiedervereinigung der beiden koreanischen Teilstaaten. Als die nordkoreanische Regierung damit begann, dies propagandistisch zu verwerten, beendete die Regierung mit einem harten Polizeieinsatz die Proteste. Erneut kam es im Juni 1997 zu tagelangen Straßenschlachten zwischen Anhängern von *Hanchongnyong* und der Polizei, in deren Verlauf die Organisation von der Regierung verboten wurde (Korea Herald 6.6.1997).

15 In Südkorea beispielsweise wurden 55,8% der im Jahr 1996 bestehenden gesellschaftlichen Vereinigungen und Organisationen in den Jahren zwischen 1987 und 1996 gegründet. Bei den NGOs beträgt dieser Anteil sogar 74,2%. Die Zahl der organisierten gesellschaftlichen Interessengruppen stieg von 1.322 (1984) auf 2.181 (Kim H.R. 1997: 105 f.).

Literatur

Abelmann, Nancy 1996: Echoes of the Past, Epics of Dissident: A South Korean Social Movement, Berkeley/Los Angeles/London.
Almond, Gabriel A./Verba, Sidney 1963: The Civic Culture, Princeton
APCSForum 1995: Proceedings of First Asia Pacific Civil Society Forum, Seoul.
Banfield, Edward C. 1958: The Moral Basis of a Backward Society, Glencoe.
Bary, Wm. Theodore de [2]1996: The Trouble with Confuciasm, Cambridge/London.
Bell, Daniel A. et al. 1995: Towards Illiberal Democracy in Pacific Asia, Basingstoke/London.
Bionat, Marvin P. 1998: How to Win (or Lose) in Philippine Elections. The Dynamics of Winning or Losing in Philippine Electoral Contests, Anvil.

Bond, Doug et al. 1997: Mapping Mass Political Conflict and Civil Society, in: Journal of Conflict Resolution (41) 4: 553-579.
Boudreau, Vincent G. 1996: Of Motorcades and Masses: Mobilization and Innovation in Philippine Protest, in: Abinales, Patricio N. (Hrsg.): The Revolution Falters. The Left in Philippine Politics After 1986, Ithaca/New York: 60-83.
Bourdieu, Pierre ^{5}1992: Die feinen Unterschiede. Kritik der gesellschaftlichen Urteilskraft, Frankfurt/Main.
Cala, Cesar P. 1995: Civil Society in the Philippines, in: APCSForum Secretariat (Hrsg.): Proceedings of First Asia Pacific Civil Society Forum, Seoul: 183-195.
Callahan, William A. 1998: Comparing the Discourse of Popular Politics in Korea and China: from Civil Society to Social Movements, in: Korea Journal (Spring): 276-322.
CCEJ (Citizens' Coalition for Economic Justice) 1998: Informationsmaterial vom 22.1.1998, o.O.
Chan, Adrian 1997: In Search of Civil Society in China, in: Journal of Contemporay Asia (27) 2: 242-251.
Chan, Alfred L./Nesbitt-Larking, Paul 1995: Critical Citizenship and Civil Society in Contemporary China, in: Canadian Journal of Political Science (28) 2: 293-309.
Chen, David W. 1994: The Emergence of an Environmental Consciousness in Taiwan, in: Rubinstein, Murray A. (Hrsg.): The Other Taiwan: 1945 to the Present, New York: 257-287.
Chen, Li Fu 1982^2: The Confucian Way: A New and Systematic Study of the ‚Four Books', Taipeh.
Chen, Shyuh Jer 1997: The Determinants of Union Growth in Taiwan: An Empirical Study, in: Issues & Studies (33) 3: 110-120.
Cheng, Tun Jen 1989: Is the Dog Barking? The Middle Class and Democratic Movement in the East Asian NICs. San Diego: University of California, Graduate School of International Relations and Pacific Studies.
Cho, Hein 1997: The Historical Origin of Civil Society in Korea, in: Korea Journal (37) 2: 24-41.
Choi, Jiang Jip 1993: Political Cleavages in South Korea, in: Koo, Hagen (Hrsg.): State and Society in Contemporary South Korea, Ithaca: 13-50.
Chu, Godwin C. et al. 1993: Modernization versus Revolution. Cultural Change in Korea and China, Seoul.
Chu, J.J. 1993: Political Liberalization and the Rise of Taiwanese Labour Radicalism, in: Journal of Contemporary Asia (22) 2: 173-188.
Chu, J.J. 1996: Taiwan: A Fragmented ‚middle' class in the Making, in: Robinson, Richard/Goodman, D. (Hrsg.): The New Rich in Asia, New York/London: 207-225.
Chu, Yin Wah 1996: Democracy and Organized Labor in Taiwan, in: Asian Survey (36) 5: 495-510.
Chu, Yun Han 1994: Social Protests and Political Democratization in Taiwan, in: Rubinstein, Murray A. (Hrsg.): The Other Taiwan: 1945 to the Present, Armonk/New York: 99-114.
CISJD (Christian Institute for Social Justice and Development) 1985: Democratization Movement and the Christian Church in Korea during the 1970s, Seoul.

Clarke, Gerhard 1993: People's Power? Non-Governmental Organisations and Philippine Politics Since 1986, in: Philippine Quarterly of Culture & Society (21): 231-256.
Coleman, James S. 1990: Foundations of Social Theory, Cambridge.
Cooley, Sean 1996: The New Taiwan and its Old Labour Law: Authoritarian Legislation in a Democratic Society, in: Comparative Labor Law Journal (18) 1: 1-61.
Croissant, Aurel 1997a: Demokratisierung in Südkorea: Die Rolle der Gewerkschaften und Unternehmerverbände, in: Asien (64): 5-21.
Croissant, Aurel 1997b: Genese, Funktion und Gestalt von Parteiensystemen in jungen asiatischen Demokratien, in: Merkel, Wolfgang/Sandschneider, Eberhard (Hrsg.): Systemwechsel 3. Parteien im Transformationsprozeß, Opladen: 293-337.
Croissant, Aurel 1998: Politischer Systemwechsel in Südkorea, Hamburg.
Croissant, Aurel/Merkel, Wolfgang/Sandschneider, Eberhard 1998: Verbände und Verbändesysteme im Transformationsprozeß: Ein zusammenfassender Vergleich, in: Merkel, Wolfgang/Sandschneider, Eberhard (Hrsg.): Systemwechsel 4. Die Rolle von Verbänden im Transformationsprozeß, Opladen: 329-357.
Croissant, Aurel/Merkel, Wolfgang 1999: Die Demokratisierung in Ost- und Südostasien, in: Merkel, Wolfgang: Systemtransformation. Theorien und Analysen, Opladen: 305-373.
Dahl, Robert 1971: Polyarchy. Partizipation and Opposition, New Haven/London.
Des Forges, Roger V. 1997: States, Societies, and Civil Society, in: Brook, Timothy/Frolic, B. Michael (Hrsg.): Civil Society in China, New York.
Diamond, Larry 1992: Civil Society and the Struggle for Democracy, in: Diamond, Larry (Hrsg.): The Democratic Revolution: Struggles for Freedom and Pluralism in the Developing World, Lanham/London: 1-27.
Diamond, Larry 1994: Toward Democratic Consolidation, in: Journal of Democracy (5) 3: 4-17.
Domes, Jürgen 1978: Aspekte des politischen Systems der Republik China auf Taiwan, in: Zeitschrift für Politik (29) 2: 255-278.
Eckstein, Harry/Gurr, Ted R. 1975: Patterns of Authority: A Structural Basis for Political Inquiry, New York.
Farrington, John/Lewis, David J. (Hrsg.) 1993: Non-Governmental Organizations and the State in Asia. Rethinking Roles in Sustainable Agricultural Development, London/New York.
Fischer, M.J. 1994: Is the Public Sphere unspeakable in Chinese?, in: Public Culture (6): 597-605.
Foley, Michael W./Edwards, Bob 1996: The Paradox of Civil Society, in: Journal of Democracy (7) 3: 38-53.
Foot, Rosemary 1997: Human Rights, Democracy and Development: The Debate in East Asia, in: Democratization (4) 2: 139-153.
Foweraker, Joe/Landman, Todd 1997: Citizenship Rights and Social Movements: A Comparative and Statistical Analysis, Oxford.
Fox, Russell Arben 1997: Confucian and Communitarian Responses to Liberal Democracy, in: The Review of Politics, (59) Summer: 561-592.
Frenkel, Stephen 1993: Variations in Patterns of Trade Unionism: A Synthesis, in: Frenkel, Stephen (Hrsg.): Organized Labor in the Asia-Pacific Region: A Comparative Study of Trade Unionism in Nine Countries, Ithaca/New York: 309-347.

Frenkel, Stephen/Hong, Jon Chao/Lee, Bih Ling 1993: The Resurgence and Fragility of Trade Unions in Taiwan, in: Frenkel, Stephen (Hrg.): Organized Labor in the Asia-Pacific Region, Ithaca/New York: 162-187.

Fukuyama, Francis 1995: Trust: The Social Virtues and the Creatin of Prosperity, New York u.a.

Gunther, Richard/Puhle, Hans-Jürgen/Diamandouras, P. Nikiforos (Hrsg.) 1995: Introduction, in: Gunther, Richard/Puhle, Hans-Jürgen/Diamandouras, P. Nikiforos (Hrsg.): The Politics of Democratic Consolidation. Southern Europe in Comparative Perspective, Baltimore/London: 284-314.

Habermas, Jürgen 1991[2]: Strukturwandel der Öffentlichkeit, Untersuchungen zu einer Kategorie der bürgerlichen Gesellschaft. Mit einem Vorwort zur Neuauflage, Frankfurt/Main.

Habermas, Jürgen 1992: Zur Rolle von Zivilgesellschaft und politischer Öffentlichkeit, in: Habermas, Jürgen: Faktizität und Geltung: Beiträge zur Diskurstheorie des Rechts und des demokratischen Rechtsstaats, Frankfurt/Main: 399-467.

Habermas, Jürgen 1998: Die postnationale Konstellation, Frankfurt/Main.

Hahm, Chaibong 1995: Democracy and Authority in the Post-Confucian Context, in: Yang, Sung Chul (Hrsg.): Democracy and Communism. Theory, Reality and Future, Seoul: 343-357.

Hahm, Chaibong 1997: Confucian Tradition and Economic Reform in Korea, in: Korea Focus (5) 3: 76-92.

Hahm, Chaibong 1997a: The Confucian Political Discourse and the Politics of Reform in Korea, in: Korea Journal (37) 4: 65-77.

Halbeisen, Hermann 1982: Tangwai: Entwicklung und gegenwärtige Lage der Opposition in Taiwan, in: Zeitschrift für Politik (29) 2: 206-220.

Han, Sang Jin u.a. 1997: The Public Sphere and Democracy in Korea – A Debate on Civil Society, in: Korea Journal (37) 4: 78-97.

Han, Sang Jin (Hrsg.) 1998: Habermas and the Critical Theory Debate in Korea, Seoul.

Hanson, Eric O. 1980: Catholic Politics in China and Korea, New York.

He, Xirong 1997: Collective Identity and Civil Society, in: Miaoyang, Wang/Yu, Xuanmeng/Dy, Manuel B. (Hrsg.): Civil Society in a Chinese Context, Washington: 115-125.

Heck, Peter 1995: Taiwan – vom Wirtschaftswunder zur ökologischen Krise. Eine kritische Analyse, Hamburg.

Hee, Baogang 1995: The Ideas of Civil Society in Mainland China and Taiwan, 1986-1992, in: Issues & Studies (31) 6: 24-65.

Heilmann, Sebastian 1998: Verbände und Interessenvermittlung in der VR China: Die marktinduzierte Transformation eines leninistischen Staates, in: Merkel, Wolfgang/Sandschneider, Eberhard (Hrsg.): Systemwechsel 4. Die Rolle von Verbänden im Transformationsprozeß, Opladen: 279-328.

Held, David 1987: Models of Democracy, Oxford.

Held, David 1992: Democracy: From City States to a Cosmopolitan Order, in: Political Studies (40): 10-39.

Helgesen, Geir 1998: Democracy and Authority in Korea. The Cultural Dimension in Korean Politics, Richmond.

Hewison, Kevin/Rodan, Garry 1996: The Ebb and Flow of Civil Society and the Decline of the Left in Southeast Asia, in: Rodan, Garry: Political Oppositions in In-

dustrialising Asia, London/New York: 40-72.
Hofstede, G. 1991: Cultures and Organizations: Software of the Mind, London.
Howard, Marc Morjé 1998: Zivilgesellschaft in Rußland. Reflexionen zu einer Tagung, in: Berliner Debatte INITIAL (9) 2-3: 189-200.
Hsiao, Michael Hsin Huang 1990: Emerging Social Movements and the Rise of a Demanding Civil Society in Taiwan, in: Australian Journal of Chinese Affairs (24) Juli: 163-180.
Hsiao, Michael Hsin Huang 1992: The Labor Movement in Taiwan: A Retrospective and Prospective Look, in: Simon, Denis F./Kau, Michael Y.M. (Hrsg.): Taiwan: Beyond the Economic Miracle, New York/London: 151-167.
Hsiao, Michael Hsin Huang 1994: Political Liberalization and the Farmer's Movement in Taiwan, in: Friedman, Edward (Hrsg.): The Politics of Democratization: Generalizing East Asian Experience, Boulder u.a.: 202-218.
ILO (International Labor Organization) 1996: Yearbook of Labor Statistics 1996, Genf.
Im, Hyug Baeg 1996: Opportunities and Constraints to Democratic Consolidation in South Korea, in: Korea Journal of Population and Development (25) 2: 181-216.
Jenner, William J.F. 1998: China and Freedom, in: Kelly, David/Reid, Anthony (Hrsg.): Asian Freedoms: the Idea of Freedom in East and Southeast Asia, Cambridge/New York/Melbourne: 65-93.
Jocano, F. Landa 1989: Elements of Filipino Social Organization, in: Kikuchi, Yasushi (Hrsg.): Philippine Kinship and Society, Quezon City: 1-26.
Kang, Moon Kyu 1994: The Role of NGOs in the Building Process of an Environmentally Sustainable Society, in: Puschra, Werner/Chung, Chin Seung (Hrsg.): Environmental Policy Toward the Year 2000, Seoul: 153-168.
Kang, Man-gil 1996: The Nature and Process of the Korean National Liberation Movement during the Japanese Colonial Period, in: Korea Journal (36) 1: 5-19.
KCTU 1999: KCTU News, November 23, 1999, o.O..
Kelly, David 1998: Freedom – an Eurasian Mosaic, in: Kelly, David/Reid, Anthony (Hrsg.): Asian Freedoms: the Idea of Freedom in East and Southeast Asia, Cambridge/New York/Melbourne: 1-19.
Kerkvliet, Benedict J. Tria 1996: Contemporary Philippine Leftist Politics in Historical Perspective, in: Abinales, Patricio N. (Hrsg.): The Revolution Falters. The Left in Philippine Politics After 1986, Ithaca/New York: 9-28.
Kim, Doh Jong 1993: The Korean Student Movement in Retrospect: From Mobilization to Institutionalization, in: Korea Observer (24) 2: 243-264.
Kim, Eun Mee 1997: Big Business, Strong State: Collusion and Conflict in South Korean Development, 1960-1990, New York.
Kim, Hyuk Rae 1997: Korean NGOs: Global Trend and Prospect, in: Global Economic Review (26) 2: 93-115.
Kim, Hyung A 1995: Minjung Socioeconomic Responses to State-led Industrialization, in: Wells, Kenneth (Hrsg.): South Korea's Minjung Movement: The Culture and Politics of Dissidence, Honolulu: 39-61.
Kim, Kyong Dong 1993: The Mixed Role of Intellectuals and Higher Education in Building Democratic Political Culture in the Republic of Korea, in: Diamond, Larry (Hrsg.): Political Culture and Democracy in Developing Countries, Boulder/London: 199-219.
Kim, Sunghyuk 1996: Civil Society in South Korea: From Grand Democracy Move-

ment to Petty Interest Groups?, in: Journal of Northeast Asian Studies (15) 2: 81-98.
Kim, S.C. 1993: Delegitimation Process of the Yushin Regime in Korea, 1972-1978, in: Korea Observer (23) 1: 377-411.
KLI (Korea Labor Institute) 1997: The Profile of Korean Human Assets: Labor Statistics 1997, o.O..
KLSI (Korea Labour & Society Institute) 1997: General Strikes in Korea, ohne Ort.
Koo, Hagen/Hsiao, Hsin Huang Michael 1997: The Middle Classes and Democratization, in: Diamond, Larry/Plattner, Marc F./Chu, Yun-han/Tien, Hung-mao (Hrsg.): Consolidating Third Wave Democracies, Baltimore/London: 312-333.
Kuruvilla, Sarosh 1996: Linkages between Industrialization Strategies and Industrial Relations/Human Ressource Policies: Singapore, Malaysia, the Philippines, and India, in: Industrial and Labor Relations Review (49) 4: 635-657.
Lane, Max 1990: The Urban Mass Movement in the Philippines, 1983-1987, Canberra/Singapore.
Lee, Chung Hee 1997: Citizen Groups in the Korean Electoral Process: The Case of the 15th General Election, in: Korea Observer (29) 2: 165-181.
Lee, Man Woo 1988: Anti-Americanism and South Koreas Changing Perception of America, in: Lee, Man Woo/Mc Laurin, R.D./Moon, C.I. (Hrsg.): Alliance Under Tension, Boulder/Seoul: 7-28.
Lee, Man Woo 1990: The Odyssey of Korean Democracy, New York u.a.
Lee, See Jae 1993: Tasks and Directions of the Social Movements in Korea in the 1990s, in: Korea Journal (33) 2: 17-36.
Lee, See Jae 1997: Korean Social Movements, in: KFEM News (März): 10-13.
Lee, Raymond L.M. 1997: The Limits and Renewal of Modernity. Reflections on World Development and Asian Cultural Values, in: International Sociology (12) 3: 259-274.
Ligeralde, Rica Melanie D. 1997: Democracy in the Philippines: A Political Culture Approach, in: Asian Profile (25) 2: 123-133.
Linz, Juan/Stepan, Alfred 1996: Problems of Democratic Transition and Consolidation. Southern Europe, South America, and Post-Communist Europe, Baltimore.
Lo, Shiu-Hing 1992: Taiwan Business People, Intellectuals and Democratization, in: Pacific Review (5) 4: 382-389.
McCoy, Alfred W. 1993: „An Anarchy of Families". The Historiography of State and Familiy in the Philippines, in: ders. (Hrsg.): An Anarchy of Families. State and Family in the Philippines, University of Wisconsin.
Mainwaring, Scott A./Viola, E. 1984: New Social Movements, Political Culture and Democracy: Brazil and Argentina in the 1980s, in: Telos (61) Fall: 17-52.
Merkel, Wolfgang 1990: Vom Ende der Diktaturen zum Binnenmarkt 1993: Griechenland, Portugal und Spanien auf dem Weg zurück nach Europa, in: Aus Politik und Zeitgeschichte (51): 3-14.
Merkel, Wolfgang 1994: Restriktionen und Chancen demokratischer Konsolidierung in postkommunistischen Gesellschaften. Ostmitteleuropa im Vergleich, in: Berliner Journal für Soziologie (4): 463-484.

Merkel, Wolfgang 1996: Theorien der Transformation: Die Demokratische Konsolidierung post-autoritärer Gesellschaften, in: Beyme, Klaus von/Offe, Claus (Hrsg.): Politische Theorien in der Ära der Transformation, PVS-Sonderheft 27, Opladen: 30-58.
Merkel, Wolfgang 1999: Systemtransformation. Theorien und Analysen, Opladen.
Merkel, Wolfgang/Sandschneider, Eberhard/Segert, Dieter 1996: Einleitung: Die Institutionalisierung der Demokratie, in: Merkel, Wolfgang/Sandschneider, Eberhard/Segert, Dieter (Hrsg.). Systemwechsel 2: Die Institutionalisierung der Demokratie, Opladen: 9-37.
Merkel, Wolfgang/Lauth, Hans-Joachim 1998: Systemwechsel und Zivilgesellschaft: Welche Zivilgesellschaft braucht die Demokratie, in: Aus Politik und Zeitgeschichte, B 6-7/98: 3-12.
Merkel, Wolfgang/Croissant, Aurel 2000: Formale Institutionen und informale Regeln in defekten Demokratien, in: Politische Vierteljahresschrift 1/2000 (i.E.).
Miclet-Teves, Aurea/Lewis, David J. 1993: NGO-Government Interaction in the Philippines: Overview, in: Farrington, John/Lewis, David J. (Hrsg.): Non-Governmental Organizations and the State in Asia, London/New York: 227-240.
Migdal, Joel 1987: Strong States, Weak States: Power and Accommodation, in: Weiner, Myron/Huntington, Samuel P. (Hrsg.): Understanding Political Development, Toronto: 391-436.
Monthly Bulletin of Statistics of the Republic of China, August, Taipeh 1997 (hrsg. vom Directorate-General of Budget, Accounting and Statistics, Executive Yuan).
Moody, Peter R. 1988: Political Opposition in Post-Confucian Society, New York.
Moon, Chung In/Kim, Yong Cheol 1996: A Circle of Paradox: Development, Politics and Democracy in South Korea, in: Leftwich, Adrian (Hrsg.): Democracy and Development: Theory and Practice, Cambridge/Oxford: 139-167.
Montinola, Gabriella R. 1999: Parties and Accountability in the Philippines, in: Journal of Democracy (10) 1: 126-140.
National Statistical Coordination Board 1993: Philippine Statistical Yearbook 1993, Manila.
NSO (National Statistical Office) 1997: Social Indicators in Korea 1997, Seoul.
O'Donnell, Guillermo /Schmitter, Philippe C. 1986: Transition from Authoritarian Rule: Tentative Conclusions about Uncertain Democracies, in: O'Donnell, Guillermo /Schmitter, Philippe C./Whitehead, Lawrence (Hrsg.): Transition from Authoritarian Rule. Prospects for Democracy, vol. 4, Baltimore.
Paik, Nak Chung 1996: National and Transnational Claims on Civil Society: A South Korean Contribution, in: Seoul Journal of Korean Studies (9): 65-72.
Park, Sejin 1998: Two Forces of Democratization in Korea, in: Journal of Contemporary Asia (28) 1: 45-73.
Park, Sunwoong 1996: Culture, Civil Society and Political Change: The Transition to Democracy in South Korea. Ph.D.-Thesis, University of California, Los Angeles (mimeo).
Pohl, Manfred 1997: Die südkoreanische Innenpolitik: Schwerpunkte und Tendenzen, in: Köllner, Patrick (Hrsg.): Korea 1997. Politik, Wirtschaft und Gesellschaft, Hamburg: 19-41.
Przeworski, Adam 1991: Democracy and the Market: Political and Economic Reforms in Eastern Europe and Latin America, Cambridge.

Przeworski, Adam et al. 1995: Sustainable Democracy, Cambridge.
Puhle, Hans-Jürgen 1997: Politische Parteien und demokratische Konsolidierung in Südeuropa, in: Merkel, Wolfgang/Sandschneider, Eberhard (Hrsg.): Systemwechsel 3. Parteien im Transformationsprozeß: 143-171.
Putnam, Robert D. 1993: Making Democracy Work: Civic Tradition in Modern Italy. Princeton.
Pye, Lucian W. 1985: Asian Power and Politics, Cambridge.
Ramos, Elias T. 1990: Dualistic Unionism and Industrial Relations, Quezon City.
Ramos, Elias T. 1992: Strain in Filipino Industrial Relations, in: Chen, Edward K.Y. et al. (Hrsg.): Labour-Management Relations in the Asia-Pacific Region, Hong Kong: 82-97.
Riedinger, Jeffrey M. 1995: Agrarian Reform in the Philippines. Democratic Transition and Redistributive Reform, Stanford.
Rodan, Gary 1997: Civil Society and Other Political Possibilities in Southeast Asia, in: Journal of Contemporary Southeast Asia (27) 2: 156-251.
Roniger, Luis 1994: Conclusions: The Transformation of Clientelism and Civil Society, in: Roniger, Luis/Günes-Ayata, Ayse (Hrsg.): Democracy, Clientelism, and Civil Society, Boulder/London: 207-214.
Rüland, Jürgen 1994: Theoretische, methodische und thematische Schwerpunkte der Systemwechselforschung zu Asien, in: Merkel, Wolfgang (Hrsg.): Systemwechsel 1. Theorien, Ansätze und Konzeptionen, Opladen: 271-303.
Rüland, Jürgen 1998: Politische Systeme in Südostasien. Eine Einführung, Landsberg am Lech.
Sartori, Giovanni 1970: Concept Misformation in Comparative Politics, in: American Political Science Review (64) 4: 1033-1053.
Scharnweber, Dieter 1997: Die politische Opposition in Südkorea im Spannungsfeld von tradierter politischer Kultur und sozioökonomischer Entwicklung, Landau.
Schluchter, Wolfgang 1983: Einleitung. Max Webers Konfuzianismusstudie – Versuch einer Einordnung, in: Schluchter, Wolfgang (Hrsg.): Max Webers Studie über Konfuzianismus und Taoismus. Interpretation und Kritik, Frankfurt a.M.: 11-55.
Schmitter, Philippe C. 1992: Interest Systems and the Consolidation of Democracies, in: Marks, Garry/Diamond, Larry (Hrsg.): Reexamining Democracy: Essays in Honour of Seymour Martin Lipset, Newbury Park u.a.: 156-181.
Schmitter, Philippe C. 1997: Civil Society in East and West, in: Diamond, Larry/Plattner, Marc F./Chu, Yun-han/Tien, Hung-mao (Hrsg.): Consolidating Third Wave Democracies, Baltimore/London: 239-262.
Schubert, Gunter 1994: Taiwan – die chinesische Alternative: Demokratisierung in einem ostasiatischen Schwellenland (1986-1993), Hamburg.
Schubert, Gunter 1994a: Taiwan – eine konsolidierte Demokratie?, in: Schubert, Gunter/Tetzlaff, Rainer/Vennewald, Werner (Hrsg.): Demokratisierung und politischer Wandel. Theorie und Anwendung des Konzepts der strategischen und konfliktfähigen Gruppen (SKOG), Münster/Hamburg: 117-215.
Schubert, Gunter/Thompson, Mark 1998: Verbände im Systemwechselprozeß der Länder Taiwan, Südkorea und Philippinen – ein Vergleich, in: Merkel, Wolfgang/Sandschneider, Eberhard (Hrsg.): Systemwechsel 4. Die Rolle von Verbänden im Transformationsprozeß, Opladen: 245-279.
Scott, James C. 1972: Patron-Client Politics and Political Change in Southeast Asia, in:

American Political Science Review (66) 1: 91-113.
Scott, Alan 1990: Ideology and the New Social Movements, London u.a.
Senghaas, Dieter 1998: Zivilisierung wider Willen, Frankfurt a.M..
Shils, Edward 1991: The Virtue of Civil Society, in: Government and Opposition (26) 1: 3-20
Shils, Edward 1997: Civility and Civil Society: Good Manners Between Persons and Concern for the Common Good in Public Affairs, in: ders.: The Virtue of Civility. Selected Essays on Liberalism, Tradition, and Civil Society by Edward Shils (hrsg. von Steven Grosby), Indianapolis.
Siemers, Günther 1986: Machtwechsel in den Philippinen: Ablauf, Faktoren, Zukunftsperspektiven, in: Südostasien aktuell (März): 183-213.
Sotiropoulos, Dimitrios A. 1995: The Remains of Authoritarianism: Bureaucracy and Civil Society in Post-Authoritarian Greece. Instituto Juan March de Estudios e Investigaciones Working Paper 1995/66.
Steinberg, David 1997: Civil Society and Human Rights in Korea: On Contemporary and Classical Orthodoxy and Ideology, in: Korea Journal (37) 3: 145-165.
Stepan, Alfred 1988: Rethinking Military Politics: Brazil and the Southern Cone, Princeton.
Tang, Shui Yan/Tang, Ching Ping 1997: Democratization and Environmental Politics in Taiwan, in: Asian Survey (37) 3: 281-294.
Tarrow, Sidney 1995: Mass Mobilization and Elite Exchange: Democratization Episodes in Italy and Spain, in: Democratization (2) 3: 221-246.
Thompson, Mark 1995: The Anti-Marcos Strugle. Personalistic Rule and Democratic Transition in the Philippines, New Haven/London.
Tien, Hung-mao 1997: Taiwan's Transformation, in: Diamond, Larry et al. (Hrsg.): Consolidating the Third Wave Democracies: Regional Challenges, Baltimore/London: 123-161.
Tu, Weiming 1994: Review Essay: The Historical Significance of the Confucian Discourse, in: The China Quarterly (140) Dez.: 1131-1141.
Velasco, Renato S. 1997: Philippine Democracy: Promise and Performance, in: Anek, Laothamatas (Hrsg.): Democratization in Southeast and East Asia, Singapore: 77-113.
Vatikiotis, Michael R.J. 1996: Political Change in Southeast Asia: Trimming the Banyan Tree, London/New York.
Walzer, Michael 1995: The Communitarian Critique of Liberalism, in: Etzioni, Amitai (Hrsg.): New Communitarian Thinking, Charlottesville/London: 52-70.
Wells, Kenneth M. (Hrsg.) 1995: South Korea's Minjung Movement: The Culture and Politics of Dissidence, Honolulu.
White, Gordon 1994: Civil Society, Democratization and Development (I): Clearing the Analytical Ground, in: Democratization (1) 3: 375-390.
White, Gordon 1995: Civil Society, Democratiztion and Development (II): Two Country Cases, in: Democratization (2) 2: 56-84.
Wurfel, David 1988: Filipino Politics. Development and Decay, Ithaca/London.
Yen, Chen Shen 1995: Sandang Bu Guoban and Political Stability in Taiwan: The Relevancy of Electoral System and Subethnic Cleavage, in: Issues & Studies (31) Dezember: 1-21.

Yoon, Lisa Yeongmi 1997: The Political Economy of the Korean Voluntary Sector: NGOs and Civil Society, MA-Thesis, Yonsei University, Seoul (mimeo).

Die Autoren

Arenhövel, Mark, Dr., Mitarbeiter im Projekt „Demokratie und Erinnerung", Habilitant am Institut für Soziologie, Universität Gießen

Beichelt, Timm, M.A., wissenschaftlicher Assistent, Europa-Universität Viadrina, Frankfurt/Oder

Bendel, Petra, Dr., Geschäftsführerin, Zentralinstitut für Regionalforschung, Universität Erlangen-Nürnberg

Beyme, Klaus von, Prof. Dr., Institut für Politikwissenschaft, Universität Heidelberg

Birle, Peter, Dr., Wissenschaftlicher Assistent, Institut für Politik- und Verwaltungswissenschaften, Universität Rostock

Croissant, Aurel, M.A., Wissenschaftlicher Assistent, Institut für Politikwissenschaft, Universität Heidelberg

Kraatz, Susanne, Dr., Politikwissenschaftlerin, Mannheim

Kraus, Peter A., Dr., Wissenschaftlicher Assistent, Institut für Sozialwissenschaften, Humboldt Universität zu Berlin.

Krennerich, Michael, Dr., wissenschaftlicher Mitarbeiter, Institut für Iberoamerika-Kunde, Hamburg

Lauth, Hans-Joachim, Dr., Wissenschaftlicher Assistent, Institut für Politikwissenschaft, Universität Mainz.

Lux, Markus, M.A., Gastlektor an der Fakultät für Geschichte und Philosophie der Universität Lettlands, Riga

Mansfeldová, Zdenka, Dr., Institut für Soziologie, Akademie der Wissenschaften der Tschechischen Republik, Prag

Merkel, Wolfgang, Prof. Dr., Institut für Politikwissenschaft, Universität Heidelberg

Schmidt, Siegmar, Prof. Dr., Institut für Politikwissenschaft, Universität Landau

Szabó, Máté, Prof. Dr., Lehrstuhl für Politikwissenschaft, Fakultät für Staat und Recht, Universität Eötvös Loránd, Budapest

Rüb, Friedbert W., PD Dr. phil, z.Z. Institut für Politikwissenschaft, Universität Heidelberg

Redaktion:
Henkes, Christian, Wissenschaftliche Hilfskraft, Institut für Politikwissenschaft, Universität Heidelberg

Mühleck, Kai, Wissenschaftliche Hilfskraft, Institut für Politikwissenschaft, Universität Heidelberg

Systemwechsel

Herausgegeben von Wolfgang Merkel

Wolfgang Merkel (Hrsg.)
Systemwechsel 1
Theorien, Ansätze und Konzepte der Transitionsforschung
Beiträge von *Klaus von Beyme, Ellen Bos, Wolfgang Merkel, Dieter Nohlen und Bernhard Thibaut, Hans-Jürgen Puhle, Friedbert Rüb, Jürgen Rüland, Eberhard Sandschneider, Siegmar Schmidt, Christian Welzel*
Unter Mitarbeit von *Marianne Rinza*
2., revidierte Auflage 1996
332 Seiten. Kart.
49,– DM/45,50 SFr/358 ÖS
ISBN 3-8100-1610-1

Wolfgang Merkel
Eberhard Sandschneider
Dieter Segert (Hrsg.)
Systemwechsel 2
Die Institutionalisierung der Demokratie
Beiträge von *Petra Bendel und Michael Krennerich, Ellen Bos, Michael Brie, Peter A. Kraus, Wolfgang Merkel, Mirjana Kasapovic und Dieter Nohlen, Detlef Nolte, Friedbert W. Rüb, Eberhard Sandschneider, Siegmar Schmidt, Gunter Schubert und Mark Thompson, Dieter Segert*
Unter Mitarbeit von *Marianne Rinza*
1996. 440 Seiten. Kart.
49,– DM/45,50 SFr/358 ÖS
ISBN 3-8100-1370-1

Wolfgang Merkel
Eberhard Sandschneider (Hrsg.)
Systemwechsel 3
Parteien im Transformationsprozeß
Beiträge von *Petra Bendel, Klaus von Beyme, Klaus Bodemer, Ellen Bos, Sandra Carreras, Aurel Croissant, Wolfgang Merkel, Hans-Jürgen Puhle, Siegmar Schmidt, Dieter Segert, Silvia von Steinsdorff*
Unter Mitarbeit von *Marianne Rinza*
1997. 376 Seiten. Kart.
49,– DM/45,50 SFr/358 ÖS
ISBN 3-8100-1914-3

Wolfgang Merkel
Eberhard Sandschneider (Hrsg.)
Systemwechsel 4
Die Rolle von Verbänden im Transformationsprozeß
Beiträge von *Peter Birle, Aurel Croissant, Sebastian Heilmann, Peter A. Kraus, Sándor Kurtán, Andreas Mehler, Wolfgang Merkel, Eberhard Sandschneider, Philippe C. Schmitter, Gunter Schubert und Mark Thompson, Petra Stykow, Helmut Wiesenthal*
Unter Mitarbeit von *Katja Gehrt und Marianne Rinza*
1999. 359 Seiten. Kart.
49,– DM/45,50 SFr/358 ÖS
ISBN 3-8100-1925-9

■ **Leske + Budrich**
Postfach 300 551 . 51334 Leverkusen
E-Mail: lesbudpubl@aol.com . www.leske-budrich.de

Regierungssysteme Zentral- und Osteuropas

Ulrich Widmaier
Andrea Gawrich
Ute Becker
**Regierungssysteme
Zentral- und Osteuropas**
Ein einführendes Lehrbuch
1999. 230 Seiten. Kart.
36,– DM/33,– SFr/263 ÖS
ISBN 3-8100-2294-2

Ein einführendes Lehrbuch zu ausgewählten Regierungssystemen Zentral- und Osteuropas. Fünf Länder (Tschechien, Slowakei, Ungarn, Polen, Russland) werden unterschiedlichen Typen demokratischer Regierungssysteme zugeordnet, ihre zentralen politischen Strukturen und Institutionen werden analysiert und unter systematischen Gesichtspunkten verglichen.

Nach nunmehr einem Jahrzehnt demokratischer Regierungsweise und mehreren Wahlen der nationalen Parlamente können die neu entstandenen Demokratien in Zentral- und Osteuropa in ihren institutionellen Grundstrukturen als konsolidiert angesehen werden. Deshalb ist es nun sinnvoll, sowohl für die einführende universitäre Lehre als auch für eine breitere interessierte Öffentlichkeit ein Lehrbuch vorzulegen,

in dem ausgewählte nationale Regierungssysteme vorgestellt werden.

Das Buch soll einerseits einen Überblick über die politischen Strukturen und Institutionen der einzelnen Regierungssysteme sowie über gemeinsame bzw. unterschiedliche Probleme der Stabilität einer demokratischen Regierungsweise bieten.

Andererseits werden die weiteren Entwicklungspotentiale und Perspektiven dieser Länder im Hinblick auf eine künftige Mitgliedschaft in der Europäischen Union abgeschätzt.

■ **Leske + Budrich**
Postfach 300 551 . 51334 Leverkusen
E-Mail: lesbudpubl@aol.com . www.leske-budrich.de